建筑新史学丛书
陈薇 主编

国家出版基金项目

中国古代金属建筑研究

张剑葳 著

东南大学出版社 南京

丛书总序

历史是一种思维方式。

这是我倡导研究建筑史的一种目标状态。从中国建筑史研究开展的历程来看，我们在相当长的阶段主要解决的是客观的认知问题，如汉代建筑成就如何？唐代建筑是怎样的？明清建筑相对宋代如何变化发展的？等等。这也是建立中国建筑史认知谱系的最重要的基础工作。进而，我们希求从建筑史中获得养分或者汲取经验，包括探索有无可能从历史建筑中提供技艺、语言、模式以及创作实践的源泉，抑或依此形成建筑理论，诸如园林空间的现代性问题。但是历史的车轮滚滚向前，隔着长远的或者一段的距离形成的建筑史的真实魅力何在？我理解：历史是一种思维方式。诸如建筑史，它帮助我们思考：曾经形成的过程、产生的结果、其间的原理和机制、或者转向的缘由和驱动力，在应对当时的经济、社会、文化、军事、政治和生活等种种需求时，是如何智慧地解决或者驾驭的？对于传统的传承是如何坚守和流变的？等等。因此，了解建筑历史经历的真实性十分重要。

建筑新史学要则乃贴近真实。

为此，剥离尘埃、拉开结果、显现过程、发现变与不变的实质所在，是我自己在问学及培养研究生时特别强调的。所谓"剥离尘埃"，即去掉经历时间进程后给历史罩上的朦胧，怎样直抵建筑出现的初心，如陵墓的本质不是纪念性建筑，埋葬是其基本功能；所谓"拉开结果"，就是能穿越时间维度将叠加成的最终建筑或城市或景观等形态进行分层分析，知晓变化的关联；其目的乃进而"显现过程"；深解"变与不变"的原因。不变的，往往是质本的、合理的、优质的、通则的、传承的；变的，必然是应对当时的社会环境、自然环境、生存环境、技术选择等，即人乃以需求和发展的一种顺势。其时的顺势而为，在经过时间积淀后，我们可以反思它的价值或者消弭，无论是古代、还是近现代和当代的，都提供给我们一种思维方式，而对今天的发展有所判断和选择。

建筑新史学丛书将有所包涵。

人类历史那么长，建筑那么多，而这里所说的"建筑"还不是当今建筑学范畴的建筑，包括经过营建的城市、建筑与景观等，因此，非丛书而不能构成新史学。我希望通过主编丛书的方式，主要将我所培养的博士生的研究成果比较系统地展现出来，或者有志加入这个平台和认可我的建筑历史观的年轻人的学术成果能够得以体现。进一步地，通过切磋和互动，发展建筑新史学。"新"在这里并不相对于"旧"——如继续注重一手资料获得的传统治学方式、如继续认知唐代建筑或者宋代建筑、继续探讨经久不衰的中国古典园林等，只是，如何心细如发之爬梳、力透纸背之用功、脑明眼慧之网络，是形成建筑新史学的基本功。唯此，贴合历史的真实，才可能步步靠近。

二零一五年岁末于金陵

代序（专家评论）

段雪（中国科学院院士、北京化工大学教授）：《中国古代金属建筑研究》以大量的现场调研、测绘和文献查阅为基础，进行了定性和定量的分析、归纳，客观证据充分，研究方法科学，跨学科的系统研究拓展了古代金属建筑的多维视野。

书中资料分析整理规范丰硕，研究态度严谨。特别是采用金属学、材料学和科技史等跨学科的理论和方法研究建筑史，颇具特色；将材料和技术研究与人文科学和社会学研究相结合，见物及人，也是本研究的亮点之一。其学术价值不仅限于建筑学内，对自然科学、工程科学等其他学科也具有借鉴和启发意义。

陈薇（东南大学建筑学院教授）：《中国古代金属建筑研究》是本人主持的国家自然科学基金"中国古代建筑材料应用发展史"的研究组成部分。选题具有一定的前沿性。

本书在张剑葳博士论文基础上修改完成，在研究方法、视角上具有较大创新，成果具有较高的学术价值，尤其是对于以往鲜有研究的金属建筑在中国古代取得的辉煌成就的分析研究，具有重要的补阙作用。

本书出自作者持续、艰苦的田野调查，史料价值突出。作者同时精心绘制了大量线图、模型分析图，对学术研究和历史建筑的保护、修复工作具有多重的现实意义。

朱光亚（东南大学建筑学院教授）：《中国古代金属建筑研究》在张剑葳的博士学位论文基础上修改而成。本书涉及中国古代金属建筑这一中国古代建筑史研究的重要组成部分和空白领域，选题具有重要的开拓意义，对全面、深入研究中国古代建筑史、中国科技史具有积极推动意义。

本书以大量的一手资料为工作基础，并展开科学分析，将建筑史研究与金属学、材料技术及人文科学和社会学相结合，勾勒出中国古代金属建筑的发展史，方法具有创新性，研究成果填补了中国建筑史研究领域的空白，同时也显示了作者坚实的学术素质和良好的学风。本书作为国家重点学科东南大学建筑史学科近年产出的优秀博士论文之一，能够反映中国建筑史研究的新发展。同时，作者绘制的大量构造图、材料分析图对古代建筑遗产的保护与修缮具有直接的指导意义。

方拥（北京大学考古文博学院教授）：中国古代金属建筑是中国古代建筑史中非常重要的组成部分，同时也是中国古建史研究的薄弱环节。令人遗憾的是，学界一直缺乏系统的、有深度的研究。

《中国古代金属建筑研究》一书在张剑葳博士论文的基础上增补而成，其研究内容弥补了这一缺憾，从而对于中国古代建筑史全面深入的研究必将起到巨大的促进作用。

有关中国传统建筑文化的深层思考，学界长期缺乏足够的关注，本文在此方面也进行了很有启发性的努力。张剑葳博士的研究不但具有很强的学术意义，也对金属类古代建筑的保护和修缮工作有着很好的参考价值。

目录

丛书总序
代序（专家评论）
绪论 001
    一、研究对象 002
        1. 问题的提出 002
        2. 研究对象界定 002
        3. 金属建筑的空间分布 004
    二、本研究的意义 004
    三、以往研究综述 005
        1. 西方学者、旅行者19世纪末20世纪初对金属建筑的记录与文化阐释 005
        2. 李约瑟将金属建筑作为评价中国科技发展水平的例证 006
        3. 当代建筑史学者以材料视角切入的建筑历史与理论研究 007
        4. 文物考古、方志、档案文献中的零散论述和资料性记录 008
        5. 作为参照系的建筑史、冶铸史、宗教研究、社会史等相关学科文献 008
    四、本研究的理论、方法与技术路线 011
        1. 理论框架：金属建筑的象征与技术 011
        2. 基本方法：多学科交叉的认识之网 011
        3. 篇章结构 014
    五、研究过程 014

上篇　金属建筑发展史

第一章　蕴积与技术储备（商周—南北朝） ……… 021

一、商周青铜文明中的青铜建筑构件：地位之象征 ……… 022

1. 铜门砧饰件与铜锸：青铜之高贵与宫室建筑之高等级的契合 ……… 022
2. "范金"与"合土"：关于贵金属与建筑结合的远古记忆 ……… 025
3. 青铜建筑构件使用范围的扩大：金釭等 ……… 026

二、战国至南北朝的金殿思想与金属建筑构件：神仙金殿与技术发展 ……… 028

1. 金殿理论初步形成 ……… 028
2. 铜构件的发展 ……… 030

三、两汉南北朝的铜柱与塔刹：理念、技术与形象储备 ……… 032

1. 源自本土的金属通天柱、承露盘柱、纪念柱 ……… 032
2. 佛塔的刹柱 ……… 033

本章小结：金属建筑发展的两条线索——象征意义与适应性技术 ……… 034

第二章　金属建筑的正式出现（唐） ……… 037

一、未被超越的高度极致："大周万国颂德天枢" ……… 038

1. 建造背景与象征意义：天下轴枢 ……… 038
2. 形制考证 ……… 041
3. 小结：承前启后的天枢 ……… 043

二、铁塔的出现与佛经中的"南天铁塔" ……… 043

1. 牟平法云寺铁塔 ……… 044
2. 五台山"则天铁塔" ……… 044
3. 铁塔的象征意义与理论支持：佛经中的"南天铁塔" ……… 046
4. 阆中铁塔：首个经幢型铁塔案例 ……… 047

三、佛教对"金"的崇尚与铜塔的出现 ……… 049

1. 佛教对"金"与黄铜的崇尚 ……… 049
2. 唐代的铜塔与金塔 ……… 051

四、金属屋面建筑的出现及其意义 ……… 052

1. 金属屋面建筑：全金属殿堂象征意义和适应性技术的积累 ……… 052

  2. 汉式铜瓦、铁瓦建筑 053
  3. 西藏地区及藏式建筑中的鎏金铜瓦建筑 055
  4. 记载中仿效唐代样式的日本铜屋面建筑 058

 本章小结：铁塔、铜塔与金属屋面建筑的正式出现 059

第三章 铁塔的建设活跃期与趋于成熟（五代—宋） 063

 一、背景：五代至宋时期相关技术与理论的发展 064
  1. 冶铸与建筑技术的发展 064
  2. 更多佛经中出现铁塔：般若类、法华类经典中的相关记载 065

 二、形制古朴的广东南汉仿砖楼阁型铁塔 066
  （一）广州光孝寺西铁塔 066
   1. 光孝寺西铁塔建、修年代 067
   2. 光孝寺西铁塔形制 067
  （二）广州光孝寺东铁塔 069
   1. 光孝寺东铁塔建、修年代 069
   2. 光孝寺东铁塔形制 069
  （三）梅州修慧寺千佛铁塔 071
   1. 修慧寺千佛铁塔建、迁史考 071
   2. 修慧寺千佛铁塔形制 072
  （四）曲江南华寺降龙铁塔 074
   1. 南华寺降龙铁塔概况 074
   2. 南华寺降龙铁塔形制 074

 三、造型秀丽的长江流域仿木楼阁型铁塔 076
  （一）义乌双林寺东铁塔 076
   1. 双林寺铁塔建、修年代 076
   2. 双林寺东铁塔形制 077
  （二）当阳玉泉寺铁塔 079
   1. 玉泉寺铁塔建、修年代 080
   2. 玉泉寺铁塔形制 081
  （三）镇江甘露寺铁塔 085
   1. 甘露寺铁塔建、修年代 085
   2. 甘露寺铁塔形制 086

 四、结构改进的山东仿木楼阁型铁塔 088
  （一）聊城隆兴寺铁塔 088

    1. 聊城铁塔建、修年代 ... 088
    2. 聊城铁塔形制 ... 089
    （二）济宁崇觉寺铁塔 ... 091
    1. 济宁铁塔建、修年代 ... 091
    2. 济宁铁塔形制 ... 091

  五、经幢型铁塔的发展：常德乾明寺铁经幢 ... 095
    1. 常德铁经幢年代考证 ... 096
    2. 形制：经幢型铁塔的发展 ... 097

  本章小结：铁塔建设活跃期中的探索与趋于成熟 ... 098

第四章 铁塔的变化发展与铜塔的集中出现（明） ... 101

  一、明代冶炼铸造技术集大成发展背景下的金属建筑新发展 ... 102
    1. 明代冶铸技术的集大成发展 ... 102
    2. 明代建筑在材料领域的探索 ... 102

  二、初试新结构：泰安天书观铁塔 ... 103
    1. 建造背景 ... 103
    2. 建筑形制 ... 105

  三、结构与空间结合的成熟：咸阳福昌寺千佛铁塔 ... 108
    1. 建造背景 ... 108
    2. 建筑形制 ... 109

  四、经幢型塔的新发展：峨眉山圣积寺铜塔，五台山显通寺西、东铜塔 ... 116
    （一）峨眉山圣积寺华严铜塔 ... 116
    1. 圣积寺华严铜塔年代考证 ... 116
    2. 圣积寺华严铜塔形制 ... 118
    （二）五台山显通寺西铜塔 ... 120
    1. 显通寺西铜塔建造背景 ... 120
    2. 显通寺西铜塔形制 ... 121
    （三）五台山显通寺东铜塔 ... 122
    1. 显通寺东铜塔建造年代 ... 122
    2. 显通寺东铜塔形制 ... 123
    （四）五台山清凉寺小铜塔与永川小铜塔 ... 124
    1. 清凉寺小铜塔 ... 124
    2. 永川小铜塔 ... 125

五、形态、功能丰富多彩的明代铜塔与铁塔 125
    1. 北京长椿寺多宝佛铜塔 125
    2. 峨眉山金顶铜塔 127
    3. 五台山显通寺另外三座铜塔 129
    4. 庐山归宗寺铁塔、东林寺铜塔 130
    5. 铁塔的变体：铁醮炉 131

本章小结：明代铁塔的成熟与丰富多彩的铜塔 133

第五章　铜殿的出现与建设活跃期（元—明） 135

一、铜殿的出现：理论与适应性技术的齐备 136
    1. 金殿理论的发展：外丹与内丹修炼的目的地 136
    2. 适应性技术的应用 138

二、追古之创作：武当山元代小铜殿 139
    1. 建造与迁置年代 139
    2. 建筑形制 140

三、天下之范：武当山太和宫金殿 143
    1. 建造背景与过程 143
    2. 建筑形制 144

四、遥应：明万历年间的昆明太和宫铜殿 150
    1. 建造缘起与搬迁 150
    2. 建筑形制 151

五、佛教的追仿：峨眉山、宝华山、五台山的三座佛教铜殿 152
    1. 三座佛教铜殿的建造背景与过程 152
    （一）峨眉山铜殿 155
    1. 峨眉铜殿建、毁年代 155
    2. 峨眉铜殿建筑形制考 155
    （二）宝华山铜殿 160
    1. 宝华铜殿建、毁年代 160
    2. 宝华铜殿建筑形制考 161
    （三）五台山铜殿 163
    1. 五台铜殿建造年代 163
    2. 五台铜殿建筑形制考 164

六、"天仙金阙"：泰山碧霞元君祠铜殿 ... 168
    1. 建造缘起与搬迁：制仿武当 ... 168
    2. 建筑形制 ... 170

本章小结：铜殿的出现与建设活跃期 ... 172
    1. 从道教到佛教的铜殿建设风潮 ... 172
    2. 金殿：武当信仰传播的形象标识 ... 173

第六章 铜殿的成熟与符号化发展（明末清初） ... 177

一、再造经典：清康熙年间的昆明太和宫铜殿 ... 178
    1. 建造年代与背景 ... 178
    2. 建筑形制 ... 179

二、演绎与浓缩：山西平阳地区的铜殿 ... 183
    （一）霍山铜殿 ... 184
    1. 霍山铜殿建造背景 ... 184
    2. 霍山铜殿建筑考略 ... 186
    （二）飞龙山铜殿 ... 188
    1. 飞龙山铜殿建造背景 ... 188
    2. 飞龙山铜殿建筑形制 ... 191
    （三）青龙山铜殿 ... 192
    1. 青龙山铜殿建造年代 ... 192
    2. 青龙山铜殿建筑形制考 ... 194
    （四）姑射山铜殿 ... 196
    1. 姑射山铜殿建造年代 ... 196
    2. 姑射山铜殿建筑形制考 ... 200

本章小结：铜殿的成熟与符号化发展 ... 202

第七章 中国古代金属建筑的最后辉煌与境遇（清—近代） ... 205

一、皇家园囿中的佛教铜阁：宝云阁与宗镜阁 ... 206
    （一）宝云阁 ... 207
    1. 宝云阁建造年代 ... 207
    2. 宝云阁建筑形制 ... 208
    （二）宗镜阁 ... 212
    1. 宗镜阁建造背景 ... 212

  2. 宗镜阁建筑遗存 213

 二、发展停滞的铁塔和铜塔 216

  1. 北海天王殿双铜塔 216
  2. 佛山经堂寺铁塔 217
  3. 重庆塔坪寺铁塔 217
  4. 宝鸡龙门洞铁醮炉、亳州关帝庙铁醮炉 218

 三、深宫中最后的金属建筑：故宫灵沼轩 218

  1. 灵沼轩建造始末 218
  2. 灵沼轩建筑现状与原设计推测 220

 四、近代史中的"水晶宫"：欧美铁框架建筑大发展背景下的中国金属建筑 224

  1. 身份与样式：皇家的"西洋楼式"建筑 224
  2. 技术：铁框架建筑的产生与发展 226
  3. 中国古代金属建筑与近代金属建筑之间的断裂 230

 本章小结：中国古代金属建筑的最后辉煌 232

上篇结语 234

 1. 金属建筑的发展历程 234
 2. 各时期金属建筑建造的分布要点 235
 3. 铁塔结构和内部空间的演进线索 235
 4. 金属建筑的命运 236
 5. 金属建筑建造的触发因素 238

下篇　金属建筑专题研究

第八章　金属建筑的立意与总体设计 ... 245

一、铜殿的总平面设计：崇高地位的塑造与体现 ... 246
1. 位于山巅 ... 247
2. 位于轴线上的重要位置 ... 251
3. 环以城垣 ... 253
4. 由其他建筑围合、拱卫 ... 255
5. 布局差别反映的道教、佛教金殿象征意义的差异 ... 257

二、铁塔的总平面设计 ... 258
1. 作为城市景观 ... 259
2. 在寺中轴线上 ... 261
3. 在轴线两侧对峙 ... 262
4. 在寺外 ... 262
5. 在寺内其他位置 ... 264

三、铜塔的总平面设计 ... 264
1. 铜塔在建筑群中的处理手法 ... 264
2. 从塔的本源功能来看铜塔的立意 ... 265

本章小结：铜殿、铁塔、铜塔的立意与总体设计 ... 267

第九章　金属建筑的单体设计 ... 269

一、铜殿的单体设计 ... 270
1. 平面设计：规模紧凑 ... 270
2. 构架设计：对同时代木构建筑的模仿 ... 272
3. 装饰设计：宗教象征性的表达 ... 282
4. 像设设计：与金殿一体表达象征意义 ... 288

二、铁塔的单体设计 ... 290
1. "南天铁塔"与"镇水铁针" ... 290
2. 仿砖楼阁型铁塔的设计 ... 293
3. 仿木楼阁型铁塔的设计 ... 294
4. 砖芯铁壳塔的设计 ... 298

三、铜塔的单体设计 301

　　四、跨文化比较视野下中国金属建筑的意义 302

　　　　1.《圣经》中的金色神殿 303
　　　　2. 日本：净土宗的金色神殿 305

　　本章小结 307

第十章　材料设计的智慧：XRF 与 GIS 分析 311

　　一、铜合金的基本概念与研究的技术路线 313

　　　　1. 各种铜合金 313
　　　　2. 研究的技术路线 314

　　二、青铜合金配比与构件性质的对应关系：小铜殿材料分析 316

　　　　1. 成分分析 316
　　　　2. 合金配比与构件性质的对应："六齐"技术思想的继承 318

　　三、建筑用黄铜的科技史意义：武当山太和宫金殿材料分析 322

　　　　1. 成分分析 322
　　　　2. 太和宫金殿用黄铜的科技史意义 325

　　四、黄铜的流行：峨眉山铜塔、铜殿，五台山铜殿、铜塔，
　　　　北京长椿寺铜塔、颐和园宝云阁材料分析 328

　　　　1. 青铜铸造的峨眉山铜塔：圣积寺华严铜塔与金顶铜塔碎片 328
　　　　2. 峨眉山金顶铜殿碎片 329
　　　　3. 五台山铜殿、铜塔 330
　　　　4. 北京长椿寺铜塔 332
　　　　5. 颐和园宝云阁 333
　　　　6. 金属建筑反映的黄铜成分变化趋势 334

　　五、技术偏好与资金短缺的结果？青铜与黄铜并用的泰山铜殿 335

　　　　1. 成分分析——青铜、黄铜并用 336
　　　　2. GIS 分析——对青铜的技术偏好 337

　　六、"刚柔并济"技术思想与材料观念：青铜、黄铜、红铜共用的昆明太和宫铜殿 ... 339

　　　　1. 成分分析——青铜、黄铜、红铜并用 340
　　　　2. GIS 分析——整体的材料设计 343

  3. 青铜、黄铜、红铜与构件性质的对应:"刚柔并济"的技术思想与材料观念 345

  本章小结:透过检测数据看材料设计的智慧 348

第十一章　构件铸造、建筑建造与表面装銮 351

一、构件铸造 352

  1. 陶范铸造与翻砂铸造 353
  2. 失蜡铸造 356
  3. 金属建筑构件铸造案例分析 358
  4. 铸造与锻造:表征技术传统与文化的两种技术路线 363

二、建筑建造 366

  1. 金属建筑的基础 366
  2. 空心或工字形截面的柱、梁:偷省铜料背后的力学认识 369
  3. 金属建筑的屋面构造 371
  4. 交接节点 376

三、表面装銮 380

  1. 鎏金 381
  2. 贴金 383
  3. 着色 384

第十二章　捐资者、组织者、施工者:意匠的实现与运作 387

一、武当山小铜殿:道士米道兴、王道一的运作 389

  1. 捐资者:长江中游、汉水流域的信众 390
  2. 施工者:两家金火匠 391
  3. 组织者:道士米道兴、王道一 392

二、泰安天书观铁塔:供奉碧霞元君的豫西北信众 393

  1. 捐资者:豫西北的信众 394
  2. 组织者:河南的会首 395
  3. 施工者:怀庆府河内县的金火匠 396

三、妙峰三铜殿:禅师的夙愿与大半个中国的行动 398

  1. 组织者:热衷工程且偏好砖石、金属材料的妙峰禅师 398
  2. 捐资者:来自"两京十布政"的募捐与铜殿的运送转移 400
  3. 捐资者:来自社会各阶层的行动 403

  4. 施工者：来自陕西泾阳还是湖北荆州地区？ ... 407

 四、咸阳千佛铁塔：太监杜茂与来自平阳的泽州栗氏金火大匠 ... 408
  1. 三组捐资者：高级宦官杜茂与当地民众 ... 408
  2. 铸造者：泽州栗氏金火大匠与泾阳本地工匠 ... 411
  3. 组织者：记录简略 ... 414

 五、平阳四铜殿：金殿与本地真武信仰中心的塑造和争夺 ... 415
  1. 组织者与捐资者：各山分野明确 ... 416
  2. 铜殿的建造与真武信仰正统的建立 ... 416
  3. 谁是正宗的老爷顶？四座"金殿"背后的竞争 ... 418

 六、"奢侈建筑"与"话题性"的实现 ... 420
  1. "奢侈建筑" ... 420
  2. "话题性" ... 421

 本章小结：明代社会中的金属建筑 ... 422

下篇结语 ... 425

 1. 组织募化、延请工匠 ... 425
 2. 立意、选址、布局 ... 425
 3. 单体设计 ... 426
 4. 材料设计 ... 426
 5. 铸造 ... 426
 6. 建造 ... 427
 7. 表面装饰与处理 ... 427

全书结论 ... 429

 一、中国古代金属建筑的成就是中国古代建筑史的重要组成部分 ... 429
 二、中国古代金属建筑是中国古代建筑在世界建筑史和建筑文化上的原创贡献 ... 430
 三、中国古代金属建筑体现了中国古代建筑在材料应用方面的高度成就 ... 430
 四、中国古代金属建筑始终以象征意义为其内核，不断吸收、应用各种适应性技术和表现手法，体系逐渐成熟，体现了高度的工程技术水平和广泛的社会影响 ... 431

附录一：金属建筑铭文辑录 ... 434
    一、广州光孝寺西铁塔铭文 ... 434
    二、广州光孝寺东铁塔铭文 ... 434
    三、梅州修慧寺千佛铁塔铭文 ... 435
    四、韶关南华寺降龙铁塔铭文 ... 435
    五、韶关南华寺降龙铁塔之清代新塔铭文 ... 435
    六、玉泉寺铁塔铭文 ... 435
    七、甘露寺铁塔铭文 ... 436
    八、济宁铁塔铭文 ... 436
    九、泰安天书观铁塔铭文 ... 436
    十、庐山归宗寺铁塔铭文 ... 441
    十一、元代小铜殿捐建铭文辑录 ... 442
    十二、五台山显通寺铜殿铭文 ... 445
    十三、泰山铜殿铭文 ... 464
    十四、昆明太和宫铜殿铭文 ... 464
    十五、颐和园宝云阁铭文 ... 466
    十六、五台山显通寺铜塔铭文 ... 467

附录二：金属建筑现场碑文辑录 ... 469
    一、洪洞青龙山真武庙部分碑文 ... 469
    二、汾西姑射山老爷顶真武庙部分碑文 ... 470

附录三：昆明太和宫铜殿彩绘层样品分析报告 ... 473

附录四：铜瓦、铁瓦规格、重量实例 ... 476

图表目录及数据来源 ... 477

参考文献 ... 483

致谢 ... 490

后记 ... 492

Abstract ... 494

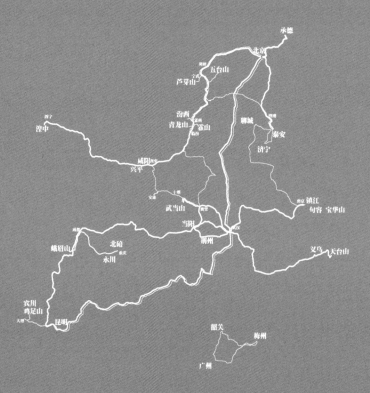

绪论

绪论

一、研究对象

1 问题的提出

人们常以木构作为中国古代建筑的代表，但是，中国建筑远不止木这一种建造材料。早在宋代，李诫在《进新修〈营造法式〉序》中就说："五材并用，百堵皆兴。"[1]

"五材"原指"天生五材"（《左传·襄公二十七年》），即金、木、水、火、土五种元素，这里引申为一切材料。亦即，所有可用之材都应无偏废地用于建筑，以达到"百堵皆兴"。从保存至今的建筑以及诸多考古资料来看，"五材并用"是真实的历史情况。

1975年，李允鉌在《华夏意匠》中引用李诫之论，进一步认为"五材并用"与"以材而定分"共同构成了"中国古典建筑结构和构造设计的最主要实践原则，或者说是最基本的精神所在"[2]。

在这样的视角下，对除了木材之外其他材料建筑的研究，理应成为中国建筑研究的重要组成部分。虽然从整个中国建筑史来看，完全以金属建造的建筑数量很少，但其使用的昂贵材料及由此凝聚的重大象征意义常使其成为所在时代、地域的重要纪念性、标志性建筑。因此，对金属建筑发展历程的研究不仅具有建筑学意义，也凝聚了丰富而重要的史学意义。

然而，对中国其他材料建筑的研究远不如对木构建筑的研究丰富；而在非木构材料建筑中，对金属材质建筑的研究又不及对土、石、砖等材料建筑的研究。金属建筑作为中国历史上独特的一类建筑，其产生发展的历史脉络、思想根源、象征意义、样式结构、设计方法、构造技术、材料成分，及其记录、见证的历史，均尚未经系统研究。

2 研究对象界定

基于上述认识，本书的研究对象定为"中国古代金属建筑"，并从内涵与外延两重概念上加以定义：

---

[1] [宋] 李诫. 营造法式 [M]. 北京：中国建筑工业出版社据陶湘刻本影印，2006：第一册法式序第一页

[2] 李允鉌. 华夏意匠：中国古典建筑设计原理分析 [M]. 天津：天津大学出版社，2005：209-210

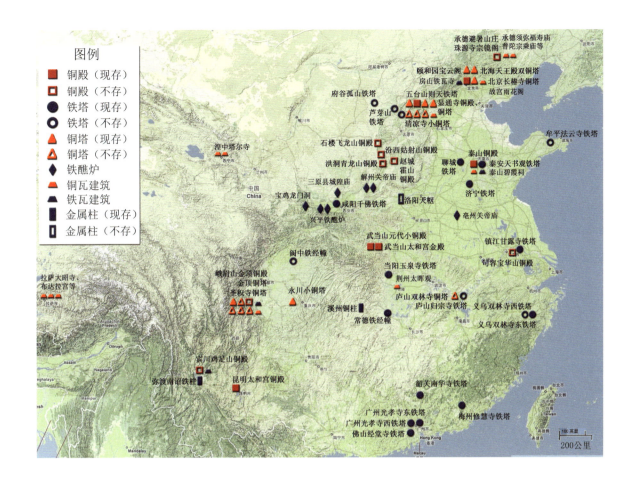

图0-1 中国古代金属建筑主要案例分布图

（1）内涵：

中国古代使用金属作为主要建造材料的建筑物和构筑物。具体指中国古代的铜殿、铁塔、铜塔。

（2）外延：

大量使用金属作为建筑材料的建筑。具体指中国古代使用金属作为屋面的建筑，包括铜瓦殿、铁瓦殿、藏式金顶建筑等。

需要说明：第一，只有大于人体尺度的金属殿和塔，才是本书研究的主体。但历史上金属建筑的形成具有从局部使用金属构件到全部使用金属构件的发展过程，本研究注重这一历史过程。其余小尺度的金属殿（模型）和塔不是本书研究的对象，但本书也将有选择地进行讨论。第二，中国古代金属建筑的材质主要为铜与铁，其中部分表面有金饰层。也有极少量使用其他金属的案例，如银塔、锡瓦殿等，但绝大多数还是以铜或铁为建造材料。第三，铁索桥、铁桩桥也符合本书对研究对象的定义，也是能反映中国古代科学技术水准的重要工程体，但由于其结构、功能自成系统，与本书研究的对象铜殿、铁塔、铜塔相距甚远，故暂不在本书中讨论。

3　金属建筑的空间分布

除了聊城铁塔、济宁铁塔等个别位于城市中的著名铁塔，大多数金属建筑并不为人熟知。图0-1是历史上中国古代金属建筑主要案例的分布图，可见它们散布在全国各处，有的藏在深山，有的已经不存，甚至连遗址也难觅踪影。本书涉及的历史上有案可稽的实例至少有65个，包括4座铜、铁柱，26座铁塔，14座铜殿，14座铜塔，7座铁醮炉；另外还有至少20余座金属屋面建筑。图中所示当然不是历史上全部的金属建筑，它们是来自不同时代、地区的典型案例，整体来看应能代表中国古代金属建筑发展的脉络。

二、本研究的意义

中国古代金属建筑研究是一块未经开垦的学术领域，本课题具有填补空白的意义。金属建筑虽然数量少，但这是因为意义重要、材料贵重而稀缺，而非简单的"非主流"。因此本书的出发点不是猎奇或自娱自乐，而在于从材料的理论视角切入，历史地考察中国古代建筑的金属材料以及中国古代金属建筑对象征性（政治或宗教上的）建造表达的机制，并尽可能地将这一机制还原到历史上的社会中去，利用金属建筑特有的构造做法、铭文信息、材料信息来考察技术史和社会史。本论题兼具建筑学和史学研究的意义也正在于此。具体而言，有以下三方面：

第一，探索与发现之意义。

本研究的首要着眼点在于对中国古代金属建筑总体之发展、演变，以及对中国古代建筑材料应用水平的探索。并力图以此为契机，发现、挖掘中国古代建筑这一古老的建筑体系在工程科学水平上达到的高度，给予科学评价。落实到具体一座座金属建筑，则在于发现、考证、解读每个建筑，并考察它们之间的内在联系和发展规律。

第二，认识与阐释之意义。

中国古代绝大多数金属建筑存在于宗教建筑中，与宗教文化、象征有着重要关联，或者与国家政权有着象征性上的重大关联。因此，对金属建筑思想根源、象征意义，以及相关建筑表现手法的认识和分析，能从建筑文化的角度获得古代宗教思想文化与建筑史、技术史、艺术史互动发展的信息，勾勒出古代宗教、政权等重大象征意义的建筑实体表达机制，从而透过物质现象，阐释中国建筑在思想层面的内涵。进而，以跨文化的视角审视中国古代金属建筑和整个中国建筑体系，将进一步阐释出其独特的文化意义和价值。

第三，总结与传承之意义。

对金属建筑的总体设计、单体设计、材料设计、铸造与建造、项目实施，进行历史性的考察、实证性的分析，以及理论性的讨论和思辨，总结、提炼出金属建筑设计方法、营造智慧、意匠实现机制。这种技术史和社会史性质的观察以及理论层面的总结，并非仅关心金属建筑这一"小众"的建筑类型，而是以其作为突破口，扩大、加深我们对中国传统建筑营造及其理论的认识，从而使传统建筑的营造智慧、技术哲学得到充分认识和传承。

现存所有铜殿和大部分铁塔、铜塔均为全国重点文物保护单位，是重要的不可移动文物。着眼于国家文化遗产的评价与保护，本书的历史研究和理论研究，将首先提炼出金属建筑的独特价值和哲学意蕴，为其保护提供理论基础。同时，对金属建筑的技术研究、结构分析、材料分析、铸造分析，可作为其日常维护及修缮、修复工作的技术支撑，具有重要而直接的现实意义。同时，近年来仿古金属建筑的设计需求逐渐增大，已有一批当代仿古金属建筑陆续建成[3]，其在建成环境中发挥的作用也日渐显露。本研究对古代金属建筑之文化意义、设计手法及技术构造的总结，亦可资建立对当代仿古金属建筑设计的批判框架。

三、以往研究综述

以往对于中国古代金属建筑尚未有系统研究，但其涉及的学科甚广，相关文献可归纳为下列几类：

1 西方学者、旅行者19世纪末20世纪初对金属建筑的记录与文化阐释

虽然与砖、石等其他材质的仿木构建筑相比，对金属建筑的研究一直很少，但19世纪末20世纪初，考察中国的国外学者、旅行家、传教士在初识中国建筑时，就已经注意到了铜殿、铁塔、铜塔这些奇异的，或闪耀着光芒或沉淀着古铜色、黑铁色的金属建筑。例如德国的恩斯特·伯施曼（Ernst Boerschmann）、日本的关野贞（關野貞）与常盘大定（常盤大定）等学者，以及其他欧、美传教士与旅行家等。他们对颐和园宝云阁，峨眉山铜殿、铜塔，泰山铜殿，五台山铜殿、铜塔，承德避暑山庄宗镜阁，宝华山铜殿等都有记述[4]。

---

3 如杭州雷峰新塔、灵隐寺铜殿、钱王祠献殿，以及桂林铜塔等。

4 关于峨眉山铜殿、铜塔的记录如：英国领事官巴伯（中文名贝德禄）《华西旅行考查记》Edward C. Baber. Travels and Researches in Western China. London: John Murray, 1882；美国人哈特于1887年访问了峨眉山，著有《华西：峨眉旅行记》Virgil C. Hart. Western China: a journey to the great Buddhist centre of Mount Omei. Boston: Ticknor and Company,1888；英国皇家地理学会会员立德在1901年发表《峨眉山及峨眉山那边：藏边旅行记》Archibald J. Little. Mount Omi and Beyond: A Record of Travel on the Thibetan Border. London: William Heinemann, 1901；以及德国建筑学教授伯施曼的《中国宝塔》：Ernst Boerschmann. Die Baukunst und religiöse Kultur der Chinesen. Band III:Chinesische Pagoden. Berlin und Lepzig: Verlag von Walter de Gruyter & Co., 1931 等。

关于五台山铜殿、铜塔的记录如：伯施曼的 Baukunst und Landschaft in China. Eine Reise durch zwoelf Provinzen. Berlin und Zuerich, Atlantis 1923，英文版为 Ernst Boerschmann. Picturesque China: Architecture and Landscape—A Journey through Twelve Provinces. New York: Brentano's Inc., 1926；以及伯施曼的《中国宝塔》等。

关于泰山铜殿的图、文有贝克发表的《泰山》，见 D.C. Baker.Tai Shan: an Account of the Sacred Eastern Peak of China (reprinted by Cheng Wen Publishing Company, Taipei 1971), originally 1924。

关于宝华山铜殿的记录有丹麦建筑师艾术华的《中原佛寺图考》，但他考察时铜殿已经不存，见 J. Prip-Moller. Chinese Buddhist Monasteries: Their Plan and Its Function as a Setting for Buddhist Monastic Lifes[M]. Hongkong: Hong Kong University Press, 1967。

关于颐和园宝云阁的记录见 J. Thomson, F.R.G.S. Illustrations of China and Its People. Vol.4. London: Sampson Low, Marston, Low, and Searle,1874。

关于承德避暑山庄珠源寺宗镜阁的记录见：[日]關野貞，竹島卓一. 热河解说[M]. 东京：座右宝刊行会，1937；以及斯文·赫定的记录，见 Sven Hedin, translated from the Swedish by E. G. Nash. Jehol: City of Emperors. Kathmandu: Pilgrims Publishing, 2000. Plate XXXV, first published in New York: E. P. Dutton & Company Inc. 等。

传教士、旅行家的记录很珍贵，但他们不是建筑师，对建筑的描述、描绘可能不精确，有时甚至有误。他们也并非专程寻找金属建筑，而是在旅行过程中被金属建筑的与众不同所吸引，因此予以记录，极个别的还留有摄影。

值得注意的是德国建筑学教授伯施曼出版有专著《中国宝塔》，其中有一章专门介绍铁塔和铜塔，涵盖不少实例[5]，公布了一些历史照片和测绘图，也引用了日本佛教学者常盘大定与建筑史学者关野贞专著[6]中的部分图片。伯施曼的关注点在于中国建筑中体现的宗教文化，试图从宗教、文化的角度出发去解读中国建筑。他对铁塔、铜塔的相关历史及造型艺术有较细致的记录和论述，是重要的资料，但对建筑结构和构造的分析相对较少。当时中国建筑研究的体系尚未建立，因此伯施曼的研究尚未能充分认识、理解金属塔的建筑本体。不过虽然他对金属建筑在中国建筑体系中的地位尚不能充分了解，但他已经认识到：人们使用昂贵的金属建造宗教纪念物，是为了向神佛及其圣所表达最尊崇的敬意[7]。

常盘大定、关野贞（包括其助手竹岛卓一）的著作以记录佛教史迹为主，亦保留有一些珍贵的历史照片和个别调查图纸，可资利用。但其著作并非专门针对金属建筑，故利用价值主要在于资料性。

2 李约瑟将金属建筑作为评价中国科技发展水平的例证

英国学者李约瑟（Joseph Needham）在相关论著中提到了一些金属建筑案例，用来作为评价中国的建筑、铸造等相关技术发展水平的例证。

在《中国科学技术史》卷四第三分册《土木工程与航海技术》出版前，李约瑟曾在一篇介绍中国钢、铁技术发展的文章中，介绍了中国的铁塔、铁瓦殿、铁索桥[8]。与西方旅行家、传教士不同，李约瑟对青铜、黄铜是两种不同的铜合金有着明确的认识，但没有深究。他从抗风的角度对金属屋面的使用作了解释[9]。

李约瑟在《中国科学技术史》中论述中国古代建筑技术时，引用了伯施曼对铁塔和铜塔的介绍，作为评价技术发展水平的观察点。更重要的是，李约瑟观察到：近代欧美先进的铁框架建筑的基本构件铁梁、铁柱在中国早有应用；而框架结构也在中国实行了两三千年了。他以此作为对中国古代建筑发展水平的积极评价[10]。

虽然李约瑟没有在此处继续论述，但这种"曾经领先"的评价，最终又将引发追问：既然中国古代早有使用金属建造的框架结构建筑，那么为什么中国没有在近代率先建造大空间的铸铁大跨度

5 Ernst Boerschmann. Die Baukunst und religiöse Kultur der Chinesen. Band III: Chinesische Pagoden[M]. Berlin und Lepzig: Verlag von Walter de Gruyter & Co., 1931. 书中案例有当阳玉泉寺铁塔、镇江甘露寺铁塔、庐山铁塔、铜塔、五台山铜塔、峨眉山铜塔、济宁铁塔、咸阳铁塔、泰安铁塔等。

6 [日] 常盤大定、關野貞. 支那佛教史跡（第四輯）[M]. 東京：佛教史跡研究會，大正十四年（1925）。"支那"是近代日本侵略者对中国的蔑称，现已不用。

7 Ernst Boerschmann. Die Baukunst und religiöse Kultur der Chinesen. Band III: Chinesische Pagoden[M]. Berlin und Lepzig: Verlag von Walter de Gruyter & Co., 1931: 336–337

8 Joseph Needham. The Development of Iron and Steel Technology in China. London: Published for the Newcomen Society by W. Heffer, 1964。图见 plate 21, 22. 文字说明见70–71。李约瑟引用了伯施曼的当阳玉泉寺铁塔、咸阳北杜镇铁塔、泰山碧霞元君庙，以及 Potts-Popper 的澜沧江铁索桥照片来作为说明。

9 "The tiles on the roof of the further hall are of bronze (some accounts say brass or copper, but more improbably), but whatever the metal used, its weight gives great protection against wind damage." 来源同前注。

10 "大概很少有人意识到这种对于承重墙的明确摆脱，中国的前辈已经实行了两三千年了。" Joseph Needham. Science & Civilisation in China. Vol IV: 3. Cambridge University Press, 1971: 104

建筑和多层建筑？——这样的问题也正是"李约瑟难题"在建筑工程领域的具体化。本研究在论述金属建筑在近代之境遇时，将不可避免触及这一问题。

值得一提的是，李允鉌在《华夏意匠》中，也已注意到铜、铁建筑在设计上相对中国传统木构建筑的特殊性[11]，可惜未展开论述。但从其引用的文献可知，李允鉌的论述实际上也是基于李约瑟在《中国科学技术史》中对金属建筑的观察和评价。

3 当代建筑史学者以材料视角切入的建筑历史与理论研究

"五材并用"作为中国建筑中基本而重要的原则，理应常有讨论。右史在《中国建筑不只木》中阐述了这一问题[12]。该文引用的一篇重要文献是赵辰教授的《关于"中国建筑为何用木构"：一个建筑文化的观念与诠释的问题》，该文则指出"中国建筑为何用木构"这样的问题来自西方古典主义建筑观念，是不成立的伪问题[13]。这些研究都引发我们从材料视角思考中国建筑的历史与理论问题。实际上材料视角的研究正是当前国际建筑历史与理论学界的热点之一。

近年来此视角下最重要的研究是陈薇教授主持的"中国古代建筑材料应用发展史"课题，其成果陆续有论著发表。陈薇教授在论文《材料观念离我们有多远》中提出了"材料观念"的理论框架：材料和观念是一对互为表里的事物，"以某种建筑材料为主表达和构成的建筑，与设计和建造者所持有的观念密切相关"。她通过中国古代历史上三个材料观念的片段来阐述，旨在建立建筑材料和观念所构成的相互关系和历史观：即"青铜"与金属建筑的"象征"；"木材"与木构建筑的"营造"；"砖石"与砖石建筑的"构建"。同时她强调，在可获得的材料和观念追求之间，技术至为关键，是一座桥梁，也是古今相通的要义[14]。

此理论框架为本研究的立意、立论提供了直接的启发。

另一方面，史永高博士的《材料呈现：19和20世纪西方建筑中材料的建造-空间双重性研究》为本研究提供了西方建筑理论中关于材料理论的相关背景和参照[15]。其中他对德国建筑师、建筑理论家戈特弗里德·森佩尔（Gottfried Semper）的"面饰的原则""建筑四要素"等相关材料观的考察，引发了本研究对森佩尔相关理论的阅读和思考[16]。森佩尔的材料观是从材料处理的工艺和动机，以及面饰的象征性来进行论述。其具有的人类学视角也使其在跨文化解读时具备可借鉴意义。

---

11 李允鉌. 华夏意匠：中国古典建筑设计原理分析[M]. 天津：天津大学出版社，2005: 200-201, 214-215
12 右史. 中国建筑不只木[J]. 建筑师，2007, 127 (03): 69-74
13 赵辰. 关于"中国建筑为何用木构"：一个建筑文化的观念与诠释的问题[J]. 建筑师，2000, 94: 85-87, 112. 该文指出，西方古典主义建筑观念认为建筑应该是石构的、永久的、纪念性的，是伟大的艺术。囿于此种观念的人们必然会产生"中国建筑为何用木构"的问题。但由于中国建筑并不存在西方"主流建筑"与"无名氏建筑"这迥然对立的两种体系，因此以西方古典主义建筑观念和理论来诠释中国建筑是没有完美答案的。
14 陈薇. 材料观念离我们有多远[J]. 建筑师，2009 (3): 38-44
15 见：史永高. 材料呈现——19和20世纪西方建筑中材料的建造-空间双重性研究[M]. 南京：东南大学出版社，2008，及其发表的一系列论文。
16 Gottfried Semper. "The four elements of architecture". In: Gottfried Semper, Translated by Harry Francis Mallgrave, Wolfgang Herrmann. The four elements of architecture and other writings. Cambridge: Cambridge University Press, 1989。此外，唐考·潘宁的博士论文对森佩尔的面饰理论进行了充分论述，见：Tonkao Panin. Space-Art: The Dialectic between the Concepts of Raum and Bekleidung [D]. Philadelphia: University of Pennsylvania, 2003。

此外，笔者于2007年完成的硕士论文《中国古代铜殿研究》是对金属建筑的初步探索。限于时间和学力，当时未尽的内容包括：一、未从理论高度总体勾勒金属建筑的发展、演变过程；二、未研究金属建筑中的铁塔和铜塔；三、尚未寻找到山西已不存的四座铜殿遗址，研究对象尚欠完整；四、尚未有技术手段检测分析铜殿的合金成分，亦未以全面的理论和方法开展进一步讨论。但该文为本次全面、深入的研究和更高立意的论述打下了坚实基础。

4　文物考古、方志、档案文献中的零散论述和资料性记录

关于铁塔的研究有发表在《考古》《文物》等杂志上的几篇塔基发掘简报[17]，以及个别修缮工程之后的报告[18]。有些管理单位保存有未发表的勘测和修缮报告。这些报告是本研究的重要参考资料。建筑实测图是研究实例的最直接数据，也是本书重要的研究基础，但目前仅有玉泉寺铁塔、聊城铁塔、武当山太和宫金殿、颐和园宝云阁有部分公开发表的实测图[19]，其他各处则没有或尚未公开发表实测图。

各实例所在寺观志、山志及地方志中有不少关于实例的记录或文学描述，清代宫廷档案资料中散落有清代皇家金属建筑的直接记录或陈设档案等。这是本书考证、引用的重要文献史料来源（详目见参考文献）。

期刊中关于中国古代铜殿的研究仅有零星几篇，多为科普介绍或猎奇式的总结，缺乏以建筑史方法进行的研究[20]。

5　作为参照系的建筑史、冶铸史、宗教研究、社会史等相关学科文献

除了梁思成先生、刘敦桢先生等老一辈建筑史家的经典著作外，《中国古代建筑技术史》[21]及五卷本《中国古代建筑史》[22]作为近年建筑历史研究的重要成果，提供了重要的背景知识。傅熹年先生的《中国科学技术史：建筑卷》[23]虽然未直接论述金属建筑，但其对各时代建筑技术精当的论述和分析为本研究提供了直接的参照系。尤其值得注意的是，傅熹年先生在书中对各时代的工程技术进展以木工、土工、石工、砖砌体工程的分类体系予以总结和阐释，有效而系统地勾画出中国工程技术史发展的特点和得失。而在这其中，目前唯独缺少金属建筑工程（金工）。

---

17 如：湖北省玉泉铁塔考古队. 湖北当阳玉泉铁塔塔基及地宫清理发掘简报 [J]. 文物，1996（10）：43-57；山东聊城地区博物馆. 山东聊城北宋铁塔 [M]. 考古，1987（02）：124-130；江苏省文物工作队镇江分队，镇江市博物馆. 江苏镇江甘露寺铁塔塔基发掘记 [J]. 考古，1961(06): 302-315

18 如：周天裕. 中国第一铁塔——当阳市玉泉山梭金铁塔 [J]. 华中建筑，1998，16（1）：119-125

19《颐和园排云殿—佛香阁—长廊大修实录》公布了颐和园宝云阁铜殿的修缮记录和照片，可资利用。见：颐和园管理处编. 颐和园排云殿—佛香阁—长廊大修实录 [M]. 天津：天津大学出版社，北京：《建筑创作》杂志社，2006

20 对武当山太和宫金殿的介绍相对较多，见于早年的《文物》期刊和近年一些侧重地域性研究的专著、期刊中，如《世界文化遗产——湖北武当山建筑群》（载于《郧阳师范高等专科学校学报》）等。详见本书参考文献。秦佩珩先生的《清凉铜殿杂考》是学术期刊中仅见的一篇论述五台山显通寺铜殿的文献，并泛论及武当山、昆明、颐和园的另外三座铜殿。但作者未从建筑角度进行分析。

21 中国科学院自然科学史研究所主编. 中国古代建筑技术史 [M]. 北京：科学出版社，1985

22 傅熹年主编. 中国古代建筑史（第二卷）[M]. 北京：中国建筑工业出版社，2001；潘谷西主编. 中国古代建筑史（第四卷）[M]. 北京：中国建筑工业出版社，2001；孙大章主编. 中国古代建筑史（第五卷）[M]. 北京：中国建筑工业出版社，2002

23 傅熹年. 中国科学技术史（建筑卷）[M]. 北京：科学出版社，2008

面对未有确切纪年的建筑而涉及的年代判断问题,近年有徐怡涛教授关于形制年代学的成果可资参考[24]。在以官式木构建筑为参照系分析金属建筑的设计时,需比对相关各时代建筑的权衡、比例、构造做法,已有诸多前辈先生的著作可资参考,如:潘谷西先生的《〈营造法式〉解读》[25]、朱光亚先生的《江南明代建筑大木作法分析》[26]、马炳坚先生的《中国古建筑木作营造技术》[27]、刘大可先生的《中国古建筑瓦石营法》[28]、郭华瑜教授的《明代官式建筑大木作》[29]等。对于古代宗教建筑的专论有夏南希(Nancy Steinhardt)教授的《道教建筑》[30]、张十庆教授的《中国江南禅宗寺院建筑》[31]等。

金属建筑在近代的境遇涉及近代建筑史研究,有张复合、赖德霖、李海清、曾娟[32]等先生的研究可资参考,为本书提供了近代史的背景框架。

近年来随着一批当代仿古铜建筑的建成,当代铜工艺大师朱炳仁先生及其团队发表了数篇铜质仿古建筑技术的论文和技术文件,集中在2003年第2期的《古建园林技术》中,并已有专著出版[33]。但这些文献以对当代工程的介绍为主,与古代金属建筑关系不大。

科技史、科技考古领域对中国古代的冶金史和铸造史已有较丰富的研究成果,是本书重要的参照系与背景知识。谭德睿先生经过实验,专门研究了青铜时代的陶范铸造技术[34]。何堂坤先生的《中国古代金属冶炼和加工工程技术史》[35]以及华觉明先生的《中国古代金属技术:铜和铁造就的文明》[36],基于各历史时期的具体成果及文献记载,建立起了冶炼史、铸造史的总体框架。姜生、汤伟侠教授主编的《中国道教科学技术史(汉魏两晋卷)》[37]中论述了道教科学思想、冶铸技术与炼丹术的同源性。可贵的是,上述几种研究都力图在思想、文化和哲学的高度对科技史进行论述,而非仅仅停留在技术考证和史料排比。这启发了笔者在技术思想、技术哲学层面的理论思考。

具体到金属建筑的铸造分析,研究报道则非常有限:华觉明、王安才先生的《颐和园铜亭构件和拨蜡法》介绍了用传统工艺模拟拨蜡铸造法的实验,但其文中模拟的案例并非建筑构件,而是铜佛像[38];孙淑云教授分析了玉泉寺铁塔的铸造工艺,并取样做了金相分析[39];田长浒教授主编的《中国铸造技术史(古代卷)》对个别铜殿、铁塔的铸造做了简要介绍[40];北京科技大学的梅建军教授与北京大学的陈建立教授及其各自研究团队近年发表了一系列冶金考古的成果,覆盖了全国各地区,从史前、先秦至明清时期都有涉及,其研究方法是本研究的重要参考[41]。

通过实验室设备分析研究对象的成分是科技史、科技考古研究

---

24 如:徐怡涛.公元七至十四世纪中国扶壁形制流变研究[J].故宫博物院院刊,2005(05):86-101;徐怡涛.从公元七至十六世纪扶壁栱形制演变看中日建筑渊源[J].故宫博物院院刊,2009(01):37-43
25 潘谷西,何建中.《营造法式》解读[M].南京:东南大学出版社,2005
26 朱光亚.江南明代建筑大木作法分析[D].南京:南京工学院,1981
27 马炳坚.中国古建筑木作营造技术[M].北京:科学出版社,1997
28 刘大可.中国古建筑瓦石营法[M].北京:中国建筑工业出版社,1993
29 郭华瑜.明代官式建筑大木作[M].南京:东南大学出版社,2005
30 Nancy Shatzman Steinhardt. Taoist Architecture. In: Taoism and the Arts of China. Chicago: Chicago Art Institute, 2000. 57-75
31 张十庆.中国江南禅宗寺院建筑[M].武汉:湖北教育出版社,2002
32 张复合.北京近代建筑史[M].北京:清华大学出版社,2004;赖德霖.中国建筑革命:民国早期的礼制建筑[M].台北:博雅书屋有限公司,2011;李海清.中国建筑现代转型[M].南京:东南大学出版社,2004;曾娟.近代转型期岭南传统建筑中的新型建筑材料运用研究[D].南京:东南大学建筑学院,2009
33 如:朱炳仁.彩色铜雕与多层次铜浮雕的研究及雷峰塔上的应用[J].古建园林技术,2003(2);朱炳仁.对雷峰塔使用铜构件的可行性研究和探索[J].古建园林技术,2003(2);朱炳仁.《铜制仿古建筑构件工程质量验收评定办法》节选[J];叶德龙.铜制建筑构件在雷峰新塔的应用[J].古建园林技术,2003(2);朱军岷.铜建筑在中国建筑史上的地位[J].古建园林技术,2003(2)。专著见:朱炳仁.中国当代铜建筑艺术[M].杭州:浙江人民出版社,2004
34 谭德睿.中国青铜时代陶范铸造技术研究[J].考古学报,1999(2):211-250
35 何堂坤.中国古代金属冶炼和加工工程技术史[M].太原:山西教育出版社,2009
36 华觉明.中国古代金属技术:铜和铁造就的文明[M].郑州:大象出版社,1999
37 姜生,汤伟侠主编.中国道教科学技术史(汉魏两晋卷)[M].北京:科学出版社,2002
38 华觉明,王安才.颐和园铜亭构件和拨蜡法[J].文物,1978(5):67-69
39 孙淑云.当阳铁塔铸造工艺的考察[J].文物,1984(6):86-89
40 田长浒主编.中国铸造技术史(古代卷)[M].北京:航空工业出版社,1995
41 如:梅建军(执笔).中国早期冶金术的新进展,见:中国社会科学院考古研究所科技考古中心编.科技考古(第三辑)[M].北京:科学出版社,2011:135-154;陈建立.中国古代金属冶铸文明新探[M].北京:科学出版社,2014

的重要手段，然而金属建筑实例中仅昆明太和宫铜殿和显通寺铜塔有合金成分数据发表。但报道显示前者的数据采集点非常有限，远不能完整反映铜殿的合金成分和价值[42]；后者与本研究采集到的数据有较大出入[43]。本研究重新全面采集了数据。

黄铜的发展史及其取代青铜开始流行的年代是近年冶金史学者关心的重要问题，赵匡华、周卫荣先生发表了一系列论文[44]，其分析数据和结论是本书讨论铜殿、铜塔铸造材料的重要参照坐标。

艺术史、社会史、道教研究、佛教研究等相关学科的论著中，虽然没有与金属建筑直接相关的研究，但其理论、方法多有可借鉴和启发之处。例如：巫鸿教授关于中国艺术和建筑中某些案例通过奢侈浪费来获得权力、表达"纪念碑性"的论述，对本研究具有一定启发。杨立志、梅莉、韩书瑞（Susan Naquin）教授等道教史学者、历史学者的论著中关于武当进香习俗、信仰传播的研究成果可资本书借鉴[45]。赵世瑜、行龙、张俊峰教授等社会史学者关于山西地方社会水案以及乡土社会权力与象征的研究，对本书讨论铜殿的象征性具有重要的借鉴意义[46]。

宗教原典中蕴藏有古代宗教建筑艺术的设计理念，这也是笔者近年比较关注的问题。本研究重视对《道藏》《大正藏》中相关原典的解读。

综上所述，可以得出如下结论：

一、国内外学界早已注意到金属建筑的存在，但一直未对金属建筑进行系统考察和论述，而仅有零散论述和报道，缺乏科学、专业的考察。

二、建筑历史与理论领域已有基于材料视角的相关理论可资借鉴。

三、科技史、社会史等其他学科领域已有相关研究成果可作为本研究的参照系与背景知识。

四、目前仅有少量发表的考古资料、实测资料可资利用。本研究的第一手资料仍以建筑本体、铭文、碑刻为信，需赴现场考察、勘测获得。

五、没有可资利用的金属建筑合金成分的分析数据，本研究需自行全面收集。

---

42 高玲. 古铜殿表面处理方法 [J]. 云南化工, 1998（3）：49-50
43 乔云飞. 五台山显通寺铜塔的保护设计 [J]. 文物世界, 2005(05): 72-74
44 如：周卫荣. 黄铜冶炼工艺在中国的产生与发展 [J], 见：国学研究. 第10卷, 北京：北京大学出版社, 2002：315-331；赵匡华, 周卫荣, 郭保章等. 明代铜钱化学成分剖析 [J]. 自然科学史研究, 1988, 7(1): 54-65；周卫荣, 樊祥真, 何琳. 中国古代使用单质锌黄铜的实验证据——兼与M. R. Cowell 商榷 [J]. 自然科学史研究, 1994, 13(1)：60-64
45 如：John Lagerwey. The Pilgrimage to Wu-tang Shan [C]. In: Susan Naquin, Chün-fang Yü, eds. Pilgrims and Sacred Sites in China. Berkeley, Los Angeles, Oxford: University of California Press, 1992：293-332；梅莉. 明代云南的真武信仰——以武当山金殿铜栏杆铭文为考察中心 [J]. 世界宗教研究, 2007（1）：41-49；顾文璧. 明代武当山的兴盛和苏州人大规模武当进香旅行 [J]. 江汉考古, 1989（1）：71-75；梅莉. 明清时期武当山香客的地理分布 [J]. 江汉论坛, 2004（12）：81-85；杨立志. 武当进香习俗地域分布刍议 [J]. 湖北大学学报（哲学社会科学版), 2005, 32（1）：14-19；等。
46 如：赵世瑜. 分水之争：公共资源与乡土社会的权力和象征——以明清山西汾水流域的若干案例为中心 [J]. 中国社会科学, 2005(02): 189-203；行龙《明清以来山西水资源匮乏及水案初步研究》, 张俊峰《明清以来洪洞水案与乡村社会》, 均见：行龙主编. 近代山西社会研究——走向田野与社会 [M], 北京：中国社会科学出版社, 2002

四、本研究的理论、方法与技术路线

1 理论框架：金属建筑的象征与技术

诚如陈薇教授所论，金属建筑的材料与观念的表里关系在于青铜这种材料自商周以来所承载的象征性，而技术则是材料与观念之间的桥梁。本研究的基本理论由此生长而来：

大量昂贵材料的使用（青铜、黄铜、铁、金），决定了金属建筑的高等级特性，也使其成为中国建筑中最罕见的建筑类型，数量非常有限，并不用于一般居住。它的出现、发展，除了足够的财力支持外，还需有：

第一，象征意义的理论支持。这来源于宗教思想或权力（皇权、政权、社会事务中的权力等）。

第二，技术的演进与支撑。这来源于冶铸技术与适应性建筑技术的发展。

在此基本理论框架下，本书对金属建筑的分析，就围绕"象征意义"与"适应性技术"这两个关键词，以其积淀、发展为线索，展开实证分析、历史考证和理论阐释。

2 基本方法：多学科交叉的认识之网

建筑作为复杂的工程实体，凝聚了技术、审美、社会思潮，也同时是社会经济运作的结果。基于这种认识，就必须以开放的态度，用各种适用的学科理论、方法和技术，形成一张认识之网，来研究古代建筑。在充分掌握资料的基础上，本书试图在研究方法和范式上进行一系列探索。

本书采用的研究方法跨越了单一学科，综合运用建筑、考古、艺术史、宗教、材料分析、社会史研究等学科方法，首次全面系统地开展了对中国古代金属建筑的研究，尤其以对其象征、设计、材料、铸造、建造、项目运作的深入研究弥补了中国建筑史在此领域的空白和缺失。本研究相当于一块三棱镜，用多学科的方法，尽可能将金属建筑所凝聚的各个重要维度投射出来，再以"象征"和"技术"的理论框架贯穿其中展开叙述和阐释。研究的技术路线如图0-2所示。

在这样的总体立意下，笔者首先在实地调研工作中投入了大量时间和精力，实地考察了目前可考的50余处金属建筑和曾有过金属建筑的庙址（包括所有的铜殿，重要的铁塔、铜塔实例，以及部分

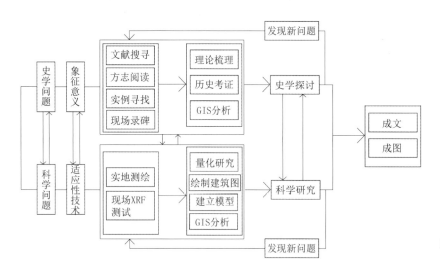

图0-2 本书的技术路线

金属屋面建筑）。笔者通过现场建筑测绘、碑铭收集、材料测试（对有些实例还进行了不止一次的深入调查），系统掌握了中国古代金属建筑的第一手资料。在文献方面，除了传统的历史文献，笔者在美国学习时还注意收集了相关外文资料，其中不乏此前未利用过的对现已不存的金属建筑的重要记录。通过文献查阅与实地考察相结合的考证，发现了先前未被认识的藏于深山或已不存的金属建筑；也考订了现存金属建筑的年代，纠正了此前的一些谬误。这些研究需要繁琐的勘测、制图和细密的考证工作。然而本书在行文组织上希望能更进一步，以上述实证研究为支撑，注重全局性和通史性的叙述。详细的报告、铭文辑录则以附录的形式安排在文末。

在建筑本体分析方面，本书的方法主要来自对传统木构建筑的研究，包括布局、结构、构造、尺度和设计模数分析等。对设计理念、装饰与像设意义的分析则近于艺术史的方法。对铸造与建造的分析是典型的科技史方法，在复原、解读技术过程的基础上，技术思想总结与文化解释对其他专业的读者来说或许更具启发性和普遍性意义。

在材料的科学分析方面，笔者使用了最新的便携式X射线荧光分析仪（XRF），对现存所有的铜殿、一部分已不存铜殿的残件，以及大部分铁塔、铜塔进行了无损检测分析，首次系统收集了中国古代金属建筑的材料成分数据。这首先明确了此前未知的金属建筑成分，在黄铜使用这一冶金史热点问题上有所发现。进而，在科学测试的基础上，将数据导入建筑模型的GIS平台中进行定量（半定量）、定性分析和表达，首次发现在一些铜殿中，构件的合金成分与其在建筑结构中所承担的功能存在相关性。这是此前未被发现的规律。同样，为什么存在这样的规律？它们源于怎样的传统技术思想和哲学观念？这是本研究试图追问和探讨的更深层次问题。

许多金属建筑都具有大量铭文,笔者对此(以及相关联的碑铭)进行了系统的记录、释读和数据统计,并使用GIS平台进行空间分析。透过金属建筑的物质实体,以社会史的视角来审视金属建筑的捐资者、组织者、建造者的活动,以及项目实施的过程和社会机制。在建筑史研究领域,这套方法似乎并没有成熟的先例参考。令笔者欣慰的是,这项极其需要耐心的尝试非常值得,它使得我们得以见物见人,展开了历史上金属建筑项目(多为纪念性建筑)从策划到实施的一幅幅社会图景。而这一话题作为全书最后一章,也正联结和喻示了今日中国之纪念性建筑项目从策划到实施过程中的种种现象。

图0-3 本书的篇章结构

3 篇章结构

本书分为上、下篇两部分：上篇为中国古代金属建筑发展史，考证、论述金属建筑的出现、发展。下篇为金属建筑专题研究，挖掘、分析其作为工程实体成立的全过程，及其反映出的设计方法、材料观念、营造智慧和社会断面。篇章结构如图0-3。

五、研究过程

本研究肇始于2006年4月，作为笔者的博士论文正式开题于2009年6月，经过多轮文献挖掘、实地考察、阶段性成果发表和讨论，工作进程可以分为九个阶段，具体进程见下表：

表0-1 研究工作进程表

阶段	日期	地点/实例	测绘	现场记录	文献收集	测试	阶段成果
一	2005.7	五台山显通寺	●	●			在文献阅读的基础上，考察了现存的所有铜殿和主要的铜殿庙址，以及金属屋面建筑的重要案例。此阶段初步成果形成了笔者的硕士学位论文《中国古代铜殿研究》（东南大学建筑学院，2007）
	2006.4	湖北武当山建筑群	●	●			
	2006.4	当阳玉泉寺	●	●			
	2006.4	荆州太晖观		●			
	2006.5	泰安岱庙铜殿、铁塔，岱顶碧霞祠	●	●			
	2006.7	北京颐和园、故宫，房山铁瓦寺	●	●			
	2006.7	承德避暑山庄、外八庙	●	●			
	2006.7	昆明太和宫铜殿	●	●			
	2006.8	大理宾川鸡足山	●	●			
	2006.12	日本京都的相关金属屋面建筑		●			
	2006.12	句容宝华山隆昌寺	●	●			
	2007.1	青海西宁塔尔寺	●	●			
二	2007.7	青海西宁塔尔寺	●	●			证实芦芽山太子殿（号称"铁瓦铜梁"）的情况不实。寻访芦芽山铁塔不得，证实应已不存。找到汾西姑射山铜殿基址
	2008.7	山西芦芽山		●			
	2008.7	山西汾西姑射山	●	●			
	2007.9—2008.8	南京			●		继续阅读文献，寻找案例线索
三	2008.9—2009.5	美国费城、纽约		●	●		学习合金成分检测的知识；收集外文资料中关于已不存的金属建筑的各种记录
							实地考察费城、纽约的铸铁框架和铸铁立面建筑，进行比较研究
四	2009.6	南京			●		博士论文开题
	2009.6	镇江甘露寺铁塔	●	●		●	
	2009.6	广州光孝寺铁塔	●	●		●	
	2009.6	梅州千佛铁塔	●	●		●	
	2009.6	韶关南华寺铁塔	●	●		●	

续表

阶段	日期	地点/实例	测绘	现场记录	文献收集	测试	阶段成果
五	2009.6	聊城隆兴寺铁塔	●	●		●	一、全面调查铁塔、铜塔实例;二、携带便携式X射线荧光分析仪(XRF),重访铜殿案例,进行合金成分分析;三、寻找文献中记载的山西平阳地区几座山上的铜殿 本次外业工作时间约40天。此次调查集中实践了本研究的基本方法论和技术路线,对本研究采用的理论、方法有了更加明确的认识,并先以个别建筑为例,成文发表
	2009.6	济宁崇觉寺铁塔	●	●		●	
	2009.6	泰安铁塔、铜殿	●	●		●	
	2009.7	五台山显通寺铜殿、铜塔	●	●		●	
	2009.7	赵城霍山真武庙铜殿	●	●		●	
	2009.7	洪洞青龙山真武庙铜殿	●	●		●	
	2009.7	武当山太和宫金殿、元代小铜殿	●	●		●	
	2009.7	咸阳北杜千佛铁塔	●	●		●	
	2009.7	兴平铁醮炉	●	●		●	
	2009.7	北京颐和园宝云阁				●	
	2009.9	峨眉山铜殿残留槅扇 伏虎寺铁塔(圣积寺)	●	●			
	2009.9	重庆永川小铜塔	●	●			
六	2009.9—2010.8	美国费城			●		整理调研数据;阅读材料理论的相关文献
七	2010.9—2011.7	南京			●		在个别案例上尝试本研究的理论、方法,独立成篇发表深入阅读冶金史文献
八	2011.8	昆明铜殿	●	●		●	重返昆明,对昆明铜殿进行了细致的XRF分析,得到了全新认识 收集了已不存的峨眉铜殿、铜塔的材料数据
	2011.8	峨眉山博物馆藏铜殿残件、铜塔残件;伏虎寺铜塔(圣积寺)		●		●	
	2011.8	重庆北碚塔坪寺	●	●			
	2011.8	义乌双林寺铁塔	●	●			
	2011.8	天台山中方广寺明代铜殿模型	●	●			
九	2011.9—2012.9	南京			●		2012年3月在美国亚洲研究学年会,以及宾夕法尼亚大学发表初步成果
补充	2012.12	湖南常德铁经幢,山西石楼飞龙山铜殿	●	●			

注:加阴影的为内业工作,其余为外业工作。

综上,本研究在国内的单向行程超过2万公里,跨越14省(直辖市),到达30个市、县,考察了50处金属建筑实例,数次考察的路线见图0-4。

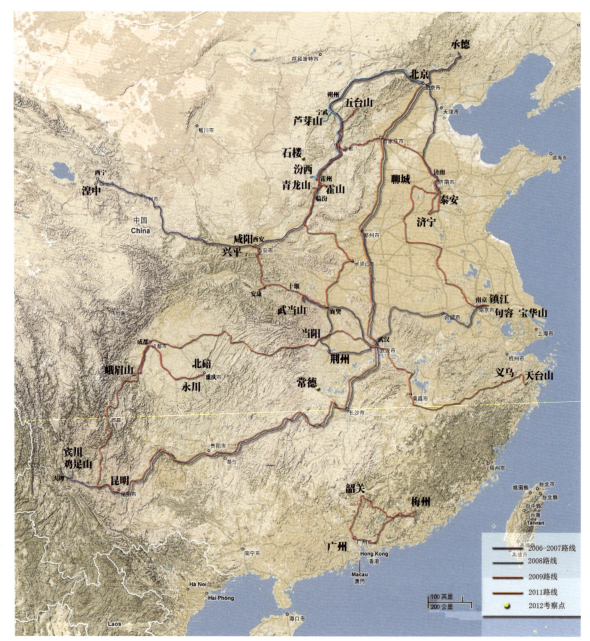

图0-4 本研究考察路线图
大字为考察点，小字为交通中转点

上篇 金属建筑发展史

第一章 蕴积与技术储备（商周—南北朝）

第一章　蕴积与技术储备（商周—南北朝）

虽然历史上使用金属建造的建筑远不如砖石仿木建筑那样常见，但在土木建筑中使用金属构件的历史，则可早至商代。青铜之高贵与宫室建筑之高等级具有先天的契合，因此少量铜构件最初出现在宫室建筑中并不出乎意料。

一方面，随着铜、铁生产能力的不断进步以及青铜礼乐制度的瓦解，铜合金不再像青铜时代那样为极少数人垄断。它们在具有象征意义的高等级建筑或宗教建筑中的使用日渐丰富：从最初的节点连接构件到后来的承重构件，再到大规模使用的围护构件。这些都可视作全金属殿堂——铜殿出现的技术储备。

另一方面，两汉时期佛教进入中国后，其标志性建筑物佛塔广泛建造，使得佛塔的核心本源——塔刹（其本体或端部常常是金属的）也随之广为铸造、为人所识。塔刹的发展又与中国本来的纪念性铜柱、铁柱、重楼上的标柱相应和、融合，继续演进。这一条线索与金属建筑构件的发展相平行，为金属塔的出现进行了理论和技术储备。

一、商周青铜文明中的青铜建筑构件：地位之象征

1　铜门砧饰件与铜锧：青铜之高贵与宫室建筑之高等级的契合

中国传统建筑的一大特点在于建筑的形制与使用者的身份挂钩，具有等级性。除了开间、屋顶形式、装饰程度等方面，建筑材料的贵重程度也是体现等级高下的直观标准。以美丽的贵金属来建造宫室是需要雄厚财力的，可以直接体现出建筑的高等级，以及建筑所有者的地位。更何况，青铜（铜锡合金、铜铅锡合金、铜铅合金）并不是普通的金属，它在商、周是铸造礼器的材料，承载了礼制、祭祀、权力等深刻的象征意义，是支持统治的具有神秘力量的材料。对统治者而言，青铜不是点缀宫廷的装饰品，而是政治权力

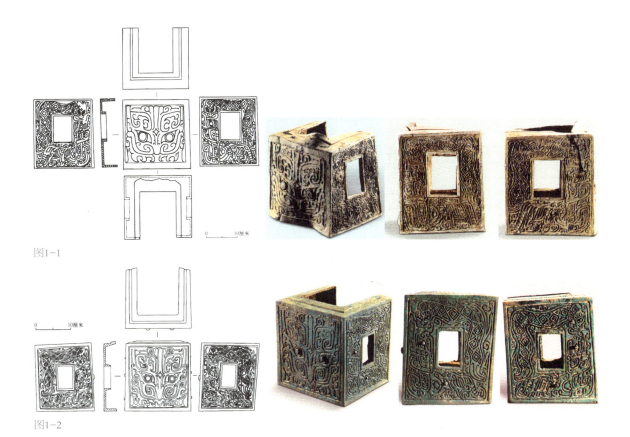

图1-1 小双桥遗址铜构件之一
河南省博物馆藏铅0003号
图1-2 小双桥遗址铜构件之二
河南省博物馆藏标本89ZX 采：01

1 张光直.考古学六讲[M].北京：文物出版社，1986：110-132
2 据报告，该遗址先后于1985、1989、1992年出土过三件形制类似的青铜建筑饰件，但1992年的那件因相关线索中断，至今尚未追回。见：河南省文物考古研究所编著.郑州小双桥——1990—2000年考古发掘报告[M].北京：科学出版社，2012：16-19
3 形制描述见：河南省文物考古研究所编著.郑州小双桥——1990—2000年考古发掘报告[M].北京：科学出版社，2012：16-19.相关讨论见：宋国定.商代前期青铜饰件及相关问题.见：河南省文物研究所编.郑州商城考古新发现与研究（1985—1992）[M].郑州：中州古籍出版社，1993：72-77

斗争的必需品。如张光直先生所指出的，三代都城的迁徙、政权的更替甚至都可能与对铜矿、锡矿的追寻有关[1]。

从考古资料来看，郑州小双桥遗址出土的两件铜建筑构件是已知最早的青铜建筑构件，定名为青铜建筑饰件，编号分别为"河南省博物馆藏铅0003号"和"河南省博物馆藏标本89ZX采：01"[2]。小双桥遗址可能是商代中期的一座都邑遗址。这两件青铜建筑构件出土于商代夯土建筑遗址南侧的一条商代壕沟附近。前者较大，重8.5公斤，正面宽21厘米，侧面宽18.8厘米，高21.5厘米，胎厚0.6厘米；后者较小，重6公斤，正面宽18.8厘米，侧面宽16.5厘米，高18.5厘米，胎厚0.6厘米。两者形制相似，均近方形，平面呈"凹"字形，正面为饕餮纹，两侧面有长方形孔，饰"龙虎搏象图"（图1-1，图1-2）。这两件铜构件的正面、两侧面、顶面均为看面，故推测其安放位置应该低于视平线。综合考虑其形状与构造，推测应为大型宫室建筑中，套在门道两侧门砧石（或门砧木）前端的装饰构件[3]。其整体铸工精细、线条细密，形制高贵，当非一般人能够使用。

安阳小屯殷墟遗址发现了更多的青铜构件。1928年至1937年，中央研究院在河南安阳发掘了53处建筑基址，其中北边的一组为甲组。根据石璋如先生关于此殷代建筑基址的发掘报告，其中一座较大的"甲十一"号建筑（图1-3）使用了铜础：

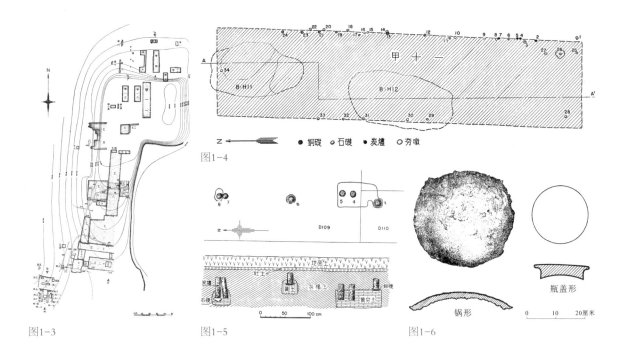

图1-3
图1-5
图1-6

"甲十一基址的轮廓不清，依照础石的排列，可能为南北长四十六公尺七寸，东西宽十公尺七寸，在它的东面有南北一行二十四个柱迹，这二十四个柱迹计有石础九个，炭烬四个，小圆穴一个，铜础十个，在有些石础上或铜础上，也有炭迹的遗存。炭迹最大的有高约五公寸[50 cm]，径约一公寸五[15 cm]。……石础每直接放在生土上或夯土，而铜之下每垫有其它的物质。"[4]

此"铜础"上承柱，下垫河卵石、灰土以及其他物质（出土时已成灰烬）[5]，应当定名为"铜锧"，即位于柱础之上与木柱直接接触的那层垫层（图1-4，图1-5）。考古报告中描述为"锅形"与"瓶盖形"（图1-6），还有一种没有固定形制的碎片形。杨鸿勋先生在论述早期金属建筑构件时也曾指出（引文原文使用"质"字）：

"安阳小屯殷墟发现铜质，是一个重要线索。据报告称，铜质面上有朽木残迹，径10余厘米；结合铜质分布的位置来看，它应是擎檐柱的质。铜质的材料及其球面泛水，证明它是显露于土阶上、仿佛后世的明础。大砾石柱础上置青铜质，显然出于观瞻的要求。"[6]

除了隔潮和美观的要求，铜锧更重要的作用是向观者昭示了建筑和使用者的等级之尊。"甲十一"号建筑应当是一座贵族居住的宫室。

图1-3 小屯殷墟建筑基址分布图
图1-4 铜锧在遗址平面中的位置
编号3、6、11、12、13、17、19、21、23、24为铜锧或铜片
图1-5 铜锧在遗址剖面中的位置
图1-6 铜锧的形制
左：锅形；右：瓶盖形

[4] 石璋如. 河南安阳小屯殷代的三组基址[J]. 见：大陆杂志史学丛书. 第二辑第一册. 台北：大陆杂志社，1967初版，1970再版：99-106。引文中方括号内为笔者注释，后面引文方括号用法同此处。

[5] 石璋如. 中国考古报告集之二：小屯（第一本遗址的发现与发掘：乙编）[M]. 南港："中央"研究院历史语言研究所，1959：49-50

[6] 杨鸿勋. 凤翔出土春秋秦宫铜构——金釭. 见：建筑考古学论文集[M]. 北京：文物出版社，1987：117

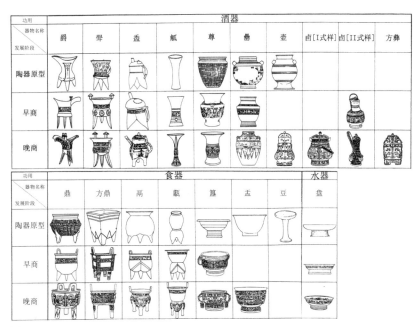

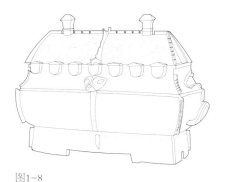

图1-7 商代青铜器与史前陶器中的对应器型
图1-8 妇好偶方彝

图1-7

图1-8

2 "范金"与"合土":关于贵金属与建筑结合的远古记忆

中国拥有灿烂的青铜文明,青铜铸造技术在商代就已经相当发达,商代晚期已经初步建立了以锡为主要合金元素的Cu-Sn-Pb(铜-锡-铅)三元合金系[7]。中国青铜文明的特别之处还在于青铜器作为礼器,承载了礼仪、祭祀、权力等深刻内涵和功能。青铜器的器型形形色色,一般来说,大多数商代青铜器都能在史前陶器中找到与之相对应的器型(图1-7)。但是,我们看到商代晚期出现的方彝这种器型却找不到与之对应的史前陶器类型。方彝最大的特点在于:器盖为建筑四坡顶的形式,正脊、戗脊位置均有扉棱以加强表现屋脊的形象,顶上还有四坡形小柱。这表达的应当是建筑的意象,更确切地说,是具有象征意义的高等级宫室建筑的意象。其中最为形象的要属妇好偶方彝,不仅有坡顶、屋脊的形象,还做出了梁头的形象(图1-8)。

7 何堂坤. 中国古代金属冶炼和加工工程技术史[M]. 太原:山西教育出版社,2009:10-11

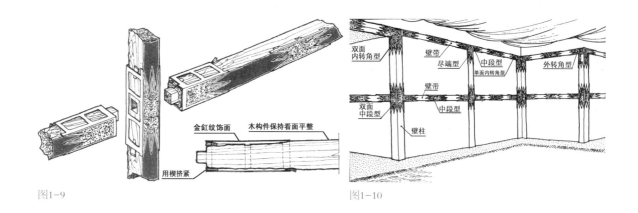

图1-9 金釭安装在木杆件上构造示意图
图1-10 金釭可能安装位置示意图

为什么青铜方彝没有对应的陶器前身？这是不是能从侧面反映出，宫室建筑的高等级、象征性，与青铜的高贵性具有某种天然和内在的契合？正如《礼记》所记：

"昔者先王未有宫室，冬则居营窟，夏则居橧巢……后圣有作，然后修火之利。范金，合土。以为台榭、宫室、牖户。以炮，以燔，以亨，以炙，以为醴酪。……"[8]

"范金"就是铸青铜器，"合土"就是造宫室。人们在回忆先祖的创举时，将这二者并列叙述，恐非偶然。这提示我们思考，这两项创举所产生的产品在人们的认识中，是不是具有某种内在的联系？

在考古资料中，我们看到大约是在商王武丁时期（公元前12世纪），一方面，宫室建筑中开始使用铜锧这样的铜建筑构件；另一方面，宫室建筑作为艺术形象，也开始被青铜这种媒材以礼器的形式表达了出来。

历史地看，这两方面又继续发展出不同的艺术传统。后者发展出铸造殿型青铜器的传统，后世的金铜神龛、神殿铜模型、银殿，甚至殿型铜香炉等，都可以看做这个传统的艺术产品。

当然，这个艺术传统生产出的并不是建筑，而是建筑形象的器物或建筑模型。本书讨论的中心则是宫室建筑与铜合金这两个概念交汇碰撞的另一种发展方向——"范金为殿"。这个艺术传统包括部分使用铜构件，进而全部使用铜构件的铜殿；也包括铜柱、"天枢"这样的大型铜、铁构筑物，以及佛教传入后的铁塔、铜塔等。

3 青铜建筑构件使用范围的扩大：金釭等

进入春秋战国时期，随着青铜生产能力的不断进步以及青铜礼乐制度的瓦解（也与铁器的使用有关），青铜也越来越多地被用在

8 礼记·礼运，见：十三经注疏[M]. 北京：北京大学出版社，1999：668-669

图1-11

图1-11 陕西咸阳长陵车站秦手工业作坊出土的建筑铜构件
咸阳博物馆藏

图1-12 河南信阳楚墓"四阿"车盖脊端节点铜构件

图1-13 战国帷架节点的铜连接箍套
济南博物馆藏

图1-12

图1-13

建筑中。各国高等级建筑中对铜构件的使用越来越流行，考古发掘多有发现。

陕西省凤翔县春秋秦都雍城遗址出土了一批铜构件[9]。经论证应为汉代文献所记之"金釭"，用途是用以加固壁柱、壁带之类的连接件，即套箍在木杆件连接处的加固构件。此类构件的流行，可能与当时北方地区木构榫卯尚未发达有关。杨鸿勋先生进而指出："壁柱、壁带之类所施金釭——金属箍套，即使后期因木构榫卯健全而蜕化为装饰品，但其配置部位主要仍在木构交接处。这便可证明，金属件的使用始于节点的加固"（图1-9，图1-10）[10]。金属件的使用，弥补了木构榫卯节点初期的不足。

此时期的类似考古资料还有燕下都遗址出土的铜构124件，发掘报告称"多属残缺，其形制、用途都不可考"，其位置在柱迹附近，为熔毁的不辨形制的"条状、块状铜块"[11]。如此大量的建筑构件遗存，推测其中应当既有铜柱础也有金釭。

类似金釭这样的铜箍套或铜连接件，还有陕西咸阳长陵车站秦手工业作坊出土的烧毁的建筑铜件残骸（图1-11），以及铜铰链等。

铜箍套等铜节点在建筑中的使用方式，可以参考成套出土的春秋战国时车盖、帐幕帷架等小型的类似节点构件的组合方式。虽然尺度有较大差别，但其使用方式和构造逻辑应当是可资参考的。如河南信阳春秋楚墓出土的"四阿"车盖，其连接方式如图1-12所示；又如战国帷架节点的铜连接箍套，见图1-13。

9 凤翔县文化馆、陕西省文管会. 凤翔先秦宫殿试掘及其铜质建筑构件[J]. 考古，1976（2）：121
10 引自杨鸿勋. 凤翔出土春秋秦宫铜构——金釭. 建筑考古学论文集[M]. 北京：文物出版社，1987：118
11 傅振伦《燕下都发掘报告》，见：国立北京大学国学季刊，1932《北大国学丛刊》3卷1号抽印本即使使用范围扩大，即使"礼崩乐坏"，青铜的高贵早已经深入中国人的文化心理中。正如陈薇先生所指出的，金釭上的蟠虺纹样，正是青铜这种高贵材料象征意义的遗痕[12]。

除了用作金釭及类似的铜连接件，还有春秋战国时以铜为柱础的记载，如《战国策》：

"智作攻赵襄子，襄子之晋阳，谓张孟谈曰：吾城郭完，仓廪实，铜少耐何？孟谈曰：臣闻董安于之治晋阳，公之室皆以黄铜为柱础，请发而用之，则有余铜矣。"[13]

二、战国至南北朝的金殿思想与金属建筑构件：神仙金殿与技术发展

1 金殿理论初步形成

（1）神仙金殿的传说

战国以降"礼崩乐坏"，青铜不再具有重要的礼乐和政治功能，曾经的权力以及宗教色彩的象征功能消散。这时，则有更具象的神仙、方术思想和原始的本土宗教（道教）思想来填补铜金的象征意义。

古人对神仙"金殿"这一概念已经形成，记载见于《史记·封禅书》。概念的最初形成或可上溯至战国之际，道教尚未形成之时：

"自威、宣、燕昭使人入海求蓬莱、方丈、瀛洲。此三神山者，其传在勃海中，去人不远；患且至，则船风引而去。盖尝有至者，诸仙人及不死之药皆在焉。其物禽兽尽白，而黄金、银为宫阙。未至，望之如云；及到，三神山反居水下。临之，风辄引去，终莫能至云。"[14]

按《史记》之说，齐威王、宣王时就开始向往海中的神山、金银宫阙了。至迟于西汉，已经对此传说有所记录。《史记》所记"海上神山黄金银宫阙"的传说大抵来自研究神仙丹药的方士。而能与之呼应的是，传说中汉武帝时的"神屋"为笃信方士的汉武帝所建，构件中使用了铜柱、铜橡、铜瓦，并且表面镏金，形象金光灿烂，见宋《太平御览》引《汉武内传》《汉武故事》：

"《汉武内传》曰，上起神屋，铸铜为柱，金涂大五围。"

"《汉武故事》曰，上起神屋以金橡为，刻玳瑁为龙虎禽兽以饰其上，状若隐起。橡首皆作龙形，龙首衔铃流苏悬之。"

12 陈薇.材料观念离我们有多远[J].建筑师，2009（3）：38-44
13 注意这里的"黄铜"，当指黄颜色的青铜，而非后来的黄铜合金。
14 ［汉］司马迁.史记[M].卷二十八 封禅书第六.北京：中华书局，1959：1370

"《汉武故事》云：上起神屋，以铜为瓦。"[15]

可以想见，"黄金宫阙"（金殿）的原始概念就源自求仙之思潮，是对传说中仙境建筑形象的具体描摹。古时铜就是"金"[16]，因此铜殿就是"金殿"。更何况用黄金造建筑太贵，实在难以承受，而用铜来造建筑构件、用金来做表面装鎏则切实可行。

（2）铜、金运用与冶铸本身的宗教意味

铜必须经过冶铸才能成为建筑材料。而铸造技术本身就与以炼丹术为特别表征的道教科技具有同源关系，这种关系在道教起源阶段的神仙传记中即可略见一斑。如《列仙传》：

"陶安公者，六安铸冶师也，数行火，火一旦散，上行，紫色冲天。安公伏冶下求哀，须臾，朱省[雀]止冶上，曰：'安公，安公，冶与天通；七月七日，迎汝以赤龙。'至期，赤龙到，大雨，而安公骑之东南上一城邑，数万人众共送视之。皆与辞决云。"[17]

这里的铸冶师通过铸冶的活动与天相通，最后升天成了神仙。正如道教史学者姜生先生所论："这类神仙传说皆与古代冶铸活动相关联，并非偶然。首先……炼丹术的出现乃是古代冶铸技术发展及观念分化的产物；其次，冶铸过程本身就是炉火烧炼过程，从中分化出的炼丹术，实质上是对炉火烧炼过程及产物进行观察和超理性思考的结果。"[18]这就形成了一个颇有意味的过程：青铜冶铸技术首先发展并分化出了炼丹术，成为道教"假求外物以自坚固"最主要的技术手段，旨在服用之后"飞升金阙"[19]；千年之后，冶铸术又将被用来打造其修炼、服丹所追求的飞升目的地"天宫金阙"之具体形象。

金与汞（朱砂）是铜合金表面鎏金或贴金工艺所需的两种主要原料（详见第十一章），而同时它们又是具有浓厚道教意味的重要材料——炼丹用的主要原料就是金、汞，最为道教炼丹家所迷信。正如东晋葛洪（284—364或343）论服用金丹"假求外物以自坚固"时说：

"夫五谷犹能活人，人得之则生，绝之则死，又况于上品之神药，其益人岂不万倍于五谷耶？夫金丹之为物，烧之愈久，变化愈妙。黄金入火，百炼不消，埋之，毕天不朽。服此二物，炼人身体，故能令人不老不死。此盖假求于外物以自坚固。"[20]

从生产过程和达到的效果来观察，通过鎏金技术装饰金殿来

---

15 [宋]李昉等撰.太平御览.卷一百八十七.第五页，卷一百八十八.第三页，第七页.见：四部丛刊三编第40册[M].上海：上海书店，1985年据商务印书馆1936年版重印
16 如"金有三等，黄金为上，白金为中，赤金为下"。孟康曰："白金，银也。赤金，丹阳铜也。"见[汉]班固.汉书[M].卷二十四下食货志第四下.北京：中华书局，1962.1164。
17《列仙传》，见：道藏.第5册[M].文物出版社，上海书店，天津古籍出版社，1988：74
18 姜生，汤伟侠主编.中国道教科学技术史[M].北京：科学出版社，2002：18
19 "太上圣祖金硫柜头变化金宝滋养无穷之法。说三品金丹，第一品金丹，服之飞升金阙，名曰天仙"。见：铅汞甲庚至宝集成.卷二.见：道藏.第19册[M].文物出版社，上海书店，天津古籍出版社，1988：255
20 王明.抱朴子内篇校释[M].上海：中华书局，1980：62

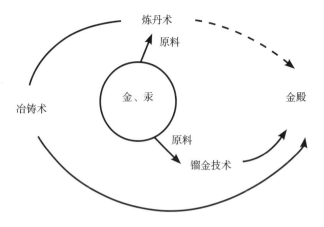

图1-14 冶铸、炼丹、金汞、镏金、金殿关系示意图
上半弧：金、汞作为原料；金殿作为修炼之目的地；炼丹术是到达此目的地的手段。
下半弧：金、汞作为原料；冶铸术（炼丹术的源技术）冶铜为殿；用汞化金以镏之，将修炼之目的地"天宫金阙"直接表现出来。

运用金、汞这两种物质，不仅具有视觉上金碧辉煌的效果，并且具有宗教思想上的象征意义。这样，从材料运用的角度来看，"冶铸术""炼丹术""金殿"这几个历史上的概念，无不与之联系起来，其中的宗教意味如图1-14所示。

从礼乐时代的高贵金属，到铜、金冶铸行为本身的宗教意味，以及此时期初步形成的对神仙"金殿"这一概念的追求，我们看到早在南北朝以前，关于金殿的理论就已经初步具备了。如果建筑技术允许，财力充足的帝王可能真的会用铜来建造传说中的金殿。

2 铜构件的发展

在建筑技术方面，从文献和考古材料来看，战国时除了连接用铜构件外，已经出现了具有一定承重功能的铜构件，如南京博物院藏的战国铜斗栱、陕西临潼出土的战国铜门楣等[21]。由秦汉至南北朝，铜建筑构件的使用记录日渐丰富，大多是铜柱的使用，如《史记·刺客列传》载：

"荆轲废，乃引其匕首以擿秦王，不中，中桐柱。"

正义燕丹子云：

"荆轲拔匕首掷秦王，决耳入铜柱，火出。"[22]

又如《晋书》载：

（石季龙）"又使掘秦始皇冢，取铜柱铸以为器。"[23]

汉武帝时昭阳宫使用了铜门限，见《汉书》：

（昭阳宫）"切皆铜，沓冒黄金涂"。师古注："切，门限也。""沓冒，其头也。"[24]

21 杨鸿勋. 凤翔出土春秋秦宫铜构——金釭[J]. 考古，1976（2）：106。铜门楣如果是上部有荷载的过梁，则当视作承重构件。
22 [汉] 司马迁. 史记. 卷八十六刺客列传. 北京：中华书局，1962：2535
23 [唐] 房玄龄. 晋书. 卷一百七载记第七石季龙下. 北京：中华书局，1974：2782
24 [汉] 班固. 汉书[M]. 卷九十七. 北京：中华书局，1974：3989

王莽造庙，也以铜为柱，《太平御览》卷五百三十一引谭桓《新论》：

"王莽起九庙，以铜为柱，薆带金银，错镂其上。"[25]

三国时期曹魏的洛阳北宫太极殿内设有金铜柱四根，见《太平御览》卷一百八十七：

"华延儁《洛阳记》曰太极殿有四金铜柱。"[26]

《太平御览》引用《汉武故事》《洛阳记》的内容在没有考古资料证实的情况下，虽不可尽信，但正史中关于南北朝时期建筑使用铜柱的记载却应大抵可信。又如《晋书》记载太庙使用铜柱：

"武帝太康五年[284]五月，宣帝庙地陷，梁折。八年正月，太庙殿又陷，改作庙，筑基及泉。其年九月，遂更营新庙，远致名材，杂以铜柱，陈勰为匠，作者六万人。"[27]

除了结构构件外，南北朝时期，南齐宫殿中用铜为装饰之处可能更多，以至于南齐皇帝为示节俭，建元四年（482）规定"后宫器物，栏槛以铜为饰者，皆改用铁"[28]。

由上述史料可见，秦汉至南北朝时，铜合金已经可以胜任铜柱这样的承重构件，在不少高等级的建筑中都有应用。至迟到南北朝时，建筑的柱、椽、瓦已经可以全用金属来造了。但如果要建造一座全铜的建筑，则还需要解决梁架、门窗槅扇、覆瓦等围护构件的问题。围护构件在当时可能也已经初步实现了——西汉东方朔《神异经·中荒经》："西北有宫，黄铜为墙，题曰地皇之宫。"又如："西南裔外老寿山以黄铜为墙。"[29] 这里的"黄铜为墙"，应当指的就是用黄色的青铜来造围护性的墙。

因此，铜殿的出现此时已经具备了立柱、围墙等基本结构技术条件，但至关重要的是，梁架、屋顶的技术问题仍未能解决。用什么样的结构形式才能解决铜梁架、铜屋面带来的大荷载？这是此时未能解决的技术难题。

将金属建筑的发展置于中国古代建筑技术史中，也不难理解这一点。由汉至南北朝，正统的宫室建筑仍然是土木混合结构，一直在努力摆脱对土墙、土芯的依赖，而尚未能真正实现全木梁架。因此对于稀奇的金属建筑来说，适应性的结构技术就更是难题。因此即便是汉武帝所造之神屋（金屋），根据记载也并非全铜，而只有柱、瓦、椽是铜的，可推知其柱子以上的梁架仍然是木构。

25 [宋] 李昉等撰. 太平御览. 卷五百三十一. 第八页. 见：四部丛刊三编第47册 [M]. 上海：上海书店，1985年据商务印书馆1936年版重印
26 [宋] 李昉等撰. 太平御览. 卷一百八十七. 第六页. 见：四部丛刊三编第40册 [M]. 上海：上海书店，1985年据商务印书馆1936年版重印
27 [唐] 房玄龄. 晋书 [M]. 卷二十七 志第十七五行上. 北京：中华书局，1974：802.《汉晋春秋》也有相关记载："武帝改营太庙，南致荆山之木，西采华山之石，铸铜柱十二，涂以黄金，镂以百物。"见 [晋] 习凿齿. 汉晋春秋 [M]. 北京：中华书局，2000。
28 [梁] 萧子显. 南齐书 [M]. 卷二高帝纪下. 北京：中华书局，1972：39
29 东方朔撰，张华注：《神异经》，上海古籍出版社编，王根林等校点. 汉魏六朝笔记小说大观 [M]. 上海：上海古籍出版社，1999

三、两汉南北朝的铜柱与塔刹：理念、技术与形象储备

1 源自本土的金属通天柱、承露盘柱、纪念柱

至迟从汉代开始，铜柱不仅被用在高等级建筑内部作为承重的柱子，还常常被单独树立，赋予重要的纪念性意义。

与升仙思想有关，在汉代人们认为昆仑山为大地中心[30]，上对天极（北极、北辰），形成天地的中轴，即通天之柱。见《龙鱼河图》："昆仑山，天中柱也。"《河图括地象》："昆仑山为天柱，气上通天。昆仑者，地之中也。"而在昆仑山上，又有一根铜柱耸立入天[31]：

"昆仑有铜柱焉，其高入天，所谓天柱也。"

《神异经·中荒经》亦云：

"昆仑之山有铜柱焉，其高入天，所谓天柱也。"

除了上述传说中的铜柱外，在史书中也不乏铜柱作为纪念柱、标界柱的记载。

例如，汉武帝为延寿求仙，曾造过一根著名的仙人承露铜柱，据《史记》：

（武帝）"其后则又作柏梁、铜柱、承露仙人掌之属矣。"[32]

《汉书》也有同样记录，并加注：

苏林曰："仙人以手掌擎盘承甘露"；颜师古曰："三辅故事云建章宫承露盘高二十丈，大七围，以铜为之，上有仙人掌承露，和玉屑饮之。盖张衡西京赋所云'立修茎之仙掌，承云表之清露，屑琼蕊以朝餐，必性命之可度'也。"[33]

这根铜柱相当高，上有承露盘。由于汉武帝的缘故，此柱名声很大（真实高度倒不必真去计较）。因此后世佛塔塔刹上的相轮、露盘，有时也会被附会为"承露盘"。

另一根著名的铜柱是《后汉书·马援列传》记载的汉与交趾（越南）的界标：

"援将楼船大小二千余艘，战士二万余人，进击九真贼征侧余党都羊等，自无功至居风，斩获五千余人，峤南悉平"。……广州

---

30 如《水经·河水》："昆仑墟在西北，去嵩高五万里，地之中也。"见：郦道元著，陈桥驿校证. 水经注校证 [M]. 北京：中华书局，2007：1。又如《河图括地象》："地中央曰昆仑，昆仑东南万五千里，名曰神州。"又："地部之位，起形高大者，有昆仑山。……其山中应于天，最居中，八十城绕之。"见：安居香山，中村璋八辑. 纬书集成 [M]. 石家庄：河北人民出版社，1994.1089, 1095。以及《周礼·春官·大司乐》郑玄注："天神则主北辰，地祇则主昆仑。"见：郑玄注，贾公彦疏：《周礼注疏》卷二十二《大司乐》，《十三经注疏》阮刻本 [M]. 上海：上海古籍出版社，1997：790。

31 安居香山，中村璋八辑. 纬书集成 [M]. 石家庄：河北人民出版社，1994：885, 1154, 1091, 1092。及东方朔撰，张华注：《神异经》，上海古籍出版社编，王根林等校点. 汉魏六朝笔记小说大观 [M]. 上海：上海古籍出版社，1999：57。

32 [汉] 司马迁. 史记 [M]. 卷二十八封禅书第六. 北京：中华书局，1962：1388

33 [汉] 班固. 汉书 [M]. 卷二十五上郊祀志第五上. 北京：中华书局，1962：1220

图1-15 轮王寺相轮樘

记曰："援到交址，立铜柱，为汉之极界也。"[34]

可见，中国自汉就有立铜柱为表的传统。当然以石柱为表的案例更多，保留至今的有汉幽州书佐秦君神道柱、南朝萧景墓表、北齐义慈惠石柱等。铜铸成的柱、表，是这一类构筑物中材料更贵重，也更为郑重其事的一种。

2　佛塔的刹柱

佛教于汉代进入中土，大量佛塔随之建造，成为佛寺的标志，例如白马寺中的浮图[35]。文献中最早对浮图寺（塔庙）做出具体描述的是《三国志·刘繇传》：

（笮融）"大起浮图祠，以铜为人，黄金涂身，衣以锦采。垂铜槃九重，下为重楼阁道，可容三千余人。"[36]

同一史实亦见《后汉书·陶谦传》：

（笮融）"大起浮屠寺。上累金盘，下为重楼，又堂阁周回，可容三千许人。作黄金涂像，衣以锦绤。"[37]

可见，中土初期浮图的特征就是重楼上装刹累铜盘。正如《长阿含经》描述的："起立塔庙，表刹悬缯。"[38]这一形式也正是佛塔最重要的本质特征之一。

南朝时梁简文帝为王时建天中天寺，梁武帝特赐柏木刹柱，又赐铜万斤制刹上铜露盘。梁简文帝在《谢敕赍柏刹柱并铜万斤启》中说"九牧贡金，千寻挺树，永曜梵轮，方兴宝塔"[39]，形容刹柱之高和刹顶承露盘的光曜。梁简文帝描述同泰寺九重塔是"彤彤宝塔，既等法华之座，峨峨长表，更为乐意之国"；形容此寺的七层塔则是"金刹长表，迈于意乐世界"，（南朝陈）江总撰《怀安寺刹下铭》则说"灼灼金茎，崔嵬银表"。可见，刹柱在穿出塔顶后还有相当高度，刹上装承露金盘若干重，刹柱外也罩以铜套，金光闪烁，故形容为"灼灼金茎"[40]。

刹柱在塔内为塔心柱，穿出塔顶则罩上铜套、装承露铜盘，成为塔刹。如果用铜铁铸造，刹柱可与塔刹连成一体，称为"相轮樘"或"相轮橖"。刹柱中还常安置经典[41]，凝聚了佛塔的功能，佛塔倒成为刹柱的外部围护躯壳了[42]。日本就仍保存有这种只有铜刹杆与塔刹，而没有塔身的极端案例，如延历寺铜相轮樘（传为日僧最澄（767—822）所建）、轮王寺铜相轮樘（图1-15）。这种顶部做成塔刹相轮的铜柱，实际上就可视作金属佛塔了。中国尚未发现有

---

[34]［宋］范晔.后汉书[M].卷二十四马援列传第十四.北京：中华书局，1966：839

[35]《魏书·释老志》："自洛中构白马寺，盛饰佛图，画迹甚妙，为四方式。凡宫塔制度，犹依天竺旧样而重构之，从一级至三、五、七、九，世人相承，谓之浮图。"见［北齐］魏收.魏书[M].卷一百一十四.北京：中华书局，1974：3029

[36]［晋］陈寿.三国志[M].卷四十九吴书四刘繇传.北京：中华书局，1962：1185

[37]［宋］范晔.后汉书[M].卷七十三陶谦传.北京：中华书局，1966：2368

[38]［后秦］佛陀耶舍，竺佛念译《长阿含经》卷三，见：大正新修大藏经，第1册 No.1

[39]［清］严可均校辑.全上古三代秦汉三国六朝文[M].《全梁文》卷十，简文帝2.北京：中华书局，1958：3007

[40] 傅熹年.中国古代建筑史（第二卷）[M].北京：中国建筑工业出版社，2001：76

[41] "善男子应当如法．书写此咒九十九本．于相轮樘四周安置．又写此咒及功能法．于樘中心密覆安处．如是作已．则为建立九万九千相轮樘已．亦为安置九万九千佛舍利已."见［唐］天竺三藏弥陀罗山译《无垢净光大陀罗尼经》，见：大正新修大藏经，第19册 No.1024

[42] 在日本的不少木塔中，刹杆也确实并不起结构作用，而只有宗教象征的功能。这一点蒙张十庆先生在东南大学建筑研究所"东方建筑专题"课中示教．

此种铜相轮橖的实例，但不排除历史上曾有之可能。

可见刹柱对佛塔来说，具有标志性、本质性的作用。刘敦桢先生在论中国六朝之塔时也曾指出："'刹柱'为塔之重要构材，微'刹柱'则木塔无由建立。"[43]

同时，佛塔的刹柱却又并不是单纯来自印度的艺术形象与建筑技术，正如孙机先生指出的，"笮融之浮图如在重楼顶上立标柱，则与汉代建筑的传统手法并无违碍之处"——汉代本土的建筑本也有在楼顶装标柱、装华盖的传统。"所以，笮融在他的重楼上累金盘九重，既可以看作是在楼顶的标柱上建九重华盖，又可以被认为是装上了印度式的刹。传统的形制和外来的因素在这里恰巧被统一了起来。"[44]

本章小结
金属建筑发展的两条线索——象征意义与适应性技术

本章初步揭示了金属建筑发展的两条线索——象征意义与适应性技术。

青铜合金之高贵与宫室建筑之高等级具有天然的契合，这是在象征意义层面。因此我们看到商周时期青铜构件的使用都在高等级的宫室建筑内。当时的建筑技术仅能支持使用铜柱础（铜锧）、金釭等节点构件。

战国至南北朝，铜建筑构件仍然都出现在贵族宫室、太庙这样的高等级建筑中。虽然金殿的概念早已出现，中国的青铜冶铸也早已经发达到足够造出造型复杂的青铜礼器和形体简单的大型铜柱，但此时建筑技术方面尚未发展出适应性技术来架起一座完整的铜或铁的殿堂。柱础、柱、金釭、椽、瓦、墙，甚至斗栱（可能是装饰性的）都已经可以用铜合金铸造，但梁架及相关的屋面结构技术此时尚未解决。这与中国古代建筑技术发展阶段的大背景是一致的。

金属纪念柱、塔刹的象征意义来自通天传说、国家政权和佛教。到南北朝时，中国本土的金属承露盘柱、纪念柱，本土重楼的标柱，以及佛塔的刹柱，已经为隋唐时期柱形金属构筑物和金属塔的出现完成了冶铸和建筑技术上的储备。而在象征意义和艺术形象上，本土传统与西来佛教的长期交织，也必然影响着此后这类金属构筑物的象征意义和形象。

高等级特性、贵金属材质，以及在常规建筑技术基础上对适应性技术的进一步要求，决定了金属建筑是中国传统建筑中最为"小众"的建筑类型。在本书上篇各章中，我们将看到象征意义（理论

[43] 刘敦桢《覆艾克教授论六朝之塔》，见：刘敦桢文集（一）[M]. 1982：251-259。在中国，现在看到的佛塔之塔心柱、刹柱一般都是承担结构功能的。因此刹柱不仅是佛塔象征意义成立的必需品，也是形式、技术上成立之必需构件。

[44] 孙机. 关于中国早期高层佛塔造型的渊源问题 [J]. 中国历史博物馆馆刊，1984（00）：41-47,130

依据）与适应性技术对金属建筑发展的引领、支撑和促进。

需要补充说明的是，本书在论述商代青铜器和青铜构件的时候强调了"青铜"，而在论述秦汉之后的发展时，不再强调"青铜"，而是改用了"铜合金"这个更广泛的概念。这是因为：

第一，商、周的青铜器，青铜建筑构件都是青铜铸造的，而非黄铜。这是因为商、周没有掌握黄铜的冶炼技术，而形成了以铜—锡、铜—锡—铅为主的高度发达的青铜合金体系。用青铜而不用黄铜，这不是出于在礼制或象征意义上的选择，而是冶炼技术的选择——因为当时没有掌握黄铜冶炼技术。

第二，东汉时期，黄铜（鍮、鍮石、鍮铜）从西域重新传入中国（此前中国只在原始社会偶然炼出少量黄铜制品）。至迟到五代时期，中国重新掌握了矿炼黄铜技术。

黄铜因其黄金般的色泽和曾经的稀缺性，也一直有着比较高贵的地位。不仅佛教有崇尚使用黄铜造像的传统，在唐宋时期，黄铜还进入了官方规定的装饰等级，其使用与官位品级挂钩，作为官服的装饰，次于金、银，而高于铜、铁[45]。黄铜在古代也常成为金的替代品，宋代时就常有人"熔钱点药，以为鍮石"[46]。

可见，在象征意义上，黄铜"错过了"中国的礼乐时代，是因为中国没有掌握冶炼技术。历史地看，秦汉以降，礼乐制度瓦解以后，作为铜合金，黄铜与青铜在表达所谓"吉金重宝"的象征意义上并没有什么明显的界限。明代著名的宣德炉就是一个很好的例子——宣德炉仿的是三代青铜鼎彝礼器，但用的材料却是黄铜[47]。

但仍应注意，历史上，青铜、黄铜作为成分不同的两种铜合金，无论是在冶炼技术上，还是在作为金属建筑的材料使用上都有明确的区别。

---

45 《旧唐书·舆服志》："武德初，因隋旧制……四年八月敕：三品已上，大科䌷绫及罗，其色紫，饰用玉。五品已上，小科䌷绫及罗，其色朱，饰用金。六品已上，服丝布，杂小绫，交梭，双紃，其色黄。六品、七品饰银。八品、九品鍮石。服外及庶人服绸、絁、布，其色通用黄，饰用铜铁。"见后晋刘昫，等. 旧唐书[M]. 卷四十五. 北京：中华书局，1975：1952

《宋史·舆服志六》："别有三印：一曰'天下合同之印'，中书奏覆状、流内铨历任三代状用之；二曰'御前之印'，枢密院宣命及诸司奏状内用之；三曰'书诏之印'，翰林诏敕用之。皆铸以金，又以鍮石各铸其一。"见[元]脱脱，等. 宋史[M]. 卷一百五十四. 北京：中华书局，1985：3582

46 李焘. 续资治通鉴长编[M]. 卷七一[大中祥符二年]民间多熔钱点药以为鍮石，销毁货币，滋民奸盗，命有司议定科禁，请以犯铜法论。"上海：上海古籍出版社，1986：622（第一册）

47 据《宣德鼎彝谱》，明宣宗认为宗庙、内廷所陈设之鼎彝"式范猥鄙，殊乖古制"，于宣德三年三月初三（1428），敕谕工部尚书吴中："今有遏罗国王剌迦满霭所贡良铜，厥号风磨，色同阳迈。朕拟思惟所用，谨铸鼎彝，以供郊坛、太庙、内廷之用。"见[明]吕震. 宣德鼎彝谱[M]. 卷一. 北京：中华书局，1985：1

关于宣德炉铸造材料的讨论见：周卫荣. 关于宣德炉中的金属锌问题[J]. 自然科学史研究，1990，9（02）：161-164

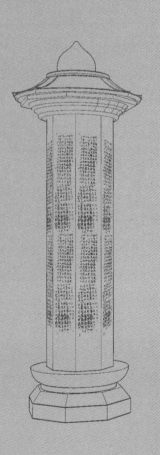

第二章 金属建筑的正式出现（唐）

第二章　金属建筑的正式出现（唐）

经过前代的各项技术积累和理论准备，金属建筑在唐代正式出现。首先出现的是一座纪功柱式铜铁构筑物"大周万国颂德天枢"。虽然出现的最早，但其高度一直未被此后的其他金属塔或金属构筑物超过。目前有案可稽的最早的铁塔、铜塔也于唐代出现。

唐代还出现了大规模使用金属作为围护构件的建筑——铜瓦殿。这在全金属殿堂的技术和象征意义的积累方面又向前迈进了一步。虽然铜瓦殿只是屋顶用金属，而非使用金属作为结构构件的建筑，但由于屋顶在中国传统建筑中的重要作用和象征意义，铜瓦殿的出现在金属建筑发展史上可算是重要的一环，值得专门探讨。唐代的金属屋面现已无存，但在后世以及日本均有应用和发展。

一、未被超越的高度极致："大周万国颂德天枢"

"大周万国颂德天枢"是武则天所建之著名铜纪功柱，为正史所载，曾有数位学者考证[1]（图2-1）。其形式、建造背景均比较清晰。

1　建造背景与象征意义：天下轴枢

（1）建造年代

据《新唐书》，武则天曾广征铜、铁，创建了一个巨大的柱形铜构筑物以显其功德：

> "延载二年[695]，武三思率蕃夷诸酋及耆老请作天枢，纪太后功德，以黜唐兴周，制可。使纳言姚璹护作。乃大裒铜铁合冶之，署曰'大周万国颂德天枢'，置端门外。其制若柱，度高一百五尺，八面，面别五尺，冶铁象山为之趾，负以铜龙，石镵怪兽环之。柱颠为云盖，出大珠，高丈，围三之。作四蛟，度丈二尺，以承珠。其趾山周百七十尺，度二丈。无虑用铜铁二百万斤。乃悉镂群臣、蕃酋名氏其上。"[2]

---

[1] 几篇重要的文献见：李松．天枢——我国古代一种纪念碑样式[J]．美术，1985(4)：41-45；梁恒唐．武则天时代的天枢[J]．晋阳学刊，1990(03)：54-55；郭绍林．大周万国颂德天枢考释[J]．洛阳师范学院学报，2001(6)：72-73，76

[2] 延载元年为694年，次年（695）即改证圣元年，695年九月又改"天册万岁"。推测上述"延载二年"即为695年。见：[宋]欧阳修，宋祁．新唐书[M]．卷七十六高宗则天武皇后传．北京：中华书局，1975：3483

图2-1 天枢推测复原图

《资治通鉴》对天枢亦有记载，且尺寸数据可与《新唐书》互补：

"武三思帅四夷酋长请铸铜铁为天枢，立于端门之外，铭纪功德，黜唐颂周。……诸胡聚钱百万亿，买铜铁不能足，赋民间农器以足之。"

（天册万岁元年[695]）"夏四月，天枢成。高一百五尺，径十二尺，八面，各径五尺。下为铁山，周百七十尺，以铜为蟠龙麒麟萦绕之。上为腾云承露盘，径三丈，四龙人立捧火珠，高一丈。武三思为文，刻百官及四夷酋长名。工人毛婆罗造模。太后自书其榜，曰大周万国颂德天枢。"[3]

宋《太平广记》亦有记载：

"造天枢于定鼎门，并番客胡商聚钱百万亿所成。其高九十尺，下以铁山为脚，铸铜为二麒麟，以镇四方。上有铜盘，径三丈，蛟龙人立，两足捧大火珠，望之如日初出。镌文于柱曰：大周万国述德天枢。后开元中推倒，铜入上方。"[4]

天枢中外闻名，代表了当时高超的铸造技术和建造技术，可惜后来于唐玄宗开元元年（713）为玄宗下令所毁：

"甲戌，令毁天枢，取其铜铁充军国杂用。"[5]

3 [宋] 司马光. 资治通鉴 [M]. 卷二百五. 北京：中华书局，1956
4 [宋] 李昉等编. 太平广记 [M]. 北京：中华书局，1966
5 [后晋] 刘昫. 旧唐书 [M]. 卷八本纪第八玄宗上，北京：中华书局，1975：170

（2）天枢的意义

"天枢"既可指代北斗七星中的第一星，如唐司马贞《史记索隐》引《春秋运斗枢》：

"斗，第一天枢，第二旋，第三玑，第四权，第五衡，第六开阳，第七摇光。第一至第四为魁，第五至第七为标，合而为斗。"[6]

"天枢"亦可指代北极星，以《宋史·天文志》为代表：

"北极五星在紫微宫中，北辰最尊者也，其纽星为天枢，天运无穷，三光迭耀，而极星不移，故曰'居其所而众星共之'。"[7]

作为北斗之首星（Dubhe）的"天枢"，无论北斗如何旋转，北斗第二星"天璇"（Merak）与其连线总是指向北极星，故也具有枢轴之意。因此，无论"天枢"是前者还是后者，都象征着大周作为万国之中，天下万邦朝拜、拱卫；也有恭维武则天作为天子居中枢，天下环绕拱卫之意。其象征意义的来源亦可上溯至汉代升仙思想中提到的昆仑铜柱。正如《论语·为政》"为政以德，譬如北辰，居其所而众星共之"。"大周万国颂德天枢"是"四夷酋长"为武则天颂德的纪功柱性质的构筑物。它建在洛阳皇城正门端门外，前临洛河主桥天津桥，遥对洛阳城正门定鼎门，是洛阳都城的重要地标。

（3）工匠与"四夷酋长"

据《旧唐书》，督理工程的是姚思廉之孙、时任宰相的姚璹：

"时武三思率蕃夷首长，请造天枢于端门外，刻字纪功，以颂周德，璹为督作使。"[8]

《资治通鉴》记天枢由"由工人毛婆罗造模"。毛婆罗，其名不似中原人氏，《新唐书·五行志一》提到过"中宗时，……中郎将东夷人毛婆罗"，当时的东夷指高丽或新罗[9]，推测毛婆罗为高丽或新罗人。《历代名画记》对毛婆罗也有记载，称其"巧绝过人"，为"天后时尚方丞"，即掌管制办宫廷器物用具的工官。[10]

考墓志史料，组织建造天枢的确有几位"四夷酋长"，如《阿罗撼墓志》：

"族望波斯国人也。显庆年中[656~660]，高宗天皇大帝以功绩可称，名闻□□，出使召来至此，即授将军。……又为则天大圣皇后召诸蕃王建造天枢。"[11]

---

6 [汉]司马迁.史记[M].卷二十七天官书第五.北京：中华书局，1959.1291
7 [元]脱脱等.宋史[M].卷四十九天文志志第二.北京：中华书局，1997：974
8 [后晋]刘昫.旧唐书[M].卷八十九列传第三十九姚璹、弟班，北京：中华书局，1975：2902
9 石冬梅.唐前期的东夷都护府[J].青海社会科学，2006（1）：97-100
10 据《历代名画记》卷三，东都洛阳敬爱寺是唐中宗皇帝为母后武则天所置，其中有一大金铜香炉，为"毛婆罗样，后更加木座及须弥山浮趺等"。见：[唐]张彦远.历代名画记[M].北京：中华书局，1985：138
卷九列举了几位擅长塑像者，"皆巧绝过人"，其中有毛婆罗，为"天后时尚方丞"。见[唐]张彦远.历代名画记[M].北京：中华书局，1985：286
11 周绍良主编.唐代墓志汇编上册[M].上海：上海古籍出版社，1992：1116

又有1990年伊川县平等乡楼子沟村出土的《高足西墓志》，记高足西为"辽东平壤人"，来洛阳后拜为"镇军大将军、行左豹韬卫大将军"，也参与了天枢项目：

"证圣元年[695]造天枢成，悦豫子来，雕镌乃就。干青霄而直上，表皇王而自得。明珠吐耀，将日月而连辉；祥龙下游，凭烟云而矫首。……即封高丽蕃长、渔阳郡开国公，食邑二千户。"[12]

从工匠毛婆罗，以及参与天枢项目的阿罗撼、高足西等人可知，天枢的建造工程可能确由"四夷酋长"参与实施。这一巨大的铁座铜柱形构筑物，象征着大周以及武则天作为天下轴枢的威德。

2 形制考证

（1）形象

文献对天枢的尺寸多有记载，除了前揭《新唐书》《资治通鉴》《太平广记》，尚有唐刘肃《大唐新语》卷八：

"长寿三年，则天征天下铜五十万余斤，铁三百三十余万，钱两万七千贯，于定鼎门内铸八棱铜柱，高九十尺，径一丈二尺，题曰'大周万国述德天枢'，纪革命之功，贬皇家之德。天枢下置铁山，铜龙负载，狮子、麒麟围绕。上有云盖，盖上施盘龙以托火珠，珠高一丈，围三丈，金彩荧煌，光侔日月。"[13]

表2-1　各文献中的天枢形制数据

项目	《新唐书》	《资治通鉴》	《太平广记》	《大唐新语》
火珠（大珠）	高10尺，周长30尺	高10尺	大火珠，望之如日初出	高10尺，周长30尺
四蛟（四龙）	作四蛟，度12尺，以承珠	四龙人立捧火珠	蛟龙人立，两足捧大火珠	盘龙以托火珠
柱顶云盖（腾云承露盘）	柱颠为云盖，出大珠	腾云承露盘，径30尺	铜盘，径30尺	云盖
柱身	高105尺，八面，面别5尺	高105尺，径12尺，八面，各径5尺	高90尺	高90尺，径12尺
铁山	冶铁象山为之趾，负以铜龙，石镌怪兽环之。山周长170尺，度20尺	下为铁山，周170尺，以铜为蟠龙麒麟萦绕之	铁山为脚，铸铜为二麒麟，以镇四方	铜龙负载，狮子、麒麟围绕
共耗铜、铁	无虑用铜铁200万斤	—	—	铜50万余斤，铁330万余斤
地点	端门外	端门外	定鼎门	

12 洛阳新获墓志[M].北京：文物出版社，1996
13 [唐]刘肃，撰，许德楠，等点校.大唐新语[M].北京：中华书局，1984：126

图2-2
图2-3
图2-4

图2-2 唐乾陵神道第二道门墓表
图2-3 唐嵩阳观纪圣德感应石碑
图2-4 唐鸠摩罗什舍利塔

各文献记载略有不同（见表2-1），《新唐书》《资治通鉴》已颇为详细；唯所费铜铁的重量，《大唐新语》有比其他文献更具体的数字。据《新唐书》，如果105尺是指中间铜柱部分的高度，则天枢的总高度至少约147尺，尺长按中国历史博物馆所藏唐代镀金镂花铜尺，1尺折合今约0.304米，则总高至少约为44.69米。或以为105尺为除铁山外的总高，则天枢总高为至少约125尺，合今约38米。即使按最保守的算法，以105尺为包括铁山底座的通高，则合约32米。无论何种算法，其高度都已经超过了现存的所有铁塔，并且可能是中国历史上最高的金属建筑（构筑物）。

天枢的形象，除了文献记载，还可参照同时代的唐乾陵神道第二道门墓表，为八棱石柱，顶端为火珠形，与以往的墓表形式不同，而为以后诸陵沿用（图2-2）。河南登封唐嵩阳观纪圣德感应石碑（天宝三年，744）的造型也可作为参考，其碑顶有云盖，上有二狮子捧珠（图2-3）。

铁山基座的形象，可以参考唐鸠摩罗什舍利塔，其基座为须弥山的形式（图2-4）。

根据文献记载的尺寸，以上述同时代的其他纪念柱、纪念碑的形式为参照，可以画出天枢的复原推测图，如图2-1所示。

（2）结构：空筒式叠置

天枢的结构可以通过估算其用铜、铁的重量来推测。

按总高105尺（32米）来估算：火珠直径3.04米，四龙承珠高3.65米（火珠与龙有一定重合部分），龙的截面宽度设为0.5米；云盖直径9.12米，厚度设为1米；柱身高约18米，八边形每面边长1.52米；铁底座高6.08米，周长51.68米。

现假设柱、云盖、火珠、底座均为实心。则：

天枢体积= 14.71 m³（火珠）+ 3.65 m³（四龙）+ 65.32 m³（云盖）+ 200.7 m³（柱身）= 284.38 m³

底座体积= 1014.91 m³

铜的比重按 8.9×10^3 kg/m³，铁按 7.8×10^3 kg/m³计算：

则天枢约需用铜 2 530 982 kg；需用铁 7 916 298 kg。

但文献记载天枢用铜50万余斤、铁330万余斤，按1斤680克计算：为铜340 000千克，铁2 244 000千克。两相比较，远少于实心所需的铜、铁量。因此，天枢铁座、柱身应当都不是实心的，而可能是分层铸成筒状铸件，再层层叠置的。这样的结构形式，应当也就是最初的铁塔、铜塔所采用的结构——空心筒状结构。

3 小结：承前启后的天枢

天枢体现的形象特征，正如李峤的诗句："仙盘正下露，高柱欲承天。山类丛云起，珠疑大火悬。"[14]人们还是将其与古老的仙人承露盘相联系，只不过云盘上顶的是大火珠。天枢的出现，象征性方面的理论支持来自对武则天政权的颂扬，可能也有昆仑通天铜柱的影响；形式"基因"、艺术传统，很大程度上还是来自中国本土的纪念碑、纪念柱的传统，如前文论及的"汉柏梁铜柱""马援铜柱"等。但同时，天枢很可能也受到了佛教美术的影响，如它的八棱柱与北凉八棱石幢（石塔）以及使用了八棱柱的北齐义慈惠石柱的承继关系（北齐义慈惠石柱为表彰民间佛教团体而建）；又如铁山基座的形象与佛塔须弥山形基座的类同关系。天枢的技术则由前代的铜、铁柱传统积累而来。

而在佛教艺术形式本土化的大背景下来看，天枢闻名于天下，其艺术形式又是承前启后的，必然反作用于其同时代及稍后的佛教美术。既然像天枢这样巨大的纪念柱可以用铜、铁铸造，既然塔的精华塔刹本身就可以是铜、铁铸造的——那么，为什么不可以就用铜、铁来建造一整座塔呢？

铁塔在唐代的出现，明确回答了这一设问。

二、铁塔的出现与佛经中的"南天铁塔"

与"天枢"年代相近，一些小型的铁塔也在唐代出现了，包括牟平法云寺铁塔、五台武则天铁塔等，可惜都没有留存至今。幸而在日本僧人圆仁的《入唐求法巡礼记》中仍能看到一些记载。

14 [唐] 李峤《奉和天枢成宴夷夏群僚应制》："辙迹光西崦，勋庸纪北燕。何如万方会，颂德九门前。灼灼临黄道，迢迢入紫烟。仙盘正下露，高柱欲承天。山类丛云起，珠疑大火悬。声流尘作劫，业固海成田。帝泽倾尧酒，宸歌掩舜弦。欣逢下生日，还睹上皇年。"见：全唐诗[M].卷六十一.上海：上海古籍出版社，1986：175

1　牟平法云寺铁塔

据《入唐求法巡礼记》卷二，山东牟平县附近的法云寺曾有一座高一丈的七层铁塔：

"馆前有二塔：一高二丈，五层，镌石构作；一高一丈，铸铁作之，有七层。其碑文云：'王行则者，奉敕征伐东蕃没落，同船一百余人俱被贼擒，送之倭国。一身逃窜，有遇还归。麟德二年九月十五日，造此宝塔'云云。"[15]

如果此处碑文中的"宝塔"指这座铁塔，则法云寺铁塔可能为现知最早的铁塔，造于唐高宗麟德二年（665），比天枢建成的年代还早30年。若石碑中"宝塔"指的是那座石塔，则法云寺铁塔至迟也在唐开成五年（840）日僧圆仁见到这座塔之前就建成了。

此塔高仅一丈而有七层，具体形式不明，估计体量不大。

这座铁塔现在下落不明，应当已经不存。

2　五台山"则天铁塔"

日僧圆仁于唐开成五年（840）巡礼至五台山，在各个台顶见到了武则天为镇五台而铸的几座小型铁塔，并有简单记录。这几座铁塔的建造时间应当就是武周时期，即公元685~704年。

（1）中台铁塔

中台有三座"则天铁塔"，中间一座为方形平面，两旁的为圆形平面：

（中台）"台南面有求雨院。从院上行半里许，到台顶。顶上近南有三铁塔，并无层级相轮等也。其体一似覆钟，周圆四抱许。中间一塔四角，高一丈许。在两边者团圆，并高八尺许。武婆天子镇五台所建也。武婆者，则天皇是也。铁塔北边有四间堂，置文殊师利及佛像。从此北一里半是台顶，中心有玉花池，四方各四丈许，名为龙池。"[16]

这三座塔均为单层塔，而且没有相轮，推测可能是葫芦形或宝珠形刹。按1尺为0.304米计，则中央的方塔高3米多。推测方塔为唐代常见的方形平面单层塔形式。圆形平面的塔为"覆钟"形，推测应为窣堵波形的塔，高约2.4米。

[15]［日］圆仁撰．顾承甫，何泉达点校．入唐求法巡礼记[M]．上海：上海古籍出版社，1986：85
[16]［日］圆仁撰．顾承甫，何泉达点校．入唐求法巡礼记[M]．上海：上海古籍出版社，1986：119

（2）西台铁塔

西台有一座"则天铁塔"：

（西台）"台顶平坦，周围十町许。台体南北狭，东西阔，东西相望，东狭西阔。台顶中心，亦有龙池，四方各可五丈许。池之中心，有四间龙堂，置文殊像。于池东南，有则天铁塔一基，圆形无级，高五尺许，周二丈许。"[17]

这座铁塔是圆形平面单层塔。周长约6米，可知平面直径约为1.9米，而高却只有约1.5米。可知此塔的形式可能是比较敦实的窣堵波形塔。

（3）北台铁塔

北台有一座"则天铁塔"：

（北台）"台顶周圆六町许。台体团圆，台顶南头有龙堂，堂内有池。其水深黑，满堂澄潭，分其一堂为三隔。中间是龙王宫，临池水上置龙王像。池上造桥，过至龙王座前。……龙宫左右，隔板墙，置文殊像。于龙堂前，有供养院。……台头中心有则天铁塔，多有石塔围绕。"[18]

虽然圆仁对台顶景象描述生动，但对铁塔却只有一句记录。铁塔周围有石塔围绕、簇拥，其地位应高于石塔。

（4）东台铁塔

东台有"则天铁塔"三座：

（东台）"台东头有供养院，入院喫茶。向南上坂二里许，到台顶。有三间堂，垒石为墙，四方各五丈许，高一丈许，堂中安置文殊师利像。近堂西北有则天铁塔三基，体共诸台者同也。"[19]

这里仅说铁塔与其他各台相同。推测可能与中台的三座铁塔形式相同。

圆仁也曾巡至南台，但却没有记述南台的则天铁塔。因此不知南台具体有三座还是一座铁塔。这些镇台用的"则天铁塔"体量不大，却具有重要的象征意义，可能与武则天称帝前后利用佛教理论和艺术手段达到政治目的一系列措施有关。

17 [日] 圆仁撰．顾承甫，何泉达点校．入唐求法巡礼记 [M]．上海：上海古籍出版社，1986：121
18 [日] 圆仁撰．顾承甫，何泉达点校．入唐求法巡礼记 [M]．上海：上海古籍出版社，1986：122
19 [日] 圆仁撰．顾承甫，何泉达点校．入唐求法巡礼记 [M]．上海：上海古籍出版社，1986：123

3　铁塔的象征意义与理论支持：佛经中的"南天铁塔"

作为佛教的重要构筑物，塔的意义、制度都能在佛教经籍中找到一定的依据或规定。那么能不能在佛经中找到关于铁塔的记录或规定呢？答案是肯定的。

佛教经典中，最著名之铁塔当为纳藏《金刚顶经》之南天（南天竺）铁塔。传《金刚顶经》由佛祖十四处十八会之说法而成，之后龙树菩萨于南天竺之铁塔内，自金刚萨埵受持该经十万颂，再传至龙智、金刚智。

据唐代沙门遍满撰《金刚顶菩提心论略记》：

"论云，龙猛菩萨造者，明造者之名目，真言教祖第三之人也。梵云那伽阏剌树那菩提萨埵，汉云龙猛菩萨，旧云龙树。诞迹南天，化被五印，寻本则遍覆初生如来，现迹位登初地。或游邪林同尘同事，或述正幢以宣扬佛威。作千部论，拥邪显正。上游四王自在处，下入龙海中宫，诵持所有一切法门，遂则入南天铁塔中，亲授金刚萨埵灌顶，诵持秘密最上曼荼罗，教流传人间。"[20]

以及唐代沙门圆照《贞元新定释教目录》卷十四：

（金刚智三十一岁至南天竺）"于龙树菩萨弟子龙智，年七百岁，今犹见在。经七年承事供养，受学金刚顶瑜伽经及毗卢遮那总持陀罗尼法门诸大乘经典并五明论，受五部灌顶，诸佛秘要之藏无不通达。"[21]

对南天铁塔的描述如唐代海云《两部大法相承师资付法记》引《金刚顶义决》：

"南天竺国有大铁塔，中有金刚界曼荼罗，圣者形像铁铸所成。其塔中有梵夹，广如床，广八九尺、高下五六尺，尽是金刚界大教王广梵本经。"[22]

此后金刚智搭船东来中国，海上历经劫难，最终在广府（广东）登陆，自开元十一年（723）始于长安资圣寺荐福道场译经[23]。《金刚顶经》在唐代有金刚智的略译本和不空三藏的译本，唐开元后在中土广为流传。上述关于龙树入铁塔受持《金刚顶经》的传说也随之广为流传，佛籍疏、传中多有记载。如此，则中土之佛教铁塔有了经典中的依据。当然这并不是说每座铁塔都在追仿印度之"南天铁塔"——《金刚顶经》本身没有"南天铁塔"的具体叙述，印度也并未发现"南天铁塔"的考古证据[24]。但对于那些有一

20 [唐] 遍满撰《金刚顶菩提心论略记》，见：卍新纂续藏经，第四十六册 No. 777。佛籍标点为作者所加，下同。
21 [唐] 圆照《贞元新定释教目录》卷第十四，见：大正新修大藏经，第55册 No.2157
22 [唐] 海云集《两部大法相承师资付法记》，见：大正新修大藏经，第51册 No. 2081
23 [唐] 圆照《贞元新定释教目录》卷第十四，见：大正新修大藏经，第55册 No.2157
24 日本著名密教学者栂尾祥云认为"南天铁塔"应是南印度的驮那羯磔迦大塔（Dhanyakataka），此塔12世纪后称阿马拉瓦提大塔（Amarāvatī）。此塔发现于1797年，白色大理石质，推定为公元2至3世纪的遗存。栂尾祥云认为，此塔为白色石质却称为"铁塔"的原因是对塔放出白色光芒或是对锡的误解。见：[日] 栂尾祥雲. アマラワチの塔と南天铁塔说. 密教研究，通号16，1925:33-57。笔者以为，此说甚难理解。

定佛教理论修养的中国信众来说，"南天铁塔"与《金刚顶经》的传持紧密关联。他们在建造铁塔时，对象征意义的解说便可引经据典、回溯至此。换句话说，铁塔的建造，从此有了理论上的依据。

例如现已知最早的经幢型铁塔阆中铁塔，建于唐天宝四年（745），塔身所刻之《佛顶尊胜陀罗尼经》，是密教在中国发展初期传入的杂密经典之一，在中国密教发展初期扮演过重要角色。中唐时期系统的密教形成后，《佛顶尊胜陀罗尼经》仍是自帝王至百姓广为传诵的密教经典。因此，阆中铁塔具有明确的密教性质。不排除阆中铁塔的出现与南天铁塔的传说有关。

4 阆中铁塔：首个经幢型铁塔案例

（1）建造年代

阆中铁塔原位于四川省阆中县铁塔寺。从咸丰《阆中县志》中的舆图来看，铁塔寺位于城东门内[25]。

阆中铁塔后来曾位于县城广场之东南隅，可惜现已不存。幸而四川省博物馆仍藏有该塔塔身铭文的两套拓片。铭文内容为唐定觉寺沙门志静于永昌元年（689）作序的中文《佛顶尊胜陀罗尼经》，记录了造塔人姓名、年代等内容。每套拓片为八张，每张长303厘米，宽36厘米。

第八张拓片的六、七两行为造塔人姓名及年代：

"右南部县王裦（促）及□严十五与诸施主年奉为开元天宝圣文武皇帝陛下及法界苍生敬造此塔万代供养。"

"天宝四载二月八日造成定唐安郡（刘）藩主。"[26]

可知阆中铁塔建于唐天宝四年（745）。这里提到了两处地名：南部县在阆中以南30公里，唐安郡在今成都西南30公里处。

引文中的括号为《阆中铁塔佛顶尊胜陀罗尼经序拓片介绍》一文作者所加，意为模糊不清、猜测的字。虽然可能是按照拓片来读的，但全句颇难读通，准确性存疑。今按《八琼室金石补正》引刘喜海《三八耆古志》，此段铭文为：

"南部县王裦纲及妻严十五，与诸施主年奉为开元天宝圣文神武皇帝陛下及法界苍生，敬造此塔，万代供养。"

"天宝四载二月八日建成，□唐安郡□□生。"[27]

25 [清]徐继镛，李惺.[咸丰]阆中县志.卷一.清咸丰元年（1851）。该志卷三第二十一页有铁塔的记录，但对铁塔的形制描述不确："铁塔在东门内铁塔寺。唐天宝四年铸，形制四方，高丈许。周身皆铸佛经。"
26 郝承琳.阆中铁塔佛顶尊胜陀罗尼经序拓片介绍[J].四川文物，1991(03)：36-39
27 陆增祥《八琼室金石补正》卷四十七，《王裦纲铁塔尊胜幢记》，见：《续修四库全书》编纂委员会.续修四库全书第897册[M].上海：上海古籍出版社.1995—1999：79

(2)形制

《（民国）阆中县志》卷九对铁塔有记载：

"铁塔在东门内铁塔寺，唐天宝年铸。形八方。旧志误称四方。高一丈五尺。上铸陀罗尼佛经，字近八分，皆阳文。"[28]

1956年四川省文管会曾调查过该铁塔，资料收录在《四川文物简目提要》（油印本）中。据其记录："塔顶为石造，塔身铁铸，高4.32米，呈八面柱形，每面宽38厘米。"[29]

刘敦桢先生曾于1939年12月15日调查过阆中铁塔，留下下列记录，惜未有照片或测稿发表：

"幢铁造，平面八角形，下部莲座已埋土中，幢身遍铸陀罗尼经文，隶书径寸。以现状度之，字皆光铸，然后入模，再与幢身合铸。其上以枭混线与叠涩数层，向外挑出。至顶收束如塔顶状，冠以宝珠。自地面至宝珠，约高5米。据幢身铭记，为唐天宝四年（公元745年）二月八日建成者。此外又有'敬造此塔，供奉万代'字样，故俗称之为铁塔，面不云铁幢也。岂唐时塔幢不分耶？颇费索解。"[30]

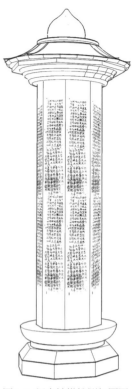

图2-5 阆中铁塔推测复原图

综合上述记录，可知阆中铁塔的形制有如下特征：

下部为莲座；中段为八棱柱；上段有枭混、叠涩，外挑出檐；顶为攒尖、宝珠。1956年时原顶可能丢失，补以石顶。幸而梁思成《西南建筑图说（一）——四川部分》中有一张铁塔檐下局部的照片[31]。综合上述信息可绘出推测图如图2-5所示。

这种构筑物的特点是：规模为一倍至三倍人高（高者能达到四倍至十倍），样式多为八棱形加顶盖和底座，或此种形式的多重叠置，其比例瘦高，一般习惯称为"幢"。加之铭刻了唐代流行的《佛顶尊胜陀罗尼经》，特称为"佛顶尊胜陀罗尼经幢"。尤其是在建筑史研究领域，一般以"幢"称之，而与"塔"相区别。所以刘敦桢先生在此疑惑"岂唐时塔幢不分耶？颇费索解"。梁思成先生也曾欲以规模和形式来区分定义塔、幢，结果也陷入困惑，未能辨清[32]。

笔者认为，从塔、幢的本质来看，其功用、意义是相通的——装舍利或佛经。前者为生身舍利，包括佛之"舍利、发、牙、髭、爪"；后者为法舍利。《佛说造塔功德经》《法华经》都有相关记载。总之，幢可以说是一类有特定造型的塔。根据这一认识，可将幢通称为塔，铁经幢可认为是"经幢型铁塔"。但本书中的称呼遵循各案例的习称。

---

28 岳永武，余仲钧，郑钟灵.阆中县志.卷九.民国十五年（1926）：第四十页

29 转引自郝承琳.阆中铁塔佛顶尊胜陀罗尼经序拓片介绍[J].四川文物，1991(03)：36-39

30 刘敦桢《川、康古建调查日记》，见：刘敦桢文集（卷三）[M]，北京：中国建筑工业出版社，1987：286。文中"字皆光铸"应为"字皆先铸"，"面不云铁幢"应为"而不云铁幢"。

31 图见：梁思成.《西南建筑图说（一）——四川部分》，见：梁思成全集（第三卷）[M].北京：中国建筑工业出版社，2001：217

32 如梁思成根据造型，认为玉泉寺铁塔"虽名为塔，实则铁铸之幢耳"，认为杭州闸口白塔"实是一件仿木构塔形式的经幢，与其称之为一座建筑物，不如称之为一件雕刻品，或是一件模型"。但他同时又认为经幢是塔："宋代建造经幢之风甚盛，盖以镌刻佛经为主之小型塔也"。见：梁思成文集（二）[M].北京：中国建筑工业出版社，1984：136-138；梁思成文集（三）[M].北京：中国建筑工业出版社，1985：162

阆中铁塔的八棱形形制，来自唐代典型的八棱形石幢。同时，也不免令人联系到天枢的八棱形形制。

三、佛教对"金"的崇尚与铜塔的出现

根据文献，铜塔在此时也已经有了记载。全用金太贵，铜就成为替代的材料。古时铜亦称作"金"[33]，因此铜塔即"金塔"。而且，不少铜塔表面都有镏金或贴金等金饰，从外观看也是金色的塔。铜塔的建造应当和佛经中与"金"相关的理论有关。

1 佛教对"金"与黄铜的崇尚

佛教对金的尊崇根深蒂固。金（梵文转写suvarna）为佛经所载"七宝"之一，虽然诸经所说之七宝有所出入，但金、银都是七宝之一。如《妙法莲华经》（简称《法华经》）卷一：

"诸佛灭度已，供养舍利者，起万亿种塔，金银及颇梨、车渠与马脑、玫瑰琉璃珠，清净广严饰，庄校于诸塔。"[34]

金的作用不仅是坚固、高贵、永久传世，而且有在佛法之上的寓意，据《翻译名义集》卷三：

"真谛释金四义：一色无变，二体无染，三转作无碍，四令人富。以譬法身常、净、我、乐四德耳。"[35]

在佛经对西方极乐世界、菩萨净土的描述和渲染中，常能见到金色的景致，令人觉得那里就是一派金色的氛围。如文殊菩萨净土就被称为"金色世界"，如《新华严经》卷十二"如来名号品"：

"东方过十佛刹，微尘数世界，有世界名金色，佛号不动智。彼世界中有菩萨，名文殊师利。"[36]

《佛说观无量寿佛经》在对西方极乐世界的描述以及观想中，可见到金幢、金渠、金台等等，略摘如下：

"尔时世尊放眉间光，其光金色，遍照十方无量世界。还住佛顶，化为金台如须弥山。十方诸佛净妙国土，皆于中现。"

"佛告阿难及韦提希，初观成已，次作水想。想见西方一切皆是大水。见水澄清，亦令明了。……见琉璃地内外映彻。下有金刚七宝金幢，擎琉璃地。其幢八方八楞具足，一一方面百宝所成，

---

[33] "金有三等，黄金为上，白金为中，赤金为下。"孟康曰："白金，银也。赤金，丹阳铜也。"见［汉］班固. 汉书[M]. 卷二十四 下食货志第四下. 北京：中华书局，1962：1164

[34]［后秦］鸠摩罗什译《妙法莲华经》，见：大正新修大藏经，第9册 No. 262

[35]［南宋］法云编《翻译名义集》，见：大正新修大藏经，第54册 No. 2131

[36]［于阗国］三藏实叉难陀译《大方广佛华严经》，见：大正新修大藏经，第10册 No. 279

"一一宝珠有千光明。一光明八万四千色，映琉璃地。如亿千日不可具见。"

"极乐国土有八池水。一一池水七宝所成。其宝柔软从如意珠王生。分为十四支。一一支作七宝色。黄金为渠。渠下皆以杂色金刚以为底沙。一一水中有六十亿七宝莲花。"[37]

而佛身之相好庄严亦常被称为"金色身"，如《法华经》卷五"安乐行品"[38]与《佛说观无量寿佛经》[39]等。

因此历史上佛教对铜、金的运用常见于为佛像塑铜像、贴金身，还有泥金写经等。不管通都大邑还是穷乡僻壤的佛寺无不如此，因此清人赵翼认为这是汉代以后黄金大量减少的主要原因[40]。

除了使用黄金，黄铜（鍮铜，即铜锌合金）因为颜色与黄金相似，自佛教传入中国时就被作为佛教造像常用的材料，在佛教文献中亦常见其踪影，如《佛说阿难四事经》：

"世人愚惑，心存颠倒，自欺自娱，犹以金价买鍮铜也。"[41]

金价买黄铜，虽然是被佛经讽喻的事，但也正说明黄铜与金相似，能成为金的替代品。关于黄铜造像的记载甚多，尤其西域地区，如《大唐西域记》卷一"大佛像"：

"伽蓝东有鍮石释迦佛立像，高百余尺，分身别铸，总合成立。"[42]

卷七"婆罗痆尼斯国"：

"大城中天祠二十所，层台祠宇，雕石文木，茂林相荫，清流交带，鍮石天像量减百尺，威严肃然，懔懔如在。"[43]

段成式《酉阳杂俎》卷五"寺塔记上"：

"华严院中鍮石卢舍立像，高六尺，古样精巧。"[44]

由于黄铜在佛教中的重要性，高僧也常执黄铜器，以示其高品位。如唐释道宣《续高僧传》卷九"宝海传"：

"[释宝海]便升论榻，虽往返言晤而执鍮石香炉。帝曰：法师虽断悭贪，香炉非鍮不执。海应声曰：陛下位居宸极，帽簪非蘴不戴。帝大悦。众咸惊叹。"[45]

---

37 还有"于其台上。自然而有四柱宝幢。一一宝幢如百千万亿须弥山。幢上宝缦如夜摩天宫。复有五百亿微妙宝珠。以为映饰。一一宝珠有八万四千光。一一光作八万四千异种金色。一一金色遍其宝土"等，不胜枚举。见：[南朝宋]西域三藏疆良耶舍译《佛说观无量寿佛经》，见：大正新修大藏经，第12册 No. 365

38 "诸佛身金色，百福相庄严。"见：[后秦]鸠摩罗什译《妙法莲华经》，见：大正新修大藏经，第9册 No. 262

39 "时韦提希礼已举头。见世尊释迦牟尼佛。身紫金色坐百宝莲华。""佛告阿难及韦提希。若欲至心生西方者。先当观于一丈六像在池水上。……阿弥陀佛神通如意。于十方国变现自在。或现大身满虚空中。或现小身丈六八尺。所现之形皆真金色。圆光化佛及宝莲花。"见：[南朝宋]西域三藏疆良耶舍译《佛说观无量寿佛经》，见：大正新修大藏经，第12册 No. 365

40 "后世黄金日少，金价亦日贵，盖由中土产金之地已发掘净尽，而自佛教入中国后塑像涂金，大而通都大邑，小而穷乡僻壤无不有佛寺，即无不用金涂。以天下记之，无虑几千万万，此最为耗金之蠹。加以风俗奢靡，泥金写经，贴金作榜，积少成多，日消月耗。故老言黄金作器，虽变坏而金自在，一至泥金涂金，则不复还本，此所以日少一日也。"见：[清]赵翼. 廿二史劄记 [M]. 卷三. 上海：中华书局，第十页

41 [吴月氏国]支谦译《佛说阿难四事经》，见：大正新修大藏经，第14册 No. 493

42 [唐]玄奘撰，章巽校点. 大唐西域记 [M]. 上海：上海人民出版社，1977. 22

43 [唐]玄奘撰，章巽校点. 大唐西域记 [M]. 上海：上海人民出版社，1977. 149

44 [唐]段成式. 酉阳杂俎附续集 [M]. 北京：中华书局，1985：216

45 [唐]释道宣《续高僧传》，见：大正新修大藏经，第50册 No. 2060

2 唐代的铜塔与金塔

铜塔于唐代开始出现较多记录，如《大唐西域记》卷一"旧王伽蓝"：

"顶骨伽蓝西南有旧王妃伽蓝，中有金铜窣堵波，高百余尺。"[46]

如高百余尺不虚，则此塔与天枢高度相近，体量已经相当巨大。其形式、结构现已无从考，但参考今日能见到的青藏地区鎏金铜塔，推测此金铜窣堵波可能也是用鎏金铜板包裹内部其他材料结构体建成的。否则其用铜量巨大，难以实现。

《入唐求法巡礼行记》中则有小尺度铜塔的记录，如卷三：

"（开成五年）遍台供养主僧义圆亦归汾州去，今日，从花严寺续后，来同院宿。院僧茶语云：'日本国灵仙三藏，昔住此院二年。其后移向七佛教诫院亡过。彼三藏自剥手皮，长四寸，阔三寸，画佛像，造金铜塔安置。今见在当寺金阁下，长年供养'云云。"[47]

此塔为藏长四寸、阔三寸的手皮佛像而造，因此尺度可能很小，只是一般陈设的大小，而非构筑物或建筑物的尺度。这样的铜塔、金塔、银塔等就更多了，如法门寺地宫出土的盛放佛骨舍利的铜塔等。后世五代时吴越王钱弘俶自后周显德二年（955）始，仿效阿育王造塔之故事，以银、铜、铁等材料造八万四千塔，表面镀金，颁布宇内。见《佛祖统纪》：

"吴越王钱俶，天性敬佛，慕阿育王造塔之事，用金铜精钢造八万四千塔，中藏《宝箧印心咒经》，布散部内，凡十年而讫功。"[48]

这一批金涂塔于江苏、浙江、福建等地屡有发现，见于南京大报恩寺塔地宫、杭州雷峰塔地宫、金华万佛塔地宫、上海松江李塔、上海嘉定法华塔，以及福建连江出土的阿育王金涂塔等[49]（图2-6）。

这些铜塔都未达到建筑的尺度，不是本书研究的主要对象，就不展开考述了。

至于材料更贵重的金塔、银塔，经典中亦有记载，印度地区可能早就有案例。唯限于材料之昂贵，并不普遍。金塔的记载见于《法华经·方便品》《宝箧印陀罗尼经》《有部尼陀那·卷四》等

图2-6（1）

图2-6（2） 图2-6（3）
图2-6 阿育王金涂塔
未按相对比例表现
(1) 南京大报恩寺塔地宫出土，高1.1米
(2) 金华万佛塔地宫出土，高22厘米
(3) 上海松江李塔地宫出土银塔，高14厘米

46 ［唐］玄奘撰，章巽校点．大唐西域记[M]．上海：上海人民出版社，1977：28
47 ［日］圆仁撰，顾承甫，何泉达点校．入唐求法巡礼行记[M]．卷三．上海：上海古籍出版社，1986：126
48 ［宋］释志盘．佛祖统纪．卷四十三．见：《续修四库全书》编纂委员会．续修四库全书：第1287册[M]．上海：上海古籍出版社．1995：589
关于钱弘俶造宝箧印塔的研究，可参见同爱宾．宝箧印塔（金涂塔）及相关研究[D]．上海：同济大学建筑与城市规划学院，2002
49 浙江省文物管理委员会．金华市万佛塔塔基清理简报[J]．文物参考资料，1957(5)：41–47；林钊．福建省四年来发现的文物简介[J]．文物参考资料 1955(11)：83–89；上海市文物管理委员会．上海松江李塔明代地宫清理简报[J]．文物，1999(2)：16–31；等．

诸经典中，佛陀均听许以金材造塔。

银塔，据《出三藏记》卷八，孔雀王朝之华氏城中曾有婆罗门家中有一座高三丈的银塔：

"智猛传云。毘耶离国有大小乘学不同。帝利城次华氏邑有婆罗门。氏族甚多。其禀性敏悟归心大乘。博揽众典无不通达。家有银塔。纵广八尺高三丈。四龛银像高三尺余。多有大乘经。种种供养。"[50]

四、金属屋面建筑的出现及其意义

1　金属屋面建筑：全金属殿堂象征意义和适应性技术的积累

研究中国古代金属建筑，为什么要专门讨论铜瓦殿（金瓦殿）、铁瓦殿等金属屋面建筑？——这是因为屋顶对于传统建筑的重要作用。

正如李允鉌所论，"中国建筑对屋顶的设计最为重视，在古代就有以它来概括整座房屋的意思"，"'屋'字最初本来是上盖或者屋盖的意思，后来却以它来代表整座房屋，可见即使是很早的古代，屋顶在一般人心目中的印象就足以代表整座房屋。……将中国建筑和屋顶联系以至等同起来，实在是十分自然的事了"[51]。欧洲古典建筑也有类似情况，森佩尔在关于"建筑艺术四要素"的论述中认为：在很长一段时期内，屋顶都是具有创造建筑形式（或至少影响建筑形式）权利的一种要素，而且，屋顶这一要素还是神的古老象征[52]。也就是说，在很长一段时期内，屋顶不仅对建筑形式有着较大的影响，而且还凝聚着建筑的象征意义。

这样，虽然在"铜节点构件——铜承重构件——铜装饰、围护构件——全铜（全铁）建筑"这一发展线索中，铜、铁屋面的建筑尚不是真正的金属建筑，但它们在外观和象征意义上已经接近全面使用金属的建筑了，是对金殿之象征意义以及适应性技术积累的重要环节。

出于上述原因，本书将研究对象的外延扩大至中国古代的金属屋面建筑。唐代开始出现著名的镏金铜瓦殿案例，并传播到日本。虽然唐代的金属屋面实例现已无存，但我们仍可以从中国后世以及日本的相关案例中对其象征意义和技术细节窥知一二。

据文献记载和现存案例，根据金属屋面建筑样式、构造的不同，可以比较明确地分为汉式和藏式两个类型。前者的屋瓦由铸造而成，后者则是锻造而成。

50 [梁] 释僧祐撰《出三藏记集序》卷八，见：大正新修大藏经，第55册 No. 2145
51 李允鉌. 华夏意匠：中国古典建筑设计原理分析 [M]. 天津：天津大学出版社，2005：185
52 Gottfried Semper. "The four elements of architecture". In: Gottfried Semper, Translated by Harry Francis Mallgrave, Wolfgang Herrmann. The four elements of architecture and other writings. Cambridge: Cambridge University Press, 1989. 126。在原文中，森佩尔是在论述"墙开始侵犯屋顶的领域"时，表达出上述意思。

2 汉式铜瓦、铁瓦建筑

（1）唐代汉地金属屋面建筑的出现：五台山金阁寺

前文提到，战国末期燕国的宫殿可能就已经有金瓦或铜瓦，传说中汉武帝的神屋可能也用了金瓦。但历史上比较确定的大规模运用铜瓦还要到隋唐时期。其中著名的案例当属五台山的镀金铜瓦殿：

"唐代宗广德元年[763]十一月，土番陷京师。帝在华阴，文殊现形，以狄语授帝。及郭子仪克复京师，驾还长安，诏修五台文殊殿，铸铜为瓦，造文殊像，高一丈六尺，镀金为饰。"[53]

上述记载可能来自《旧唐书》：

"五台山有金阁寺，铸铜为瓦，涂金于上，照曜山谷，计钱巨亿万。"[54]

唐代的涂金铜瓦现已无法见到，但五台山使用金属瓦的传统一直延续下来，至明代仍有铜瓦、铁瓦建筑的明确记载[55]。

现在五台山难觅铁瓦原物，但在北京房山区河北镇政府院内有一座小铁瓦殿使用了五台山的铁瓦[56]（图2-7，图2-8）。该殿筒瓦据称共有458块，瓦长0.31米，直径0.13米，每块铁瓦重约4公斤，铁瓦总重量约1882公斤[57]。筒瓦表面多有铭文，均为阳文，如：

"五台山菩萨顶正德十年造"
"五台山菩萨顶正德十三年造"
"五台山菩萨顶铁瓦□"
"天字号五台山万寿寺铁殿一所，清龙宫银作局太监□钦发心拾瓦十四个，大明正德三年吉日造。"

这些铁瓦来自五台山菩萨顶，正是广宗寺所在之处，有可能是五台山广宗寺的旧瓦。

（2）铜、铁瓦反映的等级与象征意义

铜瓦、铁瓦经常用在山顶建筑中，用以对抗极端环境中的恶劣条件，依靠自重起到防止被风吹落的作用，并且也比一般的陶瓦、琉璃瓦抗冻。古人对此有明确认识，明《泰山小史》就具体说明了碧霞元君祠使用金属屋面是为了防风吹落：

"碧霞元君庙在岱顶西南下三里，宋真宗东封所建。至明累朝修葺藻丽，而制不大，悉铁瓦铜砖，恐刚风易损也。一岁之内，四方祈禳，捐施者不胜数。"[58]

---

53 释印光重修.清凉山志[M].卷五.第三页，台北：明文书局，民国二十二年（1933）：209
54 [后晋]刘昫.旧唐书.卷一百一十八.北京：中华书局，1975：3418.《新唐书》中亦有相关内容，见[宋]欧阳修，宋祁.新唐书.卷一百四十五.北京：中华书局，1975：4716.
55 "武宗正德二年[1507]秋，上勅建铜瓦殿，赐额廣宗寺，兼聖諭護持。七年[1512]春，上勅梵僧朵而只堅，於中臺頂建寺一區，鑄鐵為瓦，赐額曰演教，并勅旨護持"。见：[清]清凉山志.卷五.第七页，台北：明文书局，民国二十二年（1933）：217
56 据笔者现场踏查：铁瓦寺坐北朝南，面对大石河。寺内现仅有一座很小的主殿和两座小配殿。主殿铁瓦殿平面呈圆形，攒尖顶，顶尖设铸铁宝珠。6条清水戗脊将屋面均分成6个扇形。铁瓦殿平面直径仅6.6米，檐口高3.65米。通体砖砌而成，正面开券门、券窗，背面开券窗一，殿身收分较大，外立面刷红色。内部为穹顶，表面刷白灰。有近年安放的一尊小佛像。门外有康熙二十一年"重修铁瓦殿记"石碑一块："予乡胜泉庵后有佛殿一橱，以铁为瓦而殿因以名焉。内布佛尊像，有流泉经其下。乡之人漱润灌溉莫不取兹于是。……康熙二十一年岁□辛酉月谷旦，邑后学弟子赵明奎、董沐拜手题。"笔者录自《重修铁瓦殿碑记》，2006年9月17日。
57 数据来自北京房山镇政府网站：http://org.bjfsh.gov.cn/zf-wb/whwwj/wwbl-shj8.htm，2006-3-16
58 [明]萧协中著，赵新儒校勘注释.新刻泰山小史.泰山：泰山赵氏校刊，民国二十一年（1932）：第十二页.[嘉庆]泰山志相关记载为："[划定之记略]泰山绝顶旧有祠祀，碧霞元君以其最高。云蒸雨降材木易朽，飓风刚劲，瓦多飘殒，祠不能久。今副都御史原杰巡抚山东谒祠，见其骞坠，谋新之铜梁铁瓦琉璃砖甓之坚固，丹艧青堊藻绘漆饰之，辉煥高广深邃，规制增旧。"见[清]金棨.[嘉庆]泰山志.卷十.嘉庆十三年（1808）：第十七页.

图2-7

图2-8

图2-9

图2-10

图2-7 北京房山铁瓦寺铁瓦殿屋顶图
图2-8 北京房山铁瓦寺铁瓦铭文
图2-9 碧霞祠正殿屋顶铜脊件、瓦件
图2-10 碧霞祠配殿屋顶铁脊件、瓦件

现代研究者如李约瑟也认识到铜瓦的抗风作用[59]。然而屋瓦材质的配置也是体现建筑形制高低、表现象征意义的重要手段。

如泰山山顶的碧霞祠使用了铜瓦和铁瓦，根据建筑形制的高低不同，正殿的正吻、正脊筒、垂脊兽、戗脊兽、翼角小兽、筒瓦、瓦当、滴水瓦均为铜质（图2-9，但其板瓦为铁质）；东、西配殿则全部使用的是铁瓦件[60]。

相比正殿的铜瓦、铜脊，配殿的铁瓦、铁脊显得粗糙了许多（图2-10）。铜、铁材料在材质的美观程度上体现出明显的差距，等级高下立见。可见，除了用于抗风、抗冻等实用功能，铜瓦、铁瓦的使用显然也常具有等级标识的作用。这一点在无抗风抗冻要求的平地金属建筑中就表现得更为明显了，如荆州太晖观。

荆州太晖观位于荆州城西门外太湖港北岸。现存主体建筑位于8米高台上，为明洪武二十六年（1393）始建，清顺治、康熙、乾隆

59 "The tiles on the roof of the further hall are of bronze (some accounts say brass or copper, but more improbably), but whatever the metal used, its weight gives great protection against wind damage." Joseph Needham, The Development of Iron and Steel Technology in China, London: Published for the Newcomen Society by W. Heffer, 1964. 71

60 据清嘉庆《泰山志》，这些铜瓦、铁瓦可能是明代开始使用的。"碧霞元君祠在北斗台东，元君庙也，旧名昭贞观，宋真宗东封建，明洪武时重修。刘定之记成化间改碧霞灵应宫，万历三十六年重修。邢侗记祠南向，正殿五间，像设及盖瓦、鸱吻、檐铃之类皆范铜为之。""殿东一间曰东宝库，西一间曰西宝库，储诸所捐施，即汉武帝时所谓梨枣钱也。东西两庑祀眼光、送生二母，瓦皆铁冶。"见：[清]金棨.[嘉庆]泰山志.卷十.嘉庆十三年（1808）：第十五页

各朝都有不同程度的修缮。正殿祖师殿又名金殿，屋面使用了铜瓦[61]。

太晖观并不处于高山上，没有抵抗风力的需要，使用铜瓦，完全是出于形制、外观的需要或象征意义上的追求。根据太晖观"赛武当""小金顶"的俗称，可知太晖观应当是在效仿武当山太和宫金殿，用铜金造殿，追求天宫楼阁"金阙玉京"的效果。虽然难以整座正殿全部使用铜而只将屋顶用铜瓦铺就，但事实证明铜瓦的运用达到了所追求的效果。明末文士宋登春就作诗赞曰：

"碧天高处是三清，金作楼台玉作城。"[62]

3 西藏地区及藏式建筑中的镏金铜瓦建筑

（1）唐代西藏地区的铜瓦建筑记载

除了著名的五台山金阁寺镀金铜瓦，据文献记载，隋唐时期西藏地区也已经有金瓦建筑存在。《西藏王统记》中记有三位王妃在桑耶寺建造三座神洲。其中"蔡邦萨、美多卓玛仿效王父大首顶寺之三种模式，建三界铜殿洲神殿"[63]。参考西藏众多的镏金瓦顶建筑，此"铜殿"很可能指"铜顶之殿"。

《旧唐书》《新唐书》中有对尼泊尔铜瓦建筑的描述，推测西藏的铜瓦建筑应与之相似：

"泥婆罗国在吐蕃西……其器皆铜，多商贾，少田作，以铜为钱……其王那陵提婆……宫中有七层之楼，覆以铜瓦，栏楯榱栱皆饰珠宝。楼之四角，各悬铜槽，下有金龙，激水上楼，注于槽中，从龙口而出，状若飞泉。"[64]

唐代的金顶、铜瓦建筑虽然现已不存，但铜瓦、铜龙作为藏传佛教寺庙建筑的显著特征，现在也常能见到。现存明清时期的金顶与隋唐时期的具体形式未必完全相同，但作为同一技术系统的产物，应可从中管窥隋唐时期金顶之概貌。

（2）作为等级象征的金顶

金顶是藏族宫殿、寺院、佛塔建筑的重要组成部分和高级装饰。宫殿、寺院建筑有无金顶，及其金顶面积大小是宫殿、寺院主人贫富贵贱的重要标志，也是所拥有政教权势大小的重要象征。建造金顶有明确的资历规定和鲜明的等级制度。以格鲁派为例："享有建造金瓦屋顶资格的是格鲁派宗师宗喀巴·洛桑扎巴和他的亲传弟子所建寺庙；藏王的居住地；出过甘丹赤巴（佛教格鲁派祖寺拉

---

[61] 据大殿左侧石碑记载："……荆州城西关外太晖观庙宇巍峨，载诸志乘，为阖郡庄严胜地。上供祖师法像，因地当孔道，往来人众纷沓，致殿上铜瓦四百二十六块，铜炉盖一座被贼偷窃。……庙宇既赖众擎，而善缘必期，永以合行，勒碑示禁为此示……计开大殿旧铜瓦一千零六十块，新铜瓦四百二十六块……玉皇阁铜瓦四十块……乾隆四十九年五月□□日。"笔者录自荆州太晖观金殿，2006年4月6日。

[62]《八月十四夜游太晖观呈王忠教真人》："碧天高处是三清，金作楼台玉作城。白鹿仙人秋弄笛，青牛道士夜吹笙。惊残鹤梦江云冷，幻出松阴海月明。欲写阴符寄幽事，山中老子有书迎。"见[明]宋登春. 宋布衣集. 卷三. 见:丛书集成初编（第2155册）. 上海：商务印书馆，民国二十五年（1936）：50

[63] 引自傅熹年主编. 中国古代建筑史（第二卷）[M]. 北京：中国建筑工业出版社，2001：569

[64][后晋]刘昫. 旧唐书. 卷一百九十八 列传第一百四十八. 北京：中华书局，1975：5290. 另见[宋]欧阳修，宋祁. 新唐书. 卷二百二十一上列传第一百四十六上. 北京：中华书局，1975

（1）青海塔尔寺大金瓦殿　　　（2）承德普陀宗乘庙"万法归一"殿　　　（3）须弥福寿庙的"妙高庄严"殿

图2-11 藏式镏金铜瓦建筑

萨甘丹寺座主）的寺院；对政教大业作出过特殊贡献，经噶厦政府授予可建金顶特权的寺庙、宫殿或佛塔，其余寺庙、宫殿和佛塔无权或无资格建造金顶。"[65]

现在能见到的具有代表性的金顶有：藏区的拉萨大昭寺、布达拉宫、萨迦寺、哲蚌寺、色拉寺、甘丹寺、罗布林卡金色普章、日喀则扎什伦布寺、安多拉章扎西齐、革蒙降巴林（青海塔尔寺）、康区理塘寺、甘孜寺、甘孜大吉寺、吉塘丹松赞林寺[66]；承德则有清代普陀宗乘庙的"万法归一"殿、须弥福寿庙的"妙高庄严"殿等（图2-11）；北京有故宫雨花阁、北海善因殿等。

值得注意的是，以涂金（镀金）铜瓦著称的五台山金阁寺，正是密教寺院。其与藏传佛教寺院建筑金顶的内在关联早在隋唐时期就存在了。可见材料的运用，与其宗教、纪念等象征意义，确是互为表里的。

（3）藏式金顶建筑的屋面构造

藏区的金顶构造可以青海塔尔寺的大金瓦殿（宗喀巴大师纪念塔殿）为例，其始建于明天启二年（1622），重建于清康熙五十年（1711），同时期增建金顶，如图2-11（1）。清乾隆五年（1740）、十年（1745），嘉庆二十一年（1816）多次维修和改建，但基本形制仍保持清初特点[67]。

大金瓦殿的铜瓦虽然是薄铜板制成，但亦做成仰瓦与盖瓦的形式，铺在木板、木骨之外。仰瓦即平整的薄铜板制成，两端分别折起，与前后相连的板瓦咬合；左右边亦折起，钉在相邻的楞木条上，木条上再盖铜皮，用小钉固定，形成盖瓦瓦垄。铜瓦于安装前先镏金，为了节省黄金，交接处留空不镏金[68]（图2-12）。"2001年大金瓦殿维修，屋面望板钉好后，先钉一层3 mm厚铝板，代替原有锡背，铝板比锡背性能优越，抗锈蚀，延展性好，防水。铝板钉好后，再依次按算好的瓦垄钉筒瓦楞木，按搭接顺序钉鎏金板瓦和筒

65 得荣·泽仁顿珠. 藏族的金瓦屋顶[J]. 西藏民俗，2001（01）：50
66 得荣·泽仁顿珠. 藏族的金瓦屋顶[J]. 西藏民俗，2001（01）：50
67 年代引自姜怀英，刘占俊. 青海塔尔寺修缮工程报告[M]. 北京：文物出版社，1996：25
68 这一细节由塔尔寺古建筑工程队的史师傅口述介绍，谨此致谢。

图2-12 塔尔寺大金瓦殿的镏金铜瓦

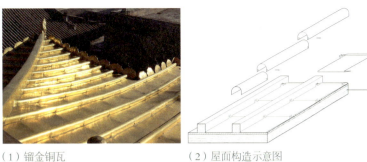

（1）镏金铜瓦　　　　　　　（2）屋面构造示意图

图2-13 承德外八庙金顶建筑的镏金铜瓦

 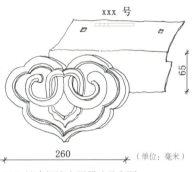

（1）四块一组的铜瓦单元（白线为边界）　（2）位于边角部位的铜瓦

图2-14 承德外八庙金顶建筑的镏金铜滴水瓦

（1）镏金铜滴水瓦　　　　　（2）镏金铜滴水瓦尺寸示意图

瓦，钉垂脊、正脊。"[69]

　　承德外八庙建筑中，普陀宗乘庙的"万法归一"殿、"慈航普渡"殿、"权衡三界"殿，须弥福寿庙的"妙高庄严"殿、"吉祥法喜"殿均覆盖金瓦。虽然普陀宗乘庙（乾隆三十六年，1771）模仿布达拉宫，须弥福寿庙（乾隆四十五年，1780）模仿扎什伦布寺[70]，但其具体构造做法与青藏地区并不相同。

　　承德的金瓦也用薄铜板锻打、冲压而成，表面镏金，但不做出瓦垄的形象，而做成鱼鳞瓦的形式。如图2-13、2-14可见，屋面的每个铜瓦单元在形象上由四块扇面形的"瓦片"组成，边角上的由三块组成或根据实际需要做成不同形状，用钉子固定。每个单元上的四块"瓦片"都用厚约2毫米的薄铜板锻压而成，并不是真正的实心瓦片。

[69] 张君奇. 塔尔寺大金瓦殿建筑结构与装饰 [J]. 古建园林技术，2004(04)：43

[70] 刘敦桢主编. 中国古代建筑史 [M]. 第二版. 北京：中国建筑工业出版社，1984：386

4 记载中仿效唐代样式的日本铜屋面建筑

(1) 文献记载

研究隋唐时期中国的金属屋面建筑，还可参考日本的铜屋面建筑。

据日本研究铜屋面的专著《銅板葺屋根社寺建築を中心に》考证：

"铜制屋顶建筑在我国最早始于天平神护元年[765]奈良西大寺，据《七大寺巡礼私记》，其采用铜块锻造加工成铜瓦。西大寺据称是德天皇为呼应奈良东大寺而建。西大寺的药师金堂与弥勒金堂仿效唐代建筑样式。根据《西大寺资财流记账》记载，药师金堂长159尺，宽（奥行）53尺，大脊两端有铜铎并立有金铜制凤型鸱尾。大脊上有两只狮子坐于莲花形火焰茄状支座上。屋檐（軒廻）上共有火焰36枚，角脊端部可见铜制花形装饰为唐代技术，此大脊技法可谓奈良时代建筑物中史无前例……

"据《七大寺巡礼私记》：西大寺屋顶由绿釉瓦修葺而成。据《铜瓦消灭事》，这里的铜瓦就是青瓷，即绿釉瓦。后因贞观年间大旱导致铜瓦熔解，而以其他瓦修葺代替。

"《建久御巡礼记》记载：该寺铜瓦修葺，因贞观日照令铜瓦消解而以其他瓦修葺。

"即使铜块锻打成薄片，造成瓦片状，大旱以及日照也不至于导致铜熔解，恐怕是因日照令铜干燥升温而使其表面的釉剥离熔化，表现出铜瓦熔解的样子。无论如何，我国有关铜制屋顶建筑物的历史记录最早始于奈良西大寺。"[71]

根据上文的考证，奈良西大寺建筑仿效唐代建筑，有可能是参考了中国当时的铜瓦建筑。

日本传统建筑中，神社和寺院建筑常以铜板为屋瓦。日本的铜屋顶更类似我国藏式建筑的铜屋顶，用铜板锻制而成。不同的是日本的不镏金，追求天然的铜绿色，包裹在日本特有的桧树皮屋顶上或直接铺在木板上，形成特别的肌理和优美的曲线（图2-15）。这与五台山"铸铜为瓦，涂金于上"的金阁寺不一样，与中国汉地金属屋面建筑"铸铜为瓦"的主流也不一致，所以日本建筑的铜屋顶在起源阶段究竟是如何仿效中国唐代并形成自身传统的，还有待更多考古学证据。

71 [日] 日本銅センター 銅板葺屋根編集委員会. 銅板葺屋根社寺建築を中心に [M]. 東京：理工学社, 2004：148-149

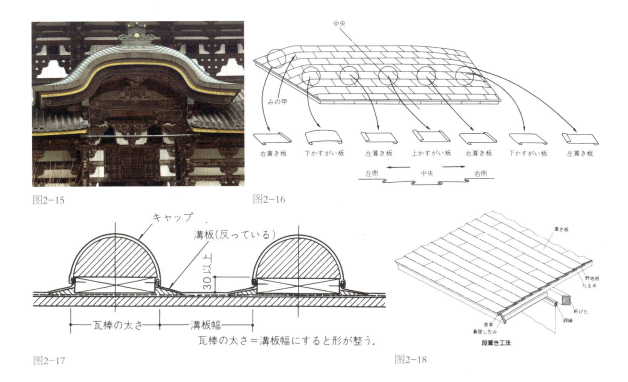

图2-15
图2-16
图2-17
图2-18

图2-15 日本奈良东大寺唐破风上的铜瓦面
图2-16 日本古建筑铜屋面之"一文字葺"构造图
图2-17 日本古建筑铜屋面之"本瓦棒葺"构造图
图2-18 日本古建筑铜屋面之"段葺"构造图

（2）常见的日本古建筑铜屋面构造

现在常见的日本古建筑铜屋面的构造大致可以分为三种："一文字葺""本瓦棒葺"和"段葺"。

"一文字葺"即铜板瓦横向一字排开的做法，具体构造如图2-16所示。

"本瓦棒葺"的构造如图2-17所示，这种构造与塔尔寺大、小金瓦殿的屋面构造类似，分仰瓦、盖瓦并分别包裹铜板。

"段葺"的外观、构造大体与"一文字葺"相似，区别在于"段葺"铜板下的屋面板呈阶梯状，具体构造如图2-18所示。

本章小结
铁塔、铜塔与金属屋面建筑的正式出现

本章从武则天时的天枢谈起，认为天枢的建成标志着中国古代金属建筑的正式出现，而且甫一出现，就显示出了技术上的高起点——它的高度未被后世的金属塔超越。虽然天枢不是佛塔，但相信这样的技术一定为金属塔的建造指引了方向、积累了经验。

天枢所体现的纪念性标志物的艺术传统，值得进行历史考察。它在材料上、象征性上与两汉以来的铜、铁通天柱及纪念柱一脉相承，与同时代的标志性、纪念性石柱共有一些形制上的特征；同时可能也与佛教的相关艺术传统存在着互动关系。天枢形体巨大，却

仅用八个月就建成，是铸造史上的伟大成就。

天枢并不是武则天应用金属材料的唯一案例。五台山上数座镇台用的"则天铁塔"是不广为人知的重要案例，它们的象征意义大于造型和技术上的意义。

随着《金刚顶经》的译出和广为流传，中土的铁塔有了理论上的追仿对象——"南天铁塔"。从此铁塔在技术上和象征意义上都有了支撑。

上一章揭示了铜、金在道教中的意义，本章则讨论了佛教对金、铜的崇尚，初步揭示了铜塔、金塔的象征意义和理论根源。

铜瓦或铁瓦的使用大多是为了解决"山高风疾，瓦多飘零"的情况。然而至关重要的是，无论汉式金属屋面还是藏式金顶，它们常常又是出于形制需要、建筑等级、象征意义而使用的。这再次提醒我们注意，金属建筑的功能和意义，从来不只是满足坚固、永久的需要而已——凝结其中的文化意义、设计理念，不仅是其存在的理论支撑，更是这类建筑的核心价值所在。

第三章 铁塔的建设活跃期与趋于成熟（五代—宋）

第三章 铁塔的建设活跃期与趋于成熟（五代—宋）

一、背景：五代至宋时期相关技术与理论的发展

1 冶铸与建筑技术的发展

五代至宋，冶金业规模明显增大，坑冶发展繁荣，产品的数量、质量、品种都有提高。宋代进入相对稳定时期后，从总体来说也是古代科学技术发展的高涨期。宋代炼铁技术的主要成就有："炉型逐渐趋于合理，有了炉身角和炉腹角，炉子尺寸与鼓风能力等更为适应；普遍使用了砂石和耐火砖构筑炉壁；耐火材料中掺了熟料；木扇鼓风推广开来；水力鼓风技术有了发展。"[1]

在铸造大型铸件方面，五代至宋时期对铸造技术应用进行了不少探索和尝试，著名的作品除了铁塔，还有沧州铁狮子、正定隆兴寺大悲阁铜佛像等。沧州铁狮子铸于后周广顺三年（953），高5.4米，重29.3吨。它使用泥型铸造、顶注法浇铸，约使用了500多块外范[2]。隆兴寺大悲阁的铜佛像高达22米，分七层铸成，其下还配有复杂而坚固的基础[3]。

五代在唐代木构建筑臻于成熟的基础上，对砖石材料进行了广泛探索和尝试。例如砖塔在结构上进行了新的探索，与唐相比，出现了内有回廊和塔心室、用叠涩构成各层楼面的楼阁型砖塔。如苏州虎丘云岩寺塔（后周显德六年，959）和杭州雷峰塔（北宋开宝八年，975，吴越王钱俶时造）[4]。

宋代的砖砌塔在五代吴越国技术基础上有所发展，实例有定县开元寺塔、苏州报恩寺塔等。前者在材料、工艺和高度上，后者在结构上都已经达到相当高的水平。

石塔例如泉州开元寺仁寿塔（南宋绍定元年，1228）、镇国塔（南宋嘉熙二年，1238），探索了石砌仿木塔的结构、形式与空间。杭州的闸口白塔（北宋初建隆至开宝间，960—975）则探讨了

---

1 何堂坤.中国古代金属冶炼和加工工程技术史[M].太原：山西教育出版社，2009：484

2 吴坤仪，李京华，王敏之.沧州铁狮的铸造工艺[J].文物，1984（6）：81-85；何堂坤.中国古代金属冶炼和加工工程技术史[M].太原：山西教育出版社，2009：457

3 傅熹年.中国科学技术史：建筑卷[M].北京：科学出版社，2008：394

4 傅熹年.中国科学技术史（建筑卷）[M].北京：科学出版社，2008：326-328

用雕刻及组合方式仿木塔之形式与结构的做法。

上述冶金技术的发展，以及砖、石高层建筑技术方面的进展，为此时期铁塔的建设风潮提供了重要的技术支持。

2 更多佛经中出现铁塔：般若类、法华类经典中的相关记载

（1）般若类经典与铁塔

般若类经（Prajnaparamita Sutra）是大乘佛教中的主要经典，形成较早。其中译入中国最著名的也是集大成者，即唐玄奘所译之《大般若波罗蜜多经》，有六百卷之多。辽宋时期，在《般若经》的相关故事中也出现了与铁塔相关的记载。

宋释子非浊集《三宝感应要略录（中）》之四十九"踏大般若经所在地感应（出求法记）"：

"释灵运，天竺名般若提波，本襄阳人也，追寻圣迹，越南滨达西国。于那兰陀寺，画弥勒真容菩提树像。至伊烂拏钵代多国，有孤山，既为胜地，灵庙寔繁、感应多种。最中有精舍，以刻檀观自在像为尊。若有人七日、二七日祈诸愿望者，从像中出妙身，慰喻其心、满其心愿。

"傍有铁塔，收《大般若》二十万偈，五天竞兴供养像及经。灵运一七日绝食，请祈所愿有三：一令身必离恶趣，二必归本国广兴佛事，三修佛法速得佛果。即从檀像中，出具相庄严光明照耀妙身，慰喻运曰：汝三愿皆成就。汝当入铁塔，将读大般若经，踏经所在地，必免三恶趣。若人发心，将赴此地，步步灭罪，增进佛道。我昔行般若，得不退地。若持此经，书写经卷者，必令满足其人所求。说此语已，化身不现。即三七日，笼居铁塔。礼拜经夹，方读其文。经历半年，以归唐国，广兴佛事，翻译圣教。实有堪能，是观音加力大般若威德也矣。"[5]

这里提到，伊烂拏钵代多国孤山上的寺院中有一铁塔，内收般若经达二十万偈之巨，超过现存般若经。此铁塔能容纳这样规模的经卷，其规模亦不在小。

按本段提到的"伊烂拏钵代多国""孤山"，在《大唐西域记》卷十中都有记载，但《大唐西域记》未提到铁塔。

（2）法华类经典与铁塔

法华类经典也有与铁塔有关的故事出现，见唐僧祥《法华传记》卷十"外国妙华天女十一"：

---

5 ［宋］非浊集《三宝感应要略录》，见：大正新修大藏经，第51册 No. 2084

"昔外国有铁塔,高丈余。于中安置芬陀利迦、阿差摩、摩诃毘卢舍那经等梵夹,各有百千偈。时有一天女,夜时时来,以天曼陀罗华,供养铁塔。"[6]

据佛教学者考证,《法华传记》的写作大约从开元时期(713~741)开始,最终完成于天宝末期,安史之乱(756)以前[7]。

综上可见,至迟到宋代,与《般若经》《法华经》这两类佛教重要经典有关的经、传中也都出现了天竺或西域关于铁塔的记载或传说,再加上唐代就广为流传的《金刚顶经》中关于"南天铁塔"的记载,可知铁塔这一概念的影响已经遍及密宗以及大乘佛教各主要宗派。

从五代至宋(10世纪初至13世纪末)的将近400年间,由于在技术和理论方面均已齐备,铁塔的铸造在中国大地上形成了一阵令人瞩目的风潮,成为此时期金属建筑发展的显著特点。此时期出现的铁塔在造型艺术上趋于成熟,尤其宋代的铁塔,其高度未被后世超越,造型艺术也达到很高的水平。根据造型的不同,可以分为仿砖楼阁型铁塔、仿木楼阁型铁塔,以及经幢型铁塔三大类。

二、形制古朴的广东南汉仿砖楼阁型铁塔

五代南汉集中出现了一批铁塔,散布于广东境内。现保存最完整的是广州光孝寺东铁塔,其他案例或余半座,或余构件。梅州千佛铁塔、韶关南华寺铁塔与广州光孝寺的西铁塔、东铁塔具有相似的形制,都是仿砖楼阁型铁塔。其表面以密布的佛龛为主题,形制古朴,上追北朝石塔、唐代砖塔。

(一)广州光孝寺西铁塔

光孝寺是广州最重要的寺院,历史上名称数次更迭,明成化二年(1466)才改为"光孝寺"。光绪《广州府志》对其有较详实的介绍:

"光孝寺在南海县西北一里,乃南越赵建德故宅也。吴虞翻为孙权骑都尉,以数谏争谪居此,多植苹婆、诃子树,名曰虞苑,后又称虞翻庙。晋隆和中[362]僧罽宾创为王园寺。……唐仪凤元年[676]六祖慧能祝发树下,因论风幡建风幡堂。宋太祖改为乾明禅院,又名法性寺。绍兴二十年[1150]改为报恩广孝寺。方信孺引图

---

6 [唐] 僧祥《法华传记》,见:大正新修大藏经,第51册 No. 2068。后文为:"有一客游比丘,止宿塔影。夜分见天女,问曰:汝是谁。答:我是切利天妙华天女,释提桓因侍女也。比丘复问:有何因缘来至供养。天女曰:我昔为贫女乞丐自活,傍有池号曰妙池。夏月,四色莲华弥满,于中而生。诸国婆罗门等,竞来采华。设莲华法会。尔时贫女发微信,采二茎白莲华,供养塔中芬陀利迦等修多罗。乘此一善,生切利天,为帝释侍女。以依本缘,号曰妙华,欲报法恩,时时供养。作是语已,隐而不现。沙门舍衣钵,买华供养塔及经卷(出要集)。"

7 徐文明. 志远与《法华传记》的著作时代. 见: 黄心川等主编. 光山净居寺与天台宗研究, 香港: 天马图书有限公司, 2001

经云本乾明、法性二寺，后并为一。……元明屡经修建，成化二年易今名。寺有唐宝历石幢。……东廊有伪汉铁塔，……西廊复有一塔，规制差小。粤城内外古道场，以光孝寺为第一，气象古朴殊乎他刹。"

1　光孝寺西铁塔建、修年代

据塔身上的铭文，西铁塔建于南汉大宝六年（963），由南汉大太监龚澄枢及女弟子邓氏三十二娘捐造[8]。

据《光孝寺志》，南宋宝庆年间（1225—1227），住持僧了闻建殿将铁塔覆于其中。但西塔殿的位置后来辟为"净社"。据《光孝寺志》中的"旧志全图"，西铁塔在净社之西北[9]，说明铁塔可能挪移过。

元泰定元年（1324）曾经修理过西铁塔："住持僧慈信募修铁塔。"

西铁塔（图3-1）现存铁须弥座、仰莲座，以及三层塔身。上边的四层据记载于抗日战争时期因房屋倒塌而被压塌[10]，可见当时可能仍有塔殿覆盖。

2　光孝寺西铁塔形制

（1）形制

光孝寺西铁塔整体为唐代楼阁式砖塔的形式，残高3.6米。塔平面为正方形，位于石须弥台基上。塔身自下而上依次是石须弥座、铁须弥座、仰莲座、残存的三层塔身。铁须弥座边长157厘米，仰莲座边长141厘米。残存的三层塔身自下而上边长分别为118厘米、103厘米、95厘米（角柱轴线间距离）。

铁须弥座束腰部分收束较大，四角有站立的力士，举手过顶托塔。力士的手臂现多已折断缺失。束腰部分，各面两旁为游龙，中央为三颗"品"字形放置的火焰宝珠（图3-2）。

须弥座上为仰莲座，每面中央的莲瓣上有阴刻铭文。仰莲座高23.5厘米，在整座塔的立面构图上占重要地位。

塔身四角为束莲柱形倚柱，有较明显的侧脚。每面有四层佛龛，中央有一大龛，每龛中各供一佛（图3-3）。大龛中的佛像手印各层、各面不同。第1层、第2层大龛中，佛像圆光旁有榜题，标明该佛名号。惜第2层的榜题多已不清，无法辨识，唯东面的可辨出为"卢遮那佛"。根据榜题，第1层各面中央的佛分别为：南面，弥陀

---

8 "玉清宫使、德陵使、龙德宫使、开府仪同三司行内侍监、上柱国龚澄枢同女弟子邓氏三十二娘以大宝六年岁次癸亥五月壬子朔十七日戊辰铸造，永充供养。"铭文全录详见附录。
9 [清] 光孝寺志．见：中国佛寺史志汇刊 [M]．第三辑第3册．影印广东编译局本．台北：丹青图书公司，1985. 34, 39, 88-90. "净社"见第67页："西塔殿一座在西廊，宋宝庆间住持僧了闻建。明万历间乡贤梁有誉、黎民表、欧大任辈结诃林净社于此。见南海志欧大任、梁思年有记。"
10 广东省文物考古研究所．广东古塔 [M]．广州：广东省地图出版社，1999. 35

图3-1

（1）西面：弥勒佛

（2）北面：药师佛

（3）东面：释迦佛

（4）南面：弥陀佛

图3-3

图3-2

图3-1 光孝寺西铁塔（西面）
图3-2 光孝寺西铁塔须弥座、莲花座
图3-3 西铁塔第1层塔身各面中央佛龛中的佛像

佛；西面，弥勒佛；北面，药师佛；东面，释迦佛[11]。

现存各层的小佛龛宽度、高度基本相等；层数均为四层，列数由下而上逐层递减。因此小佛龛的宽度实际上可视作塔身的基本设计模数。第1层每面16列，共52尊小佛像；第2层每面15列，共51尊小佛像；第3层每面12列，共42尊小佛像[12]。

每层塔身上沿做出帷幔形象。各层塔檐为整体铸造，形象是抽象的砖塔叠涩形式，无斗栱，用一略带弧度的斜面表达出檐，四角做出角梁上挑的形象。檐顶做出筒瓦形象，戗脊上做出四脚龙形兽，惜头部均已损毁。檐口在水平方向亦有弧度，形成曲线。

据《光孝寺志》，西铁塔原本表面贴金："初亦以金装贴，岁久无重装者，故金色剥落不及东塔之辉煌矣。"[13]

11 光孝寺西塔各面佛尊与方位之对应与常见之对位不符。似应整体顺时针转九十度，以药师佛位于东方，以弥陀佛位于西方，较符合一般认识。笔者怀疑是否西塔挪移安置时，未注意塔各面佛像与方向的对应关系，以致对位发生了变化。

12 第1层小佛像数=16列×4行−4列×3行=52尊（其中4列×3行为大佛像占去的位置）。同理，第2层小佛像数=15×4−3×3=51尊；第3层小佛像数=12×4−2×3=42尊。综上，第4层小佛像按每层10尊推测，则总数=10×4−2×3=34尊。如此，正可与东铁塔第4层的小佛像数相印证。

13 [清]光孝寺志．见：中国佛寺史志汇刊[M]．第三辑 第3册．影印广东编译局本．台北：丹青图书公司，1985：88−89

图3-4 西铁塔内部结构

（2）结构

光孝寺西塔结构简单，每层塔身均为空筒状，层层叠置。塔壁厚约2厘米。因为上部塔身缺失，故可以从顶部观测到塔身内部结构。各层塔身顶部向内做出翻边，上层塔身即置于下层塔身顶部。仰莲座虽然从外观来看相当敦实，但实际上内部也是空筒状（图3-4）。

（二）广州光孝寺东铁塔

1 光孝寺东铁塔建、修年代

由东铁塔（图3-5）塔身铭文可知其造于南汉大宝十年（967），由南汉主刘鋹敕造：

"大汉皇帝以大宝十年丁卯岁敕有司用乌金铸造千佛宝塔一所，七层并相轮、莲花座，高二丈二尺，保龙躬有庆，祈凤历无疆，万方咸使于清平，八表永承于交泰，□□善资三有，福被四恩，以四月乾德节设斋庆赞，谨记。"[14]

据《光孝寺志》，东铁塔原本并不在光孝寺，而是南宋端平年间（1234—1236）从开元寺移来：

"东塔殿在浴所墙外，宋端平间住持僧绍喜移开元寺铁佛塔于此建殿覆之。国朝乾隆二年[1737]僧密深捐资修殿并于塔上装金，复捐田一十三亩五分为塔殿香灯供奉。郡人翰林辛昌五有记。"[15]

图3-5 光孝寺东铁塔（西面）

移至光孝寺后，东塔也有塔殿覆盖。后来又多次修理、贴金[16]。

2 光孝寺东铁塔形制

（1）形制

东铁塔也是一座唐楼阁式砖塔形式的方形平面塔，七层塔身完整保存，通高约7.65米。其形式构成与西铁塔大体相似，但现存的石须弥座台基比西铁塔高。塔身自下而上依次是石须弥座、铁须弥座、仰莲座、塔身。四角上亦各铸出一束莲柱形倚柱。与西铁塔不同的是，东塔铁须弥座无下枋部分，代以石质下枋。

与西塔相比，东塔铁须弥座束腰部分更高，四角无力士。束腰各面两旁为游龙，中央为火焰宝珠（图3-6）。北面、东面中央为三颗"品"字形放置的宝珠；南面为一颗；西面正中部分无宝珠，为铭文板，刻"大汉皇帝"敕造铁塔事。其余各面在边角部分也有铭

---

14 笔者录于光孝寺，2009年6月16日。《光孝寺志》《羊城古钞》亦录有东铁塔之铭文，笔者辨识不清之处，其记为"万方咸底于清平，八表永承于交泰，然后善资三有，福被四恩"。见《光孝寺志》第87-88页，及[清]仇巨川纂，陈宪猷校注. 羊城古钞[M]. 广州：广东人民出版社，1993：602

15 [清]光孝寺志. 见：中国佛寺史志汇刊[M]：第三辑第3册. 影印广东编译局本. 台北：丹青图书公司，1985：67

16 "元泰定元年住持僧慈信募修铁塔。明正统十四年（1449）住持僧广演重修东塔。国朝乾隆二年僧密深捐资塔上装金（并修殿捐田有碑记）。十三年[1748]僧愿广捐资塔上装金。"[清]光孝寺志. 见：中国佛寺史志汇刊[M]：第三辑第3册. 影印广东编译局本. 台北：丹青图书公司，1985：87-88

图3-6　　　　　　　　　　图3-7　　　　　　　　　　图3-8

文，记载其他监造官员。上枋部分各面铸出行龙浮雕；四角也与西塔一样，做出包角叶的形式。整体来看，东铁塔须弥座更高，用龙更多，显示出更强的皇家意象。

须弥座上为仰莲座（图3-6）。此仰莲座莲瓣为复瓣，高40厘米，比西塔的仰莲座更为敦实，在形象上的作用更凸显。

塔身刻画的细节比西塔丰富，束莲柱侧脚明显，柱顶铸出栌斗，承阑额，阑额出头呈批竹形（图3-7）。檐下比西塔多刻画出一层弧面，应当是斗栱层的抽象概括，其上再做弧面，表达出檐，表面逐层铸出祥云、游龙、凤、飞天等图案。四角刻画出角梁的形象。屋檐起翘明显，戗脊上无脊兽。

塔身上亦为小佛龛与大佛龛组合的形式，每龛各供一佛（图3-8）。大龛顶上刻画出伞盖，龛中的佛像手印各层不同，第3、4层的大佛像头戴冠，可能为大日如来。佛像均无榜题标明身份。

从底层向上，小佛龛在大小上和数量上都逐层递减。第1层、第2层相同，每面5行13列，共53尊小佛像；第3层每面4行12列，共42尊小佛像；第4层每面4行10列，共34尊小佛像；第5层每面4行9列、共27尊小佛像；第6层、第7层相同，每面3行8列，共20尊小佛像。加上各层的大佛像，每面共256尊佛像，四面共1024尊佛像。

塔顶安葫芦状塔刹。

东铁塔原本也是一座金色的铁塔，起初以金装佛像。有未仔细分辨者，曾据其颜色，讹传为铜铸[17]。

造塔人中，"上柱国"龚澄枢明显是大宦官，此外，其余官名冠以"内"以及"诸宫使"者，也均为宦官（铭文见附录）。据《羊城古钞》：

"刘鋹时，宦者有为三师、三公者，其官号加'内'字、'诸宫使'字，不啻二百。女官亦有师傅、令仆之名；目百官为门外人。群臣小过及进士状头，或释道有才略可备问者，皆下蚕室，令

图3-6　东铁塔须弥座、仰莲座
图3-7　东铁塔塔身柱顶栌斗
图3-8　东铁塔第1层塔身中央佛龛

[17] "初以金装佛像，故后人讹传为铜。"[清] 光孝寺志．见：中国佛寺史志汇刊[M]．第三辑第3册．影印广东编译局本．台北：丹青图书公司，1985：39。

得出入宫闱，亦有自宫以求进者。由是宦者近二万人，贵显用事之徒大抵皆宦官也，卒用龚澄枢以亡其国。"[18]

可见铭文中提到的这些僧侣，也都是宦者。后人评说刘鋹政权，多诟病其昏庸无道，滥用宦官，以致亡国。刘鋹为求坚固永久，喜用铜、铁材料来铸铜像、铁塔，除了造铁塔外，还曾造自己及诸子像陈列于天庆观，然而清代均已不存。正如《羊城古钞》引朱彝尊《光孝铁塔记跋》之叹：

"盖金石刻之传于世，金之用博，故其铄也易。"[19]

（2）结构

东铁塔之内部结构无法观测到，推测应与西铁塔一样，每层塔身为空筒，层层叠置。

（三）梅州修慧寺千佛铁塔

1 修慧寺千佛铁塔建、迁史考

根据塔身上的铭文，梅州修慧寺千佛铁塔建于南汉大宝八年（965）[20]。相比光孝寺铁塔，梅州修慧寺千佛铁塔的经历稍显复杂。修慧寺清末已不存，梅州的地方志《嘉应州志》对千佛铁塔也没有记载。铁塔本身已经损坏，仅有部分铸件留存至今。幸有清末学者梅州人黄遵宪的《南汉修慧寺千佛塔歌》及其颇为详细的叙记，可资了解该铁塔历史。因其描述清晰，故大段引述如下：

"此塔创建至今九百余年，广东通志、嘉应州志皆失载，即吴石华广文南汉金石志，搜罗极富，亦不之及。塔高约三四丈，上七层为铁铸，下垒土筑成，无从攀登，故不知塔顶有铭。乙丑[1865]兵燹之以后，略毁而未坏，嗣为群儿毁伤，日久遂圮。余归里后求之邻家，得塔铭一方，续得弟五层全层（由下而上，塔铭在下为第一层，余准此）。又得第三弟四层之三方，及弟二层之一方。

"考弟二层有七十七佛（像分五层，每层小佛十六；大佛一，占小佛位四）。弟三层有六十七佛（亦五层，每层小佛十四，大佛如上式）。弟四层五十七佛（亦五层，每层小佛十二，大佛如上式）。弟五层三十七佛（分四层，每层小佛十，大佛如上式）。由是推知第六层有十二佛（当是两层，每层六佛）。每面二百五十佛，合计则千佛也。最高之七层为合尖顶，应无像。弟四层大佛旁有小字曰：东方善德佛，北方相德佛，西方无量寿佛。南方残缺，

---

18 [清]仇巨川纂，陈宪猷校注. 羊城古钞[M]. 广州：广东人民出版社，1993. 659

19 [清]仇巨川纂，陈宪猷校注. 羊城古钞[M]. 广州：广东人民出版社，1993. 602

20 "敬功众缘以乌金铸造」千佛塔七层于敬州修慧寺」创塔亭供养虔馨归善土望」皇躬玉历千春」瑶图万岁然愿郡坛□□□□」康平禾麦丰饶军民宁□□」雨顺调」境歌咏□□□□」方隅次以九宥三涂□□□」乐亡魂滞魄咸证人天□□」周围常隆瞻敬以大宝八年」乙丑岁大吕之月设斋庆赞。"笔者录于梅州千佛塔亭，2009年6月19日，"」"表示另起一行。黄遵宪所录铭文见[清]黄遵宪《人境庐诗草》卷十，第三页、第四页（影印民国铅印本），见：《续修四库全书》编纂委员会. 续修四库全书：第1566册[M]. 上海：上海古籍出版社，1995—1999：687

以释典考之，当是南方旃檀德佛。佛皆趺坐敛袖，乘以莲花。自弟二至弟六层皆方隅，下有檐，宽约四寸，檐角有蟾蜍形，似以之系铃者。唯弟一层无檐，有立像二，在两隅，似是四天王，其数应不在佛中也。"

"考敬州于南汉主刘晟乾和三年，即潮州之程乡县升为州，领县一，修慧寺不入志中，寺址亦未悉所在。此塔距余家仅数牛鸣地，岿然立冈上，亦无塔亭。故老传言乾隆初年，由前州牧王者辅，于今之齐洲寺移来。寺去塔不远，然修慧寺何以易名，志既失载，又无碑可证矣。余所得残整各块，均置于人境庐。其塔铭则供息亭中，已嘱温慕柳检讨，补入新志中。复作此诗以志缘幸。"[21]

据上文，梅州千佛铁塔原位于修慧寺，1865年嘉应州太平军战争中略有损坏，后逐渐倾圮。黄遵宪收集到了一块有铭文的塔身碎片（他认为的第一层），以及他认为的第二层一方，第三层、第四层共三方，第五层全层。

修慧寺已不存，作为本地人的黄遵宪也不知寺址何在，但他见到的铁塔位置，位于距他家不远处的冈上。据当时的老者称，乾隆初年由州官王者辅移来。此后，1935年，梅县县长彭精一与黄任寰师长将黄遵宪收集的铁塔碎片集中于东山岭上[22]，建一砖混结构四层塔，而将原铁塔碎片镶嵌其上，再建一八角亭覆盖之（图3-9）。这座砖混结构小塔的位置在现梅州东山中学内。

1991年，释明慧法师发起募捐，在距东山中学不远处的莲花山头兴建一座高九层的石结构塔，1993年封顶。该塔所在寺称为千佛塔寺。东山中学内的南汉千佛铁塔碎片被取下，据其形象及黄遵宪的记载，推测复原补铸了铁塔的其余部分，成为现在见到的新千佛铁塔，整体置于石塔的底层（图3-10）。

图3-9 梅州东山中学内的砖混小塔

图3-10 千佛塔寺内的新千佛铁塔

2　修慧寺千佛铁塔形制

（1）塔身原件

梅州千佛铁塔新塔高4.41米，整体形象、平面、结构当与广州光孝寺类似，为方形平面的唐代楼阁式砖塔形式，结构为层层铸件叠置。现在所见到的千佛铁塔，其复原设计应当也参考了光孝寺铁塔，并将原铁塔的残件嵌铸进新塔塔身。

笔者使用便携式X射线荧光分析仪（XRF）对塔身成分进行了分析，通过对锰（Mn）含量的区分，定位出了塔身中的原件：原千佛铁塔的成分中均不含锰，而新铸的塔身均含锰，含量在1.3%~4.7%

21 [清]黄遵宪《人境庐诗草》卷十，第三页、第四页（影印民国铅印本），见：《续修四库全书》编纂委员会. 续修四库全书：第1566册[M]. 上海：上海古籍出版社. 1995—1999：687. 段落及标点为本书作者所加。圆括号中的文字为原文中的小字。
22 释明慧. 千佛塔迁建缘起[EB/OL]. http://www.qianfotasi.com/qfts/showart.asp?id=6, 2012-6-17

之间。原件包括新塔西面的第1层（须弥座不计入层数）铭文板、新塔第5层塔身，以及第5层之下塔檐的西侧半块（图3-11）。

从原件来看，铭文板宽55.5厘米，此层为抹角方形（即不等边八边形），南侧抹角仍为原件，上为持鞭将军或天王像。

新塔第5层塔身每面有四层，共36尊小佛像，连大佛共37尊，佛像皆结跏趺坐。角柱侧脚不明显，为束莲柱，但柱身分六棱，这一点与光孝寺铁塔不同。

黄遵宪所记之其他几层塔身，从新塔中未能检测出来，可能没有嵌铸进新塔。

据黄遵宪记载，塔身"第四层"大佛旁有小字注明佛之名号，有"东方善德佛，北方相德佛，西方无量寿佛。南方残缺，以释典考之，当是南方旃檀德佛"。据XRF分析，现在新塔的这一层全为新铸，但佛名与上述记载相符，应该是在新铸时遵循了上述记载。

（2）原状讨论

对比黄遵宪的记载与现在新塔的式样，可知新塔的复原遵循了黄遵宪的记叙：铭文板为新塔首层（第1层），每面37尊佛的塔身为新塔第5层。

然而，仔细推敲原件形制，同时对比与之尺度相近的光孝寺铁塔，笔者认为：黄遵宪在收集残件之前对铁塔的形制并没有清晰的认识，因此他关于层数的定位，以及关于塔身佛像的推算并不可靠。目前这座复原新铁塔，并不能忠实反映铁塔的原貌。这是因为：

第一，铭文板那层边长太小，又有明显抹角，四隅为天王像。这显然应当是须弥座层，而非方形平面塔身的第1层。推测其上还有一层仰莲座，座上再置七层塔身。其下可能还有一层砖石须弥座，如同光孝寺的两座铁塔那样。黄遵宪的记载也说塔下垒土筑成。现在的新塔根据黄遵宪的记叙，将铭文板设为塔身第1层，其下新做了铁须弥座，而省略了仰莲座，恐不确切。

第二，既然铭文板层非第1层，那么黄遵宪记录的其他几层，也都须减一层才对。这从塔身佛像的数量也可估算出来。对比光孝寺铁塔：西铁塔第3层塔身每面共有43尊佛像，据模数推算第4层每面应有35尊佛像（见本章注12）；东铁塔第4层每面共有35尊佛像。梅州千佛铁塔的尺度以及塔身佛像的大小均与光孝寺塔相近，其第4层的佛像数量应当也在35尊左右。因此，新铁塔现在第5层每面37尊佛的塔身，很可能是原修慧寺千佛铁塔的第4层而非黄遵宪说的第五层。现在的新塔少铸了一层塔身。

综上原因，可作复原推测图如图3-12所示。

图3-11 梅州千佛铁塔原件
标红色的第1层铭文板、第5层塔身、第5层下塔檐西侧半块为原件

图3-12 梅州千佛铁塔复原推测

（四）曲江南华寺降龙铁塔

南华寺位于韶关市曲江县曹溪畔。南华寺始建于南朝梁武帝天监三年（504），初称"宝林寺"。《曹溪通志》载禅宗六祖慧能，于唐仪凤元年（676）在广州法性寺（即后来的光孝寺）剃度受戒。后至宝林寺弘扬"南宗禅法"，名声大振。宝林寺遂成为南派禅宗的发源地，为南方之名刹。

唐中宗神龙元年（705）敕改为"中兴寺"，神龙三年（707）赐额"法泉寺"，宋太祖开宝年间（968—976）赐名"南华禅寺"[23]。

1 南华寺降龙铁塔概况

南华寺铁塔名为"降龙塔"，在《曹溪通志》的"图志"以及卷一"古迹"中有记载：

"降龙塔：旧经云，寺有潭，龙常出没其间，触挠林木。一日现形，甚巨，波涛汹涌、云雾阴翳，徒众皆惧。师叱之曰：汝能大而不能小，若为神龙，当能变化。其龙忽没，俄顷现小身跃出潭面。师以钵舀之，不能动。持钵归堂说法，龙遂脱骨而去。长可七寸、首尾角足皆具，流传寺门。师遂以土石埋其潭。今殿前左侧有铁塔镇处是也。至正己卯〔至正年间为1341—1368，按此间查无己卯年〕寺罹兵火，龙骨遂失，今殿基即潭也。"[24]

其中未有建塔年代记录，文中的"师"亦未明确所指是否为慧能。铁塔为镇龙潭而建，故名降龙铁塔。在"图志"中，降龙塔位于大雄殿外左侧，有塔亭覆盖。塔亭现已不存，降龙铁塔现位于南华寺鼓楼的底层（图3-13）。

2 南华寺降龙铁塔形制

降龙铁塔由下到上由须弥座、仰莲座以及塔身组成，均为铁铸，整体位于一水泥座上。须弥座、仰莲座与上部塔身不仅新旧明显不同，而且艺术风格也有很大差别。

（1）南汉铁塔须弥座、仰莲座

须弥座顶面宽115厘米，比光孝寺西塔小42厘米。底部刻画宝装莲花，束腰部分收进不多，每面中央铸一狮子头及前爪，仿佛从须弥座中探出。狮子张口吐舌，形象立体、生动。狮子两侧各有一尊

---

23 [清]马元,释真朴.重修曹溪通志.见:中国佛寺史志汇刊[M].第二辑第4册.道光十六年怀善堂重镌本.台北:明文书局,1980:90-96

24 [清]马元,释真朴.重修曹溪通志.见:中国佛寺史志汇刊[M].第二辑第4册.道光十六年怀善堂重镌本.台北:明文书局,1980:82-83

图3-13 南华寺降龙铁塔
图3-14 降龙铁塔南汉须弥座力士
图3-15 降龙铁塔南汉须弥座、仰莲座

图3-13　　　　　　图3-15

坐佛。须弥座四隅各铸一托塔力士，力士身着盔甲，单腿跪地，单臂举过头顶托塔，另一只手按在跪地腿上，面部表情刻画精湛（图3-14）。

须弥座上为仰莲座，厚约31厘米，直径约102厘米，形状为饼形外围一周莲瓣，显得敦实厚重。仰莲座顶面外缘有两圈弦纹。北侧顶面有铭文，俱为阳文，惜已漫灭不清。

须弥座、仰莲座的形象粗犷、古拙（图3-15），其组合形式又可与光孝寺南汉铁塔相印证，故推测这部分的铸造年代为南汉政权时期（905—971），与光孝寺西铁塔、东铁塔，以及梅州修慧寺千佛铁塔为同一时期的铁塔。

（2）清雍正新铸塔身

仰莲座上为五层塔身，据塔身东面的铭文可知，于清雍正五年（1727）在佛山铸造。新塔身形式为方形平面楼阁式塔，塔刹为宝葫芦状，整座铁塔通高4.5米。

第1层塔身中央各有一尊坐佛，周边环绕铭文，记录雍正时补铸新塔事及捐款官员名录、款识。北面以及东面的前半段为当地及周边官员的职衔、姓名，有的还加了印款。署名的官员主要来自韶州府、曲江县、仁化县、翁源县。东面的后半段记录铁塔的募造者、捐资者、铸造者，有乡绅、商人、住持僧、僧官、户长僧、守塔僧、十房僧、募理住持僧等。铸造者落款为"佛山隆盛炉"。

从第2层至第5层，每层为小佛像环绕大佛像的形式。檐下无斗栱，为抽象的叠涩形式。总体来说，新铸塔身在形象上并无新奇之处，延续了其他几例南汉铁塔之形式。

从第5层塔身可看出雍正新塔表面原有金饰。

三、造型秀丽的长江流域仿木楼阁型铁塔

长江流域现存的四座铁塔是义乌双林寺东铁塔、西铁塔，当阳玉泉寺铁塔，以及镇江甘露寺铁塔。形象都是仿木楼阁型铁塔，塔身比例隽秀，形式优美，细节刻画精致。虽然在对木构斗栱构造的模仿表现上存在一定细节偏差，但并不影响整体效果。

（一）义乌双林寺东铁塔

义乌双林寺铁塔曾有成对的两座，位于义乌塔山乡云黄山下。双林寺曾是江浙大刹，号称"天下第三，江浙第一"。朱中翰《双林寺考古志》对寺史及铁塔建造史考察甚详，可资引证。据其考证，双林寺由西域神僧嵩头陀（即达摩）选址。南朝梁普通元年（520），傅大士（傅翕，义乌佛堂稽亭人）按嵩头陀指示，依双梼木结庵。大同六年（540），傅大士启梁武帝置寺[25]。

1 双林寺铁塔建、修年代

据朱中翰《双林寺考古志》，双林寺铁塔建于后周广顺二年（952），由朱中翰之远祖野塘公朱禄（字宏基）捐铸。缘由是唐僖宗"广明庚子[880]七月，北寇自睦而来，所过残虐，玉石之焚，靡有孑遗"，唯公与其母陈因事佛甚谨，独得无恙，为报答佛恩而建。建塔时野塘公已八十三岁高龄：

"见双林寺宇巍焕，僧舍繁华，诚不虚大士之道场。以为梁木必有坏时，不若镇以铁塔，令后人观塔存而寺亦因葺之而不废。遂于山门内两边，捐资鸠工，凿两方池，各铸铁塔，树立于其中，与宝刹并峙，意深远也。"[26]

25 朱中翰. 双林寺考古志[J]. 文澜学报, 1937, 3（1）：1
26 [清康熙二十二年] 许乾《重修双林寺铁塔记》，转引自朱中翰. 双林寺考古志[J]. 文澜学报, 1937, 3（1）：10. 野塘公"乃又以铸塔余铁，冶罗汉十八尊，每孙各授一，使散处远近，藏以为后世同派共祖之征（据王大成同治丙寅重修野墅龙溪朱氏宗谱序）"。铸塔年代从而可据此及《野塘公铁罗汉像记》推出。

清康熙二十二年（1683），铁塔因地陷而渐歪斜，寺僧乃募化于野塘公之后裔，梅潭二溪派下子孙（即十八派朱氏），各助银谷以修理之。

"即于其岁，车干池水，掘地深丈有奇，实捣布地，如前层叠。时见塔中藏有石匣，间有冶金观音，铁铸罗汉，与夫杂贝，鲜明若始，仍旧照贮。"[27]

原本两座对峙的铁塔，至民国年间早就只存东塔了。为保护存留的这座铁塔，朱氏后代还曾将其置于宗祠中保存：

"今西池污塞，塔亦久毁，惟东池塔犹存。光绪中叶某年，旱，池涸，人有入池取鱼者，见塔基石砛中有古钱出，摸之愈多，且获古瓶，遂轰传遐迩，致好事者咸来发掘，塔几崩塌。于是吾族之人，设法将铁浮图徙置赤岸（又名丹溪）宗祠中（据自薪坛宣化录）。作者往岁因祀祖至祠，获见此塔，四周铸有十二生肖像，甚工细也。"

双林寺的两座铁塔原本位于寺山门内，各在一方池中央，相对而立。可惜双林寺的原有格局、方池均已无存。双塔中的西塔早已不存；东铁塔历经地陷，以及人为的基础破坏，后又被搬迁至宗祠内。东塔现仅存栏杆、江海基座、两层塔身和四层塔檐，其中包括塔刹基座的那层。这些残存构件现在被依次叠置，安放于双林寺古寺址外的湖边，有一座当代的塔亭覆盖（图3-16）。

2 双林寺东铁塔形制

（1）形制

由于塔身多有缺失，现在江海基座（刻有江海纹样的基座）上直接放置了一层塔檐，其上是塔身、塔檐、塔身、塔檐、塔顶，整体残高约2.1米。现存的两层塔身与基座大小相差甚远，因此这两层塔身可能是比较靠近顶部的两层（从塔顶向下数第二、三两层）。现状的1层塔身面阔29.5厘米（开门的面）、28厘米（无门的面）；2层塔身面阔25.5厘米。

双林寺铁塔平面为八边形，最外有一圈铁质寻杖栏杆，这是此铁塔最独到之处。塔外加寻杖栏杆之例不多，如五代南京栖霞山舍利塔，亦为双林寺铁塔为五代时期之物提供了一项样式上的证据。

塔身最下层为三层江海基座，各层海浪波纹形式不同。最下层顶面主题有两种：一为海浪、神仙、龙、神殿；一为持杖仙人、抚

[27] [清康熙二十二年] 许乾《重修双林寺铁塔记》，转引自朱中翰. 双林寺考古志 [J]. 文澜学报，1937，3（1）：11

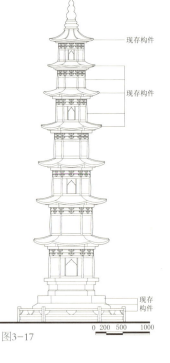

图3-16

图3-17

图3-16 双林寺东铁塔现状 2009年
图3-17 双林寺东铁塔推测复原图

琴仙人。两种主题隔面交替布置。其中神殿的屋顶为庑殿顶，鸱尾形象为中唐以前的向内卷曲的形象。此层每边长79厘米。中间一层顶面主题为海浪，牛、马、龙头出没浪中，各面相同。最上层顶面为菱形格花纹（图3-18）。

江海基座的形式，在镇江甘露寺铁塔和当阳玉泉寺铁塔上还将看到。这也是将时代更早的义乌双林寺铁塔与后两者归为一类的重要原因。对比南京栖霞山舍利塔、镇江甘露寺铁塔、当阳玉泉寺铁塔可知，双林寺铁塔的江海基座之上可能缺了一层须弥座。

现存的塔身构件中没有平座层，使得双林寺铁塔的外观比例更具古拙之意。但就现存的构件来说，尚不能断定双林寺塔原本就无平座层还是平座层丢失。据现有条件，可暂绘出推测复原图，如图3-17。

塔身各角用梭柱，上下卷杀收分明显，外有蟠龙缠绕，直径近3厘米。阑额形式独特，略成月梁形，两端做出龙口张嘴吞阑额的形式。阑额表面隐约铸出"三朱四白"的形式，表达木构表面的彩画形式（图3-19，图3-20）。

下层塔身隔面开壶门，其余面用坐佛像填充立面，每面有三行三列佛像。上层塔身不开门，每面有三行四列佛像。另外每面栱眼壁上各填充四尊佛像。

（2）斗栱

阑额上无普拍枋形象，直接为斗栱。塔身各面施补间铺作一

图3-18 双林寺东铁塔江海基座与栏杆

（1）江海基座与栏杆

（2）江海基座纹样细节

图3-19 双林寺东铁塔第1层塔身
图3-20 双林寺东铁塔第2层塔身

图3-19

图3-20

朵。各朵斗栱栌斗表面均有一小圆孔（图3-19，图3-20），推测原有华栱插入其中以表达出跳形象，但出跳部分现均已损毁不存。斗栱之扶壁栱的形式为令栱、素方交叠形式。按此种形式的扶壁栱在北方地区为中唐以前常见，但在浙江的使用至少可一直延续到宋初，如宁波保国寺大殿、松阳延庆寺塔下层斗栱等[28]。因此，此处难以用扶壁栱形式来验证其为五代样式还是宋代样式。

要之，双林寺铁塔对木构形象的刻画比较细致，同时塔身也布列丰富、整齐的佛像，在形象上兼具千佛造像塔与木楼阁塔两者的特点。

（3）结构

从前揭《双林寺考古志》可知，塔下曾经出土过不少古钱、古瓶等物，可知原本应当是有地宫的。

塔身结构为套筒式，层层叠置。

铸造分件分为塔身层、塔檐层，每层塔身、塔檐各自是一个独立铸件。

（二）当阳玉泉寺铁塔

玉泉寺位于湖北当阳长坂坡西南12公里，覆船山东麓。隋开皇十三年（593），晋王杨广（即后来的隋炀帝）应智者大师智顗

---

28 关于扶壁栱形制与地域、时代的对应分析，详见徐怡涛. 公元七至十四世纪中国扶壁形制流变研究 [J]. 故宫博物院院刊，2005(05): 86-101；及徐怡涛. 从公元七至十六世纪扶壁栱形制演变看中日建筑渊源 [J]. 故宫博物院院刊，2009 (01): 37-43

奏请起寺。其时规制宏丽，曾与栖霞、灵岩、国清寺并称"天下四绝"[29]。唐时禅宗北宗首领神秀曾在玉泉寺弘法二十余年，后被武则天请入洛阳尊为国师。

宋代规模愈加扩大，曾"为楼者九，为殿者十八，僧舍三千七百。星环云绕，为荆楚丛林之冠"[30]。此后历代也多有修葺。

由于智𫖮与神秀的缘故，玉泉寺也被称为天台宗与禅宗北宗的祖庭。

1 玉泉寺铁塔建、修年代

根据塔身铭文，玉泉寺铁塔建于宋嘉祐六年（1061）。最主要的捐资者是荆门军当阳县玉阳乡山口村的"八渠保"郝言，及其家族眷属[31]。铭文中还有来自荆门军、荆门军长林县、荆门军当阳县，以及峡州、峡州宜都县、峡州夷陵县的官员名录。他们对铁塔应当亦有捐献。

铭文载捐铁七万六千六百斤，铸造工匠来自苏州[32]。苏州的匠人应当是到玉泉寺，现场铸造后组装的。据《玉泉寺志》，"1972年建玉泉寺渡水槽时，在4米深处的基坑中，曾发现过一些矿渣"[33]。

玉泉寺铁塔于1993年进行了解体抢修，且于1994年进行了塔基考古发掘和地宫清理，之后进行了复原加固。发掘简报、塔身测绘图都已发表，因此除了塔身铭文能提供信息外，塔基、地宫构造以及出土的舍利石函顶盖铭文都提供了关于铁塔修建的信息。

根据舍利石函铭文以及地宫井壁石铭文记载，可知在铁塔之前，唐仪凤二年（677），玉泉寺曾造七级浮图一座。数年后，武则天放奉其诏入京的玉泉寺僧弘景禅师还山，授予舍利，令造塔盛之[34]。

此塔是一砖石塔，至宋代已不存，毁废年代不详。宋天圣（1023—1032）初，玉泉寺住持广教大师为重修藏经楼，开掘基址时"获一地宫，见石匣上有字"，记载了上述事件始末。大约三十余年后，北宋嘉祐六年（1061）九月十一日，玉泉寺住持悟空大师重瘗了唐代舍利：

"悟空大师务本谨召募远近僧俗男女弟子，各舍净财，选此胜地依旧安葬上件舍利，建铸铁塔一座，高八丈计一十三级。于塔上铸就千佛、诸大菩萨、五百罗汉。"[35]

可见，玉泉寺铁塔地宫是为了重瘗唐代舍利而建。据考古清理简报，地宫中心仍置唐代舍利石函，而在塔基内地宫之外又放置了

---

29 [清] 玉泉寺志. 见：中国佛寺史志汇刊[M]. 第三辑第17册. 影印广东编译局本. 台北：丹青图书公司，1985：56

30 [清] 玉泉寺志. 见：中国佛寺史志汇刊[M]. 第三辑第17册. 影印广东编译局本. 台北：丹青图书公司，1985：57

31 最主要的捐资者是居士郝言及其姨韩氏大娘，录于第2层南门西侧："荆门军当阳县玉阳乡山口村八渠保清信弟子郝言，同姨韩氏大娘阖家眷属等持发至诚，舍铁七万六千六百斤诣景德玉泉院，铸造佛牙舍利宝塔一座，一十三级。伸意者上祝：当今皇帝圣祚无穷，辅弼臣僚公忠尽节，军县牧宰禄位迁荣，岁序丰登。"他们的目的主要是追荐亡之亲人，均列出姓名。最后标明"皇宋嘉祐六年辛丑岁八月十五日郝言题"。
第2层北门西侧壁上记载了其他8家捐资者，并标明了捐资数量，如其中最大的一家："当阳县大梨庄居住弟子韩天锡并妻男等发心于玉泉院铸铁塔第三层，并银果火珠钱肆佰贯文，省意者追荐先亡父母，生界现存合家安乐者。"

32 第2层北门西侧壁上记录了铁塔的铸造者为："两浙苏州铸塔都料陈延祚，男承旻、承棠，小博士顾隆礼、顾华同拳。手下应接人刘太、高皓、蒉果、陈荣等。"
另外还有一些帮工杂使，名字位于第2层塔身内壁："应接庄户文庆、向高、席典、向钊、章文、郑乞子。""木作杂使庄户向高。"

33 玉泉寺编纂委员会编纂. 玉泉寺志[M]. 当阳：内部发行，2000：151

34 "亲[授]舍利，令下塔中。以大周长寿三年岁次甲午七日丙戌朔二十四日己酉，道俗云集五千余人，下舍利于塔中。"见：湖北省玉泉铁塔考古队. 湖北当阳玉泉铁塔塔基及地宫清理发掘简报[J]. 文物，1996（10）：43-57

35 湖北省玉泉铁塔考古队. 湖北当阳玉泉铁塔塔基及地宫清理发掘简报[J]. 文物，1996（10）：43-57. 塔身第2层南门东侧壁上记载了组织铸造铁塔的玉泉寺僧人，可与此相印证。铭文从"堂中第一位僧"排到"第十座"，以及各"执掌知事"僧。其中的"都勾当铸造宝塔功德主僧契凝"应当是负责与各位捐款者接洽的僧人。此段铭文最后落款："山门住持传法赐紫悟空大师务本所伸意者：愿以此功德普及于一切，我等与众生皆共成佛道。"

图3-21 玉泉寺铁塔
2006年

宋代小石函。地宫之上镇以铁塔，玉泉寺铁塔也因此称为"佛牙舍利宝塔"（塔身二层南门西侧铭文）。

塔身保存情况良好，虽然各层塔檐起翘之龙首多有折损（图3-21）。宋代塔刹已不存，损毁年代不详。据塔刹上铭文可知，现在的葫芦形塔刹是清代补铸的[36]。

2 玉泉寺铁塔形制

（1）布局

玉泉寺坐西向东，轴线上有天王殿、大雄宝殿、毗卢殿。寺前有溪水流过，铁塔位于溪东侧的土丘上，与寺院并无明显的轴线对位关系。据地宫舍利石函铭文，铁塔初建成时，曾"于塔下周回修盖廊宇，并献供亭子"，考古清理简报中勘测到的遗迹现象亦可与

---

36 "道光乙未年[1835]吉日，宜昌镇总兵官珠尔杭阿。南关吴道生炉坊造。"玉泉寺编纂委员会编纂. 玉泉寺志[M]. 当阳：内部发行，2000：148

此验证[37]。铁塔位于中心的土丘上，而北侧的献亭可能既是献亭，又是这个独立塔院的入口（参见图8-27）。

（2）塔身形制

铁塔共十三层，高16.945米[38]，为仿木楼阁塔形式。《中国第一铁塔——当阳市玉泉寺棱金铁塔》一文公布了维修铁塔时绘制的测图，对各层塔身亦有详细描述，可参阅[39]。本书仅就笔者的现场观察，对铁塔外观的要点略作讨论：

基座与须弥座：露出地面的最底层石基为覆盖地宫的砖石基础；砖石基础之上为铁质八边形江海基座；江海基座分为三层，中间一层上有八座仙山，其上各站一托塔力士脚踏仙山，一手扶腰，一手托举须弥座上的塔身平台。这构成了铁塔基座的显著特征（表3-1）。

江海基座最下层装饰纹路较细的波浪纹；中间层表面的装饰主题除了波浪纹，还有七仙人出入其中的形象；最上层饰有纹路较粗的波浪纹。江海基座之上又有一八边形平面须弥座，最下层饰宝装莲花；中段壶门柱子各面中央为一坐神力士（表3-1）。

须弥座上为第1层塔身平台。从平台上皮角部痕迹可推知，平台边缘原有寻杖栏杆。现各层栏杆多已不存，仅第13层的栏杆保存下来。

塔身：各层塔身平面均为八边形，角部刻画出倚柱形象。塔身隔面开壶门，逐层相闪。壶门两侧各立一菩萨，足下单梗莲花，头顶有带柄的伞盖（表3-2）。不开壶门的面则各层有不同的装饰主题：第1层为说法图，中央的佛坐于须弥座上，头顶有伞盖；第2层为建塔事宜、捐资人、建造者、组织者等（铭文全文见附录1）；第3层为文殊骑狮与普贤骑象交替；第4层、5层为十六罗汉；第6层为每面小佛像28尊；第7层为每面小佛像26尊；第8层为每面小佛像21尊，排列成独特的金字塔形；第9层为每面小佛像18尊；第10、11层为每面小佛像14尊；第12、13层为每面小佛像12尊。各层栱眼壁均填充小佛像。

塔身收分明显，倚柱侧脚、柱顶收分明显。柱上设由额、阑额，无普拍枋形象。两额之间填以小佛像，两额上均刻画出"七朱八白"的彩画形象。从第4层往上，由于塔身高度有限，每层不再刻画阑额、由额的形象（表3-2）。

（3）斗栱：构造上的偏差

玉泉寺铁塔每层各柱顶有柱头铺作一朵，各面阑额上有补间铺

---

37 回廊并非紧贴铁塔，而是据铁塔16.4米，平面布局八角形，顺土丘地势绕塔一周。每边长13.3米，总长106.4米。回廊墙基也经过考古解剖，推测既作为回廊外侧基础，也顺应地势，作为铁塔下土丘的护坡砖墙。献供亭子经过发掘，在铁塔北侧，依跨回廊构造。平面四方形，每边长2.6米，面积6.76平方米。详见：湖北省玉泉铁塔考古队. 湖北当阳玉泉铁塔塔基及地宫清理发掘简报[J]. 文物，1996（10）：43-57

38 1993年勘测之前，一般公布的数据为17.9米。

39 周天裕. 中国第一铁塔——当阳市玉泉寺棱金铁塔[J]. 华中建筑，1998，16（1）：119-125

作一朵。柱头用圆栌斗,补间用讹角栌斗,组合方式符合《营造法式》"造料之制"。塔身第1至3层檐下斗栱形式相同,为六铺作,均不施耍头,昂为琴面昂之形象(表3-3)。

表3-1 玉泉寺与甘露寺铁塔基座、须弥座对比

玉泉寺铁塔	甘露寺铁塔
 须弥座与江海基座	 须弥座与江海基座(石基座更高)
 托塔力士与壶门力士	 安装托塔力士的痕迹与壶门力士
 平台侧面图案	 平台侧面图案

表3-2 玉泉寺与甘露寺铁塔塔身形象对比

玉泉寺铁塔	甘露寺铁塔
 圆柱,立面构图,铭文与壶门相间(2层)	 八棱柱,立面构图,铭文与壶门相间(2层)
 塔壁说法图(1层,佛头顶有伞盖)	 塔壁说法图(1层,佛头顶无伞盖)
 阑额、由额"七朱八白"	 阑额、由额"七朱八白"

表3-3 玉泉寺与甘露寺铁塔斗栱对比

玉泉寺铁塔	甘露寺铁塔
 第1层檐下斗栱侧面	 第2层檐下斗栱侧面（第三跳昂嘴折断）
 第1层檐下斗栱正面	 第2层檐下斗栱正面
 2层平座斗栱	 2层平座斗栱

需注意，1至3层檐下斗栱形式与常见的木构斗栱不同。表现在：第一，《营造法式》中以及实例中见到的宋代六铺作斗栱多为单抄双昂，此处却为双抄单昂[40]；第二，第二跳内侧，一跳跳头轴线之上多了一组交互斗、瓜子栱与令栱（表3-3），一般这组栱件要么施于一跳跳头上以形成一跳计心，要么施于二跳跳头以形成一跳偷心、二跳重栱计心，此处的做法似未见于木构实例。这两种较奇特的做法，说明铸造工匠虽然尽量模仿木构细节，但对构造的理解毕竟存在一定偏差。

从第4层至以上，塔身檐下斗栱取消了上述二跳内侧的重栱。第4至6层，为六铺作双抄单昂、逐跳偷心、不用耍头的形象。第7至13层，为五铺作单抄单昂。

各层平座下有平座斗栱，均为五铺作偷心造，出双抄，跳头不施耍头。据《营造法式》"造平坐之制"："其铺作减上屋一跳或两跳；其铺作宜用重栱及逐跳计心造作。"玉泉寺铁塔的第2至6层的平座铺作数符合法式规定，但未用重栱计心造。从第7层往上，平座斗栱不再减正身一跳，均为五铺作。

檐下斗栱、平座斗栱的扶壁栱均为符合《营造法式》规定的泥道重栱+素方的形式。

40 晋祠圣母殿上檐柱头铺作虽然亦为双抄单昂六铺作，但与玉泉寺铁塔不同的是，使用了昂形耍头，因此外观上是双抄双昂。

（4）结构

各层塔身构件均为壁厚1.5~2厘米的空筒，因此塔身内部为贯通至顶的空间，并无使用功能。除第1层外，每层都由平座、塔身（包括斗栱）、塔檐这三部分构成；每部分均为独立的一周圈铸件。铁塔一共13层，层层叠置（图3-22）。每层铸件之间并没有特别的连接构造，只是叠置而已。缝隙垫以铸铁余料，以保持每层的平稳。

要之，从玉泉寺铁塔可以看出，此时的铁塔，已经能够成熟处理塔身结构与外观表现的关系。平座、塔身、塔檐的铸造分件形式，既保证了结构的简洁，同时又能表现丰富的建筑形象和佛教艺术形象。

玉泉寺铁塔的形象细节表现出若干符合《营造法式》规定的现象。虽然《营造法式》刊行于宋崇宁二年（1103），晚于玉泉寺塔铸造的1061年，但正如李诫所言："自来工作相传，并是经久可以行用之法"[41]——《营造法式》刊载的建筑形制是有当时的现实依据和历史渊源的。玉泉寺铁塔由苏州工匠铸造，因此很可能反映的是江苏尤其是苏州地区的木构形象。这也提醒我们注意苏州地区的木构做法传统与《营造法式》的关联[42]。

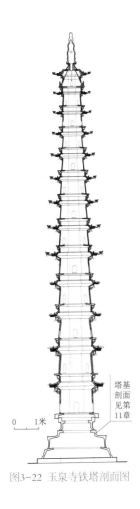

图3-22 玉泉寺铁塔剖面图

（三）镇江甘露寺铁塔

1 甘露寺铁塔建、修年代

甘露寺铁塔位于镇江北固山后峰东部，甘露寺长廊入口处（图3-23）。1960年对塔基、地宫进行了考古发掘，出土了重瘗舍利塔记、舍利石函、石刻等记录了造塔历史的重要文物，为研究铁塔的建造历史和塔基结构提供了直接证据[43]。根据这些出土文献的详细记载，可知：

唐长庆四年（824），上元县（今南京）长干寺出土阿育王塔舍利，浙江西道观察使、润州刺史李德裕移11粒至丹徒县（今镇江），重瘗于甘露寺东塔下[44]。这座东塔是其创建的一座石塔。唐大和三年（829），又获上元县禅众寺旧塔基下的舍利一函，于同年也重瘗于甘露寺东塔下[45]。

若干年后，东塔塌毁。至宋熙宁二年（1069）甘露寺兴建寺宇，动土时发现了唐代李德裕重瘗的舍利等遗物。于是由焦翼出资铸造铁塔，"择良匠，冶黑金，为浮图九级，即其故址而藏"。熙宁九年（1076）五月开工，元丰元年（1078）四月完成。铁塔的地

---

41 《营造法式》序目"总诸作看详"。
42 徐怡涛教授在《公元七至十四世纪中国扶壁形制流变研究》中以扶壁栱形制为例讨论了相关话题，指出"江浙、四川等地区的宋代建筑形制与《营造法式》制度的关联度在南方各地区中居于首位"，且"从现存实例分析，江苏与北方地区的关联在南方各地区中居于首位"。但其文并未使用双林寺铁塔、玉泉寺铁塔、甘露寺铁塔作为讨论案例。
43 江苏省文物工作队镇江分队, 镇江市博物馆. 江苏镇江甘露寺铁塔塔基发掘记[J]. 考古, 1961(06): 302-315.
44 [唐]《李德裕重瘗长干寺阿育王塔舍利记》、[唐]《李德裕重瘗禅众寺舍利题记》，见《江苏镇江甘露寺铁塔塔基发掘记》。
45 [唐]《禅众寺舍利石函盖阴题记》、[唐]《李德裕重瘗禅众寺舍利题记》，见《江苏镇江甘露寺铁塔塔基发掘记》。

图3-23 镇江甘露寺铁塔 2009年

宫内重瘗了唐代舍利等遗物，同时也新加入了宋代的一些物品。[46]

至明代，铁塔为台风吹折，并于明代重铸。除须弥座外，铁塔现仅存四层塔身（应注意：考古报告中将须弥座算作第一层塔身，与本书不同）。从塔身铭文来看，现在塔身的第1、2层为宋代原物，第3、4层为明代补铸[47]，其上各层不存。1842年英军军舰驶入长江时，英军曾想将铁塔拽倒分件带回国，但没能得逞，只将塔刹拉下带走：

"七月初一日，夷人毁铁塔，夷船西上。甘露寺铁塔，创自李卫公，明代为海风吹折重铸，已数百年物矣。至是夷鬼捉民，思毁之。掘深丈余，犹铁也，不得其根柢，乃去其顶，毁其相轮而止。"[48]

甘露寺铁塔第5至9层下落不明。

2 甘露寺铁塔形制

（1）布局

甘露寺铁塔在唐代东塔的原址上建造，位于甘露寺东侧（图8-28）。但关于甘露寺的布局，现无更多考古资料。

46 [宋]《大石函盖阴题记》，[宋]《润州甘露寺重瘗舍利塔记》。《大石函盖阴题记》较精炼地概括了此事："唐大和己酉年卫公得上元县长干寺阿育王塔舍利十一粒并禅众寺旧塔基下舍利，仿古石函，用金棺二、银椁二，重瘗藏于甘露寺之东塔。至宋熙宁乙酉岁，凡二百四十年，因治地复得之。元丰元年四月初八日住持传法沙门应夫募缘，就旧基建铁塔一座，谨重纳于地宫内。"均见《江苏镇江甘露寺铁塔塔基发掘记》。

47 补铸的第3层西南面塔身有不完整的铭文，记录有官职名和本地平民信士的姓名，应当是明代捐资者的记录。现场已观测不清，据《江苏镇江甘露寺铁塔塔基发掘记》，为："中宪大夫直□奉政大□夫□承直□郎□承直□郎□文林□郎□儒学教□授□奉委□。""大围坊信士史玟妻倪氏"男史证妻高氏□孙史□在善妻吴氏史□海净会王。"其中"中宪大夫"、"奉政大夫"都是金始之官名，可见应非宋代原物，而是明代补铸。

48 [清]朱士云.草间日记[M].丹徒：戊申十月（光绪三十四年，1908？）刊本.第十六页.英军拆塔未遂的记载也见于英文文献：Lieutenant John Ouchterlony. The Chinese War: an account of the operations of the British Forces from the commencement of the Treaty of Nanking, London: Saunders and Otley, Conduit Street, 1844：490–491

（2）塔身形制

甘露寺铁塔残高约7.8米，也是八边形平面的仿木楼阁型铁塔，与玉泉寺铁塔在形制上有诸多相似之处，可与玉泉寺铁塔对比展开分析。

甘露寺铁塔平面为八边形。基础为砖石结构，露出地面部分高约80厘米。目前铁质部分全部在地面以上，并不像《草间日记》所说的"掘深丈余，犹铁也，不得其根柢"。与玉泉寺铁塔的差别在于石基础露出地面的部分更高，并且这部分在造型上是江海基座的延伸。而江海基座整体实际上也可视作其上须弥座单混肚砖（即清式的"圭脚"）的扩大和延伸。由表3-1可见，甘露寺铁塔与玉泉寺铁塔的江海基座、须弥座在整体构成、装饰主题上相似度很高；从安装痕迹来看，甘露寺铁塔原也有与玉泉寺铁塔相似的托塔力士，可惜现均已不存；壸门力士、平台侧面的龙纹都很相似。两者的区别在于：同样的图案，玉泉寺铁塔的细节更精致。

甘露寺铁塔塔身的建筑形象也与玉泉寺铁塔有诸多相似之处，如：立面构图，阑额、由额（重楣）的设置，"七朱八白"的刻画等，均与玉泉寺塔相近；第2层也设置为主要记录铭文的层[49]。区别在于甘露寺铁塔每层的比例更瘦高一些；而且甘露寺铁塔表现的柱身是八棱柱，而玉泉寺铁塔是圆柱（表3-2）。

（3）斗栱：构造细节有所改进

甘露寺铁塔的斗栱也使用了柱头铺作圆栌斗与补间铺作讹角栌斗的组合，与玉泉寺铁塔相同。由于损毁较严重，只能在第2层观察到相对完整的斗栱，为六铺作出双抄单昂，一跳计心施重栱，二跳偷心，令栱承橑檐枋，不施耍头。昂嘴已折断，且锈蚀严重，但尚能看出是昂而不是栱（表3-3）。

斗栱跳数与玉泉寺铁塔相同，但与之相比最大的改进在于：不再有二跳内侧那组奇怪的重栱，而将其放在了一跳跳头，成为标准的一跳计心的形象。这说明此前玉泉寺铁塔不完善的形象细节在此得到了纠正。但甘露寺铁塔仍然使用了木构建筑中不常见的双抄单昂形式。

平座斗栱为五铺作偷心出双抄，不施耍头（表3-3），也符合《营造法式》平座减上屋一跳的制度。扶壁栱形式亦为《营造法式》规定的泥道重栱+素方的形式。

以上所分析的甘露寺铁塔均为第2层及以下的宋代原构部分。明代重铸的第3、4层基本仿照宋代的样式，但在细节刻画上逊于宋代原构，且已经锈蚀严重，故分析从略。

---

49 第2层塔身不开壸门的四面塔身原有铭文，可惜西面、北面都已模糊不清。南面为"国界安宁」法轮常转"两行大字。东面记录了铁塔的组织者甘露寺的僧人："勾当塔主僧：守严」知客僧：洪永」藏主僧：应荣」首座僧：□守」直岁僧：守□」典座僧：□中」维那僧：惠平」监院僧：□□」住持传法沙门：应夫。"

（4）结构

甘露寺铁塔塔身结构亦为层层叠置的套筒结构，铸件分件方式与玉泉寺塔相同。但为了加固铁塔，1960年代以后在塔身内侧浇注了贯通上下的四根钢筋混凝土柱。这实际上改变了铁塔原有的结构。

综上，建成于1078年的甘露寺铁塔与建于1061年的玉泉寺铁塔都是宋代为重瘗唐代舍利而建的铁塔，它们在建筑形式上有很强的关联性。玉泉寺铁塔由苏州工匠铸造，这更证实了这两座塔在技术上的相关性。可惜甘露寺塔的铭文漫灭，找不到铸造匠人的信息。但从塔身整体形态、细部样式、结构（包括考古报告都提到，两座塔基中都有疑似塔心柱的洞）等方面足已推断，这两座铁塔是一对姊妹塔。

四、结构改进的山东仿木楼阁型铁塔

与长江流域的四座铁塔相比，山东的两座仿木楼阁型铁塔在造型和做工上都更加粗犷。这两座铁塔与前几座相比，在结构上进行了探索式的改进。

（一）聊城隆兴寺铁塔

1 聊城铁塔建、修年代

聊城铁塔位于聊城东关旧运河南岸，明代隆兴寺遗址上。关于建塔年代，塔身没有发现铭文记载，地宫经过考古发掘得知，为明代重瘗。其中虽有唐代铜钱，却无更早的年代记载。根据地宫出土石函的铭文：

"古有铁塔，在东关丨街北，永乐年倒丨。天顺年间，东昌府僧纲司都丨纲性深，隆兴寺丨住持祖崇，僧德丨宁，发心募缘，至丨成化二年三月初丨六日重立铁塔记丨。石匠掌圮造。"[50]

可知铁塔在明永乐年间（1403—1424）曾经倒塌，成化二年（1466）由东昌府（今聊城）僧人募缘重立。不仅重立了塔身，连地宫、基础也一同重建，因此地宫中除了唐、宋铜钱，都是明代遗物。但地宫铭文只说明代重立倒掉的铁塔，并未有当时重铸的记录。

各版地方志对铁塔描述很少，一般仅提到隆兴寺是洪武二年（1369）所建，内有铁塔，但均未提及铁塔的建造年代[51]。

---

50 山东聊城地区博物馆. 山东聊城北宋铁塔 [J]. 考古, 1987 (02): 124-130

51 乾隆《东昌府志》："隆兴寺在城东门外洪武二年建，中有铁塔"。见[清] 胡德琳, 周永年. 东昌府志. 卷二十. 清乾隆四十二年（1777）: 第一页。

嘉庆《东昌府志》："隆兴寺，旧志在城东门外，洪武二年建，内有铁塔。"卷十二，第一页。见: 中国地方志集成山东府县志辑 87[M]. 南京: 江苏古籍出版社, 上海: 上海书店, 成都: 巴蜀书社, 1990: 200

光绪《聊城县乡土志》："铁塔寺: 在东关。"见: [清] 向桢. 聊城县乡土志. 清光绪三十四年（1908）: 第四十四页

宣统《聊城县志》："隆兴寺，在城东门外，前明洪武二年建。中有铁塔。"卷二，第六页。见: 中国地方志集成山东府县志辑 82[M]. 南京: 江苏古籍出版社, 上海: 上海书店, 成都: 巴蜀书社, 1990: 36

今据康熙《聊城县志》，铁塔是聊城著名景致之"铁塔烟霏"[52]，并在"艺文"中录有许东望的《铁塔烟霏》：

"步出城东到上方，稜层古塔老风霜。三齐自昔多名胜，七级于今□莽苍。绝顶摩云迴去应，暮阴倚树□鸣螗。争看惨淡烟光□，□气分明出海洋。"[53]

可见在康熙年间，聊城铁塔就只剩七级了。

明代隆兴寺早已不存，到1973年进行考古清理和修缮之前，铁塔有基座和五层塔身尚立，残高8米。上部几层塔身散落在周围地下。据《山东聊城北宋铁塔》报道，经过清理，在周围地下寻找到七层塔身和一块刹座残片。并"在塔基中发现十块浮雕刻石，在塔基底部发现一地宫"，随后进行的修缮，将塔基从洼地向西北高地迁移了6米，塔基四周又增设了6.75米宽的三层水泥基台[54]。此次修缮补铸了塔刹。

1989年又补铸了塔身缺失的平座、斗栱、栏杆、塔檐等（图3-24）。

图3-24 聊城隆兴寺铁塔 2009年

2 聊城铁塔形制

（1）形制

全塔现存高度15.5米，原为十三级铁铸塔身，现仅余十二级，缺失的可能是第九级。与此前其他铁塔相比，聊城铁塔最大的特点在于建在近3米高的石砌须弥座台基上。虽然塔身平面为八边形，但须弥座台基为正方形平面。

因为高，须弥座台基在聊城铁塔的整体构图中占有比较重要的地位，因此装饰也相对丰富（图3-25）。牙脚砖之上的罨牙砖刻宝装莲花；之上有两层叠涩，其中上层是仰莲砖。壸门四面均有伎乐人物浮雕，造型生动。壸门转角处各有一力士（现仅存东南隅和西南隅），怒目鼓腹，半蹲着用头顶住壸门上部的罨涩砖。壸门以上有三层罨涩砖叠涩挑出，表面隐刻花卉等纹饰。最上层的两层叠涩，下层为减地平钑忍冬卷草纹，上层为仰莲砖。

聊城铁塔的第一层塔身处于视线所及之合适位置，因此在全塔中是细节刻画最丰富的一层（图3-26）。从第二层开始，各层之下均有平座斗栱，平座上有勾片栏杆。除了第一层外，以上各层塔身层高均不高，且又都有栏杆遮挡，因此塔身从普拍枋以下就没有塑造门窗等细部形象[55]；角柱从第三层开始也塑造得相当浅了。塔檐表面均未表达脊兽、滴水瓦等形象。

---

52 康熙《聊城县志》："景致：铁塔烟霏，在郡城东北兴隆寺。"卷一第十一页。"隆兴寺在东关经德善比丘怀茂重修"卷一第十八页。见：[清]何一杰.聊城县志.清康熙二年（1663）

53 [清]何一杰.聊城县志.卷四.清康熙二年（1663）：第二十七页

54 山东聊城地区博物馆.山东聊城北宋铁塔[J].考古，1987（02）：124-130

55 简报报道称第8至10层有格窗花饰，笔者未观测到。见：山东聊城地区博物馆.山东聊城北宋铁塔.考古，1987（02）：124-130

图3-25 聊城隆兴寺铁塔须弥座台基
图3-26 隆兴寺铁塔第1层塔身

由于可靠记载的缺失，铁塔的年代只能从样式上来推测：

全塔比例高峻，塔身逐层收分不多，塔檐连线总体形成比较平缓的曲线，与明代斜率较大且较为僵直的直线型收分不同。各层塔檐出檐与明代相比，也相对较大。从这两点来看，显示出更多的宋代特点。

一层塔身底部有一周圈宝装覆莲，刻画立体。与众不同的是覆莲之下做出一周圈混枭，上有乳丁，风格更加古朴。东、西、南、北四面为《营造法式》中的双扇版门形象，其余四面为破子棂窗。南、北两面的版门为紧闭的形象，东、西两面为半掩门的形象。门上有门钉七行、八列，铺首一对。门额上有方头门簪四个。地栿上表现有门砧石。转角用梭柱，柱头卷杀明显。柱头不施阑额，但柱顶塑造有普拍枋形象。

这其中版门形式、门簪数量都与《营造法式》"小木作制度图样"相同；破子棂窗、半掩门的形式都是唐、宋时期（尤其是宋代）流行的式样。

综合考虑上述因素，推测聊城铁塔应当仍是宋代作品，可能是12世纪左右的作品。

（2）斗栱：刻画不清

各面塔身有补间铺作一朵，各柱头上有转角铺作一朵。平座斗栱数量与此同。《山东聊城北宋铁塔》称补间铺作为"五铺作重抄偷心造"，平座为"四铺作单抄偷心造"，不确。实际塔身补间铺作并没有出跳，而是隐刻一斗三升承素方，有的面是泥道重栱承素方（刻画不甚清晰），齐心斗上方的素方上有貌似耍头的隐约突出。转角铺作确为五铺作重抄偷心。平座斗栱为四铺作斗口跳。

56 山东聊城地区博物馆.山东聊城北宋铁塔.考古, 1987 (02):124-130
57 袁绍昂等纂.[民国十六年]济宁县志.见：中国方志丛书·华北地方·第十五号[M],台北：成文出版社, 1968:207
58 为第1层塔身东南面、东北面阳文记载。第2层塔身东南面："皇帝万岁""重臣千秋。"
59 徐宗幹纂修，汪承镛等续修.[道光]济宁直隶州志.见：中国地方志集成山东府县志辑76[M],南京：江苏古籍出版社，上海：上海书店，成都：巴蜀书社, 1990:277
60 夏忠润.济宁铁塔发现一批文物[J].文物, 1987 (02):94-96。另有文献指出该铁牌出自明代加建的两层内，见：解华英《济宁崇觉寺》，见：由少平，常兴照编.山东文物丛书（建筑）[M].济南：山东友谊出版社, 2002:368

聊城铁塔的斗栱刻画不清晰，铸造做工比较粗糙，且有当代补铸的部分，难以借此断代。但斗栱形象用材较大，在外观效果的表达上占有比较重要的地位。

（3）结构

塔身为分层铸造，层层叠置，壁厚6~10厘米。据报道，修缮之前塔身内部并非空心，而是填充着碎石砖瓦[56]，不同于此前的其他铁塔。

1973年修缮时，在铁塔内部从塔基至塔顶灌注了钢筋混凝土，使铁壳与内部混凝土芯成为整体，实际上改变了原有结构。

（二）济宁崇觉寺铁塔

1 济宁铁塔建、修年代

济宁铁塔位于济宁城东南的崇觉寺（铁塔寺）中。

崇觉寺据方志记载创建于北齐皇建（560—561）年间，"民国十年由住持空峒募化重修山门及大雄殿、铁塔、天王殿、关帝殿、地藏殿，并修大雄殿匾额及声远楼"[57]。

崇觉寺主要建筑毁于抗战时期，现仅存铁塔、明代重建的声远楼（钟楼），以及清代大修的大雄殿，位于济宁市博物馆后院内。

地方志中关于济宁铁塔的记载丰富，与聊城铁塔形成鲜明对比。而且济宁铁塔塔身铭文明确记载了铁塔为"大宋崇宁乙酉，常氏」还夫徐永安愿谨铸"，即崇宁四年（1105）造塔[58]。当时只造了七级，未完工。明万历九年（1581）由"郡侯萧公、分府龚公集众补上二级，铜质金章，四围垂以风铎。"[59]

万历九年不仅补上了第8、9两级，而且补铸了塔刹。塔内发现的明代"佛敕令"铁牌背后的"大明万历九年拾一月□"印证了文献记载[60]。

关于济宁铁塔的文献，有佚名《铁塔歌》、郡人王梓《铁塔寺增修铁塔记》，均记载了铁塔初建、增建的事迹，可资参考[61]。

2 济宁铁塔形制

（1）布局

在整个济宁城中，崇觉寺铁塔被认为是"高插云霄，居学宫巽方，实文笔峰也"（道光《济宁直隶州志（一）》）。

---

61 佚名《铁塔歌》："释迦寺中古铁塔，霜锋层层响［鞳］［鞳］。唤醒劳人一梦空，满目西风寒飒飒。两行小字为题记，两面相同文十四：常氏铸造还夫愿，大宋崇宁乙酉岁。当时七级功未完，会遭事变圆难满。后人更补常氏愿望，增成九级支云端，狂风暴雨朝朝著，历尽颠危铁如故，不须舍利亦坚宇，暗中揭谛金刚护，我闻此寺更在先，创自北齐皇建年，拾得武平石佛像，楼头供养生云烟，石佛铁塔常相向，洗尽浮华□色和。元贞又有双铁狮，旗纛庙前作仪仗，呼嗟宋室危难守，崇宁北徙清康走，惟有铁石不能移，永镇任城无量寿。"

关于寺内藏石佛像："又石佛像造自北齐武平元年，仅存下半。乾隆甲寅五月黄易补全，仍供铁塔寺内。下座字亦不全。谨识：武平元年薛匡、王……兄……薛仕……隽……女佛晖颜造……石像……家眷……属系造塔时掘出。"

关于声远楼："声远楼在寺左，台高丈许，上建危楼，悬钟其内，钟形甚古，厚尺许，五夜撞之，声闻数十里。济宁道无锡龚勉书匾，明许彬重建钟楼记，有碑。"见［道光］济宁直隶州志（一）

王梓《铁塔寺增修铁塔记》："物之成败兴废必有其时而当成也。兴也，必有大奇异以发其祥。郡城释迦禅寺建于齐皇建中，寺有铁浮屠七级，俗呼为铁塔。因以名寺。相传宋崇宁间徐永安妻常氏所铸。云济素称雄郡，名川古墟，烟树环合，乃铁塔岿然高出于千楹万瓦间，远望之益奇，实兹土巨观也。塔无顶譬伟丈夫剑佩峨然冠冕不饰，谭者往往以为未尽观美。适楚龚公以少府分署于济，慨焉欲成之。维时郡侯萧公亦以为言，遂谋诸荐绅先生，佥曰可。谋诸乡人士，佥亦曰可。于是相与协力、聚材鸠工。始于万历九年八月，越明年，事竣。比前增级二项，铜质金章，四周垂以风铎。塔前有层楼，盖悬钟处，以其余稍修葺之。撑檐败垣与塔更新矣。是岁，秋风雨来自东南，昼几晦，俄而巨雷起，闻声有火如牛，随之如是者再，翻腾震突，不可名状，乘风云西北而去。逾时乃定。是固大异。夫大异必当有应之者。暇日从二三君子登太白楼望焉，曰是昔之阚而未备、黯而未耀者欤！然则固有时也。已而还坐楼中，因念唐宋擅财贿负气势者何可计数，然皆与时磨灭已矣。而是楼与是塔且雄视无极。匹夫有志，可以垂不朽，而旷达之士足迹所投辄永终誉焉。君子于此得其概矣。作增修铁塔记。"见［清］廖有恒、杨通睿．［康熙］济宁州志．卷九．康熙十二年（1673）：第三十一页。

图3-27 济宁崇觉寺铁塔
2009年
对于这个高近8.5米、具有内室的八边形砖砌塔基，我们甚至可以把它本身看作是一个砖塔，而把高耸其上、比例瘦高的铁塔身看作一根超长的铁质塔刹。这为我们思考铁塔的本质又提供了一个角度。

据崇觉寺最后一任住持鉴怀回忆，并结合现场观察：崇觉寺原至少有两路建筑，东路原为僧院，铁塔位于西路建筑的中轴线上（图8-24）、天王殿与大雄殿之间的前院。

（2）形制

济宁铁塔通高22.53米，是现存总高最高的铁塔（铁质部分最高的是当阳玉泉寺铁塔）。塔平面八边形，为仿木楼阁型塔的形象。济宁铁塔的一大特征就是塔基特别高，达到8.47米，且内部设有塔室。塔基由砖砌成，平面亦为八边形。塔基分为三段，最下段为砖石放脚；中段逐渐收分；最上段急剧收至比铁塔身略宽（图3-27，图3-30）。塔室内有莲花藻井，周围用砖仿木斗栱承托，做工精

图3-28　　　　　　　　　　　　　　图3-29

图3-28 济宁铁塔第2层东南面
图3-29 济宁铁塔第7层东面
斗栱已损毁

细。塔室内原有石造像碑一件，正面浮雕十一面观音[62]。室内壁上镶有《铁塔歌》石碑，落款为光绪七年（1881）。

各层塔身倚柱刻画得不显著，柱顶施阑额。各面为隐刻格子门与实开窗相间。窗洞上方有双门簪，下方又有门砧石的形象，因此其表达的意象又近门洞。开窗不隔层相闪，各层均开在一个面上。格子门并没有刻画出格子，而是每扇设一坐佛浮雕。

栏杆做工细致，装饰精美，是体现济宁铁塔艺术水准的构件之一。栏板图案有勾片、花卉、卷草等（图3-28）。

由于有些层的塔檐、斗栱已经损毁，故可以看到斗栱上方的位置有一排规则的方孔，每面三个（图3-29）；平座斗栱的上方也有类似方形孔洞。推测这既可能是铸造时支模用的，也很可能是为塔体内部井字梁预留的卯口。

明代补铸的塔刹形象很特别，为"洋葱"形，与塔身并不十分协调。这种造型不知是否受到伊斯兰艺术的影响。

（3）斗栱：严谨细致仿木

济宁铁塔的斗栱塑造得比聊城铁塔严谨细致得多，是体现其艺术水准的另一主要构件。塔身各面正身、平座均有补间铺作两朵，每柱头有转角铺作一朵；四层及以下，平座斗栱均减正身一跳，符合《营造法式》规定；五层开始平座与正身均为五铺作；明代补铸的第8、9层正身无斗栱，第9层无平座斗栱。各层具体的斗栱形式见表3-4。

---

62 夏忠润. 济宁铁塔发现一批文物
[J]. 文物，1987（02）：94-96

表3-4 济宁崇觉寺铁塔斗栱形式表

第1层正身：六铺作出单抄双昂	第2层平座：五铺作出双抄	第2层正身：六铺作出单抄双昂	
第3层平座（所有补间铺作均毁）：五铺作出双抄	第3层正身：六铺作出单抄双昂	第4层平座：五铺作出双抄	第4层正身：六铺作出单抄双昂
第5层平座：五铺作出双抄	第5层正身：五铺作出双昂	第6层平座（残损）：五铺作出双抄	第6层正身：五铺作出双昂
（图略）第7层平座：五铺作出双抄	（图略）第7层正身：五铺作出双昂	（图略）第8层平座：五铺作出双抄	

由上表清晰可见，济宁铁塔各层的斗栱配置很有规律：第一，平座用双抄，正身用单抄双昂或双昂，昂身较平直，略有琴面；第二，所有铺作均为计心单栱造的形象，扶壁栱均为泥道单栱+素方的形式。

计心单栱造、扶壁栱用泥道单栱承素方的形式，符合《营造法式》的规定[63]。但根据徐怡涛《公元七至十四世纪中国扶壁形制流变研究》中的总结，这种泥道单栱+素方的扶壁栱类型（其文中的B型）是中唐至北宋中后期（8世纪中期至11世纪末）北方木构建筑的主流形制，在初唐至盛唐（7世纪至8世纪中期）也有少量存在。也就是说，这种形式的流行早于《营造法式》倡导的泥道重栱+素方的扶壁栱形式[64]。在山东，由现存实例来看，最早使用重栱加素方的案例为1129年的广饶关帝庙正殿（五铺作双下昂计心重栱）[65]。1105年造的济宁铁塔在时间上处于《营造法式》（1103）已经颁布，但倡导的计心重栱造、扶壁栱用泥道重栱承素方的做法尚未及在山东推

63《营造法式》卷四"栱"：（泥道栱）"若斗口跳及铺作全用单栱造者只用令栱"。"令栱"有单栱之意，如卷四："四曰令栱或谓之单栱。"
64 徐怡涛. 公元七至十四世纪中国扶壁形制流变研究 [J]. 故宫博物院院刊, 2005(05): 86-101
65 颜华. 山东广饶关帝庙正殿 [J]. 文物, 1995(1): 59-63

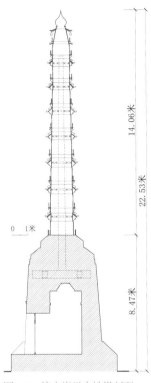

图3-30 济宁崇觉寺铁塔剖面

广应用的阶段。

济宁崇觉寺铁塔虽然在整体造型塑造以及木构装饰细节的表达上不如长江流域的铁塔精致，但它的斗栱形象却更合木构建筑常规，组合也更具整体规律性，并能与《营造法式》相对应。

因此，从斗栱这一木构建筑最显著的构件可以看出：济宁崇觉寺铁塔在仿木构的程度上较之前的铁塔案例有了更深入的发展。

（4）结构

文献称塔基"深1.9米，稍加夯实，基面以上，平地铺成须弥座，为防扭转以楠木井字架填心"[66]。

济宁铁塔的结构也是筒状塔身层层叠置。与其他铁塔不同的是，其内部原有一根塔心柱贯穿。塔心柱下端可能插入砖塔基中，落在文献中提到的井字架上。这样，砖砌基座就与铁塔塔身形成了一个整体（图3-30），而且塔身内部也应当有井字梁架与塔心柱结合、扶持。塔身上开的方形洞口（图3-29，位于斗栱上方、腰檐内侧，从腰檐损毁处可见），很可能就是卯固塔身内井字梁的卯口。这样，济宁铁塔的整体抗风、抗震能力比简单叠置的筒状结构要强许多。

塔身分件形式是：楼板、塔身（这两者也可能是一体），栏杆，斗栱与塔檐，平座。分件形式与长江流域的铁塔不同。

1973年解体修缮时将塔心柱换下，代以砖石混合灰砌体[67]，这实际上也改变了铁塔原来的结构形式。

五、经幢型铁塔的发展：常德乾明寺铁经幢

经幢型铁塔作为与前两类铁塔并存的另一铁塔类型，此时期在形制上有了新的发展。

常德铁经幢原位于湖南省常德市德山乾明寺故址外，1979年移至常德市湖滨公园，近年又迁回德山乾明寺故址展示（图3-31）。德山是常德著名的风景区，乾明寺是其中重要的寺庙，嘉靖《常德府志》有载[68]。

嘉靖《常德府志》中没有铁经幢的记录。民国《德山志补》有记录，但称为"铁塔"，此又是塔幢通称之一例：

"铁塔在本山白龙井前。昔梁天监僧昙隐寓蒋山，乏水。有庞眉叟曰：我山龙也，为师措之无难。俄而一泓涌出。忽西僧至，曰本域八功德之沼已失其一，盖竭彼注此。其神力有不可测者，况兹井为龙潭后户，献糍供众已成奇迹，日久恐有迁徙。知龙性畏铁，故造铁浮图以永镇焉。"[69]

---

66 丁冲等编.济宁胜迹概览[M].济南：山东友谊出版社，1990。济宁市博物馆馆长解华英亦提到塔室上方有"楠木井字架填心"，见解华英《济宁崇觉寺》，见：由少平，常兴照编.山东文物丛书：建筑[M].济南：山东友谊出版社，2002：368

67 据《铁塔修缮防护工程设计方案及预算》(2001.5)，见：全国重点文物保护单位崇觉寺铁塔记录档案[Z].济宁：济宁市博物馆，2009

68 "乾明寺：善德山上唐咸通间[860—873]建，佛家第五十三福地也。又山上有孤峰高耸临江，郡中胜槩。"见：[明]陈洪谟.[嘉靖]常德府志卷二十.上海：上海古籍书店据天一阁本影印.第二页

69 程隽超.德山志补.卷一志地.民国二十四年（1935）：第二十一页

1 常德铁经幢年代考证

铁经幢上有铭文,虽未发现直接的年代信息,但有捐造者的姓名和官职:

"朝散大夫尚书都官知朗州军事赐紫鱼李□□"
"宣德郎太常博士通判军州事霍□□"

考朗州初为隋置,后改为武陵郡,乾元元年(758)复为朗州。五代先后为永顺军、武顺军(后梁),武贞军(后唐),武平军(后周)。宋初复为朗州,大中祥符五年(1012)改为鼎州[70]。因此常德铁经幢的铸造年代不会晚于宋大中祥符五年(1012)。

铭文中出现了朝散大夫、都官、宣德郎、太常博士等官名,以及赐紫鱼的制度。唐、宋均有这些官名以及赐鱼制度,故难以据此断代[71]。唯"通判军州事"可略作讨论:

查《新唐书》《旧唐书》,唐代"通判"一职的记录中未见"通判军州事"或"通判军府事"的记录,而常见"通判省事"及"通判府事""通判事市""通判关事"等记录[72]。这些具体事务的"通判"与五代、宋代中央派遣监州的要员"通判"是不同的。

查《旧五代史》,沿用唐朝年号的杨吴政权开始有"通判军府事"的记录[73]。后控制吴国政权的南唐,亦继承此制,如《全唐文》所收之"唐故奉化军节度判官通判吉州军州事朝议大夫检校尚书主客郎中骁骑尉赐紫金鱼袋赵君墓志铭",即有相关记录:

"由是迁大理司直,通判蕲州军州事。明年迁检校水部员外郎,充建州观察推官通判军府事。"[74]

杨吴的势力范围原先并不包括朗州,朗州属于楚国。虽然后来南唐于保大九年(951)灭楚,占领了楚地,但朗州仍由刘言所据而未归南唐。在这种情况下,其在官制上借鉴南唐的可能性较小。但出于谨慎,宜仍将保大九年(951)定为常德铁幢之年代上限。

查《宋史》《建炎以来朝野杂记》《续资治通鉴长编》等文献,"通判军州事""通判某州事"的职务就相当多了[75]。这时的"通判"一职就专指宋代为"分化事权、互相牵制"而设立的州郡要职了。正如马端临《文献通考》言:"宋太祖惩五代之弊,乾德[964—968]初下湖南,始置诸州通判。"[76]当代学者不乏对宋代通判制度的研究,认为:

"通判的创立是宋代政治体制改革的重要一环。论官秩虽仅七品,但却被视为'州郡最要之任'。若把它置于宋代集权政治中考

---

70 [明]陈洪谟.[嘉靖]常德府志卷一.上海:上海古籍书店据天一阁本影印.第六页.可与新、旧五代史相印证。

71 戴亚东先生在介绍常德铁经幢时认为赐鱼制度为唐代特有,且唐有都官郎中,据此定为唐代。此论证不确。见戴亚东.常德市乾明寺的唐代铁经幢[J].文物参考资料,1958(1):83-84. 这是目前关于常德铁经幢最早的也是唯一一篇简报。

72 如:"并委录事参军专判,仍与长史通判,至交代时具数申奏。"(《旧唐书》卷十八)

"长史、司马各一人,从事中郎二人,并掌通判府事。"(《旧唐书》卷四十二)

"纠正省内,勾吏部、户部、礼部十二司,通判省事。"(《旧唐书》卷四十三)

"国令、大农掌通判国事。"(《旧唐书》卷四十四)

"内常侍六人,正五品下,通判省事。"(《新唐书》卷四十七)

"掾一人,掌通判功曹、仓曹、户曹事,属一人,皆正六品上,掌通判兵曹、骑曹、法曹、士曹事。"(《新唐书》卷四十九)

"开元元年,改京兆、河南府长史复为尹,通判府务,牧缺则行其事"(同上)

"市令一人,从九品上。掌交易,禁奸非,通判市事。"(同上)

"丞掌付事、句稽、监印、省署钞目,通判事。"(同上)

见:[后晋]刘昫.旧唐书[M]. 卷十八,卷四十二,卷四十三,卷四十四. 北京:中华书局,1975. 621,1811,1816,1915;[宋]欧阳修,宋祁. 新唐书[M]. 卷四十七,卷四十九. 北京:中华书局,1975:1221,1306,1311,1316,1321

73 [宋]薛居正等.旧五代史[M].卷一百三十四.北京:中华书局,1976:1785

74 全唐文[M].卷八百八十六.上海:上海古籍出版社,1983:9256

75 如"以崇仪副使阎彦进知房州,监察御史袁廓通判军州事",见[元]脱脱等.宋史[M].卷四.北京:中华书局,1977:68;又如"右补阙刘蒙叟通判济州,起居舍人韩伾通判沂州",见同上卷五第75页.[宋]李心传.建炎以来朝野杂记.甲集卷八杂事何文缜建元帅议.北京:中华书局,2000:185

76 马端临.文献通考[M].卷六十三.北京:中华书局,1986

察，通判正是'分化事权、互相牵制'集权原则的体现。"[77]

由此原则考虑，铁幢铭文记录的两位官员，一位是"知朗州军事"，一位是"通判军州事"，两者联署，恰体现了宋代地方分权牵制之原则。因此，这两位官员来自宋代的可能性更大。

要之，根据州名以及"通判"一职的年代，常德铁幢可能铸造年代的下限为宋大中祥符五年（1012），上限为南唐保大九年（951），但以宋太祖乾德二年（964）以后可能性更大。原简报关于常德铁幢为唐咸通年间（860—873）铸造的结论是不确切的。

2　形制：经幢型铁塔的发展

常德铁经幢建在1.4米高的八边形砖石须弥座上，通高约5米。铁幢底部第1层直径约90厘米，铸有托塔力士八尊，双手与肩齐，用力托举铁幢，力士之间的空隙饰金刚杵。第2层下部为间隔的龙、狮子各四尊；中部为坐佛像十尊；上部则覆莲、仰莲纹饰。第3、4层无佛像和纹饰：第3层上部为突出的一周边缘，饰有连珠纹；第4层上部为挑出的莲花台，承第5层。第5层三面开长方形空洞，上有八边形出檐，形如石灯笼的灯室，壁上铸有《般若波罗蜜多心经》。其上为仰莲座承托的第6层。第6层表达的是天宫的形象，中铸一拱门，双扉关闭，门上有凸起的门钉；出檐亦为八边形，但较第5层略小。第7层为塔刹，由五层铁相轮组成。

幢身为圆柱形，但两层出檐都是八边形，且第1层的八尊力士及第2层下部的龙、狮子也将底层划分为八份。因此，可以认为这座铁幢仍继承了此前的八棱柱幢之意象。同时，它在形制上也发展出了更为繁复的新特征——类似灯幢般的灯室，以及天宫佛龛的设置（图3-32）。这也可以与北宋的一些经幢相印证，如苏州瑞光塔第三层塔心发现的真珠舍利宝幢（早于大中祥符六年，1013），山西高平定林寺宋代经幢，以及金华万佛塔塔基地宫出土的嘉祐七年（1062）经幢等。

图3-31　常德铁经幢
2012年

77　王世农. 宋代通判论略[J]. 山东师大学报（社会科学版），1990（3）

本章小结
铁塔建设活跃期中的探索与趋于成熟

五代至宋时期（10世纪初至13世纪末），金属建筑发展的时期特征表现为铁塔建设的活跃，在此过程中，铁塔的建造技术日趋成熟。

本章以十座铁塔为例来考察[78]，根据形式可分为三个基本类型：仿砖楼阁型铁塔、仿木楼阁型铁塔，以及经幢型铁塔。这三个类型不仅构成了此时期铁塔最主要的三种类型，后世其他铁塔，甚至铜塔的形式亦可溯源至这三种基本类型。

广东的南汉铁塔，在建筑形制上模仿的是方形平面的砖楼阁式塔[79]，也充分结合了石造像塔之千佛造像的形式；须弥座、莲花座承塔身的古朴造型是其共同特征。长江流域以及山东的宋代铁塔，建筑形制上模仿的是八边形平面的木楼阁式塔，比例隽秀、铸造精细；江海须弥座，以及对木构形象的细节刻画是长江流域铁塔的共同特征。山东的两座铁塔虽然在做工细节、美观程度上不如长江流域的铁塔，但从斗栱这一最具木构建筑特征的构件来考察，仿木程度却更符合木构建筑的实际情况；高须弥座台基是山东铁塔的共同特征。

经幢型铁塔此时期新发展出了灯室（塔室）与天宫佛龛的形象。另外重要的一点还在于幢身铭刻的经文，决定了经幢型铁塔的核心特征之一是刻经。

从基本不用斗栱的广东南汉铁塔，到斗栱构造奇特的当阳玉泉寺铁塔，到有所改进的镇江甘露寺铁塔，再到严谨仿木的济宁崇觉寺铁塔，斗栱形象仿真程度逐步深化，反映出铁塔形象仿木程度的深化以及样式、构造的不断探索和日趋成熟。

同时，与砖塔、石塔等高层建筑物在结构和内部空间上不断探索的大背景相同步的是，铁塔的结构和内部空间形式也在不断探索。这一时期人们还不能用铁塔的内部空间安放佛像供奉，也不能登临铁塔。对内部空间使用的需求，以及对结构简洁、可靠的需求，孕育着铁塔的下一步发展变化。

图3-32 常德铁经幢天宫

[78] 需要再次强调的是，这里的十一座铁塔，以及其他章节分析的铁塔案例，是笔者现在能确认的建于该时期的、且具有代表性的铁塔案例。各地方志中提到的"铁塔寺"甚多，均不排除曾经存在过铁塔的可能，然而现在难以一一考证。相信今后可能会发现更多的铁塔案例。

[79] 这里的"仿砖楼阁型铁塔"指的就是以楼阁式砖塔为原型，以铁为材料进行建造模仿。当然，"砖楼阁型塔"或"楼阁式砖塔"实际上本身也常常用砖来模仿木构，包括斗栱、柱、梁、枋、椽等。

第四章 铁塔的变化发展与铜塔的集中出现（明）

第四章　铁塔的变化发展与铜塔的集中出现（明）

一、明代冶炼铸造技术集大成发展背景下的金属建筑新发展

1　明代冶铸技术的集大成发展

明代冶金技术和多项手工业技术的集大成发展，为金属建筑的集中出现提供了技术保障。商品经济与基层社会网络的繁荣推动了民间的金属建筑建造，不少案例中都能见到商人的多笔捐款。

明代铜矿开采增加，金属产量有了较大提高。《明史·食货志》记载："铜场，明初，惟江西德兴、铅山。其后四川梁山，山西五台，陕西宁羌、略阳及云南皆采水银、青绿。"[1] 这一时期技术上的创造性成就也很多，如：炼铁时活塞式风箱的使用，炼钢时串联式炒炼法的使用，炼锌、火法炼铜技术的发展，泥型、砂型、出蜡铸造技术的发展，热锻、拉拔、化学热处理等金属加工技术的提高等[2]。以宣德炉为代表，其合金技术、铸造技术、表面处理技术都体现了明代金属冶炼技术的高超水平。从《天工开物》对冶炼、铸造技术的记载也可看出此时期高度发展的铸造技术水平。这些成就有些直接应用金属建筑的铸造和建造，例如明中期以后的铜塔和铜殿，大多开始使用黄铜而非青铜铸造，这就与炼锌技术、黄铜冶炼技术的发展有关。万历年间集中出现的一批经幢型铜塔，其拨蜡铸造与表面加工技艺纯熟，则可代表此时期民间铸造技术的高水平。

2　明代建筑在材料领域的探索

纵观明代在建筑材料领域的尝试，可发现除了对金属材料的大量运用外，大量烧制、使用黏土砖也是明代建筑在材料运用方面的重要特征。对建筑材料运用的新尝试不仅是材料替换，更与建筑样式、结构和空间的设计相结合。例如无梁殿、硬山建筑，它们的发

---

1 [清]张廷玉.明史[M].卷八十一食货志五.北京：中华书局，1974：1973
2 何堂坤.中国古代金属冶炼和加工工程技术史[M].太原：山西教育出版社.2009：9-10

展是从结构、空间到外观样式一体的。在铁塔的建造上，我们也能看到结构和内部空间的发展变化。

明代铁塔也开始运用砖来作为结构支撑体，而将铸铁做成一层壳，包在砖芯之外。这在嘉靖十二年（1533）建造的泰安铁塔中初见端倪，万历三十八年（1610）建成的陕西咸阳千佛铁塔表现得更加突出：它不仅用砖芯铁壳建造，甚至还可供人登临。

铜塔方面：与有色金属冶炼、铸造发展的趋势相一致，明中期以后，尤其在万历年间（1573—1619）集中出现了一批铜塔[3]。其中经幢型塔在明代的新发展，代表了此时期铜塔的发展水平和流行面貌。

此时期金属建筑发展的特点还表现在：明代中晚期，佛寺中出现了形制丰富多彩的铜塔和铁塔；以及道观、祠庙中出现了不少铁醮炉。这些都可视作明代经济社会繁荣、手工业技术大发展的具体表征。

二、初试新结构：泰安天书观铁塔

天书观铁塔是一座道观内的铁塔（图4-1）。天书观原在泰安城西门外汶阳桥北，现已不存。铁塔于1973年移入岱庙保存，位于岱庙北门内，与泰山铜殿分列轴线两侧、遥相对置。

1 建造背景

（1）建毁年代

明萧协中《泰山小史》对天书观的简史概括精当：

"天书观：即乾元观，宋大中祥符年建。史载天书降于山西南麓。今观在州城西隅。近岁中贵往修，易名曰圣慈宫。内有铁塔、醴泉。"[4]

据塔身铭文，铁塔造于明嘉靖十二年八月（1533），可与清乾隆《泰山图志》等文献相印证：

"天书观在汶阳桥北，宋史大中祥符元年封祀制置使王钦若得天书于泰山西南垂刀山下、灵液亭北，因建观于此。殿庑三所，前祀元君像，中为九莲菩萨，后智上菩萨。智上、九莲皆范铜镀金为之。门西有醴泉，祥符中建亭于上，颜曰灵液，今圮。北有铁浮图十三级，明嘉靖十二年造。又南有门楼三间。乾隆十一年毁于火，西有宋翠阴亭故址。"[5]

---

3 这里需要重申：盛放舍利或经书的小塔、微型塔（金、银、铜塔等）早已有之，而且持续存在。这里所说明代集中出现的铜塔，指的是规模至少与人体尺度相当的构筑物、工程体。
4 [明]萧协中著，赵新儒校勘注释. 新刻泰山小史[M]. 泰山：泰山赵氏校刊，民国二十一年（1932）：第五十页
5 [清]朱孝纯. 泰山图志. 卷四下. 乾隆三十九年（1774）：第三页

图4-1 泰安铁塔现状（南面）
2009年

泰安铁塔现仅存三级塔身，以及须弥石座的底层。据泰安学者王价藩《兵事日记》记载：1937年12月24日至25日两天，侵华日军飞机轰炸泰安，死伤多人，天书观被炸毁，铁塔也惨遭破坏[6]。

（2）天书观及铁塔的建造背景

铁塔与天书并无直接关系。清《泰山道里记》对天书观有详细介绍，现概括其要点如下：

天书观原名乾元观，因宋封祀制置使王钦若伪称得天书而献瑞，特将此观改称天书观。明代正德年间（1506—1521），天书观内建元君殿："正德间，即其中为元君殿。尝遣中官致祭，有御祝文勒殿东壁。"[7]此时天书观主要供奉的对象就已经是碧霞元君了。

明嘉靖十二年造铁塔"泉侧铁浮屠十三级，明嘉靖十二年造"。明代造铁塔的主要目的与天书已无关系，而是为了供奉碧霞元君。铁塔东北面第3层铭文中所属之"泰山灵应宫焚修住持李泰辉……""碧霞灵应宫住持吴玄善"等众道士名录也说明了这一点。铭文显示，铁塔是由来自河南怀庆府、开封府等地的信众集资捐建的。这些泰安道士的姓名也均为阳文，说明在铸造之前，河南怀庆府、开封府的信众就已经与泰安建立了联系。推测可能是河南香客往年到泰安进香时确立了造塔意向，后将名录带回河南，铸造铁塔时刻上的。

铁塔的铸造匠人为"河南怀庆府河内县清上乡李封村金火匠张

6 转引自张小平.历尽沧桑的铁塔铜亭[J].风景名胜.2000（10）：40-41
7 [清]聂剑光.泰山道里记.聂氏杏雨山堂.乾隆癸巳年（三十八年，1773）：第三十九页庆、张英……"等六位，以及"金火匠刘得川"。落款为"大明嘉靖十二年八月吉日造"。另有一位"坏匠"（此处辨识不清，抑或为"瓦匠"），可能为制造砖芯的匠人。铁塔在"怀庆府武陟县木栾店南头三官庙安炉铸造"。

万历年间，皇帝派中官在元君殿后修建了九莲殿，尊其生母孝定皇太后为"九莲菩萨"，范铜像镀金供奉。竣工后改天书观名为"天庆宫"。崇祯年间又在九莲殿后建智上殿，奉太后孝纯皇太后为"智上菩萨"。

2 建筑形制

（1）位置

从《泰山图志》的描述来看，铁塔位于天书观门西的醴泉北侧。从《泰山志》卷四"图考"中也可以看出铁塔位于天书观门西（图4-2）[8]。沙畹（Edouard Chavannes）在其著名的《泰山：中国祭礼专论》（*Le T'ai Chan: Essai de Monographie D'un Culte Chinois*）中收录了一张泰山图[9]，其范围包括泰山、泰安城，其中也可以看到铁塔并不在天书观内部，而是位于墙外西南侧（图4-3）。

从老照片（图4-4）[10]来看，铁塔确实位于一组建筑的院墙外，在一个门座的右侧。结合前文所引之志图、文献来判断，铁塔似应当在门的左侧。考虑到这张历史照片来历不明，也有可能是在扫描制版的时候颠倒了方向。如果将其水平翻转，则塔与门的位置就与志图及文字记载相符了。

（2）形制

天书观铁塔平面为八边形。现在位于一个八边形大散水台基上。铁塔坐于石须弥座上，石须弥座分为四层，只有下数第二层可能是原物，其顶面上雕有宝装莲花。石须弥座的其余各层，以及大散水台基都是移置岱庙后所补。

每层塔身边长约80~95厘米，转角处铸出倚柱的形式。第3层的内部空间可供盛放神像，上部其他各开门层的内部空间应当也有类似功用。

铁塔石须弥座台基以上即为铁塔基座，也做成须弥座形式，唯高度较矮，仅51.5厘米；八面各角均做圭角。其上还有三层塔身，其中第1层最矮，高53.5厘米；第2层最高，高90厘米；第3层高85厘米。铁塔现存高度2.8米，含石须弥座的总高为3.83米。从历史照片估计，铁塔原高约11~12米左右。

---

8 [清] 金棨. 泰山志. 卷四. 嘉庆十三年（1808）：第十页

9 该图上标有序号，用以标记各重要建筑，应当是沙畹以某版志图或地图为底图加工的，但沙畹并未注明该图的来源。见 Edouard Chavannes. Le T'ai Chan: Essai de Monographie D'un Culte Chinois. Paris: Ernest Leroux Éditeur, 1910. Fig.1

10 由岱庙管委会基建处主任赵祥明先生提供，谨此致谢！但该照片源自何处、拍摄时间均不详。

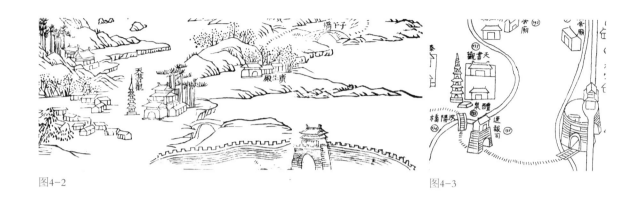

图4-2 《泰山志》中的天书观铁塔
图4-3 沙畹书中的天书观铁塔

从图4-4来看,铁塔原先确有十三层,另加一层铁须弥座。下面几层均为八边形平面,唯最高一层(第13层)看起来是四方形平面。塔刹为葫芦形,与塔身相比显得硕大。图4-5是伯施曼于1931年出版的《中国的建筑和宗教文化(之三):中国宝塔》所刊之泰安铁塔立面图[11],可与历史照片对照。伯施曼此图并非严谨的测绘图,将第13层塔身画成了八边形,此处有误。

泰安铁塔的形象塑造非常简洁,将仿木构的造型全部简化省略,不仅没有梁枋的形象,连柱础也不刻画。每层檐部既不做斗栱也不做具象的出檐,仅用稍微伸出的一层或两三层混枭象征出檐。从现存的三层塔身来看,塔身上有模印铸造的浅细花纹,纹样为简单的卷草纹和网格纹。同时,现存的各层塔身满布捐建者籍贯、姓氏的铭文,均为阳文。

每层塔身的收分无规律,第2、7、11层塔身收分较明显,其余各层不明显。第3层四面开券门;第4层崩坏,情况不明;第5、6层似乎各面都开券门;第7层至少一面开券门;第8、9、10三层可能是隔面开门;第11、12层情况不明,照片上似乎未开门;第13层至少正面开门。各层所开券门只是指塔身铁壳的开门情况,其内部的砖芯从照片中看并不一定随之开洞。

(3)结构

天书观铁塔尝试了新的结构——内部砖芯承重,外包铁壳。砖芯在有些开门洞的塔层砌成拱券,内部空间可供放置神像或香烛等。空间虽然不大,但是可以使用。

从历史照片(图4-4)中可以较清晰地看出泰安铁塔的这种结构。由于承重结构主要是内部砖芯,因此塔壁相对较薄,铁壳厚1~2厘米(图4-6)。从檐部挑出部分的破损处观察,挑出部分与塔身一体铸造,是个壳状的悬挑(图4-7)。如果没有内部砖砌体,这样的檐口难以承受上部荷载。

[11] Ernst Boerschmann. Die Baukunst und religiöse Kultur der Chinesen. Band III: Chinesische Pagoden. Berlin und Lepzig: Verlag von Walter de Gruyter & Co., 1931:345

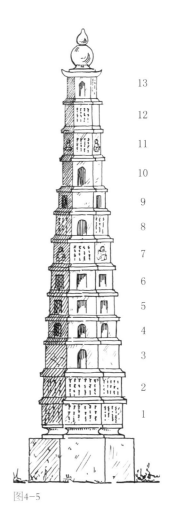

图4-4

图4-5

图4-4 泰安铁塔历史照片
赵祥明供图。拍摄日期、来源不明；且本图有可能镜像翻转了。

图4-5 伯施曼绘泰安铁塔立面图
见Ernst Boerschmann，1931年

砖芯承担了塔体荷载，铁质塔身在铸造和建造上只需解决壳与壳之间、壳与芯之间的交接即可。

从现存的塔身来看，铁塔须弥座是独立的一周圈铸件；1层、3层均为独立的一周圈铸件；2层因为塔身较高，分为上下两周圈铸件叠置。

铁塔做工并不细致，塔身的范缝也不太整齐，工艺与当阳玉泉寺铁塔、镇江甘露寺铁塔、济宁崇觉寺铁塔存在明显差距。但它采用的结构却更加简洁、可靠，既能保证铁塔的高度和稳定，又有一定的内部使用空间，比之前的铁塔更进一步。

人们开始认识到，既然对于"铁塔"这一概念的追求集中在"铁"这一外观效果和名号意义上，那么，如果能做到外观看起来是铁，而同时又能以较有把握的方式来保证塔的高度和稳定——甚至做出内部使用空间——又何乐而不为呢？咸阳铁塔就是在此思想指导下的进一步发展。

图4-6　泰山铁塔第3层东南面照片（左为南，右为东）
图4-7　泰山铁塔第3层檐口顶面细部照片

图4-6　　　　　　　　图4-7

三、结构与空间结合的成熟：咸阳福昌寺千佛铁塔

咸阳千佛铁塔位于咸阳市北杜镇（图4-8），因塔身遍布小佛像而得名，塔额亦自称"千佛塔"。咸阳铁塔也是一座砖芯铁壳的铁塔，不仅如此，其内部还设计了使用空间，人可登临至塔顶内部。这也是现存唯一一座能够登临的铁塔。千佛铁塔保存状况较好，2008年新近维修了基座，添加了石栏杆。

1　建造背景

建造年代

据塔身正面入口悬挂的铁匾额，落款时间为"大明万历三十八年岁次庚戌吉旦"；塔身第3层西面北侧倚柱上铭文"大明万历三十六年十一月吉日起工造塔"，第1层西面门楣上也有铭文"万历三十六年造"。可见，咸阳千佛铁塔建于万历三十六年（1608），三十八年（1610）建成。

铁塔原位于福昌寺内，现周边已无寺庙建筑，仅为孤塔。按康熙《陕西通志》、乾隆《咸阳县志》，福昌寺为金大定年间（1161—1189）住持杜昌所建[12]。

民国《重修咸阳县志》对铁塔的介绍：

"福昌寺在县北三十里北杜村，金大定三年间杜昌建。内千佛塔以铁为之，明万历十八年太监杜茂铸，高十层。四围造诸佛金刚像，精奇工巧，为邑中建造之最伟最精者。东边关帝庙内大铜佛像三，一佚。"[13]

民国《续修陕西通志稿》也有记载：

"铁塔在县北北杜镇，万历十八年南书房行走太监杜茂铸。高

12 "福昌寺在县东北三十里，金大定年住持杜昌建。"见［清］贾汉复，李楷等.［康熙］陕西通志.卷二十九.康熙六—七年（1667—1668）：第六页。"福昌寺在县东北三十里北杜村，金大定年间杜昌建。"见［清］臧应桐.［乾隆］咸阳县志.卷五.乾隆十六年（1751）：第十四页
13 刘安国，吴廷锡，冯光裕.重修咸阳县志[M].卷四.民国二十一年（1932）：第九页

十层，约十丈有奇，四角各坐一金刚。门南开，每层有楼梯有窗。中层铁莲花一朵。环围铁佛玲珑，间以异禽怪兽瑶草奇花，精巧绝伦。庚申地震顶微欹。"[14]

但须特别注意：这两处记载的建塔年代不确，应以塔身铭文为准；对铁塔最主要的倡建人杜茂的身份记录也不确，明代并无"南书房行走太监"职。根据铁塔匾额以及塔身铭文的记载，杜茂应为钦差守备镇守湖广地方等处司礼监管文书房太监。

铭文显示，咸阳千佛铁塔的造塔工匠有两组。一组是祖居山西泽州阳城县、后来寄籍平阳府襄陵县的栗氏金火匠，这是从外地请来的具有悠久历史的金火匠世家；另一组来自西安府泾阳县，是本地的金火匠。

2 建筑形制

（1）布局

千佛铁塔坐北朝南。据现有资料，暂未能查明其与原寺庙的布局关系。据千佛铁塔文物管理所藏管理档案记录，1985年曾对铁塔周围进行了考古普探，但档案中未完整写明普探结果[15]。

因此，铁塔与福昌寺的布局关系有待更多资料才能判断。

（2）形制

咸阳千佛铁塔为八边形平面。现整体位于一个八边形大散水平台上，平台上为一八边形砖砌基座，高3.8米。铁塔整体坐于砖砌基座上，共九层塔身，塔刹为葫芦形。从大散水平台顶面测至塔刹高约19.9米；测至第9层檐口，高约17.7米。

砖砌基座南、北方向开券门，进入券门沿逆时针方向可上到砖砌基座平台。

铁塔第1层塔身东、西、南、北均开券门，但东、南、西三面通塔心室，北面实际上进入的是北壁，从中穿入可登上第2层塔身。

砖砌基座单面阔2.7米，转角用砖砌出倚柱。砖砌基座平台上现有近年安装的汉白玉栏杆。伯施曼《中国宝塔》中发表的照片中无此栏杆，其余情况与现状同。第1层塔身各面面阔约138厘米，券门宽78厘米，塔心室比券门宽度稍放大。以上各层逐层内收，至第9层塔身，其各面面阔约60厘米。塔内层级与塔外观的层级并不一致（并非外观的每一层都设楼板）：第1、2、3层都有相对完整的塔心室（有楼板）；第4、5层，第6、7层，第8、9层在塔内各为贯通的

14 杨虎城，邵力子，宋鲁博，吴廷锡. 续修陕西通志稿[M]. 卷一百三十一. 民国二十三年（1934）：第十四页
15 千佛铁塔文物管理所. 千佛铁塔文物管理档案[G]，咸阳北杜镇：千佛铁塔文物管理所，2007. 档案中记录还表明：
"塔前左右有大殿，殿内供奉大铜佛各一尊，一尊不知下落，一尊解放后移凤凰台，'文革'中又移至博物馆。"

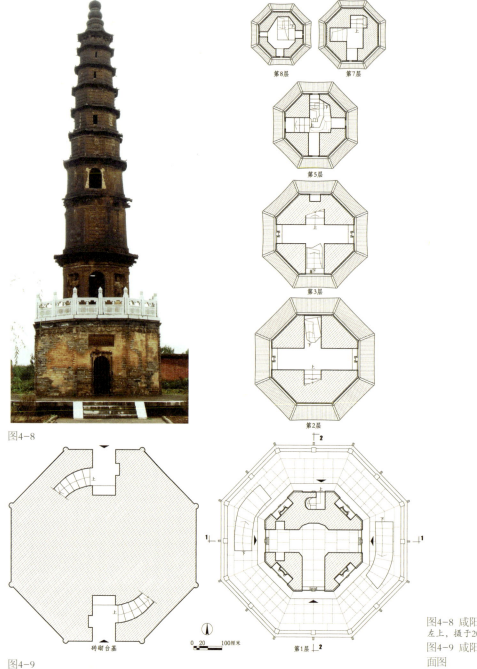

图4-8

图4-9

图4-8 咸阳千佛铁塔立面照片
左上，摄于2011年
图4-9 咸阳千佛铁塔各主要层平面图

层，共用塔心室（图4-9）。各层塔心室的形状无一定规律，以组织上下贯穿交通为首要功能。而以铁塔的规模，同时只能容一人于楼梯内上下。

从外观来看，铁塔整体可分为三段：最下是砖砌台基；铁塔塔身第1层至第3层是第Ⅰ段，这三层塔身有完整的券门和槅扇的形象，以及相对复杂的斗栱；塔身第4层至以上是第Ⅱ段，这一段不再有券门或槅扇的形象，而仅间或在铁塔壁上开窗洞，斗栱也逐层简化。这样的外观分段与铁塔的内部结构是对应的，表明人在塔内的活动一般限于第1~3层，第4层及以上虽也可登临，但已不是主要的活动空间。

为表述方便，列表对铁塔各层各面的外观情况予以介绍（表4-1）。从表中可以看出千佛铁塔在外观设计上的考虑：

第1~3层是供人观瞻的主要层级，因此装饰用心、斗栱复杂。尤其第1层，设置了精心雕塑的四天王像（图4-11），斗栱攒数多，填充墙壁的浮雕题材丰富、纹样多变。第2、3层虽然斗栱数量少，但使用了斜栱，3层还使用的瓜棱栌斗，视觉效果丰富（图4-12，图4-13，图4-14）；这两层也有丰富的填充图案，但重复度开始增加。从第4层开始，人们在塔下的目力逐渐不及，因此外墙、斗栱的设计都大大简化。

塔身铁壳开门的设置是有规律的：第1层是券门与壸门间隔；第2、3层壸门与槅扇间隔，并且壸门都是在东、西、南、北四个正向，槅扇门朝向其余四个方向。铁壳之内，砖芯上开门洞都是拱券形式。第3层北面留有壁龛（图4-13），原有造像已佚失。

（3）结构与塔内空间

千佛铁塔为砖结构，外包铁壳，铁壳厚约3~4厘米。实际上是一座穿了"铁外衣"的砖塔。一般来说，塔的内部结构可以根据登塔方式（即梯级设置方式）的不同划为不同类型。千佛铁塔变换了三种登塔方式（图4-10）。

第一种：砖砌基座以及第1层塔身的登塔梯级是"壁内上折"式，在塔壁内以逆时针的方向绕上塔。

第二种：第2层、第3层的梯级是从塔身南、北壁内开口，登上3、4层。与第一种的区别在于，从平面看：梯级在壁内不旋绕塔身，而是垂直塔壁向上。

第三种：从第4层开始，受塔身宽度和塔壁厚度的限制，已经不允许过多穿凿塔壁设置梯级了。因此第4层以上更像一个砖砌的空筒，梯级设在砖筒内壁，而仅在第6层和第8层局部安插石板作为楼板。

这三种登塔方式的变换也决定了塔内的空间形式：第1层是主要的礼佛空间；第2、3层尚勉强能容人活动、眺望塔外；从第4层开始，就没有足够供人活动的平面，仅能供人爬至顶层而已；至顶层，塔内就只能容一人站立，可透过檐下的窗洞向外眺望。

铁塔的主要结构由砖芯承担，每层铸铁外壳通过构造箍紧砖芯，并在不同标高嵌入砖芯，与其形成统一的整体。铸铁外壳有丰富的表现内容，包括门、额枋、平板枋、斗栱、屋檐、博脊等，是既自承重，又与砖芯相嵌固的一层外壳。

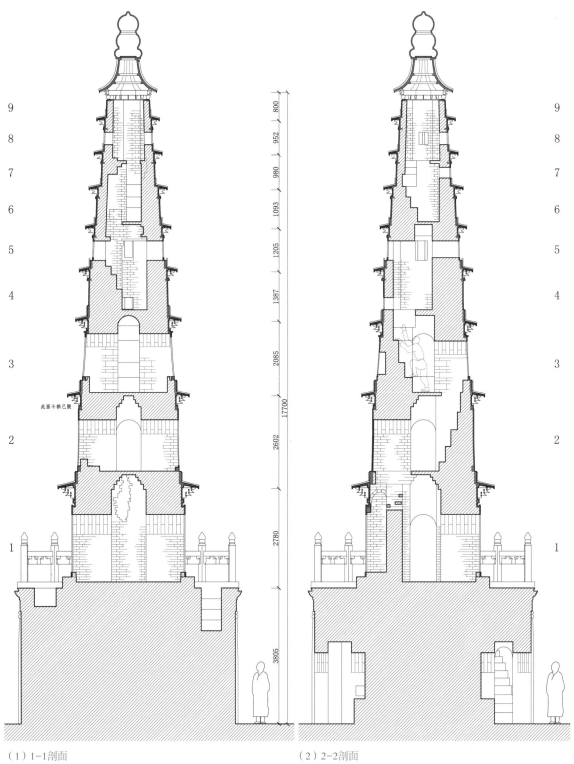

(1) 1-1剖面　　　　　　　　　　　　（2）2-2剖面

图4-10 咸阳千佛铁塔剖面图

（1）东南　　　　　　（2）东北　　　　　　（3）西北　　　　　　（4）西南（榜题"增长天王"）

图4-11

图4-12

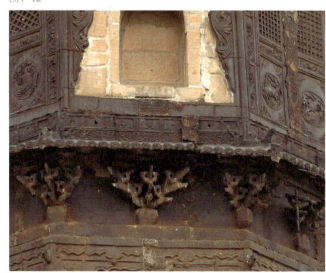

图4-13

图4-14

图4-11　咸阳千佛铁塔第1层塔身四天王造像
图4-12　咸阳千佛铁塔第1层塔身斗栱（东南面）
图4-13　咸阳千佛铁塔第2层塔身斗栱（北面）
图4-14　咸阳千佛铁塔第3层塔身斗栱（东南转角）

表4-1 咸阳千佛铁塔各层外观描述

段	层	门窗形式	斗栱	其他装饰	照片（东南面，左为南、右为东）
II	刹	—	—	八角攒尖顶上装莲瓣覆盆，其上装葫芦形塔刹。与塔身相比，塔刹显得较大	
	9	各面在墙上用铁块支撑，架空平板枋及其上的斗栱，形成窗口	无平身科。角科为单昂加耍头承屋檐，无厢栱	由于视线被遮挡，有无博脊不详。各面布置贴铸小佛像，佛像旁为佛名，下为供养人名。有简略的平板枋形象	
	8	东、南、西三面开竖向小窗。各面贴铸3排小佛像，佛像旁为佛名，下为供养人名	无平身科。角科为单昂加耍头，无厢栱，耍头承角梁，上承屋檐	由于视线被遮挡，有无博脊不详。各面倚柱之间有类似壸门的线脚。平板枋无纹饰。栱眼壁素净	
	7	仅南面开竖向小窗，其余各面封闭。各面贴铸3排小佛像，佛像旁为佛名，下为供养人名	各面出平身科一攒，形象为单昂加耍头，有泥道栱。角科形式相同，耍头上承角梁	在下层檐上做博脊，角部装龙吻。各面倚柱之间有类似壸门的线脚。素平板枋。栱眼壁装小佛像	
	6	各面均不开门、窗，贴铸4排小佛像，佛像旁为佛名，下为供养人名	各面出平身科一攒，形象为单昂加耍头，无厢栱，有泥道栱。角科形式相同	在下层檐上做博脊，角部装龙吻。各面倚柱之间有类似壸门的线脚。素平板枋。栱眼壁装小佛像	
	5	东、西、南、北四面开竖向小窗，其余四面封闭不开窗。各面均贴铸4排小佛像	各面均出平身科一攒，形象为单昂加耍头，无厢栱，栌斗为花瓣形。角科形式相同，唯栌斗中央稍突出	在下层檐上做博脊，角部装龙吻，脊上无小佛像。各面倚柱之间有类似壸门的线脚。平板枋无纹饰。栱眼壁上装小佛像	
	4	各面均不开门，仅北面开一小窗。各面均贴铸4排小佛像。佛像旁为佛名，下为供养人名	各面均出平身科一攒，形象为单昂三踩，计心，栌斗为圆瓜棱形。角科斗口出较粗大的牛腿，承屋檐	在下层屋檐上做一圈博脊，角部装龙吻，由于视线被遮挡，脊上有无小佛像不详。各面倚柱之间有类似壸门的线脚。平板枋无纹饰	

续表

段	层	门窗形式	斗栱	其他装饰	照片（东南面，左为南、右为东）
I	3	东、西、南、北面为壸门形象。东、西、南三面开砖券洞，北面开不透的券形龛，佛像已失。其余四面为六抹头槅扇形象，各槅心、裙板纹样均不同	各面均出平身科一攒，形象为五踩双下昂，栌斗为瓜棱型，出斜栱，逐跳计心。角科形象相同	在下层屋檐上做一圈博脊，角部装龙吻，但脊上无小佛像。平板枋无纹饰。本层与其他层最大的区别是完全没有小佛像及附属的佛名和供养人名，以及突出刻画了额枋	
I	2	东、西、南、北面为壸门形象。东、西面开砖券洞，南、北面布置小佛像。其余四面为六抹头槅扇形象，各槅心、裙板纹样均不同	各面均出平身科一攒，形象为五踩双下昂，出斜栱，逐跳计心。角科形象相同	在下层屋檐上做一圈博脊，角部装龙吻，脊上布置小佛像。各面壸门、槅扇之间仍用矩形分割，布置浮雕，题材与1层相似，但重复率增加。平板枋无纹饰	
I	1	南、东、西三面开券门，交汇于塔心室。北面开券门，进入墙体登上2层。其余四面开壸门，门内各有一铁铸天王像，均为精品	各面均出平身科四攒。角科于正身方向各出一缝，于转角方向出一缝。各斗栱形象均为七踩单翘双昂，逐跳计心	券门与壸门之间的间隔部分被划分成多块矩形，镶嵌布置铸铁浮雕，题材为花卉、瑞兽等，绝少重复。门上设垂莲柱形象，再上为平板枋，承斗栱	
砖砌平台	砖砌平台	南、北开券门。入内逆时针绕上1层平台	据伯施曼《中国宝塔》，角科原有一斗二升交麻叶头砖斗栱。现状为近年修补	圆形倚柱在檐口部位做成垂莲柱形象	

四、经幢型塔的新发展：峨眉山圣积寺铜塔，五台山显通寺西、东铜塔

明代集中出现了十余座铜塔，形态各异，但体量均不大。其中能代表明代铜塔发展水平和总体面貌的应属经幢型铜塔。经幢型铜塔可视作经幢型塔在明代的新发展，只不过用铜而非铁铸造，而且形体更加复杂，镌刻的经文也由《华严经》《法华经》等代替了《佛顶尊胜陀罗尼经》。

超过人体尺度的经幢型铜塔有峨眉山圣积寺铜塔、五台山显通寺西铜塔以及五台山显通寺东铜塔。未达到人体尺度的小型经幢型铜塔如重庆永川小铜塔和五台山清凉寺小铜塔。

（一）峨眉山圣积寺华严铜塔

1 圣积寺华严铜塔年代考证

圣积寺华严铜塔（图4-15）原位于峨眉山山脚的圣积寺内，1959年曾被运往重庆冶化，幸而未成，但须弥座下半部被毁。此后置于峨眉山山门的伏虎寺，并建木构塔亭覆之（有的文献因此称之"伏虎寺铜塔"）。因塔身正面自名"南无阿弥陀佛华严宝塔"，且塔身塑造《华严经》"七处九会"题材，故也被称为"华严铜塔"。据《峨眉山志》：

"圣积寺离峨眉县五里……正德三年内江王重修。寺内有铜塔，高二丈许，永川万华轩所施造。"[16]

"小金塔在圣积寺，高二丈余，永川万华轩施。"[17]

关于华严铜塔的建造年代和捐造人，峨眉山本地学者已多有讨论分析[18]。观点主要有：①元代万华轩施造[19]；②万历陈太后捐造八塔，山门一座、山顶七座[20]；③万历年间妙峰禅师募造[21]；④万历乙酉（万历十三年，1585）年秋永川信士万华轩施造[22]；⑤永川万华轩施造（年代未提）。这五种说法，来源各有所自。其中"大明万历乙酉年秋永川信士万华轩施制"据说是塔须弥座上的铭文，可惜该部分毁于1959年，现已无法查证。

笔者除了分析各历史文献，将华严铜塔与有明确纪年的显通寺东、西铜塔对比之外，还使用XRF分析了各铜塔的合金成分。得出以下认识：

第一，华严铜塔使用青铜铸造。而峨眉山金顶铜殿，五台山显

---

16 [清]蒋超.[康熙]峨眉山志.卷三.第二页.见：故宫珍本丛刊第268册[M].影印道光七年（1827）刻本.海口：海南出版社，2001：50

17 [清]蒋超.[康熙]峨眉山志.卷三.第十四页.见：故宫珍本丛刊第268册[M].影印道光七年（1827）刻本.海口：海南出版社，2001：56

18 近年的讨论见：熊锋.峨眉山华严铜塔铸造年代初探[J].四川文物，2006(05)：90-93；干树德."华严铜塔"铸造诸说辨析[J].中共乐山市委党校学报1999(12)：52-53；陈述舟.峨眉山伏虎寺及其铜塔[J].四川文物，1988(02)：59-62

19 据刘君泽《峨眉伽蓝记》"圣积寺"条："存铜塔一合，十七层，塔身铸佛四千七百尊及《华严经》全部，元时永川万华轩者所施造也。"转引自熊锋.峨眉山华严铜塔铸造年代初探[J].四川文物，2006(05)：90-93

20 "铜塔：明万历陈皇后购青铜铸成，计十五层，每层内分五层。每一层金佛数百尊、共计万尊。每层俱刻金字经卷，诸经毕备。峨眉山门一座，山顶七座".[清]蒋超.[康熙]峨眉山志.卷十六.第二十三页.见：故宫珍本丛刊（第268册）[M].影印道光七年（1827）刻本.海口：海南出版社，2001：224

21 此说来自熊锋.峨眉山华严铜塔铸造年代初探[J].四川文物，2006(05)：90-93，其主要论据是峨眉华严铜塔的样式与五台山显通寺铜塔中的一座相似。同时该文认可陈太后买铜造八塔之说，认为这座华严铜塔是妙峰禅师峨眉铜殿的配套之物。

22 此说来自陈述舟.峨眉山伏虎寺及其铜塔[J].四川文物，1988(02)：59-62，其说援引"建国前即在峨眉山居住的何志愚老师说".

图4-15 峨眉山圣积寺铜塔
2011年

通寺铜殿,显通寺东、西铜塔均使用黄铜铸造。从明代中后期(嘉靖至天启年间)黄铜取代青铜流行的冶金史背景来看,青铜铸成的华严铜塔的铸造年代应当早于黄铜铸成的峨眉山铜殿、五台山显通寺铜殿及显通寺东、西铜塔。具体分析数据见本书第十章。

第二,华严铜塔与金顶某座铜塔现存之碎片的成分均为青铜,但两者铜、锡含量相差较大,应当不是同一批铜料。因此,陈太后购铜铸八塔,一座位于山下、七座位于山顶的说法值得怀疑。

第三,"永川万华轩……"的铭文虽然不存,但方志和其他记载都曾提到,应当不是凭空捏造而来。"施造"意为布施建造,来自永川的万华轩应是此塔主要的捐建者。有疑问的唯元代造或"万历乙酉年秋"造这一具体的年代争议。

从样式来看,华严铜塔的形象与五台山显通寺西塔、东塔相近,后两者分别造于万历三十四年(1606)与三十八年(1610)。以此判断,元代之说当可以排除。

显通寺两座铜塔的铸造匠人为云南省城铸匠,最大的捐资者为寓居昆明经商的江津县信士陈廷杰,劝募者是妙峰禅师。须

图4-16　　　　　　图4-17　　　　　　　　　图4-18

指出的是，永川县就在江津县西北35公里；而且，万历四十二年（1614），永川又出现一座形式相近但规模略小的铜塔，由寓居云南省城的永川信士张翰言带回永川安放。

已知五台两座、永川一座，共三例铜塔都是由寓居昆明的永川、江津一带信士出资，而由昆明工匠铸成。可见，万历中后期寓居昆明的永川、江津人似有造这种形式铜塔的风气。那么，由永川信士万华轩出资的圣积寺华严铜塔，是否也有可能在此时由昆明工匠铸造呢？我们虽不能确定万华轩也曾寓居昆明，但是考虑到妙峰禅师有可能作为云南与四川的往来联络者，其可能性还是很大的——按《峨眉山志》：（金殿）"殿左右有小铜塔四座。明万历年间寺僧妙峰至滇募铸"[23]。据此，山顶的这批铜塔正是由妙峰禅师从云南募造来的，而亦有记载称圣积寺铜塔原本也计划置于山顶："传为峨山金刚台物，因体重难上，留置于此"[24]。

如此，则华严铜塔的建造时间很有可能为万历年间，且不会晚于黄铜铸造的峨眉山金顶铜殿（万历三十一年建成）。

根据以上分析、对比和联系，本书认为华严铜塔造于万历十三年（1585）之说可信度较高。其建造的可能年代区间为万历十三年至三十一年（1585—1603）。

2　圣积寺华严铜塔形制

华严铜塔残高约4.9米，造型为"窣堵波+密檐塔+经幢"三者结合的形式。整体造型是一座瘦长型的窣堵波，最下为"亞"字形平面须弥座，上承塔瓶，正面开门（图4-16），再上为十三层相轮（现余十二层相轮，对比梁思成《西南建筑图说（一）——四川

图4-16　圣积寺铜塔塔瓶
图4-17　圣积寺铜塔伞盖（第7层相轮）
图4-18　圣积寺铜塔天宫

23 [清]蒋超, [康熙]峨眉山志. 卷三, 第一页. 见: 故宫珍本丛刊第268册[M]. 影印道光七年(1827)刻本. 海口: 海南出版社, 2001: 50
24 [清]江锡龄《峨山行纪》, 转引自熊锋. 峨眉山华严铜塔铸造年代初探[J]. 四川文物, 2006(05): 90-93

图4-19　　　　　　　　　　　图4-20

图4-19 圣积寺铜塔细节之一
"二会普光明殿、七会普光明殿"

图4-20 圣积寺铜塔细节之二
"六会他化天"装饰复杂，由"失蜡法"铸造而成

部分》可知原为十三层[25]）。相轮做成密檐塔的形式，现第7层相轮（原第8层）比其他相轮大，挑檐更远，形如伞盖（图4-17）。伞盖之上一层塔身做成天宫的形式，开壶门，内空（图4-18）。再上还有四层塔身，顶部承葫芦形塔刹。

塔顶设置天宫的形式不见于窣堵波或密檐塔，而见于宋代出现的某些经幢，如前论之常德铁经幢，以及苏州瑞光塔真珠舍利宝幢，均有此种设置；加之华严铜塔周身（包括塔刹上）遍刻经文，正体现了经幢的性质。而且，一般窣堵波下半部的覆钵或塔瓶的截面本应为圆形，华严铜塔的截面却是各边为弧线的八边形（图4-16），这应当也是来自八棱经幢的基因。

综上，华严铜塔应该归为经幢型塔，只不过其造型为窣堵波、密檐塔、经幢相结合的形式。这种特别的形式不见于砖塔、石塔，应当是明代铜塔的创举。

铜塔表面有繁复的佛教题材装饰。塔身自下至上由佛像、菩萨像在水平方向划分成许多层。塔瓶除了正面开壶门外，其余七面根据《华严经》中记载的"七处九会"说法场景塑造了七处地方（其中有三会在同一处），分别为："六会他化天""九会逝多林""三会忉利天""初会菩提场""四会夜摩天""二会普光明殿、七会普光明殿、八会普光明殿""五会兜率天"（图4-19，图4-20）。每会的最上部均为华严三圣释迦牟尼、文殊菩萨、普贤菩萨像。正面壶门门楣题名"南无阿弥陀佛华严宝塔"，两旁题"皇图巩固帝道遐昌；风调雨顺国泰民安""佛日增辉法轮常转；法界有情同生净土"。榜题的内容与五台山显通寺东铜塔完全相同，与显通寺西铜塔也大致相同，这也证明了它们的相关性。

每层塔檐之间的转角处都做出柱子形象顶立上下塔檐间，而除

25 图见：梁思成.《西南建筑图说（一）——四川部分》，见：梁思成全集（第三卷）[M]. 北京：中国建筑工业出版社，2001：160. 缺失的那层可能损毁于1959年试图熔塔时。

了天宫的柱子是蟠龙柱外，其余每层塔身的柱子又都做成华严铜塔"窣堵波+密檐塔"状，装饰复杂。

塔刹上刻《金刚般若波罗蜜经》，塔身上刻《妙法莲华经》，可能还有其他经文未及辨认。

华严铜塔总体比例隽秀，由下至上须弥座、塔瓶、相轮（塔檐）、伞盖、天宫、塔刹形成特别的节奏，且表面氧化后形成了优雅的铜绿色，是一个优秀的铜塔作品。其细节非常丰富，对铸造的要求很高。而且这种繁复、丰富程度不似一般中原佛教艺术，塔身造像中部分神祇似有密教风格。结合其在云南铸造的因素，或许受到了云南流传的具有密教色彩之"阿吒力"佛教艺术传统影响，可作进一步研究。

华严铜塔的结构为套筒状塔身层层叠置，原理与套筒状叠置的铁塔相同。

（二）五台山显通寺西铜塔

1 显通寺西铜塔建造背景

根据须弥座上的铭文，显通寺西铜塔造于万历三十四年（1606）：

"大明国四川东道重庆府江津县弟子陈廷杰等今于云南□□□□于万历三十四年七月初九日铸造□□□□□宝塔壹尊。"[26]

此塔最主要的捐资者是在云南省城经商的江津县弟子陈廷杰一家。五台山显通寺铜殿铭文中也有他的详细记录，可知他同时也为显通寺铜殿捐资不少。西铜塔的其他捐资者多来自云南，其中有些也来自四川。

铸造匠人来自云南，包括：

"云南铸匠魏时松，同缘男魏思忠、陈氏，魏思孝、王氏，魏助秋、女□守昆。韩进忠。打磨匠赵週守、路□、戴文明、张奇解。撒杨东清深，杨受荣，黄□忠……"

显通寺东铜塔对此的记录行文更清晰，可知是同一批云南工匠建造的。

妙峰禅师在其中确实起到组织劝缘的作用，而且署名为"峨山比丘"[27]，但他实际上并不是峨眉山的僧人，这反映出对于云南的铸造者来说，妙峰禅师是与峨眉的铜塔项目联系在一起的。

最后，西铜塔须弥座西面署上了显通寺住持的名号：

[26] 笔者录于五台山显通寺，2009年7月2日。更多铭文见附录一。
[27] 笔者录于五台山显通寺，2009年7月2日。更多铭文见附录一。

图4-21 五台山显通寺西铜塔 2009年
图4-22 显通寺西铜塔天宫

图4-21　　　　　　图4-22

"钦依赐紫皇坛讲经传贤首第二十六代兼敕建护国圣光永明寺十方主人云永、法须、朗空。"

2　显通寺西铜塔形制

西铜塔整体坐于1.45米高的石砌须弥座台基上。本体从铜须弥座下皮算起，高5.46米；从地面算起，总高6.9米（图4-21）。表面镏金为近年新做。

与圣积寺华严铜塔相似，显通寺西铜塔由铜须弥座、塔瓶、密檐塔式十三天相轮、天宫、葫芦形塔刹组成，经文主要镌刻在须弥座、天宫和塔刹上。与圣积寺铜塔不同的是，西铜塔的天宫设在全部十三天相轮的上方，双重檐，因此西铜塔共有十五层檐。天宫开壸门，内为《法华经》题材之二佛并坐说法（图4-22）。此塔天宫的位置虽然比圣积寺铜塔更显要，但形式上的节奏美感却因此逊于圣积寺铜塔。

须弥座为"亞"字形平面，四角有力士顶塔。塔瓶、塔身均为八边形平面。塔瓶正面（东面）壸门门额自名为"南无无量宝塔"，两旁榜题"皇图巩固帝道遐昌　风调雨顺""佛日增辉法轮常转　国泰民安"。塔瓶内供一佛。

图4-23

图4-24

图4-23 显通寺西铜塔塔瓶（东南面、西面）
图4-24 显通寺西铜塔塔身细节

塔瓶各面的主题是九座宝塔，除正面和背面之外每面一座，背面（西面）有三座，塔顶有铭文标示塔名，分别为："南无海会宝塔""南无金刚宝塔""南无法华宝塔""南无舍利宝塔""南无□□□□""□□□□宝塔""南无多宝佛塔""南无楞严宝塔""南无弥陀宝塔"。所有塔的形式均与西铜塔相似，为"窣堵波+密檐塔式相轮"，最上有天宫（图4-23）。其中八座均为七层相轮，唯背面中央的一座为九层相轮，可惜名号漫灭不见。

须弥座、塔身上均布满整齐的小佛像。相轮塔檐之间的柱子也全部做成密檐窣堵波的形式（图4-24）。天宫檐下的柱子做成蟠龙柱（图4-22）。整体装饰繁复。

塔身镌刻《大方广华严经·入不思议解脱境界法门行愿品》《佛说阿弥陀经》等经文。

塔身也是套筒状结构，分件清晰，自下而上是：须弥座、塔瓶、五层塔檐、四层塔檐、四层塔檐、天宫、塔刹。

（三）五台山显通寺东铜塔

1 显通寺东铜塔建造年代

根据东塔须弥座、第十三层塔檐，以及天宫屋檐上的铭文，可知显通寺东铜塔造于万历三十八年（1610），立于三十九年：

"大明万历三十八年岁次庚戌年中秋月铸造吉旦。五台山敕建圣光永明寺僧人胜洪。"

"江西抚州府金溪县人客寓云南省城居住信士李谏、□六室人聂氏，男绍京、绍祖发心铸造宝塔岭盖宫殿。万历辛亥年二月初一日立。"

图4-25 五台山显通寺东铜塔 2009年

图4-26 显通寺东铜塔天宫

28 笔者录于五台山显通寺，2009年7月2日。相关铭文的完整记录见附录一。

主要捐资者仍有寓居云南的江津县陈廷杰一家，此外还有寓居云南的泸州人何春荣一家、叙州府富顺县景可大一家、李应何一家、信商伍德宣一家，以及隆昌县李应荣一家。这些四川籍的信士都来自临近的区域，应当都是在云南经商的四川人[28]。此外还有几位来自江西抚州府、临江府、饶州府的捐资记录，以及来自云南本地嵩明州的捐资记录。

东铜塔比西铜塔晚了四年铸造，铸造匠人仍基本是同一批：

"云南省城铸匠魏时松，男魏思忠、魏思孝。∣拨腊匠韩进忠、杨春荣、粟宝儒。∣改撒匠杨寿荣、男杨景明，袁春荣。∣打摩匠赵守周、张奇。"

2 显通寺东铜塔形制

东铜塔也坐于1.45米高的石砌须弥座台基上。本体从铜须弥座下皮算起，高6.22米；从地面算起，总高7.7米（图4-25）。东铜塔比西铜塔高了约0.8米，而出檐比西铜塔短，塔身也略细，因此整体看起来更为瘦长。表面镏金为近年新做，原本表面情况不详。

东铜塔也由铜须弥座、塔瓶、密檐塔式十三天相轮、天宫、葫芦形塔刹组成。塔身无大面积经文。天宫开壸门，内供一佛（图4-26）。

须弥座为"亞"字形平面，四角有力士顶塔。塔瓶、塔身均为八边形平面。塔瓶正面（西面）壸门门额自名为"南无阿弥陀佛无量宝塔"，两旁榜题"皇图巩固帝道遐昌 风调雨顺国泰民安""佛日增辉法轮常转 法界有情同生净土"。

塔瓶各面的主题是说法会与宝塔的组合。凡正方向面均为法会，其余四个方向均为宝塔。南面为释迦牟尼说法，两旁为文殊、普贤菩萨；北面法会中央为一佛，两旁分别为一骑牛与骑麒麟的菩萨；西面中央上方为观世音菩萨，下为十八罗汉，两旁为韦驮和善财童子。其余四面刻画的塔的形式均为"窣堵波+密檐塔式相轮"，十层相轮之上有天宫。各塔没有标明名号。

须弥座、塔身上布置小佛像，但与西铜塔不同的是，各层中央供奉的主尊佛或菩萨更大、更突出；东、西、南、北正方向供佛或菩萨坐像，其余四方向为天王立像。除了最高一层相轮塔檐之下的柱子做成密檐窣堵波的形式外，其余所有檐下的柱子都与天宫檐下一样，做成蟠龙柱。整体装饰繁复，但刻画的佛尊、菩萨形象比西铜塔更突出重点。

塔身也是层层叠置的筒状结构，分件清晰，自下而上是：须

图4-27　　　　图4-28

图4-27 清凉寺小铜塔
图4-28 永川小铜塔

弥座、塔瓶、三层塔檐、三层塔檐、三层塔檐、二层塔檐、二层塔檐、天宫、塔刹。

（四）五台山清凉寺小铜塔与永川小铜塔

1　清凉寺小铜塔

　　五台山还有一座小型的密檐窣堵波经幢型铜塔，位于清凉寺内。它整体坐于须弥座石台基上，铜塔本体高约1.7米，自下而上为须弥座、塔瓶、九层密檐式相轮、天宫、葫芦形塔刹（图4-27）。据伯施曼引用沙畹的记录称，此塔造于万历三十四年（1606）[29]。笔者未及对此进行现场验证，估计塔身上也有铭文可以证明。

　　除了层数少，该塔整体形象与显通寺铜塔相似，塔檐之间的柱也做成密檐窣堵波的形式，唯塔瓶八面分为上下两层佛龛，内各坐一佛。

[29] Ernst Boerschmann. Die Baukunst und religiöse Kultur der Chinesen. Band Ⅲ : Chinesische Pagoden. Berlin und Lepzig: Verlag von Walter de Gruyter & Co., 1931 : 365（《中国宝塔》）

2 永川小铜塔

从前述峨眉山、五台山的三座铜塔可以看出，在云南经商、寓居的四川江津、永川、隆昌、富顺一带（今分属重庆、四川）人士，有造这种"密檐窣堵波经幢型铜塔"的风气。现藏永川文管所的一座小型铜塔又为此增添了一例明证。这座小铜塔造于万历四十二年（1614），由寓居云南省城的永川信士张翰言一家从云南带回永川，据铜塔基座铭文：

"大明国四川重庆府永川县在廓里东郊外五里墩官路傍奉佛弟子张翰言，男张剑、张钲、张柱于万历甲寅□三正月吉旦寓云南省城发心铸造道经宝塔一座于本境东山寺供养。"[30]

这座小铜塔残高119厘米，整体从下而上为基座、须弥座、塔瓶、密檐式十三天相轮（图4-28）。密檐相轮以上的部分缺失，原来应有天宫和塔刹。

须弥座平面四边形，四角有力士托塔，各面布满佛像、天王像。塔瓶为八边形平面，四个正方向设龛，内坐一佛。正面题额自名为"千佛宝塔"。其余四方向各立一天王。塔身每面坐二佛，塔檐之间的柱子做成密檐窣堵波的形式。

与五台山显通寺东、西铜塔对比，永川小铜塔与它们形式相近，可以说是它们的缩微版。

五、形态、功能丰富多彩的明代铜塔与铁塔

1 北京长椿寺多宝佛铜塔

（1）建造背景与年代

长椿寺多宝铜塔现位于北京万寿寺。长椿寺敕建于万历二十年（1592），当时"规模宏敞，为京师首刹"。明、清北京的方志文献多有记载，并且都提到其中的渗金多宝佛塔[31]。据《帝京景物略》：

"寺有渗金多宝佛塔，高一丈五尺，妙法莲华经宝塔品中所说自地涌出者像也。金色光不可视，而梵相毕具，势态各极。"[32]

此铜塔于何年铸造，并没有文献记录。据孔祥利《渗金多宝佛塔考》：铜塔西面第五层檐（自上向下数第九层）从左数第9个瓦当被铸成了"泰昌通宝"钱的式样[33]。据该文引《中国古钱币》考，

---

[30] 笔者录于永川县文管所库房，2009年9月10日。与《永川明代铜塔》文中辨识出的铭文略有不同，参见：谢洪卫. 永川明代铜塔[J]. 四川文物，1991(06): 69-70。该文有对此塔较详细的描述，可参阅。

[31] 如《都门纪略》："长椿寺在土地庙斜街，明慈孝皇后建，以居水斋禅师。其大弟子为神宗替修。赐千佛衣及姑绒衣各八件，米麦等物动千石。有二库以二中官专贮三宫布施余钱。有渗金宝佛塔，高一丈五尺。有万历中工部阎中书斋禅师传碑。"见[清]杨静亭原著，徐永年增辑. 都门纪略[M]. 台北：文海出版社，1971：91。又如《顺天府志》卷十六，第四十五页："明万历二十年敕建。孝定太后以居水斋禅师。有米万钟水斋禅师传碑，规模宏敞，为京师首刹。未百年而坛席荒凉、僧徒零落。国朝康熙己未秋七月地震，寺益颓废。益都冯公溥一日游寺中，见而悯之，捐资修葺，焕然更新。有修寺碑。乾隆二十一年重修。殿中有渗金佛塔，其高充栋。"[清]张之洞，缪荃孙纂光绪《顺天府志》，见：《续修四库全书》编纂委员会. 续修四库全书：第683册[M]. 上海：上海古籍出版社. 1995：552

[32] [明]刘侗. 帝京景物略. 卷三. 见：《续修四库全书》编纂委员会. 续修四库全书：第729册[M]. 上海：上海古籍出版社，1995—1999：309-310

[33] 孔祥利. 渗金多宝佛塔考[EB/OL]. 北京市文物局网站 http://www.bjww.gov.cn/2006/4-5/132455.html，2012-8-20

图4-29　　　　　　　　图4-30

图4-29 北京慈寿寺永安万寿砖塔
图4-30 北京长椿寺多宝佛铜塔

"万历四十八年七月，神宗死，次月，光宗即位，定年号为泰昌。九月，光宗卒，未及铸钱。熹宗继位后，于当年（泰昌元年）十二月颁令，次年（天启元年）补铸'泰昌通宝'一年"[34]。

据此，多宝佛铜塔的铸造年代不早于明天启元年（1621），即"泰昌通宝"开铸之年。而特意将此钱样式铸于瓦当，说明该塔很有可能造于该年。

长椿寺的创建与万历皇帝的生母孝定李太后有着很大关系。孝定太后（即慈圣太后）被附会为九莲菩萨转世，据《日下旧闻考》引《玉堂荟记》曰：

"九莲菩萨者，孝定皇后梦中授经者也。觉而一字不遗。因录入大藏中。旋作慈寿寺，其后建九莲阁，内塑菩萨像，跨一凤而九首，寺僧相传菩萨为孝定前身也。"[35]

长椿寺也有九莲菩萨像绘，且还曾建有九莲阁，用以供奉九莲菩萨，载见多种文献[36]。可见长椿寺与孝定太后所建之慈寿寺一样，都是其宣称之"九莲菩萨转世"之说的产物。而更具可比性的是，长椿寺多宝佛铜塔与建成于万历六年（1578）的慈寿寺永安万寿砖塔的造型非常相似（图4-29）。

34 孔祥利. 渗金多宝佛塔考 [EB/OL]. 北京市文物局网站 http://www.bjww.gov.cn/2006/4-5/132455.html，2012-8-20
35 ［清］于敏中等. 日下旧闻考 [M]. 卷九十七，北京：北京古籍出版社，1981. 1612
36《都门纪略》"长椿寺大殿旁藏佛像十余轴，中二轴黄绫双裱，一绘九朵清莲华捧一碑，题曰九莲菩萨之位。明神宗母李太后也。"见：［清］杨静亭原著，徐永年增辑. 都门纪略 [M]. 台北：文海出版社，1971：92。《顺天府志》卷十六，第四十五页："大殿旁小室内藏佛像十余轴。中二轴黄绫装裱，与他轴异。一绘九朵青莲花捧一牌，题曰九莲菩萨。明神宗母李太后也。"另一轴为崇祯生母刘太后之菩萨像。此处还记载长椿寺"旧建有九莲阁"。见：《续修四库全书》编纂委员会. 续修四库全书：第683册 [M]. 上海：上海古籍出版社，1995—1999：552。另见《日下旧闻考》引《燕舟客话》："长椿寺大殿旁小室内藏佛像十余轴，中二轴黄绫装裱，与他轴异。展视之，一绘九朵青莲捧一牌，题曰九莲菩萨之位。明神宗母李太后也。"见卷五十九．956

（2）形制

长椿寺多宝佛铜塔佛塔高约5米，八边形平面，造型采用的是北方常见的辽式密檐砖塔形式，周身饰以浮雕，现在整体位于一须弥石座上。铜塔本体形式由下至上是：双层须弥座、仰莲座、首层塔身、十三层密檐、塔刹（图4-30）。

此铜塔与慈寿寺永安万寿砖塔在整体造型上十分相似，尤其双层须弥座、栏杆、仰莲座的设置。区别在于永安万寿砖塔有平座斗栱。铜塔塔身四正向雕饰门，四侧向雕饰窗。各门两旁各有一天王力士，各窗两旁各有一菩萨，菩萨均戴冠，双手合十，身份难辨。须弥座各面、各层塔身均有佛像、力士等。塔檐下有浮雕斗栱，造型写意。

铜塔结构亦为层层叠置的筒状结构，铸造分件分成四部分：塔刹与上两层檐为一体，其余密檐为一体，首层塔身为一体，塔座（包括仰莲座和须弥座）为一体。

此塔曾经损毁严重，由故宫博物院重铸修补[37]。

方志均称此塔为"妙法莲华经宝塔品中所说自地涌出者像也"，即多宝佛塔，米万钟在偈中也作此论[38]。多宝佛塔典出《妙法莲华经》：释迦牟尼在讲说《法华经》时，忽然地下涌出安置多宝佛全身舍利的塔，现于空中。因多宝佛曾发誓愿，入灭后以全身舍利置于宝塔中，若后世有佛说《法华经》时，其塔庙涌现于前，为作证明。其塔由金银琉璃等七种宝物装饰，塔门开启，示现东方世界多宝佛。释迦佛入塔与多宝佛并坐说法。但《法华经》并没有说多宝塔就是这种八边形密檐塔形制，也没有说多宝塔是金塔或者铜塔。可见当时这座铜塔的建造者是在构建铜塔与经典的联系，意图从中寻找铜塔的象征性根源。

此铜塔与明皇室关系紧密，规模较大，造型、工艺俱佳，是能反映明代铸造水平的精品。

2 峨眉山金顶铜塔

康熙《峨眉山志》有明万历陈太后购青铜造塔，一座位于山下、七座位于山顶的记载[39]。但康熙《峨眉山志》其他章节的记载与此处多有抵牾，因此八座铜塔的数字未必确切。这批铜塔也并非全由陈太后捐造，而可能只是捐了一定费用。

综合考虑各方记载，推断金顶原来应有四座铜塔，至清初剩下三座。证据见康熙《峨眉山志》卷三：

"峰顶为渗金小殿。一名永明华藏寺。殿左右有小铜塔四座。

---

37 参见：霍海峻.修复大型铜塔的探索[J].中国博物馆，1995(03): 86–89

38 "顺天米万钟长椿寺礼多宝塔偈〇我读法华经，至现宝塔品。知世尊神力，敢作虚幻观。长椿水上座，受荫神宗朝。戒珠照苦行，炼作金刚身。感召首山铜，舶百千万亿。和合金与火，铸成窣堵波。级级凡十三，创获未曾有。更以黄金汁，涂窣堵波身。多宝佛中央，绕三千诸佛，十八阿罗汉，及八部天龙。头手足异形，戈戟铎异执，缨胄甲异制，各载以狮象。豹尾交蟠头，鳞次于瓴甋。种种灵花现，优昙钵曼陀，出入轮相间，一一肖初级。高乃丈六，始为金轮盘。金乍率将金铃，炜煌烛云际。檐檐鸣悬铎，声光相射摇。各具佛因缘，眉发毫悉具。惟水能生金，乃有布金者。满金半亦金，各极金分量。虚空以为罏，愿力以为炭，智慧以为錾，錾无可錾故。成金窣堵波，巩固我皇图。我来观塔时，亲闻塔说法。"见：[明]刘侗.帝京景物略.卷三.见：《续修四库全书》编纂委员会.续修四库全书：第729册[M].上海：上海古籍出版社，1995—1999: 310

39 "铜塔：明万历陈皇后购青铜铸成，计十五层，每层内分五层。每一层金佛数百尊、共计万尊。每层俱刻金字经卷，诸经毕备。峨眉山门一座，山顶七座"。[清]蒋超.[康熙]峨眉山志.卷十六.第二十三页.见：故宫珍本丛刊第268册[M].影印道光七年（1827）刻本.海口：海南出版社，2001: 224

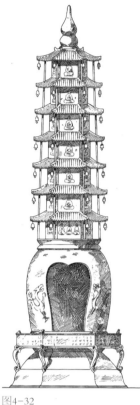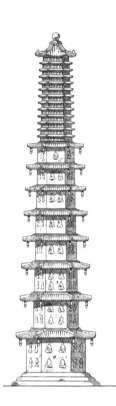

图4-31
图4-32

明万历年间寺僧妙峰至滇募铸。"⁴⁰

"渗金小塔四座在山顶铜殿侧，妙峰募造。"⁴¹

以及释彻中《大峨山记》：

"右为金殿，殿以铜成……极人工之巧。四隅□铜塔四座。有铜碑纪事。"⁴²

清胡世安《登峨山道里纪》：

（铜殿）"傍列铜窣堵波三，高下不等，此皆背岩向西以晒经山为正对。"⁴³

作者胡世安逝于康熙二年（1663），说明清初时应当就只剩三座铜塔了。这三座铜塔现在均已不存，峨眉山博物馆有一块铸铜碎片，带有弧度，上有佛像，可能是其中一座铜塔的。根据伯施曼的记载，可确定山顶在民国时至少还曾有过三座铜塔（其中一座残损严重），伯施曼拍摄了照片，并绘制了测图，见图4-31、图4-32⁴⁴。

当时保存较好的两座铜塔，据刘君泽《峨眉伽蓝记》：

图4-31 峨眉山金顶铜塔照片 不晚于1931年
图4-32 伯施曼绘制的峨眉山金顶铜塔立面

40 [清]蒋超.[康熙]峨眉山志.卷三.第一页.见：故宫珍本丛刊第268册[M].影印道光七年(1827)刻本.海口：海南出版社，2001：50
41 [清]蒋超.[康熙]峨眉山志.卷三.第十四页.见：故宫珍本丛刊第268册[M].影印道光七年(1827)刻本.海口：海南出版社，2001：56
42 [清]蒋超.[康熙]峨眉山志.卷九.第八十六页.见：故宫珍本丛刊第268册[M].影印道光七年(1827)刻本.海口：海南出版社，2001：134
43 [清]蒋超.[康熙]峨眉山志.卷九.第二十页.见：故宫珍本丛刊第268册[M].影印道光七年(1827)刻本.海口：海南出版社，2001：99。胡世安为明崇祯元年（1628）进士，入清后官至武英殿大学士兼兵部尚书，少师兼太子太师，卒于康熙二年（1663），《清史稿》中有传。
44 Ernst Boerschmann. Die Baukunst und religiöse Kultur der Chinesen. Band Ⅲ：Chinesische Pagoden. Berlin und Lepzig: Verlag von Walter de Gruyter & Co., 1931：348, 349（《中国宝塔》）

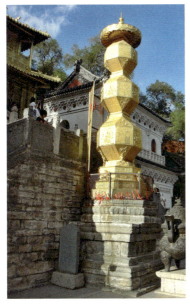

图4-33　　　　　　　　　图4-34　　　　　　　　　图4-35

图4-33 显通寺中铜塔
图4-34 显通寺西南铜塔
图4-35 显通寺东南铜塔

"殿后岩边有铜塔二：一刊翰林院检讨赐进士王毓宗施造，高七尺许，八重六方，黑色如铁；一刊万历壬辰〔二十年，1592〕李姓立，刻镂精致。"[45]

王毓宗是万历戊戌科（二十六年，1598）进士，不久即辞官，有诗《辛丑还山中》。辛丑是万历二十九年（1601），故该铜塔可能造于万历二十九年或稍迟。他施造的"八重六方"的铜塔应当是指图4-31中央（图4-32左）那座密檐窣堵波型铜塔。

另一座李姓施造的铜塔建造年代更早，形制也颇独特，为八层楼阁式塔上再加十三层密檐塔（图4-32右）。

3　五台山显通寺另外三座铜塔

除了前述西铜塔、东铜塔，五台山显通寺金殿前还有三座形状特别的铜塔。一共五座铜塔，布置于铜殿前相对闭合的小平台"妙高庄严处"，象征五台山的五台，令人回想起日本僧人圆仁在五台顶见到的武则天镇台铁塔。这三座铜塔不知毁于何年，但已于近年按照原样重铸，并与西塔和东塔一道做了表面鎏金。

中铜塔本体高约5米，坐于双层须弥石座上，因而位置相对最高，象征中台（图4-33）。此塔形体奇异：下层为八边形平面的铜须弥座，中间由三个二十六面体叠置而成，最上为铜伞盖加葫芦状塔刹。二十六面体的上下两面因叠置而掩盖，故每个有二十四面

45 刘君泽. 峨眉伽蓝记[M]. 乐山：乐山诚报印刷部，1947：37

可见。各面间隔布置浮雕佛像和铭文。从数字的象征性考虑，三个二十六面体可以代表时间或空间上的三世佛，露出的二十四面可象征二十四节气。须弥座的四个正方向和最下层二十六面体的四个侧方向各有一负塔力士。

西南铜塔的形体也很奇特，高约5米，下为八边形须弥座，中间为一个二十六面体，上段为十三层密檐，最上为盔顶和葫芦形塔刹（图4-34）。因为盔顶本身也算一层，所以共有十四层檐。二十六面体露出的二十四面上，每面各有坐佛一尊。须弥座顶有四个力士在四个侧方向背负二十六面体。

与前两者相比，东南铜塔的形态相对平常，为窣堵波形式，高约4.5米（图4-35）。铜须弥座为八边形，之上为塔瓶、相轮十三天、伞盖、葫芦形塔刹。须弥座束腰各角各有一负塔力士。塔瓶向西开门，额上铭文"圆镜智塔"。

4 庐山归宗寺铁塔、东林寺铜塔

（1）归宗寺铁塔

归宗寺铁塔位于庐山归宗寺后山的金轮峰上。从伯施曼的照片中可大略窥知其形象（图4-36）。照片中此塔峻拔孤耸，形态优美。据美国传教士安德鲁·斯特里马特（Andrew Stritmatter）1874年12月在庐山的考察记录：铁塔位于归宗寺后的孤峰上，海拔大约2000英尺（约600米）；孤峰垂直耸起大约数百英尺，峰顶仅10码（约9米）见方；塔高七级，建于石基上，顶部有塔刹，通高将近50英尺（约15米）；铁塔平面为六边形，每面各层有浮雕佛像以及许多人物像[46]。

孤峰铁塔的远景可参见《亚东印画辑》（图4-37）[47]。

铁塔据称1938年抗日战争中被日军用炮轰倒，塔身镌有佛像的铁板均被劫去，唯塔底出土的一块《明万历四十三年重修铁塔记》的铭文板幸存，现藏庐山博物馆。铭文记载，西晋时西域僧耶舍尊者晋赤乌年来此，王羲之舍宅为归宗寺，尊者于金轮峰建木塔藏舍利，后人改为石塔。之后改修为铁柱心石塔，后又颓毁[48]。

明正统年间重修归宗寺，但万历十七年（1589）寺毁、塔废，直到万历四十三年（1615）新造铁塔，并重瘗原塔基舍利。斯特里马特见到的应当是万历四十三年建造的这座铁塔。

（2）东林寺铜塔

与归宗寺铁塔并称"双美"的东林寺明代铜塔，建于明崇祯

46 Rev. A. Stritmatter. Around Lü San. The Chinese Recorder and Missionary Journal, 1875 (4): 263-270
47 [日] 佚名. 金轮塔（庐山），见：《亚东印画辑》第百七十九回, 6
48 铭文见附录一。笔者未及亲至庐山博物馆考证，铭文内容来自"白云深处塔刹临风"[EB / OL]. 庐山户外论坛 http://www.63hw.com/forum.php?mod=viewthread&tid, 2012-8-20

图4-36　　　　图4-37

图4-36 庐山归宗寺铁塔
图4-37 庐山归宗寺铁塔远景
图4-38 庐山东林寺铜塔正面及一层细部照片

图4-38

十三年（1640）。由江西丰城县人士熊汝学在荆门为官时出资铸造，送东林寺供奉。铜塔现已不存，毁于"文革"时期。幸有日本学者常盘大定、关野贞的调查记录（图4-38）[49]。

据其图文记载，铜塔位于东林寺大雄殿中，高约7米，共七级，八边形平面，形象为无平座的仿砖楼阁型塔。最下层为须弥座，角部有托塔力士。各层塔身开四门，门两旁塑天王、菩萨、尊者像；其余各面则刻经文。塔身细节丰富，各层翼角起翘较高，博脊均塑造龙吻，檐下塑造斗栱，每个瓦当上都刻一"佛"字。

5　铁塔的变体：铁醮炉

铁醮炉是用来焚纸焚帛进表、祭神的化炉。常见的醮炉有砖或琉璃的，也称作焚帛炉。醮炉一般见于道教和中国传统祠祀系统的寺观中。铁醮炉不会是明代才发明的，但从现存实例来看，铁塔形的铁醮炉从明代开始出现。

严格来说，铁醮炉并不是塔，并不具备塔的置舍利或刻经功

---

49 常盤大定, 關野貞. 支那文化史迹: 第四辑 [M]. 京都：法藏馆, 1939：II-2。书中误把此塔称为铁塔。

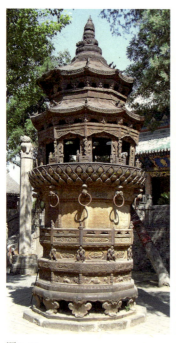  

图4-39　　　　　　　图4-40　　　　　　　图4-41

能。单从焚化的功能来说，醮炉并不一定要做成这种高达四五米高耸形状。但同时它也不等同于普通的香炉——通过焚化所进之表、章，人们要与神祇或祖先进行沟通。可能是出于此原因，醮炉被做成了明代流行的楼阁式铁塔的形象，从而本身也具有了象征意义，有表达平安、吉祥的功能，例如兴平铁醮炉的铭文就明确写出：

"崇祯三年十月初十住造醮炉一坐，重时一万二千。保有平安、吉祥、如意。"[50]

同时，因为是铁铸，也可以用来长久铭记捐资者的功德。因此，铁醮炉是一种具有铁塔外形和一定象征功能的，同时又具有焚帛、进表功能的特别的构筑物。

明代中晚期以各种铁塔、铜塔、铜殿为表现的金属建筑文化的流行，可能对塔形铁醮炉在此时大量产生起到一定的刺激作用。较著名的明代铁醮炉有山西解州关帝庙的两座铁醮炉（图4-39）、陕西三原县城隍庙铁醮炉、陕西兴平文庙的两座铁醮炉（图4-40，图4-41）等。

解州关帝庙的两座铁醮炉，分别铸于明嘉靖三年（1524）和嘉靖十三年（1534），高近6米。平面形式是比较独特的十边形。

三原县城隍庙铁醮炉铸于明万历年间（1573—1619），高约5.4米。八边形平面，尺度比解州关帝庙铁醮炉略小。

兴平文庙的两座铁醮炉铸于明崇祯三年（1603），原先并不位

图4-39　解州关帝庙铁醮炉 2009年
图4-40　兴平文庙铁醮炉（东）
图4-41　兴平文庙铁醮炉（西） 2009年

50 笔者录于兴平文庙，2009年7月13日

于文庙。塔身铭文显示组织者是兴平县的道士，因此可能是从某道观或其他祠庙移来。东边一座高约6.2米，西边的一座中间缺失一层仰莲座及最高一层楼阁状炉身，残高约4.6米。两座铁醮炉都是八边形平面。

虽然形制细节不同，但是这几座铁醮炉也具有比较明显的共性。首先，炉身分层铸造、层层叠置，结构与铁塔相同。第二，在形式上，都可以分成上下两段，下段为须弥座承一层楼阁式炉身；其上有一仰莲座，仰莲座上再承一层或若干层楼阁式炉身，炉顶攒尖顶上有狻猊或葫芦状刹（兴平铁醮炉是狻猊背负葫芦）。第三，因为有焚化的功能，故楼阁式炉身都做的比较开敞通透。

明代以及清代的铁醮炉多位于陕西、晋南，工匠也来自这一带。如兴平铁醮炉的工匠来自泾阳，可与咸阳千佛铁塔的金火匠人来源地相印证，可见明代这一地区铸造业的发达，以及铸造文化的流行。

本章小结
明代铁塔的成熟与丰富多彩的铜塔

五代至宋的铁塔建设风潮过后，明代的铁塔产生了变化发展——人们对于铁塔结构与内部空间的探索为此时期的铁塔带来了新的成就。这与明代冶铸技术集大成发展的背景是相一致的。

在明代较发达的商品经济社会中，人们对宗教生活中的物质需求和物质文化风尚的追捧也水涨船高。铁塔、铜塔、铜殿等金属建筑以及铁醮炉的流行是其直接反映。铁塔在结构、内部空间上的积极探索，也正是明代社会经济、技术背景在金属建筑方面的表征。

既然铁塔的象征性来源于材质，那么就让材质专门承担此项功能，而把结构交由砖芯来承担。发展至此，铁塔在"铁"的外观要求下，终于解决了结构与空间的问题，比宋代形式优美的铁塔更进了一步。咸阳千佛铁塔是真正的能够容纳人在内部活动的铁塔。

铜塔虽然在明代集中出现，但并未像铁塔一样在结构和空间上有重大突破，大部分案例保持了经幢的规模和功能，并有进一步向陈设发展的趋势，本身难以称为建筑。但即便如此，在形式上，铜塔还是进行了丰富多样的尝试，除了几座云南工匠铸造的最具代表性的密檐窣堵波型经幢之外，还有形态新奇的五台铜塔，以及形态端庄正统的长椿寺多宝佛铜塔等。

铁醮炉是明代值得注意的比较特殊的一类构筑物，虽然根本功能是焚帛、进表，但它却采用了铁塔的形式。其原本具有的象征功能，也借由塔的形式得到了放大。这个不起眼的历史现象再次提示我们注意"象征性"这一中国古代金属建筑的核心内涵。

第五章 铜殿的出现与建设活跃期（元—明）

第五章　铜殿的出现与建设活跃期
　　　　　（元—明）

一、铜殿的出现：理论与适应性技术的齐备

1　金殿理论的发展：外丹与内丹修炼的目的地

"金殿"的传说形成于春秋战国时期，至汉代已有明确的文字记载。道教发展成熟后，"金殿""金阙"又进一步被确定为天帝、群仙所居场所的代表，道经对此多有记载。

"金殿""金阙"既成神仙所居之所，深为炼丹、修道者追寻向往——"修道者研究天地之学，目的就是要把握天门地户开阖之机，以期飞升天门金阙，得道成仙"[1]。如唐清虚子《太上圣祖金丹秘诀》是一部以黄白术为主的丹经，开卷便说：

"太上圣祖金硫柜头变化金宝滋养无穷之法。说三品金丹，第一品金丹，服之飞升金阙，名曰天仙；第二品还丹，服之住世长年；第三品神丹，变化五金八石，立成大宝，济世利身，名曰人仙。"[2]

宋高宗在《天柱峰歌》中，则明确了玄武大帝所居之处为"黄金铸屋"：

"祥风自天来，吹我游紫清。高高着天起，巍然一柱连天撑……神君端居面东瀛，黄金铸屋玉作楹，赤蛇鼓鬣黑龟效灵，旌旗招摇，森然列星，敬将一瓣香上诉神君听。"[3]

可见，在道教中，"金殿"明确代表了修道者、炼丹者的修炼目的地。铜就是"金"[4]，全用黄金来造一座殿实在太昂贵、不现实，用铜来造"金殿"顺理成章。因此铜殿就是"金殿"。

讨论明代出现的铜殿建设高潮，须注意承上启下的宋元时期这一关键环节。实体铜殿的出现，很可能与宋元时期道教炼丹修行方式的转变有关。

---

1 姜生，汤伟侠主编.中国道教科学技术史（汉魏两晋卷）[M].北京：科学出版社，2002：18
2 铅汞甲庚至宝集成.卷二.见：道藏：第19册[M].文物出版社，上海书店，天津古籍出版社，1988：255
3 [清]陈梦雷.古今图书集成[M].方舆汇编山川典第一百五十五卷武当山部艺文三之一，光绪甲申年（1884）夏上海图书集成铅版印书局重印
4 "金有三等，黄金为上，白金为中，赤金为下。"孟康曰："白金，银也。赤金，丹阳铜也。"见[汉]班固.汉书[M].卷二十四下食货志第四下.北京：中华书局，1962：1164

图5-1 四川江油宋代飞天藏天宫楼阁局部

隋唐时期，道教的外丹方术特别盛行，出现了不少炼丹家和丹书。但由于唐代统治者服丹致死者较多，服食者与炼丹道士皆吸取教训，此后遂转向于着重内丹方术的研究。北宋张伯端作《悟真篇》，从理论上总结了这个时候内丹修炼的成就。他阐述的"炼精化气""炼气化神""炼神还虚"功法，后来也发展为道教内丹的主要修炼法[5]。这种情况下，炼外丹之风渐衰而内丹修炼法渐盛。不炼金丹，以前追求的服丹以飞升金阙的修炼模式也就发生了改变，信众需要一些具象的感官刺激来加强、引导其追求的目标。于是，"仙宫琼宇""天宫楼阁"的形象就被表达成艺术图像和实体。所以此时期建筑中的天宫楼阁、道教转轮藏（星辰车）等小木作颇为盛行，例如四川江油的宋代飞天藏天宫楼阁就是典型实例（图5-1）。

同时，在一些表现或辅助内丹修炼的图像中也能看到"金殿"这一概念在此时期内丹修炼中的作用。这些图像用人间及仙境的风景来比拟人体在修炼过程中达到的境界。

"金阙"就是修炼过程中的重要境界。例如收于南宋道士萧应叟《度人经内义》中的"体象阴阳升降图"（图5-2）[6]，在接近顶峰的位置即是金阙。又如成书于元至顺二年（1331）至元统三年（1335）之间的《金丹大要图》，其中"元气体象图"（图5-3）[7]与"体象阴阳升降图"意义类似，但绘画、表达不如前者精致。正如道教美术学者黄士珊教授所指出的，这些图像的主要读者，正是13、14世纪的炼（内）丹修真者[8]。

可见，宋元时期内丹修炼的发展，进一步刺激了金殿图像乃至金殿实体的出现。同时，元朝统治者又对道教采取了推崇的政策——元成宗大德八年（1304）三月将真武加封为"玄天元圣仁威上帝"[9]。三年后，现存最早的铜殿在武当山天柱峰顶建成。

[5] 卿希泰主编. 中国道教史[M]. 成都：四川人民出版社，1996.6（卷一）；762（卷二）
[6] 《元始无量度人上品妙经内义》见：道藏：第2册[M]. 文物出版社，上海书店，天津古籍出版社，1988：334
[7] [元]陈致虚《金丹大要图》，见：道藏：第24册[M]. 文物出版社，上海书店，天津古籍出版社，1988
[8] 笔者在2012年美国亚洲研究学会（Association for Asian Studies）年会上宣讲了本书的部分成果。美蒙国莱斯大学（Rice University）的黄士珊（Shih-shan Susan Huang）教授指出，应注意《体象阴阳升降图》，并惠赠论文。笔者谨此致谢！关于此图的讨论，见 Shih-shan Susan Huang. Daoist Imagery of Body and Cosmos, Part 2: Body Worms and Internal Alchemy. Journal of Daoist Studies, 2011（4）：33-64
[9] 元成宗大德八年（1304）三月加封诏曰："上帝眷命皇帝圣旨：武当福地，久属职方，灵应玄天，宜崇封典。……帝室眷命受于天，万年永安乎宗社。思皇多祜，祐我无疆。特加号曰'玄天元圣仁威上帝'。"见：[明]凌云翼. 大岳太和山志. 卷二 历代御制，见：杨立志点校. 明代武当山志二种[M]. 武汉：湖北人民出版社，1999：274

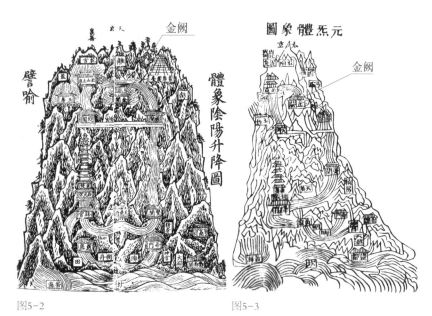

图5-2
图5-3

图5-2 体象阴阳升降图
图5-3 元气体象图

2 适应性技术的应用

明代铸造业的集大成发展首先为铜殿各种构件的铸造提供了技术保障。明代中晚期开始，黄铜取代青铜的流行，也使造铜殿的成本有所降低。

在木构技术方面，以《营造法式》的颁布为重要标志，中国传统木构建筑技术发展至宋代已经成熟。宋室南迁后，南宋以及后来的元代南方建筑更向富丽、精巧、灵活方向发展。同时，在建筑的群体规划方面，由宋至明，寺院建筑布局呈现逐渐规制化的趋势，规划手法逐渐纯熟。寺院建筑群体中，建筑的象征主题和意义能够通过对建筑与环境之形、势的总体安排，以及对建筑群轴线的合理布局等规划手法得以清晰呈现和烘托，从而不必使用大尺度、大体量来体现核心建筑的象征性和重要性。

应用了这样的适应性建筑技术和规划技术，小尺度的、全金属铸造的铜殿于元代出现在武当山天柱峰顶，实现了道教修炼者追求的"金殿"。后来明代的各个铜殿，也延续了这样的技术方向：首先是尺度小、易于实现；更重要的是通过对建筑群与环境的总体规划，烘托出铜殿的象征意义。

在铜殿的建造中，一项关键技术是使用了适应金属材料特性的屋面铸造技术，简化了屋顶结构。这种根据材料特性对建筑形式与构造的探索，是明代多种材料建筑发展的具体反映。这方面的案例还有明代出现的特色建筑无梁殿，把以前用于地下陵墓以及桥梁工程的砖砌拱券用在了地上建筑，并且在立面上用砖来模仿木构建筑的柱、枋、斗栱、檩等。与金属建筑一样，其需解决的问题也包括形式、结构和内部空间的结合方式。实例有明代灵谷寺无梁殿，五台山显通寺的大、小无梁殿，宝华山隆昌寺的无梁殿等。显通寺、隆昌寺无梁殿与铜殿出现在同一寺庙中也并非意外——它们都是当时运用非木材料的技术尝试。

二、追古之创作：武当山元代小铜殿

武当山现有两座铜殿，一座是著名的"太和宫金殿"，为明成祖朱棣敕建；另一座即元代铸造的小铜殿，罕有建筑史学者注意[10]。然而，武当山小铜殿不仅是现存最早的铜建筑，而且很可能是中国历史上的第一座铜殿，具有重要的研究价值。

1 建造与迁置年代

（1）建造年代

小铜殿起初位于武当山群峰之首天柱峰顶，传说中玄帝升天之处。据元《武当福地总真集》：

"大顶天柱峰一名参岭，高万丈，居七十二峰之中，上应三天，当翼轸之次。……至顶，有铜亭一座，亭内香炉一座，玄帝一尊。"[11]

与小铜殿上的铭文相印证，可知其创建于元大德十一年（1307）。铭文还显示：捐资者大多来自湖广行省，也有来自河南江北行省、江西行省和江浙行省的平民信士，还有些常年在"江河往来船"上的信士。

小铜殿正面槅扇上的铭文表明，铜殿由"武昌路梅亭山炉主万王大用造"[12]；鸱尾旁的正脊表面记录了另一位铸造者——"襄阳府西关佃金火匠人阳□易泰"[13]（图12-1，图12-5）。

组织募化活动的是武当山道士米道兴和王道一。

（2）迁置

明永乐十四年（1416）左右，小铜殿被从天柱峰顶移下。这是因为：明成祖朱棣由藩王从北方起兵、南下而夺帝位，为使自己名正言顺，他打出真武大帝助其自北方"靖难"的旗号。因而在登基后，朱棣特别推崇真武信仰，专门斥巨资、派大量人力兴建了武当山道教建筑群以巩固、宣扬其统治的理论基础。单檐悬山顶的小

---

10 元代小铜殿简介见湖北省文物管理处．湖北均县武当山古建筑调查[J]．文物，1959(07): 35。2008年有学者发表论文，对建筑概况、供奉神像的历代封号、铜殿铭文都进行了一定的介绍和研究，参见宋晶．元代武当山玄天上帝铜殿考述[EB/OL]．屏东：玄天上帝信仰文化艺术国际学术研讨会，2008年10月，全文见：http://taoismdata.org/product_info.php?products_id=5232

11 [元]刘道明．武当福地总真集．卷上．中国武当文化丛书编纂委员会编．武当山历代志书集注（一）[M]．武汉：湖北科学技术出版社，2003:6-7

12 笔者录于武当山转运殿，2009年7月10日。全部铭文列于附录一，以资学者进一步研究。铭文分阳文与阴文，其中大部分为阳文，当与构件同时铸成。阴文中，有些是铸件铸好即镌刻的，如铭文18、19、29、30、39、52、55号；有些则是铜殿建好若干年后，为了记录相关工程而镌刻的，如铭文49、51号。

13 转运殿内光线过暗，笔者使用高倍数码照相机配合图像增强软件处理，才勉强辨认出。另一侧鸱尾亦有铭文，然而在笔者的考察条件下已难以辨认。盼当地文物行政管理部门能清晰采集到这两处铭文，并尽早予以公布。

图5-4 位于小莲峰上的转辰殿（转运殿）
图5-5 小铜殿屋顶
图5-6 小铜殿正面

铜殿此时就因规制不够高，而被移到了距天柱峰不远的小莲峰。天柱峰顶则安置一座新的重檐庑殿顶的鎏金铜殿，即武当山太和宫金殿。记载见于明《大岳志略》等文献[14]。

元代小铜殿现位于天柱峰下小莲峰上的转辰殿内部（图5-4，图5-5，图5-6），内供玄武大帝像。转辰殿又称转运殿，概取"转移运送"与"时来运转"之谐音。

另据明《敕建大岳太和山志》，小铜殿在撤置小莲峰前曾于明永乐十一年（1413）修理过[15]。

2 建筑形制

（1）布局

小铜殿原位于天柱峰顶的方石坛中央。据元代朱思本《登武当大顶记》：

（绝顶）"砻石为方坛，东西三十有六尺，南北半之。中冶铜为殿，凡栋梁窗户靡不备，方广七尺五寸，高亦如之。内奉铜像九，中为元武，左右为神父母，又左右为二天帝，侍卫者四。前设铜缸一，铜炉二。缸可成油一斛，燃灯长明；炉一置殿内，一置坛前。四望豁然，汉水环均若衣带，其余数百里间，山川城郭皆仿佛可辨。"[16]

朱思本的登顶日期为"延祐丁巳四月壬寅"（元仁宗延祐四年

---

14 （太和）"宫在天柱峰之上。旧有小铜殿一。永乐十四年（1416年），始撤小殿，改治大殿"见：[明]方升.大岳志略.卷三宫观图述略.中国武当文化丛书编纂委员会编.武当山历代志书集注（一）[M].武汉：湖北科学技术出版社，2003：500. 又见《古今图书集成》："（按太和山志古迹考）古铜殿元时所建，明永乐以规制弗称，撤置小莲峰，今人呼为转辰殿"，见[清]陈梦雷.古今图书集成[M].方舆汇编山川典第一百五十五卷武当部汇考二之一，光绪甲申年（1884年）上海图书集成铅版印书局重印

15 "永乐十一年五月二十有五日，修理大顶铜殿。是日圆光现……"见：[明]任自垣.（宣德六年）敕建大岳太和山志.卷十三录金石第十，见杨立志点校.明代武当山志二种[M].武汉：湖北人民出版社，1999：182

16 [元]朱思本《登武当大顶记》。见朱思本.贞一斋诗文稿，影印宛委别藏清抄本，见《续修四库全书》编纂委员会编.续修四库全书：第1323册[M].上海：上海古籍出版社，1995~1999：594

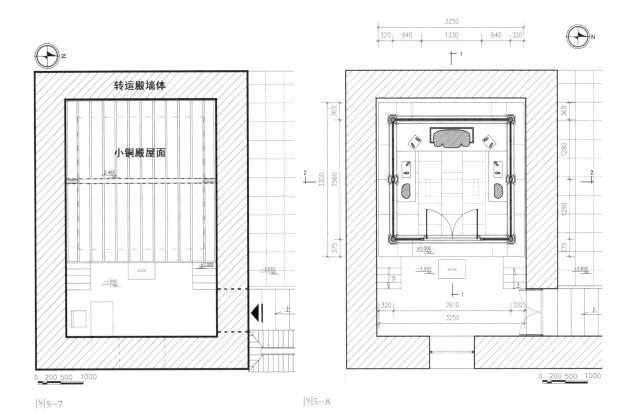

图5-7
图5-8

图5-7 小铜殿与转运殿平面关系
图5-8 小铜殿平面

17 据小铜殿南面最东一块槅扇外皮阴刻:"襄阳府大北门内,坐北面南居住」修真女冠徐志坚」上侍母亲林氏妙益,同兄徐文经、」文信、文口、文郁、」文信、文彬,家眷等喜舍」中统钞壹拾定,结砌」大顶地面石,祈保合家清吉者。」岁次丁巳延佑四年三月日,化缘米道兴、」王道一、」龚道通。"

四月,1317)。天柱峰大顶的地面恰好在一个月前刚刚修葺[17],因此他看到的应当是施工初毕、一派齐整的景象。

现在小铜殿虽然被放在转运殿内,成了殿中之殿(图5-7),但从元、明各种文献的行文来看,均未提到原来在天柱峰顶还有一座别的建筑来容纳小铜殿。因此,小铜殿的原本设计意图,应当就是一座独立的、可供人进入参拜玄帝像的小殿。

(2)形制

小铜殿坐于青石须弥座上,正立面用抱框划分为三间,通面阔2.61米;进深三檩,通进深2.56米。四角柱、两山面中柱落于莲花鼓墩铜柱础上(图5-8)。殿内地面铺青石板。柱础之间铺有青石条,石条上开槽置铜地栿拉结柱脚。柱身截面为四方形讹角,与穿插枋及地栿交接的穿斗节点处不做讹角,仍为方形。

殿内砌砖须弥座供真武大帝,旁为捧剑、执旗与四天君。据朱思本《登武当大顶记》,小铜殿内原供奉有玄帝、神父、神母、二天帝、四侍卫共九尊神像。现在供奉的神像已非元代原状。

小铜殿为穿斗结构,无斗栱,山面三柱均落地(图5-9)。进深三檩,檐檩与随檩枋一体铸造,脊檩与随檩枋一体铸造,落于柱顶端所开卯口之中。檩上无椽,直接承长方形屋面板。山面中柱与

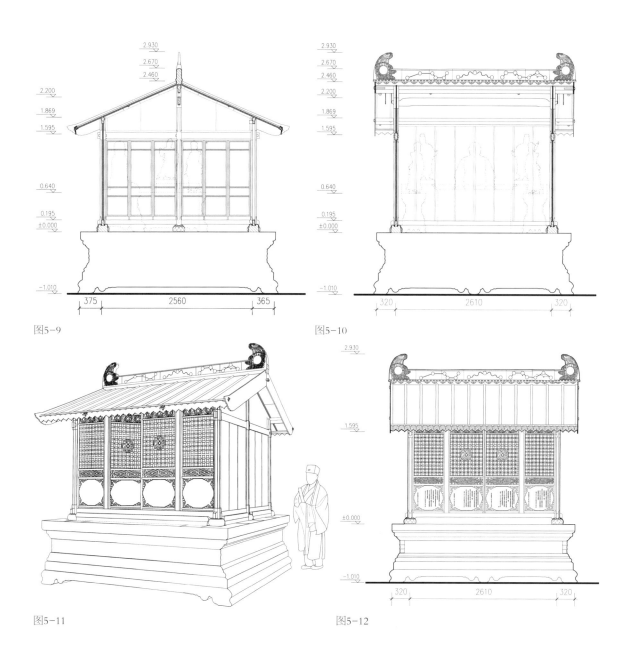

图5-9　小铜殿1-1剖面
图5-10　小铜殿2-2剖面
图5-11　小铜殿透视图
图5-12　小铜殿正立面

前后角柱间各有一段穿插枋，端部穿出柱身，拴以横销。穿插枋上皮与脊檩、屋面板瓦之间形成的三角形用四块梯形铜板封堵，接缝处用金属条贴封，防止漏风。

殿内无天花，两山柱之间用扁作月梁型屋内额拉结，以加强构架的整体联系（图5-10）。

各构件之间的交接未使用焊铸技术，而是榫卯构造。从整体构架来看，小铜殿的柱顶直接承檩，穿插枋和地栿穿过檐柱、山面中柱，穿斗特征明显。一些关键节点如穿插枋穿过檐柱、穿插枋穿过山面中柱之节点，均用横销拴住，防止其受拉或受侧推力时脱榫（图5-11，图11-33）。由于采用了榫卯构造，小铜殿拆卸、运输、组装起来都很方便。

小铜殿正立面中间设两抱框,将立面分为三开间(图5-12)。抱框与两角柱间各装一扇五抹头毬纹格子门,镶嵌于地栿与檐枋之间,不可开启;两抱框之间装一对对开五抹头毬纹格子门。正立面门扇下裙板均为实板,上有捐献者信息的铭文(阳文)。两山面各有六块实面槅扇(无槅心),镶嵌于穿插枋与地栿之间,不可开启;后壁为八块实面槅扇,嵌于檐枋与地栿之间,接缝用金属条贴封。屋顶形式为悬山,出际长度约30厘米。正脊两端有鸱尾,正面阳刻南斗、北斗星宿图案,背面无法看见(图5-12)。

三、天下之范:武当山太和宫金殿

武当山太和宫金殿位于武当山之天柱峰顶,通体镏金,是现存形制最高的铜建筑(图5-13),也是历史上影响最大的一座铜殿。

1 建造背景与过程

传说中,武当山为真武太子修真得道升天之处。真武太子奉上帝之命镇守北方,为北方战神。朱棣由藩王自北方起兵南下夺取帝位,为掩饰这一政治变乱、建立正统,乃宣扬真武自北方助其"靖难",真武信仰于是成为其皇权天授的神学理论依据[18]。因此明成祖朱棣特别推崇真武信仰,自永乐十年(1412)始,专门于北京和武当山兴建宫观对此进行宣扬[19]。

出于重视,朱棣派亲信专门负责指挥这一皇家工程[20]。永乐十六年(1418)武当山宫观建设基本完成,朱棣在《御制大岳太和山道宫之碑》中再次强调了玄天上帝(或称玄帝,即真武大帝)的荫佑:

"肆朕起义兵,靖内难,神辅相左右,风行霆击,其迹甚著。暨即位之初,茂锡景贶,益加炫耀。……朕凤夜祇念,罔以报神之休。……惟武当神之攸栖,肃命臣工,即五龙之东数十里得胜地焉创建玄天玉虚宫。于紫霄、南岩、五龙创建太玄紫霄宫、大圣南岩宫、兴圣五龙宫。又即天柱之顶,冶铜为殿,饰以黄金,范神之像,享祀无极。"[21]

可见,武当山工程是朱棣崇真武、兴武当这一战略的直接产物,而太和宫金殿又是此项工程中登峰造极的工程,意义至为重大。这从明成祖朱棣对金殿工程的数次敕令也可看出——永乐十四年(1416)九月初九日,明成祖敕都督何浚:

---

18 关于真武显灵助朱棣"靖难"的传说故事,多与朱棣的谋臣姚广孝有关,如《荣国姚恭靖公传》:"遣张玉、朱能勒卫士攻克九门,出祭纛,见披发而旌旗者蔽天。成祖顾公曰:'何神?'曰:'向宣言之。吾师,北方之将玄武也。'于是成祖即披发仗剑相应。"见:李贽.续藏书.卷九.见:《续修四库全书》编纂委员会.续修四库全书:第303册[M].上海:上海古籍出版社,1995—1999:193

及高岱《鸿猷录》:"初,成祖屡问姚广孝师期。姚屡言未可。至举兵先一日,曰:'明日午,有天兵应,可也。'及期,众见空中兵甲,其帅玄帝像也。成祖即披发仗剑应之。"见高岱.鸿猷录.卷七.见:续修四库全书:第389册[M].上海:上海古籍出版社,1995—1999:299

又见传维麟.明书.卷一百六十.见:丛书集成新编[M].第119册.台北:新文丰出版公司,1984:462

当代论述见陈学霖."真武神、永乐像"传说溯源[J].故宫学术季刊,1995,12(3):1-32

19 "(敕右正一虚玄子孙碧云)……重惟奉天靖难之初,北极真武玄帝显彰圣灵,始终佑助,感应之妙,难尽形容,怀报之心,孜孜不已。……朕闻武当紫霄宫、五龙宫、南岩宫道场,皆真武显圣之灵境。今欲重建,以伸报本祈福之诚。……永乐十年三月初六日。"[明]任自垣.(宣德六年)敕建大岳太和山志.卷二语副墨第一.见:中国武当文化丛书编纂委员会编.武当山历代志书集注(一)[M].武汉:湖北科学技术出版社,2003:98

"(黄榜)皇帝谕官员军民夫匠人等:武当天下名山,是北极真武玄天上帝修真得道显化去处,历代都有宫观,元末被乱兵焚毁。至我朝,真武阐扬灵化,阴佑国家,福庇生民,十分显应。我自奉天靖难之初,神明显助威灵,感应至多,言说不尽。那时节已发诚心,要就北京建立宫观,因为内难未平,未曾满得我心愿。及即位之初,思想武当正是真武显化去处,即欲兴工创造,为头里创建,报答神恩。……永乐十年七月十一日。"[明]任自垣.(宣德六年)敕建大岳太和山志.卷二语副墨第一.见:武当山历代志书集注(一),页100

20 (永乐十年六月)"戊午,建湖广武当山宫观,命隆平侯张[信]、附马都尉沐昕董其役。"[明]张辅等监修.明太宗实录.卷一百二十九.见:明实录:第8册[M].南港:"中央"研究院历史语言研究所,1962:1597

21 [明]任自垣.(宣德六年)敕建大岳太和山志.卷二语副墨第一.见:武当山历代志书集注(一),页107-111

图5-13
图5-14

图5-13 武当山太和宫金殿正面
图5-14 从南岩宫远眺天柱峰
远处中央山峰有建筑即太和宫

"今命尔护送金殿船只至南京，沿途船只务要小心谨慎。遇天道晴明，风水顺利即行。船上要十分整理清洁。故敕。"续一件："船上务要清洁，不许做饭。"[22]

由此也可得知，金殿是在北京铸成后，将构件装船运至南京，然后再溯长江、汉水而上运至武当山。金殿何时送抵、又是如何运上天柱峰顶组装的，暂无案可稽。据永乐十六年（1418）十一月十一日任自垣上《大岳太和山宫观告成庆贺表》及《庆贺笺》推测，金殿从运输到安装完毕，耗时至多两年[23]。

永乐十七年（1419）明成祖又敕隆平侯张信、驸马都尉沐昕："今大岳太和山大顶，砌造四围墙垣，其山本身分毫不要移动。其墙务在随地势，高则不论丈尺，但人过不去即止。务要坚固壮实，万万年与天地同其久远。"[24]紫金城墙因此修建。

2 建筑形制

（1）布局

现在见到的金顶金殿之面貌与清《古今图书集成》的描述一致："金顶在天柱峰之极顶，因上有金殿故又以金顶名，元时铜殿一座，明成祖以规制弗称，撤置小莲峯，冶铜为殿，饰以黄金，范元帝金像于内。凡侍从供器悉饰以金，后增置铟柱数十株为栏周围护之。顶之东西约九丈，南北约二丈，建殿其上，坐酉面卯，左右

22 [明]任自垣.[宣德六年]敕建大岳太和山志.卷二语副墨第一.见：武当山历代志书集注（一），页104
23 《告成庆贺表碑》见：[明]任自垣.[宣德六年]敕建大岳太和山志.卷十三录金石第十.武当山历代志书集注（一），页340
24 [明]任自垣.[宣德六年]敕建大岳太和山志.卷二语副墨第一.武当山历代志书集注（一），页106

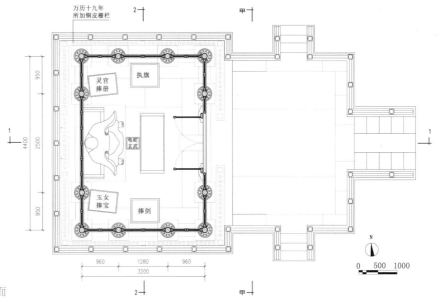

图5-15 武当山太和宫金殿平面

益以飞栈为更衣二小室，殿外为台，台外为槛，槛外为紫金城，立东西南北天门以象天阙。"[25]

紫金城即永乐十七年（1419）敕建之墙垣，将天柱峰环绕。四座天门仅南天门可供通行，其余三门不可开启，仅有门的形象。南天门外为太和宫建筑群，海拔约1552米；南天门内山峰突起，太和宫金殿即位于海拔1612米的峰顶。云烟缭绕之下，紫金城、四天门拱卫下的太和宫金殿营造出天界仙宫金阙的意境（图5-14，另见图8-1）。

天柱峰顶四周崖壁上用方整青石砌平台，平台东西长约16.5米，南北宽约10.2米，装望柱石栏。平台中央为须弥座，上立金殿，殿前为月台。平台东侧（平台入口处）南北各有一铜质小亭，内挂明嘉靖四十二年（1563）所铸之铜钟、铜磬。

（2）形制

天柱峰顶平台中央用暗红色砾屑灰质岩做金殿须弥座台基，通高91厘米，坐西向东。台基上，金殿东面为月台，月台东、南、北三面设台阶，东面台阶五步，正中作斜坡御道；南、北两侧台阶各三步。

金殿坐西朝东，面阔三间，通面阔4.4米；进深七檩，通进深3.2米（轴线距离），山面设四柱，殿内无金柱（图5-15）。铜质覆盆柱础，上有细线阴刻八瓣莲花（图11-15）。

金殿上檐进深五檩，山面四柱落地，明间前后两柱落地，柱径14厘米。下层檐上槛以上依次为小额枋、垫板、大额枋、平板枋。平板枋上承下檐斗栱，外拽七踩单翘重昂，内拽为重翘溜金斗栱。

25 [清] 陈梦雷. 古今图书集成. 方舆汇编山川典第一百五十五卷武当山部汇考二之六，上海：上海图书集成铅版印书局重印，光绪甲申年（1884年）夏. 另可参见第一百五十七卷，明陆铨《武当游记》："（嘉靖乙未五月）……仰见炉烟杂云篆灯耀林，予以此即绝顶矣。从人日未也，此元时旧铜金殿，原在绝顶，因我朝创建金殿，遂移置于此。入殿［太和宫］绕后复上，凡三四折乃至天柱峰绝顶。南北长七丈许，东［西］阔五丈许，中立元帝殿，殿凡三间，每间阔五尺，高可一丈七八尺，榱桷棋桁，制度精巧皆铸铜为质，镀以黄金，前有台阁二丈许，皆徐州花石甃砌。"

"元帝"改自"玄帝"，为避清圣祖玄烨之名讳。

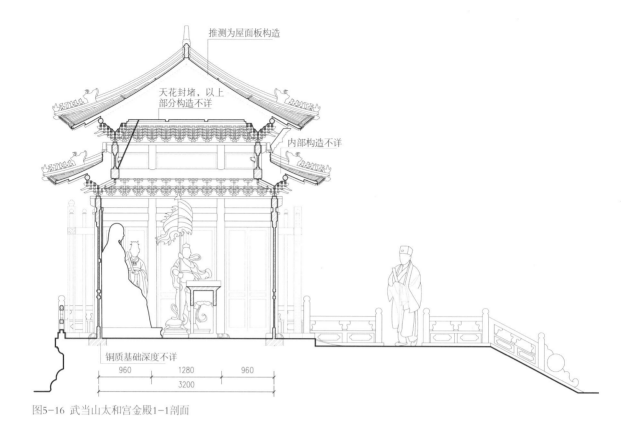

图5-16 武当山太和宫金殿1-1剖面

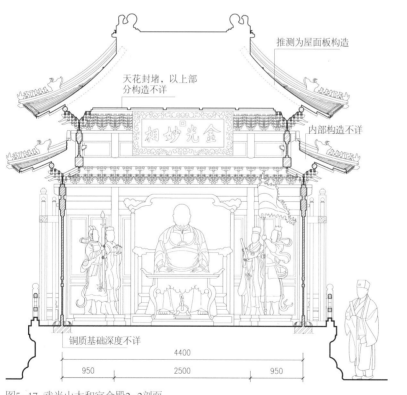

图5-17 武当山太和宫金殿2-2剖面

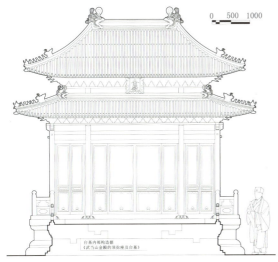
图5-18

图5-19

图5-20

图5-21

图5-22

图5-18 武当山太和宫金殿甲-甲立面
图5-19 武当山太和宫金殿翼角仙人、走兽
图5-20 太和宫金殿吻兽
图5-21 武当山太和宫金殿下檐斗栱
角科、平身科
图5-22 武当山太和宫金殿上檐斗栱
柱头科、平身科、角科

26《湖北建筑集粹：世界文化遗产——武当山古建筑群》一书中发表的太和宫金殿测绘图绘有天花以上梁架，但这部分内容可能为推测绘制的。湖北省建设厅编著. 湖北建筑集粹：世界文化遗产——武当山建古筑群 [M]. 北京：中国建筑工业出版社，2005：138-140

秤杆后尾承柱脚枋，上檐结构的荷载通过柱脚枋落在下檐的一周圈溜金斗栱后尾上，经其传递到下层柱、柱础（图5-16、图5-17）。上檐斗栱里拽上施井口、天花。因天花封堵，其上的内部结构均不可见[26]。

金殿为重檐庑殿顶（图5-18），整座建筑内外通体鎏金。正脊两端装吻兽、剑把。吻兽、脊兽、走兽均为典型的明官式样式（图

5-19、图5-20），唯独仙人样式十分独特，为侧坐于凤背上、手捧笏板，南、北两相对望；凤头亦为相互对望状。这与常见的仙人跨坐凤背的做法相异，似未见于别处。

屋面瓦垄无板瓦，仅有筒瓦的形象，屋面曲线平滑流畅。上、下檐均为瓦当坐中。上檐自正脊至檐口装有三排瓦钉；下檐仅一排瓦钉。暂不能查明瓦钉是否有实际构造功能。

正立面上檐、下檐明间均施十攒平身科斗栱；稍间上檐平身科斗栱二攒，下檐三攒。侧立面上檐、下檐明间均施四攒平身科斗栱；稍间上檐平身科斗栱二攒，下檐三攒。

金殿各立面槅扇均为四抹头，正立面明间四扇，稍间各二扇。背立面与正立面形式相同。侧立面明间、稍间各装二扇槅扇。所有槅扇仅正立面中间两扇可开启。

金殿的檩、梁枋、柱头上俱用细线浅刻纹样以表现建筑彩画。檐椽端头刻火焰宝珠纹，大小额枋上均为明代早期样式的旋子彩画。

万历十九年（1591），云南进香信众捐资造了146根木心铜皮柱，设在槅扇与台基石望柱之间，包围成为一圈铜栅栏，仅于正立面明间加装两扇木门作为入口。铜柱上有细线浅刻莲花纹样，并有铭文记录信众的籍贯、祝语等。铭文显示捐资者绝大多数来自云南；少量来自江西、湖广，可能为客居云南的信众。

（3）斗栱

金殿的斗栱并不仅仅是装饰，而确实承担着结构功能。它们不是每攒独立整体制模浇铸的，而是像木构斗栱一样分件铸造再组装的，但其分件方式不必与木构完全相同。由于金殿的工艺高超精湛，其构件之间的接缝很难用肉眼分辨。

金殿斗栱的形式表现出比较显著的明代早期官式建筑特征，斗口宽22毫米。

金殿下檐施单翘重昂七踩溜金斗栱，逐跳重栱计心。内拽均从二跳跳头开始，施三重秤杆，挑柱脚枋（图5-21~图5-23）。

下檐柱头科斗栱外拽最上一跳不施耍头，做成翘托斗盘、假梁头的形式，假梁头不做桃尖。梁头下各跳昂、翘同宽，均为二斗口。昂、翘逐跳足材，跳头上的瓜栱、万栱均为单材。各栱栱瓣较为明显，为四瓣。斗欹上的弧度明显。各昂均为琴面昂，昂面做扒腮，以影刻形式表现华头子的遗痕。

下檐平身科斗栱与柱头科斗栱形式相同，唯宽度均为一斗口，最上一跳施耍头。

下檐角科施附角栌斗，第一跳瓜栱与小栱头相闹，小栱头上

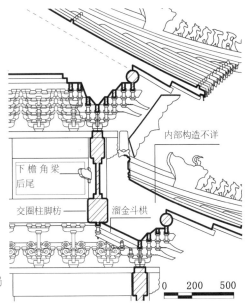

图5-23 武当山太和宫金殿前檐局部剖面

的三才升整体位于第二跳瓜栱里皮,其上瓜栱、厢栱皆为鸳鸯交首栱。角翘上承角昂、由昂、宝瓶、角梁(图5-21)。

上檐平身科施重翘重昂九踩斗栱,外拽逐跳重栱计心。角科第一跳瓜栱亦与小栱头相闹,形成与下檐相同(图5-22)。里拽逐跳为头翘、菊花头、六分头、翘,最上一跳翘承厢栱,上承井口天花(图5-23)。

(4)像设

金殿内部中央为玄帝铜坐像,玄帝脚边置龟蛇同体玄武铜像。左、右分别有捧册灵官、捧宝玉女,以及执旗、捧剑二将铜像(图5-17)。玄帝像尺度较真人稍大,高约1.85米;四位从神像的尺度较真人略小,高约1.5米。各铜像工艺精湛,人物刻画亦具神韵,具有很高的艺术价值。据前揭《敕建大岳太和山志》卷八:"皇上独重其事,冶铜为殿,饰以黄金,范神之像,置于天柱峰之顶。"可见金殿建成时,殿内就配有神像[27]。神像的合金成分亦为黄铜,其成分比例与金殿极相近,很可能就是同一时期的产物。

金殿中的这一组手捧册、宝的雕塑,是对静乐国太子飞升得道神话传说的具象演绎,艺术地展现了真武大帝的传说;同时也暗合人间皇家的册宝制度,提示着人世间的大明皇帝——明成祖朱棣皇位"天授"的正统性与合法性,具有深刻的象征意义。

27 关于这组铜像的年代,又据《敕建大岳太和山志》卷二:"成化九年十一月初一日,钦奉敕谕:差太监陈喜、廖恭、韦恽、刘宾等管送真武圣像二堂,于太和、玉虚二宫安奉。……大岳太和宫金殿内安奉:铜镀范金圣像一堂:真武一尊。从神四尊:灵官一尊、玉女一尊、执旗一尊、捧剑一尊。水火一座。神师十尊:……"[明]任自垣.[宣德六年]敕建大岳太和山志.卷二.武当山历代志书集注(一),页143-144
成化年间安奉的这组神像虽然与现金殿内神像有重合之处,但明显多于现状。类似配置的一堂神像又被送至玉虚宫正殿内安奉。这组神像应当不是现在金殿内这种真人尺度的铜像,而可能是较小尺度的神像。

四、遥应：明万历年间的昆明太和宫铜殿

昆明市东北郊的鸣凤山，历史上先后出现过两座铜殿。它们"制仿武当"，也称为"太和宫金殿"。为了指代方便，本书将明代陈用宾等创建的铜殿称为"陈用宾铜殿"，此铜殿于明末移至宾川鸡足山，毁于"文革"时期；将清代以吴三桂为主要出资人之一，于昆明太和宫原址再建的铜殿称为"吴三桂铜殿"。

1 建造缘起与搬迁

明万历三十年（1602），武当山太和宫金殿建成184年后，云南巡抚陈用宾慕仿武当山太和宫金殿之制，于昆明组织信众冶铜为殿，于1604年建成，亦称"太和宫金殿"。

明万历陈用宾书《建太和宫记铭》记载了铜殿建造的缘起，提到："滇人士……曰：远方冠掖瞻慕圣容，拟稍仿太和规度，冶金为殿，以昭假元穹。积诚已久……。"[28] 这里说云南信众对武当山金殿思慕已久，并非夸大其辞。万历十八年（1590）众多云南昆明信众捐建的武当山太和宫金殿铜栅栏就是明证。陈用宾也深慕武当山太和宫金殿之形式，乃于万历三十年倡导并组织了昆明铜殿的建造项目，万历三十二年（1604）建成立碑。不但铜殿的形制号称仿武当山太和宫金殿，连名称及外围修筑紫禁城的形式也一同仿照，亦称太和宫紫禁城金殿，供奉玄武大帝。

清光绪《历次修盖太和宫碑记》对此有清晰记述：

"前明万历壬寅年[1602]道士徐正元叩请云南巡抚军门陈公用宾会同黔国公沐公昌祚、右都督沐公叡、御史刘公会于是山之巅，仿照湖广武当山七十二峰之中峰修筑紫禁城，冶铜为殿，铸供真武祖师金身。名其宫曰太和，亦仿照武当山中峰宫名也。……清光绪十六年（1890）四月初五日。"[29]

陈用宾铜殿于1637年搬至大理宾川鸡足山，其原因史说不同。清道光、光绪《云南通志》、《云南省昆明县志》[30]、民国《新纂云南通志》均提到"崇祯十年巡按张凤翮移之鸡足山"，但并未说明原因。另一说相传是沐王府为避免"金"克"木"（沐）而将铜殿搬迁的，见《徐霞客游记》滇游日记卷六，但徐霞客本人并不认可此说[31]。

28 "恭惟玄帝天乙之精，乘玄枵当帝座，迹最著于太和、贞观而还，代能遵祀。我成祖文皇帝，穆有退思，式廓其制，千古让隆焉。予尝阅大岳志略，稽首扬言曰：至矣哉，文皇帝神道设教之意乎。及抚滇之九年，滇人士有言于予曰：远方冠掖瞻慕圣容，拟稍仿太和规度，冶金为殿，以昭假元穹。积诚已久，第难其所以为。地子大夫盍谋诸予。闻而喜，喜其知所慕，可以道德齐礼之大机也。易不云乎，圣人以神道设教而天下服。……万历甲辰岁[1604]春壬正月榖旦。"笔者录自《建太和宫记铭》，2006年7月25日。
29 笔者2006年7月31日录自《历次修盖太和宫碑记》
30 "鸣凤山为太和宫，一曰铜瓦寺，范铜为瓦覆寺三楹，环之砖城，规制宏丽。始建于明巡抚陈用宾以祀北极上帝，其后崇正十年[1637]巡按张凤翮移之鸡足山。康熙九年[1669]乃重铸焉。"见：[清]戴絅孙纂. 云南省昆明县志[M]. 卷四. 第二十九页. 台北：成文出版社，1967. 据清光绪二十七年[1901]刊本影印，中国方志丛书第廿九号。
31 [明]徐弘祖. 徐霞客游记[M]. 卷六下，上海：上海古籍出版社，1982. 827. 徐霞客对此说并不认可："张君于万山绝顶兴此巨役，而沐府亦伺其意，移中和山铜殿以致之，盖以在省城东而铜乃西方之属，能克木，故去彼移此。有造流言以阻之者，谓鸡山为丽府之脉，丽江公亦姓木，忌金，将移师鸡山，今先杀其首事僧矣。余在黔闻之，谓其说甚谬。丽北鸡南，闻鸡之脉自丽来，不闻丽自鸡来；姓与地各不相涉，何克之有？"

图5-24 鸡足山金顶寺铜殿照片
1939—1940年间拍摄

图5-25 金顶寺铜殿平面草测图
1939—1940年间绘制

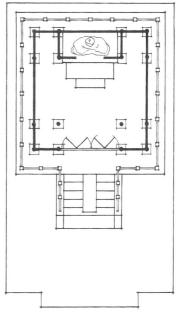

图5-24　　　　　图5-25

32 张曾祺.云南建筑史[M].昆明：云南美术出版社，186。书中记载："1965年秋，我们曾对该铜殿（指搬至鸡足山的铜殿）进行过实地勘测，于铜殿顶部的部分铜瓦上发现有'晋宁善男某某捐瓦一块''富民信女某某捐瓦一块'等铭文，都是昆明附近的人捐献的。"（铜殿）"于1966年'文化大革命'时被人为地破坏了。殿上的构件及梁柱多被作废铜熔化，部分铜瓦流落民间，后来仅在昆明的废铜仓库中找到几扇铜铸的门窗"。

33 "入门即土主庙，此旧土主庙基也。旧迦叶殿在山半。岁丁丑即崇祯十年（1637）张按君谓绝顶不可不奉迦叶，遂捐赀建此，而移土主于殿左。其前之天长阁，则天启七年海盐朱按君所建。后有观风台，亦阁也，为天启初年广东潘按君所建，今易名多宝楼。后又有善雨亭，亦张按君所建。今貌其像于中。后西川倪按君易名西脚蓬庐，语意大含讥讽。殿亭四面，筑城环之，复四面架楼为门：南曰云观，指云南县昔有彩云之异也；东曰日观，则泰山日观之义；北曰雪观，指丽江雪山也；西曰海观，则苍山洱海所也……及至此，而见铜殿具堆积迦叶殿中，止无地以竖，尚候沐府相度，非有阻也。但一城之内，天长以后为河南僧所主，前新建之迦叶殿，又陕西僧所主，以张按君同乡故，沐府亦以铜殿属之，惜铜殿无道气，不免事事参商，非山门之福也。余一入山，即闻河南、陕西二僧名，及抵绝顶，将展，见陕西僧之叔在迦叶殿，遂以行李寄之。其侄明空尚在罗汉壁西来寺。由殿侧入天长阁，盖陕僧以铜殿具支彻迦叶殿后正门，毋令从中出入也。河南僧居多宝楼下，留余晚供。观其意殊愤愤。余于是皆腹诽之。还至土主庙中，寒甚。陕僧爇火供果，为余谈其侄明空前募铜殿事甚悉，今现在西来，可一顾也。余唯唯。"见[明]徐弘祖.徐霞客游记[M].卷六下.上海：上海古籍出版社，1982：827-828

2　建筑形制

据《云南建筑史》，鸡足山金顶寺的铜殿毁于1966年[32]，可惜未登载铜殿的照片或简报。幸而中国营造学社于1939~1940年间对云南、四川等西南诸省进行田野考察时对鸡足山顶的铜殿曾做过简要记录，现留有照片、平面草图各一幅（图5-24，图5-25）。

从照片和测稿看出，陈用宾铜殿为重檐歇山顶，与重檐庑殿顶的武当山金殿在外观、结构、比例、尺度上均不同。可知实际上陈用宾铜殿"仿武当金殿"仿的并不是形制，而是"冶铜为殿"的这种创意。

《徐霞客游记》滇游日记关于鸡足山金顶的记录颇为精彩，可供揣度金顶原来的建筑布局。

日记记叙了崇祯十年（1637）云南巡按张凤翮营建鸡足山及搬迁铜殿的相关事宜，并描述了当时金顶的建筑布局。金顶寺轴线上的建筑依次是庙门（也可能与迦叶殿是同一殿座）、迦叶殿、天长阁、观风台（多宝楼）、善雨亭，四面筑城环绕，各起一楼，称作"云观""日观""雪观""海观"，分别象征彩云之异、泰山日观、丽江雪山及苍山洱海。铜殿此时还未组装，构件堆放在迦叶殿中，将迦叶殿背面的门都堵住了，欲至后面的天长阁只能从殿侧出来[33]。

从前引营造学社照片来看，铜殿当年位置应当就是在1934年建的楞严塔前。笔者对鸡足山金顶寺实地踏查时，金顶现状已与《徐霞客游记》所记大不相同。天长阁、善雨亭均已不存；铜殿曾有基址遗存，但因复建铜殿，已在原铜殿处浇筑混凝土基础，原有铜殿遗迹遂不得见。在笔者探访后的几个月内，又于其上复建完成新铜殿。现轴线上的建筑依次为山门、铜殿、楞严塔、饮光殿、大雄宝殿（图5-26）。

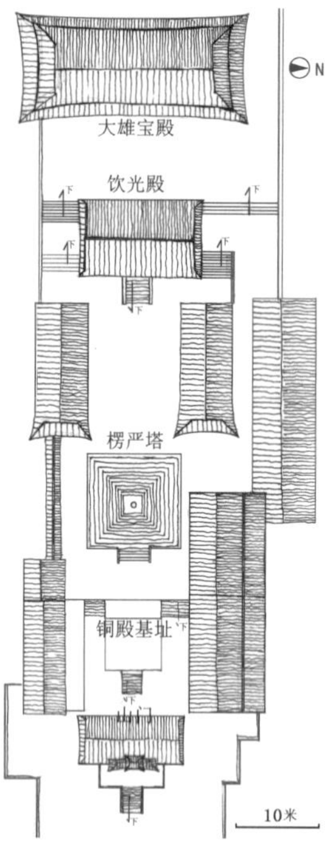

陈用宾铜殿搬走后，昆明鸣凤山太和宫于清康熙十年又建铜殿一座。

五、佛教的追仿：峨眉山、宝华山、五台山的三座佛教铜殿

就在陈用宾于昆明造铜殿以响应武当的同时，佛教界也在考虑金殿的建造。昆明铜殿兴工的同年（1602），峨眉山铜殿开始建造。峨眉山、宝华山、五台山的三座铜殿都是佛教寺院内的铜殿，其工程组织者相同、铸造年代相近，具有很强的关联性。

图5-26 鸡足山金顶寺总平面 2006年

1　三座佛教铜殿的建造背景与过程

峨眉、宝华、五台三座铜殿的倡建者均为明万历年间的禅僧妙峰（1539~1612）。《峨眉山志》《宝华山志》《清凉山志》对妙峰募建铜殿的事迹都有记载，均出自明万历间年高僧憨山大师释德清所作之《妙峰禅师传》。其传信息量很大，现将与铜殿有关段落录出：

（妙峰）"师素愿范渗金三大士像，造铜殿三座送三大名山。己亥春［明万历二十七年，1599］，杖锡潞安，谒沈王。王适造渗金普贤大士送峨嵋。师言铜殿事，王问费几何，师曰每座须万金。王欣然愿造峨嵋者，即具辎重，送师至荆州，听自监制，用取足于王。殿高广丈余，渗金雕镂诸佛菩萨像，精妙绝伦，世所未有。殿成送至峨嵋。

"大中丞霁宇王公抚蜀，闻师至，请见，问心要有契。公即愿助南海者，乃采铜于蜀，就匠氏于荆门。工成载至龙江[34]，时普陀僧力拒之，不果往。遂卜地于南都之华山，奏圣母赐建殿宇安置，遂成一大刹。

"师乃造五台者[35]，所施皆出于民间，未几亦就。乙巳春［明万历三十三年，1605］，师恭送五台，议置台怀显通寺。上闻，请御马监太监王忠，圣母请近侍太监陈儒，各赍帑金往视卜地，于寺建

34 "龙江"即今南京。《峨眉山志》此处记载即为"金陵"，见印光法师编.峨眉山志.卷五.上海：国光印书局，民国二十三年秋月（1934）：第十三页
35《宝华山志》此处为"乃就龙江造峨眉者"，见［清］刘名芳.［乾隆］宝华山志.卷十二.第十页.台北：文海出版社，1975：491

殿安奉。以丙年（应作"丙午"，即万历三十四年）夏五月兴工鼎新创新，以砖垒七处九会大殿，前后六层，周市楼阁，重重耸列，规模壮丽，赐额敕建大护国圣光永明寺。……"[36]

上述史料对三座铜殿的建造缘起、建造地点、捐助人等悉数记录。清《清凉山志》卷六"附录妙峰三名山大士像并铜殿事略"、清《峨眉山志》卷五"历代高僧妙峰"、清《宝华山志》卷十二"妙峰禅师传"所记内容基本相同，但部分细节更丰富。现综合其内容，将要点总结如下：

（1）建造缘起

妙峰禅师从山西至南方朝拜普陀，"因受潮湿，遍身生疥。发愿造渗金文殊、普贤、观音三大士像并铜殿，送五台、峨嵋、普陀，以永供养"[37]。可见三座铜殿建造的缘起是出自妙峰禅师的个人发愿。

三座铜殿虽均属佛教建筑，但其创意亦受启发于武当山太和宫铜殿。据明傅光宅《峨眉山金殿记》：

"宅辛丑[1601]春暮登礼焉，见积雪峰头，寒冰涧底。夜宿绝顶，若闻海涛震撼，宫殿飞行虚空中。梦惊叹曰：是安得以黄金为殿乎？太和真武之神，经所称毗沙门天王者，以金为殿久矣，而况菩萨乎？"[38]

道教真武早就有金殿了，佛教菩萨难道不该有吗？——这虽然不是妙峰禅师本人想法的直接记录，却应能代表不少佛教信众的心声。

（2）建造地点

三座铜殿的所在地与其铸造地点都不一致，都是先分件铸造好再运至各山组装的（图5-27）。

峨眉铜殿、宝华铜殿的铜料采于蜀，却要远送至荆州地区（"荆州""荆门"）铸造，显然是因为湖北、荆州地区冶铸业发达、技术成熟，工匠掌握了铜殿铸造技术，且有两座武当山铜殿先例可以参考。

可见，妙峰三铜殿从创意、技术来看，可能都受到武当山铜殿的影响。

关于宝华铜殿和五台铜殿还有一条史料细节供参证，见生于明天启、崇祯之际的赵吉士所作《寄园寄所寄》：

"万历三十三年八月，金陵旱西门外，见监厂内铜殿一座。询

---

36 [明] 释德清. 憨山老人梦游集. 卷十六. 见：《续修四库全书》编纂委员会. 续修四库全书：1377 册 [M]. 上海：上海古籍出版社. 1995—1999：628-632. 《宝华山志》"丙年"作"丙午"，见 [清] 刘名芳. [乾隆] 宝华山志. 卷十二. 第十页. 台北：文海出版社，1975：491
37 印光法师编. 峨眉山志 [M]. 卷五. 上海：国光印书局，民国二十三年秋月（1934）：第十二页
38 印光法师编. 峨眉山志 [M]. 卷六. 上海：国光印书局，民国二十三年秋月（1934）：第八页

图5-27 妙峰三铜殿铸造地与所在地分布图

之云：是陈太后敕四川造三座，一送峨嵋，二送南海，三送五台。峨嵋已完，此送南海者，因装至京，被抚院阻留在此，恐海上倭寇闻风窥伺难防，徐议请旨。今改送句容华山矣。其殿高一丈六尺，深阔各一丈二尺，周围皆菱花窗格，秀丽可爱。又于本厂内起炉铸一座，送五台，各料将完。匠工俱是川人，问每座价值若干？云三座约费十五万。……（《先曾祖日记》）"[39]

该史料记录的细节未必精确（如"陈太后敕造"及工匠籍贯等），但宝华铜殿曾在南京停留、五台铜殿在南京铸造后送至五台，可与前述史料互相参证，应当可信。

（3）资金来源

峨眉铜殿的铸造资金，据明傅光宅《峨眉山金殿记》：

"妙峰登公，自晋入蜀，携沈王所施数千金，来谋于制府济南王公。委官易铜于鄠都石柱等处，内枢丘公复捐资助之。"[40]

以及王毓宗《大峨山新建铜殿记》：

"沈王殿下……闻登公是愿，乃捐数千金，括据经始，为国祝厘。会大司马王公节镇来蜀，……乃与税监丘公，各捐资以助其经费。已，中使衔命，奉宣慈旨，赐尚方金钱，葺置楚修常住若干。"[41]

可知峨眉山铜殿的资金，一部分为沈王（朱珵尧，万历十二年

[39] [清] 赵吉士辑. 寄园寄所寄. 卷六. 见《续修四库全书》编纂委员会. 续修四库全书：第1196册[M]. 上海：上海古籍出版社, 1995—1999：686
[40] 印光法师编. 峨眉山志[M]. 卷六. 上海：国光印书局, 民国二十三年秋月（1934）：第八页
[41] 印光法师编. 峨眉山志[M]. 卷六. 上海：国光印书局, 民国二十三年秋月（1934）：第七页

袭封，崇祯六年薨）、王霁宇（王象乾，万历二十九年以后任兵部左侍郎，总督四川、湖广军务）、税监等官员的捐助。万历皇帝的母亲慈圣太后（李太后）的赏赐则主要用于铜殿造好后，置办一些配套的"焚修常住"设施。

但从峨眉山铜殿仅存的一块槅扇上记录的铭文来看，该槅扇的捐建者来自山东。其分省记录的格式与五台山铜殿中的铭文记录相似，推测其他槅扇上应当也曾有其他省份的捐建记录。因此除了上述几位显贵外，峨眉山铜殿应当也集合了全国多省份信众的资金。宝华山铜殿的资金来源也应与此情况类似，铜殿铸好后"圣母赐建殿宇安置，遂成一大刹"。

五台山铜殿的铸造资金，"所施皆出于民间"，铜殿铸好后"圣母请近侍太监陈儒，各赉帑金往视卜地，于寺建殿安奉"。

可见，妙峰禅师募化三座铜殿的资金来源各有不同，但相同点在于建好后都有万历皇帝或其生母慈圣太后赐金安置一些配套殿宇和设施。三座铜殿本身虽非敕建，却也因此有了一层皇家背景。

（一）峨眉山铜殿

1 峨眉铜殿建、毁年代

峨眉铜殿建造年代明确，据明傅光宅《峨眉山金殿记》：

"妙峰登公，自晋入蜀，携沈王所施数千金，来谋于制府济南王公。委官易铜于鄂都、石柱等处，内枢丘公复捐资助之。始于壬寅［明万历三十年，1602］之春，成于癸卯［万历三十一年，1603］之秋。"[42]

铜殿现已不存，据清江锡龄所著《峨眉山行纪》记载，毁于清咸丰十年（1860）的火灾[43]。

现在峨眉山金顶的金殿是2004年重建的，形制已与原铜殿无关。但其内部保存有王毓宗《大峨山新建铜殿记》、傅光宅《峨眉山金殿记》铜碑，和一块仅存的铜槅扇，是研究峨眉山铜殿的重要文物。

2 峨眉铜殿建筑形制考

（1）方志记载

《古今图书集成》：

---

42 印光法师编.峨眉山志[M].卷六.上海：国光印书局，民国二十三年秋月（1934）：第八页

43 "楞严阁灾，延烧铜、锡、渗金三殿皆毁"。见：[清]江锡龄.峨眉山行纪.清同治十年刻本.转引自熊锋.峨眉山华严铜塔铸造年代初探[J].四川文物，2006（5）：92

图5-28 《峨眉山志》峨眉总图局部（金顶部分）

"光相寺在大峨峰顶，相传汉明帝时建，名普光殿，其改名光相当在唐宋时也。明初洪武遣僧宝昙重修，是以铁为瓦，明末倾圮，今俱重修。由此而下为天王殿，殿后左右祖师龙神二堂，正中锡瓦普贤殿，又为铜瓦殿，僧别传开建。殿后有坊曰扣参历井坊，旁有井络泉。由此左上为藏经阁，有旧颁龙藏。自楼左向后层梯而上峰顶，为渗金小殿，一名永明华藏寺。殿左右有小铜塔四座，万历年间寺僧妙峰至滇募铸，明沈土〔王〕亦捐金助修。殿瓦柱门槛窗壁皆铜为之而渗金，广一丈四尺五寸，深一丈三尺五寸，高二丈五尺。中安愿王像驾，四壁万佛围绕，门阴刻全蜀山川形胜，水陆程途一览了然。"[44]

清《峨眉山志》卷一：

"金殿之瓦柱门槛窗壁皆铜为之而渗金。高二丈五尺，广一丈四尺四寸，深一丈三尺五寸。中设普贤菩萨像，旁列万佛。门阴刻全蜀山川程途，明沈王捐造。"[45]

又据《峨眉山志》卷三：

"有渗金铜殿，沈王捐巨万金新建者。高二丈五尺，广一丈四尺五寸，深一丈三尺五寸。上为重檐雕甍，环以绣栊琐窗。中坐大士，傍绕万佛。门枋空处镂饰云栈剑阁之险及入山道路逶迤曲折之状，制极工丽。傍列铜窣堵波三，高下不等。此皆背岳向西，以晒经山为正对。铜殿右则铁瓦殿，古名光相寺。"[46]

综上，史料记载的峨眉山铜殿为重檐，坐东向西，四壁雕镂万佛及"全蜀山川形胜水陆程途"（图5-28）。铜殿的尺寸应以铜

[44]〔清〕陈梦雷. 古今图书集成[M]. 方舆汇编山川典第一百七十三卷峨眉山部汇考之九，上海：上海图书集成铅版印书局，1884. 此处应当是辑自蒋超.〔康熙〕峨眉山志卷二第二十二页，卷三第一、二页，见故宫珍本丛刊[M]：第268册，海口：海南出版社，2001：47，50
[45] 印光法师编. 峨眉山志[M]. 卷一. 上海：国光印书局，民国二十三年秋月（1934）：第十三页
[46] 印光法师编. 峨眉山志[M]. 卷三. 上海：国光印书局，民国二十三年秋月（1934）：第二十一页

碑上刻明傅光宅之《峨眉山金殿记》所记为准,"殿广一丈四尺四寸,深一丈三尺五寸,高二丈五尺"。

(2) 西人游记

除前述方志、铜碑记载外,19世纪末20世纪初西方探险家、传教士在中国西部旅行时,有不少到过峨眉山,留下了一些关于铜殿遗构的文字记录甚至照片。他们见到铜殿的时候,铜殿已经毁坏,但从废墟中仍可读出一些信息。现择其重要者翻译录出。

最早对峨眉铜殿进行描述的可能是英国领事官巴伯(Edward Colborne Baber,中文名贝德禄)。在1882年发表的《中国西部旅行与研究》(《华西旅行考查记》)中,他描述:

"(在山顶)首先调查的是一座青铜殿,它无比神圣,曾多次遭到雷击。我曾一直以为它是一系列被雷火毁掉的建筑中的最后一座幸存者,但我只看到了它的废墟。最后一次遭雷是在1819年,此后就再未修复。……现在金属构件在金顶堆成一堆,里面有柱子、梁、板、瓦,全都由上好的青铜制成。柱子有9英尺长,直径8英寸,壁厚不到1英寸,显然是空心的。我能找到的唯一一根完整的梁是一个15英尺长,9英寸宽,4英寸厚的空心梁,壁厚与柱子差不多。通过裂痕将碎片粗略复原统计,板大约一共有46块,每块平均5英尺乘1尺7英寸大小,厚约1英寸,但它们的框架要厚一些。而且不知什么原因,它们边缘嵌有铁片。板上装饰精美,有坐佛、花卉、卷草、六边形藤蔓,以及各种变体。瓦片也由青铜制,表现的是普通传统瓦的样子,但是有两倍大。除此之外,还有几百块铁瓦堆在一起。还有许多构件堆放在那,比如插槽、柱头、弯角、瓦当和装饰性零件等等。尽管师傅并不阻止信众把它们拿走,但也没人把它们带下山,因为实在都太沉了。

"很难推测这个建筑本来的大小和样式,因为还有不知多少板和梁埋在那堆瓦下面。师傅告诉我,从外边看铜殿有两层,内部高19英尺5英寸,进深相同,面阔26英尺。如果是这样,那就不是万历皇帝建的那座了。因为那座高6尺半、宽32英寸,有基座及碑首的华美铜碑记载,铜殿应该是25尺高,14.5尺宽,13.5尺深,建于1603年。"[47]

应注意,这里除了最后直接录自铜碑的铜殿尺寸外,其余尺、寸均为英制。

美国人哈特(Virgil C. Hart)于1887年访问了峨眉山,他在《中国西部:佛教胜地峨眉山之旅》(《华西:峨眉旅行记》)中描述:

"在最高处,数年前还曾有座青铜殿,一直是中国西部甚至

---

47 笔者译自 Edward C. Baber. Travels and researches in western China. London: John Murray, 1882 : 140

整个帝国的骄傲。因为它是由来自十三省的官员们每人出五十两银子、五两银子这样捐建而来的。它是一个所罗门神殿式的作品——不大却昂贵,浓缩了一国之最高技术、艺术。这个独特的构筑物约16英尺见方——大略如此——30英尺高,三层。现在除了极少几块门和板被安至新殿内,其余扭曲、破损的构件堆成了一堆。但即便成了废墟,其精美和庄严仍震撼着观者。铜殿外部原有覆盖的木构建筑曾两次失火,一次被雷击。从基础到最高处的宝顶,这座铜殿完全由纯青铜和纯金建造。料想它完好的时候,一定是古往今来最耀眼的丰碑。

"这座青铜殿的壁上铸有万佛,而且装了金;没有万佛装饰之处则有中国作者[指傅光宅]提到的花卉装饰。……铜殿于咸丰年间毁于火灾。"[48]

英国皇家地理学会会员立德(Archibald John Little)在1901年发表的《峨眉山及峨眉山那边:藏边旅行记》中写道:

"不管怎样,铜殿已经不存,但还有些碎片放在金顶背后的岩石上。它们的体量和工艺令我们称奇,从照片中可以看到我们成功拍到的一些零件。像其他中国建筑一样,虽然这个铜殿完全由青铜建成,却是仿照一般木构建筑而来——围护作用的槅扇嵌到榫卯结构的框架中。这些槅扇的大小和形状与中国民居中冬天装在客堂南面或院落那面的普通折叠门扇一样。槅扇下部装饰着山楂、玫瑰、桃花等浮雕纹样,并用凿子作精细的修饰处理。槅扇上部图案仿照窗格,也就是常贴窗纸的那部分。其他槅扇则完全用佛像浮雕覆盖。青铜瓦片与普通陶制筒瓦一样大,屋顶角部用张嘴的龙代替了角兽。铜殿在成都(省会)铸造,能将它们运上山简直是个奇迹。据我判断,许多碎片重达半吨。虽然已经有四百多年历史了,这些构件仍然光亮如新,雕工精准得就像昨天才造的一样。"[49]

该书不仅有铜殿的记录,而且还留有一张宝贵的铜殿照片(图5-29)。从中可以看见堆积的铜殿构件遗存,与五台山铜殿对比可知它们的形制、尺度均极为相似。

英国人庄士敦(Reginald Fleming Johnston,曾任溥仪帝师)在1908年发表的《从北京到曼德勒:自华北穿过四川藏区和云南到缅甸的旅行》中引用了一张峨眉山图,从图中诗句"昔唐圆觉成此地,大清又成活普贤"判断,此图绘制时间应为清代或更晚[50]。图中最高处的金顶,表现的应当就是峨眉铜殿。四坡盝顶,面阔、进深均为三间。其屋顶形式未必准确表达,但至少能看出铜殿是一座三

48 笔者译自 Virgil C. Hart. Western China: a journey to the great Buddhist centre of Mount Omei. Boston: Ticknor and Company, 1888. 240–245
49 笔者译自 Archibald J. Little. Mount Omi and Beyond: A Record of Travel on the Thibetan Border. London: William Heinemann, 1901. 88–89
50 加泰罗尼亚地图学会(Institut Cart Cartogràfic I Geològic de Catalunya)网上数据库收录有一张此图的抄本,年代记为1821年,原图尺寸87厘米×50厘米。虽然抄本质量逊于本书所引图,但扫描质量较优,可参见 http://cartotecadigital.icc.cat/

图5-29

图5-30

图5-29 立德1901年发表的峨眉铜殿构件遗存照片
图5-30 庄士敦收集的峨眉山图中的铜殿

开间的二层楼阁（图5-30）。

几位西方旅行者看到的情形大抵相同，然而由于不是专业建筑师，他们对建筑的具体描述未必准确。要点如下：

第一，他们多称峨眉山铜殿为"青铜殿（bronze hall）"。这是笼统的称呼，实际上残件经XRF分析为黄铜铸造，并非青铜。

第二，铜殿的柱、梁据巴伯描述，都是空心的，壁厚约1英寸（25.4毫米）。这一信息很重要——因为如果不将铜殿落架，现在很难观察到构件的内部情况。

第三，铜殿原状的尺寸均系耳闻而来，应以铜碑所记为准。从图5-29来看，画面右侧上方的表面呈瓦垄形的板，应当是铜殿的铜质屋面板，所以铜殿应当没有单个铸造的铜瓦。巴伯和立德文中描述的铜瓦以及堆放的铁瓦，估计是《古今图书集成》所言之铜瓦殿、铁瓦殿的瓦。

第四，巴伯、立德记录的铸造年代、烧毁年代均不准确。年代仍以本书考证的为信。

第五，他们均对铜殿的华丽外观与精细工艺大加赞叹，认为是中国的建筑奇观。

（3）建筑遗存

峨眉山金顶保存有一块峨眉铜殿的槅扇，峨眉山博物馆保存有一截铜板。这是目前能找到的仅存的两件峨眉铜殿遗存。

槅扇封闭于玻璃罩中展示，无法精确测量。其高约1940毫米，宽约520毫米，边梃厚约45毫米。正面为四抹头槅扇、六边形棂子，

图5-31　　　　　　　　　　　　　　图5-32

绦环板上饰凤凰牡丹；裙板图案分内外两圈，外圈为卷草，内圈为鲤鱼跃龙门图案。与五台铜殿下檐槅扇对比，可知其尺寸相同，装饰题材相同，纹样相近，显然具有很强的相关性。背面分上下两段，上段为八列十一行坐佛浮雕；下段阴刻来自山东的捐建人名录（图5-31）。背面的构图形式也与五台铜殿槅扇相同。

　　铜板宽280毫米，高180毫米，厚18毫米，重7.3千克，正面铸两排共8个坐佛像，背面粗糙，显然不是看面。铜板上、下、右三面比较齐整，左侧为不规则断面，推测是一块左右方向长的板。以五台山铜殿为参照，推测这块铜板可能来自位于下檐承椽枋之上的垫板。该垫板朝室内的一面有两排佛像，而朝室外的一面被平座栏杆遮挡，故不必做成光滑看面（图5-32）。

图5-31 峨眉山铜殿槅扇正面、背面、正面槅心大样
图5-32 峨眉山铜殿遗存铜板

（二）宝华山铜殿

1　宝华铜殿建、毁年代

据清王棨《华山铜殿考》：

"华山铜殿奉敕于明万历三十一年癸卯冬[1603]，明年甲辰[万历三十二年，1604]妙峰登公乃出鼓铸。"

并举实物证据：

"山寺藏柜况复藏有万历三十一年十二月督税御马监邱为登公建殿给牌，纸墨犹新。"[51]

清乾隆《宝华山志》卷三：

"铜殿：由大雄宝殿右上。殿高二丈三尺，阔一丈五尺，深一丈三尺五寸，梁栋栌楯窗瓦屏楹悉范铜为之。明万历三十三年

51 [清]刘名芳.[乾隆]宝华山志. 卷十三. 第六页. 台北：文海出版社，1975：531

［1605年］释妙峰奏请创建，上与太后各赐金钱以助其成。"[52]

《句容金石记》录有明焦竑《勅建宝华山护国圣化隆昌寺观音菩萨铜殿碑》、明黄汝亨《勅建宝华山护国圣化隆昌寺碑》，题于万历乙卯（万历四十三年，1615）冬。但所述事迹均为万历三十三年（1605）：

"岁在乙巳，厥运斯新，乃有妙峰登师液铜为殿，驻锡金陵。师为峨嵋、清凉、补陀三山发愿造三铜殿以往。有士大夫谓补陀薄南海，出没岛夷，侈名启寇，不可。于是留其一金陵，诸大刹皆愿选地以奉，师总其地而卜之，曰归华山，三卜三吉。于是普照徒子明慧率诸眷属，以庵基山场约百余亩献，请师置殿。聿建梵刹供众丛林，南内诸监同为证明，于佛诞日［四月初八］安置兹殿。"[53]

前引《寄园寄所寄》提到万历三十三年（1605）八月，宝华铜殿仍在南京旱西门外监厂内。综合考虑上述史料，宝华铜殿应造于万历三十二至三十三年，于万历三十四年（1606）四月正式安放宝华山隆昌寺。

宝华山隆昌寺的兴盛与铜殿有关——正因为迎来铜殿，隆昌寺才得以兴盛[54]。

宝华铜殿现已不存，具体毁坏时间不详。据清陈作霖《可园诗存》中《游宝华山遇雨》的诗句"铜殿虽煅余瓦片，古时翠锈犹斓斑"，可知铜殿至迟于清宣统元年（1909）已经不存，可能是遭火灾而毁[55]。

丹麦建筑师艾术华（Johannes Prip-Moller）1929—1933年间在中国旅行考察，作《中原佛寺图考》，其中对宝华山隆昌寺（慧居寺）的建筑、历史和宗教生活有详细的考察。他提到铜殿毁于太平天国时期，但并未说明证出何处[56]。

2 宝华铜殿建筑形制考

（1）布局

隆昌寺寺院南侧山势环抱，北侧为较为平坦的山谷，因此整座寺院以北向为主要朝向。寺院没有形成一条纵深的长轴线，而主要以几个庭院为单位组织布局（图5-33）。铜殿位于寺院的深处，通过轴线转折的处理，朝向为坐东朝西。铜殿前有月台，左右两旁各有一座二层砖砌无梁殿，与铜殿是同时期修建的（图5-34）。

---

[52]［清］刘名芳.［乾隆］宝华山志.卷三建置.第一页.台北：文海出版社，1975.99。关于宝华铜殿的建造缘起，王士祯《游宝华山记》说因慈圣李太后梦见满山莲花，寻得宝华山，故敕建铜殿。清王棨《华山铜殿考》对此说予以了批驳，详见《宝华山志》卷十三，第四页。

[53]《句容金石记》卷九.第二十三页.见：石刻史料新编第二辑[M].第9册.台北：新文丰出版公司，1979：6567

[54] 正如《宝华山志》开篇所言："寺宇：旧志先及山门，为志所入者也。是编先志铜殿，重伊始也。盖兹山先有铜殿而后有寺宇。"［清］刘名芳.［乾隆］宝华山志.凡例.第一页.台北：文海出版社，1975：26

[55]［清］陈作霖《可园诗存》卷二十七"蠹窠草上"，第五页，起宣统乙酉五月迄庚戌五月止，清宣统元年刻增修本。见续修四库全书：第1569册[M].上海：上海古籍出版社，1995—1999：635

[56] J. Prip-Moller. Chinese Buddhist Monasteries: Their Plan and Its Function as a Setting for Buddhist Monastic Lifes. Hongkong: Hong Kong University Press, 1967：254

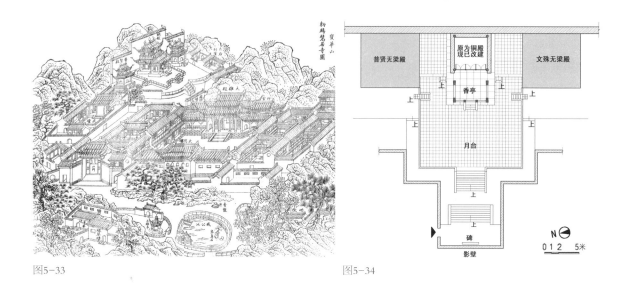

图5-33

图5-34

图5-33 《宝华山志》中的隆昌寺图
铜殿在画面左上方

图5-34 宝华山隆昌寺铜殿周边现状平面图

（2）形制

据《宝华山志》卷三：

"铜殿：由大雄宝殿右上。殿高二丈三尺，阔一丈五尺，深一丈三尺五寸，梁栋栌栱窗瓦屏楹悉范铜为之。"

"石香亭：在铜殿前高一丈六尺五寸，阔一丈六尺三寸，深一丈四尺，康熙二十八年[1689]释定庵建。"[57]

据释德基《重新铜殿香亭石台记》，铜殿前的石台亦为隆昌寺清代住持释德基（即释定庵）重修。

艾术华1930年左右考察隆昌寺时，见到铜殿原址上所立的已经是一座简单的砖木结构方亭了[58]。铜殿虽然不存，但这座砖木建筑却仍被称作"铜殿"，用以指代从前的那座铜殿。铜殿前石香亭、月台、左右无梁殿均经近年修缮，现场勘测尺寸与史料所记相比略有差异，但格局与《宝华山志》卷一山图所画基本相同。

《宝华山志》山图中可见铜殿形象（图5-35）。志图所表现之建筑形象虽不可能完全写实，但大体意象应与实际相近（图5-36）。图中描绘的铜殿为两层歇山楼阁形式，有脊刹。铜殿二层平座上有外檐周围廊，正身面阔方向宽六个槅扇，进深方向比面阔略小；铜殿一层也表现出有外檐周围廊，面阔、进深比二层略大。但考虑到图中将铜殿左右两侧本没有檐柱的无梁殿也表现出了外檐周围廊，因此铜殿下檐是否有周围廊值得怀疑。内部装修由王士禛《游宝华山记》可知："四壁皆刻画如来诸菩萨帝释天人相，穷极庄严"[59]。紧贴铜殿之前的石香亭为康熙年间加建，提供烧香礼拜的空间。

57 [清]刘名芳.[乾隆]宝华山志.卷三建置.第一页,第七页.台北：文海出版社,1975：99,112

58 J. Prip-Moller. Chinese Buddhist Monasteries: Their Plan and Its Function as a Setting for Buddhist Monastic Lifes. Hongkong: Hong Kong University Press, 1967：254

59 [清]刘名芳.[乾隆]宝华山志.卷九.第十四页.台北：文海出版社,1975：381

图5-35 《宝华山志》中的隆昌寺铜殿图
图5-36 隆昌寺铜殿现状 2006年12月

关于宝华铜殿的遗存，艾术华在《中原佛寺图考》中提到：

"有一块107 cm×25 cm的铜板嵌在这座小殿的后墙上，但是被神台挡住了，所以几乎不可能看见，更别说拍照了。铜板上共有32个高浮雕坐佛，水平排成两排。"[60]

从尺寸和佛像排列方式来看，这应当是一块横向的板，对照五台山铜殿，推测它可能是额枋的一段。笔者在现场调研时未见到这块铜板。

（三）五台山铜殿

1 五台铜殿建造年代

隆昌寺铜殿安奉完成后，妙峰禅师在南京造五台铜殿，于万历三十三年（1605）造成送五台山；万历三十四年（1606）五台山显

---

60 笔者译自 J. Prip-Moller. Chinese Buddhist Monasteries: Their Plan and Its Function as a Setting for Buddhist Monastic Lifes. Hongkong: Hong Kong University Press, 1967：254

通寺兴工造道场，迎奉铜殿[61]；而据五台铜殿正脊下皮铭文"明万历三十五年岁次丁未六月十六日未时吉旦，赐紫沙门福登、钦依赐紫皇坛讲经沙门法须，全立"，可知五台铜殿于万历三十三年造成，等到万历三十五年（1607）永明寺（显通寺）配套设施全部建成才正式安奉（福登即妙峰禅师）。

捐建者的铭文集中刻在五台铜殿下檐槅扇内壁的下半段，分省（布政使司）排列。依人数的多少，每个省占两块至三块槅扇。抱框、下槛、柱子上也刻有零星的捐建记录。

2　五台铜殿建筑形制考

五台铜殿是三座铜殿中唯一留存至今的实例，现将三座铜殿的史料尺寸、实测尺寸综合列表如下：

表5-1　妙峰三铜殿对比表

铜殿	地点	建造年代	铸造地	建筑形式	装修雕饰	面阔（米）	进深（米）	高度（米）	图片
峨眉铜殿	峨眉山金顶	始建于明万历三十年春，三十一年秋建成(1602—1603)	荆州	重檐。槅扇形式与五台铜殿相同	中安愿王像驾，四壁万佛围绕，门阴刻全蜀山川形胜、水陆程途，一览了然	4.572（14.4尺）据《峨眉山志》	4.286（13.5尺）据《峨眉山志》	7.938（25尺）据《峨眉山志》	
宝华铜殿	宝华山隆昌寺	明万历三十二年至三十四年（1604—1606）	荆门	二层歇山顶楼阁	四壁皆刻画如来诸菩萨帝释天人相	4.763（15尺）据《宝华山志》	4.286（13.5尺）据《宝华山志》	7.303（23尺）据《宝华山志》	
五台铜殿	五台山显通寺	明万历三十三年至三十五年（1605—1607）	龙江（金陵）	二层歇山顶楼阁	内壁及梁、枋表面皆刻画万佛环绕	4.600（14.5尺）	4.200（13.2尺）	龙吻上皮7.370(23.2尺)含脊刹高7.720（24.3尺）	

★说明：本表按1明尺=0.3175米换算[62]

---

61 ［明］释德清.憨山老人梦游集.卷十六.见《续修四库全书》编纂委员会.续修四库全书：1377册[M].上海：上海古籍出版社.1995—1999：628-632及［清］刘名芳.[乾隆]宝华山志.卷十二.第十页.台北：文海出版社，1975：491。
62 关于明清尺长多有讨论，本书所用明尺长据郭华瑜.明代官式建筑大木作[M].南京：东南大学出版社，2005：127

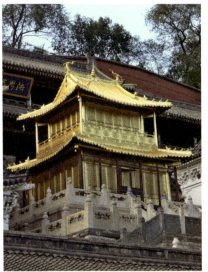

图5-37

图5-38

图5-37 五台山显通寺铜殿、无梁殿与铜塔
2009年7月

图5-38 五台山铜殿西面、南面

据上表可见：三座铜殿的尺寸基本相同，五台铜殿与《宝华山志》中的铜殿图在形象上也颇为相似。除却测量误差及方志对数字记录的粗略性，三座铜殿的规模、尺寸几可视作相同，且皆为二层楼阁，内壁亦均饰万佛浮雕。峨眉、宝华铜殿皆由妙峰禅师在荆州地区（"荆州"亦可能泛指湖北）监造。五台山铜殿虽在南京铸造，但因宝华山铜殿分件铸好载至南京等待安装，推测当时应有工匠跟随至现场组装，这样，于宝华山铜殿安装的同年（1605年），妙峰禅师才能"乃就龙江造五台者""未几亦就"。可见，三座铜殿都出自妙峰禅师监造，工匠则可能都来自湖北地区。前揭《寄园寄所记》言"匠工俱是川人"，此说未必准确，但至少表明工匠不是南京本地人。

但另据五台山铜殿铭文655号："铸造金殿金塔匠信官刘元春，系陕西西安府泾阳县石桥里人。"此记载确凿，与前述推测有所抵牾，应以铭文记录为准。综合考虑，笔者推测刘元春虽然是西安泾阳县人，但他的团队可能当时在湖北活动。

三座铜殿的规模尺寸、形式、技术都相同，因此通过分析现仅存的五台山显通寺铜殿，我们应当也能觅见其余两座的特点。

（1）布局

五台山显通寺铜殿坐北朝南，是寺庙中轴线上的倒数第二座建筑，位于千钵文殊殿后的高台上（图5-37、图5-38，另见图8-16）。铜殿东西两侧平台上各有砖砌无梁殿一座，为安奉铜殿时配套建造[63]。铜殿前原有铜塔五座，形态各异。

63 对比宝华山隆昌寺之无梁殿形式，及太原双塔寺无梁殿、蒲州万固寺无梁殿等，可知无梁殿这一建筑形式为妙峰禅师习用之元素，详见第12章。关于无梁殿，亦可参见龚恺. 明代无梁殿[D]. 南京：南京工学院建筑系，1987：33

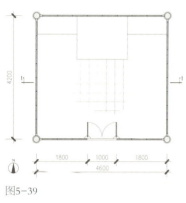

图5-39　五台山显通寺铜殿平面
图5-40　五台山显通寺铜殿内部梁架

图5-39　　　　　图5-40

表5-2　妙峰三铜殿布局比较

	配套无梁殿	铜塔配列	建筑朝向
峨眉山铜殿	无	√	坐东朝西
宝华山铜殿	√	无	坐东朝西
五台山铜殿	√	√	坐北朝南

表5-2表现出一个有趣的现象：从布局上看，三座铜殿中每两座铜殿均表现出某一方面的相同性。如宝华山铜殿、五台山铜殿均有左右配套砖无梁殿；峨眉山铜殿与五台山铜殿均有配套铜塔；峨眉山铜殿与宝华山铜殿朝向相同，均为坐东向西。从中亦可看出三座铜殿的相互关联性和一致性。

（2）形制

五台山铜殿平面共四柱，面阔4.6米，进深4.2米。面阔、进深方向各八扇槅扇，仅前檐中央两扇可开启（图5-39）。柱径21.5厘米，立于覆盆蟠龙纹铜质柱础上。室内供奉文殊菩萨铜像。

五台山铜殿为二层楼阁，上檐进深五檩。底层门扇以上依次为额枋、平板枋、垫板、檐檩（图5-41，图5-42）。二层结构通过抹角梁上坐上檐柱的形式得以实现。上檐柱顶再施抹角梁承采步金，实现上檐歇山构造（图5-40，图5-41）。上、下檐均无斗栱，下层出檐通过递角梁承挑檐檩实现，上层出檐通过擎檐柱承挑檐檩实现。

从外观来看，五台山铜殿为歇山顶二层楼阁。下层屋面上四角立擎檐柱，其间用栏杆、栏板相连，形成平座外观，造成了有二层周围廊的假象，实际内部并无两层（图5-42）。

五台山铜殿下层屋面滴水坐中，上层屋面瓦当坐中，歇山收山值约为一檩径。上、下檐额枋上垫板外壁均隐刻斗栱图案，下檐为一斗五升、上檐为一斗二升形式（图5-43）。

上、下两层共56块槅扇，槅扇外壁铸有各种图案和花卉鸟兽

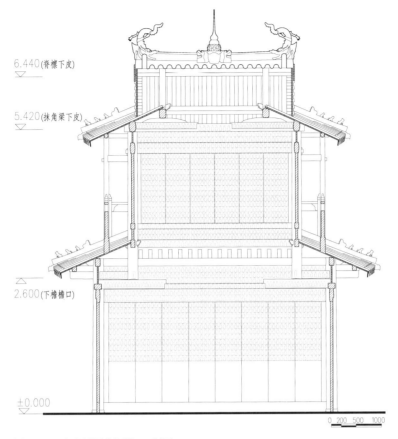

图5-41 五台山显通寺铜殿1-1剖面

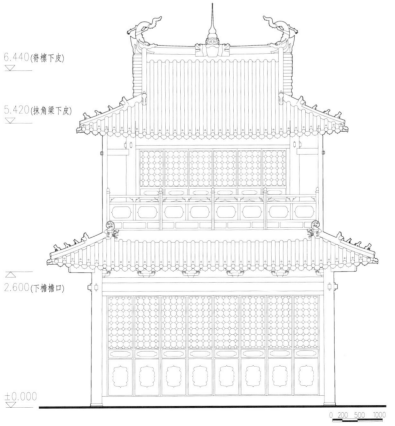

图5-42 五台山显通寺铜殿正立面

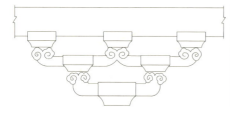

图5-43 显通寺铜殿下檐隐刻之斗栱图案

等。槅扇内壁及梁枋表面均铸有佛像,重重叠叠,号称万尊佛。

五台山铜殿原本表面的金饰在20世纪初已经磨损,现在铜殿的通体金饰为近年新贴。从伯施曼1923年出版的《如诗如画般的华夏大地:建筑与风景》及1931年的《中国宝塔》中能看见当年古铜色的铜殿与铜塔的外观[64]。

六、"天仙金阙":泰山碧霞元君祠铜殿

泰山铜殿是又一座由皇家出资建造的铜殿,起初位于泰山岱顶碧霞元君祠内,后经几次搬迁,现在位于岱庙中。泰山铜殿虽然也由皇家出资——"中官董事,制仿武当"[65]——但建筑形式并不与武当山太和宫金殿相同,铸造工艺也相对粗糙。

1 建造缘起与搬迁:制仿武当

(1)建造缘起

现泰山顶碧霞元君祠内有天启年"钦修泰岳大工告成赐灵佑宫金碑"、万历年"敕建泰山天仙金阙铜碑"各一,分别记载了万历年间敕修岱顶碧霞祠、万寿宫之事与敕建铜殿事宜。据《敕建泰山天仙金阙铜碑记》:

"圣母目青,朕心靡宁,夙夜冰兢露祷于昊天上帝。复命内臣持节以祀东岳泰山之神、天仙碧霞元君。祀事孔明,慈颜以豫,目青遂蠲则是。泰山元君既赫厥灵绥我,圣母以及朕躬贶莫大焉。朕闻无言不酬,无德不报……出内帑金钱若干,镀金为像,范铜为殿,筑石为台,奉元君奠居焉。爰锡嘉名曰天仙金阙。为门四,东曰苍华,南曰丹凤,西曰昊灵,北曰玄通,其泰山后门曰北天。命内监官太监崔登等往董其役,经始于万历四十一年[1613]四月二十六日,越明年[1614]四月初四日已。……万历四十三年岁在乙卯孟春之吉。"[66]

[64] Ernst Boerschmann. Die Baukunst und religiöse Kultur der Chinesen. Band Ⅲ :Chinesische Pagoden. Berlin und Lepzig: Verlag von Walter de Gruyter & Co., 1931 : 357

[65] [明]萧协中著,赵新儒校勘注释.新刻泰山小史.泰山:泰山赵氏校刊,民国二十一年(1932):第十二页

[66] 笔者录自《敕建泰山天仙金阙铜碑记》,2006年10月1日。还可参见明《泰山小史》:"碧霞元君庙在岱顶西南下三里,宋真宗东封所建。至明累朝修葺崇丽,而制不大,悉铁瓦铜砖,恐刚风易损也"。[注]:碧霞元君祠,古岱岳上庙也。宋称昭真祠,金称昭贞观,明洪武中号碧霞元君。成宏、嘉靖间颛碧霞灵佑宫"。见:[明]萧协中著,赵新儒校勘注释.新刻泰山小史.泰山:泰山赵氏校刊,民国二十一年(1932):第十二页

图5-44 泰山"天仙金阙"铜殿
2009年

可知泰山"天仙金阙"铜殿于万历四十一年（1613）始建，万历四十二年（1614）竣工（图5-44）。缘由是万历皇帝为慈圣皇太后所患之眼疾向天仙碧霞元君祈福。元君究竟是何神？按《新刻泰山小史》：

"传述不一，以为黄帝所遣玉女者，瑶池记也。以为太山神女者，博物志也。刘禹锡送张炼师诗：久事元君住翠微。唐时已有元君之号，盖由来久矣。"[67]

"天仙金阙"铜殿于万历四十二年四月竣工，慈圣皇太后却已于该年二月早一步去世了。

值得注意的是，当时正值天灾荒年，民不聊生[68]。因此泰山铜殿的铸造可能也在资金方面受到了影响，其构件表面有颇多砂眼以及空损之处，与其他铜殿相比显得比较粗糙，与同为皇家出资的武当山金殿相比就相差更远。

（2）搬迁

泰山碧霞祠铜殿大约在明末清初先移置岱庙外的遥参亭，后又移置泰安城内的灵应宫内。据乾隆三十八年（1773）《泰山道里记》：

"灵应宫……中为崇台，四门上起铜楼，号金阙。殿宇栏楯、像设皆范铜镀金为之。旧在岱巅，其后移遥参亭，复置于此。"[69]

《新刻泰山小史》作者萧协中于崇祯甲申之变（1644）时自杀殉国，其文中泰山铜殿仍在碧霞元君祠内：

"金殿：在元君殿墀中，创于明万历间。中官董事，制仿武

---

[67] [明]萧协中著，赵新儒校勘注释. 新刻泰山小史. 泰山：泰山赵氏校刊，民国二十一年（1932）：第十二页

[68] 正如《泰山小史》记天仙金阙时云："然时值大祲，白骨沟渠，而镏铢以入，泥沙以出，谅聪明正直者不以金灵也。"并附诗曰："八宝世所珍，五金神不贵。玉女自清虚，安用重耗费。岁祲殍沟渠，蓬蒿乱如弃。胗民筑金楼，圣慈何所慰。"见：[明]萧协中著，赵新儒校勘注释. 新刻泰山小史. 泰山：泰山赵氏校刊，民国二十一年：第十二页. 户部尚书毕自严（万历二十年进士）谒岱顶时提及此事："始抵绝巅，望见碧霞元君祠，会风雨亦渐息，遂肃衣冠而晋谒焉。昔有镀金铜殿在正殿前，今已筑台其下，若增而高。兼竖镀金铜碑交相辉映。余念东岳为万方生物之府，而元君又神之至灵至秀者。比岁氛祲交作，海内凋残，登高望远，戚然动心，顾谓张叟曰，襄科臣葛泰垣疏言，泰山铜顶金木相刑，年来祸乱之作多有左验，语虽近幻，似亦生克至理。张叟然之。"见 [明]毕自严. 石隐园藏稿. 卷三. 见：景印文渊阁四库全书[M]. 第1293册. 台北：台湾商务印书馆，1986：445

[69] [清]聂剑光. 泰山道里记. 聂氏杏雨山堂，乾隆三十八年（1773）：第五十一页. 清《泰山图志》亦有记载："灵应宫在社首山东。明万历中敕建。有张邦纪碑记。前后殿各五间，南有崇台，上为金阙，俗名铜楼。栋宇栏楯以及像设皆范铜镀金为之。万历时钦造，旧在岱顶碧霞祠内，后移置于此。"见：[清]朱孝纯. 泰山图志. 卷四下. 乾隆三十九年（1774年）：第八页

图5-45 泰山岱顶碧霞祠西面

当。突兀凌霄,辉煌映日。"[70]

因此,泰山铜殿移置灵应宫的年代应在清初,早于乾隆三十八年。但两次迁移的原因和具体时间未详,有待进一步考证。

1972年,为文物保护的需要,又将铜殿移存于岱庙北门内至今。

图5-46 位于灵应宫时的泰山铜殿

2 建筑形制

(1) 布局

泰山铜殿位于碧霞祠正殿之前,处于院落围合的中央位置(图5-45,另见图8-8、图8-9)。据乾隆五十五年《泰山述记》:

(碧霞祠)"北为正殿,南向,五间。盖瓦、鸱吻、檐铃皆范铜为之。中间肖像金桩辉丽。栏其东一间曰东宝库,西一间曰西宝库,储诸所捐施,即汉武帝时所谓梨枣钱也。殿前香亭一间,即万历时建金阙处。东翼眼光殿三间,右翼子孙殿三间,瓦皆铁制。东鼓楼、西鼓楼,中为露台、为甬路。甬路南门五间,门外绰楔三,中曰敕建碧霞坊,东安民坊,西济世坊。碧霞坊之前为火池,四方祇谒者焚币之所。"[71]

嘉靖《泰山志》亦有详细记载,内容相似。经现场踏查,文献描述与现状基本相符。铜殿搬走后,原址建有清同治年间的香亭一座。

泰山铜殿移置的灵应宫是碧霞祠的下寺。为了安置铜殿,灵应宫曾专门于中轴线上造崇台以承之,体现了铜殿地位的尊崇。贝克(D.C. Baker)在1924年出版的《泰山》中,用插图表现了灵应宫中的铜殿,位于崇台上(图5-46)[72]。现有崇台为近年修建。

[70] [明] 萧协中著,赵新儒校勘注释. 新刻泰山小史. 泰山:泰山赵氏校刊,民国二十一年(1932):第十二页
[71] [清] 宋思仁. 泰山述记,卷二. 泰安:泰安衙署藏板,乾隆五十五年(1790):第二十五页
[72] D.C. Baker: Tai Shan: An Account of the Sacred Eastern Peak of China (reprinted by Cheng Wen Publishing Company, Taipei 1971), originally 1924

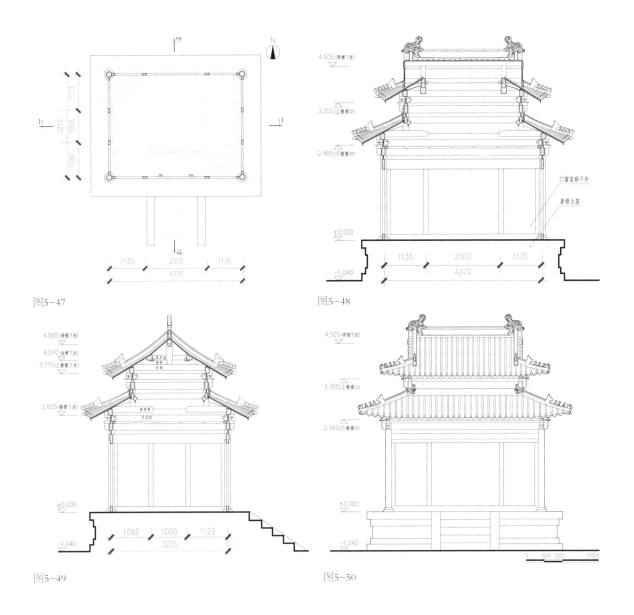

图5-47 泰山铜殿平面
图5-48 泰山铜殿1-1剖面
图5-49 泰山"天仙金阙"铜殿 2-2剖面
图5-50 泰山铜殿正立面

（2）形制

泰山铜殿共四柱，面阔、进深各面均由抱框分成三小间，通面阔4.270米，通进深3.215米（图5-47）。铜殿四面的装修均已不存，仅余下槛。从东、北、西三面下槛上所开的1.5厘米宽槽可知铜殿这三面原有槅扇，正立面两次间亦为槅扇，仅明间开四扇门。

柱径17厘米，柱础为铜铸，为鼓形锁加覆盆形象。

泰山铜殿下檐从剖面上看，由下至上依次是下槛、抱框、上槛、垫板、额枋、平板枋。柱头施角云承正心檩，角云伸出外拽的部分做成角昂形象，其上原有宝瓶承角梁，现宝瓶均不存。平板枋与正心檩间为垫板，于外皮用浅浮雕刻一斗三升斗栱形象。重檐结构通过抹角梁坐童柱的形式实现；上檐歇山构造通过趴梁法实现（图5-48，图5-49）。

紧贴下檐平板枋内皮为一周圈枋子，其上开槽，推测为安装天花用的天花枋。天花现已无存。

泰山铜殿为重檐歇山顶，戗脊端各饰骑凤仙人一个、走兽三个。屋面下檐为瓦当坐中，上檐为滴水坐中。正吻（剑把现已不存）、垂脊兽、戗脊兽、博脊兽均表现为较标准的明官式做法（图5-50）。

泰山铜殿的歇山收山值约为一檩径。山花板为素面，原来应有悬鱼，但现已不存。

铜殿平板枋上的垫板用浮雕刻出一斗三升栱承正心枋的形象，角科斗栱做成出一跳、承正心枋（此正心枋实际亦为垫板）的形象。正立面下檐为平身科斗栱十四个，上檐十个；侧立面下檐为平身科斗栱十个，上檐六个。栱瓣分为三瓣，斗欹上的弧度亦明显。

泰山铜殿整体表现出较为明显的明官式建筑做法，这与铜碑所记铜殿用"内帑"（皇室内府的库金）所建相符。但同时简于雕饰，滴水、瓦当、梁枋表面均为素面，无纹饰或彩画，这与武当山太和宫金殿表现出的精工细作大为不同。

本章小结
铜殿的出现与建设活跃期

1 从道教到佛教的铜殿建设风潮

宋元以来道教关于金殿之理论的发展，以及铸造、建筑、规划等多项适应性技术的发展和运用，使得铜殿终于在此时期出现了。武当山元代小铜殿是现在已知最早的案例[73]。

随着元大德十一年（1307）小铜殿建成于天柱峰顶，求仙、修道者对"金殿"向往多年，此时终于有了一座实体的"金殿"，以小尺度的铜殿形式出现在玄天上帝升天之处。这正体现了小铜殿所凝结的象征意义和宗教史价值。小铜殿至少在天柱峰顶经历了109年的风霜雨雪而无碍，直至明永乐十四年（1416）被太和宫金殿取代。

太和宫金殿屹于天柱，环以紫金城，统摄诸峰，与北京紫禁城遥相呼应，以卓越的建造技术凝聚了深刻的设计思想，无愧为武当山道教建筑群、乃至明代皇家建筑中的点睛之作。

从峰顶最初的石殿，到小铜殿，再到太和宫金殿，天柱峰见证了武当真武信仰的地位由元至明愈加尊崇的过程。元代小铜殿的存在，很有可能为朱棣创建一座更大更好的铜殿提供了直接创意。而太和宫金殿的创制，不仅为武当山道教建筑群添加了闪亮的一笔，

73 武当山元代小铜殿是现在能够考证到的最早的铜殿案例。但根据本书关于象征意义和适应性技术的分析，笔者认为，铜殿或有可能早在宋代就出现了。有待更多文献或考古证据。

更随着明成祖对真武信仰的宣扬而声名远播、影响深远。此后出现的道教铜殿乃至佛教铜殿中，我们都能看到武当山太和宫金殿这一创意对它们的影响和启发。

泰山碧霞元君信仰是武当真武信仰之外另一流行于明代的道教信仰。正如明王世贞所论：

"今天下所最崇重者太岳太和山真武及岱岳碧霞元君。当永乐中建真武庙于太和，几竭天子之府，设大珰及藩司守之。而二庙岁入香银亦以万计。每至春时，中国焚香者倾动郡邑。"[74]

明万历四十二年（1614），万历朝第五座铜殿在岱顶碧霞祠竣工了。此前十年间，由于求皇储成功的因缘，慈圣太后连续为三座佛教铜殿资助了配套资金。有此造铜殿的先例，在她青光眼疾有所好转时，万历皇帝采取了建造一座铜殿的方式来报答神祇。这是泰山铜殿创建的直接原因。

而从更远的历史渊源来说，泰山铜殿是明代第二座由皇家敕建的铜殿，其创意必然可以上溯到武当山太和宫金殿。

明万历三十年至三十五年（1602—1607），妙峰禅师创建的三座佛教铜殿依次出现在峨眉山、宝华山、五台山，意在分别于普贤、观音、文殊菩萨的道场供奉三位菩萨。三座铜殿既与妙峰禅师个人夙愿有关，同时也充分表明：铜殿这一源于道教的概念和实际存在，其影响已经以武当山铜殿为中心发散扩张开来，不仅促成了昆明太和宫铜殿的建造，并且跨越宗教领域，与佛教中用金的相关理论和传统相合，出现在佛教建筑中。

2　金殿：武当信仰传播的形象标识

明成祖对武当真武信仰的推崇，赋予了武当山金殿重大的政治象征意义和宗教象征意义，使得武当山金殿名扬宇内，并逐渐成为武当信仰传播的形象标识。

武当山进香民俗在宋代即已出现。元代民间信士到武当山祭祀真武的朝山进香活动日益发展。明以后，朝武当的风俗已具有全国性影响，香客具有全国性的地域分布[75]。在武当信仰的传播过程中，武当山金殿作为形象标识，直接或间接引发了其他几座铜殿的建造。但并非所有地区都有财力造铜殿，因此它所起到的形象标识作用还表现在：

来自云南、江西的真武信众，久慕武当金殿之名，于万历十九年（1591），专门为太和宫金殿捐建了铜皮栅栏以防其受损。

---

74 [明] 王世贞《弇州四部稿》卷一百七十四《说部》

75 关于武当真武信仰分布的讨论见：John Lagerwey. The Pilgrimage to Wu-tang Shan [C]. In: Susan Naquin, Chün-fang Yü, eds. Pilgrims and Sacred Sites in China. Berkeley, Los Angeles, Oxford: University of California Press, 1992: 293-332；梅莉. 明代云南的真武信仰——以武当山金殿铜栏杆铭文为考察中心 [J]. 世界宗教研究，2007（1）：41-49；顾文璧. 明代武当山的兴盛和苏州人大规模武当进香旅行 [J]. 江汉考古，1989（1）：71-75；梅莉. 明清时期武当山香客的地域分布 [J]. 江汉论坛，2004（12）：81-85；杨立志. 武当进香习俗地域分布刍议 [J]. 湖北大学学报（哲学社会科学版），2005，32（1）：14-19；王光德，杨立志. 武当道教史略 [M]，北京：华文出版社，1993：220-221 等。

图5-51　　　　图5-52

图5-51 铜铸武当山金顶模型
图5-52 苏州玄妙观三清殿铜殿模型

　　明万历四十四年（1616），来自山西平阳府绛州的在城会首、香头、官吏等信众集资铸造了一座铜铸武当山金顶模型（图5-51），朝山时送来[76]。此模型表现了一座金殿立于天柱峰顶、紫金城中央，其与山体的不协调比例将金殿突显为视觉中心。可见金殿在平阳地区信众的信仰中所占的重要地位：金殿已然成为武当真武信仰的符号和象征。明末清初平阳府的信众因为道路受阻去不了武当，还在本地的山顶竞相建造了四座金殿。

　　广东佛山的信众在三月醮会中，将爆竹专门制成武当山金殿的形式以点放[77]。

　　苏州玄妙观三清殿内有一座重檐庑殿顶的铜殿模型，通高约1.2米，面阔约1.5米，进深约0.75米，内奉真武大帝像（图5-52）。苏州三山滴血派道教与武当清微派之间的渊源颇深[78]，该铜殿模型显然就是武当山金殿的象征。

　　同时，从《大明玄天上帝瑞应图录》中的真武显圣图像来看，十一幅真武显圣图中有十幅都是以天柱峰太和宫金殿为背景或前景来表现的（图8-3）[79]。这说明，孤峰立金殿的形式在官方的图像中，也已经成为武当信仰的重要标识和符号了。

[76] 其铭文包括有一百多位信士的姓名和捐资数额等，现保存在武当山泰山庙中。见：杨立志. 武当进香习俗地域分布刍议 [J]. 湖北大学学报（哲学社会科学版），2005, 32（1）：14-19

[77] "每年三月上巳节醮会，市民们以小爆层累为武当山及紫霄金阙，周围悉点百子镫，其大小镫、灯裙、灯带、华盖、璎珞、御炉诸物，亦皆以小爆贯穿而成"。见：屈大均. 广东新语 [M]. 卷十六"佛山大爆"条. 广州：广东人民出版社，1987. 转引自杨立志. 武当进香习俗地域分布刍议 [J]. 湖北大学学报（哲学社会科学版），2005, 32（1）：14-19

[78] 详论见：杨立志. 三山滴血派与武当清微派 [J]. 郧阳师范高等专科学校学报. 2000, 20 No.5(10)：6-8

[79] 大明玄天上帝瑞应图录. 见：道藏：第19册 [M]. 文物出版社，上海书店，天津古籍出版社，1988：632-640

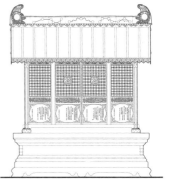

第六章 铜殿的成熟与符号化发展(明末清初)

第六章　铜殿的成熟与符号化发展
　　　　（明末清初）

自明崇祯十六年（1643）至清康熙十六年（1677）[1]，全少又有五座铜殿建成，其中四座集中在山西平阳地区。标题中用了"明末"，实际上崇祯十六年已经是"甲申之变"的前一年，即清世祖改元顺治（1644）的前一年了。这三十年间是铜殿建设相当密集的一段，其特点可以用成熟和符号化这两个关键词来概括。

一、再造经典：清康熙年间的昆明太和宫铜殿

昆明市东北郊的鸣凤山，历史上先后出现过两座铜殿。本节论述的是清康熙十年（1671），吴三桂于起兵反清的前两年发起建造的那座铜殿（图6-1），也位于昆明太和宫。至今人们仍以"金殿"称之。本书称为"昆明太和宫铜殿"或"吴三桂铜殿"[2]。

1　建造年代与背景

现在的昆明太和宫铜殿脊檩底面刻有铭文："大清康熙十年[1671]岁次辛亥大吕月十有六日之吉，平西亲王吴三桂敬筑"[3]。多数论述均以此作为判定铜殿年代的依据。笔者于后檐柱抱框上又发现纪年铭文一处，验证了铜殿建造年代为康熙十年的可信性[4]。

但也许是因为政治原因，清康熙《云南府志》、光绪《昆明县志》及光绪《历次修盖太和宫碑记》记载铜殿修建事宜时都未提及吴三桂。

吴三桂铜殿的不少构件上都刻有铭文，记录了铜殿建造时间、捐资者等重要信息。除了吴三桂，还刻有布政使崔之瑛、知府高显辰和一些藩内官员，以及其他信众的名字。可见铜殿并不像有些文献所理解的，为吴三桂个人出资建造的私人财产，而应是由吴三桂主倡并率领属下官员捐献了较大笔费用，其他信众共同分担其余费用而建。其余地方民众的捐资记录，除了有捐建椽、瓦等小件的记

---

1 飞龙山铜殿的建造年代尚不能确定，仅能给出浮动区间，故此处年代上限按下限则为康熙四十年（1701）。

2 本书使用"陈用宾铜殿""吴三桂铜殿"这样的名词，只是为了区分不同时期的先后两座铜殿而冠以铜殿的主要倡建人姓名，并非指其所有权。

3 现场观测，视线为藻井遮挡，正脊题记仅能见"康熙十年岁次辛亥……平西亲王吴三桂敬筑"。其余内容系引自张曾祺. 云南建筑史[M]. 昆明：云南美术出版社，1999：186

4 "弟子袁德玉，法名真微"发心处奉铜觚银伍拾两」楚石银伍拾两」金殿月台砖一座」净乐宫月台砖一座」西配殿瓦一万块」康熙拾年正月十五日"。

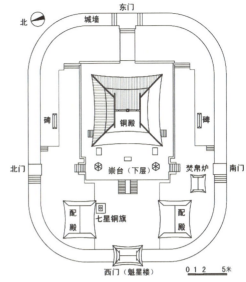

图6-1
图6-2

图6-1 昆明太和宫铜殿正面
图6-2 昆明太和宫铜殿总平面

录，也有捐建擎檐柱甚至整个月台这样大件的记录（详见附录一）。

"弟子玉真祥"在铭文中出现了三次，除了署名捐资，还署有"铸供监造""供监造"，可能在当时铸造施工中起了一定的组织作用。

2 建筑形制

（1）布局

昆明太和宫制仿武当，于登山途中设三道天门，最后抵达山顶。铜殿位于紫禁城中，紫禁城为青砖砌筑，四面辟门（图6-2）。

城内中央为二层崇台，其上立铜殿。崇台底层平台为砂石砌筑，须弥座上饰以瑞兽、花卉，下层勾栏华板上浮雕"二十四孝"故事。上层须弥座勾栏为康熙五十三年（1714）时修建，大理石质（图6-3）。

崇台前有高约10米的铜质旗杆，上悬三角形七星铜旗一面（图6-1）。紫禁城内另有配殿两座，琉璃焚帛炉一座，"历次修盖太和宫碑记"碑、"建太和宫记铭"碑、"宫记"碑各一通。

（2）形制

崇台的上层须弥座北、西、南三面出台阶，各九级，西面台阶正中作斜坡御道。下层须弥座四面出台阶，与紫禁城的四门相对。北、西、南三面台阶各九级，西面台阶正中作斜坡御道。东面（背面）因地势升高，仅下两级台阶即与东门道路相接。

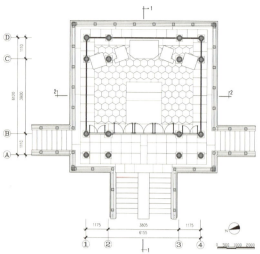

图6-3

图6-4

图6-3 昆明太和宫铜殿（东南侧）
图6-4 昆明太和宫铜殿平面

昆明铜殿坐东朝西，面阔三间，通面阔6.15米；通进深6.12米，平面形状接近正方形。每面四根檐柱，柱径20厘米；殿内共四根金柱，柱径21.5厘米。前檐金柱间安装修形成前廊。明间装三对门扇，两次间各装一对门扇。其余南、北壁各镶八扇门扇，东壁镶十扇门扇，均不可开启（图6-4）。

柱础均为铜质，刻十二瓣莲花。地面以下的柱础与地上柱础一体铸造，亦为铜质，厚度不详。

铜殿四角各有擎檐方柱一，倒梅花线角。柱身分三段，中段镂空，四壁饰金钱眼；上段贴镏金雕花板。擎檐柱柱础亦为铜质，形象为双层莲座叠置[5]。

殿内为近年新做的大理石铺地。殿中央供真武大帝，左为捧册灵官与执旗将，右为捧宝玉女及捧剑将。像设年代晚近。

昆明铜殿为重檐歇山顶，高约7.5米（从须弥座台基上皮算起）。通进深七檩，实际可以看作是五檩二金柱加周围廊。下檐平身科斗栱里拽厢头上施龙形挑幹，挑幹跨檐步，上挑承椽枋，但其装饰作用大于实际结构功能（图6-5，图6-6）。

昆明铜殿重檐上下戗脊端各饰走兽四个，无骑凤仙人，每组中各有两个捧笏文臣。屋面无望板，椽为板椽，平行排布至翼角，其上直接铺板瓦，再盖筒瓦。屋面曲线平滑流畅，上下檐均为滴水坐中。正脊两端饰龙吻吞脊，无剑把，龙尾向外卷曲。脊刹饰火焰宝珠（图6-7）。

昆明铜殿上檐山面的草架柱直接落在上檐正心桁之上，因此歇山无收山。然而从立面上看，并不感觉屋脊过宽，这是因为虽然没有收山，但翼角出檐较远，使得翼角与其上的大屋顶比例协调。上

5 擎檐柱与穿插枋上都出现了"弟子玉真祥"的名字，说明擎檐柱极可能是与铜殿本体同时建造，而非后加的。

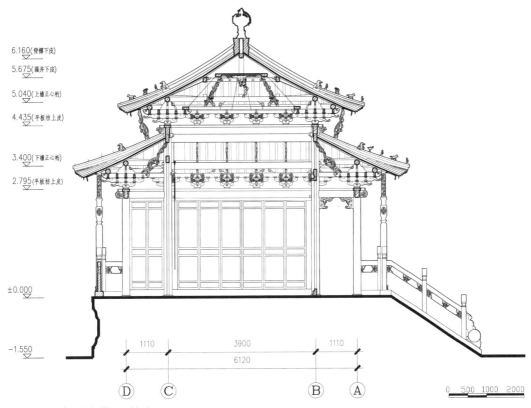

图6-5 昆明太和宫铜殿1-1剖面

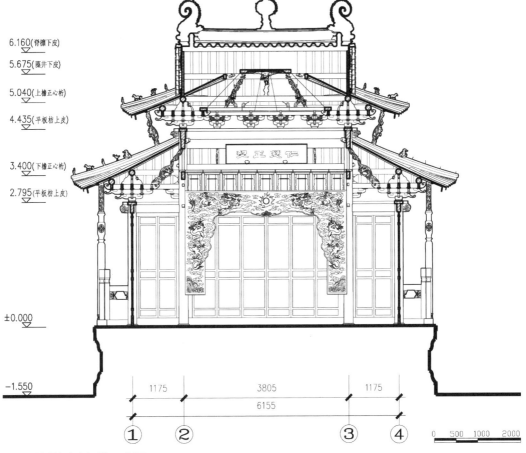

图6-6 昆明太和宫铜殿2-2剖面

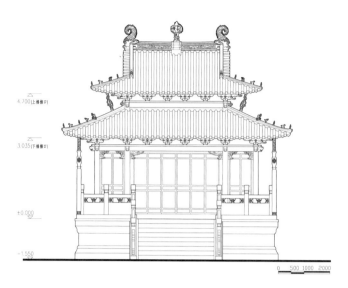

图6-7 昆明太和宫铜殿正立面

檐大角梁之下施以云龙造型斜撑，下檐大角梁之下则依靠擎檐柱支撑翼角。

室内天花藻井的做法也颇独特：上檐斗栱里拽耍头上施一周圈平板拽枋，拽枋转角处再施四根抹角枋，枋上用四根蟠龙形挑幹挑八角形云龙堆塑藻井。为了保持稳定，藻井各边又各用两根铁钎与拽枋加固（图6-8）。

昆明铜殿滴水瓦与瓦当、头板瓦的相对位置关系体现了显著的昆明地方特色。头板瓦、瓦当在水平方向上较滴水瓦悬挑出约5~8厘米。这与昆明地区其他木构传统建筑的做法是一致的（图6-9）。这个特点在陈用宾铜殿的照片中也可以看出。

梁枋表面纹饰模仿木建筑梁枋彩画，分三段构图，饰龙纹装饰。

（3）斗栱

铜殿各面上檐、下檐明间均施四攒平身科斗栱；下檐次间无平身科斗栱。各组斗栱均为五踩，外拽出双象鼻昂，里拽出双翘。各栱栱瓣均较明显，为四瓣，正心各栱俱为足材，斗欹上的弧度亦明显。铜殿斗口值为3.9厘米，足材高约2.8斗口，远大于明、清官式木构建筑的常见的1.9至2斗口。斗科间距78厘米左右，恰为20斗口；平面明间、稍间面阔分别约为100斗口与30斗口。据此推知斗口应是控制此铜殿设计的基本模数之一。

铜殿斗科各斗件、栱件均仿照木构斗栱分件形式，分别铸造成型。栱件表面做出花卉、如意纹样；大斗外侧立面上的纹样多有变化，图案不止一种，可知其铸造用模不止一种。大斗其他三面则为素面无纹样（图6-10）。

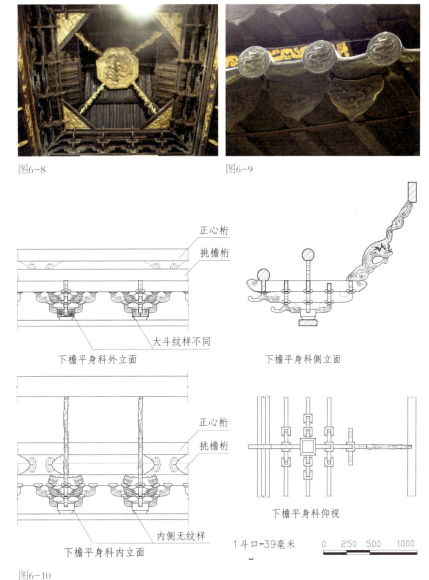

图6-8 昆明太和宫铜殿室内仰视
图6-9 昆明铜殿滴水瓦与瓦当、头板瓦的相对位置
图6-10 昆明太和宫铜殿下檐平身科斗栱

二、演绎与浓缩：山西平阳地区的铜殿

武当山金殿建成后，明成祖对真武信仰的推崇广为天下人知，金殿也逐渐成为真武信仰的符号标志而声名远播，深入各地信众之心。明末清初，受战争影响，山西往湖北武当山拜真武的朝山进香通道被阻。于是，在具有深厚道教信仰传统的山西平阳地区，信众开始组织建造自己本地的"金殿"，供奉真武大帝。这里的平阳地区指明代平阳府的地理范围，含清代的霍州、隰州和汾州府的石楼县。

据文献记载，从崇祯末年到康熙年间（最迟到乾隆年间）的平阳地区，出现了四座铜殿，分别位于赵城霍山、汾西姑射山、石楼飞龙山和洪洞青龙山（图0-1，图12-25），现均已不存。

图6-11　　　　　　　　　　　　　　　图6-12

（一）霍山铜殿

1　霍山铜殿建造背景

（1）建、毁年代

霍山位于山西中南部，汾水以东30公里左右。霍山是"五镇"之一，在唐代与"五岳""四海""四渎"同为国之中祀。此后直到清代朝廷都遣官致祭。明代属平阳府，清代属霍州。主峰中镇峰海拔2346米（图6-11），是山西南部最高峰。兴唐寺、中镇庙都位于霍山山麓（图6-12），可惜现在均已不存。

据民国时成书的《霍山志》卷一：

"真武庙：一名玄武庙，在山绝顶，距休粮山八里，金时建。明季南路香火不通武当。崇祯癸未，邑人郭养正倡建铜殿一座，四面设铜栏杆，门外设铜牌坊，上下皆饰以金。后殿一座，东、西香火院数十间，左右钟、鼓楼，周垣金碧辉煌，一如武当之胜。邑人阎承宠为文纪其事，今废。"[6]

《霍山志》此段内容，可能源自顺治《赵城县志》[7]。乾隆《赵城县志》也沿用了此段，但个别词句有所调整：

"真武庙：旧志曰元帝殿在霍山绝顶，距城六十里。因明季南路阻塞，香火不通武当，崇祯癸未邑贡士郭养正领袤香众祷神卜地撰文首事，遂于山之巅铸建铜殿一座，四面设铜栏杆；铜牌坊一座，上下俱饰以金。后殿一座，东西香火院数十间，左右钟鼓楼，周围砌以石垣，金碧辉煌，一如武当之胜。各社俱有行宫，由是朝礼络绎不绝，游人咸称大观焉。有创建碑文，并邑绅赵州知州阎承

图6-11 霍山中镇峰远眺
即远处有电视塔的山峰
图6-12 道光《赵城县志》卷首霍山图

[6] 释力空原著，《霍山志》整理组整理．霍山志[M]．太原：山西人民出版社，1986：4
[7] "元帝殿在霍岳绝顶，距城六十里许。旧在武当山。因明季南路阻塞，香火不通，崇祯癸未年邑贡士郭养正倡众香首祷神卜地撰文首事，遂择山之巅铸建玄帝铜殿壹座，四面设铜栏杆；铜牌坊一座，上下俱饰以金。后殿一座，东西香火院数十间，左右钟鼓楼，周围砌以石垣，金碧辉煌，一如武当胜景。各村俱有行宫，由是朝礼络绎不绝，游人咸称大观焉。有创建碑文，并邑原任赵州知州阎承宠纪事文．"见：安锡祚重修，刘复鼎著．[顺治]赵城县志．学校志，顺治十六年（1659）版：第五十三页

宠纪事文。旧志编入学校，似不相蒙，今订正之。"[8]

道光《直隶霍州志》亦有相同内容，但加按语：

"按真武即北方元武也。陆稼书先生以为元冥水神。昔金天氏有裔子曰昧，为元冥师，生台骀，能业其宫于晋。据此则当为汾河之神矣。"[9]

台骀为汾河神，典出《史记·郑世家》及《册府元龟》卷七百八十，但据此将真武一步步推为汾河之神，则是穿凿附会了。

中镇峰顶的真武庙清道光七年（1827）即已荒废，据道光《直隶霍州志》：

"旧志载霍山绝顶有元帝殿，明崇祯间邑人郭养正建，门枋栏楯皆铜为之，今废。"[10]

由上可知，霍山铜殿建于明崇祯十六年（1643），至迟于清道光七年（1827）已不存。

（2）倡建者

上文提到铜殿由"邑人郭养正倡建"。关于郭养正，见《霍山志》卷三：

"郭养正先生传：先生姓郭，讳养正，赵邑岁贡生。性好施，常谓人曰：'人不能为世用，亦思于物有济。'崇祯癸未，于霍山顶真武庙倡建铜殿一座。四面设铜栏干，门外设铜牌坊，后殿一座，东西香火院数十间，左右钟鼓楼，周垣金碧辉煌，不让武当之美。子二，洪图、洪鼎，有乃父遗风。"[11]

乾隆《赵城县志》、道光《直隶霍州志》亦有相同内容，没有更多记载。

（3）与武当金殿的关系

各版方志明确记载：明末通往武当的香路受阻，霍山金殿就是此时所建。而且，建成之后"一如武当胜景""不让武当之美"。显然武当是其模仿、比附的对象。

从建筑形制来看，铜殿四面设铜栏杆，建筑群围绕以石垣的形式，显然也都是对武当金殿的模仿。

值得注意的是，顺治《赵城县志》说："元帝殿在霍岳绝顶，距城六十里许。旧在武当山。"霍山的玄帝殿显然不是从武当山移

---

8 ［清］李升阶纂修.［乾隆］赵城县志. 卷九坛庙. 见：稀见中国地方志汇刊（七）.[M]. 北京：中国书店，1992：171
9 ［道光］直隶霍州志. 卷十四，霍州：霍州衙署，道光六年（1826）：第十四页
10 杨延亮.［道光］赵城县志. 卷二十七. 赵城：赵城县衙，道光七年（1827）：第八页
11 释力空原著，《霍山志》整理组整理. 霍山志[M]. 太原：山西人民出版社，1986：25-26。此段应当源自顺治《赵城县志》："郭养正：崇祯十一年贡。正以持己，慈能济物。生平每多倡蒙之举。洪图、洪鼎之父。"见：［清］安锡祚重修，刘复鼎著.［顺治］赵城县志. 人物志，顺治十六年（1659）：第十七页

图6-13

图6-14

来的，不存在"旧在"的关系，乾隆《赵城县志》修订时取消了这句。顺治《赵城县志》修纂时，距霍山铜殿创建只有十几年时间，这里有心或无心的错误表达，实际传递了一种信息：当时的霍山真武庙可能在试图建立自身在本地的正统，因此称霍山玄帝殿"旧在武当山"，暗示这是对武当的继承。

而关于真武为"元冥水神"，继而为"汾河之神"的解说，则更明确地试图将真武神进行本地化，从而使整个真武信仰都具有本地色彩，使本地的真武庙更具权威。

2　霍山铜殿建筑考略

霍山铜殿现已不存，中镇峰顶也已被328发射台占据（图6-13），现场已经完全看不出任何寺庙的基址痕迹。经仔细寻找，在发射台办公楼中找到已经砌进台阶中的三块残碑。其中一块落款顺治年间的碑中提到"玄帝老爷金殿"（图6-14）。碑文为：

"山西平阳府……」

一居住众等……」

玄帝老爷金殿……」

国泰民安、风……」

尧舜之邦西……」

口咸宁孙枝……」

圣果留名于后……」

计开……［共十六行人名，略］」

时顺治……"[12]

图6-13 霍山中镇峰顶现状328发射台，2009年
图6-14 霍山真武庙残碑现已砌入发射台办公楼的台阶中

12 笔者录自霍山中镇峰顶328发射台，2009年7月6日

由此验证了方志中记载的铜殿确实存在，可惜此碑下半部（或多半）已经砌入台阶无法看见，亦不知此碑是否为方志提到的"创建碑"。此外还有一块砌入地坪的碑，题名"创立牌楼碑记"，内文多数漫灭不清，在能辨识的内容中未见"铜牌坊"字样。

由于现场没有更多遗痕，现只能在各版文献中仔细寻找、分析铜殿的相关信息。

（1）铜殿

根据方志的描述，霍山真武庙由一组建筑构成：轴线上前有铜牌坊一座，中央是铜殿，后有后殿；铜殿前轴线两侧有钟、鼓楼；整组建筑的东、西两侧有数十间香火院，因此整个建筑群的轴线应当是坐北朝南的。

武当山太和宫金殿四周的铜栏杆并非原本就有，而是万历年间云南的信众进香时安奉的。但在后来的香客眼中，这反而成了太和宫金殿应有的模样。霍山铜殿设铜栏杆，可能就是这个原因。

"上下俱饰以金"，说明铜殿、铜牌坊表面均装饰有镏金或贴金。

（2）铜牌坊

铜牌坊是霍山真武庙独创的形式，遗憾的是现已无从考证铜牌坊的形制和结构。牌坊用铜造，显得郑重其事，说明牌坊在这里非常重要，不是简单的入口而已。

文献中铜牌坊与铜殿并称，可见其地位重要。与铜殿配合使用，可能起着表示交通人间、天界之门的作用——踏入此门，即是天宫金殿。

（3）民间崇奉的山巅神殿

方志提到有"邑绅赵州知州阎承宠纪事文"。各版《赵城县志》均有阎承宠的简短记载[13]，但在艺文志中却找不到其记铜殿的文章。只有顺治《赵城县志》录有他的两首诗《玄宫绝顶》：

"登高临绝顶，举目看天低。日出弹丸转，雷鸣婴儿啼。风声惊浪涛，星气幻虹霓。只有神在上，更无山与齐。"

又："三晋名山此独尊，半空鳌据压长坤。脉连恒岳天门迥，足踏黄河地户屯。西极光旋月后落，东溟轮涌日先散。神灵叶得山灵气，玉宇高居万古存。"[14]

遗憾的是，诗句中没有明显对铜殿的描述。但能够从诗句中读

---

13 见［清］安锡祚重修，刘复鼎著.［顺治］赵城县志. 人物志，顺治十六年（1659年）：第十七页；［清］刘荣修，孔尚任等纂.［康熙］平阳府志. 卷二十三人物中. 见：稀见中国地方志汇刊（六）[M]. 北京：中国书店，1992：564 等

14 ［清］安锡祚重修，刘复鼎著.［顺治］赵城县志. 艺文志，顺治十六年（1659年）：第三十一页

出的是，阎承宠应当亲身到过中镇峰顶的玄帝庙。诗句描摹的主要对象是孤峰绝顶，唯最后一句"玉宇高居万古存"，些许点出了立于山巅的铜殿。而这孤峰立金殿的模式，正是武当山金殿确立的意象。

除此之外，各版志书中对玄帝顶几乎没有描述，志图中亦没有表达玄帝顶。士人的游记、题咏多局限于兴唐寺、中镇庙和广胜寺。中镇峰山高路远、难以到达，可能是原因之一。而这也说明霍山顶玄帝庙主要的影响还是在乡村基层民众之中，在士人中可能没有形成很大影响。

霍山玄帝宫在"各村俱有行宫，由是朝礼络绎不绝"，说明霍山铜殿在本地乡村社会中正统地位的建构是成功的，于明末清初成为当地一个影响较大的真武信仰中心。

（二）飞龙山铜殿

1 飞龙山铜殿建造背景

飞龙山铜殿位于石楼县飞龙山上的玄天宫内，现已不存。

飞龙山是历史地名，不见于现代地图，位于石楼县城西25公里。据雍正《石楼县志》：

"飞龙山：县西五十里，山峻层崖，花柳参差，翠柏成林。昔贺道人所植事详仙释。邑中新增四景之一。"[15]

石楼县处于吕梁山脉与黄河东岸之间，较为偏远。明代属平阳府，清代属汾州府。

（1）玄天宫及铜殿修建史考

据乾隆《汾州府志》：

"元天宫在石楼县西北飞龙山。县人贺登科年十八即结庐是山，后建宫三座，造铜殿一座及铜牌坊一。康熙四十二年兀坐而化，寿七十有八。县人塑像祀之。"[16]

雍正《石楼县志》中录有许体心《创建飞龙山元天殿碑记》，对玄天宫建设记载颇详，故全文录出，并可对照志图"飞龙古柏"（图6-15）辨识庙中建筑：

"元天上帝乃金阙化身，治世福神，其盛迹丕显于湖广均州武当山。普天率土俱朝拜山顶。吾乡有居士贺登科，仙佛化体、秉

15 [清]袁学谟.[雍正]石楼县志.卷一山川.雍正八年（1730）：第二页
16 [清]孙和相.[乾隆]汾州府志.卷二十四.乾隆三十六年(1771)刻本：第二十四页

图6-15 雍正《石楼县志》志图中的玄天宫

性善良,会善众、聚钱两,欲往彼朝拜,奈道路阻梗难行。幸神示卦于县西五十里许,有飞龙山龙盘虎踞、风气攸萃,诚栖神之所。于是谋诸善众,将前项钱两运新化缘建殿于顶上,以为四方朝拜之所。率妻吴氏、赵氏,男贺逢尧、逢舜等,不习他务,惟理神事。住持僧祖继募缘化众,督理工程。其山距地数十仞,择坚石砌一梯,其初一天门,隔数里二天门,数里三天门,达于顶上。中建大殿,栋宇椽桷,横空映日。殿中元帝,东西桃、周、旗、剑,两旁十大元帅,中龟蛇。东西钟鼓两座,两廊五百灵官。殿后宫圣公、圣母法像璀璨、金碧辉煌,称盛迹已,为第一宫。距数里许建崇峻无梁砖窑,内帝铜像高一丈二尺,金碧耀空,为第二宫。又距数里建崇峻无梁砖窑,内法像金碧如前山。峻顶建三清圣殿一宫。于山下村落建一白衣庵。其山陡峻绵远,自底至顶尽栽松柏等树,干霄插日,荟蔚翳天。令人瞻而仰之,神骨悚然,无不兴崇奉之心矣。以故四方朝山拜顶者云集而响应。是役也,创始于大清顺治二年内,落成于顺治十三年四月内。约费数千金,因勒之坚珉,以垂不朽。顺治十三年五月。"[17]

据此,飞龙山玄天宫始建于清顺治二年(1645),落成于顺治十三年(1656)。其缘起也是因为武当进香道路受阻,因而在本地建玄天宫和金殿。然而这篇颇为详细的碑记中,却没有提到铜殿和铜牌坊,令人生疑。

[17][清]袁学谟.[雍正]石楼县志.卷八碑记.雍正八年(1730):第二十九页

贺维新在康熙四十四年（1705）《重修飞龙山元帝庙碑记》中提到了铜殿：

"五方之帝惟元帝为独尊，位镇北方，诸神莫与比隆者也。石楼县西五十里许，留村里有飞龙山，其地有龙盘虎踞之形、鸾翔凤舞之像，洵可为栖神之所。吾乡居士贺登科秉性善良，缘化善士，于大清顺治二年起建元帝殿宇，既复铸成铜宫一座。其余神祠各佛不悉赘。每岁三月三日修设醮事，庶祈福有地矣。迤来栋宇倾圮，过者罔不伤悲。有信士贺进财……乃向登科之孙名显成而谓曰：夫神有所依，人有所祷，无非尔祖之功德，迄今啧啧人口矣。苟坐视其陋而不为之一葺，甚非所以栖妥神灵，而告无罪于前人者也。子诚有志重修，予虽不德，亦竭力助缘以充其用。其人应曰……其庙焕然一新矣。是工也，肇始于康熙四十年之春，落成于是岁之秋。助工输财人等悉记碑阴以志盛事于不朽。康熙岁次乙酉菊月。"[18]

这里说"既复铸成铜宫一座"，有在主体建筑玄帝殿完工后再建铜殿之意，但没有提铜殿具体的铸造年代。综上各文献，飞龙山铜殿的建造年代上限应为清顺治十三年（1656），下限为重修工程开始的康熙四十年（1701）。

两篇碑记都未提到铜牌坊。

（2）倡建者

雍正《石楼县志》卷三"仙释"对倡建者贺登科的记载颇有奇幻色彩：

"贺道人：尝自称名登科。髫龄结庐于飞龙山，采柏为饲，吐则成铜，下则成木。今之柏林即粪所植也。建盖玄天宫三座，造铜殿一座、铜牌坊一楹。在山六十余年，寿至七十有八，鹤发童颜。癸未夏白日兀坐而化，原身值暑不腐。邑人异之，即塑像以祠祀焉。"[19]

根据贺登科的卒年、年寿、"结庐"时岁数，可推算出其"结庐"年代是崇祯癸未（十六年，1643），恰好是其坐化年（康熙癸未）之前一甲子。

纵观方志、碑文中对玄天宫及铜殿倡建者贺登科的数条记录，行文色彩颇不一致，值得探讨：

最早的雍正《石楼县志》首先将其放在"仙释"中，文字渲染颇具奇幻色彩，其人不仅是个鹤发童颜、坐化不腐，还能"采柏为饲，吐则成铜，下则成木"，甚至整座山的柏树林"即粪所植也"。这大约解释了此记载中铜殿、铜牌坊和玄天宫建筑用铜和木

18 [清] 袁学谟. [雍正] 石楼县志. 卷七碑记. 雍正八年（1730）：第十一页
19 [清] 袁学谟. [雍正] 石楼县志. 卷三仙释. 雍正八年（1730）：第五十页

图6-16 飞龙山玄天宫遗址现状

料的来源。

而在同一版方志的两篇碑记中,贺登科却完全褪去神仙的色彩,成为一个"秉性善良",有两个妻子、两个儿子的善士,本想组织信众去武当进香,后来道路不通,便在本地募捐建玄天宫和铜殿。

著名学者戴震参与修订的乾隆《汾州府志》则把前志中奇幻的内容略去,仅陈述贺登科造铜殿、铜牌坊和玄天宫事。

贺登科亦仙亦俗,体现了他在本地民众真武信仰事务中的地位,这无可厚非。这里的疑点主要在于,两篇碑文以及志图"飞龙古柏"中都没有铜牌坊,不禁令人回头审视"仙释"中贺登科事迹的可信度:首先故事亦真亦幻,显然有神话成分;而"造铜殿一座、铜牌坊一楹"的叙述方式也与霍山铜殿太过相似,恐怕不可尽信。因此,飞龙山真武庙是否有铜牌坊,本处存疑。

2　飞龙山铜殿建筑形制

据许体心《创建飞龙山元天殿碑记》,对照志图"飞龙古柏"(图6-15),可以看出飞龙山玄天宫位于高山之上("其山距地数十仞"),有石阶从山下通向山顶。图中除了一座天门外,其余建筑分三组分布。单独的那座天门应当是三天门,三组建筑应当就是文献中的"三宫"。三组建筑之间有一定距离("距数里")。根据现场踏查所见,从飞龙山玄天宫的遗址现状尚能看出当年的地形和建筑分布形式(图6-16)。

志图中近处为第一宫,大殿前能辨识出东西两廊,但看不出东、西钟鼓楼。围墙上有雉堞,为堡寨形式。至为重要的是,这一组建筑中央,在大殿前方有一座位于高台上的建筑,四坡攒尖顶(图6-17)。本书认为,这应当就是铜殿。

庭院中央高台承铜殿的形式,见于泰山碧霞祠及其下院灵应宫。青龙山铜殿、颐和园宝云阁在建筑群中的形式也与此相同。这种空间模式使得被围合、被抬高的建筑即使体量不大,也处于相对尊崇的地位。

第二宫"无梁砖窑"应当就是砖砌铜窑的形式。第三宫三清圣殿,图中不甚清晰,当为木构大殿。

图6-17 飞龙山第一宫中疑似铜殿的建筑

(三)青龙山铜殿

1 青龙山铜殿建造年代

青龙山位于今洪洞县城西26公里,从龙马镇向西可达。据民国《洪洞县志》:

"青龙山距县西南四十五里,北望娄山,南连天石,形势蜿蜒,峰峦秀丽。上有玄天上帝庙,灵异远著,每春香火络绎不绝。中有小殿,铸铜为之,洵属罕见[此条清光绪八年采入]。"[20]

青龙山真武庙位于青龙山顶(图6-18,图6-19),现在仍是洪洞西部地区民间的真武信仰中心。每逢三月三真武大帝圣诞,庙会热闹非凡。当地民众将青龙山真武庙俗称为"老爷顶",意为供奉玄帝老爷的山顶。

庙内存有历年积累的数十上百方朝山碑、进香碑、修建碑等,可资研究庙史。从中可知青龙山真武庙及铜殿创建于清康熙七年(1668)。然诸多碑文难以辨识,现择其年代早者列表如下,相关具体内容附于表后:

表6-1 青龙山真武庙清初修建年表

年代	修建活动	出处
康熙七年(1668)正月十四日	建铜殿、立南顶、修西廊、造石洞、金铜殿。	(康熙三十三年七月初二日立)开山□□碑(东厢房外,磨损严重)
康熙二十六年(1687)	喜舍资财银壹拾陆两式钱……承北顶东巷棚一间大吉	北厢房墙上嵌碑
康熙二十七年(1688)三月十五日	创造北顶砖窑一孔,共施银一十二两,愿祈阖会吉祥	东厢房外立碑
康熙四十六年(1707)四月初三日	各发诚□□□道财恭于玄帝铁金铜殿,志银乃□俾佑合会平安	铁金铜殿碑记(厕所旁,碑文模糊)

20 孙奂仑等修,韩垌等纂.[民国]洪洞县志.卷七舆地志.上海:商务印书馆代印,民国六年(1917):第二页

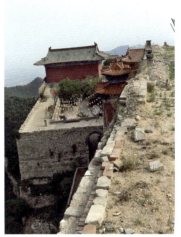

图6-18
图6-19

图6-18 洪洞青龙山真武庙远眺
图6-19 从铜殿院落厢房顶看正殿

"开山□□碑"碑记较重要，全文列出如下：

"洪邑□水□□□青龙山者其松柏茂林、峦峰层叠。上□重□诚□□□神当也。盖玄帝尊神庇佑一方□□。康熙七年正月十四日上□山而西郭村当家居士杨□□，室人□氏□□；男：□见，室人程氏，杨□□，室人□氏。合家感□讨元，压年布施银八十三两开创其顶，建铜殿，立南顶，修西廊，造石洞、金铜殿。一面其功，不可胜指。就其开创之所张也，不可不志。□是勒石□名万世不朽。」康熙三十三年七月初二日立。"[21]

《铁金铜殿碑记》是洪洞县龙泉乡以及临汾县的香会信众专门于铜殿处捐款上香的记录：

"大清国山西平阳府洪洞县龙泉乡祭汾都南宫里南洪段村居住阖会人等，各发诚□□□道财恭于玄帝铁金铜殿，志银乃□俾佑合会平安，开列于后：

"武登禄、杨金殿、杨玉廷、杨金息……［等五十二人，略］
"临汾县羊黄重洪堡村施钱叁千，为首人□王三门辛良庆。
"当家陈增祥。」化主田登富。」住持台杨珠，郭理德，郭理全。」石匠董壬还。
"康熙四十六年四月初三日立□碑记。"[22]

其余相关碑文见附录二。

铜殿毁坏年代不详，据当地人称毁于日本侵华战争，未能找到可靠资料证实。

21 笔者录于青龙山真武庙，2009年7月6日
22 笔者录于青龙山真武庙，2009年7月6日

图6-20 洪洞青龙山真武庙全景

2 青龙山铜殿建筑形制考

（1）总体布局

青龙山真武庙是平阳地区四座真武庙中格局保存相对完整的一座，然而其中的主要建筑也已经为近年大修或重建的，其中重建的玉皇楼甚至用的是钢筋混凝土结构。但真武庙整体的建筑成就仍然值得称道。

首先在青龙山山脊上用块石包砌出一个大台基，作为整个建筑群的基础。大台基高约18米，中间有三层可进入的空间，每层均为石拱券结构。最上又砌一层锢窑，与整个大台基融为一体，使其立面达到21米多高。大台基上再立木构建筑群。从山下看，真武庙的基座与山体融为一体，整个建筑群雄踞山脊，气势磅礴（图6-20）。

大台基上，真武庙建筑群并未按单一的轴线布置，而是顺应山势，以三条主要轴线来组织布局；在竖向上，则层层错落布置了四个主要标高层。铜殿位于最高标高层的铜殿院落中，院门与院落中央的八角亭构成真武庙的第三条轴线（图8-11）。

（2）铜殿

最高一层院落的中央，是一座近年建的八角亭，亭内中央的台基上放置一座约一米多高的近年新铸造的小铜殿（图6-21）。从规模来看，这座新做的小铜殿是个神龛性质的铜殿模型。从互联网上可搜索到修复以前的八角亭台基（图6-22）。

就整个真武庙来看，八角亭的位置是原先最有可能放置铜殿的位置。但原本的铜殿究竟有多大规模，是否是一座占据了整个八角

图6-21

图6-22

图6-21 八角亭及其内部近年新铸造的小铜殿
图6-22 青龙山真武庙八角亭原台基

亭基址的八角形铜殿，还是一座位于八角亭内部的小殿？从现场来看，没有更多的建筑遗迹能提供线索。

如果是一座占据整个八角亭基址的八角形铜殿，按边长3.2米来看，这座铜殿的规模相当大，用铜量巨大。从历年碑文中记载的募捐数量推测，周边民众难以有这样大的财力承担。所以这种可能性不大。

"开山□□碑"碑记中提到："合家感□讨元，压年布施银八十三两开创其顶，建铜殿，立南顶，修西廊，造石洞、金铜殿。"这里出现了"建铜殿"，又有"造石洞金铜殿"，难道曾有两座铜殿？难以理解。但从经费银八十三两来推算，立南顶、修西廊、造石洞，这些工程开销应当足够，若再建一座大型的铜殿，则肯定不够。当然当时肯定还会有其他募捐，但既然专有一块开山碑，相信这里记载的会是捐款中的大份额。

假设这八十三两银全部用来造铜殿，每两白银兑铜钱一千文。按"顺治十年因钱贱壅滞，改旧重一钱者为一钱二分五厘，十七年又增为一钱四分，所以杜私铸也"[23]。单枚铜钱重量的增加，导致康熙年间铜价超过了铜钱与白银的兑换价，也就是说，把一两白银兑换成的铜钱直接熔化，能得到比一两白银能买到的更多的铜。此时民间就会出现"毁钱鬻铜"的现象，以得到更多的铜。但此时一两白银兑换铜钱的数量也会由一千文降至九百文，甚至八百文左右。按一枚铜钱一钱四分计算，八十三两银全部兑换成铜（黄铜合金），重量为：

（1）83两（银）×900文/两（银）×0.14两（铜）/文=10458两（铜）

（2）10458两（铜）÷16两/斤=653.625（清制）斤

（3）653.625（清制）斤×590克/（清制）斤=385638.75克=385.63875千克

23 见赵尔巽. 清史稿[M]. 卷二百六十七列传五十四陈廷敬. 北京：中华书局，1977：9967-9968；及卷一百二十四志九十九钱法，第3642-3643页再用今常见的康熙通宝验算。一文钱的康熙通宝重3.8~5.5克，则：

83两（银）×900文/两（银）×5.5克/文＝410850克＝410.85千克

两数字相差不大，用康熙通宝估算所得的最大值是410.85千克。这对正常规模的铜殿来说显然远远不够，但对佛道帐式的小铜殿来说，则是够用的。这也能与民国《洪洞县志》提到的青龙山真武庙"中有小殿，铸铜为之"相印证。

综上，推测青龙山真武庙的铜殿，可能也是一座佛道帐大小、神龛性质的小铜殿（或铜殿模型）。与姑射山铜殿相似，这也是一座符号化了的金殿。它以较少的成本，浓缩了金殿的象征意义。

（四）姑射山铜殿

1　姑射山铜殿建造年代

（1）姑射山

姑射山是吕梁山支脉，位于汾河西侧，南北绵延约100余公里。北自今汾西县境内，南达今临汾市境内。姑射山又名藐姑射山，其不同段落又称青山、汾西山。按雍正《平阳府志》：

"姑射山：在县西六十里迤逦而南二百余里，蟠袤襄陵、临汾。境有九龙、西顶、龙祠、水泉、仙人祠。山麓石门名真人洞，山巅庙名真人祠。

"汾西山：在县西六十里，连姑射山。金志汾西有汾西山、汾水。一名青山，产铁。

"青山：与姑射连阜。繇山麓暖泉头，陟第一天门、第二天门，路绕羊肠，石击鳌足，乃陟巅真武祠。祠前方池一，纵横丈许。左有莲花洞。山产铁，一名汾西山。"[24]

实际说的都是同一座山，位于现汾西县西三十余公里（图6-23），从勍香镇进山可达。据光绪《汾西县志》：

"在县西六十里，奇峰耸汉，四望诸岳如培塿。上有藐姑仙人祠及镇武铜殿，为汾隰蒲三处人民公祀，香火甚盛。"[25]

姑射山之名，大约出于《庄子·逍遥游》："藐姑射之山，有神人居焉；肌肤若冰雪，淖约若处子。"铜殿与藐姑仙人的传说并无关系，然而山中确有被视为神迹的"铜鞋"：

[24]［清］章廷珪修纂.［雍正］平阳府志.卷五山川.雍正十三年（1735）：第二十九页
[25]［清］曹宪，周桐轩纂.［光绪］汾西县志.卷一山川.汾西：汾西官衙藏板，光绪八年（1882）：第五页

图6-23 汾西姑射山真武庙远眺

"青山巍姑仙人祠旁有莲花洞，遗铜鞋一双，古色斑斓，制度精异。今存。"[26]

铜鞋的故事多少可以体现，铜在此是被视作与神迹相关的材料。

（2）真人祠、真武庙与金殿修建史考

姑射山铜殿原位于姑射山真武庙。铜殿现已不存，但庙址仍在。庙内部分建筑尚存，多已经清代修缮。现庙内尚存数通与修建活动相关的石碑，可供考证真武庙与铜殿的情况。

真武庙建设之前，其址曾有真人祠，又有记载称仙人祠或龙王庙，实际应为同一处建筑群。各相关方志及现场碑铭对其名称及修建活动的记载较混杂，现梳理列表如下，可供查证：

表6-2 姑射山真人祠及真武庙修建年表

名称	年代	修建活动	出处
真人祠	宋	建庙	元皇庆元年（1312）《重修青山庙碑记》[27]，雍正《平阳府志》卷十
青山庙（真人祠）	元至元三十一年（1294）	修缮	元皇庆元年《重修青山庙碑记》
青山庙（真人祠）	元大德七年秋八月初六日辛卯夜（1303）	地震，倾圮	元皇庆元年《重修青山庙碑记》
青山庙（真人祠）	元至大二年（1309）春	修缮、重建	元皇庆元年《重修青山庙碑记》
青山龙王庙	元延佑二年（1315）	"重修"	康熙《汾西县志》卷二[28]

---

[26]〔清〕章廷珪修纂.〔雍正〕平阳府志.卷三十一古迹，雍正十三年（1735）：第二十一页

[27]〔元〕隰州学正孙文通撰《重修青山庙碑记》："县西之境皆山。就中为最巉苍而耸拔者，青山也。其山连阜姑射，故亦以姑射名。……山之麓石门辟焉，名曰真人洞；山之巅遗庙存焉，榜曰真人祠，然则兹山之名岂非自姑摄真人而立也欤？……其始事之年仅见于金朝栋志、宋年石刻。乃知肇构之岁月固若是之远也。维大元至元三十一年，陈兴等特整丹，恩恻其疎朽，就加修饰。……大德七年秋八月初六日辛卯夜坤维震荡，山岳崩摧，而是庙也亦倾圮亦。厥后殿材又为野爨之烬。……至大二年春……乃经乃营，肯堂肯构，俾其旧制扩而广之。……经始于戊申之春，勒成于己酉之夏。寒暑一周，厥有成绩。他日兴等踵门而告余曰，庙完石营，请君记之，俾来者有考焉。……时皇庆元壬子仲秋二十有六日。"笔者录于汾西姑射山真武庙，2008年8月3日。全文见附录二。康熙《汾西县志》亦录有此文，见〔清〕蒋鸣龙编纂.〔康熙〕汾西县志.卷二.见：山西府州县志第2册故宫珍本丛刊第78册[M].海口：海南出版社，2001：300

[28]"青山龙王庙：一在青山顶，元大定年建，延佑二年重修，明洪武三年重修。国朝修增真武庙，作西台。"
"真武庙：在城西六十里青山顶，顺治十一年建。"〔清〕蒋鸣龙编纂.〔康熙〕汾西县志.卷二.见：山西府州县志第2册故宫珍本丛刊第78册[M].海口：海南出版社，2001：300

续表

名称	年代	修建活动	出处
姑射真人庙（青山龙王庙）	明洪武三年（1370）	"重修"	康熙《平阳府志》卷十[29]；康熙《汾西县志》卷二
真武庙（青山龙王庙）	清顺治十一年（1654）	"修增真武庙，作西台"；建庙	康熙《汾西县志》卷二；光绪《汾西县志》卷二
真武庙	清康熙十三年（1674）；康熙十六年（1677）春	"卜铸于隰州"；"逢迎铜殿上山"	康熙十六年《姑射山铜殿碑记》；光绪《续修隰州志》卷一
真武庙（五圣母庙）	清乾隆五十七年（1792）	重修五圣母庙于铜殿之后	乾隆《五圣母庙建修碑记》
真武庙	清道光二十五年至二十七年（1845~1847）	修补铜殿，建三皇阁，左右建窑各二	《清道光二十七年补修姑射山碑记》
真武庙	清咸丰七年至九年（1857~1859）	改玉虚宫为戏楼，重修武殿	咸丰十年闰三月（1860）《重修武殿戏楼碑记》

姑射山真武庙现场所存《五圣母庙建修碑记》，碑文已难辨认，但仍能识出铜殿、镌刻日期等重要信息，择其要者录出如下：

"青山巅有子孙圣母及痘疹送子娘□。五位娘娘之庙由来久矣。……庙初在祖师正殿之西陲，又为朝山女客之□所关系□浅迁□至□。……□□□□年□庙于铜殿之后，重修补塑金□神像。又于□□庙前建立窗槛数间。□而尽采，略有可观焉。……本山道人郭复孝，要复贤，乔复教。大清乾隆伍拾柒年岁次壬子闰月。"[30]

《道光二十七年补修姑射山碑记》下部为土石掩埋，无法读全，但仍有重要信息：

"尝闻山不在高，有仙则名。藐姑射之仙人称于庄子由……⌟
简牍著于歌咏。姑射之为名山久矣。汾之姑射自元明……⌟
今修葺增补备载丰碑巨碣中。蒲隰之民每岁三月□随……⌟
与汾民同祀。⌟
真武大帝道光甲辰因争修□学聚讼。仙根李父台断……⌟
民兴工修补铜殿、□建三皇□帝阁，左右建窑各二……⌟
张家川纠首募化至，粧工始于道光乙巳四月丙午……⌟
所费系香火资并纠首所募化勒诸琬琰，为好……"[31]

可见姑射山真武庙的信众覆盖范围包括汾西、蒲县、隰州，虽然后两者在清代已不属于平阳府。而据康熙十六年《姑射山铜殿碑记》可知，铜殿虽然位于地属汾西的姑射山巅，却是在隰州铸造的。该文重要，大段引述如下：

---

29 "姑射山：（汾西）县西六十里，一名青山，乃姑射之连阜。山产铁，旧有邈姑仙人祠。"
"姑射真人庙：又名青山龙王，西门外青山顶二处俱建。明洪武三年修。"
［清］刘棨修，孔尚任等纂.［康熙］平阳府志. 卷五，卷十. 见：稀见中国地方志汇刊（第六册）[M]. 北京：中国书店，1992：72, 167. 雍正《平阳府志》卷十亦有相似内容，此处不赘。
30 笔者录于汾西姑射山真武庙，2008年8月3日。全文见附录二。
31 笔者录于汾西姑射山真武庙，2008年8月3日

"平阳富庶之区,而西山之处僻在深山。土瘠民贫,号为疲累其中。彼善于此者则隰州为最,汾西其次焉。隰汾之间有山巍然,重冈叠嶂,蔓衍数百里者姑射山也。山巅虽属汾邑,然左汾右隰辅车之势相依,东西之水各分而近,而汾属远,而全隰莫不星罗棋布,若可指数于眉睫之下,固汾邑之重镇亦隰州之钜观也。

"顺治间,真武降灵,有居士郭进才草创经营,募建铜殿。以工力浩繁,迟之又久。至康熙甲寅岁[1674],卜铸于隰州,惟神显异,远近胥悦。州之荐绅宋君扶风,吕君凤岐等力保于刺史胡公之前。守府陈公笃信护法,乃立厂开炉,四方善信富者出财,贫者输力,无不发大欢喜。不二载而告成。

"丁巳[1677]春,予率众奉迎铜殿上山。幸今刺史邵公不违初志,于是异论始息,善果克成。而前此数十载之勤劳、后此亿万年之名誉,皆于一旦经始之。兹山不朽,凡有功于铜殿者,亦附以不朽矣。夫洞天福地,造物之所宝惜,神佛之所凭依,而蛟龙虎豹之所守护也,方其蕴而未露。一望童山,芥荆榛而穴狐兔,有满目萧然之悲,及夫神人感应而向之所望为童山者,金碧互映于层霄,钟鼓遥传于空谷,竟俨然一胜境矣。且吾闻之,沃土之民不材,淫也;瘠土之民莫不向义,劳也。民劳则思,思则善心生。铜殿之铸于隰州而立于汾西,瘠土之民好善有甚相远者耶。抑非隰州则殿不成,非汾西则殿不立,而帝欲东西眷顾耶。又或者兹山虽高,得铜殿而愈显;铜殿虽贵,得兹山而益彰。"[32]

此碑完整记载了铜殿铸造始末,然而后来佚失,以致"久之隰汾两地之人皆莫详铸殿始末,虽耆老亦罕有能言其事者"[33],直到光绪十三年才被重新发现于山中,并送回庙中重立。但笔者在姑射山真武庙未找到此碑,此处根据光绪《续修隰州志》中的记载录入。

咸丰十年《重修武殿戏楼碑记》亦提供了丰富的信息:

"[碑额]三晋武当

"创建金顶以来春秋二百,修废举坠之事,功绩万千。碑碣虽浩繁,感缺尽不少。存者可考,毁者无稽。渐次增修添补较前颇为完备,但嫌乐亭低矮,前后两不相称。

"玉虚宫倾,补葺不能□延用。是七年改作戏楼,置为高台。九年重修武殿,□旧如新。三年两工靡有暇日。今岁庚申将两次慕化姓名并勒石果。昔每岁小补,远年大修。……"[34]

据此碑记可知,至咸丰十年(1860)"创建金顶以来春秋二百",这与方志记录的真武庙增修于顺治十一年大致相合。此碑

32 [清]崔澄寰,王嘉会纂修.[光绪]续修隰州志.卷一古迹.光绪二十四年(1898):第十九至二十二页,见:中国方志丛书·华北地方·第四二八号[M].台北:成文出版社有限公司,1976:40-45.全文见附录二。
33 [清]崔澄寰,王嘉会纂修.[光绪]续修隰州志.卷一古迹.光绪二十四年(1898):第二十二至二十三页,见:中国方志丛书·华北地方·第四二八号[M].台北:成文出版社有限公司,1976:46-47
34 笔者录于汾西姑射山真武庙,2008年8月3日

图6-24 汾西姑射山真武庙全景

称姑射山真武庙为"三晋武当",又称作"金顶",庙内还有"玉虚宫",显然这是在比附武当山道教建筑群。

姑射山铜殿毁坏年代不详,据当地人称毁于"文革"时期。

2 姑射山铜殿建筑形制考

(1) 总体布局

姑射山真武庙位于山顶,坐北朝南,随山脊走势,沿轴线排布。真武庙整组建筑建在砖、石基础上,整组建筑沿轴线逐级升高。从轴线开端到尽头依次为:焚帛炉或天门(推测,已倾圮)——山门(背后为倒座戏台)——院落——高台阶——二进门廊(左右转角处设钟鼓亭)——院落——真武殿——院落——三教台(此为二层锢窑:一层为关帝殿、文昌殿、二郎神殿;二层为孔子殿、释迦殿、太上老君殿)——铜殿——玉皇楼(锢窑明楼:下层为锢窑,供华佗、药王、送子娘娘;上层为木构)。真武殿后的院落西侧、东侧对称地各有一组偏院,现已倾圮。

铜殿在平面、竖向序列中都处于最显眼的位置(图6-24,另见图8-10)。

(2) 建筑形制

1999年当地新造了一座铜殿置于原址,其形象并不足为凭。但铜殿的须弥座台基仍为原物,仅部分柱头、栏板为当代修补[35]。现存

35 栏板上有浅浮雕,图案有两类:一类为花卉、麒麟、龙、鹿等图案;另一类为"二龙戏珠""咬脐打围""虎牢关""三英吕布"等附有榜题的图案。两类图案的栏板可能非同一时期所做。

图6-25
图6-26

图6-25 姑射山铜殿须弥座台基
图6-26 当代复原重建的姑射山铜殿

须弥座台基平面为八边形，整体位于1.2米高的方形平台上，须弥座高1.9米，每边长1.8米。铜殿所在的平台位于三教台房顶与玉皇楼二层前廊之间，为进入铜殿，须先从台阶登上三教台的房顶，再通过木梯跨到须弥座台基上（图6-25）。

与台基对应，姑射山铜殿应当是一座八边形平面的铜殿。这种平面形式与之前的铜殿都不同。八边形平面决定了屋顶形式应当是攒尖顶，高度根据平面规模可大致推算出在2.8米左右。这可与光绪《续修隰州志》的记载相印证：

"姑射铜殿：在城东南一百里。姑射山庙中有八卦铜殿，高丈余，周匝二丈有奇。其真武像及香案栋宇通体一气鼓铸，浑成无迹，亦奇观也。康熙十三年隰州绅衿宋扶风等同力募化。在州西关开炉铸造，竭诚董事者则善士郭进才也。郭圆寂后，殿侧肖像祀之。"[36]

现在这座复建的铜殿边长1.1米，规模很小（图6-26）。铜殿壁与栏板之间距离为95公分，可容人绕行，绕至铜殿后，可通过木梯直接通向玉皇楼的二层。从须弥座台基南、北入口处的痕迹推测，笔者倾向于相信原铜殿周围当留有空间供人绕行，即倾向于相信现在复原方案的平面规模，以及相应的高度。

此小铜殿规模甚小，虽然内部仍可容人，但因其平面不方整，故实际使用起来比武当山小铜殿（面阔2.61米）还要小，礼拜空间相当局促。已经处于建筑（大木作）与道帐（小木作）含混的交界

36 [清]崔澄寰,王嘉会纂修.[光绪]续修隰州志.卷一古迹.光绪二十四年（1898）：第十九页，见：中国方志丛书·华北地方·第四二八号[M].台北：成文出版社有限公司,1976：40

处。铜殿造价昂贵是一方面原因，另一方面也反映了在民间，金殿这个概念已经符号化，而不必是个足尺度的殿堂，其内部空间只要保证放得下真武神像即可。而神像可大可小，铜殿本身的规模也就可以根据财力量力而为。

本章小结
铜殿的成熟与符号化发展

铜殿发展至此，已经在技术上、象征意义上完全成熟。康熙年间重建的昆明太和宫铜殿，继承了前一座昆明铜殿的名称（太和宫金殿）和布局（环以紫禁城），但建筑的具体形式并不相同——它规模更大，是已知最大的一座铜殿。

一方面，昆明铜殿的构架成熟，各个构件也几乎全可以视为将木构建筑的木构件、瓦件同等替换为铜铸。其仿木形式、材料选择反映出的技术水平和技术思想都标志着铜殿的技术成熟和发展高峰。

另一方面，"金殿"在象征意义上的价值在某些案例中此时已经超越了其作为建筑工程实体存在的意义。平阳地区密集出现的四座铜殿（或铜殿模型）就表现出将"金殿"符号化的趋势。在信众眼中，正宗的真武庙必须拥有一座铜铸的"金殿"。但这些铜殿不必具有真正建筑的尺度，甚至可能还达不到武当山元代小铜殿的尺度，而只需是小尺度的道帐或模型，就已经足够浓缩表达"金殿"作为武当真武信仰的符号标识功能了。

本节对平阳地区这四座已不存的铜殿及其所在真武庙的深入调查和考证，首次确认了历史上这四座铜殿的存在。这四座铜殿的对比总结见表6-3。

它们在时间和空间上的密切关联都提示我们，这四座铜殿及其所在真武庙出现的背后一定有内在动力。碑文和方志明确记载了这是因为香路不通武当山，从而在本地建造真武庙和金殿供本地和周边一定范围内的信众供奉。从创建者和记录者的叙事中，可以明显感到，他们都在试图构建本地的"老爷顶"与武当山的联系；以及试图构建本地的真武庙和铜殿在整个真武信仰中的重要地位。这一系列活动是武当真武信仰在山西平阳地区传播发展的鲜活案例。

信仰的象征性意义，通过一套工程实践行为来实现，而在其中起到关键标志作用的，正是"金殿"。

表6-3 平阳地区四座铜殿对比总结表

铜殿	地点	建造年代	平面形式	规模	图片
霍山铜殿	洪洞县兴唐寺乡328发射台	明崇祯十六年（1643）	不详	四面设铜栏杆。前有铜牌坊一座，上下俱饰以金。尺度不详	无
飞龙山铜殿	石楼县西五十里	上限：顺治十三年（1656）；下限：康熙四十年（1701）	方形	位于高台上，规模不大，但仍为建筑尺度	
青龙山铜殿	洪洞县城西26公里，龙马镇西	康熙七年（1668）	可能为八边形	可能为道帐大小，神龛性质的小铜殿	
姑射山铜殿	汾西县西六十里	康熙十三年（1674）开铸；康熙十六年（1677）安奉上山	八边形	处于建筑（大木作）与道帐（小木作）含混的交界处	

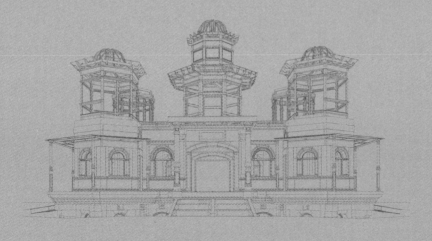

第七章 中国古代金属建筑的最后辉煌与境遇（清—近代）

第七章　中国古代金属建筑的最后辉煌与境遇（清—近代）

铜殿在明至清初经历了一段建设高潮之后，流行程度趋冷。平阳地区的四座铜殿之后，民间不再有新铜殿诞生，皇家也只在清乾隆时期于颐和园和承德避暑山庄建造了两座佛教铜殿。这既与真武信仰在清代不像明代那样有"靖难"护国的地位有关，也与清代的"铜荒"有关。乾隆年间这两座皇家苑囿中的铜殿做工精细、装饰繁富，可算铜殿在中国最后的辉煌。

铁塔、铜塔方面，入清以来虽然各地仍不时有新作，却再无令人瞩目的大型作品出现，基本上延续了此前的各种类型。

值得注意的是，清中期以后是中国古代金属建筑从辉煌走向衰落的阶段。而在欧洲以及美洲新大陆，铸铁正作为一种新材料，被大规模运用到新的建筑结构中去，并孕育着现代建筑的革命。同样都是金属材料，在世界的一端正处于积极主动的生产力大发展中，而在世界的另一端则处于古老帝国被动面临的前所未有的挑战和社会动荡、变革中。这为讨论中国古代金属建筑在近代的转化和发展提供了一个契机和参照系。

一、皇家园囿中的佛教铜阁：宝云阁与宗镜阁

颐和园宝云阁建成于乾隆二十年（1755），承德避暑山庄宗镜阁建于乾隆十五年至二十六年间（1750—1761）。这两座清代皇家苑囿中的铜殿，除了在细节上可能有少许差别外，造型几乎完全一样。与之前所有铜殿都不同的是，这两座铜殿被定名为"阁"。据其建筑形式，称为"阁"而非"殿"是合宜的——重檐、方形平面、造型上高度显著大于面阔。而这两个具体称呼也在很大程度上反映了其地位的变化——与"金殿"相比，"宝云阁""宗镜阁"在建筑群中的地位显然已经不那么突出了。

图7-1 五方阁院落中的宝云阁

（一）宝云阁

1　宝云阁建造年代

宝云阁位于现北京颐和园内排云殿-佛香阁建筑群内西侧的五方阁院落中（图7-1）。

清乾隆十五年（1750），乾隆皇帝为庆祝其母孝圣宪皇后次年的六十大寿，在瓮山（万寿山）南坡中央兴建大报恩延寿寺。

据宝云阁东南槛窗榻板内壁上的铭文可知，宝云阁建成于"乾隆二十年岁次乙亥夏六月"，即公元1755年，为大报恩延寿寺开始兴建的5年后。咸丰十年（1860），英法联军火焚清漪园，大报恩延寿寺建筑群中的众多建筑均化为瓦砾，只有宝云阁和个别建筑得以保存。

光绪十二年（1886），在修治昆明湖备操海军的名义下，清廷在已毁的大报恩延寿寺建筑群基址上改建排云殿建筑群，后又重建佛香阁，即留存至今的颐和园排云殿-佛香阁建筑群。宝云阁的铜窗扇曾流失海外，剩下四面通透的宝云阁也因此曾被称为"铜亭"。铜窗扇1993年经美国国际集团公司出资购得并赠还颐和园。[1]

---

[1] 本小节中部分年代引自颐和园管理处. 颐和园排云殿-佛香阁-长廊大修实录[M]. 天津：天津大学出版社，北京：《建筑创作》杂志社，2006：32-33

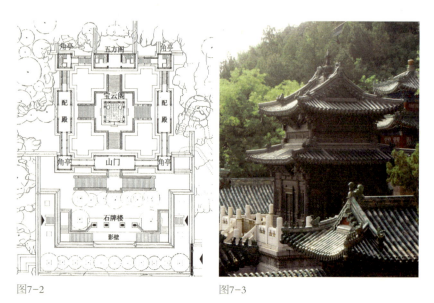

图7-2 五方阁院落总平面示意图
图7-3 宝云阁（东南侧）

2 宝云阁建筑形制[2]

（1）总体布局

宝云阁所在的五方阁院落平面呈正方形，宝云阁位于院落正中央的汉白玉须弥座上，四出台阶，坐北朝南。宝云阁南有山门，北有五方阁，东西各有配殿，院落的东南、西南、东北、西北四角各有一座重檐四方角亭。各建筑之间用包括叠落廊在内的24间围廊相连，形成以宝云阁为对称中心的围合院落（图7-2）。

（2）形制

宝云阁面阔三间，进深七檩（图7-3）。通面阔、通进深均为4.41米，平面为正方形（图7-4）。屋内无金柱，仅外檐一圈柱。柱础为石质，柱础形式为浅浮雕16瓣宝装莲花（图7-5）。台基上殿外为方砖铺地。殿内铺地形式考究，为六边形石板与白色方形石板组合。六边形石板有青色与红色两种石材，相间铺设。特别的是正面门内第三块石板处不铺六边形石板，代之以一块平面为圆形、截面呈弧形、高出地面2至4厘米的石头（图7-6）。推测可能是用以标示跪拜礼佛的位置，可在上面放置蒲团。阁内置石质莲花宝座一对（图7-7）、铜供桌一个。

宝云阁南、东、西三面均为明间4扇槅扇、两次间各2扇槛窗。唯北面各间俱为槛窗。

宝云阁上檐进深五檩，下檐各面出檐一檩。下檐柱自槛窗以上依次是小额枋、垫枋、大额枋、平板枋，上施五踩斗栱，外拽出双

[2] 蒙天津大学王其亨先生及吴葱先生、丁垚先生、曹鹏先生惠允，笔者于2006年7月参与了天津大学建筑学院颐和园万寿山－排云殿景区测绘项目组的现场测绘工作，得以对宝云阁进行近距离观察和测量。谨致谢忱！

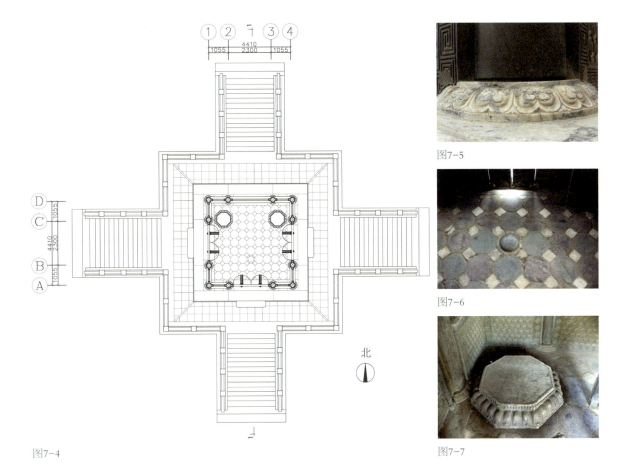

图7-4

图7-7

图7-4 宝云阁平面
图7-5 宝云阁石柱础
图7-6 宝云阁内铺地
图7-7 宝云阁内莲花座

昂。宝云阁的重檐构造通过抹角梁法实现，檐柱顶施抹角枋、小抹角梁、大抹角梁共三层梁枋来承上檐荷载。

大抹角梁上坐一八边形骑梁墩斗，上承童柱、承椽枋。与其他铜殿不同的是，承椽枋之上不是紧接上檐额枋、斗栱，而是施围脊枋，开一周圈围脊榻子，既加高了室内空间，也改善了采光。上檐的歇山构造也通过抹角梁法实现（图7-8，图7-9）。

宝云阁为重檐歇山顶，坐于3.55米高的汉白玉石台上（图7-10）。

屋面形式忠实模仿琉璃屋面，正吻、垂兽、戗脊兽的做法均符合标准官式建筑形象。现在上下檐翼角均无仙人走兽，但根据约翰·汤姆森（John Thomson）于1874年出版的影集《Illustrations of China and Its People》可知，原来是有仙人走兽的（图7-19）[3]。脊刹为一窣堵波形式的塔，塔刹饰日月同辉、火焰宝珠，体现了宝云阁的宗教属性。两侧的正脊无分段接缝，为整体铸成。正吻、脊刹均用铁索与屋面连接加固。屋面曲线平滑流畅，上下檐均为滴水坐中，收山约为一檩径。山面无悬鱼，山花板素面无绣花结带。

金殿梁枋表面均为素面无纹饰，但槅扇、槛窗的面叶均雕饰云

3 John Thomson, F.R.G.S. Illustrations of China and Its People. vol.IV, 1874.48。作者错把此称为圆明园，且以为宝云阁为青铜造（the Bronze Temple）。

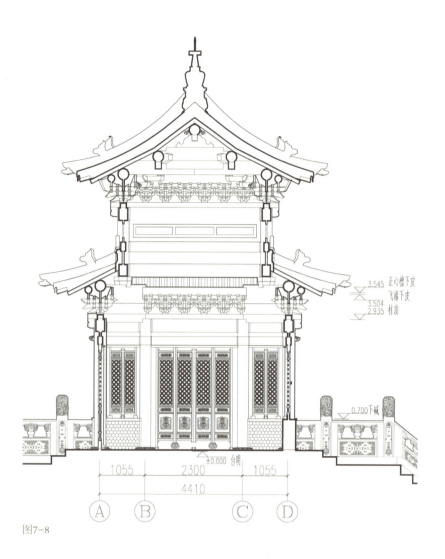

图7-8

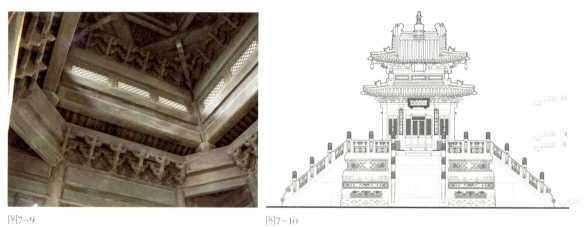

图7-9　　　　　　　图7-10

龙纹，图案极精细复杂，体现了高超的铸造技术。宝云阁勾头、滴水的纹样独具匠心，其龙纹均相对立面中轴线对称（图7-11）。正立面明间左右檐柱悬一对铜质楹联（图7-12），以"慈云垂润"对"慧日扬辉"，字句间流露对皇太后的歌颂，多少体现了铜殿本身

图7-8　宝云阁1-1剖面
图7-9　宝云阁内部梁架
图7-10　宝云阁正立面

（1）勾头（龙纹相对立面中轴线对称）　（2）戗脊的螳螂勾头

（3）滴水（除坐中的滴水外，龙纹均相对立面中轴线对称）

图7-11 宝云阁勾头、滴水
图7-12 宝云阁铜楹联
图7-11　　　　　　　　　　　　　　　　　　　　　图7-12

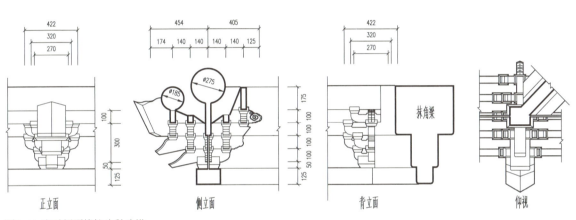

图7-13 宝云阁下檐柱头科斗栱

建造的目的。下檐铜质匾额"大光明藏"，上檐用满、汉、蒙、藏文题额"宝云阁"。楹联、匾额边框布满云龙雕饰，其制极繁复。

（3）斗栱

下檐各面明间施平身科斗栱四攒，次间施一攒；上檐各面施平身科斗栱六攒。内外拽各栱均无栱瓣，唯内拽头翘明显分四瓣。正心各栱俱为足材，跳头各栱俱为单材，斗欹平直无弧度。斗口值为5厘米，单材高7厘米（1.4斗口），足材高9.9厘米（2斗口），均符合清则例规定。斗科间距约46厘米，约为9斗口，少于则例规定的11斗口。柱头科外拽二跳施以假挑尖梁头，内部则接抹角梁（图7-13）。

经近距离观测，宝云阁的斗栱大体是按照斗栱的铺作层分层铸造的，但并不像木斗栱那样，每个栱件、斗件都分别铸出，而是将每层的斗与栱铸为一组，再层层叠置，如表7-1所示。

表7-1 宝云阁下檐补间铺作分层构成表

铺作层	示意图	组成
第四层		里拽十八斗+厢栱+三才升（2个）+麻叶头
第三层		第三层为：十八斗+万栱（内、外）+厢栱+三才升（2个×3组=6个）+耍头
第二层		十八斗（内、外）+正心万栱+瓜子栱（内、外）+三才升（2个×3组=6个）+昂
第一层		坐斗+正心瓜栱+三才升（2个）+昂（里拽为翘）

图7-14 宝云阁槛窗

可以看出，每层铸件中，三才升都是随其下的栱件同铸的；而大斗及各跳头的十八斗都是与其上的纵横栱件同铸的。

（4）门窗

宝云阁的槛窗、槅扇设计均按照清官式做法。与其他铜殿最大的不同之处在于，其窗扇均为活动可开启式。其转轴上端插入连楹，下端插入荷叶墩，两扇槅扇或槛窗关闭后，内侧用闩杆拴住，上下分别插入连楹和单楹（图7-14）。

（二）宗镜阁

1 宗镜阁建造背景

承德避暑山庄内的珠源寺（图7-15）也曾有一座铜殿，具体建造年代不详。据乾隆二十六年《内务府奏销档》记载："热河珠源寺内依照北京万寿山宝云阁铜殿式样，建造铜殿一座"[4]。据此宗镜阁建造年代当在乾隆十五年与二十六年之间（1750—1761）。据承德避暑山庄博物馆内公布的奏销档数据，宗镜阁共用铜料207吨，用银65663两（笔者未见档案原文）。日本1933年（昭和八年）出版的《热河风景》在介绍宗镜阁时提到"它是屋顶、柱子、门和地板都用铜建造的一座殿堂。据说是从朝鲜捐献（原文为'寄进'）来的"[5]。此说何出，暂时无法查证，列出备考。

宗镜阁现已不存，珠源寺内仅余平面基址。据承德当地耆老张达池所述，宗镜阁毁于1944年，其时日本侵略者在伪满全境实施"国防献金并金属制品献纳"，铜殿遂被日军拆毁充作军火原料。据辽宁档案馆所存《珠源寺起运铜件清档》载，被毁的铜殿零部件当时装了26大箱、30抬（捆），约500余件，由铁路运往奉天[6]。

[4] 转引自王玉祥. 两座铜殿的坎坷厄运 [J]. 海内与海外, 2004(08): 58. 条件所限, 笔者尚未能与《内务府奏销档》原件核实。

[5] [日] 村松梢风. 热河风景 [M]. 东京：春秋社, 1936：76

[6] 此两段史料系引自王玉祥. 两座铜殿的坎坷厄运 [J]. 海内与海外, 2004(08)：59-60

图7-15　　　　　　　　　　　　　　图7-16

图7-15 《钦定热河志》中的珠源寺图（中轴线上左四为宗镜阁）

图7-16 历史图片：宗镜阁（东南侧）

2　宗镜阁建筑遗存

（1）平面基址

《钦定热河志》的描述较详细：

"珠源寺在水月精舍西南，东向，联额皆御书。门外石桥跨坊二，前曰'恒河普渡'，曰'德水通津'，后曰'彼岸同登'，曰'法流喻筏'。门前石坊面北额曰'披云演梵'，联曰'香界现金银无量无边莊严最胜，法琉汇珠琲不离不即感会真常'；西南额曰'听雪超尘'，联曰'优钵光中证十二因缘金刚常住，摩尼圆际参八百功德水观同澄'。寺门额曰'珠源寺'，门内三楹，额曰'定慧门'。前为天王殿，中为佛阁，上额曰'宗镜阁'，下额曰'海藏持轮'；联曰'梵天阁涌金光聚，香水澜回珠颗圆'。后殿为大须弥山，供一切诸佛菩萨。最后飞楼十三楹曰'众香楼'。寺据瀑源来处，故曰'珠源'。"[7]

《大清一统志》卷二十八也有相同记载。珠源寺坐西向东，轴线上的建筑依次为石坊、寺门、定慧门、天王殿、宗镜阁、大须弥山殿、众香楼。从志图和历史照片中可看出，天王殿前有钟、鼓楼，殿后有一小牌坊，其后才为宗镜阁（图7-15，图7-16）。据日本学者关野贞、竹岛卓一（竹岛卓一）1934年对热河的调查报告，《热河志》的文字记载有误，"披云演梵"石牌坊并不在山门之前，而是在天王殿与宗镜阁之间[8]。关野贞等调查热河时，珠源寺建筑群尚存，其记载可信度较高，宗镜阁前的牌坊应为"披云演梵"石牌坊。

7 和珅，梁国治．［乾隆四十六年］钦定热河志 [M]．卷七十八．天津：天津古籍出版社，2002：795-796

8 ［日］關野貞，竹島卓一．热河解说 [M]．东京：座右宝刊行会，1937：92

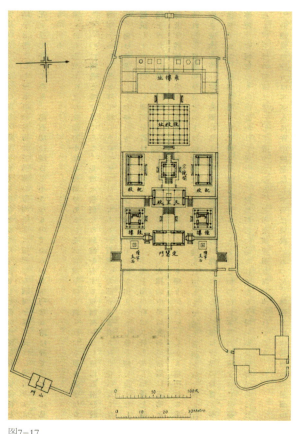
图7-17

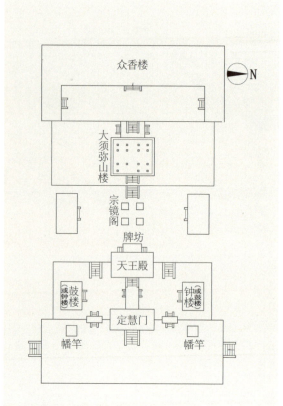
图7-18

珠源寺已毁，现仅存建筑遗址，幸而关野贞、竹岛卓一绘有平面测绘图（图7-17），可与笔者对遗址现场的踏察示意图作一对照（图7-18）。从遗址现状来看，珠源寺建筑群坐西向东，地势沿中轴线逐渐向西升高，现能辨认出定慧门、钟楼、鼓楼、天王殿、牌坊、宗镜阁、东西配殿、大须弥山、众香楼等原有建筑的基址，其相对关系与竹岛卓一所绘珠源寺平面图相同。各建筑遗址的平面轮廓比较清晰，有的还能辨认出柱础位置。宗镜阁的遗址为四个由条石垒砌的石墩，应当是原须弥座台基内部的础石。

（2）建筑形制

关野贞、竹岛卓一在《热河解说》中，对宗镜阁的原状进行了较为详细的记载：

"宗镜阁是白石台基上耸立的比较小的佛阁，但因均以青铜作成，乃颇为豪华之建筑，一种说法也被称为'铜殿'。台基上作成了拥有华丽雕饰的须弥座，前面设有石阶，后面设有回廊，并以石栏围绕其外，只是大部分石栏已被破坏，今已不存。宗镜阁虽是重檐，但底层是方三间，以正面和两侧面的中间为出入口，其他

图7-17 竹岛卓一绘珠源寺平面测绘图
1937年
图7-18 珠源寺遗址现状平面示意图
2006年7月，文字表示原有建筑的位置

图7-19

图7-19 宝云阁与宗镜阁历史照片对比
左为宝云阁（东面和北面），约翰·汤姆森摄；右为宗镜阁（西面和南面），斯文·赫定摄

9 笔者译自［日］闹野贞，竹岛卓一. 热河解说[M]. 东京：座右宝刊行会，1937：94
10 Sven Hedin, translated from the Swedish by E. G. Nash. Jehol: City of Emperors. Kathmandu: Pilgrims Publishing, 2000. Plate XXXV, first published in New York: E. P. Dutton & Company Inc. 日本翻译出版了此书，并且其中的照片质量更佳。

全部做成窗户；上层递减为方一间，设格窗。上下檐斗拱出两跳，使用二重昂。屋檐两层椽，檐椽用圆椽，飞椽用方椽，转角部分的椽子扇形排布。屋顶为歇山形式，正脊中间安放舍利塔，两端是正吻，垂脊和戗脊都搭配有脊兽，和木制的佛阁相比没有什么变化。而且以包含着精巧花纹的门扇、格窗为首，下至柱础、腰壁，上到斗栱、椽、瓦，都是用青铜做成的，特别是柱础、腰壁、椽头，雕有一般的建筑所无法想见的精美绮丽的雕饰。诚可堪称世界珍宝的建筑。因其门窗关闭的缘故，内部没能详细观看，但仍可看见所摆放的本尊佛像，以及台座、香案等，都是以青铜制的。且据《热河志》记载，虽然下层的匾额和楹联都不见了，但是上层的匾额却依然遗存。而这些也全都是用青铜制作的。"9

图7-16来自避暑山庄博物馆，具体的拍摄年代不详。然而从《热河解说》对宗镜阁形制的描述以及宗镜阁历史照片中可以知道，宗镜阁坐于雕饰精美的须弥座台基上，柱网、门窗设置、斗科分布、斗栱形式、屋顶形制、屋面脊刹与宝云阁均无二致，内部与宝云阁一样，也摆放有青铜制香案。

瑞典探险家斯文·赫定在其著作《热河》中公布了一张宗镜阁的照片10。图7-19是约翰·汤姆森拍摄的宝云阁与斯文·赫定拍摄的

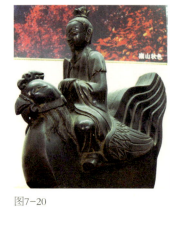

图7-20

图7-21

宗镜阁之对比。从图中可见，宗镜阁与宝云阁的建筑形式确实非常相似。

避暑山庄博物馆内存有少量宗镜阁的建筑遗存，包括铜匾一块、铜楹联一对、翼角之骑鸡仙人一个、翼角走兽中的凤一个、滴水瓦若干（图7-20）。其线条优美，铸工、雕工俱佳，堪称铸铜艺术精品。宗镜阁铜匾、铜联（图7-21）的形式俱与宝云阁相仿，其云龙纹饰、铸造手法均能看出与宝云阁的同源性。

宗镜阁与宝云阁的不同之处在于：第一，宗镜阁的须弥座不如宝云阁的高；第二，据关野贞记录，宗镜阁的柱础也由铜铸，雕饰精美，而宝云阁的柱础则是石柱础；第三，仔细比较宗镜阁与宝云阁的滴水瓦，可知其云龙纹并不相同，可知宝云阁与宗镜阁并不是同模铸造的。

图7-20 宗镜阁建筑构件遗存：骑鸡仙人、铜凤、滴水
承德避暑山庄博物馆藏
图7-21 宗镜阁铜楹联

二、发展停滞的铁塔和铜塔

这一时期的铁塔、铜塔虽然仍时有铸造，但除了佛山经堂寺铁塔在形式上有所创新，采用了此前未用于铁塔的宝箧印塔形式外，再无令人瞩目的大型或新型作品出现，基本延续了此前的各种铁塔和铜塔类型。

1　北海天王殿双铜塔

据《三海见闻志》记北海中的"西天梵境"：

（天王殿）"殿后为大慈真如殿，殿供铜佛，佛前有铜塔二，木塔二。木塔即铜塔之模型。"[11]

11 《三海见闻志》卷三"北海"，转引自陈宗蕃．燕都丛考[M]．北京：北京古籍出版社，1991：132

图7-22　　　　　　图7-23　　　　　　图7-24　　　　　　图7-25

图7-22 北海天王殿双铜塔
图7-23 佛山经堂寺铁塔
图7-24 重庆塔坪寺铁塔
图7-25 宝鸡龙门洞铁醮炉

这两座铜塔高约6.6米，传为乾隆皇帝为庆祝母亲80岁大寿而建，如此则应铸于乾隆三十六年（1771）前后。这两座铜塔坐于须弥石座上，平面为八边形，共七层（图7-22）。形制为仿砖楼阁塔型铜塔，各面填充小佛龛。本体最下层为宝装莲花，以上各层收分较小，各层腰檐出檐平缓。

此塔抗日战争期间曾被拆散，近年已经修缮，置于北海天王殿。

2　佛山经堂寺铁塔

经堂寺铁塔铸于清雍正十二年（1734），方形平面，为宝箧印塔（阿育王塔）的形式（图7-23）。这也是现在所知唯一一座大于人体尺度的宝箧印形式金属塔。塔高4.6米，正方形平面。下段为塔座，中段塔身四面辟拱形龛，龛内安置佛像。塔顶四角装四瓣蕉叶，中央有比例突出的塔刹。

此塔近年修复后置于佛山祖庙中。

3　重庆塔坪寺铁塔

塔坪寺铁塔位于重庆北碚。根据塔身铭文可知，塔坪寺创建于南宋绍兴十六年（1146），之后多有兴废。清嘉庆十年（1805）之后，寺庙复兴。根据塔身二层铭文，铁塔铸造始于清"道光五年[1825]乙酉岁腊八"；而根据塔之天宫铭文，铸成于道光六年。

塔坪寺铁塔立于一层高约20厘米的石基上，本体高约5.5米（图7-24）。平面为六边形，高七层，但最顶层还有一个小的天宫，天宫之上才是宝珠塔刹。

据笔者现场踏查：塔身各面有一至三个佛龛，但背后三面的第二至六层不开佛龛；第三层佛龛最多，除背面外各面开三个佛龛；塔上有较多铭文，除了有大段记录造塔背景、田产、寺界的铭文外，各面还有以榜题、匾额形式出现的铭文；天宫正面供一尊弥勒佛，北面佛龛内佛像佚失，其余四面为铭文。

4 宝鸡龙门洞铁醮炉、亳州关帝庙铁醮炉

铁醮炉因为功能实用，到清代仍一直有新作出现，仍然以陕西一代较为流行，如宝鸡陇县龙门洞铁醮炉（图7-25）。龙门洞是道教全真派龙门派的发祥地。这座铁醮炉铸造于清康熙年间，高约2.6米。

另一个案例是安徽亳州关帝庙正殿前的铁醮炉，高2.4米。据塔身铭文，"道光二年[1822]岁次壬午季春吉日铸造"及"大清国江南颖州府亳州北关山陕庙醮炉壹座，重三千斤"。捐资者"陕西众药材邦弟子敬叩，关圣帝神炉"；铸造者为"陕西同州府金火匠人徐福长"[12]。

可见，虽然位于江南，这座铁醮炉也还是陕西人出资，由陕西工匠为山陕庙铸造的。

三、深宫中最后的金属建筑：故宫灵沼轩

在北京故宫东路深处游客罕至的延禧宫，有一座与故宫其他建筑在形式、结构、材料、功能上均大异其趣的建筑——延禧宫灵沼轩。灵沼轩始建于宣统元年（1909），建筑形式为与圆明园西洋楼类似的"西洋楼式"；结构为石、铸铁混合承重；功能可能是皇室成员观赏水生动植物的一处休闲场所，同时也兼具防火储水功能。

1 灵沼轩建造始末

延禧宫（图7-26），始建于明永乐十八年（1420），时为长寿宫，嘉靖十四年（1535）曰延祺宫，清初改为延禧宫[13]。延禧宫康熙二十五年（1686）重建，嘉庆七年（1802）重修。

延禧宫于道光年间曾遭火灾。据《内务府奏销档》载：

"道光二十五年五月二十二日，亥初，延禧宫不戒于火，由东西两配殿起火，延烧正殿五间，东西配殿六间，后殿五间，东西配殿六间，东水房三间，共烧房二十五间。同治十一年十一月，太监

12 王福译. 古代大铁炉[J]. 铸造设备研究, 2007(4): 50-56
13《明宫史》载："麟趾门之东，曰延祺宫、曰怡神殿。"见：[明]刘若愚. 明宫史[M]. 北京：北京古籍出版社，1982：16。《国朝宫史》载："街东与景曜门相对者曰，再东为昭华门。中间南向者曰延禧门，门内为延禧宫。"见：[清]鄂尔泰，张廷玉等编纂. 国朝宫史[M]. 北京：北京古籍出版社，1987：219

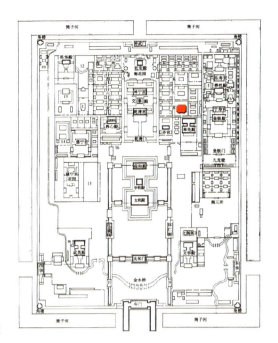

图7-26 灵沼轩在故宫中的位置

张佺喜口传奉旨：延禧宫工程，普照式修建。经总管内务府奏，明年方向有碍，拟先勘估，如后年方向相宜，即行修建。"[14]

此后，延禧宫主殿地盘上未再重建木构建筑，而代之以一座由铸铁、砖石、玻璃建造的特别的建筑——灵沼轩。灵沼轩的建造时间为宣统元年（1909），而直到1911年辛亥革命爆发仍未全部完工，成为故宫里的"烂尾楼"。据《清宫述闻》引《清宫词》注：

"宣统己酉兴修水殿，四周浚池，引玉泉山水环绕之。殿上窗棂承尘金铺，无不嵌以玻璃。孝定皇后自题匾额曰'灵沼轩'，俗呼为'水晶宫'，辛亥之冬，尚未毕工也。"[15]

朱启钤先生在1958年6月14日致故宫博物院前院长单士元先生的一封信函中，曾谈到其亲历的"水晶宫"修建事宜。信中谈到"水晶宫"未完工之原因，与一次世界大战以及清皇室崩溃均有关：

"宣统逊位不久，隆裕殡天，小德张失势，这一巨大工程虽未完工，浪费内帑已不知多少。我曾问世邵两内务府大臣，他们桥舌而已。彼时正逢欧战；内外订器材不易运输的。我办古物陈列所向比利时订购许多玻璃砖，作陈列架格之用，订了合同付了一部分款子竟无下落。则水晶宫为洋商设计，包工所需要的器材无法履行，势必以欧战借口推迟，而皇室崩溃庙寺失势，此水晶宫之未建成之缘由，可以据此推知也。"[16]

14 见张乃炜、王蔼人.清宫述闻初、续编合编本[M].北京:紫禁城出版社, 1990：717
15 见张乃炜、王蔼人.清宫述闻初、续编合编本[M].北京:紫禁城出版社, 1990：716
16 朱启钤.营造论：暨朱启钤纪念文选[M].天津：天津大学出版社, 2009：245

图7-27　　　　　　　　　　　　　　　　　　　　图7-28

1917年张勋复辟，延禧宫院落建筑被直军炸弹毁坏，灵沼轩可能也受到一定影响。1970年代灵沼轩地面以下部分被挖防空洞之土填实。现在看到的灵沼轩，是2004年修缮维护过的结果（图7-27，图7-28）。

实际上，至迟到1959年，已有一部分"水晶宫"用的玻璃砖运到，但没有安装，后来也就逐渐佚失。据单嘉筠先生记载：

"朱老在信中还告诫先父单士元要注意保存已有遗物设备。我看到先父在1959年1月25日工作日记写，统计所存水晶宫玻璃砖计有下列大小规格不同的六种：63块、27块、30块、30块、方形的6块、半圆形22块，此外尚有未计数的合计为总数259块，交与工程队保存，并嘱托要留存下来。后来我记得先父晚年对他人谈及此事时还说，玻璃砖还有半透明一种，但均为2厘米厚，特别叮嘱保存好作为历史遗迹，但未实现。好像在'文革'前或开始期，视为四旧之物，与造办处原工具一同作为废品处理掉了。"[17]

2　灵沼轩建筑现状与原设计推测

（1）建筑形制

灵沼轩坐北朝南，位于深3.4米的池中。平面形状为扁八边形，西南、东南角各接一六边形；西北、东北角各接一八边形（图7-29，图7-30）。全长24.73米，宽18.57米，总高为14.62米，建筑面积460平方米。地下一层，地上两层，地下层主体建筑与驳岸间可蓄水。地下层各间开窗，共27孔，铁质窗框，框上开槽，装上玻璃

图7-27　灵沼轩正面
图7-28　灵沼轩中央铁亭

17　朱启钤. 营造论：暨朱启钤纪念文选[M]. 天津：天津大学出版社，2009：245-246

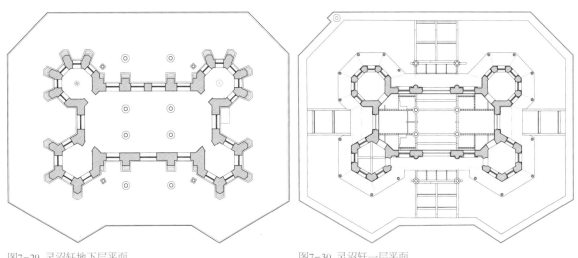

图7-29 灵沼轩地下层平面　　　　　图7-30 灵沼轩一层平面

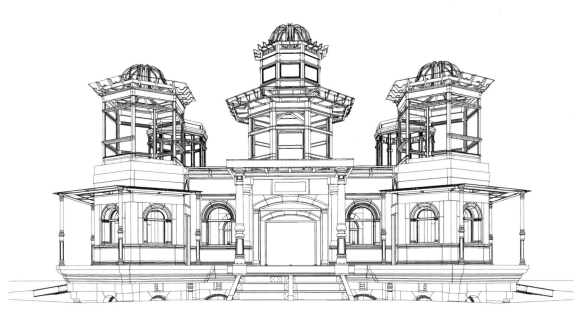

图7-31 灵沼轩正立面透视

可将窗洞密封。

一层平面四面开券门，用工字铁架桥通向池岸，其中东、西两侧券门上设三角形山花。各面与地下层对应的窗洞位置均开券窗。正立面在地下层的檐口之上表现出三段式构图的意象：一层窗台线以下为下段，一层主体为中段，二层平台以上部分构成上段；但一层平台外的一圈"副阶"式的铸铁柱廊弱化了整体的三段构图（图7-31）。

二层平台四角各缀有一铁亭。东南、西南为六角单檐铁亭，东北、西北为八角单檐铁亭，中央为八角形双层檐铁亭。正立面两座铁亭为盔顶，无覆瓦；中央铁亭亦为盔顶，覆鱼鳞状铜瓦；背立面两座铁亭尚未安装屋顶。

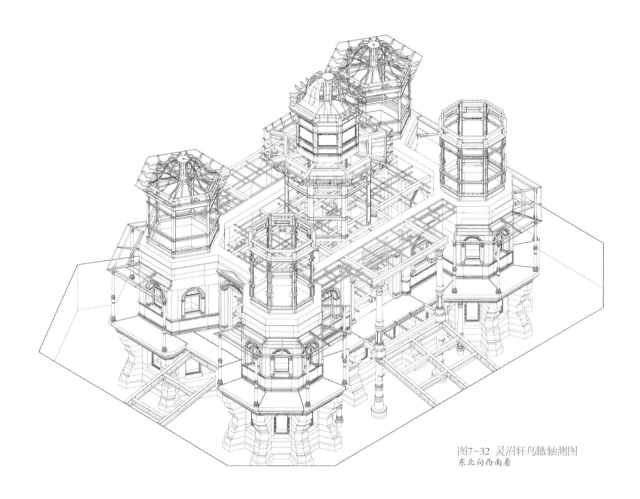

图7-32 灵沼轩鸟瞰轴测图
东北向西南看

整座建筑并未最终完工,又有经年缺损,因此现在看到的灵沼轩是一个不完整的作品。楼梯不知具体是如何设置的,仅有文献记载:"楼梯皆置宫外,由东南亭内,曲折环绕,渐升而自如也。"[18]

(2)结构

灵沼轩的结构为砖石、铸铁混合承重。外墙及一层外檐廊楼面为砖石结构,其余一层、二层的内部楼面及檐廊结构均由铸铁柱及工字铁梁承担(图7-32,图7-33)。

地下层石材较粗,一层则用白色汉白玉石,外墙开窗、开门均由三块券石发券形成。

梁架主要使用工字铁建造,间用T型铁、扁铁等型材拉结。柱均为西洋风格的预制铸铁柱,与铁梁之间用螺栓连接固定(图7-32)。

(3)装饰

灵沼轩几乎所有能看见的构件表面都有雕刻装饰,在繁缛中透出强烈的"中西合璧"意味。石构件上的雕饰题材为中国传统的

18 据《清稗史》。转引自故宫博物院古建部设计室.延禧宫内灵沼轩(水晶宫)维修保护工程设计做法说明(内部资料).2004年3月。尚未查证《清稗史》原文。

图7-33
图7-34

图7-33 灵沼轩铸铁柱与梁架
图7-34 灵沼轩细部装饰

梅、兰、竹、菊,及鸟兽、仙人、吉祥八宝等(图7-33,图7-34)。同时这些石构件也体现着中西合璧的设计意图,如正立面、背立面入口所设之仿科林斯石柱的基座用了中国传统的仰覆莲柱础,地下层檐口下的吸水怪兽用的是元代以来镇水常用的蚣蝮形象。

灵沼轩的铸铁构件在装饰上反映出与石构件不同的装饰风格。铸铁柱和个别铁梁上虽然也雕饰了花卉、蟠龙等纹样,但与石雕上体现的纹样风格显然不同。这些铸铁构件上的花纹更像是按西方人的理解所表现的具有东方风格的花卉植物纹样。中央铁亭上的栏杆则表现出了维多利亚式的铁艺风格。

据装饰风格的差异,可知石构件可能是由中国的工匠加工制造的,而铸铁构件则可能是由外国公司预制的。有些铁构件上有英文款识,证实了这一点。

灵沼轩内部大部分用瓷砖贴面,在当时也属于新材料,从图案判断,可能是从德国进口的。

(4)"水晶宫"原设计推测

据《清宫述闻》引《清稗史》记灵沼轩形制:

"在宁寿宫西数丈,掘地为池,深丈余,宫立中央,凡三层,层九间。又四角各有一亭,计三十九间,以铜作栋,以玻璃为墙,四望空明。入其中者,如置身琉璃世界。墙之夹层中,置水蓄鱼。下层地板亦以玻璃为之,俯首而窥,池中游鱼,一一可数,荷藻参差,青翠如画。"[19]

"地板又可开关,时或揭起,驾小舟直达宫外。中层、上层地

19 见张乃炜、王蔼人.清宫述闻初、续编合编本[M].北京:紫禁城出版社,1990:716

板亦用玻璃。上层顶上，更有玻璃缸数事，为蓄鱼之需。"[20]

据前揭朱启钤先生致单士元先生的信件，在李煜瀛先生主持故宫博物院院务期间（大约在1925—1929年间），朱启钤曾被邀请来院勘察未完工的状况。朱启钤对水晶宫设计方案的回忆道：

"至水晶宫建设未成，在李石曾主持故宫博物院时，特就其遗址改建混凝铁筋储藏库在设计之，我曾被邀请到遗址勘察一次……见水晶宫仅存地室，用钢梁装成一个井架，下用水储井，将来在地窖内安设机器电滚汲水上升入主殿四周玻璃墙夹壁，养鱼点灯，一种外国博物院内所设的水产动物展室的建筑方式，此等措造非北京木厂工匠所能做的，必然是由外国工程司及沪港工人来京画办行为，故遗址乘余钢梁铁件以及镟床刨床应用工具不少……"[21]

上述史料为我们描述了一处相当精彩的水族馆景象，人入其中，透过四面以及地板、天花上的玻璃，能看到水池中的水生动植物，颇似现在游乐场里的海底动物世界。配合游鱼和灯光，其效果一定晶莹剔透、美轮美奂，足令人瞠目结舌。蓄水的大致效果示意如图7-32。从灵沼轩的遗存来看，描述大多能与实物对应，虽然现在建筑上的玻璃全无，但故宫库房内尚存有少量灵沼轩玻璃遗存，厚达35毫米[22]，应是隔水玻璃无疑。从地下层窗框开槽的宽度也能看出，原设计应当是准备安装厚度较大的隔水玻璃。上文提到"地板又可开关，时或揭起，驾小舟直达宫外"，应当指的是从中间的建筑驶到周围的池子中。

四、近代史中的"水晶宫"：欧美铁框架建筑大发展背景下的中国金属建筑

生于乱世的灵沼轩，正如其别名"水晶宫"一样，可以折射出中国古代金属建筑，乃至中国传统建筑在近代转型、发展中遭遇到的一系列问题。而其"水晶宫"的名号，又不由引人将目光投向伦敦"水晶宫"——划时代的铁与玻璃的建筑，及其代表的欧美近代铁框架建筑的发展与输出。在这样的时空背景中，灵沼轩就不仅是个奇特的建筑案例了。

1 身份与样式：皇家的"西洋楼式"建筑

灵沼轩是"西洋楼式"建筑，与圆明园西洋楼建筑类似，并掺

20 转引自故宫博物院古建部设计室. 延禧宫内灵沼轩（水晶宫）维修保护工程设计做法说明（内部资料）.2004年3月。未查证《清稗史》原文。
21 朱启钤. 营造论：暨朱启钤纪念文选[M]. 天津：天津大学出版社，2009年
22 故宫博物院古建部设计室. 延禧宫内灵沼轩（水晶宫）维修保护工程设计做法说明（内部资料）.2004年3月

（1）圆明园西洋楼

（2）颐和园青晏舫舱楼（1893）

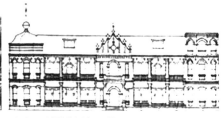
（3）三贝子花园畅观楼（1898）

（4）西苑海晏堂（1904）

（5）农事试验场大门（1906）

（6）兵部衙署（陆军部衙署，1906）

图7-35 北京的"西洋楼式"建筑：从圆明园到陆军部衙署

杂了北京传统建筑的装饰。

"西洋楼既然落入了帝王之家，受到了君主的青睐，自然也就具有了'正统'的身分，一百多年之后，在一定的历史条件下，它导致了北京的'西洋楼式'建筑潮流的发生。

"19世纪末20世纪初，'西洋楼式'建筑先是在皇室公园中作为消遣的玩物而建造。1893年，'西洋楼式'第一次在重修的颐和园青晏舫舱楼中有所表现；五年之后，成为在王府私园三贝子花园中所建畅观楼的基本样式；1904年，'西洋楼式'海晏堂建筑群在宫苑禁地西苑建成。"[23]

张复合先生指出，1906年，"西洋楼式"建筑走出皇室宫苑，作为农事试验场大门出现在北京市井，从而使"西洋楼式"在民间流行并达到高潮，派生出市井里的"门面建筑"。由于八国联军侵入北京而遭毁的前门大栅栏商业店铺，在动乱之中换上了"西洋楼式"店面；古老的北京四合院也起造了"西洋楼式"宅门。1906年，在王府旧址作为兵部衙署而重新起建的楼群则成为"西洋楼式"在宫廷建筑历史中结束的标志。

可以看出，"西洋楼式"建筑在北京的发展脉络比较清晰，有一条"夏宫——苑囿——皇家日常起居（海晏堂）——大街门面——衙门——紫禁城"的发展线索（图7-35）。结合清末的时代政治背景，最终出现在紫禁城中而未完成的灵沼轩，正透露着一个时代即将过去的信息。在功能创意和技术上颇有新意的灵沼轩不免令人咀嚼出清皇家建筑谢幕之作的悠长意味。

[23] 张复合. 北京近代建筑史[M]. 北京：清华大学出版社，2004：14-26

2 技术：铁框架建筑的产生与发展

（1）欧美铁框架建筑的产生与发展

与其他所有"西洋楼式"建筑不同，故宫灵沼轩颇有新意地使用了铁框架与砖石墙结合的结构。这种结构显然不是之前中国金属建筑所习用的，而且，铁框架建筑在当时的欧洲也只是近100年间产生的新生事物。因此，有必要对铁框架建筑的来龙去脉稍加梳理，以便完整理解灵沼轩的价值和历史地位。

在欧洲，起初铁的使用只是辅助性的，用于链条、支撑和石建筑中的毛石连接件、腰箍、拉杆等[24]，类似中国传统建筑中"铁活儿"的作用。后来，铁也被用于荷载不大的屋顶，比如维克多·路易斯（Victor Louis）于1786年设计的法国波尔多剧院屋顶。直到英国在铁工业上取得决定性的进步，才使铁的生产得以增长，充分满足了这个世纪末的新需求[25]。人们开始主动探寻将铸铁材料应用于建筑工程的技术。

在英国，1779年第一座铁桥在科尔布鲁克代尔的塞文河上架起来，至19世纪头30年间，大量的桥梁、下水道和渠道用铸铁建成。1790年左右，英国人约翰·威尔金森（John Wilkinson）力排众议，在一项教堂的建筑工程中，使用铸铁柱子代替了石柱来支撑内部的神坛，这在当时是相当大胆的尝试——虽然铸铁完全可以胜任这项任务。

英国工业革命后，纺织业蓬勃发展，大量的纺织厂出现。纺织厂中的纤维、油脂经常有被油灯、蜡烛和传送带静电火花引燃的危险。出于防火的需求，人们一直寻求木结构厂房的替代者。1792年，一家棉纺厂（Calico Mill）在英国的德比（Derby）建成。设计者威廉·斯特拉特（William Strutt，1756—1830）就是该厂的所有者。这个棉纺厂使用了铸铁柱、铸铁梁，梁之间铺设弓形砖拱楼面，砖拱产生的侧推力用两端的厚墙来抵消。厂房的规模有30英尺（约9.1米）宽，115英尺（约35米）长，高6层，在当时是一座很大的建筑了[26]。

李约瑟则认为Calico棉纺厂不能算是最早的铸铁框架建筑，并参考了斯肯普顿（Skempton）的论述，认为"真正划时代的建筑物是查理斯·贝治（Charles Bage，1752—1822）1797年于英国斯尔斯堡（Shrewsbury）完成的一幢五层高、至今仍然保存良好的亚麻工场。在这座厂房中，铸铁的梁由铸铁的柱子来支承，并且与砖砌的弓形拱券相连，横向的稳定仍然有赖厚厚的外墙。这是第一座铁框架的建筑物。"[27]

---

24 A.W. Skempton. "The History of Structural Iron, Steel and Concrete". Three lectures given at Cambridge, May 1964. 李约瑟在讨论铁框架建筑的问题时多次引用了Skempton的论著，见 Joseaph Needham. Science & Civilisation in China. Vol IV:3. Cambridge University Press, 1971: 103–104

25 [意] L. 本奈沃洛著. 邹德侬、巴竹师、高军译. 西方现代建筑史 [M]. 天津：天津科学技术出版社，1996：11

26 Eric Arthur, Thomas Ritchie. Iron: cast and wrought iron in Canada from the seventeenth century to the present. Toronto; Buffalo; London: University of Toronto Press, 1982. 151–152。这本论著虽然主要论述的是加拿大的铸铁和锻铁，但对英国铁框架建筑的产生、发展和输出的历史综述比较详实。

27 Joseaph Needham. Science & Civilisation in China. Vol IV:3. Cambridge University Press, 1971: 103–104。李约瑟在注释中提到了威廉·斯特拉特在查理斯·贝治之前已经建造了一些类似的建筑，但梁还是木料的。此处存疑，李约瑟的论述可能不确。Eric Arthur的论述明确指出，Calico棉纺厂已经使用了倒T型截面的铸铁梁。

倒T型铸铁梁在这时得到了应用，以解决铸铁抗弯能力小于抗压能力的问题，并获得了成功。这也促使英国许多著名的工程师致力于材料的力学实验，以发现材料的极限跨度和荷载强度。铸铁梁的跨度记录不断被打破。其他配套技术也不断被研发采用，如威廉·费尔拜恩（William Fairbairn）于19世纪初在约克夏（Yorkshire）建的沙特尔工厂（Saltaire Mills），使用了现代常见的工字梁，楼面拱券用砖也改用了空心砖以减轻重量，还使用了通风用的空斗砖墙。沙特尔的主厂房是当时欧洲最大的厂房，建成时业主在内部举办了3500人的大宴会，据说毫不拥挤而且通风良好。不过沙特尔厂房铁梁跨度的记录很快就被打破了。1824年大英博物馆的铁梁跨度已经达到41英尺（约12.3米），厚3英尺6英寸（约1.07米）[28]。

在法国，受启蒙运动的影响，法国于18世纪80年代也已开始探索在建筑中运用新的技术和发明。出于防火的目的，一些建筑师尝试用铁框架来造房子。19世纪初，拿破仑的统治促进了法国铁工业的发展，法国能用铁来建造大规模的工程了。如1801—1803年的艺术之桥（Pont des Arts），1811年巴黎麦市场（Halle au Blé）的铁质穹窿，1824年梅德琳（Madeline）市场的铁房顶，1830年勒诺（Lenoir）完全用铁造的巴黎的一家商店。1836年，工厂开始机械化生产H型铁桁条，铁屋顶逐渐在各种普通建筑中取代了旧的木结构。1837年，沙特尔教堂的木屋顶被包了铜的铁结构所替代。此外还有越来越多的铸铁桥梁和悬索铁桥出现[29]。

铁和玻璃的大天窗也在许多公共建筑物中出现，例如梅德林教堂的天窗，1829年用玻璃覆盖的巴黎皇宫奥尔良廊，它是19世纪玻璃廊的原形。一些大型温室广泛使用了玻璃，如1833年建的巴黎植物园（图7-36），1837年的查茨沃思（Chatsworth）植物园，1844年建造的邱园（Kew Gardens）。有时这些温室也开发成公共聚集场所，如巴黎爱丽舍田园大街上的植物园。

1851年伦敦的"水晶宫"可谓对这些探索的总结和集大成，标示着欧洲对铸铁的运用、对新的建筑形式的理解已进入了新的阶段（图7-37）。用英国评论家的话来说：与水晶宫表现出的结构上的简单和明晰相比，世博会展品的设计水准和品位反而全都不值一提了。伦敦水晶宫建成后，影响巨大。受其影响，纽约于1853年也建了自己的水晶宫，加拿大的多伦多、汉密尔顿分别于1858年、1860年也建造了水晶宫。

从以英、法为代表的欧洲国家使用铸铁建造建筑的历史，可以看出他们的发展是与思想启蒙运动、工业发展需求以及对技术的孜

---

28 Eric Arthur, Thomas Ritchie. Iron: cast and wrought iron in Canada from the seventeenth century to the present. Toronto; Buffalo; London: University of Toronto Press, 1982：152-154

29 [意] L.本奈沃洛著. 邹德侬、巴竹师、高军译. 西方现代建筑史 [M]. 天津：天津科学技术出版社，1996：19-20

图7-36 巴黎植物园室内

图7-37 伦敦水晶宫室内

孜探索紧密联系的：

起初，防火需求促成了铁柱、铁梁框架加砖墙、砖楼面结构的发明，但这种结构虽然解决了防火问题，但也有结构上的潜在危险。一旦有一跨砖拱破坏或一根铁梁断裂，就会引起从上到下一系列垮塌。这个问题因铸铁连系梁的使用得到了部分解决，但铸造时冷却不均带来的气泡、裂隙等铸铁质量问题引发的结构破坏，仍有待解决。人们将目光投向了高抗弯、抗拉能力的轧制铁件。到19世纪中叶，人们逐步克服了技术障碍，建造出大型轧钢厂，于是，能满足各种建筑尺寸要求的轧制铁梁面世了。1844年，福克斯和巴雷特公司（Messrs Fox&Barrett）申请了一种防火楼面的专利，这种楼面使用了螺栓锚固的工字形轧铁托梁，并且使用混凝土浇筑，使其坚固结合，从此取代了砖拱楼面（图7-38）[30]。这样，在建筑工程师们不断地探索下，铁框架建筑终于解决了防火问题，同时也解决了结构安全问题。这一结构形式，也正是现代钢结构摩天大楼的前身。技术的相对成熟，也使铁框架建筑不限于在厂房中使用，而在民房、公共建筑中也大量应用。同时，随着温室、图书馆、教堂等需要采光的大空间公共建筑的发展，玻璃与铁框架结合的新建筑形式和建筑技术也逐渐发展成熟。

英、法为代表的欧洲铁框架建筑技术革新的历史，读之令人振奋。18、19世纪的建筑师和工程师们依靠智慧、科学和探索的精神，不断创造着代表时代最高制造水平的建筑工程。铁框架建筑甚至成为了不列颠殖民输出的标志——英国不仅建造了大量铁框架建筑，也向非洲、亚洲、美洲、澳洲等世界多个地区出口，如1858年温哥华岛维多利亚居民点抵达的一批预制的铁框架建筑，就"被认

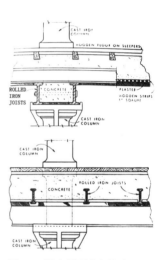
图7-38 防火楼面节点构造
1844年

30 Eric Arthur, Thomas Ritchie. Iron: cast and wrought iron in Canada from the seventeenth century to the present. Toronto; Buffalo; London: University of Toronto Press, 1982 : 157-159

为是应地方长官要求运来的,可能是用铁来作为该岛两年前成为不列颠殖民地的标志"。[31]

(2) 中国铁框架建筑的引入和发展

中国近代铁框架建筑的应用并没有比欧洲晚很多。随着洋务运动(1861—1894)的进行,中国也开始建造大型厂房。然而,中国本身并没有合适的技术和材料,必须从国外进口。据薛福成的《出使英法义比四国日记》记载:

"湖北织布厂,初拟梁柱间架全用铁料。据英国工师傅次厂开价,内生铁大小各柱及水溜重六百零四吨,计英金四千零三十五磅;熟铁大小各枋梁重二百十四吨,计三千零五十磅;钢制大小各梁重二百十二吨十四亨德威,计一千八百零七磅十九先令;铁钉、铁螺丝重二十吨,计三百四十七磅:合共需价九千二百三十九磅十九先令。嗣改为弹花房、纺纱房、织布房必须用铁者始用铁料,计铁柱、钢梁、水溜价合六千七百五十磅。"[32]

进口的成本是比较高的,因此中国大量的厂房采用的并不是这种昂贵的材料和形式,而是砖木混合结构、木桁架、钢木组合屋架等适应性的新型结构("新"是相对传统木构来说)[33]。全钢铁结构的厂房在19世纪初的中国并不多,最早的实例是汉阳炼生铁厂等六大分厂的主厂房[34]。这是在厂房方面,对铁框架建筑的引进是出于工业生产对大空间的需要,以及对标准化预制和快速组装的需要。

在非工业建筑方面,中国对铁框架建筑的引入,其动力因素中对新技术的探索和需求并不明显,而更多是一种对工业化国家输出的接受,以及本土对时髦风尚和新样式的模仿、追捧。以与西方交流较早的岭南为例,近代岭南建筑在采光材料、铺装材料、结构材料三方面对西方传入的新型建筑材料进行了运用,其运用发展的动力可以归结为:外部因素方面,西方近代工业革命推动了工业化大规模生产,中国成为其重要的销售市场,大量新型建材输入;内部因素方面,岭南侨乡众多的华侨返乡购地置屋常有攀比炫富的心态,新型建筑材料因而得以大规模运用[35]。

例如1890年广东的陈家祠堂,其连廊下使用了铸铁柱,但显然在这里使用铸铁柱并没有什么重要的技术作用,只是一种新的形式和风尚罢了(图7-39)。这种模仿样式而非模仿技术的极端案例,还可参见北京陆军部衙署的门厅雨篷——专门将木柱做成铸铁柱的形式,以顺应当时的时髦式样(图7-35)。

在这样时代背景下的灵沼轩,虽然有功能和技术上的新意,但

---

31 Eric Arthur, Thomas Ritchie. Iron: cast and wrought iron in Canada from the seventeenth century to the present. Toronto; Buffalo; London: University of Toronto Press, 1982 : 160
32 [清]薛福成. 出使英法义比四国日记 [M]. 长沙:岳麓书社, 1981. 149
33 可参见张锳绪在第一部近代建筑学著作《建筑新法》中列举的屋架形式。见:张锳绪. 建筑新法 [M]. 北京:商务印书馆, 1910
34 李治镇. 晚清武汉洋务建筑活动 .[C] 见:汪坦,张复合. 第四次中国近代建筑史研究讨论会论文集. 北京:中国建筑工业出版社, 1993: 137
35 曾娟. 近代转型期岭南传统建筑中的新型建筑材料运用研究 [D]. 南京:东南大学建筑学院, 2009: 161

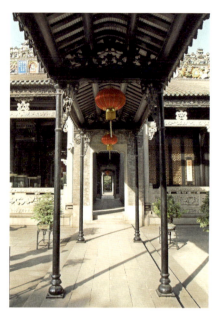

图7-39 陈家祠堂的铸铁柱连廊及其节点细部

并不是在中国古代金属建筑技术的基础上自我研发、探索的产物，而是对西方成熟技术的直接使用。从使用的目的来说，灵沼轩本身也就是一座深宫中奇异新巧的建筑，因此，它既不像铁框架厂房那样，是技术探索、革新升级的产物，也难像伦敦水晶宫那样成为建筑形式革新、建筑与环境关系革新的示范。

3 中国古代金属建筑与近代金属建筑之间的断裂

中国古代金属建筑，无论铜殿还是铁塔、铜塔，都是宗教建筑。铜的昂贵决定了铜殿难以成为一种被批量生产的建筑；而比铜廉价的铸铁却并没有得到青睐，用以建造框架建筑[36]。虽然早已能用铸铁造出高塔、巨型佛像，中国古人却没有完全用铁来建造一座殿宇、住宅或庙宇。

故宫的灵沼轩虽然突破了宗教建筑"金殿"的范畴，是一座宫廷内的世俗建筑，但正如前文分析的，它不是在中国传统建筑系统中自然生发出来的，而是对欧洲已经相当成熟的铁框架建筑的输入和仿制；而且作为一座深宫内新奇的孤例，灵沼轩也无法像伦敦水晶宫那样作为示范促进中国金属建筑的新发展。换言之，中国古代金属建筑并未自主完成近代转型——作为宗教建筑、象征功能显赫的中国古代金属建筑，并没有为中国近代的金属建筑提供技术上的支持和生长的萌芽，它与中国近代引进的铁框架厂房以及民用建筑之间存在着断裂。

36 文献记载，五代南汉时，广州曾有乾和殿，使用了铸铁柱。殿毁后，宋代还继续使用了这些铁柱。见《羊城古钞》卷八："铁柱凡十二，周七尺五寸，高一丈二尺，五代南汉铸乾和殿。宋柯述取其四，植于帅府正厅，今藩司署铁柱是也。一没于城东濠，一没于直司泥潭中，余莫知所在。"注：柯述，字仲常，南安人。累官朝散大夫。元符二年(1099)任广南东路经略安抚使。"[清]仇巨川纂，陈宪猷校注.羊城古钞[M].广州：广东人民出版社，1993：686

李约瑟在《中国科学技术史》中论述中国古代土木工程的成就时，专门讨论了英国铁框架建筑的发展，以映衬中国传统木构建筑对框架结构这种象征着近代先进技术的结构运用之早——"大概很少有人意识到，这种对承重墙的明确摆脱，中国的前辈早已实行两三千年了"[37]。而且，李约瑟也注意到了中国古代的金属建筑，包括铜殿、铁塔，以及一些使用铸铁柱的殿堂。可是，他却没有追问下一个问题：既然中国早就有了框架结构，也早就有了金属建筑，可为什么中国人却没有自己发展出用铁或铜来制造近代大空间建筑的技术呢？——就像英国的铁框架厂房，以及伦敦水晶宫那样的建筑。

这样的追问，正是"李约瑟难题"[38]在建筑科学领域的具体表述。

中国的铜、铁建筑为什么没能发展成近代框架结构的金属建筑呢？这样具体的表述，也许就回避了人们对"李约瑟难题"是否为伪命题的质疑[39]。本书试给出解释：

首先是没有需求。工业革命后的英国经济蓬勃发展，有大量的厂房建造需求，尤其是棉纺厂、亚麻厂等工厂亟需大量大空间的、且防火要求高的厂房。利润刺激下的大量需求，使得工厂主、建筑师、工程师们不断探索解决方案，不断改进建造技术。而中国没有对这种厂房的迫切需求。中国其他建筑应对防火需求，官署和宗教建筑用无梁殿等砖石结构予以解决；民居则用封火山墙等办法予以解决了。因此中国未像英国、法国那样，以解决屋架、楼面防火为动力，发展出近代金属建筑。

其次是没有物质和技术基础。英国铁框架建筑大发展，是有其物质基础的——"英国到1800年，铁和煤产量比世界其余地区合在一起生产的还多。……铁已丰富和便宜到足以用于一般的建设"[40]。中国的铁产量无法满足一般建设的需求，而且，没有近代科学技术的广泛基础，也就无法发展出先进的机械设备。英国对蒸汽排水机械的运用，是其铁矿业发展的直接技术原因之一。

第三，中国古代金属建筑并未充分利用金属材料来解决跨度问题。对高度成熟的木构榫卯节点的依赖，也使得中国传统建筑缺乏变革的动力——即使是铜殿，使用的节点也大都与木构建筑节点相同或相似。这样，因为没有发展出更适应金属、更能发挥金属材料优势的连接节点，中国古代金属也就未能在建筑跨度上获得突破。

---

37 Joseaph Needham. Science & Civilisation in China. Vol Ⅳ :3. Cambridge University Press, 1971 : 103-104

38 "李约瑟难题"的各种表述版本甚多，其中规范性的表述包括相关的两个问题："为什么在公元前1世纪到公元15世纪期间，中国文明在获取自然知识并将其应用于人的实际需要方面要比西方文明有成效得多？""为什么现代科学只在欧洲文明中发展，而未在中国（或印度）文明中成长？" 见：李约瑟. 东西方的科学与社会 [J]. 自然杂志，1990（12），转引自董英哲，康凯，石建孝等. 对"李约瑟难题"质疑的再反思 [J]. 自然科学史研究，2003, 22（3）: 261-277。

39 关于这一问题的讨论甚多，近年的可参见：董英哲，康凯，石建孝等. 对"李约瑟难题"质疑的再反思 [J]. 自然科学史研究，2003, 22（3）: 261-277；钱兆华. 再论"李约瑟难题"——兼评《对'李约瑟难题'质疑的再反思》[J]. 江苏大学学报（社会科学版），2007, 6 (4): 44-48; 江晓原. 被中国人误读的李约瑟——纪念李约瑟诞辰100周年 [J]. 自然辩证法通讯，2001, 23(1): 55-64 等。

40 [美]斯塔夫里阿诺斯(Stavrianos,L. S.) 著, 吴象婴等译. 全球通史. 第十一章. 北京: 北京大学出版社

本章小结
中国古代金属建筑的最后辉煌

相比明万历年间，清康熙以来新增的铜殿与铜塔均数量渐少，这与清代初年的铜荒及政府的禁铜政策有关。据李强《论雍正时期的铜禁政策》：清初美洲白银继续大量流入中国，日本政府又限制了对清朝铸钱原料铜斤的出口，因此出现了银贱钱贵的现象。早在顺治初年，由于缺铜，顺治帝曾有意禁用铜器，后因遭大臣反对而未能实行。康熙十八年(1679)，康熙帝曾实行铜禁政策，禁止打造重量在5斤以上的铜器："凡民间必用之铜器，五斤以下者仍许造卖外，其非必用之铜器不许制造，应再行严禁，照例治罪。"[41]至雍正朝，银贱铜贵的铜荒现象更为严重，雍正皇帝认为原因是民间销毁制钱（即本朝铸造的铜钱，成分为锌黄铜）打造铜器。在这种认识之下，雍正帝实行了更为严厉的铜禁政策，雍正四年（1726）颁布禁令，规定"嗣后铸造器皿，除红铜、白铜不禁，其黄铜除乐器、军器、天平、砝码、戥子不禁外，其余一应器皿，无论大小、轻重，皆不许仍用黄铜制造。倘有犯者，造卖之人，造违例造禁物律治罪；买用之人造不应例议处；失察之官造例议处"[42]。同时，雍正帝剥夺了平民百姓和一般士绅的黄铜器皿使用权：规定"嗣后京城内外除三品以上官员准用铜器，其余俱不得使用黄铜器皿"[43]。希望能消除销毁制钱的现象，解决银贱钱贵的问题。

法令虽规定仅禁黄铜，不禁红铜和白铜，但可以推想，在当时铜荒的年景，政府显然不会用本已有限的铜料去铸造耗铜颇多的铜殿。而民间在当时铜贵的经济条件下，又面临严厉的铜禁政策，也很难会有人组织募造铜殿。至于康熙十年昆明铜殿得建的原因，可能和云南铜资源丰富有关。

也正是因为云南铜矿丰富，乾隆元年（1736）之后，云南铜矿开始兴盛，滇铜大量运京，清官府鼓铸制钱不再无米下锅，乾隆帝遂"罢黄铜器皿之禁"[44]。铜荒既除，乾隆皇帝便得以建造了中国古代史上的最后两座铜殿——宝云阁与宗镜阁。

这两座铜殿体现了明显的清官式建筑特征。两座建筑形式极其相近，显示出极强的关联性。宝云阁、宗镜阁的铸件表面光洁，做工精细、雕饰繁复，对传统木构建筑模仿程度高、细节刻画细致入微，体现出清代高超的铸造和建造技术。

清代出现的铁塔，虽然工艺纯熟，但与宋代、明代的铁塔相比，在规模、技术探索和艺术成就上都表现出发展的式微。

故宫灵沼轩则是一个特别的案例，它建于帝国最后的年岁，

41《清圣祖录》卷八五，转引自李强. 论雍正时期的铜禁政策[J]. 学术界, 2004（1）: 118
42《钦定大清会典事例》卷二二零,《户部·钱法》, 转引自李强. 论雍正时期的铜禁政策[J]. 学术界, 2004(1): 119
43《清朝文献通考》卷十五,《钱币考三》, 转引自李强. 论雍正时期的铜禁政策[J]. 学术界, 2004（1）: 119
44《清朝文献通考》卷十六,《钱币考三》, 转引自李强. 论雍正时期的铜禁政策[J]. 学术界, 2004（1）: 119

藏于深宫却来自西洋。关于灵沼轩反映出的中国古代金属建筑在近代的转型际遇，这一话题实际上已经进入了近代科学技术与社会转型这一宽广而复杂的研究领域，非寥寥几笔能说清。本书只是引发了初步探讨和思考。从工业革命开始，科技、社会发生了翻天覆地的变化，建筑作为工业技术、社会思潮、人文艺术共同的结晶，也深刻体现着18世纪以来的社会变革。英国、法国及美洲铁框架建筑的产生、发展、输出，其实不仅是"金属建筑"这一特定对象的发展过程，其本身也正是欧、美建筑工业近代化的过程，以及科技进步、社会变革的直接反映。对此稍加勾勒、对比，可知中国古代金属建筑在近代的境遇，并不只是"金属建筑"这一特定建筑类型独有的话题，而更是中国传统建筑、乃至中国传统社会近代转型与变革的厚重话题了。

上篇结语

上篇各章围绕"象征"和"技术"的生成、发展，大略勾勒出中国古代金属建筑的蕴积、产生、发展、变化和去向。论述源自可知的案例和文献，在对案例的考察、分析基础上，既追根溯源，又关注案例之间的内在关系和逻辑，构建阐释框架，在历史长河中尽量寻求接近真实的史述。

1 金属建筑的发展历程

第一，金属建筑的象征意义和理论先于适应性技术的产生，从青铜时代直到南北朝这漫长的历史时期，都是金属建筑的蕴积与技术准备时期。在考古研究中，还应加强对金属建筑构件的关注。

第二，铁塔的理论基础可能与佛经中的"南天铁塔"以及民间"镇水铁针"的传说有关；铜塔的理论基础来自佛教用金用铜的物质文化传统；铜殿的理论基础来自道教的"神仙金殿"思想，且与道教修炼方式的发展有关。这是金属建筑产生初期的分野。在后来的发展中，道教、佛教对铜、铁的运用并非泾渭分明，而是既有偏好又有交叉。

第三，金属建筑于唐代出现之初就具有天枢这样的高起点。此后铁塔的发展经历了结构上的进化发展，并且以斗栱为表征，在形象上的仿木程度也越来越逼真。五代南汉、北宋、明万历年间，都是铁塔集中出现的时期。这既与冶铸业的发展有关，也是与同时期建筑技术，尤其是高层建筑技术的发展和探索紧密联系的。

第四，现存最早的铜殿于元代建造。明初武当山太和宫金殿名扬天下，引领了明万历年至明末清初的建设高潮。这首先与明代冶铸技术集大成发展的背景一致。金殿的流行，铜塔繁多的式样，铁塔在结构、空间上的积极探索，都是明代社会经济、技术背景在金属建筑方面的表征。

第五，清中期以后金属建筑日渐式微，近代皇宫中的灵沼轩、铁屋架厂房、岭南侨乡民居中使用的铸铁结构都来自西方进口，而与中国古代金属建筑没有技术和式样上的承继关系。中国古代金属建筑多存在于寺庙与苑囿中，作为奢侈的建筑，在近代逐渐衰落，没有像铸铁框架建筑在欧洲、美洲那样，成为近代科学技术探索、乃至社会革新升级的产物。

2　各时期金属建筑建造的分布要点

从绪论中的"中国古代金属建筑主要案例分布图"，以及文后的"中国古代金属建筑发展脉络图"可以看出：总体来看金属建筑具有全国性的分布，但在不同时期又呈现一定的地域性分布。

铁塔首先流行于五代时广东的南汉政权，这可能与金刚智携《金刚顶经》乘船东来首先在广州登陆有关。五代至宋，铁塔出现的地区逐渐转移到长江中下游地区，后又发展到山东。这都是历史上富庶而且有矿冶、铸造传统的地区。

宋元时期，与道教修炼方式由炼外丹向炼内丹转变相关，铜殿在此时期首先出现于湖北武当山。明代的铜殿于南方和北方的几座道教、佛教名山均有建造，充分体现了其宗教象征或政治象征。

在明代社会较发达的商品经济中，人们对宗教生活中物质文化风尚的追捧和需求水涨船高。万历中后期，各种金属建筑集中出现。铁塔、铜塔除了建在各佛教名山中，也出现在京城和其他地方城市。

入清以后，金属建筑主要出现在北京，以及山西、云南、广东这些具有矿冶传统的地区。

应当特别注意的是，由于宗教信仰流布的跨地域性，进香信众、铸造工匠的跨地区活动，以及金属建筑方便预制、移动的特性，宋代以后金属建筑常常不是本地工匠铸造的，其最终所在地也常常并不在其铸造地。

3　铁塔结构和内部空间的演进线索

作为高层建筑或构筑物的铁塔，其结构直接与内部空间相关联。纵观铁塔的发展历程，其结构和内部空间发展、演进的线索十分清晰：从没有地宫、筒状塔身叠置的广东南汉铁塔，到有地宫、筒状塔身叠置的宋代长江流域铁塔（其中玉泉寺铁塔和甘露寺铁塔的塔基均发现疑似塔心柱的榫洞[1]），到有地宫、塔身内填碎石砖瓦的聊城铁塔，到有塔基内室、使用塔心柱的济宁铁塔，再到明代砖芯铁壳、有小规模内部使用空间的泰安铁塔，最后到砖芯铁壳、人

---

[1] 见本书第十一章论述，以及湖北省玉泉铁塔考古队．湖北当阳玉泉铁塔塔基及地宫清理发掘简报[J]．文物，1996（10）：43-57；江苏省文物工作队镇江分队，镇江市博物馆．江苏镇江甘露寺铁塔塔基发掘记[J]．考古，1961(06)：302-315

能登临的咸阳铁塔（见"中国古代铁塔结构发展图"）。铁塔结构和内部空间的演进，反映出人们对铁塔象征、建造、使用的考虑和处理越来越成熟，亦即设计手法和适应性技术的成长。

4　金属建筑的命运

最后，金属建筑的"命运"有两个显著特点：一是许多金属建筑都被移动过，这说明其预制、装配的结构使其具有方便移动的特性。另一特点是，不少金属建筑都由于材料的贵重而被熔化利用了，这也是现存金属建筑数量稀少的重要原因之一。金属建筑"出身"高贵，然而面临的风险也极大，每到"铜荒"之时，就有被熔化铸钱的危险。即使是显通寺这样大寺中的铜殿，以及皇家苑囿中的铜殿宗镜阁，都险些在清乾隆年间[2]和清咸丰年间[3]被乾隆皇帝和大臣考虑化铜充用。

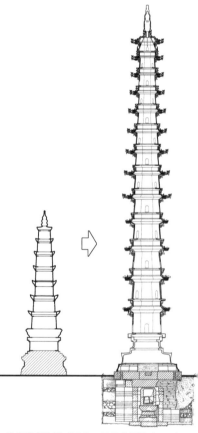

光孝寺东铁塔（967）
塔身筒状叠置
无地宫

玉泉寺铁塔（1061）
塔身筒状叠置。塔基有柱
榫洞，但未发现用柱痕迹
有地宫

---

2 "谕军机大臣等，塔永宁奏称、五台山显通寺被火，延烧七十余间。现今地方官、督同寺僧从长计议。妥协办理等语。……再该寺向有铜殿一座。折内未经声明，如并未被焚、及小有损伤。不过略为修补，自应仍复旧观。若已经毁坏。难施工作。则不如即将此项铜斛变价。以给工程之用。不必更造铜殿。尤为妥协。将此传谕塔永宁知之。寻奏、铜殿并未毁损。该寺栋宇高大，又在万山中。修复工料。约需五六十金。寺僧资产，尽数充用。只三千余金。应拨公项饬助。报闻。"
见：高宗纯皇帝实录（八）卷五百七十七，乾隆二十三年十二月下，见：清实录：第16册[M].北京：中华书局，1986：358-359

3 王茂荫针对化铜殿以资鼓铸的奏议有两条：一见咸丰三年（1853）正月初八日《条陈筹饷事宜片》："一请折铜寺以资铸钱也。臣闻热河有珠源寺，全以铜造，门窗户壁无一非铜，一瓦之重约四五斤。为屋三间、计铜不止千万。当年造此似有深意存焉，殆正备今日之用。现在滇铜运解维艰，请派大员前往折卸，运京以资鼓铸。热河至京不过数日，所谓铜本运脚实为不少，且闻山西一带亦有铜庙不止一处，请均照此办理，似数百万币金不难立致。……"
一见咸丰三年四月初六日《部议呈缴铜器无济实用折》："臣非徒阻部议而不为鼓铸计也，臣自正月即奏，请拆热河珠源寺铜殿以资鼓铸。其时部议如何臣未得见，近见内务府议有核计拆运工价，所费不资，且皇落蒙古地方，尤属观瞻所寄等语。伏思当年建立铜庙之意，臣不能知，原不敢于妄议。若以为观瞻所寄，则所似轻矣。至拆运工价，云南铜运曾有因天津冻阻，陆运抵通之案，自津至通二百余里运铜百万不过销银二千。热河去京四百里，较之天津抵通不过加倍，似运脚不至过费。拆卸之工则热河都统所属兵丁，不调拨外当必需多。该兵丁原本食钱粮，今再加以津贴，日常操演之余使之出力拆卸，能拆得百斤者给钱若干，既可熟炼气力，又复得所津贴，于兵丁亦无不利。闻铜殿广有三间，每间之大过民房数倍，计其为铜当不止千万，但得铜六百万斤即可抵铜本银一百万两；若得铜两千万斤，即可抵银三百余万两。区区拆运之费又何足论？此举一行约可资户工两局二三年之用，较之搜括商铜，似为得济。倘有以佛源为疑，则臣正月所奏已详，似可无虑。"
均见：[清]王茂荫撰.王侍郎奏议.卷三.影印上图藏清光绪十三年刻本.见：《续修四库全书》编纂委员会.续修四库全书：史部第500册[M].上海：上海古籍出版社，1995—1999：448,458
咸丰帝对此的回应是，宗镜阁用铜不多，拆卸运输花费太大，于事无补，遂罢议。原文："前据升任御史王茂荫奏、请将热河珠源寺铜殿拆运、以资鼓铸。当交庆福查验。据称此处铜阁，祇有一座。细觉尺寸。铜亦非甚多。拆卸拉运，需费甚巨。于鼓铸恐无神益。兹复据奕湘、恒春、前往履勘。奏称该处铜殿、系和铅镕铸。净铜不过五成。且恐橡檩等件。外实中虚。不偿工费等语。所有拆运铜殿之处。着毋庸议。将此谕令知之。"
见：文宗显皇帝实录（二）卷九十二，咸丰三年四月下，见：清实录：第41册[M].北京：中华书局，1986：250

聊城隆兴寺铁塔（北宋）
塔身筒状叠置，内填碎石砖瓦
高塔基、有地宫

济宁崇觉寺铁塔（1105）
塔身筒状叠置，内有塔心柱
高塔基，有内室

泰山天书观铁塔（1533）
砖芯铁壳塔，内部空间有限
无地宫

咸阳福昌寺千佛铁塔（1608—1610）
砖芯铁壳塔，内部空间可供登临
高塔基，有无地宫不详

中国古代铁塔结构发展图

5 金属建筑建造的触发因素

在理论和技术的支撑下，金属建筑虽然数量稀少，但唐以后的历代均有建造，凝聚了重要象征与大量财力。金属建筑的理论根源和技术发展是长期积累的过程，而具体的历史事件和人物往往是触发某一案例出现的直接因素。这里就以表的形式直观总结。

上篇结语附表：金属建筑案例建造原因一览

铜柱、铁柱	建造年代	理论根源	触发因素	搬迁/毁坏
"大周万国颂德天枢"	天册万岁元年（695）	柱状构筑物，取名天枢，象征北斗之首或北极星，为宇宙轴枢。象征大周作为万国之中，万邦拱卫；武则天居中枢，天下拱卫	武三思率蕃夷诸酋及耆老请作天枢，为武则天、大周颂德	开元元年（713）为唐玄宗下令所毁

铁塔	建造年代	理论根源	触发因素	搬迁/毁坏
牟平法云寺铁塔	上限：唐高宗麟德二年（665）下限：唐开成五年（840）	铁之坚固	王行则征伐东蕃被擒，幸运逃回国，造塔	毁没年代不详
五台山"则天铁塔"	武周时期（685—704年）	铁之坚固，以铁镇台	推测与武则天称帝前后利用佛教理论和艺术手段达到政治目的一系列措施有关	毁没年代不详
阆中铁塔	唐天宝四年（745）	可能与"南天铁塔"的典故有关	"南部县王袭纲及妻严十五，与诸施主年奉为开元天宝圣文神武皇帝陛下及法界苍生，敬造此塔"	可能毁于"文革"时期
义乌双林寺东铁塔、西铁塔	后周广顺二年（952）	1.可能与"南天铁塔"的典故有关 2."镇水铁针"的意象有关	野塘公朱保禄与其母陈因事佛甚谨，在寇乱中独得无恙，为报答佛恩而建	西铁塔不存；东铁塔塌后从寺内移到宗祠内，现置于古寺址外湖边
广州光孝寺西铁塔	南汉大宝六年（963）	可能与"南天铁塔"的典故有关	南汉太太监龚澄枢及女弟子邓氏三十二娘捐造	现存三层残塔
梅州修慧寺千佛铁塔	南汉大宝八年（965）	可能与"南天铁塔"的典故有关	众人募造。与南汉刘鋹流行造铁塔的风潮有关	于清乾隆由修慧寺移出；1935年碎片收集至东山岭；1991将碎片镶铸进新铁塔
广州光孝寺东铁塔	南汉大宝十年（967）	可能与"南天铁塔"的典故有关	南汉主刘鋹敕造	宋端平间(1234~1236)住持僧绍喜从开元寺移来
曲江南华寺降龙铁塔	推测为南汉时期（905—971）	1.可能与"南天铁塔"的典故有关 2.与本寺镇水的典故有关	与南汉刘鋹流行造铁塔的风潮有关	原塔仅余须弥座、莲座；由塔殿移置鼓楼
常德铁经幢	上限为南唐保大九年（951），但以宋乾德二年（964）可能性更大；下限为宋大中祥符五年（1012）	1.可能与"南天铁塔"的典故有关 2.与当地镇水传说关系较大	未详。可能是"知朗州军事"，"通判军州事"两者为表现、建立在当地的权威	1979年移至常德市湖滨公园
当阳玉泉寺铁塔	宋嘉祐六年（1061）	1.可能与"南天铁塔"的典故有关 2.可能与"镇水铁针"的意象有关	本地信士捐建目的是追荐亡故之亲人。寺僧建塔目的是为重瘗唐代舍利	—
镇江甘露寺铁塔	宋熙宁九年(1076)开工，元丰元年(1078)完成	1.可能与"南天铁塔"的典故有关 2."镇水铁针"的意象有关	为了重瘗唐代舍利等遗物	明代被台风吹折，补铸三层以上塔身

续表

铁塔	建造年代	理论根源	触发因素	搬迁/毁坏
聊城隆兴寺铁塔	北宋	1.可能与"南天铁塔"的典故有关 2.可能与"镇水铁针"的意象有关	不详	明永乐年间曾倒塌，成化二年（1466）由东昌府（今聊城）僧人募缘重立
济宁崇觉寺铁塔	北宋崇宁四年（1105）	1.可能与"南天铁塔"的典故有关 2.可能与"镇水铁针"的意象有关	"常氏还夫徐永安愿谨铸"	明万历九年（1581）补全最上两层及塔刹
泰安天书观铁塔	明嘉靖十二年八月（1533）	在泉旁，可能与"镇水铁针"的意象有关	来自河南怀庆府、开封府等地的碧霞元君信众集资捐建	1973年移入岱庙保存
咸阳福昌寺千佛铁塔	明万历三十六年（1608）始建，三十八年（1610）建成	可能与"南天铁塔"的典故有关	钦差守备镇守湖广地方等处司礼监管文书房太监杜茂为首捐建。可能与其在湖北任矿监税使者的为官经历有关	—
庐山归宗寺铁塔	明万历四十三年（1615）	可能与"南天铁塔"的典故有关	为重瘗原塔基舍利	—
曲江南华寺降龙铁塔新塔身	清雍正五年（1727）	与本寺镇水的典故有关	补铸原南汉铁塔	—
佛山经堂寺铁塔	清雍正十二年（1734）	可能与阿育王造塔之典故有关	不详	近年修复后置于佛山祖庙中
重庆塔坪寺铁塔	清道光五年（1825）始建；道光六年（1826）建成	可能与"南天铁塔"的典故有关	寺僧为复兴此庙，以川、渝未有其他铁塔	—

铜殿	建造年代	理论根源	触发因素	搬迁/毁坏
武当山元代小铜殿	元大德十一年（1307）	对"仙境金殿"的追求和表达	元朝统治者崇奉真武；道士米道兴、王道一组织募化	"明成祖以规制弗称，撤置小莲峰"
武当山太和宫金殿	明永乐十四年（1416）铸造；明永乐十六年（1418）建成	对"仙境金殿"的追求和表达	明成祖以真武佑助的旗号起兵"靖难"，崇奉真武，营建武当	—
昆明太和宫铜殿（陈用宾）	明万历三十年始建，三十二年建成（1602—1604）	1.崇奉真武 2.受武当金殿影响	道士徐正元叩请巡抚陈用宾、黔国公等地方官员仿武当修紫禁城、太和宫，供真武大帝	崇祯十年巡按张凤翮移之鸡足山；或曰沐王府为避免"金"克"木"而将铜殿搬迁。毁于"文革"
峨眉山铜殿	明万历三十年春始建，三十一年秋建成（1602—1603）	1.金为佛教七宝之一。对西方极乐世界、菩萨净土的描述和渲染中，常能见到金色的景致 2.佛教用金与黄铜的物质文化传统	1.妙峰禅师个人发愿，组织募化 2.受武当金殿这一创意的启发 3.妙峰背后有王公大臣的支持，甚至万历皇帝的母亲慈圣太后也一直在幕后支持	毁于清代火灾。随后构件逐渐散佚
宝华山铜殿	明万历三十二年至三十四年（1604—1606）			可能毁于太平天国时期。1909年已不存
五台山铜殿	明万历三十三年至三十五年（1605—1607）			—
泰山"天仙金阙"铜殿	明万历四十一年始建，四十二年建成（1614）	1.仿武当，表达金殿 2.泰山碧霞元君信仰在明代可与武当玄武信仰相提并论，同为"天下所最崇者"	万历皇帝为慈圣皇太后眼疾痊愈所还之愿，供奉天仙碧霞元君	明末先移置岱庙外的遥参亭，后又移泰安城内的灵应宫内。1972年移岱庙保存
霍山铜殿	明崇祯十六年（1643）	崇奉真武，效仿武当	明末清初往武当的进香道路受阻	至迟于清道光七年（1827）已不存
飞龙山铜殿	上限：清顺治十三年（1656）；下限：清康熙四十年（1701）	崇奉真武，效仿武当	明末清初往武当的进香道路受阻	毁没年代不详
青龙山铜殿	清康熙七年（1668）	崇奉真武，效仿武当	1.可能与武当进香道路受阻有关 2.可能与洪洞与赵城争水有关	毁没年代不详

续表

铜殿	建造年代	理论根源	触发因素	搬迁/毁坏
姑射山铜殿	清康熙十三年（1674）开铸；清康熙十六年（1677）安奉上山	崇奉真武，效仿武当	可能与明末清初往武当的进香道路受阻有关	可能毁于"文革"时期
昆明太和宫铜殿（吴三桂）	清康熙十年（1671）	崇奉真武，制仿武当	吴三桂可能通过铜殿这样的奢侈建造项目树立在本地的权威	—
颐和园宝云阁	清乾隆二十年（1755）建成	佛教用金与黄铜的物质文化传统	其所在的大报恩延寿寺为乾隆皇帝为庆祝母后六十大寿而建	—
避暑山庄宗镜阁	清乾隆十五年至二十六年间（1750—1761）	佛教用金与黄铜的物质文化传统	仿北京万寿山宝云阁铜殿式样	可能于1944年，被侵华日军拆毁。

铜塔	建造年代	思想根源	触发因素	搬迁/毁坏
峨眉山圣积寺华严铜塔	可能的区间为万历十三年至三十一年（1585—1603）	佛教用金与铜的物质文化传统	"永川方华轩施造"。可能是在滇之川、渝商人信众的风尚	1959年曾被运往重庆冶化，幸而未成，回峨眉移置伏虎寺
峨眉山金顶铜塔之一	明万历二十年（1592）	佛教用金与铜的物质文化传统	李姓施造	毁没年代不详
峨眉山金顶铜塔之二	明万历二十九年（1601）	佛教用金与铜的物质文化传统	翰林院检讨赐进士王毓宗施造	毁没年代不详
五台山显通寺西铜塔	明万历三十四年（1606）	1.佛教用金与铜的物质文化传统 2.比拟五台	1.在滇之川、渝商人信众的风尚 2.与妙峰禅师的活动有关	—
五台山显通寺东铜塔	造于明万历三十八年（1610），立于三十九年(1611)	1.佛教用金与铜的物质文化传统 2.比拟五台	1.在滇之川、渝商人信众的风尚 2.与妙峰禅师的活动有关	—
五台山显通寺其他三座铜塔	可能为明万历三十至四十年间（1602—1612）	1.佛教用金与铜的物质文化传统；2.比拟五台。	不详	不知毁于何年，但已于近年按照原样重铸
五台山清凉寺小铜塔	万历三十四年（1606）	佛教用金与铜的物质文化传统	不详	—
永川小铜塔	明万历四十二年（1614）	佛教用金与铜的物质文化传统	在滇之川、渝商人信众的风尚	由寓居云南省城的永川信士张翰言一家从云南带回永川
北京长椿寺多宝佛铜塔	不早于明天启元年（1621）	1.佛教用金与铜的物质文化传统 2.附会《法华经》涌出多宝塔的典故	与万历皇帝的生母孝定李太后有着很大关系	现位于北京万寿寺保存
庐山东林寺铜塔	明崇祯十三年（1640）	佛教用金与铜的物质文化传统	江西丰城县人士熊汝学在荆门为官时出资铸造	毁于"文革"时期
北京北海大慈真如殿双铜塔	清乾隆三十六年（1771）前后	佛教用金与铜的物质文化传统	传为乾隆皇帝为庆祝母亲八十大寿而建	抗日战争期间曾被拆散，近年已经修缮，置于北海天王殿

铁醮炉	建造年代	思想根源	触发因素	搬迁/毁坏
解州关帝庙两座铁醮炉	分别造于明嘉靖三年（1524），嘉靖十三年（1534）	焚帛进表、沟通人神	不详	—
三原县城隍庙铁醮炉	明万历年间（1573—1619）	焚帛进表、沟通人神	不详	—
兴平文庙东、西铁醮炉	明崇祯三年（1603）	焚帛进表、沟通人神	附近信众祈福	从某道观或祠庙移至兴平文庙
宝鸡龙门洞铁醮炉	清康熙年间	焚帛进表、沟通人神	不详	—
亳州大关帝庙铁醮炉	清道光二年（1822）	焚帛进表、沟通人神	"陕西众药材邦弟子敬叩，关圣帝神炉"	—

下篇 金属建筑专题研究

第八章 金属建筑的立意与总体设计

第八章　金属建筑的立意与总体设计

建筑不仅是人类赖以生活的物质条件，更是人类文化的组成部分和重要表征。在以木构建筑为主体的中国古代传统建筑中，金属建筑不仅在材料上具有特殊性，而且在建筑功能类型上具有显著的共性：除了天枢之外，全部属于宗教建筑。在上篇的论述中，我们已经看到金属建筑的建造，源于人们对宗教、政权等重大象征意义、纪念意义的追寻和表达，这也正是金属建筑的核心本质。道教、佛教经典中对金殿、铁塔、金塔等概念的描摹，为现实中的金属建筑建造提供了理论依据，也为人们的追仿提供了概念原型。

象征意义的实现，首先在于选用铜、金、铁这些在中国传统文化中蕴含深刻象征意义的材料来建造金属建筑。接下来，就在于运用设计手法来营造、表达那些经典中描摹的概念原型。

本章结合文献记载，具体分析金属建筑的总体设计，以检视铜殿、铁塔、铜塔在总体布局中是如何来演绎、表现象征性的。

一、铜殿的总平面设计：崇高地位的塑造与体现

在中国古代建筑群中，建筑个体在建筑群中的不同位置除了受功能布局影响，更重要的是能反映出建筑个体的尊卑主次。现将铜殿在建筑群总体布局中的处理手法列表分析如下：

表8-1　铜殿在建筑群中处理手法分析表

铜殿	位于山巅	位于轴线上的重要位置	环以城垣	由建筑围合、拱卫	宗教属性
武当山小铜殿	●	●			道教
武当山太和宫金殿	●	●	●		道教
昆明太和宫铜殿（后来移置鸡足山）	●				道教佛教
昆明太和宫铜殿（康熙十年原址新建）	●	●	●		道教
峨眉山铜殿	●				佛教
宝华山铜殿				●	佛教
五台山铜殿		●		●	佛教

续表

铜殿	位于山巅	位于轴线上的重要位置	环以城垣	由建筑围合、拱卫	宗教属性
泰山"天仙金阙"铜殿	●	●		●	道教
霍山铜殿	●	●	●		道教
飞龙山铜殿	●	●			道教
姑射山铜殿	●	●			道教
青龙山铜殿	●	●			道教
颐和园宝云阁铜殿				●	佛教
避暑山庄宗镜阁铜殿		●			佛教

注：陈用宾与吴三桂两座昆明太和宫铜殿原址相同，均在昆明鸣凤山巅。

由上表可见，铜殿在建筑群中的处理总的来说有四种特征，一座铜殿可能兼有几种特征。现结合案例予以分类讨论。

1 位于山巅

从表8-1可以看出，所有的道教铜殿都处于山巅，这正是出于道教对金殿"天宫金阙"的定位。上篇已经指出，道教修真、炼丹者的目标，就是成仙飞升至金阙。在内丹修炼取代了外丹修炼之后，金殿又具体出现在内丹修炼观想的图像中，并最终以建筑实体被建造出来。

道经中关于金殿的记载，除了前文所揭《史记》之海上神山中的黄金、银宫阙外，在道教发展成熟后，"金殿"进一步被确定为天帝、群仙所居场所的代表。目前所知的最早道教类书《无上秘要》卷二十二描述了仙界的宫府设置，其中有"黄金殿""金房""金阙宫"，并对"金阙宫"有具体描写：

> "金阙宫有四门，门内周延七千里……门有两阙，金阙以黄金为柱，刻金题众真飞仙之号。玉阙以青玉为柱，刻玉题上皇真人之号，他阙悉如此阙。上有九层金台，虚上玉晨，领仙君所居。"[1]

又如宋《云笈七签》卷一○三：

> "上帝在无上三天，为诸天之尊，万象群仙无不臣者。常升金殿，殿之光明照于帝身，身之光明照于金殿。光明通彻，无所不照，故为通明殿。诸天帝君、万灵侍卫、仙众梵佛悉来朝谒，仰视其殿，惟见大光明中。"[2]

以武当山太和宫金殿为代表，将金殿设于山巅，这是以规划、设计手段对道经中金殿相关传说的具体落实和演绎。

---

[1] 无上秘要．卷二十二三届官府品．见：道藏：第25册[M]．文物出版社，上海书店，天津古籍出版社，1988：58

[2] [宋]张君房．云笈七签．卷一○三翊圣保德真君传．见：道藏：第22册[M]．文物出版社，上海书店，天津古籍出版社，1988：697

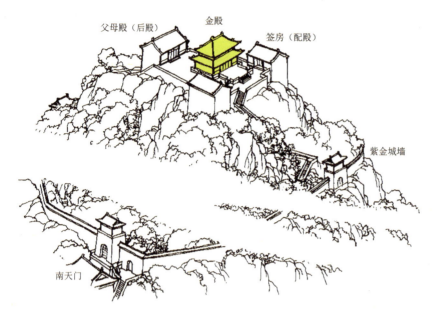

图8-1 太和宫金殿与紫金城鸟瞰

武当山方圆八百里，主峰天柱峰海拔1612米，异峰突起，周围有"七十二峰""三十六岩""二十四涧"等胜景环绕，气势宏伟。道教建筑群就分布在以天柱峰为中心的群山之中，规划严密，主次分明，不同等级的宫观与地形上的山峰、低谷达成了等级秩序上的"同构"，形成大的格局。宫观通过特定的秩序、等级、层次体系来规划布置，使无论是观看"瑞应图"（负责武当山工程的官员和道士在工程过程中呈阅给皇帝的图）的皇帝，还是亲历山中的进香信士，都能迅速领会、融入武当山建筑群的意境中。在山中的进香神道上行走，海拔逐渐升高，人们感知自然胜景的同时，三至五华里到达一组小型建筑群，八至十华里到达一组大型建筑群。人们在这样极富节奏感的序列中行进、渐次升高，又时常峰回路转、殿宇翼然——仿佛由下至上缓缓展开的道教内经图。人们不由期待着最高处的升华，渴望见到统摄诸峰的，究竟是怎样的仙宫楼阁？

太和宫被布置在主峰天柱峰之下的一小块坡地上，形成高潮来临前最后的铺陈。而位于武当之巅——天柱峰顶的，就是太和宫金殿。金阙玉京，万峰来朝，一座奇异的金色神殿统摄着武当山道教建筑群。这样的总体布局，建筑等级层次分明，又与环境浑然天成，体现了人工与自然的高度和谐。

不止如此，武当山的规划者更是以天才的创造力，为方圆八百里的山、川、建筑赋予了道教思想和传说，使之成为一个可供感知的空间序列和极富精神内涵的宗教圣境，成为一个立体的作品。武当山规划的核心理念，就是根据《太上说玄天大圣真武本传神咒妙经》《元始天尊说北方真武妙经》《玄帝实录》等相关道经，以净

图8-2
图8-3

图8-2 大岳太和山太和宫图
乾隆九年《大岳太和山纪略》
图8-3 真武显圣图之一
主峰立金殿成为经典表达模式

3 对"三大阶段"规划理念的提炼参考自湖北省建设厅编著.世界文化遗产——湖北武当山建筑群[M].北京：中国建筑工业出版社，2005：35-51。原文分为"人间""仙山""天国"三个部分。
4 [明]任自垣.[宣德六年]敕建大岳太和山志.卷八.见：中国武当文化丛书编纂委员会编.武当山历代志书集注（一）[M].武汉：湖北科学技术出版社，2003：276。1958年兴建丹江口水库，净乐宫原址淹没于水库。其中大石牌坊和御碑等石质文物搬迁至丹江口市金岗山。
5 见［汉］司马迁.史记[M].卷十二.北京：中华书局，1959：484

乐国太子修真飞升为真武大帝的故事为蓝本，将武当山的空间序列按照"人间""仙山""天界"三大阶段来组织[3]。

第一阶段"人间"：将武当山空间序列的起点延伸到均州古城（今丹江口市），根据真武降生于净乐国为太子的故事，永乐十七年（1419）在均州古城修建了大型道宫净乐宫[4]。这里是展现真武大帝传说故事的第一站。净乐宫外以一条长达30公里的石板官道，直通武当山麓。第二阶段"仙山"：从进"治世玄岳"牌坊到武当半山腰，又分为三层境界来表现。循着净乐国太子的神迹，逐渐脱离尘俗，进入仙山。第三阶段"天界"：从山腰到山顶天柱峰，表现真武得道飞升，受玉帝册封坐镇天下的传说，建榔梅祠、会仙桥、朝天宫、一天门、二天门、三天门、太和宫、紫金城，以及最高峰的金殿。这一阶段是武当山空间序列发展的高潮和精华，海拔已过1000米。

紫金城将天柱峰环绕，四方设四座天门，仅南天门可供通行。南天门外为太和宫建筑群，海拔约1552米；南天门内山峰突起，太和宫金殿即位于海拔1612米的峰顶。云烟缭绕之下，紫金城、四天门拱卫下的太和宫金殿所营造出的建筑意境，正是天界仙宫金阙的氛围。正如《史记集解》所言："昆仑玄圃五城十二楼，此仙人之所常居也。"[5]（图8-1，图8-2，图8-3）

除南、北两配殿外，清代又在金殿西侧加建有后殿。加建的三座小殿实际上影响了金殿的景观效果，从山中无法看见天柱峰顶的金殿，对金殿原本"金顶天宫"的设计理念造成了破坏。

从志书中对武当山太和宫金殿的记载，也可印证其设计理念与

图8-4 霍山全图
中镇峰顶未绘出建筑

典籍中所追求的神仙金殿的一致。如《敕建大岳太和山志》卷八：

"大岳太和宫在天柱峰大顶。旧有小铜殿一座，以奉玄帝香火。永乐十年敕建宫宇。皇上独重其事，冶铜为殿，饰以黄金，范神之像，置于天柱峰之顶。缭以石垣，绕以石栏，四辟天门，以像天阙，磅礴云霄，辉映日月，俨若上界之五城十二楼也。"[6]

从明代一些题咏武当山的诗文也可看出，金殿和整个太和宫的设计构思为世人认可和领会，如：

"仙宫遥在紫云边，仙乐曾闻白雪篇。"（高迁）
"傍隐回岸绕径斜，寻幽无处不仙家。"（李凌云）
"金殿朝回到玉虚，个中仙境自然殊。"（韩文）[7]

综上可见，武当山太和宫金殿是全山规划中的点睛之笔，成功营造、表达出"仙境金殿"的意象和象征意义。

天柱峰金顶立金殿的意象从此确立并逐渐成为一种官方认可的固定形式，求仙思想、道教典籍中对仙境金殿的描摹也借此具象化，并进而成为武当真武信仰传播的符号。其他位于山巅的道教铜殿，也都可以视作对武当金殿模式的追仿（图8-4，另见图6-18、图6-24）。

位于山巅的铜殿中，只有峨眉山铜殿和迁至鸡足山的昆明铜殿是佛教铜殿。这反映出佛教建筑在运用铜殿时并不着重烘托神仙天界金殿的氛围。峨眉山铜殿是第一座佛教铜殿，位于峨眉金顶，因此尚能看出金顶立铜殿的意象（图8-5）。但也应看到，金顶早以普贤道场、金顶佛灯而出名，并非因设置了铜殿才得名金顶。

6 [明] 任自垣. [宣德六年] 敕建大岳太和山志. 卷八楼观部. 武当山历代志书集注（一），页272

7 [明] 凌云翼. 大岳太和山志，见：杨立志点校. 明代武当山志二种 [M]. 武汉：湖北人民出版社，1999：382–520

图8-5 御题天下大峨眉山胜景图局部
右下角为峨眉县城，上方中央为铜殿、铜塔

2 位于轴线上的重要位置

将铜殿安排在建筑群轴线上的重要位置，是体现铜殿重要地位的又一重要手法。

五台山显通寺铜殿、泰山碧霞祠铜殿、飞龙山真武庙铜殿、姑射山真武庙铜殿、青龙山真武庙铜殿、避暑山庄宗镜阁等所在之建筑群均沿轴线布置。建筑在轴线上不仅沿平面发展，也在竖向上发展，而铜殿在其中的位置多处于平面、竖向上的高潮位置。其中只有飞龙山铜殿、避暑山庄宗镜阁在轴线序列中位置略靠前。

五台山显通寺铜殿坐北朝南，是寺庙中轴线上的倒数第二座建筑。寺内地势平缓，特意在千钵文殊殿后建高台与山体相接，并安放铜殿（图8-6）。从轴线位置、标高上看都处于整个建筑群发展的高潮位置，反映其地位的崇高（图8-7）。

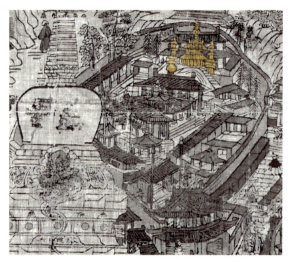

图8-6

图8-6 《五台山圣境全图》局部
图8-7 显通寺总平面

从志图（图8-8）和现场来看，泰山铜殿原来位于泰山山顶碧霞祠正殿之前，处于院落围合的中央位置。山顶空间有限，轴线原本不够长，因此前导空间从碧霞祠外的焚帛炉就开始设置。从那里开始，香客须登上很长的台阶，上到南门平台，再穿过祠门，才能到达铜殿院落。因此，铜殿规模虽小，但无论从平面还是剖面上看，"天仙金阙"都处于整个碧霞祠建筑群中轴线发展的高潮位置，可见其建筑地位尊崇（图8-8，图8-9）。

移置灵应宫后，灵应宫也专门于中轴线上造崇台以承之，体现了铜殿地位的尊崇。

汾西姑射山真武庙整组建筑建在砖、石基础上，整组建筑随山脊走势沿轴线逐级升高，形成三组主要的标高（图8-10）。第一组标高是山门与二进门廊之间的院落，第二组是正殿真武殿前后的院落，第三组是铜殿及其前后的锢窑。

围合性的建筑均使用砖砌锢窑，平顶，檐口砌成雉堞状，使得从外部看，真武庙颇似一个封闭的堡。而在这个"堡"中最引人注目的，就是位于建筑序列高潮处的铜殿。

无论是在山路上遥望，还是在真武殿后的庭院中抬望，铜殿的攒尖顶都是视觉中的最高点。实际上位于最高处的是玉皇楼，但由于玉皇楼是庑殿顶，其高点退后。因此在透视作用下，人们眼中的最高点就是铜殿了（另见图6-24）。

洪洞青龙山真武庙建筑群雄踞山脊，气势磅礴（图6-20），而且未按单一的轴线布置，而是顺应山势，以三条主要轴线来组织布局（图8-11）；在竖向上，则层层错落布置了四个主要标高层。香客从正门进入，需要经过几次轴线转折和登高才能到达位于最高标

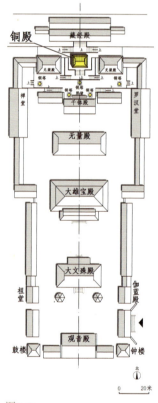

图8-7

图8-8

图8-8 《泰山述记》岱顶图局部
此图绘成时铜殿已不在此处
图8-9 泰山顶碧霞元君祠总平面

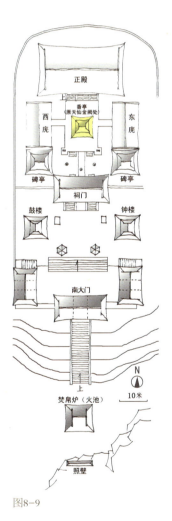

图8-9

高层的铜殿院落。

第一条轴线上为东王殿（山门）、倒座戏台、南院落、台阶、正殿。其中南院落为第一个标高层，正殿及其所在平台为第二个标高层。绕过正殿，有一条通道通向玉皇楼，形成第二条轴线。这条通道实际上是下层北院落西侧的锢窑屋顶，下层北院落是第三个标高层。穿过玉皇楼，为上升的台阶，台阶东侧有一财神楼。上台阶，折向北，进入院门，即到达最高的标高层——铜殿院落。

整个建筑群布局巧妙、匠心独具，不规则的平面布置既是顺应地形的结果，又暗合北斗的形式。真武庙在大尺度上对景南部的白虎山，其大台基又被道士附会成"九宫台基"。行走在真武庙建筑群中，空间序列发展十分精彩。经过几次轴线转移、标高抬升之后，信众的期待也持续增强，最终到达最高的院落，见到金殿（铜殿）。

3 环以城垣

用砖城或石城将铜殿环绕，营造出天界城垣、孤峰立金殿的意象。最典型的案例当属武当山太和宫铜殿。采取此手法的还有昆明太和宫和霍山真武庙，实际上也都是对武当山金殿的追仿。

昆明太和宫铜殿周围环绕的紫禁城为青砖砌筑，四面辟门。墙厚1米，高约5米，有雉堞，正门西门上为魁星楼。墙体敦厚高大，城南北长约32米，东西宽约26米。这座城因为在山顶，环绕的只是铜殿院落，比起武当山环绕天柱峰的紫金城就显得小多了。但也因此将昆明太和宫铜殿的规模反衬对比得更大了。

与城垣相配合的一项设置是在登山道中布置"天门"。道教名

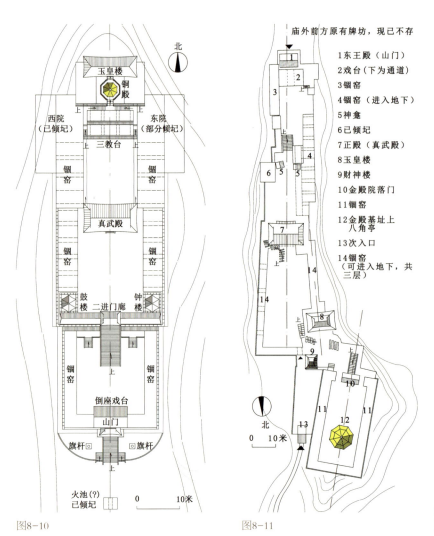

图8-10 汾西姑射山真武庙总平面
图8-11 洪洞青龙山真武庙总平面

山建筑群中经常有"天门"的配置，可与砖石城垣配合使用，用石牌坊来标示整个山体建筑序列中的不同层次。在山中，通常从山麓开始安排"一天门"，登至半山穿过"中天门"，而"三天门"常位于山顶的入口。武当山、昆明铜殿所在的鸣凤山都有此设置，见图8-12。

霍山真武庙虽然不存，其总体布局仍可根据文献予以分析。据乾隆《赵城县志》：

"遂于山之巅铸建铜殿一座，四面设铜栏杆；铜牌坊一座，上下俱饰以金。后殿一座，东西香火院数十间，左右钟鼓楼，周围砌以石垣，金碧辉煌，一如武当之胜。"[8]

可见霍山真武庙也是山顶铜殿、环以石垣的模式。而其中的铜牌坊，值得仔细分析。道教山中的"天门"可与城墙配合使用，亦可单独使用。前者如武当山、昆明鸣凤山、霍山，后者如泰山、

[8] ［清］李升阶纂修.［乾隆］赵城县志.卷九坛庙.见：稀见中国地方志汇刊（七）[M]. 北京：中国书店，1992：171

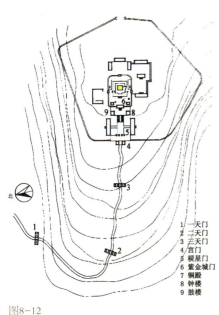

1—一天门
2—二天门
3—三天门
4—宫门
5—棂星门
6—紫金城门
7—铜殿
8—钟楼
9—鼓楼

图8-12
图8-13

图8-12 昆明鸣凤山顶的太和宫铜殿
图8-13 江苏茅山大茅峰顶的三天门
背面书"飞升台"

茅山。一般来说，三天门虽在山顶，但并未与主体建筑相提并论，如武当山、泰山。只有号称"第八洞天、第一福地"的茅山，其主峰大茅峰上的"三天门"设在山顶建筑群中轴线上的高潮处。既是"三天门"又是"飞升台"，道士在此登台奏章上表，跨过天门，即是天界（图8-13）。

霍山真武庙使用的铜牌坊，在文献中即与主要建筑铜殿并称，郑重其事，说明铜牌坊在这里非常重要，不是简单的入口而已。其功能应当可与茅山大茅峰的"三天门"对应。铜牌坊与铜殿配合使用，可能起着表示交通人间、天界之门的作用——踏入此门，就是天宫金殿。从这点来看，霍山真武庙在运用铜殿营造"神仙金阙"的手法上，比武当山及其之前的其他铜殿案例又有了自己的发展。

4 由其他建筑围合、拱卫

包括泰山碧霞祠铜殿以及佛教的宝华山铜殿、五台山铜殿与颐和园宝云阁。

由于地形的原因，宝华山铜殿所在的隆昌寺建筑群本身并没有形成主要的贯通轴线。因此，虽然隆昌寺是因铜殿而兴的，铜殿也只能安放在大雄殿侧后方的偏院（图8-14）。为了体现铜殿的重要性，铜殿所在的小院落设置月台丹墀，通过抬升形成一小段较陡的前导空间（图8-14，图8-15），并配置一对砖无梁殿拱卫其左右。

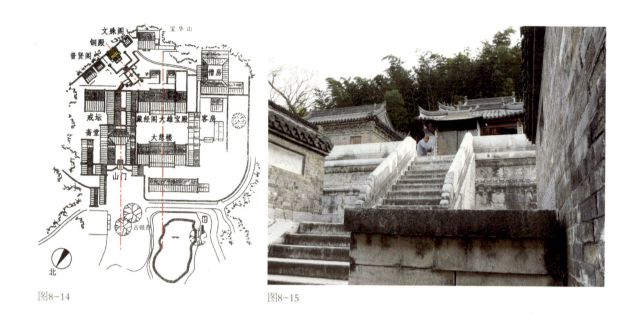

图8-14 宝华山隆昌寺总平面
图8-15 宝华山铜殿前的月台丹墀与前导空间

　　五台山显通寺铜殿既处于建筑群轴线上的重要位置，又在铜殿所在的平台设置影壁，形成相对封闭的"清凉妙高处"平台，两旁各有砖无梁殿一座[9]，并有五座铜塔拱卫（图8-16，另见图5-37）。

　　颐和园宝云阁所在的五方阁院落位于颐和园万寿山大报恩延寿寺西侧。大报恩延寿寺依山而建，主轴线上的主体建筑为佛香阁。宝云阁偏居西边的次轴，在整个建筑群中居相对次要的位置。

　　但在五方阁院落中，宝云阁处于被围合、拱卫的中心位置。五方阁院落平面呈正方形，山门外有影壁、石牌坊组成的前导空间。宝云阁位于院落正中央的汉白玉须弥座上，四出台阶，坐北朝南。南有山门，北有五方阁，东西各有配殿，院落的东南、西南、东北、西北四角各有一座重檐四方角亭。各建筑之间用包括叠落廊在内的24间围廊相连，形成以宝云阁为对称中心的围合院落。从平面上看颇似密教胎藏界曼荼罗（Garbhadhātu Maṇḍala）中台八叶院的形式，或金刚界曼荼罗（Vajradhātu Maṇḍala）四印会或理趣会的形式。然据其名称"五方"，可与中台八叶院中的五方佛相对应，估计取材于此，体现了其佛教建筑的性质，并且具有比较明显的密教色彩（图8-17，图8-18，图8-19）。

　　主殿五方阁位于高11.26米的高台上，内供奉五方佛。五方阁下的高台壁面上做成巨大的莲花框形式，原是悬挂"威德金刚护法变相"巨幅织绣佛像之处。

　　可见，围合、拱卫的手法，主要由佛教铜殿采用，尤其宝华山隆昌寺、颐和园宝云阁，其铜殿都不在建筑群的主要轴线上，而只能采用围合、拱卫的手法来体现铜殿的地位。

9 对比宝华山隆昌寺之无梁殿形式，及太原双塔寺无梁殿、蒲州万固寺无梁殿等，可知无梁殿这一建筑形式为妙峰禅师习用之元素。关于无梁殿，亦可参见龚恺. 明代无梁殿[D]. 南京：南京工学院建筑系，1987：33

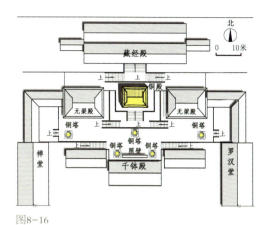

图8-16

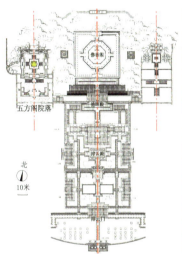

图8-17

图8-18

图8-19

图8-16 五台山显通寺铜殿所在的"清凉妙高处"平台

图8-17 排云殿-佛香阁建筑群总平面
图8-18 光绪时期的宝云阁立样
图8-19 胎藏界曼荼罗中台八叶院部分

5 布局差别反映的道教、佛教金殿象征意义的差异

以上四点特征既表明铜殿的崇高地位在建筑群布局中经具体的建筑设计手法得到了落实，也表明处理手法因道教、佛教而有所不同——四种处理的意境、效果和强度是有差异的。从历史维度上看，道教铜殿均位于山巅，其"金阙玉京"的意象昭然。初借鉴入佛教的金殿也采用了这种处理手法，但随着时间发展，表现象征意义的建筑手法逐渐发生了"退化"与偏离。虽然曼荼罗式的布局仍然表达了宝云阁在五方阁院落的中心地位和深刻内涵，但不可否认的是，隆昌寺铜殿、宝云阁、宗镜阁等佛教铜殿在建筑群中所表现出的地位已远不如孤峰之巅的金殿了。

上述布局手法的差异，源自道教、佛教金殿在立意上的差异。

纵观几座道教铜殿，它们不仅是物质的、具有内部空间使用功能的"铜房子"，更代表着一种已被铜、金物化了的宗教追求。从这个意义上说，殿本身已经与殿内的神像一道成为被信徒膜拜的对象。这是铜殿在道教建筑中的本源意义。

然而在铜殿这一形式被应用到佛教建筑中后，其地位和意义不可避免地发生了渐变：佛教对金有自己的认识，金在佛教中也有很高的地位。由于金、铜在渲染佛界、佛身金色方面的作用，佛教艺术中对使用金和铜（尤其是黄铜），有着悠久的历史。因此，在佛教寺院中使用金殿，也是自然而然之举。而且在壁画、水陆画等佛教图像中，其实也常能见到金色的楼阁形象，但关键是在佛经中没有突出的概念和典故去表述"金殿"，没有像道教那样明确将仙界中的"金阙""金殿"作为修炼、飞升之目的地，没有表达出专门对"金殿"或"金阙"建筑的孜孜以求。佛教铜殿更多的是在通过使用铜这种"吉金重宝"，及其本身或镏金附上的金色，来体现建筑的庄严效果和高贵地位。

综上可见，佛教铜殿在利用其材料特质营造佛国净土方面，起到的作用是参与性的；而道教铜殿在营造仙宫金阙方面起到的作用则是统摄性的。建筑表达效果上的差异，是由其文化意义和思想根源决定的。

二、铁塔的总平面设计

铁塔在建筑群中布局的处理手法见表8-2。

表8-2 铁塔在建筑群中处理手法分析表

铁塔	作为城市景观	在寺中轴线上	在轴线两侧对峙	在寺外	在寺内其他位置
天枢	●				
阆中铁经幢					
光孝寺西塔			●		
光孝寺东塔			●		
梅州修慧寺千佛铁塔					○
韶关南华寺降龙铁塔					●
义乌双林寺双铁塔			●●		
当阳玉泉寺铁塔				●	
镇江甘露寺铁塔	●			●	
聊城隆兴寺铁塔	●	○			
济宁崇觉寺铁塔	●	●			
常德乾明寺铁经幢				●	
泰安天书观铁塔				●	
咸阳福昌寺千佛铁塔		○			
庐山归宗寺铁塔				●	
重庆塔坪寺铁塔					●

注：本表实例自上至下按在上篇出现的顺序排列。天枢严格来说并不是铁塔，但也排入此表。○表示可能有此项。铁醮炉的可移动性比较强，未排入此表。

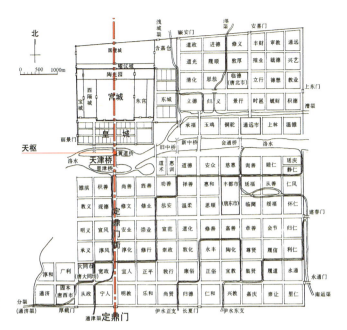

图8-20 天枢在洛阳城中的位置与地标作用

从表中可以看出，铁塔在建筑总平面中布局的手法相当多样，但并未特别在意烘托铁塔的重要地位，这些处理手法也未指向特定的象征意义。下面逐一予以讨论。

1 作为城市景观

"大周万国颂德天枢"是"四夷酋长"为武则天颂德的纪功柱性质的构筑物，并不是铁塔，但归入铁塔讨论。它建于洛阳皇城正门端门外，前临洛河主桥天津桥，位于全城主轴线上，向南遥对洛阳主街定鼎门街和洛阳城正门定鼎门，是洛阳都城和皇城的重要地标（图8-20）。

正如傅熹年先生所指出的，这种在城市中轴线竖立纪念柱的做法，在中国城市史上是个创举。隋唐时和西方交流频繁，天枢又是"四夷酋长"请建，因此它立于通衢的布局，不排除受到东罗马影响之可能[10]。

一般来说，铁塔只有达到一定高度，不被寺庙的院墙阻挡，并且在城内或城墙外不远处，才能与城市产生视觉上的联系，成为城市景观。符合这些条件的铁塔只有镇江甘露寺铁塔、聊城隆兴寺铁塔和济宁崇觉寺铁塔。

甘露寺铁塔位于北固山上，是长江边的著名景观。《北固山志》的"北固山图"中，从东南西北四面都突出表达了甘露寺铁塔，可见其在当地景观中的重要地位（图8-21）。

10 傅熹年主编.中国古代建筑史（第二卷）[M]. 北京：中国建筑工业出版社，2001：593

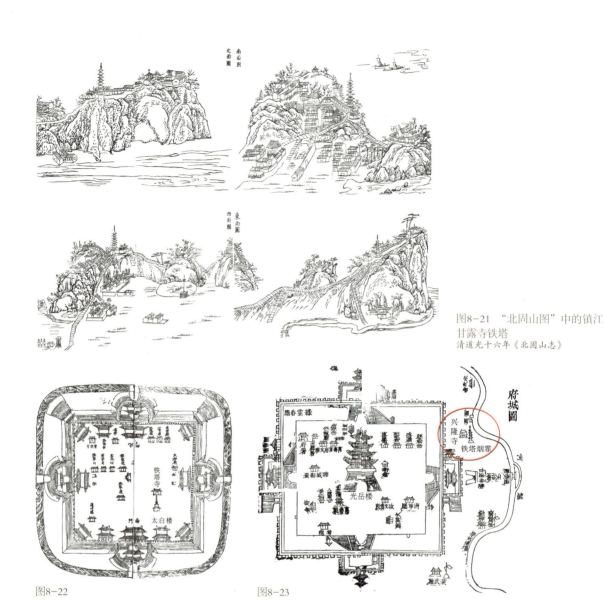

图8-21 "北固山图"中的镇江甘露寺铁塔
清道光十六年《北固山志》

图8-22 "济宁城图"中的济宁崇觉寺铁塔
康熙《济宁州志》

图8-23 "东昌府城图"中的聊城兴隆寺铁塔
嘉庆《东昌府志》

济宁崇觉寺铁塔在整个济宁城中,被认为是"高插云霄,居学宫巽方,实文笔峰也"[11](图8-22)。王梓在《铁塔寺增修铁塔记》中也提到:

"云济素称雄郡,名川古堞,烟树环合,乃铁塔岿然高出于千楹万瓦间,远望之益奇,实兹土巨观也。"[12]

上述评价在其他铁塔所在城市方志中极少见到。这首先与济宁铁塔的高度有关——济宁铁塔通高22.53米,是现存最高的铁塔。而更重要的是,崇觉寺位于济宁城东南方,地处巽位,不仅是济宁城的重要标志性景观,而且被认为发挥着兴文运的作用。

聊城隆兴寺铁塔是聊城著名景致之"铁塔烟霏"[13],康熙《聊城县志》"艺文志"中录有许东望的《铁塔烟霏》:

11 徐宗幹纂修,汪承镛等续修.(道光)济宁直隶州志(一).见:中国地方志集成山东府县志辑76[M].南京:江苏古籍出版社;上海:上海书店;成都:巴蜀书社,1990:277

12 [清]廖有恒,杨通睿.[康熙]济宁州志.卷九.康熙十二年(1673):第三十一页

13 康熙《聊城县志》:"景致:铁塔烟霏,在郡城东北兴隆寺。"卷一第十一页。"隆兴寺在东关经德鲁比丘怀习重修。"卷一第十八页。见:[清]何一杰.聊城县志.清康熙二年(1663)

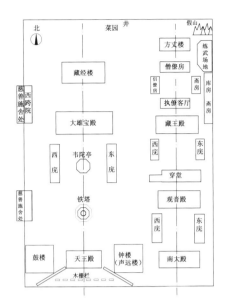

图8-24 济宁崇觉寺民国时期布局
根据寺僧回忆绘制

"步出城东到上方，稜层古塔老风霜。三齐自昔多名胜，七级于今□莽苍。绝顶摩云迴去应，暮阴倚树□鸣螗。争看惨淡烟光□，□气分明出海洋。"[14]

从志图（图8-23）中也可见，铁塔位于河边，元代以后是运河上可见的重要城市景观。

2 在寺中轴线上

现存位于寺庙中轴线上的铁塔案例很少。这是因为自南北朝至隋唐，塔在寺院布局中的地位逐渐让位于殿，塔从中轴线上的主要建筑，到体量缩小，到居于轴线两侧，再到立于偏院，再到立于寺外。唐以后，居中立塔或在中院立塔已非主流情况。

因此济宁崇觉寺铁塔是比较难得的一处铁塔位于殿前中轴线上的案例。崇觉寺现已不存，根据寺僧回忆，崇觉寺原来至少有两路建筑，东路原为僧院，铁塔位于西路建筑的中轴线上（图8-24）。天王殿与大雄殿之间的前院，完全以铁塔为主角。

济宁铁塔并非建于创寺之时，但作为后加入寺院的角色，它反而建在了原有寺院的中轴线上，成为寺院的主要建筑物。可见铁塔在人们心中的地位比同时代其他材料的塔要高。

咸阳福昌寺千佛铁塔和聊城铁塔也可能在寺的中轴线上，但因寺内建筑均已不存，且缺乏考古勘探资料，故暂无法分析。

14 [清] 何一杰. 聊城县志. 卷四. 清康熙二年（1663）：第二十七页

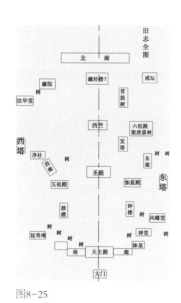

图8-25　《光孝寺志》"旧志全图"中的广州光孝寺铁塔
图8-26　《玉泉寺志》"山图"中的当阳玉泉寺铁塔

图8-25　　　　　图8-26

3　在轴线两侧对峙

这种处理手法针对的是成对的铁塔，包括义乌双林寺的两座铁塔和广州光孝寺的两座铁塔。

义乌双林寺的两座铁塔确实参与了寺院的轴线组织。这两座塔原本位于双林寺山门内，各在一方池中央，相对而立，两塔与大殿形成品字形的布局。双塔并峙的布局，可参见苏州罗汉院双塔，符合当时寺塔布局的时代特征。但这种设方池、在水中安放成对宝塔的形式亦罕见，在敦煌壁画中见过类似形式，在现实的寺庙布局中难得一见。

光孝寺东塔、西塔分别在光孝寺主轴线的两侧，但历史上曾经挪动，东塔又是南宋年间才从开元寺移来，因此并未形成严格的对峙布局（图8-25）。实际上这两座铁塔应视作各占一隅偏院的布局方式。

4　在寺外

中晚唐以后，佛寺中已经以殿、阁为主题，塔多建于偏院或寺外。而在很多情况下，塔也并非与寺院同时创建，因此常有在寺外另选址的情况。这其中又有分别：对塔重视者，开辟专门的塔院围护；在山野中的塔，可能会被建在高爽、陡峻的形胜之地，以形成标志；其他无特别讲究者，常常就置于寺院门口或墙外。

开辟别院建铁塔的典型案例是玉泉寺铁塔。

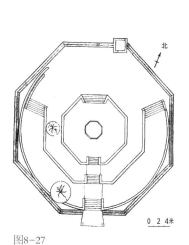
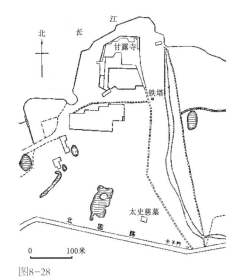

图8-27 玉泉寺铁塔塔院考古基址
图8-28 甘露寺铁塔与寺址的关系

玉泉寺坐西向东，轴线上有天王殿、大雄宝殿、毗卢殿。寺前有溪水流过，铁塔位于溪东侧的土丘上，与寺院隔溪相望（图8-26）。

据地宫舍利石函铭文，铁塔初建成时，曾"于塔下周回修盖廊宇，并献供亭子"。根据考古清理简报勘测到的遗迹，回廊并非紧贴铁塔，而是距铁塔16.4米，平面布局八角形，顺土丘地势绕塔一周。每边长13.3米，总长106.4米。回廊墙基也经过考古解剖，推测既作为回廊外侧基础，也顺应地势，作为铁塔下土丘的护坡砖墙。献供亭子经过发掘，在铁塔北侧，依跨回廊构筑。平面四方形，每边长2.6米，面积6.76平方米[15]。

如图8-27所示，围绕铁塔形成了一组相对独立的八边形塔院。铁塔位于中心的土丘上，而北侧的献亭可能既是献亭，又是这个独立院落的入口。

甘露寺铁塔与玉泉寺铁塔一样，也是为重瘗唐代舍利而后建的铁塔，不在寺庙的主要轴线上。甘露寺铁塔在唐代东塔的原址上建造，位于甘露寺东侧。甘露寺铁塔所在的平台也是个相对独立的院落，但暂未有详细的考古发掘资料（图8-28）。

庐山归宗寺铁塔是将塔安置在山崖峭壁上作为标志景观的典型案例。

常德乾明寺铁经幢、泰安天书观铁塔都是在寺门外建铁塔的案例。前者由于寺院不存，缺乏考古资料，不知铁经幢在寺外是否与寺院的轴线发生联系。后者从志图中看，似乎就是在寺门边上，未与轴线发生联系（见图4-2~图4-4）。

15 湖北省玉泉铁塔考古队. 湖北当阳玉泉铁塔塔基及地宫清理发掘简报[J]. 文物, 1996（10）: 43-57

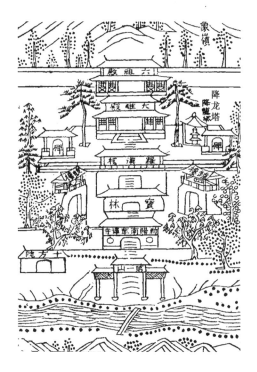

图8-29 《重修曹溪通志》中的降龙铁塔

5 在寺内其他位置

小规模的铁塔，既未参与到寺庙内的空间组织，也未落在寺院主要轴线上，例如韶关南华寺降龙铁塔（图8-29），以及重庆塔坪寺铁塔。这两座铁塔都有塔殿纳于内部，与寺院外部空间的联系有限。

综上所述，铁塔总平面设计的几种类型可与建筑史上塔在佛寺布局中位置之变化发展相印证，总体趋势是塔的地位从主要退向次要，从寺院中央退向偏院或寺外。人们对多数铁塔的态度，普遍是把它当做材料更坚固、造价更贵一些的塔，而并没有着重用特别的总平面设计手法来烘托、塑造铁塔的象征性。

三、铜塔的总平面设计

1 铜塔在建筑群中的处理手法

铜塔的体量都比较小，在建筑群中的处理手法见表8-3。

表8-3 铜塔在建筑群中处理手法分析表

铁塔	室外		室内	
	拱卫其他重要建筑	在其他位置	在专门的塔殿内供奉	在其他殿内陈设或供奉
峨眉山圣积寺铜塔			●	
峨眉山金顶铜塔（三座）	●●●			
五台山显通寺西铜塔	●			
五台山显通寺东铜塔	●			
五台山显通寺中铜塔	●			
五台山显通寺西南铜塔	●			
五台山显通寺东南铜塔	●			
五台山清凉寺铜塔		●		
永川东山寺小铜塔				○
北京长椿寺多宝佛铜塔			●	
庐山东林寺铜塔			●	
青海塔尔寺大银塔			●	
北京北海双铜塔				●●

注：空心○表示可能有此项。银塔的处理方式与铜塔类似，故列入表中。

从表8-3可以看出，铜塔的布置方式首先可以分为室外与室内两大类。五台山显通寺的五座铜塔位于"清凉妙高处"，环列在铜殿前方（图8-16），象征五台山的五座台顶。峨眉山金顶的铜塔原本也环列在铜殿周围，但没有通过布置得到象征意义，不像显通寺铜塔那样有寓意。

其他数处铜塔都在塔殿或其他殿内供奉、陈设，并没有作为标志性构筑物与寺院内的外部空间、环境发生互动。从这个意义上说，这些作为室内陈设的铜塔，本质上是放大了的宗教器物。

铜塔（金塔）、银塔的宗教象征意义，与佛教铜殿类似，可与本书上篇所揭之《法华经》《佛说观无量寿经》的记载相参证，是以铜、金或银来表现佛界的庄严宝相，呼应佛教经典中记载的金色宝塔、宝幢。从铜塔的布置来看，这一立意主要是从铜塔自身的材质和颜色得以体现的。

2 从塔的本源功能来看铜塔的立意

从佛教教义出发，"塔"的功能是很明确的——装舍利或装佛经的窣堵波。见《佛说造塔功德经》：

"尔时世尊告观世音菩萨言：'善男子！若此现在诸天众等，及未来世一切众生，随所在方未有塔处，能于其中建立之者——其状高妙出过三界，乃至至小如庵罗果；所有表刹上至梵天，乃至至小犹如针等；所有轮盖覆彼大千，乃至至小犹如枣叶——于彼塔内藏掩如来所有舍利、发、牙、髭、爪，下至一分；或置如来所有法

藏十二部经,下至于一四句偈。其人功德如彼梵天,命终之后生于梵世。……'

"尔时观世音菩萨复白佛言:'世尊!如向所说,安置舍利及以法藏,我已受持。不审如来四句之义,唯愿为我分别演说!'尔时世尊说是偈言:

'诸法因缘生,我说是因缘,因缘尽故灭,我作如是说。

善男子!如是偈义名佛法身,汝当书写置彼塔内。何以故?一切因缘及所生法,性空寂故,是故我说名为法身。'"[16]

可见,只要在塔内容纳了哪怕只有一分如来舍利、发、牙、髭、爪,或者哪怕四句如来法身偈,这个塔的佛教功能就达成了。《法华经》对此则更加明确,只需装有经卷,不必装有舍利:

"药王!在在处处,若说、若读、若诵、若书、若经卷所住处,接应起七宝塔,极令高广严饰,不须复安舍利。"[17]

如此,放在中国建筑史和美术史里看,"塔"就成为一个很宽泛的概念,而不仅是专门的一种建筑。大如应县木塔,小如法门寺地宫内的舍利塔,中间尺度的如栖霞山舍利塔、佛顶尊胜陀罗尼经幢[18],全都是塔。不论能否登临、进入,不论大小、材质,只要满足了前述功能,它们就都是"塔"。而且在中国,除了装舍利或装经这原初的功能,历史上的各种塔又常被附加上其他功能,大致可归纳为三种:①提供内部空间作为佛堂;②作为标志性构筑物(前两种功能常有重叠);③作为陈设或宗教器物[19]。

从这个角度来看铜塔:第一,所有铜塔都没有提供内部空间;第二,除了显通寺的五座铜塔在建筑群中起到了标志性构筑物的作用外,其他多数铜塔或依附于其他建筑(峨眉金顶铜塔),或位于塔殿、其他殿内,提供的多为第③种功能。

一方面,多数铜塔体量小,或依附其他建筑或藏于殿内,不像铁塔、铜殿那样常在建筑群内起着标志性作用。但从另一方面来看,正因为许多铜塔[20]没有被附上前两项功能,它们反而保有了装舍利、装经、刻经这更本源、更纯粹的根本功能。对这些铜塔的捐建者来说,建筑空间、地标功能都不是他们所追求的。他们造这样一座铜塔,除了装舍利或装经之外,甘愿让它只起陈设的作用,这或许能够说明,他们的目标只是为了满足个人的发愿和信仰,或灭罪、祈福、度亡,而无意于通过高大来彰显功德。但即便如此,由于贵金属建筑材料铜、金的使用,其善行的意义并不因塔小而减小,也并不因藏而不昭而折损。

16 [唐]地婆诃罗译《佛说造塔功德经》,见:大正新修大藏经,第16册 No.699
17 [姚秦]鸠摩罗什译《法华经》卷四法师品,见:大正新修大藏经,第9册 No.262
18 从佛教文献记录来辨识,经幢也就是塔,塔、幢的概念是互通的。理由主要包括:第一,佛塔分生身舍利塔与法舍利塔两种,后者指在其中放置佛经的塔。幢以刊刻《佛顶尊胜陀罗尼经》为主,该经就是法身舍利,故幢亦属法舍利塔。第二,有些幢与舍利塔一样,其中也埋有舍利。第三,许多幢的题记、造像记中,即自称为塔,如闽中唐代铁经幢等。刘淑芬对此问题有详细的论述,除了上述三点外,她还认为,幢与塔的组成形式相似;民间约定俗成常把经幢称为"塔",这都是塔、幢互通的证据。笔者赞同她的观点,论证亦引自其文。见刘淑芬.灭罪与度亡佛顶尊胜陀罗尼经幢之研究[M].上海:上海古籍出版社,2008:101-113。
19 此前建筑史学者在讨论分析塔的时候,常常默认剔除了那些微型的、器物大小的塔,而按照建筑的平面形式、建造材料、登塔方式(内部空间)、外观形式等分类方法来分析塔。但这样分析,实际上容易忽略塔的本源功能,而只注重塔作为建筑物的形制和技术特征,有时还可能陷入概念的混乱。例如,梁思成曾对塔、幢的问题比较困惑,陷入概念分析中,却未能辨清。梁思成根据形式、规模,认为玉泉寺铁塔"虽名为塔,实则铁铸之幢耳",认为杭州闸口白塔"实是一件仿木构塔形式的经幢,与其称之为一座建筑物,不如称之为一件雕刻品,或是一件模型"。但他同时又认为经幢是塔:"宋代建造经幢之风甚盛,盖以镌刻佛经为主之小型塔也"。刘敦桢对闽中唐代铁幢的题记称其为塔,也感到迷惑"岂唐时塔幢不分耶?颇费索解"。他们的困惑都在于想从建筑形式和规模大小上对塔、幢加以区分,而没有认识到佛教中经幢的性质就是法身塔。这充分说明:对塔进行分类,应当从塔的宗教意义和功能入手,仅从建筑的视角进行分类,可能会陷入概念的迷惑。

相关引文见梁思成《浙江杭县闸口白塔及灵隐寺双石塔》,见:梁思成文集(二)[M].北京:中国建筑工业出版社,1984:136-138;梁思成文集(三):162;刘敦桢《川康古建调查日记》,见:刘敦桢文集(三)[M].北京:中国建筑工业出版社,1982:286
20 除了本书讨论的这些具有人体尺度的铜塔外,也适用于那些微型塔,如吴越王钱俶的"金铜精钢八万四千塔"等。

本章小结
铜殿、铁塔、铜塔的立意与总体设计

铜殿的思想根源在于神仙金殿，本章首先分析了人们是如何在总平面设计中，用建筑手法去营造象征性，以表达、实现铜殿的这一理论根源的。明成祖朱棣对武当山金殿在武当山建筑群中统摄地位的塑造是极其成功的——不仅在于达到的建筑成就，更在于落实了经典的艺术形象，使铜殿成为武当真武信仰传播的重要形象标志，影响深远。

铜殿之所以能起到这样一种象征符号的功能，一方面在于"冶铜为殿，饰以黄金"这一奢侈建筑行为的话题与朱棣精心编制的政治神话互相交织，使得铜殿这一建筑形式被广为传诵、受到追捧。而究其深层原因，则又在于屹于天柱、紫金拱卫的镏金铜殿，其总体布局设计是对天界仙宫金阙的成功描摹和演绎，是长久以来存于人们意识中的神圣建筑概念之完美投射。

相比金殿在总体设计上对象征意义塑造和落实的精彩表现，铁塔在总体设计方面的表现则相对平实。铁塔在总体布局中，只是用更坚固、造价更高的铸铁替代了木、砖、石等其他材料，虽然塔因铸铁而更获人们重视，但并未普遍得到布局上的特别对待；但同时，铁塔在寺中布局的变化和发展，也就更多反映出建筑史中寺、塔关系发展的历史趋势和一般规律。

铜塔与铜殿和铁塔都不同。一般有两种情况：一方面，五台山显通寺的一组铜塔像铜殿那样，通过总平面布置的手法获得了象征意义；另一方面，其他铜塔或依附于其他建筑、或置于室内作为陈设，而未在总体设计中与外部空间发生更多联系。但即便如此，由于铜塔使用了贵重的材料，后一种情况并未使铜塔本身的宗教功能和象征意义受到折损。

第九章 金属建筑的单体设计

第九章 金属建筑的单体设计

一、铜殿的单体设计

1 平面设计：规模紧凑

（1）规模

元、明、清铜殿实例的平面尺寸见下表。

表9-1 铜殿平面尺寸统计表

铜殿	通面阔（毫米）	通进深（毫米）	通面阔：通进深	面积（平方米）	间架	屋顶形式
武当山小铜殿	2610	2560	1:1	6.68	三间三檩	悬山
武当山太和宫金殿	4400	3190	1.40:1	14.04	三间七檩	重檐庑殿
昆明太和宫铜殿（陈用宾）	约4700	约4700	1:1	22.09	三间七檩	重檐歇山
五台山铜殿	4600	4200	1.1:1	19.32	相当于三间七檩	重檐歇山
泰山铜殿	4270	3215	1.33:1	13.73	三间七檩	重檐歇山
姑射山铜殿	<3740	<3740	1:1	<13.99	—	重檐攒尖？
昆明太和宫铜殿（吴三桂）	6155	6120	1:1	37.67	三间七檩	重檐歇山
颐和园宝云阁	4410	4410	1:1	19.45	三间七檩	重檐歇山

注：本表自上至下按年代排序。姑射山铜殿根据现存的须弥座台基，为八边形平面，据其尺寸，按照比台基边缘收进30厘米来推算原铜殿的尺寸，单间面阔约为1.55米。屋顶形式推测为重檐攒尖或单檐攒尖。

由上表及图9-1可知，除太和宫金殿、泰山铜殿这两座明皇家敕建的"金殿"为长方形平面外，其余各铜殿的面阔、进深比均为1:1或近似1:1。其中姑射山铜殿为八边形平面，其他铜殿为正方形平面。各铜殿的规模比较接近，且都不大，最大的昆明太和宫铜殿（吴三桂）不过三间七檩，通面阔6.15米，面积37.67平方米；最小的武当山小铜殿只有三间三檩，通面阔2.61米，面积不到7平方米。峨眉山、宝华山铜殿的情况应与五台山铜殿相同，避暑山庄宗镜阁的情况应与宝云阁相同。

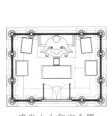
武当山小铜殿

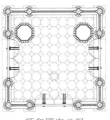
武当山太和宫金殿

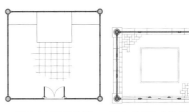
颐和园宝云阁　　　　五台山显通寺铜殿　　　泰山"天仙金阙"铜殿

Ⅰ 单檐，明间通檐二柱，　　Ⅱ 重檐单围柱，通檐无内柱　　Ⅲ 重檐单间，通檐无内柱
山面分心用三柱

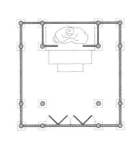
昆明太和宫铜殿（吴三桂）　　宾川鸡足山铜殿（原在昆明太和宫）

汾西姑射山铜殿

Ⅳ 重檐副阶　　　　　　　　　　　　　　　Ⅴ 八边形平面

图9-1 元、明、清铜殿平面类型
同比例

铜殿平面规模均不大的原因可能如下：

第一，财力所限，铜作为建筑材料，比木料昂贵得多；

第二，地形限制，山顶场地有限，平面规模受到限制；

第三，技术所限，当时没有掌握能充分发挥铜合金力学性能的结构技术。

一般考量木构建筑规模极限的一项指标是大梁的跨度，但如果多用柱，增加梁的支点，就可以减小梁的跨度，那么建筑的平面规模也可以很大，缺点是柱网密，对空间使用有一定影响。对铜殿来说也一样，在财力、场地允许的情况下，完全可以通过多立柱的方式扩大平面规模，再在纵向上加强拉结联系即可。至于柱网过密的问题，我们看到现存实例中，额枋净跨最大的是泰山铜殿，达到4100毫米，可以满足一开间跨度的需要，在空间上也不显得过于拥堵。当然，规模扩大、增加柱子、加粗构件，首先就要求有更多的资金。

因此，铜殿规模不大的主要原因不是技术上或材料性能上的，而可能是由铜料的昂贵所决定的。同时，由于铜殿常建在山巅或山地寺院，可用建设面积有限，这也是铜殿规模不大的另一重要原因。

（2）平面形式

铜殿的平面规模均不大，按柱网形式的不同，可以分为五个类型（图9-1）。

I 单檐，明间通檐二柱，山面分心用三柱

此类型仅武当山小铜殿一例。

II 重檐单围柱，通檐无内柱

此类型有武当山太和宫铜殿、颐和园宝云阁，避暑山庄宗镜阁应当也是这一类型。

III 重檐单间，通檐无内柱

此类型有五台山铜殿、泰山铜殿，峨眉山铜殿、宝华山铜殿应当也是这一类型。

IV 重檐副阶

此类型现存仅昆明太和宫铜殿（吴三桂）一例，其前檐门窗装修安于金柱之间，其余各面均安于檐柱间[1]。从营造学社的草图和照片判断，陈用宾倡建的昆明太和宫铜殿很可能采用的也是这种形式。

V 八边形平面

此类型仅存汾西姑射山铜殿一例。赵城青龙山铜殿有可能采用的也是这种平面形式。

在平面规模有限的情况下，多数重檐结构的铜殿不用内柱支承上檐，而多用抹角梁加童柱来承上檐。这一方面是由于平面尺寸小，不需要内柱，另一方面也反映了铜殿在小规模中对更大使用空间的有意追求。武当山太和宫金殿为了追求空间的严整，甚至连抹角梁也不使用，而依靠溜金斗栱来解决上檐柱的落脚点。

2 构架设计：对同时代木构建筑的模仿

（1）构架类型

按殿阁式、厅堂式、柱梁作的分类方法，铜殿构架的类型分布如下表所示：

[1] 但应注意，吴三桂铜殿因为下檐出檐大，又使用了擎檐柱来支承。

表9-2 铜殿构架类型表

建筑	武当山小铜殿	武当山太和宫金殿	昆明太和宫铜殿（陈用宾）	昆明太和宫铜殿（吴三桂）	峨眉山铜殿	宝华山铜殿	五台山铜殿	泰山铜殿	颐和园宝云阁铜殿	避暑山庄宗镜阁铜殿
殿阁式		●								
厅堂式			●	●					●	●
柱梁作	●				●	●	●	●		

注：陈用宾所造昆明太和宫铜殿已不存，构架形式根据照片及平面草图推测。峨眉山、宝华山铜殿根据志图及其与五台山铜殿的同源关系推测。宗镜阁系根据历史照片及宝云阁推测。

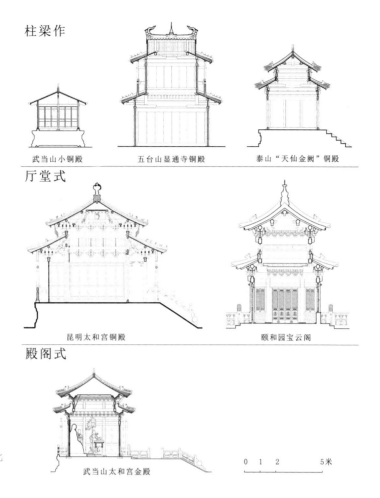

图9-2 元、明、清铜殿剖面对比 同比例

由表9-2可知，现存及可推知结构的10座铜殿中，5座铜殿采用柱梁作形式，4座为厅堂式，1座为殿阁式。铜殿的不同构架类型也从侧面反映了铜殿的"出身等第"：殿阁式的特点在于有统一的铺作层和天花，符合此标准的只有武当山太和宫金殿一座。两座昆明太和宫铜殿内外柱不同高，为典型的厅堂式；宝云阁、宗镜阁均有斗栱、无内柱，但为彻上露明造，属厅堂式。其余铜殿的柱直接与梁交接，没有或只有隐刻或浅浮雕装饰的斗栱，属柱梁作。而这其中泰山铜殿虽属皇帝敕建，然而如前文所述，泰山铜殿建造前后"时值大祲"、国库亏空，因此泰山铜殿无繁缛雕饰，在结构上也选择了比较简洁易造的柱梁作，在板上浮雕斗栱形象而已。

（2）举架
①举高比例

举高指挑檐檩上皮或正心檩上皮至脊檩上皮的垂直距离与前后挑檐檩中心的水平距离或前后正心檩中心的水平距离之比。多数铜殿实例为重檐，举高应按上檐的数值来计算，如表9-3所示：

表9-3　铜殿实例举高值（H/D）一览表

建筑	年代	构架情况	举高值	屋顶形式	备注	构架情况
宋《营造法式》	宋崇宁二年（1103）	四架椽屋	1/3	—	殿堂、楼阁或筒瓦厅堂	进深三檩
武当山小铜殿	元大德十一年（1307）	进深三檩	1/5	悬山	屋面直坡无折	上檐进深五檩
武当山太和宫金殿	明永乐十四年铸造（1416）	上檐进深五檩	1/3.30	重檐庑殿		上檐进深五檩
五台山铜殿	明万历三十三年（1605）	上檐进深五檩	1/2.49	歇山楼阁式		上檐进深五檩
泰山铜殿	明万历四十二年（1614）	上檐进深五檩	1/2.65	重檐歇山		上檐进深五檩
昆明太和宫铜殿	清康熙十年（1671）	上檐进深五檩	1/3.65	重檐歇山		上檐进深五檩
清《工程做法》	清雍正十二年（1734）	五檩大木	1/3.33	—	—	—
颐和园宝云阁	清乾隆二十年（1755）建成	上檐进深五檩	1/3.35	重檐歇山		上檐进深五檩

注：本表自上至下按时间顺序，峨眉山、宝华山铜殿、陈用宾造昆明太和宫铜殿、避暑山庄宗镜阁已不存，相关指标难以推测，故不列入。峨眉山、宝华山铜殿的数据可能与五台山铜殿相同，宗镜阁的数据可能与宝云阁相同。

② 折屋特点

折屋反映的是屋面曲线的特点，具体通过各步架的坡度值表现出来。

表9-4　铜殿各步架坡度斜率（H/D）一览表

建筑	年代	下檐步	檐步	金步	脊步	构架情况	屋顶形式
武当山小铜殿	元大德十一年	0.40	—	—	0.40	进深三檩	悬山
武当山太和宫金殿	明永乐十四年铸成	0.51	0.54	—	0.65	上檐进深五檩	重檐庑殿
五台山铜殿	明万历三十三年	0.52	0.44	—	0.89	上檐进深五檩	歇山楼阁式
泰山铜殿	明万历四十二年	0.49	0.65	—	0.81	上檐进深五檩	重檐歇山
昆明太和宫铜殿	清康熙十年	0.52	0.51	—	0.65	上檐进深五檩	重檐歇山
颐和园宝云阁铜殿	清乾隆二十年	0.49	0.50	—	0.70	上檐进深五檩	重檐歇山

注：本表实例自上至下按时间顺序，峨眉山、宝华山铜殿、陈用宾所造昆明太和宫铜殿、避暑山庄宗镜阁铜殿已不存，故不列入。但峨眉山、宝华山铜殿的数据推测与五台山铜殿的相似，宗镜阁的数据推测与宝云阁的相似。

表9-3、表9-4列出的数值可以从两个角度来分析规律：

首先，就举高发展的一般规律来说，自唐至清木构建筑屋顶的变化趋势是逐渐增高，即举高值越来越大。唐代在1：5左右，宋代在1：4~1：3左右。至明代，官式建筑大木举高值的取值范围基本集

2 武当山太和宫铜殿的上檐天花内部情况不详，金檩的位置为根据屋面曲线推测出的。笔者按照檐步、金步等距的情况推测。特此说明。

中在1∶3.2~1∶2.6之间³。

从表9-3来看，元代小铜殿的举高最低，仅1∶5，数值不符合宋元时期木构建筑的一般规律，且各步坡度相同，屋面直坡无折，说明它尚没有追求对同时代木构建筑的严格模仿。

表9-3中明代铜殿实例表现出的举高值只有泰山铜殿（1∶2.65）严格处于明官式建筑1∶3.2~1∶2.6的区间之内，符合它在明中晚期由皇家敕建的背景，屋顶趋向陡峻。武当山金殿为明初的案例，屋顶相对明中后期的案例略缓，因此1:3.3的数据亦合理，大致符合明官式建筑的规律。唯五台山铜殿的举高达到1∶2.49，屋顶陡峻程度略超过明官式建筑的最高值，也明显超过它两旁同时代的砖无梁殿。这应当是为了突出金殿的屋顶而有意为之。

颐和园宝云阁的屋顶举高为1∶3.35，檐步、脊步均分别符合清则例五举、七举的规定，可见宝云阁对清官式大木的模仿是比较忠实、严格的，或者说它的屋面就是遵从清则例的举架法来设计的，宗镜阁的情况应与其相同。

其次，从举高值与各步架数值的内在联系来分析："举折"与"举架"分别反映的是宋、清两种不同的折屋制度，前者先定屋顶举高，然后向下折屋；后者则从下往上逐步架举屋。因此以举折之法定高的建筑屋盖的高跨比常呈整数比，各架椽的斜率呈非整数比；举架法则相反，整个屋盖高跨比不是整数比，而各架椽的斜率则呈整数比（或整数比加0.5）。

从表9-4来看，明代、清代几座铜殿表现出的各步架斜率数值与举架法符合或非常接近，基本可以肯定是使用举架法设计的。这符合明代折屋制度的特征⁴。

（3）重檐做法

除了元代小铜殿外，现已知的各铜殿多为重檐建筑。重檐构造的关键问题在于童柱（上檐柱）的落脚点如何解决，现存实例有以下三种形式：

① 抹角梁法

抹角梁法即在稍间使用抹角梁，上承童柱的做法，此法是明以后木构重檐建筑较常采用的方法。采用此法的铜殿最多，有五台山铜殿、泰山铜殿、颐和园宝云阁。现已不存的峨眉山铜殿、宝华山铜殿、宗镜阁铜殿采用的很可能也是抹角梁法。

以五台山显通寺铜殿为例（图9-3）：殿内下檐平板枋上施抹角梁，梁上坐童柱，直通上檐成为上檐柱。柱上依次插有下檐递角梁后尾、下檐大角梁后尾、下檐金枋、垫板、上檐门扇下槛、上檐

---

3 郭华瑜.明代官式建筑大木作[M].南京：东南大学出版社，2005：52-54
4 研究表明，两种折屋形式在明代官式木构建筑中都有使用，前者是明初期至中期占主导地位的，后者出现于明代中后期。见：郭华瑜.明代官式建筑大木作[M].南京：东南大学出版社，2005：61-62

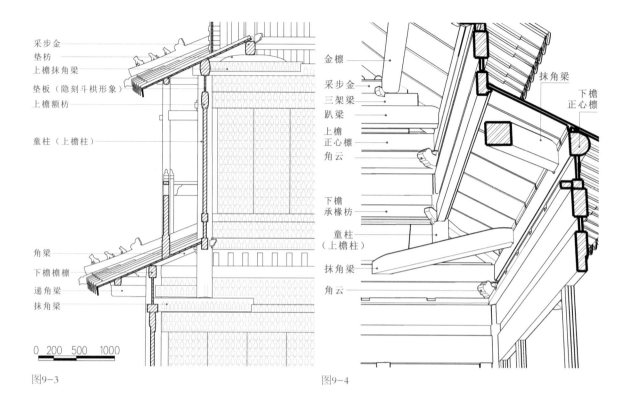

图9-3 五台山显通寺铜殿的抹角梁构造
纵剖面局部
图9-4 泰山铜殿的抹角梁构造
角部内侧透视

门扇、上檐穿插枋、上檐额枋、垫板（隐刻斗栱形象）。

泰山铜殿的抹角梁法与此类似，唯没有使用递角梁（图9-4）。

上檐荷载通过童柱坐于四个抹角梁上，再传递到下檐柱和基础。因此这种方法对抹角梁的强度要求很高。颐和园宝云阁的抹角梁构造对此有充分考虑，用了抹角枋、小抹角梁、大抹角梁三层梁枋叠置来加大梁的实际断面：下檐柱顶施抹角枋，趴于柱顶，上皮与平板枋上皮平，其上再叠置小抹角梁、大抹角梁，大抹角梁上皮高过斗栱里拽拽枋。拽枋端头用燕尾榫与大抹角梁咬合挂接。仅大抹角梁高度就达到42厘米，合8.4斗口，超过清则例规定的6.5斗口不少。反映出宝云阁的设计者在处理铜殿结构时的谨慎态度。大抹角梁上坐一八边形骑梁墩斗，上承童柱和上檐荷载（图9-8）。

② **溜金斗栱法**

此法仅靠溜金斗栱的角科后尾及其相邻两攒平身科斗栱之后尾共同承童柱，采取此法者仅有武当山太和宫金殿一例。

武当山太和宫金殿下檐溜金斗栱的秤杆后尾用一斗三升斗栱承拽枋，拽枋上承一周圈柱脚枋。柱脚枋上承上檐檐柱、角柱，分别与下檐柱头科、角科溜金斗栱的后尾对位。下檐角梁后尾从上檐角柱的中部伸出，露出梁尾麻叶头部分，紧贴角柱用竖向销栓拴住。上檐柱上承上檐额枋、平板枋，平板枋上为上檐斗栱，九踩重翘重昂。

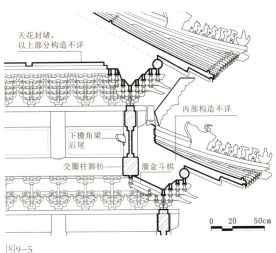

图9-5

图9-6

图9-5 武当山太和宫金殿的溜金斗栱构造
横剖面局部

图9-6 武当山太和宫金殿溜金斗栱
室内照片

柱脚枋及其以上的上檐结构荷载主要通过下檐的溜金斗栱传递到下檐柱和基础；后尾插入上檐童柱的下檐角梁也分担了一部分上檐荷载，传递到下檐角柱。（图9-5，图9-6）。

这样的重檐结构解决方案，在现存所有的铜殿建筑中是独一无二的；在现存之木构建筑中亦相当罕见，只有个别小规模的重檐亭榭建筑有相似作法，但不完全相同[5]。在重檐亭榭的类似结构中，常用下檐溜金斗栱后尾配合角梁，插入垂莲柱，再在垂莲柱上施额枋拉结柱顶，其上承上檐屋面。重檐亭榭的这种结构形式，从建造逻辑上来看是一种"穿斗"的逻辑——上、下檐通过垂莲柱"穿斗"在了一起。这种构造轻巧，也节省空间，现存成功案例很多，但在形象上略嫌花哨，不够庄重正式；又因为角梁在其中起到很大作用，故更适用于六角亭或八角亭等角梁多的建筑中使用，在殿堂建筑中一般不用。而武当山金殿的结构形式，从建造逻辑上来看，是"层叠"或者"抬梁"的建造逻辑——交圈的柱脚枋叠加在下层溜金斗栱秤杆后尾之上，铺成一圈平台，上层柱又坐于这圈柱脚枋之上。

武当山金殿使用的这种溜金斗栱加柱脚枋的做法，使得殿内无需被内柱或抹角梁占用空间，既保证了内部空间的整体性、可用性，又保证了其殿堂庄重正式的效果。

③ 副阶法

副阶法实际上就是用金柱直接承上檐屋面，而在金柱柱身插承椽枋、承下檐屋面的做法。实例中采取此法的为陈用宾所建之昆明太和宫铜殿（图9-1），以及吴三桂重建的昆明太和宫铜殿。这两者柱网形式相同，均为三开间见方，四金柱直通上檐，形成重檐结构（图9-7）。这也显示出这两座铜殿的技术关联性。

5 如北京中山公园松柏交翠亭等，图见：高钤明，覃力. 中国古亭[M]. 北京：中国建筑工业出版社，1994：249

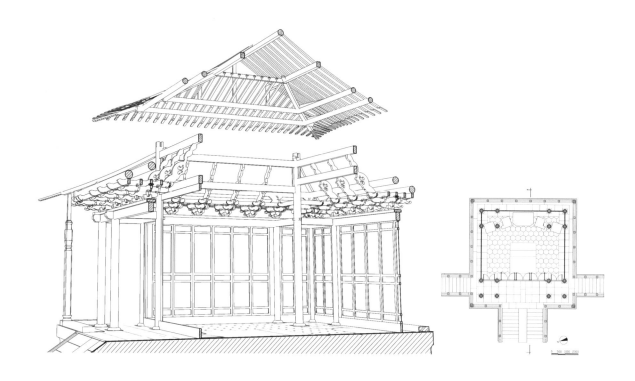

图9-7 吴三桂铜殿的重檐结构
为观察方便，隐去了上檐斗栱和下檐椽、瓦（剖透视剖切位置）

吴三桂铜殿檐柱与金柱间施穿插枋拉结。檐柱施额枋、平板枋，上施五踩斗栱。柱头科耍头后尾延伸成枋插入金柱，并由插金丁头栱承托；平身科里拽耍头上施龙形挑斡，挑斡跨檐步，上挑承椽枋。承椽枋两端插入金柱，承下檐椽子。下檐角梁后尾从金柱穿入，位置接近金柱顶，穿出部分施以横销拴住（图9-7）。

以上三种做法中，第一种、第三种做法是明、清重檐木构建筑中较为常用的做法。相比较而言，不用金柱的方法，对于内部空间不充裕的铜殿来说较为合适。而第三种副阶法的做法，于结构上最为安全、合理；在面积宽裕的铜殿如吴三桂铜殿中使用，还可将槅扇装修装在金柱间，形成前廊。

（4）歇山做法

除元代小铜殿为悬山顶、武当山太和宫铜殿为重檐庑殿顶、姑射山铜殿为攒尖顶外，多数铜殿均为重檐歇山顶。武当山太和宫铜殿内部有无法开启的天花，其庑殿顶的构造形式现无法知晓。歇山构造的重点问题在于采步金的放置方法，现存实例有以下三种形式：

① 抹角梁法

抹角梁法即在檐檩上施抹角梁承采步金的做法。采用此法的有五台山铜殿、宝云阁铜殿。推测妙峰禅师募建的另两座铜殿与五台山铜殿做法相同，宗镜阁与宝云阁的做法相同。

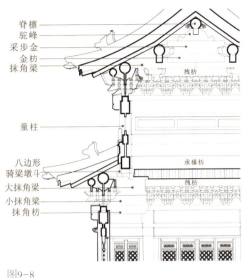
图9-8

图9-9

图9-8 颐和园宝云阁的重檐、歇山构造
图9-9 宝云阁上檐屋架仰视

如图9-3所示,五台山铜殿柱顶上承上檐檩交圈,檐檩上再施抹角梁承采步金,实现上檐歇山构造。

颐和园宝云阁的童柱顶施额枋、平板枋,上施五踩斗栱。斗栱之上为上檐抹角梁,抹角梁身开榫卯,挂接上檐金枋,梁上承金檩、采步金。采步金上置驼峰,承脊枋、麻叶头、脊檩(图9-8,图9-9)。

抹角梁法是铜殿中采用最多的歇山构造做法,这与铜殿的开间规模小有关。

② 趴梁法

趴梁法也是木构歇山建筑中常采用的做法,即在前后檐檩间施趴梁,用趴梁承采步金及以上构架的做法。实例中仅有泰山铜殿一例采用的是趴梁法(图9-4,图9-10)。

泰山铜殿下檐角梁后尾插于童柱上。其上依次插有下檐承椽枋、垫板、额枋、平板枋、角云、上檐正心檩。上檐正心檩上再施趴梁,趴梁上施三架梁承金檩、采步金,从而实现歇山构造。趴梁中央立蜀柱,上插脊枋、承脊檩。

③ 井字桁法

实例中较为特殊的一例歇山构造是昆明太和宫铜殿(吴三桂)的歇山做法。可借用木构重檐四角亭中用来解决上檐结构的"井字梁"法来概括此做法。

上檐山面采步金较山花板外皮向内收约八檩径,插于金桁身内,从仰视图看二者关系呈"井"字形(图9-11,图9-12)。金桁在端部由两歇山面的草架柱子支承,落于两山面的正心桁上。脊檩也由两根草架柱子支承,也落于山面的正心桁上。

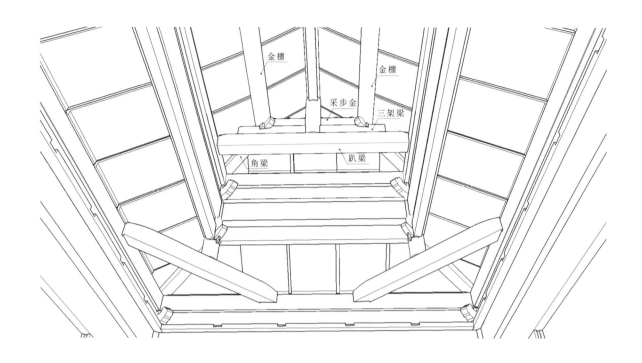

图9-10 泰山铜殿上檐歇山构造室内透视

采步金较山花板外皮向内收水平距离约五椽四档，合八檩径之多（远大于清代常见的一檩径），插于金桁身内（其截面小于金桁），二者关系呈"井"字形（图9-11）。

金桁在端部由两歇山面的草架柱子支承，换言之，整个"井字桁"系统及其上的屋面荷载就是由四根草架柱子承托。加上承脊桁的两根草架柱子，一共六根草架柱子，分别落于两山面的正心桁上；山面正心桁则开透槽承草架柱子（图9-12）。

金桁截面高仅12厘米左右，长度却达到377厘米，比值约1:31。桁身比例如此细长，其上又有椽瓦荷载，何以能不破坏？——从纵剖面上看，上檐角梁、山面椽子分别从金枋、采步金枋身内穿透，并用销钉拴住。两个上檐角梁后尾从金桁上穿出，为金桁增加了两个支点，减小了净跨距，使其成为连续梁，高跨比增大到1:10左右，达到安全范围。同时角梁也利用了金桁的重力，以上檐正心桁为支点，通过杠杆原理与翼角荷载形成了平衡，是一处巧妙的设计（图9-13，图9-14）。

吴三桂铜殿的歇山既没有采用明、清木构歇山建筑常用的趴梁或顺梁承采步金的做法，也没有采用抹角梁配合溜金斗栱承采步金的做法，展现了一种较为特殊的歇山做法。与传统木构歇山构造相比，它表现出铜建筑在对木构做法进行模仿时的适应性创造。

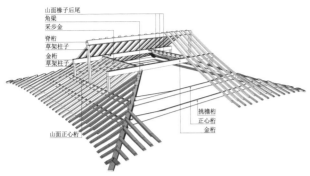

图9-11 昆明铜殿上檐歇山构造透视图（1）

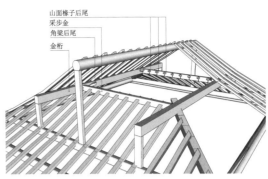

图9-12 昆明铜殿上檐歇山构造透视图（2）

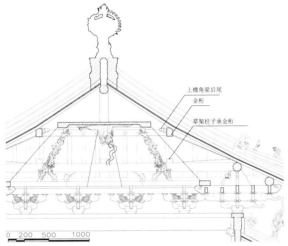

图9-13 昆明铜殿上檐歇山构造
横剖面局部

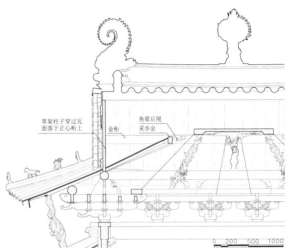

图9-14 昆明铜殿上檐歇山构造
纵剖面局部

（5）面阔、进深设计模数验算

表9-5 铜殿面阔、进深尺度规律分析表（括号中为单位）

建筑	斗口 （厘米）	足材高 （斗口）	攒当 （斗口）	柱径 （厘米）	面阔（斗口）	面阔（攒当）	面阔（柱径）
武当山小铜殿	—	—	—	8.5（中柱） 9.0（角柱）	—	—	30.7中柱 29角柱
武当山太和宫金殿	2.2	1.5	正面：10 山面：10.5~11		正面：200 山面：145.5	正面：20 山面：13.9	
五台山铜殿	—	—	—	21	—	—	正面：21.9 山面：20
泰山铜殿	3	2.1	9.5	16.5~17	正面：142.3 山面：107.2	正面：15 山面：11.3	正面：25.1 山面：18.9
昆明太和宫铜殿	3.9	2.8	20	—	明间：100 梢间：30	明间：5 梢间：1.5	—
清《工程做法》		1.9~2	11	—			
颐和园宝云阁铜殿	5.1	2	明间：9 梢间：10.4	25.9	86.5	明间：5.1 梢间：1.9	17.02

注1：武当山小铜殿、昆明太和宫铜殿、宝云阁平面均为正方形或近似正方形，因此面阔、进深为相同值。
注2：无斗栱的铜殿验算檩径。

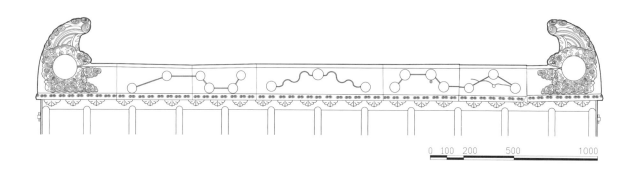

图9-15 武当山元代小铜殿屋脊

武当山小铜殿的角柱和中柱柱径略有差异，面阔正好为29个角柱径，因此可能是以角柱径为模数设计面阔的。

武当山太和宫金殿正面为20攒斗栱，应为19攒当，但因为两端有鸳鸯交手栱，所以得20攒当；山面同理。

以攒当值为单位来验算面阔，可以显示攒当是否均匀。武当山太和宫金殿、昆明太和宫铜殿的攒当都很均匀，说明是以斗口和攒当为模数来控制开间和面阔的。

泰山铜殿的正面攒当均匀，山面不均匀，但以柱径为单位的面阔和进深值均严整。结合其斗栱不承重、基本为装饰的实际情况，推测泰山铜殿可能是以柱径为控制模数，再反过来布置刻画斗栱的。

颐和园宝云阁铜殿是颐和园中典型的清官式建筑，但却未按清《工部工程做法》规定的攒当11斗口，而是9斗口。其明间、梢间攒当虽然不同，但各自均匀。总面阔为17柱径、86.5斗口。这样的现象表明可能是先以柱径为模数设计了面阔，再根据明间和梢间的大小均匀布置斗栱，同时有意加大了斗栱密度。

总之，上述验算表明：虽然铜殿以斗栱或柱径为设计模数的情况各异，但这也都是木构建筑单体设计控制尺度的方法。铜殿的单体设计与其所仿之木构建筑的单体设计在这方面没有差别。

3 装饰设计：宗教象征性的表达

在象征性的表达方面，屋顶是金属建筑的关键部位（屋顶在一般人心中足以代表整座建筑，铜、铁瓦殿也因此是金属建筑象征性和技术积累的重要环节）。在铜殿的装饰设计中，屋顶也正是承载、表达铜殿宗教象征性的重要部位，通过屋脊、悬鱼、瓦当体现出来。

（1）元代小铜殿屋脊的天界图示与鸱尾的古意

小铜殿利用其屋脊装饰、鸱尾形象，充分表达了小铜殿作为玄

6 如《上清太上回元隐道除罪籍经》《北斗二十八章经》《北斗七元星灯仪》《玉清无上灵宝自然北斗本生真经》《北斗本命延生真经》《北斗本命延寿灯仪》《北斗本命长生妙经》《北斗治法武威经》《北斗伏魔神咒妙经》等。

7 上古时期北斗曾为九星，后来可能由于运行岁差，其中两颗渐不可见，遂成北斗七星。竺可桢指出："距今三千六百年以迄六千年前包括左右枢为北极星时代在内，在黄河流域之纬度，此北斗九星，可以常见不隐，终年照耀地平线上"。见竺可桢.二十八宿起源之时代与地点.竺可桢文集[M].北京：科学出版社，1979：249

陈久金则认为北斗七星与九星，分别反映了北斗星柄的两种指向标准。春秋战国时九星缩减为七星，一方面是因为八、九两星离开了恒星圈而不常见；另一方面更是由于人们改变了判断季节的斗柄指向，不再需要八、九两星。见陈久金.北斗星斗柄指向考[J].自然科学史研究，1994，13（3）：209-214

8《北斗九皇隐晦经》，见：道藏[M]：第34册.文物出版社，上海书店，天津古籍出版社，1988：776

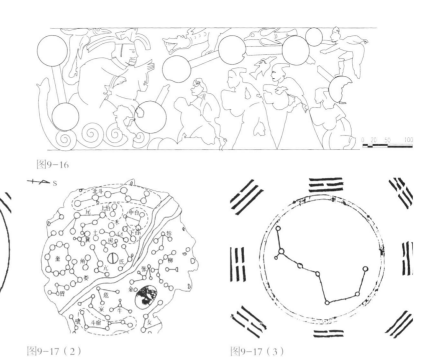

图9-16 武氏祠前石室屋顶前坡西段画像局部
右上方为一小羽人持小星

图9-17（1） 五代吴越国钱元瓘妃康陵墓室顶部星宿图案局部
939年

图9-17（2） 五代冯晖墓室顶局部
958年

图9-17（3） 辽耶律隆祐墓志盖局部
1011年

武大帝供奉场所的道教建筑特征，而且颇具"古意"，体现出"复古"的意象。其目的可能在于强调这座铜建筑（当时算是新鲜事物）及其内部神祇的正统和悠久历史。

小铜殿中央的一块正脊筒阳刻三星符号联以曲线。南边（左）的两块正脊筒阳刻六星，联以直线；北边（右）的两块阳刻七星，联以直线，同时在第三星和第六星旁各有阳刻的小星一颗（图9-15）。左边六颗连星应为南斗；右边七颗连星应为北斗。

北斗与道教渊源颇深，不少道经都有北斗崇拜的内容[6]。小铜殿表现的星宿图像，特殊之处在于专门表现了北斗的两颗"隐星"，即"北斗九星"中的"辅弼二星"。

此"北斗九星"之说，今自然科学对此亦有相应认识[7]。

《北斗九皇隐晦经》记有北斗九星各姓讳、统领[8]。但关于北斗第八、九星的位置，古代文献众说纷纭[9]。武当山小铜殿所表现的辅、弼二星分别在第三星、第六星旁的北斗九星图像，与《云笈七签》的记载一致：

"北斗九星七见二隐，其第八第九是帝皇太尊精神也。汉相国霍光家有典衣奴子名还车，忽见二星在斗中，光明非常，乃拜而还，遂得增年六百。内辅一星在北斗第三星，不可得见，见之长生成神圣也。外辅一星在北斗第六星下，相去一寸许，若惊恐厌魅，起视之，吉。"[10]

9 较明确的说法如《史记·天官书》，认为在斗柄的端部："杓端有两星，一内为矛，招摇；一外为盾，天锋。"见：[汉]司马迁.史记[M].卷二十七 天官书第五.北京：中华书局，1959：1294. 又如《宋史·天文志》认为："[北斗]第八曰弼星，在第七星右，不见，《汉志》主幽州。第九曰辅星，在第六星左，常见，《汉志》主并州"。见：[元]脱脱等.宋史[M].卷四十九 天文志第二.北京：中华书局，1997：975. 文中同时加按语曰："北斗与辅星为八，而《汉志》云九星。武密及杨维德皆采用之。"可见《宋史》虽同意北斗除七星还有辅星存在，却并不十分肯定第七星旁弼星的存在。

10 [宋]张君房.云笈七签.卷二十四日月星辰部二.见：道藏：第22册[M].文物出版社，上海书店，天津古籍出版社，1988

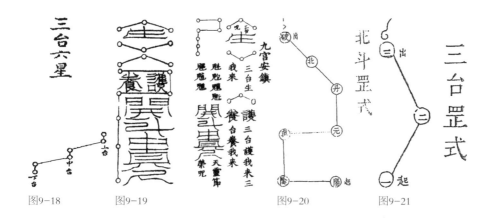

图9-18 三台六星
图9-19 三台与北斗配合使用的符箓
图9-20 北斗罡式与三台罡式
图9-21 颙使者符

从考古证据来看，北斗七星与隐星（一般为一颗）共存的图像，多见于宋代之前。汉武氏祠画像石刻中即有北斗七星与隐星共存的图像（图9-16）；在五代、辽的墓室中，也常见到这种图像（图9-17）。

可见，小铜殿的北斗图像，是相对元代来说比较古老的图像。

南斗在道教观念中与北斗相对，《灵宝无量度人上品妙经》言："北斗落死，南斗上生"[11]。南斗即北方玄武七宿中的斗宿，其与真武大帝的关系更为紧密："北极佑圣真君者，乃玄武七星，后人以为真君，作龟蛇於其下。宋真宗避讳，改为真武。"[12] 在星图上，斗宿与北斗隔紫微垣相望，大致构成对称形式（图9-17（2））。

与北斗、南斗相配合，正脊中央"三星联以曲线"的图像意义则相对复杂一些。本书试给出两种可能的解释：

首先，三星符号表现的可能是道教中的"三台"[13]。在古代天文图中，"三台"是北斗附近的三组星宿"上台""中台""下台"（图9-17（2））。《史记·天官书》：

"[斗]魁下六星，两两相比者，名曰三能。"《集解》苏林曰：能音台。"[14]

虽然在天文图中，"三台"是由六颗星两两一对组成的星宿（图9-17（2），图9-18），然而在道教符箓、科仪中，却只用三颗星来表示，且常与北斗、南斗组合使用。如金、元、明时期的一些"北极驱邪院印"，是道士作为天神的象征和凭信而使用的法印，即使用了"○-○-○"与北斗符号组合的图像[15]。

与北斗配合使用的三星，在道教文献中也明确记载为"三台"。如《灵宝无量度人上经大法》记载的多个符箓都明确标明了"三台"（图9-19）[16]。道教科仪中步罡、画符，亦常见"三台"配

11 灵宝无量度人上品妙经. 卷一. 见：道藏：第1册[M]. 文物出版社，上海书店，天津古籍出版社，1988. 又如干宝《搜神记》卷三管辂言："南斗注生，北斗注死，凡人受胎，皆从南斗过北斗。"

12 [清] 张廷玉. 明史[M]. 卷五十 礼四吉礼四. 北京：中华书局，1974：1308

13 笔者曾认为三星为"三清"之象征，后蒙道教三山滴血派"当"字辈传人太上三五都功经箓法师神霄演道斩邪仙卿陶观静（法名当瑛）先生指出应为"三台"，及惠示秘传抄本。谨此致谢！

14 [汉] 司马迁. 史记[M]. 卷二十七 天官书第五. 北京：中华书局，1959：1294. 又见《晋书·天文志》："三台六星，两两而居，起文昌，列抵太微。一曰天柱，三公之位也。在人曰三公，在天曰三台，主开德宣符也。西近文昌二星曰上台，为司命，主寿。次二星曰中台，为司中，主宗室。东二星曰下台，为司禄，主兵，所以昭德塞违也。"见：[唐] 房玄龄等. 晋书. 卷十一 天文上. 北京：中华书局，1974：293

15 图、文见刘合心、何建武. 道教符印解读（一）[J]. 文博，2006(04)：20-23. 但应注意：该文作者认为，印中连线的三颗星是道教三清（玉清原始天尊、上清灵宝天尊、太清道德天尊）的象征："道教印符中，常以'○-○-○'、'●●●'、'∴'来代表三清神。"

16 《灵宝无量度人上经大法》卷三十六，见：道藏：第3册[M]. 文物出版社，上海书店，天津古籍出版社，1988：816

图9-22　　　　　　　　　　　　　　　　　　　　　　图9-23

图9-22 南阳市西郊麒麟岗汉画像石墓前室墓顶画像
图9-23 "Y"形"太一"符号
陕西户县朱家堡东汉墓镇墓瓶上所书

合北斗，如《大梵先天奏告玄科》中的记载的"北斗罡式""三台罡式"（图9-20），以及"颛使者符"（图9-21）[17]。

在留传至今的道教科仪秘本中也仍有"三台"与北斗、南斗组合使用的记录，如苏州正一派《清微斋法一线串珠》等。[18]

可见三台、北斗、南斗配合使用，在道教文献、图像、文物中有充分依据。小铜殿正脊中央的"三星联以曲线"图像，很可能是"三台"的象征。

第二，"三星联以曲线"符号也可能是道教"太一"（太乙）的图示。

比照南阳的汉画像石墓顶表现的天文画像：画面中央端坐之神头戴"山"形冠冕，可能为"太一"（太乙）神；而画面最左端为南斗六星，最右端为北斗七星（图9-22）。

小铜殿表现的北斗、南斗对应形式正与上图相同，而"三星联以曲线"符号在构图形式上与"山"形相同，具有中央高、两边低的拓扑同构关系。同时，据李零、巫鸿等学者的总结，"太一"的基本形状为"Y"形符号或倒"Y"形符号（图9-23）[19]。小铜殿的"三星联以曲线"符号又正与倒"Y"形符号形似，因此不妨推测小铜殿正脊中央"三星联以曲线"符号表现的可能是"太一"。而根据葛兆光的论述，道教的主神元始天尊实际上就是"太一"的变异，来自"北极"的概念，而且"本来赋予北极、太一、道或太极的名号、性质、特征，全都可以转挪在元始天尊或三清头上"。在道教看来，"北辰者，众神之本也"，那里是宇宙之源、万象之本[20]。

如此，小铜殿屋脊的星宿图像不仅本身具有古意，而且其整体传达的意义正是表现了早期道教中太一位于中央、统帅四方的天界图示，传达出"原初""唯一"之意。

再看鸱尾。鸱尾这一构件既有构造作用又有装饰作用，还具有文化象征意义。同时，由于历代形象不断演化且特点明显，鸱尾也

---

[17] "书三台一黄，祛却不详。中台二白，护身镇宅。下台三青，灭鬼除精。台星到处，疾速奉行。再念二十八宿名号，每句一笔结成。中央书字，继念贪斗七字，结成七星；念魁斗七字，别斗中七笔，再斗口圈处书太极……"文、图见：[清]娄近垣. 大梵先天奏告玄科[M]. 卷上. 第二十一页，二十五页. 北京：大光明殿道观刻本.

[18] "不同出伏于宫中，即右手剑诀叉腰，左手别三台盖顶。上台一黄，祛却不祥（未）；中台二白，护身镇宅（午）；下台三青，灭鬼除精。台星到处，大赐威灵，急如律令。再别南斗一座，于左肩；再别北斗一座。口诀：……"见《清微斋法一线串珠》，由太上三五都功经箓法师神霄演道斩邪仙卿陶观静先生提供.

[19] 参见李零. "太一"崇拜的考古研究. 见：北京大学中国传统文化研究中心编. 北京大学百年国学文萃语言文献卷[M]. 北京：北京大学出版社，1998：598-614. 巫鸿. 汉代美术试探. 见：巫鸿. 礼仪中的美术巫鸿中国古代美术史文编[M]. 北京：生活·读书·新知三联书店，2005：470-471.

[20] 葛兆光《众妙之门——北极、太一、太极与道》，见：葛兆光. 古代中国的历史、思想与宗教[M]. 北京：北京师范大学出版社，2006：12-47

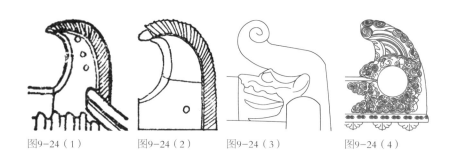

图9-24（1）　　图9-24（2）　　图9-24（3）　　图9-24（4）

图9-24 元代小铜殿鸱尾与唐代、元代鸱尾形象对比
（1）大雁塔门楣石刻（初唐）
（2）唐昭陵献殿（7世纪）
（3）武当山琼台石殿（元）
（4）武当山元代小铜殿
未按相对比例表现

成为判断古建筑年代的重要关注点。

小铜殿鸱尾下部图案为祥云，上部竖起并向内卷曲的部分似表现山峰耸立的形象（图9-24（4））。从形式来分析，既不是明清时期的插剑把正吻形象，也非宋元时期常见的龙吻吞脊形象，与武当山本地的元代建筑如琼台石殿、南岩宫石殿之张口吞脊的鸱吻形象（图9-24（3））也均不相同。

小铜殿的鸱尾颇似唐以前鸱尾的轮廓（内容并非鸱尾），而这种无兽口形象的鸱尾通常被认为在唐以后就不再使用了[21]。可见，小铜殿的鸱尾既不反映宋元的时代特征，也不反映武当山的地域特征。其形象既有唐以前的特征，内容却又有所变化，反映出有意为之的在创新中体现"古意"的个性形象。通过具有古意的图像，有效提升了建筑品质和品位，体现了巩固教派正统和权威的意图。

（2）泰山铜殿悬鱼字样

泰山铜殿山面博风板顶部交界处各有一圆形瓦当。瓦当下端有明显的断裂痕迹，应是原来装悬鱼的位置，悬鱼现已不存。两块瓦当上各有一字，如图9-25所示，西面为"雨"字下加一"朒"字；东面为"雨"字下加一"旦"字。

字从"雨"部，表示与自然现象有关，如"霜""露""雾"等。"朒"意为"农历月初月亮出现在东方"，如"朒朓警阙，胐魄示冲"，又如"朒朒警阙"（谢庄《月赋》）。因此"雨"字下加一"朒"字即应表示"月初月出东方"这一现象。"旦"字暂没有查明所自，但从字面构成来看，大概表现的是"早晨日出东方"的意思，与"月出东方"构成一对自然现象，又分别与东、西方位相对应。此二字当为道家用字。

这二字首先昭示了铜殿作为道教铜殿的身份，同时还可与其所在环境联系起来，整体考虑象征性。铜殿原位于泰山之巅，泰山作为五岳之首，向来有深厚的文化象征意义。例如碧霞祠西侧有北斗坛。

21 见祁英涛. 中国古代建筑的脊饰[J]. 文物, 1978（03）: 63

图9-25 泰山铜殿悬鱼字样
左图为西面，右图为东面

"北斗坛在鲁班洞北。明万历间筑，四面皆门而中通，上复为台，曰礼斗。碧石并峙多文采，俗呼辅弼二星，取泰山北斗之义也。"[22]

铜殿上所附加的"日月天象"涵义与北斗坛相配合，象征泰山上通日月星汉之意，共同构成泰山丰富的象征意义中的一部分。

（3）五台山铜殿瓦当铭文

五台铜殿瓦当上刻有图案化的梵字"ॐ"（om，图9-26）。此为城体梵字，流行于宋、金时期，但除朔州崇福寺弥陀殿金代瓦当之外，其他明以前梵字瓦当的案例尚有待更多报道。"ॐ"字本身具有深刻的佛教内涵，"摄义无边，故为一切陀罗尼首"[23]。据《秘藏记》：

"ॐ字以अ、उ、म三字为体，阿字无字体，在麽音中。阿字法身，坞字报身，麽字化身，是故有三身义。佛身及佛性。"

真言、陀罗尼是密教中的咒文，被认为具有神力。而"ॐ"字以其重要的内涵，成为一切真言、陀罗尼的发语词，"摄义无边"。

在密教中，书写经文的某些梵文字母被认为具有神奇效力，被称作"种子字"，其字音、字形，代表具体的佛、菩萨、金刚等神祇。信众通过诵念、观想这些梵字，可获加持这些神祇所具之神力、功德，是修炼的重要手段。"种子"按照曼荼罗的形式组合使用，还能进而成为"法曼荼罗"（种子曼荼罗），用以表现佛教宇

---

22 [清]金棨.（嘉庆）泰山志,卷十. 嘉庆十三年（1808）：第十五页
23（唵）"摄义无边，故为一切陀罗尼首。与诸字义而作先导。即一切法所生之处。三世诸佛皆观此字而得菩提。故为一切陀罗尼母。一切菩萨从此而生。一切诸佛从此出现。即是诸佛一切菩萨诸陀罗尼集会之处。"见[唐]般若，牟尼室利译《守护国界主陀羅尼經》，见：大正新修大藏经，密教部二，第19册 No.997.
关于梵字装饰主题在中国建筑乃至东亚建筑中的应用，是一个值得深入探讨的问题，对此笔者有专门研究，当专文论述。

图9-26 五台山铜殿瓦当图案

宙观和空间秩序。

因此五台山铜殿瓦当的梵字图案是具有深刻象征意义的装饰。但普通信众未必能理解这些深刻意义，对他们来说，梵字与万佛浮雕一样，都是佛教特色鲜明的装饰，起到了强调五台铜殿是佛教铜殿而非道教金殿的作用。

4 像设设计：与金殿一体表达象征意义

作为宗教建筑，像设也常与金殿一体设计，表达象征意义。

最典型的案例是武当山太和宫金殿内部的一组玄帝像设。玄帝坐于当中，其左有灵官捧册，右有玉女捧宝，两旁还有执旗、捧剑，脚下有龟蛇玄武（图9-27）。永乐皇帝对武当山工程中的玄帝像非常关切，曾要求审阅造像图样[24]。以朱棣对金殿工程事无巨细的关心程度，不难推知金殿的神像形象、配置肯定也都经他审阅，体现了他的设计主张。本书认为，要解读金殿像设的意义，玄帝的形象是一方面[25]，而更重要的象征意义在于玄帝左右灵官、玉女手中的册和宝。

灵官捧册、玉女捧宝像可能是皇家"册宝"制度在明代道教最高级建筑——武当山金殿中的体现。册、宝是给皇帝、太上皇、皇后、皇太后等上尊号、谥号以及册封皇太子、亲王、公主、嫔妃的实物凭证。天子之宝玺是天子发号施令的凭证，册是皇帝受尊号、谥号的证明[26]。

《明实录》记载朱棣攻克南京后，被诸王、群臣奉上宝玺，拥戴即皇帝位的故事[27]。且不论这段故事的真伪，至少从中可以看出，宝玺是登帝位的必要条件。而收回册、宝，则意味着剥夺了皇族身份[28]。

在《明实录》《明史》记载的上谥号、尊号仪式中，需要进册、宝，且摆放方位均有明确定制。明代为册置左、宝置右，或册

---

24 如当时太子岩及太子坡二处，要造玄帝童身真像，朱棣即命张信、沐昕画图样进来审阅："尔即照依长短阔狭，备细画图进来。"永乐十七年（1419年）五月二十日。[明]任自垣.[宣德六年]敕建大岳太和山志.卷二大明诏诰.武当山历代志书集注（一），页106

25 关于金殿内的玄帝像，最著名的传说莫过于"真武神像根据永乐像塑造"的故事，其深入人心，至今仍广为流传。大意说朱棣为美化其起兵夺皇位的逆行，乃宣扬真武显灵相助，下令大兴武当道场，塑造真武神像。起初工匠造的像都不合其意，后来找到一位高丽工匠妵某。妵某觐见永乐皇帝的时候，领会了暗示，决定按照皇帝的相貌去塑造真武像。由于皇帝当时刚洗完澡，披头散发，所以塑造的真武像也是披发跣足。参见佚名.武当山金殿神像传奇[J].风景名胜，2009（4）：136-145；陶真典，范学峰.武当金殿是如何炼成的[J].中华遗产，2007（10）：52-63；湖北省群众艺术馆，中国民间文艺研究会湖北分会编.武当山的传说[M].北京：中国民间文艺出版社，1986：266-268
然而据陈学霖先生考证，明代文献中，只在嘉靖、万历年间出现了朱棣起兵时披发仗剑、仿效真武形象的故事，而没有发现永乐年间按照朱棣形象塑造真武像的记载或传说。而且，通过对比故宫博物院所藏之明成祖像与《大明玄天上帝瑞应图录》中的真武神像，可知明代的真武神像实际上沿用了宋元时期形成的真武形象，而非永乐皇帝的形象。因此，"真武神、永乐像"的说法并不是事实，而是明代晚期以后才形成的传说。详见陈学霖."真武神、永乐像"传说溯源[J].故宫学术季刊，1995，12（3）：1-32.

26 须注意：明代皇帝生前不受号，故明代皇帝在位时不受相关册、宝，只死后有谥号、谥宝。按《宋史》《元史》，宋、元时皇帝生前所受尊号，由群臣进册或献、宝。如"（乾德元年十一月）甲子，有事南郊，大赦，改元乾德。百官奉玉册上尊号曰应天广运仁圣文武至德皇帝"。见[元]脱脱.宋史[M].卷一 本纪第一.北京：中华书局，1977：13；及卷二"（开宝元年十一月癸卯）宰相普等奉玉册、宝，上尊号曰应天广运大圣神武明道至德仁孝皇帝"。元代相关规制见[明]宋濂.元史[M].卷六十七 志第十八·礼制一·群臣上皇帝尊号礼成受朝贺仪.北京：中华书局，1976：1670

图9-27 武当山太和宫金殿内的玄帝像设

置东、宝置西：

（永乐二年三月）"庚午，礼部上册封仪注：一册立皇太子及封亲王仪注：……前一日，礼部同鸿胪寺官设诏案于奉天殿中，设节册宝案于诏案之南。节中、册东、宝西，各以次陈列。"[29]

"皇帝冕服御奉天门。奉册宝官以册宝置舆中，内侍举舆，皇帝随舆降阶升辂。……奉册官以册跪进，皇帝受册献讫。执事官跪受，置案左。奏进宝，奉宝官以宝跪进。皇帝受宝，献讫，执事官跪受，置案右。"[30]

从帝王的方向（面南）来看，册东、宝西也就是册左、宝右。

明、清北京紫禁城太和门前有一对石亭、石匮，可能就是上述各种册封仪式中提到的册、宝的象征性陈设。其摆放方位正是册（石亭）在左（东），宝（石匮）在右（西）[31]。在明及清初"御门听政"之重要场所设此石雕，是对皇权正统形象化的提示和象征。

与人间的太子受册封的形式相合，传说中真武大帝得道飞升的仪式中也须用到册、宝，以完成其由净乐国太子道满飞升，被册封为玄武大帝的过程。见《敕建大岳太和山志》录"玄帝圣纪"：

"玄帝降生于静乐之国，名招摇童光，号云潜氏。……是时，轩辕黄帝御世治民，岁在庚寅，九月九日凌晨……玄帝拱手立于台上。须臾，群仙、骑从、车舆、旌节降于台畔，非凡见闻。五真捧太玄玉册前进曰：奉帝命召自上升。玄帝祗拜。其词曰：上诏学仙圣童静乐国子，学玄元之化，天一之尊，功满道备，升举金

27（建文四年六月）"己巳，上谒孝陵，歔欷感慕，悲不能止。礼毕，搅辔回营。诸王及文武群臣备法驾，奉宝玺迎上于道遮，上马不得行。上固拒再言，诸王及文武群臣拥上登辇……上不得已升辇……遂诣奉天殿，即皇帝位"。见[明]张辅等监修.明太宗实录.卷九，见:明实录:第6册[M].南港：中央研究院历史语言研究所，1962：135。

28 如《明史》载："岷庄王楩，太祖第十八子。……楩沉湎废礼，擅收诸司印信，杀戮吏民。帝怒，夺册宝。"[清]张廷玉.明史[M].卷一百十八.北京：中华书局，1974：3602

29 [明]张辅等监修.明太宗实录.卷二十九，见:明实录:第6册[M].南港：中央研究院历史语言研究所，1962：526-527。又如："洪武元年追尊四庙谥号，册、宝皆用玉。""仁宗即位，九月，礼部约诸臣大行皇帝仁孝皇后谥议。……礼部奏上谥仪，前期斋戒遣祭如常，内侍置册、宝舆于奉天。厥明，捧册、宝置舆中。帝衰服诣奉天门，内侍举捧册宝舆，帝随舆后行，降阶，升辂。……是后，上皇帝及太皇太后、皇太后尊谥，皆仿此。"见:[清]张廷玉.明史[M].卷五十一 礼志五加上谥号条.北京：中华书局，1974：1325-1327。

30 [清]张廷玉.明史[M].卷五十三 礼志七上尊号徽号仪条.北京：中华书局，1974：1362-1363。另可参见《明史》礼志五、礼志八、礼志九等。记载尚多，兹不赘录。

31 张剑葳.悬疑三百年——紫禁城太和门前的石匮与石亭[J].紫禁城，2006（5）：98-104

阙。可拜太玄元帅,判元和迁校府公事。……宝印、龙剑、羽盖琼轮。……诏至奉行。玄帝拜帝命。"[32]

太和宫金殿中,玄帝、册、宝一应俱全,而且从玄帝的朝向来看,正是灵官捧册在左,玉女捧宝在右,与明代规制及故宫太和门陈设的方向均相吻合。朱棣敕建的两个最重要工程——北京紫禁城与武当山宫观中,都在显要位置布置了册宝主题的陈设,恐非偶然。由此不难体会,帝位的正统性问题显然是朱棣非常在乎的一个主题。

金殿中的这一组册、宝雕塑,不仅指代了玄帝飞升传说中的册与宝,与金殿、玄帝像一起,对神话传说进行了具象演绎,艺术地展现了真武大帝的传说;更重要的是,它暗合着人间皇家的册宝制度,与远在北京的紫禁城遥相呼应,表面上展现的是真武大帝受过册封的正统地位,实际上也提示着人世间的大明皇帝——明成祖朱棣皇位"天授"的正统性与合法性。理解了这一点,才能对朱棣营造"天界金阙"的设计理念得到全面认识,也有助于全面理解金殿的环境、建筑与像设整体设计的理念和内涵。

二、铁塔的单体设计

以铁造塔可能的理论依据是佛教经典中曾经描述过的南天(天竺)铁塔。中国古代的铁塔,首先可能是对此的追仿与呼应。另一方面,中国本土流传的"镇水铁针"也是铁塔的理论根源之一。本节将首先检视上述两者对中国古代铁塔除了意象上的启发,是否也有具体建筑形象上的影响。

1 "南天铁塔"与"镇水铁针"

(1)"南天铁塔"——经典中的形象记载

密教、般若类、法华类佛教经典中都有铁塔的记载,而最著名之铁塔当属纳藏《金刚顶经》之南天铁塔。见唐代的《金刚顶菩提心论略记》以及《金刚顶义决》:

(龙树菩萨)"上游四王自在处,下入龙海中宫,诵持所有一切法门,遂则入南天铁塔中,亲授金刚萨埵灌顶,诵持秘密最上曼荼罗,教流传人间。"[33]

"南天竺国有大铁塔,中有金刚界曼荼罗,圣者形像铁铸所成。其塔中有梵夹,广如床、广八九尺、高下五六尺,尽是金刚界

[32] [明]任自垣.[宣德六年]敕建大岳太和山志.卷三玄帝纪第二.武当山历代志书集注(一),页192-193
[33] [唐]遍满撰《金刚顶菩提心论略记》,见:卍新纂续藏经,第46册 No. 777

图9-28 旃陀罗·笈多二世铁柱

大教王广梵本经。"[34]

可见南天大铁塔中不仅藏有《金刚顶经》，还有铁铸像之金刚界曼荼罗。从《金刚顶义决》记载的梵夹尺寸来看，此铁塔内部至少要有超过9尺见方的空间才容得下梵夹。何况塔中还要再摆放铁铸佛像的金刚界曼荼罗，需要更大的内部空间，而且还要算上结构支撑部分，则整个平面必然要更大。粗略估计，按外皮算，平面至少应当有6米×6米的规模。这个尺寸比中国现存的铁塔都大。

因此从规模来看，中国古代所造之铁塔并没有遵照南天大铁塔的尺寸来建造。

究竟古代印度是否确有经典中提到的铁塔，虽然现在难以查证，但从保存至今的高7.02米的旃陀罗·笈多二世（374—413）时期的铁柱来看，南天铁塔的建造在技术上是没有问题的（图9-28）。这座位于德里库卜特大塔（Qubt Minar）旁的铁柱是用成百上千块锻铁块焊接在一起制成的[35]，这与中国层层叠置的铁塔结构不同。

虽然中国古代的铁塔没有遵循南天铁塔的尺寸，但文献中提到的南天铁塔中的铁铸金刚界曼荼罗却可能对中国的某些铁塔有所启发。曼荼罗基本的表达形式是不同的佛对应不同的方位，以表达密教的时空宇宙观。广州光孝寺西塔、梅州千佛铁塔塔身各面布置之各方位佛像所表现出的曼荼罗意味，就有可能与此南天铁塔曼荼罗

34 ［唐］海云集《两部大法相承师资付法记》，见：大正新修大藏经，第51册 No. 2081
35 据联合国教科文组织世界遗产中心的登录文献介绍。见：http://whc.unesco.org/en/list/233/

的典故有关[36]。

（2）"镇水铁针"——本土的形象演绎

相比"南天铁塔"，中国本土民间演绎出的"镇水铁针"意象更易为一般民众广泛传诵。

义乌双林寺铁塔、镇江甘露寺铁塔、当阳玉泉寺铁塔的基座，都是江海须弥座，表达的图像和造型是波涛翻滚，铁塔坐于其上（图3-17，表3-1）。江海须弥座原本想表现的应当是佛教须弥山下大海的意象，但在民间则由其形象生发出更浅显易懂的"铁塔镇海眼"的意义。塔的本源作用为贮舍利、经卷，并无镇水、镇海眼之意，这是民间从铁塔本身形象上直接解读出来的象征意义。而更多类似的铁塔镇水的传说则存在于民间口口相传，而不一定非要在铁塔上做出江海须弥座。如常德铁经幢，幢侧有一古井，据《德山志补》，就是为了镇压水龙：

"铁塔在本山白龙井前。昔梁天监僧昙隐寓蒋山，乏水。有龐眉叟曰：我山龙也，为师措之无难。俄而一泓涌出。忽西僧至，曰本域八功德之沼已失其一，盖竭彼注此。其神力有不可测者，况兹井为龙潭后户，献糗供众已成奇迹，日久恐有迁徙。知龙性畏铁，故造铁浮图以永镇焉。"[37]

类似的传说直到现代仍在传诵[38]。韶关南华寺铁塔在传说中也有镇龙潭的功用，见第三章所揭《曹溪通志》。又如泰安天书观铁塔，也安置在天书观外的泉水旁，很可能也与镇水有关。

这样的象征意义究竟何时被附加到铁塔上的，暂难以追溯根源，但可以肯定的是在中国历史上，"镇水铁针"的意象深入人心。例如明代小说《西游记》中孙悟空的金箍棒就是一根镇海的铁柱子[39]。

中国历史上号称有镇水作用的铁牛、铁人、铁狮子、铁柱等比比皆是，共同点是铸铁制品。之所以能镇水，首先是由铁的材质决定的，概由铁之沉重、坚固、历久的性质演绎生发而来。而常德铁幢，以及义乌双林寺铁塔、镇江甘露寺铁塔、当阳玉泉寺铁塔等铁塔修长的塔身比例，也比一般砖塔更像"铁针"，更易提示出"定海神针"镇水、镇海眼的意象。据此，也不难理解运河边的聊城铁塔、济宁铁塔被附加上的镇水意义。

有时砖塔、石塔因为颜色、造型近似铁塔，也会被民间称为"铁塔"，而赋予镇水的象征意义。如开封的佑国寺"铁塔"（宋代开宝寺塔），因周身遍贴铁褐色琉璃砖而得名，虽然并非铁铸，

---

[36] 甚至，在塔身或塔内设有金刚界曼荼罗五方佛的其他材质的塔，如朝阳北塔、应县木塔、法门寺塔等，或也可能将其宗教意义的根源上溯至此。当然，其中发展演化的路径仍需今后详细论证，这里只是提出初步设想。

[37] 程隽超. 德山志补. 卷一志地. 民国二十四年（1935）：第二十一页

[38] "井水与海相通，深不可测，井内系有一条恶龙，常兴风作浪，'铁树'[铁幢俗称]就是为镇压这条恶龙而建立的。"见：戴亚东. 常德市乾明寺的唐代铁幢 [J]. 文物参考资料，1958（1）：83-84

[39] 见《西游记》第三回"四海千山皆拱伏九幽十类尽除名"："正说处，后面闪过龙婆、龙女道：'大王，观看此圣，决非小可。我们这海藏中那一块天河定底的神珍铁，这几日霞光艳艳，瑞气腾腾，敢莫是该出现遇此圣也？'龙王道：'那是大禹治水之时，定江海浅深的一个定子，是一块神铁，能中何用？'龙婆道：'莫管他用不用，且送与他，凭他怎么改造，送出宫门便了。'……龙王果引导至海藏中间，忽见金光万道。……乃是一根铁柱子，约有斗来粗，二丈有余长。他[悟空]尽力两手挝过道：'忒粗忒长些，再短细些方可用。'说毕，那宝贝就短了几尺，细了一围。悟空又颠一颠道：'再细些更好。'那宝贝真个又细了几分。悟空十分欢喜，拿出海藏看时，原来两头是两个金箍，中间乃一段乌铁，紧挨箍有镌成的一行字，唤做'如意金箍棒一万三千五百斤'。"

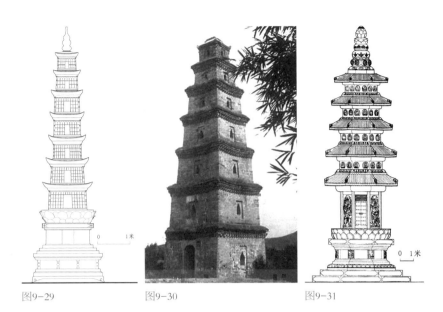

图9-29 光孝寺东铁塔
967年
图9-30 广东龙川下塔
北宋宣和二年
图9-31 南京栖霞寺五代石塔

图9-29　　　　图9-30　　　　图9-31

人们也因其"铁塔"之名赋予其镇海眼的象征意义。又如营口市盖州铁塔，其实是一座比例修长的石塔，民间赋予其镇水的功能，称之为"铁塔"。

相比对佛经中铁塔传说的追仿，"镇水铁针"的意义则是对铁塔象征功能的本土化附加和演绎。这样的象征意义虽然未必有佛教经典的支持，却深入人心。这或许体现了中国人作为农业民族，对水敬畏的文化心理。这一意象在铁塔的单体设计中，可能影响了某些铁塔孤高、细长的造型比例。

2　仿砖楼阁型铁塔的设计

仿砖楼阁型铁塔以广东的南汉铁塔为典型代表。从四座广东地区的南汉铁塔，可分析出仿砖楼阁型铁塔的设计要点：

首先，它们都是方形平面楼阁式塔（图9-29）。这种形式可与广东地区的唐塔以及宋前期的方形平面砖塔相呼应。例如方形平面的仁化云龙寺塔（894—901）、仁化浈溪寺塔（宋）[40]。这两者均为方形平面砖塔，唯每层下有平座，后者尤其明显。龙川下塔的形象则与南汉铁塔更相似，唯没有须弥座和莲座。龙川下塔始建于北宋宣和二年（1120），明万历三十三年（1605）[41]重修，是七层方形平面楼阁式砖塔（图9-30）。

第二，南汉铁塔的表面均布满佛像，中央为一尊较大的佛像，周围环绕排列整齐的小佛像。因为佛像排列严整，故于部分铁塔上可起到设计控制模数的作用。随每层塔身的收进而减少列数，数量

40　广东省文物考古研究所编. 广东古塔 [M]. 广州：广东省地图出版社，1999：64, 72-73, 图74
41　广东省文物考古研究所编. 广东古塔 [M]. 广州：广东省地图出版社，1999：107-108

则每塔达到一千尊，这也是"千佛塔"之名称所自。这种形式少见于楼阁式砖塔、木塔，却与北朝至隋唐的造像石塔、石窟中心塔之形式一脉相承。这种千佛的装饰形式在铁塔中多能见到，相比之下少见于木塔、石塔、砖塔。此现象也引人思考铁塔的本质问题。但从建造上来看，这很大程度上是因为铸造的批量可重复性，用少数范型即可翻制出铁塔表面的大量佛像。

第三，南汉铁塔有砖石和铸铁两层须弥座，铁须弥座上还有仰莲座，塔身位于仰莲座上。这应当是南汉铁塔的艺术特色。这种塔身于仰莲上生长出来的形象，还见于南京栖霞寺五代石塔（图9-31），这是五代时较流行的一种艺术形象。另外，仰莲座还常见于辽、金砖塔，如河北易县太宁寺双塔之北塔、正定临济寺塔等，但区别在于辽、金砖塔的仰莲座下常有平座斗栱，而非直接置于须弥座上。从诗文中也可看出，莲花座是人们对南汉铁塔形象的重要印象，如题咏光孝寺铁塔的《千佛塔》：

"铸铁作浮屠，莲花宝座扶。七层周法象，千载识雄谟。世已非南汉，人犹说彼都。幸留铭字在，霸业未全输。"[42]

图9-32 苏州罗汉院东塔

第四，结合后世清代的南华寺新塔、重庆塔坪寺铁塔来看，仿砖楼阁型铁塔并不注重对檐部的斗栱等构件进行表现。这是由于南汉铁塔所仿之对象为唐代的楼阁型砖塔，虽然楼阁型砖塔在宋以后常有斗栱造型复杂、逼真的案例，但因仿砖楼阁型铁塔在五代产生时就已定型，后世的仿砖楼阁型铁塔也就没有着重表现檐部的斗栱等细节了。

3 仿木楼阁型铁塔的设计

仿木楼阁型铁塔以宋代长江流域以及山东的几座铁塔为代表。它们都是八边形平面。上篇已论述，在结构上，它们存在向更可靠、可用的结构和空间形式演进的趋势；同时从斗栱的形式可以看出，其仿木程度也越来越成熟。

本节就对形式最美观的玉泉寺铁塔和斗栱仿真程度最高的济宁崇觉寺铁塔进行尺度分析，以检验其自身权衡、比例是否是对木构的成比例微缩；同时也检验其控制设计模数。

42 ［清］光孝寺志. 见：中国佛寺史志汇刊 [M]. 第三辑第3册. 影印广东编译局本. 台北：丹青图书公司，1985：327. 诗作者景闻为光孝寺僧.

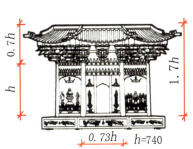

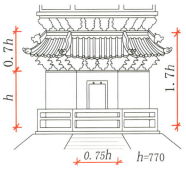

（1）当阳玉泉寺铁塔　　　　（2）镇江甘露寺铁塔　　　　（3）济宁崇觉寺铁塔

图9-33 仿木楼阁型铁塔底层比例分析图

（1）尺寸比例

表9-6　仿木楼阁型铁塔尺寸比例表

实例	单材（毫米×毫米）	底层明间广（份）	底层柱高/底层层高	底层柱径/柱高	底层柱高/底层间广
当阳玉泉寺铁塔	36×20	273	1:1.7	1:10.7	1:0.73
镇江甘露寺铁塔	40×26	240	1:1.5	1:14.3	1:0.67
济宁崇觉寺铁塔	31×21	290	1:1.7	1:11.1	1:0.75
苏州罗汉院东塔			1:2	1:9.3	1:1

由上表可见，玉泉寺铁塔、甘露寺铁塔、崇觉寺铁塔在形式上仿木楼阁塔，底层开间按斗栱用材折算为份数符合宋代一般情况。但是，它们的共同特点是底层柱的长细比值较大，比宋塔要细；再则，柱高与间广的比例是纵向的瘦长方形，这与宋塔底层开间为正方形或横向的扁长方形有明显区别。因为底层柱过高，其与底层层高之比例也达不到唐宋常见的1:2。图9-33为铁塔底层塔身的比例情况。但玉泉寺铁塔越往高处，其柱高也逐渐缩减，因此上层的塔身比例更接近同时代的木楼阁型塔。

总之，仿木楼阁型铁塔的外观比例并非照搬同时代的木楼阁型塔（或木檐砖芯塔）。不宜将其视为对同时代实际木塔或木檐砖芯塔的等比例缩制，这一点与仿木构石塔杭州五代闸口白塔不同。闸口白塔经表9-6的这些项目验算，可知基本上是对同时代木塔的等比例缩制（闸口白塔具体数据略）。

（2）模数控制方法

傅熹年在对宋、辽塔的实测图进行分析后，发现在设计时可以使用两个控制模数：底层的柱高和中间一层的面阔。这是以材、份为基本模数之外的扩大模数[43]。

以北方的应县木塔、内蒙古巴林右旗释迦佛舍利塔（庆州白塔）为例，发现其应用扩大模数控制塔身的共同点：当以中间一层

43 傅熹年. 中国科学技术史（建筑卷）[M]. 北京：科学出版社，2008：424-427

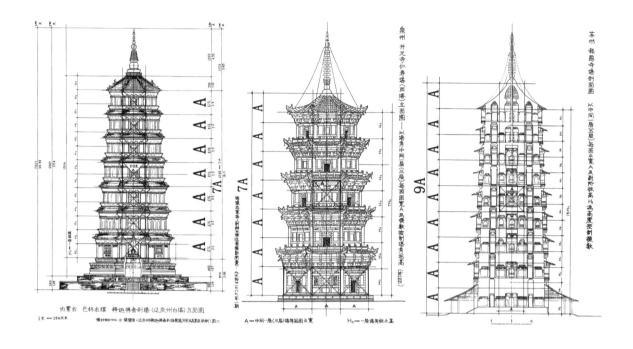

图9-34 北方辽塔与南方宋塔的模数控制法
从左至右：庆州白塔，泉州开元寺仁寿塔，苏州报恩寺塔

每面通面阔A为塔身扩大模数时，自底层地面计至顶层檐口为其整数倍数；当以柱高H1为扩大模数时，自底层地面计至顶层博脊为其整数倍数（图9-34）。

针对南方宋塔，以泉州开元寺仁寿塔、镇国塔，上海龙华塔、苏州报恩寺塔、松阳延庆寺塔为例进行分析，发现其计算方法与辽塔相反：当以中间一层每面通面阔A为扩大模数时，自底层地面计至顶层博脊为整数倍数；当以柱高H1为扩大模数时，自底层地面计至顶层檐口为整数倍数。

A与H1这两种控制模数中，又以塔身中间一层每面通面阔A比底层柱高H1的控制更加吻合立面的情况。

经验算，仿木楼阁型铁塔也采用了上述这种控制模数的方法，具体如下：

首先验算北方的宋代铁塔济宁崇觉寺铁塔。如图9-35（右）所示，崇觉寺铁塔以中间一层（第5层）单面的通面阔A为控制模数，从第1层塔身地面至顶层檐口为23A。因为崇觉寺铁塔有很高的砖砌塔座，将其也纳入验算范围（图9-35左），发现从塔周边地面至顶层博脊为38A。用第1层柱高H1验算，则不能得到整数，这可能也与此塔塔身对倚柱的刻画不明显有关。

可见，济宁崇觉寺铁塔是以中间一层单面通面阔A为控制模数的。若以铁塔本体23A计，其符合北方辽塔的控制特征；而若以包含砖砌塔座在内的38A计，则又符合南方宋塔的控制特征。这也正反映了济宁崇觉寺铁塔既处于北方，而又受宋《营造法式》影响控制的

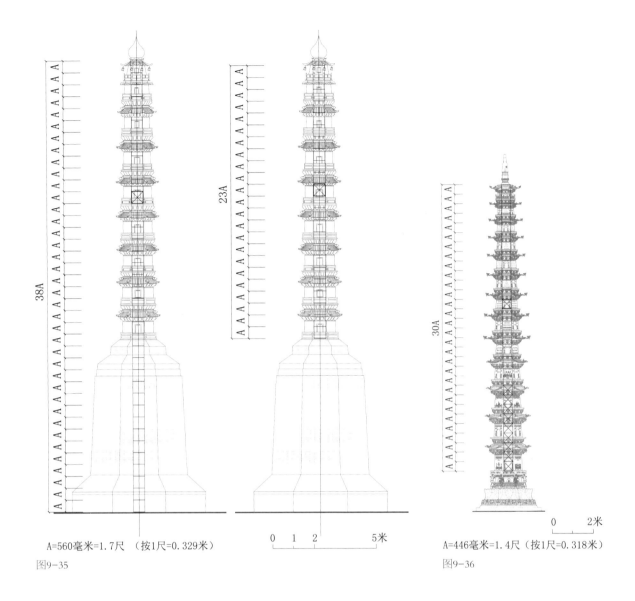

A=560毫米=1.7尺 （按1尺=0.329米）

图9-35

A=446毫米=1.4尺 （按1尺=0.318米）

图9-36

图9-35 崇觉寺铁塔立面设计控制模数分析
图9-36 玉泉寺铁塔立面设计控制模数分析

特点。

下面验算南方的宋代铁塔玉泉寺铁塔。

如图9-36所示，玉泉寺铁塔以中间一层（第7层）单面的通面阔A为控制模数，从第1层塔身地面至顶层博脊，共为30A[44]。但用底层柱高H1为模数计算，发现并不能在顶层檐口得到整数倍数。

可见，玉泉寺铁塔是以中间一层每面的通面阔A为设计控制模数的，其控制特征符合南方宋塔的特点。

综上所论，即便未完全照搬、微缩木构塔的比例，仿木楼阁型铁塔也与木塔、木檐砖芯塔一样，在"以材为祖"的基础上，使用了扩大设计模数。这种设计方法来自传统木构建筑，而具体的控制方法也与同时代的木塔、木檐砖芯塔具有相通的特征。

44 此模数还可向下拓展3A至底层江海座上皮。考虑到铁塔周边地坪可能曾有变动，或可以再拓展1A至地面。

4 砖芯铁壳塔的设计

铁塔的象征性存在于铸铁本身。认识到这一点，人们在明代建造出了结构更方便且还有内部使用空间的砖芯铁壳塔。泰安天枢观铁塔和咸阳千佛铁塔都是此类型的塔，现以后者为例，对其设计要点进行仔细分析。

（1）砖芯铁塔的结构与构造

回顾第四章对咸阳千佛铁塔的分析，我们清晰地看见，这座"铁塔"在结构上根本就是一座砖塔。它的结构成立、内部空间的形成，完全是由砖砌体来达成的（图9-37）。这一点我们在更早的泰山铁塔上就已经看出端倪了。

咸阳千佛铁塔结构上有三个主要特点：

第一，规模相对较大，超过了之前的所有铁塔。因此每层塔身不再是单独的一周圈铸件，而是要分成三层、每层八件铸造，再在塔身上合拢，箍紧砖芯塔体。

每层塔身的三层铸件为：塔身是一层（层①）；平板枋、栌斗、栱眼壁是一体铸造的一层（层②）；斗栱是一缝一缝单独铸造，再镶嵌铸接到栱眼壁上的，也属于层②（斜栱分三缝铸造，角科也是三缝）；挑檐枋、椽、檐、瓦垄、戗脊、博脊是一层（层③）。至第七层以上，由于塔身变小，层②和层③就合并了。

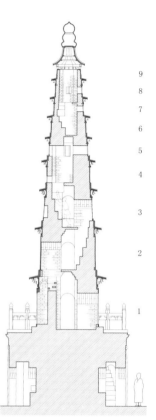

图9-37 咸阳千佛铁塔2-2剖面图

每层塔身的层①②③都需要水平交接，但其交接缝并非全部上下对齐，如图9-38所示。构件水平交接的方法则如图9-39、图9-40所示：做出互相勾搭的构造，加上连接构件，再浇铁汁固定。一周圈都这样固定，就形成紧实包裹砖芯的整体。

第二，仅铁壳自身形成箍状整体还不够，它还需要与砖芯紧密结合。因此各层铁壳会在不同标高间或嵌入塔体砖芯，与其砌成统一的整体。图9-41、图9-42是从塔的内部看节点 a 的构造，同时也能看出铁壳是如何嵌入砖芯的。在铁与砖的交接处，有时还使用了泥灰。

第三，塔身层层收分，上层铁壳叠置于下层之上（但应注意，上层的屋檐荷载并非由下层出跳斗栱承担，而更多依赖自身悬挑），因此其荷载实际上大部分是层层叠置传递至下层的。这样，铁塔的铁壳就形成了既自承重，又与砖芯嵌固的一层表皮。

（2）铁壳作为"面饰"的象征意义

咸阳千佛铁塔的"金火匠人"着力解决的问题，是怎样为这

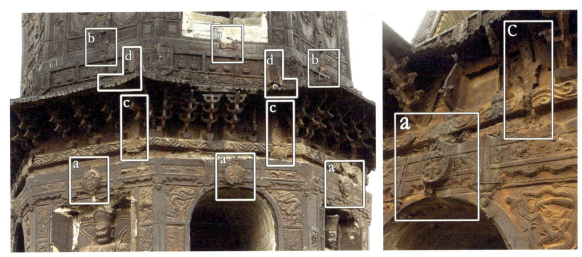

a 门楣板块交接处；b 门槛板块交接处；c 普拍枋、栱眼壁板块交接处；d 屋檐、瓦垄、博脊交接处

图9-38 千佛铁塔铸件板块横向交接处示意图
（以第1层、第2层为示例：a、b是层①的交接处；c是层②的交接处；d是层③的交接处）

座砖芯穿上一件漂亮而牢固的"铁衣"。那么，他们最终想表达的是一座"穿了铁衣的砖塔"吗？从捐资者留下的铭文以及铁塔的外观可以读出：答案是否定的。捐资者和建造者的目标是建造一座铁塔——他们要的只是那件"铁衣"，砖芯只是这件"铁衣"的衣服架子罢了。

对千佛铁塔稍加分析，就能体会到它的建造者无意于传达砖与铁结合方式的精妙——虽然这本身是很值得称道的。千佛铁塔每层表面（尤其是底下三层），都刻画出这样一幅景象：倚柱承托着平板枋，上面放着颇为复杂的斗栱，而斗栱承托着屋檐。但实际上，屋檐并不依赖斗栱的支承，而基本是靠自己悬挑；倚柱就更是装模作样了。而且，请注意第1层每面的门楣都有一个圆形的装饰物，上边刻画着佛八宝之一的"盘长"（肠）式的图案。但实际上，这是一个铁壳交接的节点，却被精心地用佛教题材的装饰掩盖（图9-38、图9-41中的节点 a）。总体而言，千佛铁塔给观者的感觉（或者错觉）是——这是一座老老实实仿木的铁塔。但实际上，它是一座砖塔，它的铁壳遮蔽了它的结构。

如果我们扩大视野，从德国建筑师、建筑理论家戈特弗里德·森佩尔（Gottfried Semper, 1803—1879）关于建筑"面饰"象征的论述出发，能在对比中对作为宗教建筑的铁塔获得更为深刻的关于建造的认识和思考。

森佩尔在他最重要的著作《技术与建构艺术中的风格问题》中提出了"面饰的原则"。他认为，建筑的本质在于其表面的覆层，即那层面饰（Bekeidung，英译为dressing或cladding）[45]，而非内部

45 马尔格雷夫（Harry Mallgrave）认为译为 dressing 更贴近森佩尔的本意，能提示出墙体的挂毯起源，而不仅关注其技术与建造的一面。关于这一术语的译法及其背后体现的概念的讨论，见史永高. 材料呈现——19 和 20 世纪西方建筑中材料的建造－空间双重性研究[M]. 南京：东南大学出版社, 2008：56-57

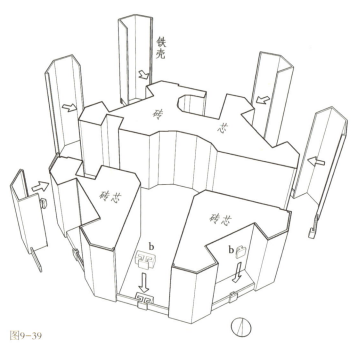

图9-39

图9-40

起支撑作用的结构。这层表面织物不是再现了结构，而是遮蔽了结构，看不见的内部墙体只是一个支撑[46]。森佩尔在这方面的论述是在19世纪的考古学家和艺术史家，及其本人对希腊神庙表面彩饰体系的考证基础上发展出来的，其目的指向材料与建造的象征性意义，也在于探寻建筑材料、结构体系在演进过程中不断被艺术性的装饰所覆盖的动机，以构建关于建筑本源的普世的原则[47]。

森佩尔对希腊建筑进行考察时，就结合希腊语中"宇宙"（kosmos，cosmos，英文cosmetic的希腊词源）一词的双关含义"宇宙的秩序""装饰"，认为古希腊人的装饰（adornment）就是为形式赋予的一种装饰性秩序（decorative order，Gesetzlichkeit）：

"当人们在装饰的时候，或多或少地，会有意识地把一种自然的秩序施加到被装饰的对象上去。"[48]

由此理解，（建筑）装饰实际上就是一种对（建筑）本体的具有秩序性、象征性的遮蔽。面饰的象征性意义又在不同层面表达出来：面饰在实际的物质性层面上首先遮蔽了建筑的材料构成；同时，面饰又通过艺术形式掩饰（camouflage）了建筑的实际功用而传达出另外的信息[49]。这另外的信息，正是其象征性所在。

借用森佩尔关于建筑表面覆层作为一种面饰的思考，咸阳千佛铁塔的铁壳对其内部起支撑作用的砖芯的遮蔽，就顺理成章地应从其设计手法的象征意义去考虑。咸阳铁塔的铁衣，不仅在视觉上遮

图9-39 千佛铁塔铁壳交接箍紧的构造
图中交接构件即9-38中的b
图9-40 门槛板块交接节点照片已出现裂痕

46 史永高. 材料呈现——19和20世纪西方建筑中材料的建造-空间双重性研究 [M]. 南京：东南大学出版社，2008：64-65
47 正如森佩尔的研究者唐考·潘宁在她的博士论文中所述："森佩尔对遮蔽[或面具]的关注着眼于它在艺术象征上的内容。遮蔽的目的和意义存在于其再现性的建筑语汇中。建筑材料、结构体系在演进过程中不断被艺术性的装饰所覆盖[clad]，森佩尔则致力于追踪这一过程的历史的艺术/实用 [artistic/utilitarian] 方面的动机，以构建一个关于建筑本源的普世的原则，而非从形式或技术方面来讨论面饰本身。见：Tonkao Panin. Space-Art: The Dialectic between the Concepts of Raum and Bekleidung [D]. Philadelphia: University of Pennsylvania, 2003：90

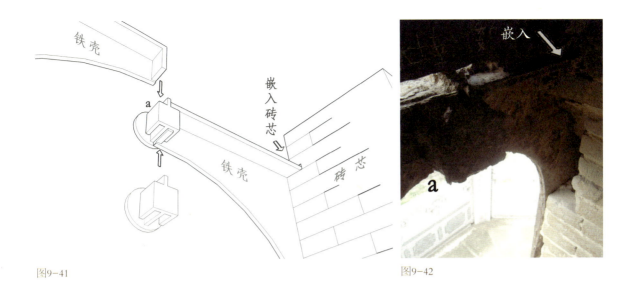

图9-41

图9-42

图9-41 千佛铁塔铁壳与砖芯连接构造
同时表现图9-38中节点 a 的构造
图9-42 千佛铁塔门楣板块交接处内侧照片

蔽了砖结构，也让原本无意义的砖芯此时成为一座可上追至佛教经典"南天铁塔"的、并且具有曼荼罗（佛教的宇宙空间图示）意味的铁塔。正是这层铁壳，而非内部起结构作用的砖芯，使得这个建筑物成为象征意义丰富的"铁塔"。

从现实效果来看，中国的信众对此欣然接受。他们在塔壁上留下的铭文明白地显示，他们出资赞助的这座塔就是一座"铁塔"。

三、铜塔的单体设计

铜塔集中在明代。铜塔案例中，五台山显通寺铜塔数量最多、形式最多样（图9-43）。而所有铜塔中，形制最复杂、最具分析价值的铜塔类型是密檐窣堵波经幢型铜塔（图9-43：左一、右一），由在滇的四川信众捐资铸造，其中尤以峨眉山圣积寺铜塔及五台山显通寺的西塔、东塔这三座为代表。作为经幢型塔，其源自宋代的经幢型铁塔，造型则结合了窣堵波和密檐塔，是昆明工匠的创举。其设计要点有如下几点：

第一，作为经幢，刻经是其根本用途之一，因此需在表面铭刻经文。

第二，平面为八边形。

第三，立面一般分为五部分：须弥座、塔瓶（覆钵）、密檐（十三天）、天宫佛龛、塔刹。而关键之处在于塔顶的天宫佛龛，这也是作为经幢型塔区别于其他塔的重要特征。

第四，表面有繁复的、造型立体的佛教人物像和浮雕。这是铜塔异于铁塔的重要特征。这是因为铜塔不仅使用了范铸法铸造，也

48 Tonkao Panin. Space-Art: The Dialectic between the Concepts of Raum and Bekleidung [D]. Philadelphia: University of Pennsylvania, 2003. 89。唐考·潘宁文中对这句的英译为："When one decorates, one more or less consciously imposes a natural order on the object that is adorned." 原文见 Gottfried Semper, Über die formelle Gesetzmässigkeit des Schmuckes und dessen Bedeutung als Kunstsymbol. Zurich: Monatschrift des wissenschaftlichen Vereins in Zurich, 1856 : 6

49 Tonkao Panin. Space-Art: The Dialectic between the Concepts of Raum and Bekleidung [D]. Philadelphia: University of Pennsylvania, 2003 : 90。相关讨论亦见史永高. 材料呈现——19和20世纪西方建筑中材料的建造-空间双重性研究 [M]. 南京：东南大学出版社，2008 : 67

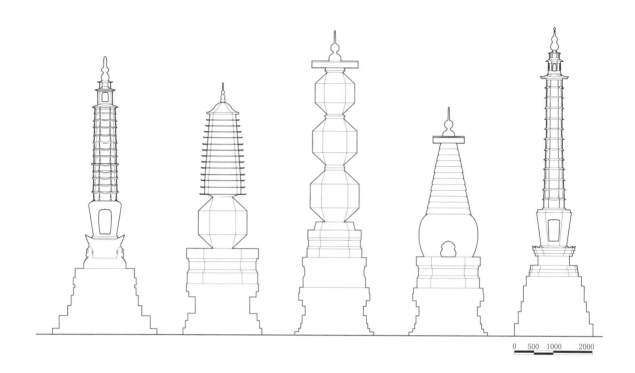

图9-43 五台山显通寺的五座铜塔
从左至右：西铜塔、西南铜塔、中铜塔、东南铜塔、东铜塔

使用了熔模铸造法（失蜡法），这种铸造法能够铸造出立体、复杂的造型。铜塔的规模都不大，尺度与人接近，因此人们常会对铜塔进行近距离观察。这种情况下，就需要用丰富、立体的佛教形象来表达佛教中的故事，传达教义。正如伯施曼在《中国宝塔》中对五台山显通寺西铜塔、东铜塔发出的赞叹：

"这一对铜塔异乎寻常地实现了中国佛教对无尽佛国世界最为丰富的阐示。只有来自喇嘛教的神秘主义土壤，才能够使用如此盈溢的造型来消解宝塔塔面和精致结构。"[50]

四、跨文化比较视野下中国金属建筑的意义

铜殿、铜塔和铁塔是以建筑工程为手段，以建筑艺术为表现手法，将道教、佛教经典中追求或描述的经典建筑意象用工程实体的方式建造了出来。这其中又以铜殿的意义更为突出，如果我们说中国的塔、石窟寺其实都是承袭发展了印度建筑之原型的话，铜殿这个建筑类型是否可算中国建筑本土的原创贡献呢？

金是世界上绝大多数文化都珍视的贵金属，并非为中国文化或中国宗教独重。如果我们放宽视野，会发现"金殿"的意象在其他地区的文化中也时有出现，但这里具有可类比性的"金殿"，应当是出于对宗教经典或传说中具有象征意义的建筑的追慕，而非古罗马皇帝尼禄营造的那种穷奢极侈的金殿（Golden House）[51]。最重要

50 Ernst Boerschmann. Die Baukunst und religiöse Kultur der Chinesen. Band III: Chinesische Pagoden. Berlin und Lepzig: Verlag von Walter de Gruyter & Co., 1931 : 355（《中国宝塔》）
51 尼禄的金殿（Nero's Golden House）始建于公元64年。相关研究见 David Hemsoll. Reconstructing the octagonal dining room of Nero's Golden House. Architectural History, 1989, 32: 1–17.
52 圣经[M]. 香港：思高圣经学院，1968：463。年代亦自出版《圣经》。思高本《圣经》，是今日华语天主教（罗马公教）人士最普遍使用的圣经译本。香港思高圣经学会（方济各会，由雷永明神父主持）是这个公教圣经全译本的翻译和出版单位，所以通称思高译本或思高本。这是第一部翻自原文的公教圣经全译本。
53 "撒罗满[所罗门]王为上主所建立的殿，长六十肘[27米]，宽二十肘[9米]，高三十肘。殿堂前的东廊

的案例,当属《圣经》中所罗门王为耶和华建造的圣殿。

1 《圣经》中的金色神殿

据《圣经·列王记上》的记叙,以色列子民出埃及地后480年,所罗门作以色列王第四年(约公元前969—962)[52],开始建造上主耶和华的殿。所罗门王征调了十数万人来建造这座圣殿,耗时七年建成。文中对这座石头砌成的圣殿有详细的描述[53],尤其是对内部:

"殿堂内部设有内殿,为安放上主的约柜。

"内殿长二十肘[9米],宽二十肘,高二十肘,全都贴上纯金;他又用香柏木做了一个祭坛,放在内殿前,全都包上金。

"整个殿宇都贴上金,贴满了整个殿宇。

"内殿里又用橄榄木作了两个革鲁宾[人面兽身鸟翅的天使],每个高十肘[4.5米]……两个革鲁宾全包上金。……内殿和外殿的地板,都铺上金。内殿的门……刻有革鲁宾、棕树和花朵初开的形像。花上包金,革鲁宾和棕树上贴金。外殿的门……门上刻有革鲁宾、棕树和花朵初开的形像,雕刻以后,全贴上金。"[54](列王纪上6:14-6:35)

据此描述,所罗门为耶和华建造的圣殿,是个石头砌成的殿,殿内墙壁、地板全部盖上柏木板。其中有一个内部安放约柜的内殿(至圣所,长、宽、高均为9米),内墙、外墙也用香柏木全部包上,内、外表面包金。内殿中的革鲁宾像、门扇、地板,内殿外的祭坛,也全部贴上金。总之,这是一个看起来全部是金色的石结构的"金殿"。

《圣经》中的著名案例在欧美耳熟能详、深入人心,难怪美国人哈特(Virgil C. Hart)在见到峨眉山铜殿时,会情不自禁联想起所罗门神殿,并认为峨眉山铜殿与所罗门圣殿一样,"小而昂贵,浓缩了一国之最高技术、艺术"[55]。

不止如此,在所罗门为自己建造的宫室中[56],还大量应用了铜制品,包括两根著名的铜柱:

"[希兰]铸了两根铜柱;一根高十八肘[8.1米],周径十二肘[5.4米],四指[7.5厘米]厚,中空;另一根也是这样。

"制了两个铜铸的柱头,安在柱子顶端:一个柱头高五肘[2.25米],另一个柱头也高五肘。他又制了两个铜网,为遮护柱子顶端的柱头:这一个柱头有一个铜网,另一个柱头也有一个铜网。在网子周围,又制了两行石榴,遮住柱头:两个柱头都是如

长二十肘[9米],宽与殿的宽度相等,共十肘[4.5米],在殿堂之前。又为殿作了窗户,有窗框和窗棂。紧靠殿墙,即围着外殿和内殿的墙,周围建造了分层厢房:下层宽五肘[2.25米],中层宽六肘[2.7米],第三层宽七肘[3.15米];使殿周围对面的墙突出,免得梁木插入殿墙内。建造殿宇时,始终是采用凿好了的石头,所以在建造时,全听不到槌子、斧子及任何铁器的响声。"(列王纪上6:2-6:7)
见:圣经[M]. 香港:思高圣经学院,1968:463。

54 圣经[M]. 香港:思高圣经学院,1968:463。图引自该书第462页。此段前的内容为:"殿内的墙壁全铺上香柏木板,从殿的地面到天花板的椽、梁,全盖上木板;殿内地面都铺上柏木板。内殿即至圣所,长二十肘[9米],从地板到天花板都盖上香柏木板。至圣所前的外殿,长四十肘[18米]。殿内的香柏木板上,都刻有匏瓜和初开的花:全部都是香柏木,看不到一块石头。"
据该版《圣经》附录:1肘=45厘米,1掌=7.5厘米,1指=1.875厘米,见第2045页。

55 "在最高处,数年前还曾有座青铜殿,一直是中国西部甚至整个帝国的骄傲。因为它是由来自十三省的官员们每人出五十两银子、五两银子这样捐建而来的。它是一个所罗门神殿式的作品——不大却昂贵,浓缩了一国之最高技术、艺术。"全部引文见本书第四章. Virgil C. Hart. Western China: a journey to the great Buddhist centre of Mount Omei. Boston: Ticknor and Company,1888:240-245

56 "此后,撒罗满为自己建造宫室,十三年方才完成。他建造的,有黎巴嫩林宫,长一百肘,宽五十肘,高三十肘;有三行香柏木柱子,柱子上端有香柏木托梁。上面盖上香柏木板;每行十五根柱子,共有四十五根。窗户有三排,三排窗户彼此相对。门和窗户都是方形;三层窗户都彼此相对。又造了有圆柱的大厅,长五十肘,宽三十肘;大厅前面另有一个廊子,廊子前面有柱子和顶盖。
他又造了一厅,中间设有审判的座位,在那里审案;从地面到梁,都是用香柏木铺盖的。
厅后的另一院内,有君王住的宫室,建筑式样,完全与审判厅相同;为君王所娶的法郎公主,也建造了与审判厅相同的宫室。
从外院直到大院的这一切建筑,从地基到屋顶,都是用按尺寸凿好,用锯内外锯平的宝贵石头建造的。地基也都是用贵重巨大的石头砌成的,有的十肘长,有的八肘长;上面有按尺寸凿好的贵重石头和香柏木。大院四周的墙有三层凿好的石头和一层香柏木板;上主的殿宇的内院和廊庑,都包围在内。"(列王纪上7:1-7:12)
见:圣经[M]. 香港:思高圣经学院,1968:464-465

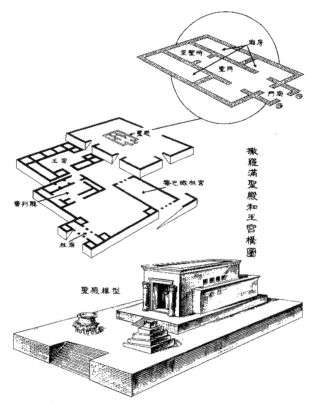

图9-44 所罗门圣殿和宫室复原想象图

此。柱子顶端上的柱头，刻有百合花形像，四肘[1.8米]高。两根柱子顶端上的柱头突起处，网子后面，各有石榴二百个，分行围绕着。

"他将两根柱子竖立在殿廊的前面：给立在右边的柱子，起名叫雅津；给立在左边的柱子，起名叫波阿次。这样，柱子的工作就算完成了。"[57]（列王纪7:15-7:22）

可见，这是两根相当粗大的铜柱，但似乎是装饰，而并未承担结构功能。另外，所罗门宫室中还有1座铜海，安放在12只铜牛上。还有10个装有四轮的铜盆座，每个盆座上再放一个铜盆。另外还制作了铜锅铲、盘等。所有这些都是希兰在约旦平原，"稣苟特与匝尔堂之间，用胶泥模铸成的"[58]。

除此之外，这个宫殿中还有大量金器具，包括内殿即至圣所，以及正殿的门枢都是金的。[59]

思高本《圣经》为所罗门造的圣殿和宫室绘制了复原想象图（图9-44）。西方关于《圣经》的相关考古工作从18世纪末开始一直在进行。不论所罗门神殿于历史上是否真实存在过，即使只是文

---

57 圣经 [M]. 香港：思高圣经学院，1968：465

58 "铜海 他又铸造了一座铜海，圆形，直径十肘，高五肘，周径三十肘。铜海边缘下面周围有匏瓜，每肘十个，四面围绕着铜海；匏瓜分成两行，是铸铜海时铸上去的。铜海安放在十二只铜牛上：三只向北，三只向西，三只向南，三只向东。铜海安放在牛背上，牛尾朝里。铜海厚一掌，边像杯边，形似百合花，可容两千'巴特'[45000公升]。"

"盆与盆座 又铸造了十个铜盆座，每个长四肘，宽四肘，高三肘。盆座的造法是这样：盆座有镶板，镶板装入框架内，在框架中间的镶板上刻有狮子、牛和革鲁宾的形像，在框架上也有雕刻；狮子和牛的形像下，刻有花纹浮雕。每个盆座有四个铜轮和铜轴；盆底有四脚作支柱，支柱是铸成的；每边都刻有花纹。盆座的口，从座底至口边高一肘半；口成圆形，为安放铜盆之用；在口的边缘上也有雕刻；盆座的镶板是四方形的，而不是圆形的。四个轮子是在镶板之下，轮轴与座底相接；轮子高一肘半。轮子的制法和车轮的制法一样，轮轴、轮辋、轮辐和轮毂，都是铸成的。每个盆座有四根支柱支持四角，支柱与盆座是一块铸成的。盆座顶上有一个圆架，高半肘；在座顶上有柄，镶板与座是一块铸成的。镶板壁上刻有革鲁宾、狮子和棕树；四周空处另刻有花纹。十个盆座都是这样做的：铸法、尺寸和式样完全相同。又制了十个铜盆，每个铜盆可容四十'巴特'；每个铜盆高四肘；十个铜盆座上，每个安放一个铜盆。他把盆座，五个放在殿的右边，五个放在殿的左边；至于铜海，他放在殿右靠东南方。

"希兰所制物品 希兰又制造了锅、铲和盘：这样，希兰为撒罗满做完了上主殿宇的一切工作：计有柱子两根，柱子顶端球形的柱头两个，遮护柱子顶端球形柱头的网子两个，两个网子上的石榴四百个，——每个网子上有两行石榴，为遮护柱子顶端的两个球形柱头，盆座十个，放在座上的盆子十个，铜海一个，铜海下的铜牛十二只，锅铲、和盘：以上这一切器皿，都是希兰给撒罗满用光滑的铜，为上主的殿宇制造的，是他在约旦平原，稣苟特与匝尔堂之间，用胶泥模铸成的。"（列王纪7:23-7:46）

59 "撒罗满没有秤量这一切器具，因为铜太多，重量无法计算。以后，撒罗满又制造了上主殿内的一切用具：就是金祭坛，供饼的金桌，内殿前的灯台，五个在右边，五个在左边，都是纯金的；还有花蕊、灯盏、烛剪，也是金的。又有盆、刀、碗、杯、火盘，都是纯金的；还有内殿即至圣所，和正殿的门枢，都是金的。"（列王纪7:47-7:50）见：圣经 [M]. 香港：思高圣经学院，1968：466

图9-45 梵蒂冈圣彼得大教堂圣坛铜华盖亭

本上的记载，《圣经》的影响也是广泛而深刻的。有论者认为，所罗门圣殿作为神圣建筑，是希腊建筑的源泉，甚至还影响了罗马和埃及[60]。

作为经典中的神圣建筑，所罗门圣殿就与中国道教经典中的"金殿"具有可比性。我们甚至也能在欧洲的教堂中，见到追慕所罗门圣殿的案例，例如在梵蒂冈圣彼得大教堂中，有一座由吉安洛伦佐·贝尔尼尼（Gianlorenzo Bernini, 1598—1680）于1624—1626年设计的圣坛华盖亭（baldachin）。这种亭式的华盖，一般由大理石建成，用以笼罩、标识圣坛。但圣彼得大教堂中的这座圣坛华盖全由青铜铸成，通高约30米，位于教堂穹顶之下、圣坛之上（图9-45）。论者指出，这四根高20米的青铜柱，柱身呈螺旋状，称为"所罗门柱"（Solomonic column），是对耶路撒冷的所罗门圣殿的纪念[61]。

虽然这种螺旋柱得名"所罗门柱"是因为在老的圣彼得教堂中，有康斯坦丁大帝从希腊带回的据说来自耶路撒冷所罗门圣殿的螺旋状大理石柱子，但显然熟悉《圣经》的人们，很容易就会把青铜柱子与所罗门宫室中的两根铜柱子，以及那些丰富的铜制品联系起来。

2 日本：净土宗的金色神殿

前文已经提过，在日本，有相轮樘这种金属塔刹型构筑物可与

---

60 O. Fisher. The Temple of Solomon: Embracing the History of Its Location, Building, Use, and Typical Significations, as Understood by Masons and Christians. San Francisco: Eastman, Printer, 1864：9
61 Rolf Toman ed. History of Architecture: From Classic to Contemporary. Bath, New York: Parragon. 188

图9-46　　　　　　　　　　　　图9-47

图9-46 日本平泉中尊寺金色堂
图9-47 京都鹿苑寺金阁殿

中国的铁塔类比。除此之外，还有一座金色的神殿可与中国的金殿相比较——中尊寺金色堂。这座木构小殿建于1124年，是平安时期的遗构。中尊寺位于岩手县平泉这一平安时代贵族藤原氏的统治中心，是藤原时期的重要遗存。金色堂方三间，面阔约5米，尺度比一般的佛堂小。除了屋顶外，金色堂的殿身梁枋、斗栱、墙壁内外、地板全部贴金（图9-46）；内部佛坛除了贴金，还贴满了螺钿。据《吾妻镜》，1189年时的金色堂与现状基本相同[62]。为了保护金色堂，现在的金色堂是一座殿中之殿，整体位于一座当代建造的外殿之内。施造者藤原清衡去世后，遗体也保存在金色堂内的神坛下。从内部配置的阿弥陀佛像设来看，中尊寺金色堂表达的意象显然是西方极乐净土[63]，可与前揭《佛说观无量寿佛经》中描述的金色世界相对应。

此外，木构表面贴金的案例还有京都鹿苑寺金阁殿（即著名的金阁寺，图9-47）等。京都东本愿寺阿弥陀堂、西本愿寺阿弥陀堂，虽然外表面并非金色，但室内梁枋、柱墙表面大部分用金箔贴饰，以表达净土宗西方极乐世界的金色氛围。

综上所论，我们看到无论是欧洲、中亚，还是东亚，要么在经典中出现过"金色神殿"，要么在历史上确实建造了"金色神殿"，圣彼得教堂中甚至还出现了与传说中的金色神殿有关的铜华盖亭。用金来装饰、表达建筑的神圣性，是上述各文明中共有的特点。但是，任何一个文化或文明，都未像中国这样系统地使用铜、铁、金来建造铜殿、铜塔、铁塔等金属建筑。

中国的"金殿"都是用铜铸造的，以取其"金"之义；有的还在表面镏了一层金，成为双重意义上的金殿。而其他文化的金色神

62 吾妻镜. 卷32-33，见：新订增补国史大系，1933：350。转引自 Mimi Yiengpruksawan. The House of Gold: Fujiwara Kiyohira's Konjikidō. Monumenta Nipponica. 1993, 48 (1): 33-52
63 具体论述可参见 Mimi Yiengpruksawan. The House of Gold: Fujiwara Kiyohira's Konjikidō. Monumenta Nipponica. 1993, 48 (1): 33-52

殿，并非用金或铜建造，而只是用石头或木头建造，再在表面覆盖金层，以达到金殿的视觉效果。这虽然在视觉上也是金色神殿，在象征意义上也表达出了金殿的地位和作用，但从建筑本身的物质材料，以及触感上来感知，薄薄的一层金箔毕竟只是一层表面而已。只有中国的"金殿"，才是真正物质意义上的、从内到外的"金属建筑"。

圣彼得教堂中的铜华盖亭也是铜造的，而且尺度还超过了中国所有的铜殿，但它毕竟是不成系统的孤例，本身也并未以完整的建筑形象去表达、象征所罗门圣殿。

古代印度是否真存在过佛经里记载的那些铁塔，本书暂不能查实。中国的铁塔应当是从佛教经典文本而非建筑实例出发，对"南天铁塔"从概念上进行的追仿，很快又结合了本土"镇水铁针"的意义。必须看到，这种追仿不是以印度某个具体的铁塔形象来仿的，而是从文本到实体的创造。

可见，中国古代金属建筑在意义和建造上都具有独特性和原创贡献。

本章小结

铜殿的规模、体量都不大。但是，小至武当山小铜殿、泰山"天仙金阙"铜殿，其内部空间除了布置玄帝、碧霞元君像外，仍有充裕的空间可供三至五人在其内部进行参拜。由此可知，铜殿的尺度虽小，但仍符合人体尺度的活动需要，应属小"建筑"，而非大"模型"或"器物"。

从空间的使用情况看，各铜殿首先均为"神"的空间，其建造的首要目的就是为了在其内部容纳神像。但应注意，铜殿与仅能容纳神像而不能容纳人的佛道帐不同，铜殿是允许人进入其内部参拜神像的，而佛道帐则没有这个功能。因此，铜殿的使用定位应当是供神、礼神的铜构殿堂——即相当于木构建筑中的"大木作"，而非佛道帐、神厨这样的"小木作"。

在单体设计上，经过本章的论述，可以看出铜殿的构架与我国传统木构建筑的"大木构架"在构成上并无区别，有些铜殿比较忠实地反映了同时代官式木构建筑的权衡和比例；有些则突出屋顶的高峻，以彰显金顶的意象。铜殿是按照木构件的形式分别铸造建筑构件，然后组装而成的。不仅如此，本章经过数值验算，发现铜殿在模数控制方面也仿照了木构建筑的控制方法。铜殿在这方面就显示出了与石殿、石牌楼、砖殿等其他材质的仿木构建筑的不同，因为砖、石都具有材料的局限性，因此常须采用适合自身材料特性的结构和构造，从而导致外观与木构的不同；而铜合金因为材料可塑性强，在这方面反倒更忠实地仿木了。

由于中国传统木构建筑采用的是一种模数化生产的较为先进的框架结构，因此铜殿建筑在结构和设计方法上模仿木构建筑也是顺理成章之事，不应简单视为缺乏设计创造力的结果，而是一种合理、便捷的选择。

对宗教、政治等象征性的表达仍然是铜殿单体设计的重要考虑方面。通过装饰设计以及与金殿整体考虑的像设设计体现出来。

中国古代铁塔能够在佛经中找到理论根源，但相比道教对道经中金殿的追慕和塑造，中国古代铁塔并没有显示出对"南天铁塔"的孜孜探求和郑重塑造。"南天铁塔"中曼荼罗的意象也只在个别铁塔上有所体现。相比之下，民间附加演绎的镇水之象征意义可能更加深入人心。

对铁塔的单体设计分析表明，不同类型的铁塔，设计要点不尽相同。仿砖楼阁型铁塔的形制可与广东的唐及宋前期的方形平面砖塔呼应，并且因铸造方便复制，表面多塑千佛形式。

仿木楼阁型铁塔并不是同时代木塔、木檐砖芯塔的等比例微缩，而具有自身的比例特点。但是在模数化设计这一点上，仿木楼阁型铁塔却与中国传统木构建筑并无二致，而且具体的控制方法也与同时代的木塔、木檐砖芯塔存在相通的特征。

砖芯铁壳塔既有便捷的结构、可用的空间，又用一层铁壳"面饰"获得了铁塔的象征性。本章借用了森佩尔的相关理论对此进行了讨论。虽然从表面看来，中国古代的铁塔与森佩尔等欧洲建筑师、建筑理论家的建筑材料理论并非同一时代、同种语境下的探讨对象，但森佩尔具有人类学探索意味的视角以及对于人类建筑活动以及艺术发展的"基本动机"的理论，则使得他的论述具有在更为广阔的文化背景中解读、检验更多建筑案例的可能。事实上中国古代建筑也确实作为一项重要的案例，与其他古代文明的建筑一道被森佩尔用来论证他的"建筑艺术四要素"。退一步说，即便是作为另一种理论系统中的思考经验和智慧，顺其思路对中国古代金属建筑中的材料应用进行一番平行的检视和思辨，也不失为今天解读古代艺术作品的一次有益尝试。进而，这又为跨文化比较的视野打开了思路，使我们有机会在比较中认清中国古代金属建筑的意义和价值。

铜塔在外观形制上与铁塔有相通之处，尤其是吸收、继承了经幢型铁塔的形制和功能。然而铜塔也因为材料比铁更贵重，更易塑造细节，从而主要向小尺度、精细繁复的方向发展。

第十章 材料设计的智慧：XRF与GIS分析

第十章　材料设计的智慧：XRF与GIS分析

金属建筑区别于其他建筑最显著的特点就在于建筑材料。因此，确定其材料究竟为何种铜合金、为何种铁合金，是一项基本问题。然而，自19世纪末西方探险家、传教士、学者注意到铜殿、铜塔、铁塔以来，金属建筑的材料就未被真正使用现代科学手段分析过[1]。他们有的想当然地认为中国的铜殿是青铜的（bronze shrine, bronze temple），如庄士敦、巴伯和哈特记峨眉山铜殿[2]；有的可能根据颜色，认为是黄铜的（brass pavilion），如贝克记泰山铜殿[3]。李约瑟在《中国科学技术史》中提到昆明太和宫铜殿和颐和园铜殿时，也武断地称其为青铜铸造（built entirely of cast-bronze components）[4]，虽然他对此问题是在意的[5]。实际上，青铜还是黄铜，这是无法用肉眼判断的，因此前人都是未经科学分析而笼统称之。在科技条件有限的当时，这无可厚非。

青铜、黄铜是成分不同的两种铜合金。青铜、黄铜在中国历史上使用的差别主要是由冶炼技术掌握的先后决定的，并非先民出于礼制考虑之有意选择。然而，冶金史研究告诉我们，青铜、黄铜在中国有着很不相同的技术传统，对它们的辨析具有重要的技术史意义[6]，这是其一。其二，对建筑研究来说，只有在明确建筑材料成分，及其在建筑中使用情况的基础上，才有可能进一步考察古代工匠对材料的设计意识，进而考察中国传统建筑在材料运用方面达到的成就，展开建筑理论和技术哲学方面的探讨。这一系列工作，此前都尚未进行过。

本章就将着重以铜殿为考察对象，逐一分析每个现存铜殿、铜塔的材料使用情况，先给出XRF（X射线荧光分析）数据，进而对其现象和意义在包括冶金史、建筑史在内的科技史的语境中予以讨论。

对于铁塔的材料分析，冶金史学者的主要关注点在于通过碳、硫、磷等元素的含量，尤其是金相分析，考察材料的铸造、锻造工艺。铁塔材料的区别并不像青铜、黄铜的区别那样大且具文化意

---

1 个别案例除外。如1998年昆明冶金研究院受云南省文化厅及园林局委托，曾为清洁金殿表面而做过金殿殿身材料成分分析，并发表论文称金殿为青铜铸造。但实际上这个认识是不全面的。详见本章第六节。

2 Reginald Fleming Johnston. From Peking to Mandalay: A Journey from North China to Burma through Tibetan Ssuch'uan and Yunnan. London: J. Murray, 1908. 104; Edward C. Baber. Travels and Researches in Western China. London: John Murray, 1882. 140; Virgil C. Hart. Western China: A Journey to the Great Buddhist Centre of Mount Omei. Boston: Ticknor and Company,1888：240-245

3 D.C. Baker: Tai Shan: An Account of the Sacred Eastern Peak of China (reprinted by Cheng Wen Publishing Company, Taipei 1971), originally 1924

4 Needham J, with the collaboration of Wang L and Lu G D. Science and Civilisation in China. vol.4:pt.3. Cambridge: Cambridge University Press, 1971：142

5 Joseph Needham, The Development of Iron and Steel Technology in China, London: Published for the Newcomen Society by W. Heffer, 1964：71。李约瑟在介绍碧霞祠青铜瓦时，补充说"有文献认为是黄铜或红铜"，可见对此问题是在意的。

6 此方面近年较重要的文章如周卫荣. 黄铜冶炼工艺在中国的产生与发展[J]，见: 国学研究. 第10卷，北京：北京大学出版社，2002：315-331

义，同时，笔者也缺乏金相分析的方法和技术。鉴于上述原因，虽然采集了铁塔的XRF数据，但本书对铁塔的材料分析从略，待今后作进一步研究。

一、铜合金的基本概念与研究的技术路线

1 各种铜合金

据《中国大百科全书（矿冶卷）》："铜合金是历史上应用最早和最主要的合金之一。传统上铜合金分为紫铜、黄铜、白铜、青铜四大类。"[7] 但我国古代对各种铜合金的称谓与现代冶金工业中对各种铜合金的称谓并不能一一对应；在不同的科技类古文献中，各种铜合金的名称与意义也不尽相同。因此有必要先对几种常见铜合金的现代、古代名称和定义作一简单梳理（本小节内一般定义均引自《中国大百科全书（矿冶卷）》及《中国科学技术史（化学卷）》[8]，不再单独出注）：

紫铜："因呈紫红色而得名。它不一定是纯铜，有时还加入少量脱氧元素或其他元素，以改善材质和性能，因此也归入铜合金。""紫铜"在古代常与"红铜"通用，一般指纯铜。

红铜：是指不含其他合金元素、只含杂质的纯铜，来源于天然。当然，红铜并不是指100%的铜，而是指其他元素含量很少，构不成合金成分，而只构成杂质。

黄铜："以锌为主要合金元素的铜基合金，因常呈黄色而得名。""黄铜"的名称在我国古代冶金史上则有更多不同含义，包括：1.用以火法炼铜的CuS矿，呈黄色；2.锌铜合金（锌黄铜）；3.黄铜矿（$CuFeS_2$），即古文献所称"自然鍮"；4.颜色发黄的青铜，"一般而言，含锡量小于14%的锡青铜断面皆呈黄色"[9]。可见，"黄铜"这个词在中国古代历史中，含义并不一致。今天所说的黄铜（锌黄铜，Cu-Zn或Cu-Zn-Pb），在历史上常用的称呼是"鍮䥝"（鍮石）、"真鍮"等[10]。

白铜："以镍为主要合金元素的铜基合金，因多数呈银白色而得名。""白铜"在古代指镍白铜或砷白铜。

青铜："除黄铜和白铜外，其余的铜合金都称为青铜。青铜前面常冠以主要合金元素的名称，如锡青铜、铝青铜、铍青铜、钛青铜等。""青铜"在我国古代历史上也是使用最多的铜合金种类，我国古代的青铜器就是铜与锡、铅冶炼而得的三元合金或二元合金。铜、铅、锡含量比例的不同决定了合金的不同性质，称为"锡

---

[7] 中国大百科全书（矿冶卷）[M]. 北京：中国大百科全书出版社，1984：639-641. 本节中关于现代冶金工业中各种铜合金名称的定义均引自此。

[8] 卢嘉锡总主编，赵匡华、周嘉华著. 中国科学技术史（化学卷）[M]. 北京：科学出版社，1998：179-187

[9] 何堂坤. 中国古代金属冶炼和加工工程技术史[M]. 太原：山西教育出版社，2009：343

[10] 当代研究见赵匡华. 我国历代"黄铜"考释[J]. 自然科学史研究，卷6（4）：323-331. 历史文献见慧琳《一切经音义》卷三九："鍮石似金。又云：西域以铜铁杂药合为之。"卷六十："鍮石似金而非金，西戎蕃国药炼铜所成。有二种鍮石，善恶不等；恶者较白，名为灰折；善者较黄，名为金折……亦名真鍮，俗名'不博金'是也。"此药当指炉甘石。这是唐代文献关于西域人工点化黄铜的记载。"真鍮"当是西域所产颜色较黄、质地较好的黄铜。独孤滔《丹方鉴源》卷上："武昌铜出鄂州白慢，可点丹阳银及鍮石。"卷上第二，《道藏》第596册。《宣德鼎彝谱》："仅有暹罗王剌迦满蔼所贡良铜，厥号风磨，色同阳迈，朕拟思惟所用，堪铸鼎彝，以供郊坛、太庙、内廷之用。"[明]吕震《宣德鼎彝谱》，见：丛书集成初编[M]：第1544册. 北京：中华书局，1983：1

图10-1 手持式XRF分析仪现场工作照片

青铜"（Cu-Sn）、"铅青铜"(Cu-Pb)、"铅锡青铜"（以锡为主要合金元素的Cu-Sn-Pb三元合金）、"锡铅青铜"（以铅为主要合金元素的Cu-Sn-Pb三元合金）等。

本书采用的合金名称，如无特别说明，指其在现代冶金工业中使用的概念。本书中出现的青铜包括：Cu-Sn，Cu-Sn-Pb，Cu-Pb。黄铜包括：Cu-Zn，Cu-Zn-Pb，Cu-Zn-Sn-Pb。

需要说明的是，根据冶金史研究的一般情况，只有含量大于2%的元素，才被认为是该铸件中的合金元素；小于2%的被认为是杂质元素。

2 研究的技术路线

（1）设备：手持式XRF分析仪

对金属材料的实验室分析手段有X射线荧光分析、衍射分析，扫描电镜等。但这些分析都要求对被测对象取样，带回实验室进行分析，取样对文物建筑的本体来说具有一定损害。这样的损害虽然微小，但重要的是，在这样的情况下，笔者就很难获得文物管理者的批准取得样品。因此，本研究需要使用合适的无损检测仪器。

基于上述考虑，本研究使用的检测设备为美国尼通公司XLt 898型手持式XRF分析仪。该设备相当于普通电吹风大小，可携带至金属建筑现场进行分析。对于被测对象，接触表面测试10~15秒即能得到分析数据。该设备使用35 kV／1.0W 银阳极靶X射线管作为激励源，分析范围为从22号元素钛（Ti）至83号元素铋（Bi）中的23个标准合金成分元素。同时可直接显示被测样品的合金牌号（对于符合现代合金牌号标准的样品）以及成分百分比含量和分析误差值（2倍sigma误差）。通过配套专用软件，可全部导入计算机，并直接生成X射线能谱图。本研究中，对样品的平均测试时间为25~30秒左右。原始检测数据为保留小数点后两位数字，考虑到其精度的局限，本书对数据进行了处理，保留小数点后一位数字。

（2）技术路线：以建筑构件为单位进行XRF分析，导入GIS系统进行数据分析

针对铜殿的分析技术路线可以概括为：外业现场以建筑构件为单位进行XRF分析→将数据导入专用数据库进行内业整理，观察能谱图→以建筑模型或结构实测图为底图建立GIS平台→将XRF数据导入GIS进行分析，以直观的形式检验构件成分与建筑构件之间的关系。具体解释说明如下：

① 将铜殿看成不同建筑构件的组成部分，而非一个均质的整体，对每个铜殿均以建筑构件为单位进行分析。受现场条件所限，有些构件无法测到，但尽量将每种类型的构件都测到。考虑到同一个建筑中，同种构件应当是批量生产的，它们之间可以互相替换使用，因此同一种构件的成分应该不会有太大差异。例如，前檐平身科泥道栱与后檐平身科泥道栱的形式完全一样，铸造时没有分别，只不过安装时一个用在前檐，一个用在后檐，因此检测了其中之一就能知道另一个的成分。这一点既是根据古建筑的生产方式推知的，也是经过数据验证了的。

② 限于条件，检测时未进行表面除锈打磨，但尽量选取了构件表面相对光洁的部分，并用百洁布、清水清理了表面附着物后进行检测。由于金属建筑所处环境情况单一，未有埋在土里或单侧面朝大海这样的特殊环境，因此在现有条件下取得的数据在定性和半定量层面是可靠的。

③ 在GIS平台中，每个被测构件被赋予一个唯一的编号。XRF分析的结果（铜、锡、锌、铅等各项元素的含量）被作为值添加到对应的构件属性中。

④ 以直观的图形效果分析、显示合金元素的分布，以及合金种类、合金配比与建筑构件之间的关系。

以上分析流程针对铜殿。铜塔没有铜殿那样复杂繁多的构件，未采用这种分析流程。

（3）铜殿XRF分析结果一览

经上述分析发现，有些铜殿不同构件的材料成分与该构件在建筑中的功能存在对应关系，有些铜殿则没有这种对应关系。

现将现存铜殿、铜塔的合金成分列表如下，具体分析见各节内论述。

表10-1 铜殿材料分析结果一览表

铜殿	创建年代	材料	宗教属性
武当山元代小铜殿	元大德十一年（1307）	青铜	道教
武当山太和宫金殿	明永乐十六年（1418）建成	黄铜	道教
峨眉山圣积寺铜塔	明万历十三—三十一年（1585—1603）	青铜	佛教
峨眉山金顶铜塔（碎片）	明万历二十九年（1601）或稍迟	青铜	佛教
峨眉山金顶铜殿（碎片）	明万历三十—三十一年（1602—1603）	黄铜	佛教
五台山显通寺铜殿	明万历三十三—三十五年（1605—1607）	黄铜	佛教
五台山显通寺西铜塔	明万历三十四年（1606）	黄铜	佛教
五台山显通寺东铜塔	明万历三十八年（1610）	黄铜	佛教
泰山"天仙金阙"铜殿	明万历四十一—四十二年（1613—1614）	青铜、黄铜	道教
北京长椿寺铜塔	明天启元年（1621）或稍晚	黄铜	佛教
昆明太和宫铜殿（吴三桂）	清康熙十年（1671）	青铜、黄铜、红铜	道教
北京颐和园宝云阁	清乾隆二十年（1755）	黄铜	佛教

注：为了看起来醒目，表中将青铜加了下划线

由上表可见，铜塔的成分相对简单，个体中没有不同合金混合使用。铜殿的成分则有青铜的、黄铜的，还有两种、甚至三种混合的。其中的原因值得细究，下文即予以逐一分析。

二、青铜合金配比与构件性质的对应关系：小铜殿材料分析

1 成分分析

武当山元代小铜殿的XRF分析结果见表10-2，典型能谱图见图10-2。

表10-2 武当山小铜殿合金成分检测结果

编号	位置	成分（%）							合金种类
		Cu	Sn	Pb	Zn	Fe	Ni	Sb	
TD01-1	北山面东侧第一块槅扇外皮	59.0	20.0	19.7		0.3		0.4	铅锡青铜
TD01-2	北面东侧穿插枋外皮	56.7	15.5	22.2		4.2			锡铅青铜
TD01-3	北面山花板东侧第一块外皮	57.8	15.2	24.5		1.7			锡铅青铜
TD01-4	前檐北侧第一面槅扇第三条抹头	60.5	13.6	24.2		0.5			锡铅青铜
TD01-5	背立面北侧第二块槅扇外皮	60.2	13.1	22.2	0.7	0.4	1.3	0.5	锡铅青铜
TD01-6	前檐南侧一根抱框	66.0	13.6	18.5		0.9			锡铅青铜
TD01-7	后檐南侧第一块屋面板下皮	57.8	11.5	21.3	0.92	1.8	1.0		锡铅青铜

续表

编号	位置	成分（%）							合金种类
		Cu	Sn	Pb	Zn	Fe	Ni	Sb	
TD01-8	前檐南侧第二面槅扇边梃	64.4	10.8	24.0		0.2			锡铅青铜
TD01-9	后檐北侧第一块屋面板下皮	71.4	11.0	15.2		1.9			锡铅青铜
TD01-10	东南角柱础	69.4	8.6	20.1		0.3			锡铅青铜
TD01-11	东南角柱东面	73.2	8.7	12.6	1.2	0.5	1.8		锡铅青铜
TD01-12	东北角柱	75.5	8.7	14.3		0.7			锡铅青铜
TD01-13	北面山柱外皮	75.6	8.7	14.2		0.3		0.4	锡铅青铜
TD01-14	东南角柱南面	72.6	8.1	12.1	0.7	1.2	1.1	0.6	锡铅青铜
TD01-15	东北角柱础	73.4	7.3	18.4		0.1			锡铅青铜
TD01-16	前檐地栿	27.3	16.5	48.6		5.9			铅基铜合金

被测部位均为铜（Cu）、锡（Sn）、铅（Pb）三元合金，不含锌（Zn）或仅含少量锌，大多属于锡铅青铜合金。位置TD01-16的铅含量高于铜，应属铅基铜合金。可见，小铜殿的建造材料为青铜，而非有些文献所称的"纯铜"或"紫铜"，更不是黄铜。

各被测部位均显示含有少量的铁（Fe）。北宋后期、南宋曾大量使用胆水炼铜法制钱，用铁置换出胆水中的铜，因此该时期的铜钱中常能检测出一定量的铁。小铜殿铜料中有铁的存在，不排除与胆水炼铜法有关的可能性。当然，这些铁也可能只是混入的杂质。

除前檐地栿外，大部分被测部位的铜含量分布于56.7%~73.4%区间，锡含量分布于7.3%~20.0%区间，铅含量分布于12.1%~24.5%区间。铅加入铜锡合金中可以提高合金溶液的流动性，使充填铸型的能力增强，对铸件表面纹饰清晰度及尺寸精度有直接影响。实验证明："含［铅］10%~15%的流动性最好，满流率随含铅量的增加而增加；当含铅量超过15%时，满流率下降。因此含铅10%~15%的铜锡合金的铸造性能良好。"[11]以这个标准来看，小铜殿只有几根柱子的铅含量在这个范围内，其余均高于15%。考虑到小铜殿全为平民信士募捐建造，造价预算低。提高铅的含量，可以降低制造成本。而且，"因铅不溶解于铜，而是以孤立分散的颗粒分布在铜基体上，切削加工时易于得到零散易断的金属切屑，从而改善了材料的切削加工性能。在古代，这对铸件浇铸系统的清理和表面打磨等操作，都是具有重要意义的"；"因铅以软铅夹杂形式存在于铜基体中，有如铸铁中的石墨一般，加入适量的铅，金属就具有较好的自润滑作用，并降低了材料的摩擦系数，提高了它的耐磨性能和疲劳强度"[12]。

11 韩汝玢，孙淑云，李秀辉，等.中国古代铜器的显微组织[J].北京科技大学学报，2002(02): 223
12 何堂坤.中国古代金属冶炼和加工工程技术史[M].太原：山西教育出版社，2009：151

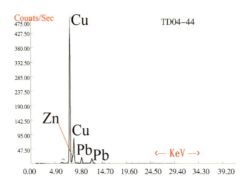

图10-2 元代小铜殿典型能谱图

2 合金配比与构件性质的对应："六齐"技术思想的继承

(1) 小铜殿构件的合金配比与构件性质的关系

小铜殿不同部位间，铜与锡的比例差异较大，分布于3:1~10:1的区间；铜与铅的比例分布于2.4:1~5.9:1的区间；锡与铅的比例则比较稳定，分布在1:1~1:2.5的区间内。考虑到未进行表面除锈处理，因此检测所得数据中铅、锡的含量很可能比金属基体的高，但其反映的不同构件间的总体含量变化趋势应当还是有意义的。

通过分析各部位的铜锡含量比例、铜铅含量比例（表10-3），初步发现铜锡比、铜铅比与建筑构件的性质很可能存在一定的对应规律：结构功能越强的构件，其铜锡比、铜铅比越高；其中铜锡比表现出尤为明显的规律性。

表10-3 武当山小铜殿材料铜、锡、铅成分比例与构件性质对应分析

编号	被测部位	Cu:Sn:Pb	Cu:Pb	构件性质
TD01-1	北山面东侧第一块槅扇外皮	3:1:1	3:1	围护构件
TD01-2	北面东侧穿插枋外皮	3.7:1:1.4	2.6:1	一般结构构件
TD01-3	北面山花板东侧第一块外皮	3.8:1:1.6	2.4:1	围护构件
TD01-4	前檐北侧第一面槅扇第三条抹头	4.5:1:1.8	2.5:1	围护构件
TD01-5	背立面北侧第二块槅扇外皮	4.6:1:1.7	2.7:1	围护构件
TD01-6	前檐南侧一根抱框	4.9:1:1.4	3.5:1	一般结构构件
TD01-7	后檐南侧第一块屋面板下皮	5:1:1.9	2.6:1	一般结构构件
TD01-8	前檐南侧第二面槅扇边梃	6:1:2.2	2.7:1	一般结构构件
TD01-9	后檐北侧第一块屋面板下皮	6.5:1:1.4	4.6:1	一般结构构件
TD01-10	东南角柱础	8:1:2.3	3.5:1	重要结构构件
TD01-11	东南角柱东面	8.4:1:1.5	5.6:1	重要结构构件
TD01-12	东北角柱	8.6:1:1.6	5.4:1	重要结构构件
TD01-13	北面山柱外皮	8.7:1:1.6	5.4:1	重要结构构件
TD01-14	东南角柱南面	8.9:1:1.5	5.9:1	重要结构构件
TD01-15	东北角柱础	10:1:2.5	4:1	重要结构构件
TD01-16	前檐地栿	1.7:1:3	0.6:1	一般结构构件

注：（1）TD01-16属于铅基铜合金，不纳入比较。（2）TD01-11、TD01-14是同一构件的不同部位。

唐宋以后，中国传统木构建筑多采用框架结构，其建筑的结构荷载主要由柱、梁等结构构件承担，而墙、门窗装修等只承担围护、分隔空间的功能，俗称"墙倒屋不塌"（硬山搁檩的建筑除外，其山墙为承重墙）。据此，小铜殿的构件可根据受力情况分成三组：围护构件、一般结构构件、重要结构构件。

小铜殿的结构荷载由六根铜柱承担，通过柱础传递到基础，因此其柱、柱础是重要结构构件。抱框主要的功能是分割立面，同时也承担了一定的檐檩荷载，是一般结构构件；屋面板本属于围护构件，但铜殿的屋面板综合了椽、瓦、板，可算作一般结构构件；槅扇属于围护构件，但前檐槅扇的边梃需支撑整块槅扇的结构，可算作一般结构构件。其余的槅心、山花板不承重，则为围护构件。

图10-3中，纵轴为小铜殿材料的铜锡比、铜铅比，横轴为建筑构件的性质（反映构件受荷载的不同）。该图反映出：第一，随着构件性质由"围护"向"结构"变化，铜锡比、铜铅比均不断提高；这三类构件的数据之间有着较为明显的分界。第二，铜锡比的增加相比铜铅比的增加，显示出更为清晰的与构件性质变化的正比例对应规律：构件的结构作用越重要，其铜锡比就越高。

虽然构件的含铜量大体来说呈现随构件结构性的增加而增加的趋势，但从表10-2可以看出，其增加过程中一直存在着反复。因此，小铜殿的铸造工匠很可能是通过控制铜与锡的比例而非铜的绝对含量，来分别铸造不同结构功能的构件的。

建立模型，将数据导入GIS表达，则更可清楚看出构件铜锡比、铜铅比与构件功能之间的关系，如图10-4、图10-5所示。根据本章第一节第2部分第（2）点所述，铜殿的同种构件应当是统一规格化批量铸造的，因此同种构件的合金成分应当是相同的——这从小铜殿的构件也可以看出来：虽然由于检测精度所限，同一种构件不同个体的检测数据有所差距，但这个差距是在合理的较小浮动范围内的。从图10-4就可以看出来，例如槅扇和槅扇边梃的铜锡比，虽然有3.0~4.6的差异，但仍然是在"围护构件"的数据区间内，不会突破到"重要结构构件"的数据区间内。因此，可以根据图10-4，推测出图10-6。

中国以锡为主要合金元素的Cu-Sn-Pb三元合金系初步确立于商代晚期。冶金史学者何堂坤指出："以锡为主要合金元素的Cu-Sn-Pb三元合金系的形成和确立，是整个青铜技术的关键和核心，也是整个青铜文明的技术关键和核心。……在古代世界的许多地方，这一合金技术的确立或稍晚，或发展水平较低，更未形成规范了的合金规律。"武当山元代小铜殿的铸件，正体现出中国青铜文

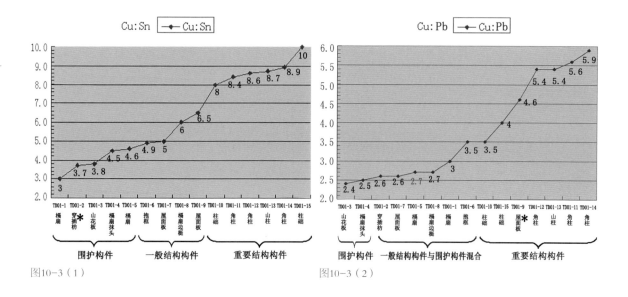

图10-3（1）

图10-3（2）

图10-3（1） 铜锡比与构件性质的对应关系

图10-3（2） 铜铅比与构件性质的对应关系

＊ 表示根据现代建筑学理解，该项目成分配比不符合其构件性质。如穿插枋主要起拉结作用，应属一般结构构件。但当时的工匠也可能根据其位置（槅扇与山花板之间）而将其理解为围护构件。

明的技术传统。

小铜殿的铸造工匠有意识地将重要结构构件的铜锡比控制在8：1以上，同时将其中最重要的构件——柱的含铅量控制在10%~15%范围内，以保证良好的铸造性能。无论他们的配比是否符合力学性能的最优配比（以现代的标准考量，锡含量尚可，铅含量略高[13]），至少说明：元代的铜殿建造者清楚地认识到不同建筑构件在房屋结构中承担着不同的功能性质；在配制建筑材料时，他们有意识地根据建筑构件承担功能的不同来进行了配比，以平衡铜殿的造价和建筑品质。

（2）技术思想来源："六齐"理论

根据制作对象的性质来调整青铜合金成分的配比，这一意识在中国冶金史上由来已久，战国时《考工记》记载的"六齐"规律就是世界上最早的青铜合金规律总结[14]。

"金有六齐，六分其金而锡居一，谓之钟鼎之齐；五分其金而锡居一，谓之斧斤之齐；四分其金而锡居一，谓之戈戟之齐；三分其金而锡居一，谓之大刃之齐；五分其金而锡居二，谓之削杀矢之齐；金锡半，谓之鉴燧之齐。"[15]

"六齐"列举了钟鼎、斧斤、戈戟、大刃等六类不同器物所需的六种锡青铜配比，指出不同器物应当使用不同的合金成分。它通过调整合金中的铜锡比，来调整铸件的机械性能和外观效果。从鉴燧到钟鼎，金锡比逐渐升高。"六齐"的规定大体反映了相关器物使用性能与合金成分的关系，以及人们对器物的性能要求，与现代

---

13 "在铜锡铅三元合金中，含锡12%~13% 青铜中加入 6% 的铅时，总的力学性能较好"。引自 Chase W T. "Ternary Representations of Ancient Chinese Bronze Compositions Archaeological Chemistry II", Advances in Chemistry Series 171 [M]. Washington, D C: American Chemical Society, 1978, 转引自韩汝玢, 孙淑云, 李秀辉, 潜伟. 中国古代铜器的显微组织 [J]. 北京科技大学学报, 2002; (02): 223. 韩汝玢等同时指出："在古代武器和刃具制作中，到目前为止，尚不能认为古代工匠是有意识制作符合上述铅锡含量的制品。"

14 华觉明. 中国古代金属技术——铜和铁造就的文明 [M]. 郑州: 大象出版社, 1999: 280; 何堂坤. 中国古代金属冶炼和加工工程技术史 [M]. 太原: 山西教育出版社, 2009: 138

15 考工记被编入《周礼》，以补《周礼·冬官》，现在一般认为是东周时期齐国的官书。见郭沫若. 考工记的年代与国别 [C]. 开明书店二十周年纪念文集, 1947

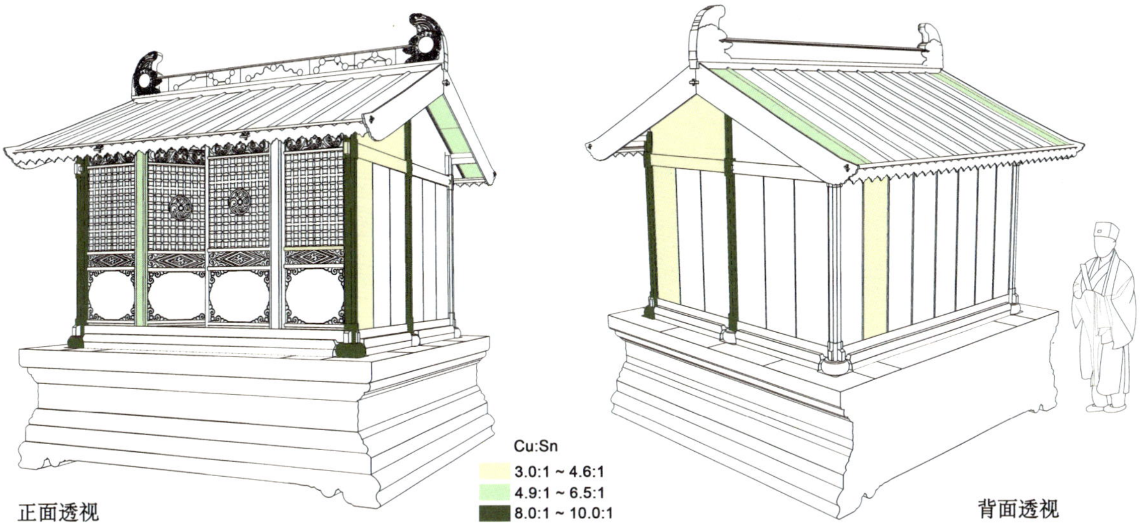

正面透视

图10-4 小铜殿构件Cu：Sn分析图

Cu:Sn
3.0:1～4.6:1
4.9:1～6.5:1
8.0:1～10.0:1

背面透视

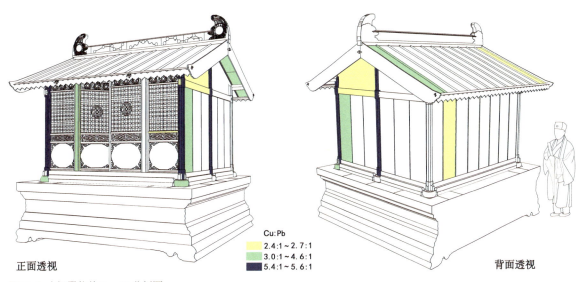

正面透视

图10-5 小铜殿构件Cu：Pb分析图

Cu:Pb
2.4:1～2.7:1
3.0:1～4.6:1
5.4:1～5.6:1

背面透视

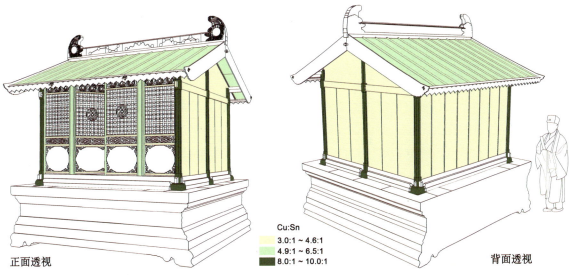

正面透视

图10-6 小铜殿构件Cu：Sn推测图

Cu:Sn
3.0:1～4.6:1
4.9:1～6.5:1
8.0:1～10.0:1

背面透视

技术原理相符，在中国技术史和世界技术史上都占有重要的地位。

虽然对"六齐"中具体的比例阐释历来多有学术争鸣；而且，对出土青铜器的成分分析表明，"六齐"并未真正指导战国时期青铜器的铸造——"六齐"规定的含锡量普遍嫌高，据此无法造出适用的器物——但是，正如何堂坤指出的，"六齐"成分与现代科技认识的Cu-Sn二元相图及性能曲线在多组成分、多个特殊位置上相合，说明它"是一种试验资料的反映和归纳"，具有"理想化色彩"，具有重要的学术价值[16]。

可见，"六齐"规定的具体数值姑且不论，它至少明确地表明，最晚到战国时期，冶铸匠师对锡青铜的机械性能随铜锡比变化而变化，熔铸不同性能要求的器件时需相应选用不同合金成分，已有了明确的认识。相对工艺规范而言，它更多地体现出技术哲学的意味。

这样的技术哲学一直影响到了14世纪的元代，冶铸匠人面对他们可能之前从未造过的铜殿，根据构件的受力性质把合金配比的做法运用其中。这一方面见证了中国传统冶铸技术的千年流传发展，另一方面也是反映中国传统工匠对金属建筑材料运用水平的直接证据，具有重要的科学价值。

笔者并无意于检验小铜殿的合金成分数据与"六齐"的规定在数值上的耦合度，而主要目的在于为小铜殿合金配比与构件性质对应的现象找到"六齐"的技术之源。笔者也深知由于检测精度、样本数量的局限，上述现象和结论仍值得慎重审视。但考虑到其可能具有的价值和意义，兹将分析过程列出如上，有待今后进一步的检验和论证。

三、建筑用黄铜的科技史意义：武当山太和宫金殿材料分析

1 成分分析

太和宫金殿做工精细，其技术成就不论是在建筑史上还是冶金铸造史上都具有很高的地位，但目前尚未见对其进行材料分析和铸造工艺分析的文献。虽然有论者提及武当山太和宫金殿时，称其为黄铜铸造，但均未提供分析报告或数据来源[17]。在联合国教科文组织世界遗产委员会公布的世界遗产登录文件中，武当山金殿还被误称为是青铜铸造的[18]。据笔者分析，武当山金殿应为黄铜铸造，结果见表10-4。

16 何堂坤. 中国古代金属冶炼和加工工程技术史[M]. 太原：山西教育出版社，2009：138-150

17 铸造有色合金及其熔炼联合编写组. 铸造有色合金及其熔炼[M]. 北京：国防工业出版社，1980：4-5；周卫荣. 黄铜冶炼工艺在中国的产生与发展[J]. 见：国学研究. 第10卷，北京：北京大学出版社，2002：315-331

18 World Heritage List Wudang [EB/OL]. http://whc.unesco.org/archive/advisory_body_evaluation/705.pdf, 2012-2-15

表10-4 金殿构件、像设合金成分检测结果

编号	位置	成分（%）								构件性质
		Cu	Sn	Pb	Zn	Fe	Au	Se	Bi	
TD02-01	北面明间西檐柱柱础	80.4	0.6	1.1	17.0	0.4				柱
TD02-02	北面明间西檐柱内皮	83.6		1.1	14.6	0.2			0.1	柱
TD02-03	西面北尽间北槅扇槅心	84.6	0.2	1.4	12.9	0.3			0.1	槅扇
TD02-04	正面明间北槅扇裙板外皮	84.7		1.7	12.6	0.3			0.1	槅扇
TD02-05	北面明间西槅扇裙板内皮	84.7		1.5	12.7	0.3			0.1	槅扇
TD02-06	正面明间北檐柱柱础	85.3		1.3	12.5	0.3				柱础
TD02-07	正面南侧的平板枋出头	81.5		1.0	10.7	0.7	4.8	0.7	0.2	枋
TD02-08	下檐东北角科由昂下皮	85.6		2.1	11.0	0.7			0.1	斗栱
TD02-09	下檐东南角科第一跳角昂	82.7		1.5	10.5	0.9	3.3	0.4	0.2	斗栱
TD02-10	东北角柱外皮	86.5	0.2	2.0	10.3	0.6			0.1	柱
TD02-11	正面南尽间大额枋外皮	66.5	0.3	0.5	9.3	0.9	19.9	1.8	0.3	枋
TD02-12	下檐东北老角梁下皮	62.7		0.7	6.8	1.0	25.5	2.3	0.4	角梁
TD02-13	下檐东南老角梁下皮	73.2		1.2	6.7	0.7	15.8	1.5	0.4	角梁
TD02-14	下檐北侧的正心桁出头	34.9			2.4	2.1	53.7	4.7	0.9	桁
TD02-15	下檐正面南起第十根飞椽下皮	36.1	0.3		2.3	1.0	54.1	4.3	0.8	椽
TD02-16	正面下檐南侧角科正心瓜栱	17.5				0.7	74.8	5.3	1.1	斗栱
TD02-17	玉女手捧之宝	81.7	0.2	2.1	15.1	0.4				铜像
TD02-18	玄武铜像龟甲	83.4		1.4	14.4	0.2			0.1	铜像
TD02-19	灵官手捧之册	83.2	0.5	1.6	13.8	0.3			0.1	铜像
TD02-20	御座左侧扶手	84.1		1.5	13.6	0.3				铜像
TD02-21	铜案上皮	85.0		1.2	13.0	0.2				铜像
TD02-22	玄帝铜像右腿	85.6		0.8	12.7	0.4				铜像
TD02-23	万历年铜皮栏杆	80.4	0.9	0.8	17.2	0.2				栏杆
TD02-24	万历年铜皮栏杆	79.4	0.9		18.5	0.1				栏杆
TD02-25	殿前钟亭（嘉靖四十二年）	86.3	3.2	4.6	5.1	0.3				
TD02-26	殿前铜钟（嘉靖四十二年重造）	68.9	15.9	4.9	7.1	1.9				
TD02-27	殿前磬亭（嘉靖四十二年）	83.6	3.6	5.9	5.9	0.7				
TD02-28	殿前铜磬	65.9	25.9	5.3	0.3	0.8				

注：带阴影的数据受到表面金层的影响。

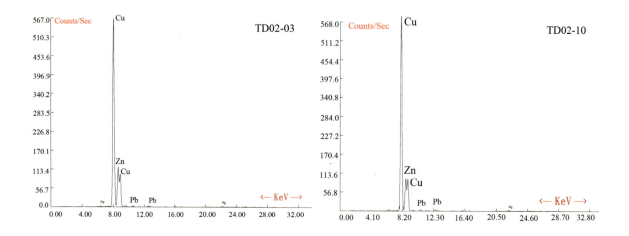

图10-7 武当山太和宫金殿典型能谱图

典型能谱图见图10-7。

表10-4中，带阴影的一组数据，系由于被测部位表面的镏金层保存较好，金（Au）层遮盖了其内侧的铜建筑构件，X射线在此受到阻挡，未能充分测到铜殿构件（测到的是镏金层与构件表层部分的混合）。可以看见该组数据金的含量在15.8%~74.8%之间，而铜仅在17.5%~73.2%之间，明显低于其他部位的80.4%~86.5%。因此这组数据不能完全反映金殿构件的成分组成。

从表10-4来看，各被测部位的锡含量极少，全部小于0.6%，甚至测不出；锌的含量在10.3%~17%之间，远远大于锡的含量。中国传统镏金工艺中并不需要用到含锌的材料，故这里检测到的锌应当是铜殿本体中的。因此，太和宫金殿的铜合金材料是以铜与锌为主的二元合金，含有少量铅（小于2.1%）、少量铁（小于1%）和极微量的锡。可见，太和宫金殿的建筑材料是黄铜（Cu-Zn和Cu-Zn-Pb），而不是在中国使用历史更悠久的青铜合金。分析部位见图10-8，由于分析的数据量不够大，且又有镏金层影响了分析数据的精确性，从现有数据来看：太和宫金殿构件之间的含锌量差异不大，不能得出含量高低与构件性质有关的结论。

金殿内像设的成分与建筑构件相近，铜含量在81.7%~85.6%之间，锌含量在12.7%~15.1%之间，在金殿构件铜、锌含量的分布区间之内，估计是同一时期的产品。

万历年间以云南信士为主捐建的铜皮栏杆，其成分亦为铜锌合金，但锌含量略高于金殿本体。

表10-4最后四行列出金殿前陈列的嘉靖年间铸造的铜钟亭、铜钟、铜磬亭、铜磬供参考。可以看出，铜钟、铜磬的锡含量明显高于金殿及钟、磬亭，这是为了铸造乐器而有意配制的。铜钟为铜锡铅锌四元合金；铜磬为铜锡铅三元合金，属于青铜。

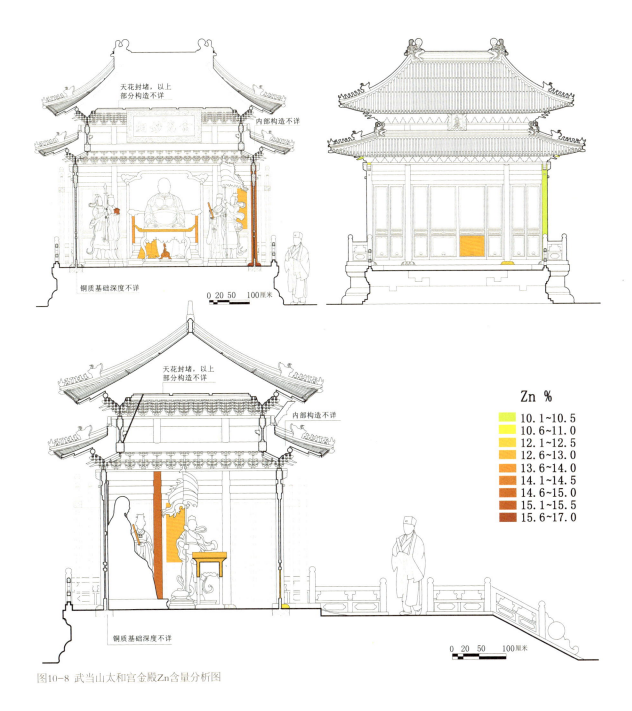

图10-8 武当山太和宫金殿Zn含量分析图

19 韩汝芬. 姜寨第一期文化出土黄铜制品的鉴定报告. 见：姜寨——新石器时代遗址发掘报告[M]. 北京：文物出版社，1988

20 锌易挥发，在原始条件下，黄铜冶炼技术本身是有一定难度的。孙淑云等曾做过多次模拟冶炼试验，认为用天然氧化铜矿（孔雀石）和天然氧化锌矿（含铅的凌锌矿）混合冶炼，或用天然铜锌共生矿冶炼均能得到黄铜，前者的锌含量与出土的原始黄铜含量相近。但这两种方法都需要细致的冶炼过程，史前时代能炼出黄铜，其偶然性很大。见：北京钢铁学院冶金史组. 中国早期铜器的初步研究[J]. 考古学报，1981（3）：287-302

2 太和宫金殿用黄铜的科技史意义

（1）现存最早的大型黄铜合金铸件

黄铜（铜锌合金），我国古称鍮石、风磨铜，具有美丽的色泽，其金色光芒与黄金相似。与青铜不同，虽然考古研究显示早在公元前4700—前4000年的仰韶时期就已经出现了原始的黄铜制品，如姜寨铜管、姜寨铜片等[19]，但原始时期炼出的黄铜具有较大的偶然性，其冶炼技术并没有真正被掌握[20]。中国并没有形成青铜文明那样灿烂辉煌的黄铜文明。黄铜在大约东汉以后，才随佛教传入中国，常用于佛教造像中，这在南北朝至唐代文献中就常见于记载。大约从魏晋南北朝至五代（220—960）中国都从西域获得黄铜。据赵匡华考证，用炉甘石（菱锌矿）和赤铜炼制鍮石的方法的文字记载最早见于五代末至宋初的《日华子点庚法》，亦即我国至迟在五代末开始冶炼黄铜[21]。

虽然由于没有掌握冶炼技术，黄铜没能像青铜那样成为制造礼器的材料，但黄铜因其黄金般的色泽和曾经的稀缺性，也一直有着比较高贵的地位。本书第一章就提到，不仅佛教有崇尚使用黄铜造像的传统，在唐宋时期，黄铜还进入了官方规定的装饰等级，其使用与官位品级挂钩，作为官服的装饰，次于金、银，而高于铜、铁。黄铜还经常成为金的替代品。由此可见，太和宫金殿使用黄铜作为建筑材料，在形制和外观效果上都是非常合理的选择。

从黄铜使用史来看，武当山太和宫金殿不仅是我国现存最早的黄铜建筑，而且从现有研究、报道来看，它也是我国现存的大型铜合金铸件中最早使用黄铜的案例，这首先构成了太和宫金殿在冶金铸造史上的重要意义之一。

（2）建筑用黄铜作为冶金史的重要标尺

周卫荣总结了黄铜冶炼在中国的四个阶段：一，偶发性黄铜期；二，外来黄铜期；三，矿炼黄铜期；四，单质黄铜期[22]。这四个阶段中，虽然在五代时期中国已经能够冶炼黄铜，但是，冶金史上一般认为，直到明嘉靖年间（1522—1566）开始使用黄铜铸钱，才是中国大规模使用铸造黄铜的转折点，而其中又以从明天启元年（1621）左右开始以单质锌配炼黄铜为成熟的标志[23]。正如周卫荣所论："我国古代，自铁取代了铜制兵器和工具以后，铜的主要的，也是最大量的用途就是铸币。因此，铜钱的成分，基本上反映了铸造铜合金的发展状况。通过对我国古代黄铜铸钱的考察，可以看出，我国在明嘉靖以前，铸造铜合金基本上还是青铜质的，虽然世上已有用炉甘石点炼的黄铜（鍮石或鍮石器）流传，但数量很少，不是主流。自明嘉靖以后，我国开始了大量用黄铜铸造的时代，这在铜合金铸造史上是一个划时代的转变，从此以后，黄铜便进入了铜合金应用的广阔领域。"[24]

那么，如果把太和宫金殿的黄铜置于这样一个黄铜铸造的发展史中，它就成为一个在冶金史研究认为的黄铜大规模使用之前的案例，比明嘉靖年早了一百年。

如果我们进一步思考，可以发现：从金殿建筑及像设的工艺

21 赵匡华，张慧珍．中国古代炼丹术中诸药金、药银的考释与模拟试验研究[J]．自然科学史研究，1987,6(2)：105-122．日华子是五代末至宋初的炼丹家和医药学家．《日华子点庚法》收入宋人汇集的《诸家神品丹法》卷六，见：道藏：第19册[M]．文物出版社，上海书店，天津古籍出版社，1988：241-246

22 周卫荣．黄铜冶炼工艺在中国的产生与发展[J]．见：国学研究．第10卷．北京：北京大学出版社，2002：315-331

23 周卫荣．黄铜冶炼工艺在中国的产生与发展[J]．见：国学研究．第10卷．北京：北京大学出版社，2002：315-331；周卫荣，樊祥熹，何琳．中国古代使用单质锌黄铜的实验证据——兼与M. R. Cowell商榷[J]．自然科学史研究，1994, 13（1）：60-64

24 周卫荣．我国古代黄铜铸钱考略[J]．文物春秋，1991（2）：18-24

来看，黄铜铸造技术在明永乐年间就已经达到很高的水平。从金殿的建筑结构来看，黄铜作为建筑材料，其运用也已达到相当纯熟的程度。而且，对这样一座重要的铜殿——"国家工程"中的重中之重——来说，其建筑材料不可能试验性地使用一种较新的、了解不多的材料，而必然需要有一定的技术储备和经验积累。在太和宫金殿这一建筑工程中，其建筑基础、建筑结构均采取了与中国传统木构建筑相同的形式，继承了中国木构建筑成熟的技术传统和经验。而在建筑材料上，虽然"金殿"这一设计理念是选用铜合金的先决条件，但在中国有如此悠久的青铜铸造史的情况下，黄铜而不是青铜在此被选择，除了其色泽、强度等物理性能优秀，一定还因为黄铜在建筑中有过相当成功的使用经验。这种经验，当然可能与佛教使用黄铜造像有关，但在太和宫金殿这个案例中，更可能来自皇家建筑使用黄铜造建筑宝顶，以及官式建筑中使用的铜活连接件的传统。文献对官式建筑中使用黄铜的记载如宋洪迈《容斋随笔三笔》：

"大中祥符间[1008—1016]……大兴土木之役……又于京师置局化铜为鍮，冶金薄，鍜铁，以给用。"[25]

又如明陈仁锡《潜确居类书》卷九十三：

"风磨，鍮钰，黄铜似金者。我明皇极殿顶名是风磨铜，更贵于金，一云即鍮钰也。"[26]

又如敕建的长安大兴善寺文殊阁，《代宗朝赠司空大辨正广智三藏和上表制集》，详细记载了能代表唐代佛寺建筑最高规格的大兴善寺文殊阁（唐代宗大历八年，773）工程各项目财费及用料情况。经过对此解读，发现"造金铜钉门兽诸杂铰具"（不包含买钉铁的费用）的费用占工程总价的11.2%；仅次于购方木、橼柱槐木（不含门窗勾栏）等大木作费用的24.5%[27]。这也从侧面说明，黄铜等金属在皇家建筑、官式建筑中的使用有久远的传统。

要之，以黄铜为建筑材料的太和宫金殿提醒了我们，黄铜在开始大规模用于铸币之前，在建筑中的应用水平就已经有相当久远的技术积累，达到了很高的层次。

虽然黄铜作为建筑材料，其整体用量没有作为铸币材料大，但一座金殿的用铜量也已经比较可观（遇到铜荒时，难免被考虑熔化铸钱，以济鼓铸[28]），能够代表一个时期的铸造水平。因此，太和宫金殿在中国的铸造史上可以说是一个重要的坐标。它比嘉靖年间大规模使用黄铜铸币的年代提前了一百年，并且提示我们：铸币固然是我国古代铜合金用量最大的用途，可被用来检验铜铸造和应用的

---

[25]［宋］洪迈. 容斋随笔三笔. 卷十一. 第四页. 见：四部丛刊续编[M]；第52册. 上海：上海书店, 1984. 文中"鍜"字可能为"锻"字。
[26]［明］陈仁锡《潜确居类书》卷九十三，《格致镜原》卷三四，亦引见：四库禁毁书丛刊[M]. 子部. 13-315；子部.14-16
[27]［唐］释圆照集《代宗朝赠司空大辨正广智三藏和上表制集》卷五，见：大正新修大藏经, 第52册 No. 2120
[28]［清］王茂荫撰. 王侍郎奏议. 卷三. 影印上图藏清光绪十三年刻本. 第二十五页至二十七页. 见：续修四库丛书：史部第500册

水平；但是，铜材料在建筑中的应用也值得重新审视，也应当成为反映铜铸造技术水平的重要标尺。

四、黄铜的流行：峨眉山铜塔、铜殿，五台山铜殿、铜塔，北京长椿寺铜塔、颐和园宝云阁材料分析

明嘉靖年间（1522—1566）开始使用黄铜铸钱，经过明万历年间（1573—1619）的发展，万历后期黄铜铸造已基本成熟，至明天启元年（1621）左右开始以单质锌配炼黄铜。这一趋势不仅能得到《工部厂库须知》等文献中的印证，也能从万历时期铜钱的成分中得到证明。正如周卫荣所分析："80%的万历通宝已不用锡，并且存在锡含量降低的同时锌含量升高的趋势。"[29]

明确了黄铜铸造和冶炼的这一历史和时代特征，就很容易理解为什么万历三十年（1602）之后铸造的峨眉山铜殿，五台山显通寺铜殿、铜塔，以及清代的颐和园宝云阁都使用黄铜铸造了。但同时也应注意，公元1600年之前的铜殿、铜塔，尚未全部使用黄铜铸造，峨眉山的两座铜塔就是使用青铜的两个案例。

1 青铜铸造的峨眉山铜塔：圣积寺华严铜塔与金顶铜塔碎片

（1）圣积寺华严铜塔

圣积寺铜塔检测结果见表10-5，典型能谱图见图10-9。

表10-5 峨眉山圣积寺铜塔合金成分检测结果

编号	位置	成分（%）						
		Cu	Sn	Pb	Zn	Fe	Au	Hg	Sb
SJTT-01	塔瓶门口	86.5	0.3	9.9		0.9			1.4
SJTT-02	塔瓶内壁	74.9	0.2	19.8	0.2	0.6		1.6	1.9
SJTT-03	塔身外皮	81.2	0.1	11.5		1.2		3.6	1.1

可见，其成分为铅青铜，锡含量极低。

（2）峨眉山金顶铜塔碎片

峨眉山金顶原有的铜塔均已不存。分析的这块碎片来自峨眉山博物馆馆藏，为该馆征集而来，不知究竟属于哪座铜塔。从碎片表面的佛像来看，可能是王毓宗捐造的那座密檐式窣堵波，年代大约在万历二十九年（1601）或稍迟。XRF分析结果见表10-6。

[29] 周卫荣. 黄铜冶炼工艺在中国的产生与发展 [J]. 见:国学研究. 第10卷, 北京:北京大学出版社, 2002:315-331. 铜钱检测数据可参见赵匡华, 周卫荣, 郭保章等. 明代铜钱化学成分剖析 [J]. 自然科学史研究, 1988, 7(1): 54-65

图10-9 峨眉山圣积寺铜塔典型能谱图

图10-10 峨眉山金顶铜塔碎片典型能谱图

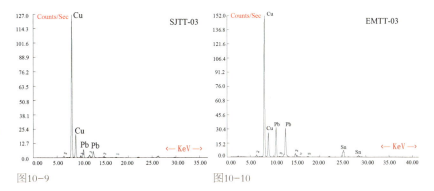

图10-9　　　　　　　　　　图10-10

表10-6　峨眉山金顶铜塔碎片合金成分检测结果

编号	位置	成分（%）							照片
		Cu	Sn	Pb	Zn	Fe	Au	Hg	Sb	
EMTT-01	碎片正面	55.2	4.3	38.7		1.1			0.1	
EMTT-02	碎片背面	68.7	3.2	26.7		0.8			0.1	
EMTT-03	碎片底面	63.7	3.3	31.1	0.2	1.5			0.1	

由上表可见其成分为锡铅青铜。铅含量较高，锡含量较低，应是民间铸造的特征。

结合圣积寺铜塔的成分来看，这两座铜塔的铅含量都比较高（尤其金顶铜塔），锡含量很低、不含锌（图10-10）。这都表现出民间低成本铸造的特征。但两者铜、锡含量差异较大，应当不是同一批铜料铸造的。虽然已是万历二十九年（1601）左右，但此时毕竟还未开始使用单质锌炼黄铜，锌的冶炼和取得在民间仍然成本较高。因此，这两座铜塔使用了无锌、低锡或无锡的锡铅青铜或铅青铜，是可以理解的。

2　峨眉山金顶铜殿碎片

峨眉山金顶铜殿仍有一块铜槅扇保存至今，被密封于金顶的玻璃罩内，可惜无法取出进行分析。本书分析的这块碎片来自峨眉山博物馆馆藏，由该馆征集而来。其原有位置据笔者推测，可能来自位于下檐承橼枋之上的垫板（详见第四章）。

表10-7　峨眉山金顶铜殿碎片合金成分检测结果

编号	位置	成分（%）							
		Cu	Sn	Pb	Zn	Fe	Au	Hg	Sb
EMTD-01	碎片背面	89.2		0.5	8.5	0.6	0.6		0.1
EMTD-02	碎片断面	86.7		1.2	9.2	1.1	0.8		0.2
EMTD-03	碎片正面	91.4		0.6	6.5	0.7			0.1
EMTD-04	碎片上的佛像座	90.3		0.5	7.5	0.4	0.8		0.2

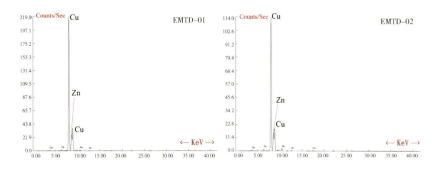

图10-11 峨眉山金顶铜殿碎片典型能谱图

如表10-7、图10-11所示,检测结果中均含锌,不含锡,铅含量不高,是简单黄铜(只含铜、锌的黄铜合金)。检测到微量的金,可能来自表面曾经有的镏金层。

3 五台山铜殿、铜塔

(1)五台山显通寺铜殿

五台山显通寺铜殿建于明万历三十三—三十五年(1605—1607)。2002年重新做了表面镏金,因此铜殿原基体已经较难测到,须尽量寻找镏金层磨损、露出铜殿原表面的部分进行检测。但这样的部分较难找,磨损的程度也不一致,因此表10-8的数据多受到金层影响,不少都含有金,影响数据的精确。

表10-8 五台山显通寺铜殿合金成分检测结果

编号	位置	成分(%)								构件性质
		Cu	Sn	Pb	Zn	Fe	Au	Se	Ti	
TD03-01	西南柱础	75.7		3.6	6.3	0.6	12.1	0.9		柱础
TD03-02	西南角柱内皮	79.6		5.8	7.1	0.4	5.8	0.4	0.5	柱
TD03-03	东北角柱内皮	71.5		6.2	18.3		3.4	0.3		柱
TD03-04	西北角柱内皮	81.9		1.8	9.0	0.3	5.9	0.5		柱
TD03-05	东南角柱内皮	62.1		10.2	18.5	0.1	7.9	0.6		柱
TD03-06	西南抹角梁底皮	76.6		8.3	8.4	0.3	4.8	0.3	0.6	抹角梁
TD03-07	东南抹角梁下皮	70.1		5.0	19.2	0.3	3.6	0.4	0.8	抹角梁
TD03-08	东北抹角梁下皮	77.1		4.9	11.9		5.2	0.4		抹角梁
TD03-09	西北抹角梁下皮	73.4		6.4	13.5	0.2	4.9	0.4	0.6	抹角梁
TD03-10	前檐门槛	75.0		4.0	20.4	0.1				槛
TD03-11	西南角柱抱框外皮	69.3		11.7	14.1	0.2	3.8	0.2		抱框
TD03-12	前檐西第一块槅扇	85.7		0.6	8.2	0.1	4.6	0.5		槅扇

续表

编号	位置	成分（%）								构件性质
		Cu	Sn	Pb	Zn	Fe	Au	Se	Ti	
TD03-13	前檐西第二块槅扇	79.3		0.8	17.8	0.5	1.3			槅扇
TD03-14	前檐明间槅扇边梃	93.1		0.8	5.7	0.1				槅扇
TD03-15	前檐明间槅扇边梃	93.1		0.8	5.7	0.1				槅扇
TD03-16	前檐明间槅扇边梃	92.9		0.9	5.8	0.1				槅扇
TD03-17	前檐明间槅扇边梃	88.8		0.9	6.9	0.3	2.4	0.3		槅扇
TD03-18	前檐次间槅扇边梃	78.6		0.8	19.8	0.3				槅扇
TD03-19	前檐次间槅扇边梃	78.9		0.8	19.7	0.3				槅扇

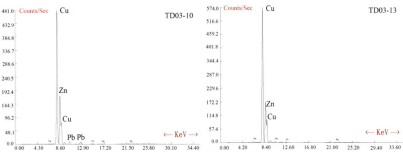

图10-12 五台山铜殿典型能谱图

从表中可看出，不同构件各元素的数据差异较大，应当是受到表面镏金层的影响。数据中含锌量差异分布较大，有的高达20%左右，低的在6%左右；含铜量差异也较大，高的达到93%左右，低的在62%左右；铅含量普遍不高，最高也只在11%左右。但所有被测部位都不含锡，都含锌，是典型的锌黄铜（图10-12）。

可见，五台山铜殿与峨眉山铜殿的材料均为锌黄铜。虽然测到的五台铜殿数据本身分异较大，但从含铜、锌量均较高，不含锡，含铜低的特征来看，与峨眉铜殿还是比较相近的。这说明两座铜殿所用之铜合金确实存在较大的相关性，有可能是同一批配制的。

（2）显通寺东铜塔、西铜塔

将显通寺东铜塔、西铜塔塔身的XRF结果如表10-9所示。与显通寺铜殿一样，铜塔于2006年被全部镏金，表面金层对塔身成分的检测造成了阻挡。因此数据反映的实际应当是镏金层及铜塔基体的混合结果，其精确性受到影响。

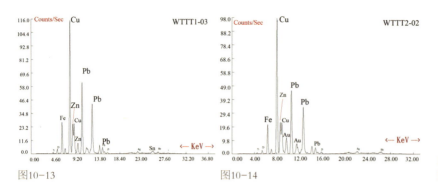

图10-13 东铜塔典型能谱图
图10-14 西铜塔典型能谱图

表10-9 五台山显通寺东铜塔、西铜塔合金成分检测结果

编号	位置	成分（%）							
		Cu	Sn	Pb	Zn	Fe	Au	Ti	Sb
WTTT1-01	东塔 一层塔身东面	28.2	1.2	28.8	5.3	15.9	13.0	1.2	
WTTT1-02	东塔 一层塔身东面	31.5	1.3	28.5	5.0	17.7	8.5	1.2	
WTTT1-03	东塔 一层塔身东面	38.6	1.3	22.5	6.4	15.0	7.3	2.3	1.0
WTTT2-01	西塔 一层塔身西面	25.7		26.0	3.8	18.0	17.7		1.6
WTTT2-02	西塔 一层塔身西面	38.4		21.1	6.6	13.2	11.1	3.0	1.6

数据显示，这两座铜塔最与众不同之处在于，铜含量均未超过40%——当然，这可能是受到镏金层阻挡的结果——但两塔的铁含量，均达到13%~18%。锡含量未超过1.3%，不是主要成分；锌含量在5%左右；铅含量较高，在25%左右。因此，这两座铜塔的材料实际上是掺有大量铅、铁的黄铜合金[30]（图10-13，图10-14）。这是其他铜塔、铜殿都不曾出现的情况。

从这两座塔的数据可以看出：

第一，显通寺东塔、西塔的材料成分相似，说明它们具有很强的相关性。塔身铭文显示两者铸造工匠相同，可与此相印证。

第二，这两座塔与五台山铜殿的材料相差很大，应当不是同一批铸造。

第三，五台山显通寺这两座铜塔虽然与峨眉山圣积寺铜塔（现位于伏虎寺）在样式上存在较大关联。但根据数据来看，圣积寺铜塔是铅青铜铸造，与黄铜铸造的显通寺东塔、西塔的成分相差较大。使用青铜的圣积寺铜塔可能年代更早。

4 北京长椿寺铜塔

长椿寺铜塔（现位于万寿寺）可能造于明天启元年（1621）。分析数据见表10-10，典型能谱见图10-15。

30 据山西省古建筑保护研究所对西塔、铜塔的分析："使用DX-95能谱仪对文物进行的无标样定量分析表明：东塔基体成分是以铜、砷、铅为主的铅砷青铜，西塔的基体是以铜、锡、铅和少量的砷的锡铅青铜。"分析结果与本书相差很大。但该报告并未公布具体数据和取样部位。此处存疑，特录出待进一步研究。见：乔云飞. 五台山显通寺铜塔的保护设计[J]. 文物世界, 2005(05): 72-74

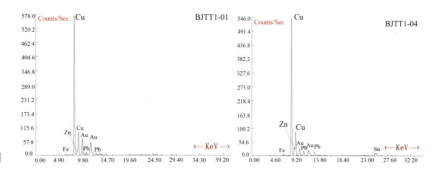

图10-15 长椿寺铜塔典型能谱图

表10-10 北京长椿寺铜塔合金成分检测结果

编号	位置	成分（%）									
		Cu	Sn	Pb	Zn	Fe	Au	Bi	Mn	V	Sb
BJTT1-01	看起来无金色	66.7	2.0	1.6	0.6	0.5	25.5	0.3			0.2
BJTT1-02	塔身有金色的部位	35.3	1.9	2.4	0.6	1.1	51.9	0.6	0.2	1.1	
BJTT1-03	塔身有金色的部位	46.3	1.7	1.0	0.7	0.8	45.5	0.6			
BJTT1-04	看起来无金色	72.7	5.1	5.4	3.0	0.9	11.0	0.2			0.2

长椿寺铜塔表面有镏金层，严重影响了塔身成分的检测。即使表面看起来没有金色的部位，也仍然测到较多的金，从而遮挡了塔身成分的检测。从上表来看，金含量最低的BJTT-04，可能相对最能反映铜塔基体的成分。从这一点来看，长椿寺铜塔的成分为Cu-Zn-Sn-Pb四元合金，为锡铅黄铜。

同时，因为该塔曾经过较大规模的修复，重铸、修补了塔身[31]，因此上述数据能在多大程度上反映长椿寺铜塔的成分，应当持保留态度。该塔的成分，有待进一步分析。

5 颐和园宝云阁

宝云阁为黄铜铸造，数据见表10-11，典型能谱见图10-16。

表10-11 颐和园宝云阁合金成分检测结果

编号	位置	成分（%）						构件性质
		Cu	Sn	Pb	Zn	Fe	Au	Ni	
TD05-01	西北角柱	71.9		1.99	24.8	0.7		0.1	柱
TD05-02	西面明间北柱	74.0		1.4	23.8	0.4		0.1	柱
TD05-03	西面明间南柱	71.8		1.6	25.7	0.5		0.1	柱
TD05-04	西面下槛	72.8		1.8	24.3	0.6		0.1	槛
TD05-05	西面北槛墙	71.9		1.1	25.8	0.5		0.1	墙
TD05-06	西面南窗台	71.4		0.9	26.9	0.4			墙
TD05-07	西面明间抱框	71.5		1.99	25.6	0.5		0.1	框
TD05-08	西面明间槅扇裙板	73.9		1.6	23.4	0.6		0.1	板

31 霍海峻. 修复大型铜塔的探索 [J]. 中国博物馆，1995（3）：86-89

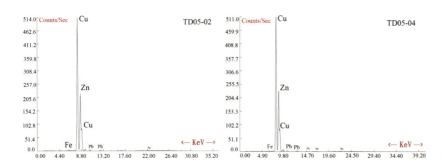

图10-16 宝云阁典型能谱图

宝云阁的数据非常稳定，铜含量在72%左右；锌含量在25%左右，不含锡；铅含量小于2.0%，个别达到2%，说明铅未被当做重要成分。因此宝云阁的合金应当主要还是简单黄铜，个别是铅黄铜。这个配比的黄铜，处于力学性能良好的区间内。相比前述几个含铅量高的案例，宝云阁这样的成分与其皇家工程的身份是比较相符的。

从此次分析的宝云阁数据中，未能得出锌含量与构件性质存在关系的结论。

6　金属建筑反映的黄铜成分变化趋势

从本节所列各案例可以看出：从明万历中后期（公元1600年前后）以来，直到清乾隆年间，除了峨眉山的两个铜塔仍是青铜铸造的外，其余各个铜殿、铜塔都已经开始使用黄铜铸造，而且锌含量总体呈提高的趋势。这与万历以来铸钱业的发展态势是一致的——黄铜钱中的锌含量越来越高，锡含量保持在较低的水平上，且有越来越低的趋势（图10-17）。

冶金史研究表明：锌在明代中后期开始在黄铜钱中的含量不断提高，这既与炼锌技术的发展（掌握了单质锌提炼技术）使锌的成本降低有关，也与黄铜配制技术和认识水平的提高有关。以现代科学技术原理来看，锌在铜中的溶解度较大，对基体有明显的强化作用。单相α黄铜的强度和塑性都比纯铜高，在较宽的成分范围内，其塑性和强度随含锌量的提高而提高。如图10-18所示，含锌量为30%~32%时，塑性达到最大值，但此后急剧下降；含锌量达45%~47%时，强度达到最大值，但此时塑性已极低，已无实用价值。何堂坤指出，明代的黄铜钱大体处于塑性较好的成分范围[32]。而从宝云阁平均25%左右的含锌量来看，其材料的塑性接近最大值，强度处于上升区域，其塑性与强度的平衡总体处于较好的区间范围内，比较合理。

以现代科学技术来看，锡在铜中的溶解度随含锌量的提高而降

[32] 何堂坤. 中国古代金属冶炼和加工工程技术史[M]. 太原：山西教育出版社，2009：609-610

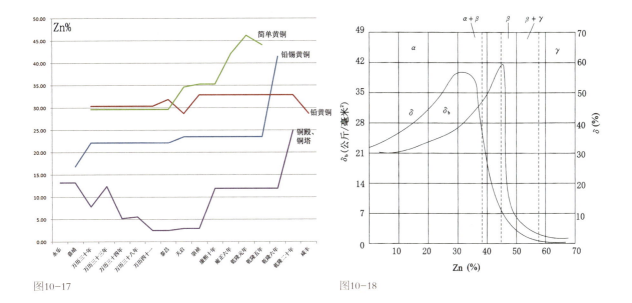

图10-17 明、清黄铜钱与铜殿铜塔锌含量走势图
图10-18 黄铜机械性能与锌含量曲线图

低。加锡超过溶解度时，会形成锡的脆性化合物。现代铸造黄铜的加锡量较低，常控制在1%以下，甚至不加。因此，明人在黄铜钱中少加或不加锡，与现代技术原理基本相符[33]。同样，使用黄铜的铜殿和铜塔中少锡或无锡也是这个道理。

与锡不同的是，铅不溶解于纯铜和黄铜，而以软夹杂的形式存在于金属基体中，对金属基体起到切割作用。对于α态黄铜来说，加入适量的铅，可以改善材料的切削加工性能[34]。因此，黄铜钱中的平均含铅量始终高于含锡量[35]。铸钱中的这些认识，也都反映在黄铜铸造的铜殿和铜塔中。

综上所述，明中后期开始，黄铜取代青铜，成为铸币的主要铜合金。人们不仅已经开始熟悉锌含量对黄铜机械性能的影响，而且也已经能够比较清晰地区分在黄铜中起不同作用的铅、锡两种金属，及其对铜合金机械性能的影响。黄铜铸造的铜殿、铜塔的材料分析数据，反映了当时的这些认识和技术经验。

五、技术偏好与资金短缺的结果？青铜与黄铜并用的泰山铜殿

经过前两节的论述，黄铜流行的时代背景已经非常明确。根据前文形成的认识，如果说建于明万历四十一至四十二年（1613—1614）的泰山"天仙金阙"铜殿的成分是黄铜的话，那将是很顺理成章的。然而，根据XRF分析，泰山铜殿的成分并不单纯是黄铜，而是同时使用了青铜与黄铜，并用在了不同的构件上。

---

33 何堂坤. 中国古代金属冶炼和加工工程技术史 [M]. 太原：山西教育出版社，2009：608-613
34 何堂坤. 中国古代金属冶炼和加工工程技术史 [M]. 太原：山西教育出版社，2009：608-613
35 具体数据可参见赵匡华，周卫荣，郭保章等. 明代铜钱化学成分剖析 [J]. 自然科学史研究，1988，7（1）：54-65

1　成分分析——青铜、黄铜并用

表10-12　泰山铜殿合金成分检测结果

编号	位置	成分（%）							合金种类
		Cu	Sn	Pb	Zn	Fe	Au	Se	
TD04-01	抱框（东北角镏金面）	76.7	2.6	1.7	2.4	0.9	13.0	1.7	锡黄铜
TD04-02	抱框（东北角）	59.5	2.6	28.1	2.8	3.1	2.8	0.2	锡铅黄铜
TD04-03	天花枋内皮（南面）	77.7	1.7	7.1	0.9	1.0	9.5	1.3	铅青铜
TD04-04	屋面板下皮（北面室内）	91.6	3.5	2.8	0.9	0.7			铅锡青铜
TD04-05	屋面板下皮（南面上檐）	65.3	1.1	30.9	1.6	0.5			铅青铜
TD04-06	屋面板下皮（南面下檐）	92.1	2.1	3.5	1.7	0.5			锡铅青铜
TD04-07	屋面板下皮（南面上檐）	90.2	1.8	5.2	1.8	0.6			铅青铜
TD04-08	屋面板下皮（北面）	90.3	1.0	5.4	2.1	0.6			铅黄铜
TD04-09	屋面板下皮（南面上檐）	69.9	4.2	22.6	2.3	0.6			锡铅黄铜
TD04-10	柱础（西北角）	90.7	1.6	6.3	0.5	0.4			铅青铜
TD04-11	柱础（西南角）	89.1	1.9	7.0	0.7	0.9			铅青铜
TD04-12	柱础（东南角）	88.1	2.2	7.5	0.8	1.0			锡铅青铜
TD04-14	柱础（东北角）	87.7	2.5	7.3	0.9	1.1			锡铅青铜
TD04-16	角云后尾（东北上檐）	75.2	2.9	19.7	0.5	1.2			锡铅青铜
TD04-17	角云后尾（东南上檐）	79.4	3.2	14.8	0.8	1.3			锡铅青铜
TD04-18	角云后尾（西南上檐）	87.9	3.4	6.1	0.9	1.2			锡铅青铜
TD04-19	角云后尾（西北上檐）	76.8	3.0	17.4	1.4	0.9			锡铅青铜
TD04-20	斗栱板内皮（南面下檐）	87.5	2.2	6.6	2.0	1.2			锡铅黄铜
TD04-21	斗栱板内皮（南面上檐）	88.8	2.3	5.8	1.8	0.8			锡铅青铜
TD04-22	平板枋内皮（南面上檐）	86.2	0.8	8.9	1.94	1.7			铅黄铜
TD04-23	垫枋（东面上檐）	77.8	7.0	11.1	2.4	1.0			锡铅黄铜
TD04-24	采步金（东面上檐）	79.1	6.6	10.1	2.3	1.3			锡铅黄铜
TD04-25	大额枋内皮（东面下檐）	61.5	2.5	1.0	1.5	1.0	27.6	3.2	锡青铜
TD04-26	小额枋内皮（东面下檐）	78.1	1.8	2.8	1.7	1.1	11.5	1.7	锡青铜
TD04-27	大额枋内皮（南面下檐）	83.4	3.4	8.2	3.6	1.1			锡铅黄铜
TD04-28	正心桁内皮（南面上檐）	86.0	3.0	7.6	1.8	1.2			锡铅青铜
TD04-30	正心桁（南面上檐）	91.4	2.7	2.4	0.9	1.9			铅锡青铜
TD04-31	金桁下皮（南面上檐）	87.7	1.4	8.1	1.3	1.1			铅青铜
TD04-32	承椽枋内皮（南面下檐）	80.3	7.1	8.8	2.1	1.1			锡铅黄铜
TD04-33	角梁后尾（东北下檐）	58.6	2.2	12.4	2.1	22.8			锡铅黄铜
TD04-34	角梁后尾（西北下檐）	71.4	4.3	20.2	0.5	3.1			锡铅青铜
TD04-35	角梁下皮（西北上檐）	73.9	1.9	22.7	0.4	0.7			铅青铜
TD04-36	角梁下皮（东北上檐）	84.1	2.4	11.8	0.8	0.6			锡铅青铜
TD04-37	角梁后尾（西南上檐）	81.4	3.0	13.5	1.0	0.6			锡铅青铜
TD04-39	蜀柱（东南抹角梁上）	78.8	1.1	16.4	1.8	1.4			铅青铜
TD04-41	蜀柱（西南抹角梁上）	89.2	1.0	6.5	2.1	0.7			铅黄铜
TD04-42	蜀柱（东面正脊下）	88.3	1.0	7.6	2.3	0.7			铅黄铜
TD04-43	蜀柱（西北抹角梁上）	72.9	7.1	15.5	2.4	1.6			锡铅黄铜
TD04-44	蜀柱（西面正脊下）	87.0	0.7	8.4	2.7	0.8			铅黄铜
TD04-45	蜀柱（东北抹角梁上）	80.6	1.4	12.9	3.2	1.5			铅黄铜
TD04-46	角柱内皮（西南）	65.6	0.8	0.8	0.9	1.4	25.9	3.1	青铜？
TD04-47	角柱外皮（东北）	81.9	0.6	0.7	1.0	1.0	11.6	1.8	青铜？
TD04-48	角柱内皮（东南）	69.4	0.7	2.3	1.5	1.9	20.8	2.2	铅青铜
TD04-50	角柱外面（西北）	87.3	1.1	6.8	2.5	1.8			铅黄铜
TD04-51	趴梁内皮（东面上檐）	75.0	7.0	11.5	3.5	2.3			锡铅黄铜
TD04-52	抹角梁（西北）	71.1	10.2	15.7	1.1	1.5			锡铅青铜
TD04-53	抹角梁（东南）	74.2	9.6	13.3	1.3	1.2			锡铅青铜
TD04-54	抹角梁（西南）	66.6	10.7	18.6	1.4	1.9			锡铅青铜
TD04-55	抹角梁（东北）	72.4	10.8	11.7	1.4	3.0			锡铅青铜

注：（1）表中TD04-22的Zn含量为1.94%，小于2%。但考虑到检测精度，将此例归为黄铜。
　　（2）带阴影的数据受到表面金层的影响。

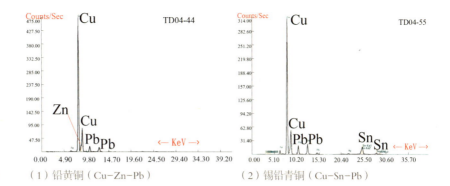

图10-19 泰山铜殿典型能谱图　　（1）铅黄铜（Cu-Zn-Pb）　　（2）锡铅青铜（Cu-Sn-Pb）

如表10-12分析所示，泰山铜殿内表面、外表面曾经有镏金，虽然现在内表面已经不太能看出金色。镏金层也对其遮盖部位的检测造成了一定干扰。

泰山铜殿的组成比较复杂，有锡黄铜（Cu-Zn-Sn）、铅黄铜（Cu-Zn-Pb）、锡铅黄铜（Cu-Zn-Sn-Pb）、铅青铜（Cu-Pb）、锡青铜（Cu-Sn）、锡铅青铜和铅锡青铜（Cu-Sn-Pb），可分成黄铜和青铜两大类。典型能谱如图10-19所示。

2　GIS分析——对青铜的技术偏好

为检验合金成分与铜殿构件之间的关系，将表10-12数据导入以铜殿模型为底图的GIS系统中。图10-20（1）中，锌含量大于等于2.0%的构件都被赋予橙色和红色，小于2.0%的被赋予绿色。这样，构件中的黄铜、青铜一目了然。图10-20（2）、（3）分别是锌、铅、锡密度分布图和锡含量分级图。

在表10-12所列的50个检测点中，有17个构件是黄铜铸造，占34%；其余被测构件都是青铜铸造，占66%。这个分布应该大体能够反映泰山铜殿的青铜、黄铜使用比例。从检测数据和GIS图中可以归纳出三个特征：

第一，泰山铜殿的黄铜构件，锌含量最高不过3.6%。这比其同时期前后的黄铜殿、黄铜塔的锌含量都低。比同时期万历黄铜钱的含量更是低得多。

第二，在某些黄铜构件中，锡含量要高于同时期其他黄铜殿的锌含量。例如泰山铜殿的趴梁（TD04-51），含锡量达到7.0%；又如承椽枋（TD04-32），含锡量达到7.1%。而万历黄铜钱的含锡量平均在3.7%左右，本节所举的几个黄铜殿甚至就不含锡。

第三，虽然黄铜、青铜在泰山铜殿中与构件功能的对应不是那

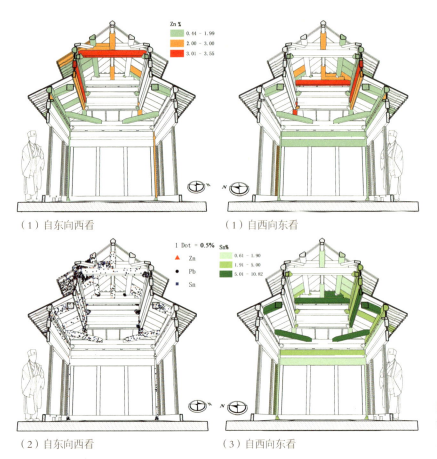

图10-20 泰山铜殿合金成分GIS分析图
(1) 锌含量；(2) 锌、铅、锡密度图；(3) 锡含量

么明晰，但从图10-20还是可以看出，几个重要的结构构件，如四根抹角梁、三根柱都是青铜铸造的，而且其含锡量达到10%。而像趴梁、承椽枋这样的结构构件，如第二点所述，虽然是黄铜，其锡含量也比较高。

之前的论述已充分表明，根据黄铜冶铸在万历中后期的发展，泰山铜殿本应是由黄铜铸造的。但从上述三点分析来看，相比锌和黄铜来说，工匠在泰山铜殿的材料选择上似乎对锡和青铜表现出更多的偏好——尤其是在铸造主要的结构构件时。以现代技术观念来看，黄铜的力学性能实际上并不比青铜差，在同时期的其他铜殿中没有看到这种现象。但是，泰山铜殿的铸造者表现出的这种偏好却也并不是凭空杜撰的，而可能是在黄铜使用初期，对青铜传统做法的沿袭。他们出于技术上的惯性，仍然向黄铜中加锡。这在明代文献中也能够找到依据，如《明会典》：

"嘉靖中则例：通宝钱六百文，合用二火黄铜四万七千二百七十二斤，水锡四千七百二十八斤。"[36]

类似的记载还有《续文献通考》：

[36] [明] 申时行等修，[明] 赵用贤等纂. 明会典. 影印明万历内府刻本. 见：《续修全库全书》编纂委员会. 续修四库全书：第789-792册 [M]. 上海：上海古籍出版社，1995—1999

"［嘉靖］四十二年[1563]题准，每钱一千文旧重七斤八两，今重八斤，每铜五万斤、锡五千斤铸钱六百万文，共重四万八千斤，除耗四千斤，仍扣剩铜锡三千斤。"[37]

这里的"水锡"即锡（Sn）[38]。两则文献记载的"水锡"与"二火黄铜"（铜锌合金），或锡与铜的比例为1：10，即锡在黄铜合金中占9.1%左右，与泰山铜殿抹角梁的含锡比例接近。

可见，当时确实仍然存在对用锡传统的偏好和沿袭。再结合泰山铜殿有三分之二的构件使用了青铜这一事实，我们有理由相信，泰山铜殿原本可能全部都想使用青铜铸造。但出于某种原因，有三分之一的构件使用了黄铜铸造。

考虑泰山铜殿建造的年代背景，一个可能的原因是：时值饥荒，泰山铜殿的建造资金可能受到了影响。泰山铜殿构件的铸造质量不佳也正体现了这一点。在这样的情况下，低锌黄铜，由于比锡青铜便宜[39]，就代替了青铜，成为泰山铜殿一部分构件的铸造材料。而仍然是出于对青铜、对用锡传统的偏好和沿袭，有限的锡和青铜都用在了重要的结构构件上。四根抹角梁——这是承担上檐结构的最重要的构件——都使用了含锡10%左右的青铜；趴梁作为上檐屋顶的大梁，虽然是黄铜，也使用了相对较多的锡。

综上所论，经过GIS分析，并结合历史文献探讨，我们看到在黄铜已经比较流行的时代，泰山铜殿的建造者表现出仍然相信青铜、相信锡的技术取向，这与荆州地区、四川、云南已经开始广泛采用黄铜铸造铜殿和铜塔形成了比较鲜明的对比。而时值灾年，资金的短缺可能又为泰山铜殿材料的选择增添了些许复杂性。但是，正是从这种复杂性中，古代工匠对建筑材料选择的偏好，对材料配置的思考和经略，也逐渐露出端倪。

六、"刚柔并济"技术思想与材料观念：青铜、黄铜、红铜共用的昆明太和宫铜殿

本节分析的昆明太和宫铜殿，是清康熙十年（1671年）建造的铜殿，这座铜殿是此前唯一做过材料分析的案例。1998年昆明冶金研究院受云南省文化厅及园林局委托，为清洁铜殿表面而做过殿身材料成分分析，并发表了报告，称铜殿材质为含铜60%，含铅32%的铅青铜[40]。笔者在发表的论文《昆明太和宫金殿研究》中，也曾引用了这个结论[41]。

然而，笔者经过本次分析，发现这个结论很不全面。笔者发

---

[37] ［明］王圻撰《续文献通考》，影印明万历三十年松江府刻本，见：续修四库全书：第761–767册[M]. 上海：上海古籍出版社

[38] "水锡"在不同文本中，可解释为锡（Sn）或锌（Zn）。此处"水锡"何解，冶金史界存在争议。何堂坤认为是锌，赵匡华、周卫荣认为是锡。本书今从水锡为锡说。相关认识见何堂坤. 中国古代金属冶炼和加工工程技术史[M]. 太原：山西教育出版社. 2009.607；赵匡华，周卫荣，郭保章等. 明代铜钱化学成分剖析[J]. 自然科学史研究，1988，7（1）：54–65；周卫荣. 中国古代用锌历史新探[J]. 自然科学史研究，1991，10（03）：259–266等。

[39] 据《工部厂库须知》，红铜每斤价银八分五厘，水锡每斤价银八分，二火黄铜每斤价银八分一厘。红铜与水锡配炼成的青铜显然贵于二火黄铜。见何士吉《工部厂库须知》卷十，卷七，卷六，见：续修四库全书：第878册[M]. 上海：上海古籍出版社，1995—1999

[40] 原文："对金殿的材质取样，样品总面积为200平方厘米。采用扫描电镜及X-衍射仪分析，其结果为：基本成分（%）：Cu60；Pb32；Fe3；余量为As……等。表面成分：二氧化硅、氧化钙、硫化铜、氧化铅、碳酸铜、氢氧化铜、氧化铁及大量的油污、尘埃等等。从成分分析结果判断其为铜-铅合金，属于铅青铜，接近现行标准QPb30的成分。"见：高玲. 古铜殿表面处理方式[J]. 云南化工，1998(3): 49

[41] 张剑葳，周双林. 昆明太和宫金殿研究[J]. 文物，2009(9): 73–87

现，昆明铜殿的建造材料实际上并不只是铅青铜这么简单，而是由青铜、黄铜、红铜共同组成的。这个发现，是基于对铜殿下檐所有梁、枋、柱、槅扇的检测，以及对下檐部分斗栱、瓦、椽子等构件的随机抽检而做出的结论。

1 成分分析——青铜、黄铜、红铜并用

昆明铜殿构件的成分分析见表10-13。由于数据过多，对一些检测结果类似的构件（如槅扇）并未全部列出。

表10-13 昆明铜殿合金成分检测结果

编号	位置	成分（%）							合金种类
		Cu	Sn	Pb	Zn	Fe	Au	Hg	
TD05-1	柱础A1	88.2	1.1	8.9	0.2	1.1			铅青铜
TD05-2	柱础A2	82.6	4.3	11.4	0.3	0.7			锡铅青铜
TD05-3	柱础A3	83.0	0.3	15.2	0.8	0.3			铅青铜
TD05-4	柱础A4	80.7	5.2	12.8	0.3	0.7			锡铅青铜
TD05-5	柱础B1	88.6	1.2	7.4	0.7	1.5			铅青铜
TD05-6	柱础B2	87.5	0.2	10.8		1.1			铅青铜
TD05-7	柱础B3	77.6	0.9	18.3	1.0	1.3			铅青铜
TD05-8	柱础B4	98.1		0.1		1.4			红铜
TD05-9	柱础C1	85.0	0.0	7.2	7.4				铅黄铜
TD05-10	柱础C4	71.6	7.9	18.8	0.5	0.6			锡铅青铜
TD05-11	柱础D1	64.4	0.7	29.6	1.8	2.8			铅青铜
TD05-12	柱础D2	88.0	1.1	8.2	0.4	1.2			铅青铜
TD05-13	柱础D3	69.3	0.8	27.6	0.6	0.8			铅青铜
TD05-14	柱础D4	70.2	1.5	24.0	0.4	3.0	0.3		铅青铜 Cu-Pb-Fe
TD05-15	梁（插栱C3上）	56.5	0.6	40.1	1.5	0.9			铅青铜
TD05-16	柱A1	85.7	3.5	9.3		0.8			锡铅青铜
TD05-17	柱A2	82.2	5.0	9.7	0.3	2.3			锡铅青铜
TD05-18	柱A3	79.2	5.9	10.8		3.1			锡铅青铜
TD05-19	柱A4	76.7	6.1	15.1		1.7			锡铅青铜
TD05-20	柱B1	85.2	0.8	11.1	0.9	1.3			铅青铜
TD05-21	柱B2	80.7	5.7	10.7	0.3	2.0			锡铅青铜
TD05-22	柱B3	81.6	9.1	7.8		0.9			铅锡青铜
TD05-23	柱B4	87.3	0.7	8.4	1.9	1.0			铅青铜
TD05-24	柱C1	86.6	0.6	10.8	1.2	0.5			铅青铜
TD05-25	柱C2	76.2	8.2	13.1	0.3	1.6			锡铅青铜
TD05-26	柱C3	79.0	6.3	10.6	0.4	2.7			锡铅青铜
TD05-27	柱C4	88.8	0.2	8.4	1.5	0.3			铅青铜
TD05-28	柱D1	79.0	3.7	15.5	0.5	0.6			锡铅青铜
TD05-29	柱D2	82.6	3.3	10.2	2.6	0.9			锡铅黄铜
TD05-30	柱D3	85.1	3.3	9.0	1.5	0.9			锡铅青铜
TD05-31	柱D4	79.9	3.9	13.3	1.4	1.9			锡铅青铜
TD05-32	额枋A2A3	62.0	2.5	30.9	0.5	2.7			锡铅青铜
TD05-33	额枋A2A3	70.7	2.5	24.8	0.5	0.9			锡铅青铜
TD05-34	额枋B1C1	83.7	2.8	9.9	0.7	1.7			锡铅青铜
TD05-35	额枋B4C4	75.1	1.8	20.3	0.3	1.7			铅青铜

续表

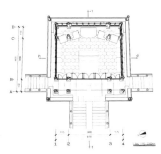

图10-21 昆明铜殿平面轴号索引

编号	位置	成分（%）							合金种类
		Cu	Sn	Pb	Zn	Fe	Au	Hg	
TD05-36	平板枋A2A3	68.8	0.7	10.8	0.4	0.5	2.8	14.5	铅青铜
TD05-37	平板枋B1C1	63.8	0.3	7.4	0.9	0.3		24.7	铅青铜
TD05-38	平板枋B4C4	73.3	2.4	22.7	0.5	0.2			锡铅青铜
TD05-39	正心桁A2A3	74.1		6.7	0.3	0.2	2.8	14.7	铅青铜
TD05-40	正心桁B4C4	83.0	0.8	13.4	1.6	0.7			铅青铜
TD05-41	东北擎檐柱柱础	77.5	5.8	5.8	8.8	1.3			锡铅黄铜
TD05-42	西北擎檐柱柱础	79.9	1.7	7.5	8.1	1.6			铅黄铜
TD05-43	东南擎檐柱柱础	79.9	0.8	7.3	10.1	1.0			铅黄铜
TD05-44	西南擎檐柱柱础	77.1	2.3	16.2	2.4	0.9			锡铅黄铜
TD05-45	西北擎檐柱	80.7	0.2	4.4	14.2	0.4			铅黄铜
TD05-46	东北擎檐柱	77.1	0.2	6.4	15.5	0.4			铅黄铜
TD05-47	东南擎檐柱	78.7	0.2	4.8	15.6	0.5			铅黄铜
TD05-48	西南擎檐柱	72.9	0.1	5.2	21.4				铅黄铜
TD05-49	抱框A3南	52.3		21.9		17.4			铅青铜 Cu-Pb-Fe
TD05-50	抱框A4北	72.9	0.1	14.8		7.3			铅青铜 Cu-Pb-Fe
TD05-51	抱框B1	66.4		21.7		5.7			铅青铜
TD05-52	抱框B1东	80.1	0.7	5.9	12.8	0.2			铅黄铜
TD05-53	抱框B2北	69.9	0.1	16.8	0.2	8.8			铅青铜
TD05-54	抱框B2南	77.3	2.1	5.5	13.9	0.8			锡铅黄铜
TD05-55	抱框B3北	73.3	0.2	1.6	23.6	1.0			黄铜
TD05-56	抱框B4东	82.2	0.7	3.5	13.1	0.3			铅黄铜
TD05-57	抱框C1东	72.7	0.8	20.3	5.0	0.6			铅黄铜
TD05-58	抱框C1西	79.3	1.3	14.4	3.3	0.5			铅黄铜
TD05-59	抱框C4东	84.2	0.6	4.0	9.2	0.8			铅黄铜
TD05-60	抱框C4西	81.9	1.0	4.8	10.3	1.4			铅黄铜
TD05-61	抱框D1南	74.6	0.8	18.4	3.7	1.2			铅黄铜
TD05-62	抱框D1西	82.7	0.6	7.4	7.0	0.6			铅黄铜
TD05-63	抱框D2北	80.5	0.3	5.7	11.8	1.0			铅黄铜
TD05-64	抱框D2南	86.6	0.5	2.4	9.9	0.4			铅黄铜
TD05-65	抱框D3北	80.1	0.4	2.0	15.7	1.3			铅黄铜
TD05-66	抱框D3南	69.3	1.6	16.1	5.5	4.9			铅黄铜
TD05-67	抱框D4北	82.2	0.6	7.0	8.8	0.6			铅黄铜
TD05-68	抱框D4西	78.7	1.6	9.9	7.9	1.4			铅黄铜
TD05-69	下槛A4B4	74.0	1.7	6.2	16.2	1.5			铅黄铜
TD05-70	下槛B1B2	75.1	0.2	7.0	17.3				铅黄铜
TD05-71	下槛B1C1	67.2	2.3	26.1	1.1	1.9			锡铅青铜
TD05-72	下槛B2B3	74.1	0.1	3.7	22.0				铅黄铜
TD05-73	下槛B3B4	73.3	1.9	8.1	16.0	0.1			铅黄铜
TD05-74	下槛C1D1	76.8	2.5	7.0	12.0	0.7			锡铅黄铜
TD05-75	下槛C4D4	50.3	7.1	12.6	24.8	1.9	2.0		锡铅黄铜
TD05-76	下槛D1D2	70.5	5.9	10.1	11.5	0.9			锡铅黄铜
TD05-77	下槛D2D3	68.4	2.8	6.2	21.0	0.9			锡铅黄铜
TD05-78	下槛D3D4	74.5	4.6	8.2	11.1	1.0			锡铅黄铜
TD05-79	上槛B2B3下	55.5	0.1	1.7	12.6	6.5	1.8	18.5	黄铜 Cu-Zn-Fe
TD05-80	上槛B2B3框	64.5	1.3	16.2	4.7	0.6	2.5	9.0	铅黄铜
TD05-81	上槛B2B3上	42.4	0.1	5.3	10.7	7.7		29.4	铅黄铜
TD05-82	槅扇D2D3	75.2	1.7	4.9	17.5	0.3			铅黄铜

续表

编号	位置	成分（%）							合金种类
		Cu	Sn	Pb	Zn	Fe	Au	Hg	
TD05-83	槅扇D2D3	85.7	1.0	4.7	7.8	0.4			铅黄铜
TD05-84	槅扇D2D3	74.8	1.9	13.8	8.8	0.4			铅黄铜
TD05-85	槅扇D2D3	76.2	1.9	6.4	14.9	0.3			铅黄铜
TD05-86	槅扇D2D3	83.3	1.3	6.3	8.6	0.3			铅黄铜
TD05-87	槅扇D2D3	78.2	0.2	9.0	12.2	0.1			铅黄铜
TD05-88	穿插枋A3B3	69.2		4.2	12.6	0.6		12.3	铅黄铜
TD05-89	随梁枋B3C3	49.6	0.2	6.9	23.7	6.4	5.3	5.4	铅黄铜
TD05-90	穿插枋C1C2	55.0	1.0	18.6	4.6	0.6	5.0	13.2	铅黄铜
TD05-91	穿插枋C3C4	45.5	2.6	6.1	21.8	0.9	1.6	19.4	锡铅黄铜
TD05-92	挑檐檩B4C4	82.2		8.1	8.5	0.2	0.7		铅黄铜
TD05-93	栌斗	84.4	0.3	5.9	8.0	0.8			铅黄铜
TD05-94	泥道栱	75.7	0.2	1.5	13.6	0.9		7.6	黄铜
TD05-95	泥道万栱	85.2	1.1	3.7	8.6	0.8			铅黄铜
TD05-96	瓜栱	75.6	2.3	6.7	8.7	1.0	0.9	3.8	锡铅黄铜
TD05-97	一跳昂形华栱	78.5	0.7	4.5	13.3	2.1			铅黄铜
TD05-98	二跳昂形华栱	81.7	0.3	4.1	12.8	0.6			铅黄铜
TD05-99	交互斗	79.1	1.4	4.5	12.5	1.6			铅黄铜
TD05-100	散斗	86.4	0.3	3.2	9.2	0.6			铅黄铜
TD05-101	散斗	81.0	1.0	2.4	14.1	1.0			铅黄铜
TD05-102	耍头	62.0	0.4	10.3	3.4	0.9		20.3	铅黄铜
TD05-103	丁头栱B3一跳	60.9	2.1	11.9	12.6	0.5		10.5	锡铅黄铜
TD05-104	丁头栱B3二跳	70.5	0.2	4.0	7.8	0.7		15.6	铅黄铜
TD05-105	丁头栱C3一跳	51.1	0.8	1.4	7.9	19.9	5.5	12.5	黄铜
TD05-106	丁头栱C3二跳	50.4	0.3	5.8	14.2	9.8	6.1	12.4	铅黄铜
TD05-107	抱头梁A3B3	57.4	0.2	5.9	18.6	0.6		15.2	铅黄铜
TD05-108	角梁（西南下檐）	76.4		5.0	18.1				铅黄铜
TD05-109	拽枋（B4C4里拽）	64.1	0.4	23.5	9.9	1.3			铅黄铜
TD05-110	拽枋（B4C4外拽）	77.5	2.8	7.0	12.4				锡铅黄铜
TD05-111	拽枋（挑檐桁B4C4下）	66.3	0.3	7.8	11.6			13.1	铅黄铜
TD05-112	拽枋（正心桁B4C4下）	71.5		4.6	17.8	3.3	1.6		铅黄铜 Cu-Zn-Pb-Fe
TD05-113	椽子1	82.3	0.1	4.6	11.3	0.8			铅黄铜
TD05-114	椽子2	84.3	0.1	5.3	8.9	0.7			铅黄铜
TD05-115	椽子3	67.1	0.9	14.7	11.7	0.5	1.9	2.5	铅黄铜
TD05-116	板瓦1	98.3		0.1		0.9			红铜
TD05-117	板瓦2	98.7			0.3	0.8			红铜
TD05-118	板瓦3	98.0		0.1	0.2	1.2			红铜
TD05-119	瓦（铭文）	98.7		0.2	0.2	0.7			红铜
TD05-120	滴水瓦	93.4			2.8	2.0			红铜
TD05-121	帷幔	64.6	0.3	2.7	31.4	0.6			铅黄铜
TD05-122	西北角铁	3.1	0.4			95.4			铁
TD05-123	西南角铁	0.8	0.3			97.8			铁

注：带阴影的数据受到表面金层的一定影响。

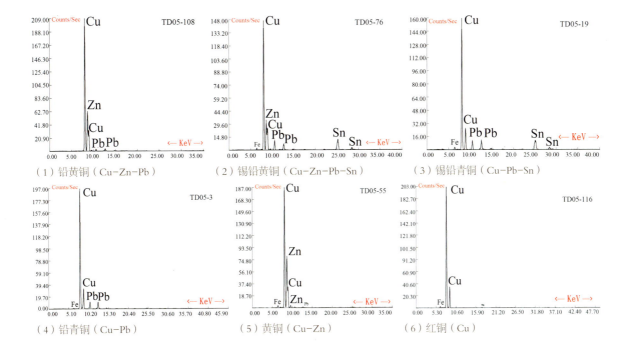

图10-22 昆明铜殿构件XRF分析典型能谱图

根据分析结果，昆明铜殿的殿身材料包括：铅锡青铜、锡铅青铜（Cu-Pb-Sn）、铅青铜（Cu-Pb）、锡铅黄铜（Cu-Zn-Pb-Sn）、铅黄铜（Cu-Zn-Pb）、简单黄铜（Cu-Zn）、红铜（Cu）。可以分成三组：青铜、黄铜、红铜。另外，铜殿石台基四隅部位的L型角石为铸铁，其用途应当是为了加强、拉紧角部。

部分构件表面测出金（Au）和汞（Hg），说明铜殿表面曾经做过金饰。据肉眼观察，有些构件表面残留有一层红色薄皮，本书分析构件基体时避开了这层，但仍有些部位测出了金和汞。鎏金、贴金做法都有可能用到金和汞，因此对此金饰做法仍需进一步分析才能判断究竟为鎏金还是贴金，详见文本第十一章。

典型能谱见图10-22。

2　GIS分析——整体的材料设计

把分析数据导入以昆明铜殿为底图的GIS平台，令青铜构件为绿色，黄铜构件为黄色，红铜构件为红色，则可得出图10-23。

从图中很明显可以看出：

第一，绝大多数柱、柱础，所有额枋、平板枋，所有被测正心桁等结构构件，都用青铜铸造。

第二，所有的上槛、下槛，及槅扇、抱框、拽枋、椽子等"装修"构件或结构功能处于次要地位的构件，都用黄铜铸造。

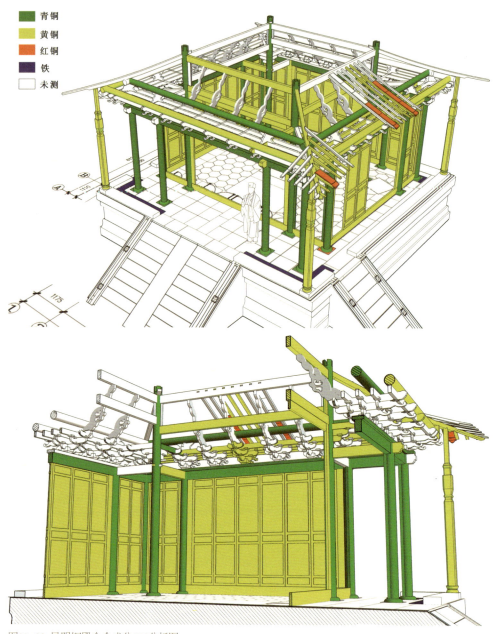

图10-23 昆明铜殿合金成分GIS分析图
上图为下檐部分透视，下图为剖面室内透视

第三，所有斗栱的斗和栱件都是黄铜铸造。所有擎檐柱、擎檐柱础都是黄铜铸造。

第四，所有被测板瓦、瓦当、滴水都是红铜铸造的，含铜量达98%左右。

要之，昆明铜殿对青铜、黄铜、红铜的选用有着非常清晰的逻辑——主要结构构件用青铜；次要结构构件，或具有装饰性的构件用黄铜；纯围护用的构件用红铜。当然，也存在极个别的例外，如柱础B4、柱础C1分别是用红铜和黄铜铸造，抱框B1用了青铜，但不

图10-24 昆明铜殿铜合金分布推测图
绿色：青铜；黄色：黄铜；红色：红铜。颜色代表合金性质，不代表表面颜色。

影响上述整体的规律。

如本章第一节第2部分第（2）点所述，铜殿的同种构件应当是统一规格化批量铸造的，因此同种构件的合金成分应当是大体相同的。昆明铜殿下檐大量的数据再次印证了这一点。据此，虽然笔者未能分析所有的斗栱、椽、瓦，但已测的这些数据应当能够反映下檐的其他斗栱、椽、瓦，以及上檐同类构件的成分。据此，可绘出图10-24昆明铜殿铜合金分布推测图。

3 青铜、黄铜、红铜与构件性质的对应："刚柔并济"的技术思想与材料观念

很明显，当我们把昆明铜殿放回黄铜大发展的历史环境中来看时，对青铜的偏好（或者说技术上的信任）再次在昆明铜殿中得到了体现——否则为什么不全用黄铜铸造，而特地用青铜来造那些重要的结构构件？而对不同合金的应用，首先又基于建造者对不同构件在整个建筑结构体系中所发挥功能的分类。

以现代建筑学知识来判断，昆明铜殿的工匠对金殿构件的分类大体上是合理的，不过也多少存在一些偏差，如斗栱和擎檐柱、擎檐柱础都被当做次要结构构件或装饰构件而使用黄铜铸造，虽然它们其实也承担着不小的结构功能。但是，如果考虑到擎檐柱和斗栱上纷繁的装饰，以及擎檐柱本身作为附加构件的特性，那么对古代工匠的分类大概也可以理解了。但不论如何，本书无意于讨论金殿工匠对构件分类的科学性和精确性。笔者关注的核心问题在于，为

什么要有这个分类？换句话说，出于什么原因、什么理论，在背后决定了昆明铜殿的构件由三种铜合金铸成？

首先，前文分析武当山小铜殿时提到的"六齐"理论，可能是技术思想的渊源之一。虽然昆明铜殿并不是按照"六齐"的配方铸造的，但其蕴含的技术思想是相通的——为不同使用功能的产品配置不同的配方和材料，以达到最好的效果。

进而，更精确地说：在同一座建筑中分类明晰地使用三种铜合金，这是对中国传统中"刚柔并济"的复合材料技术思想的继承和应用。

复合材料是"由两种或两种以上性能存在一定差距的材料复合成的，它具有比单一材料更为优良的综合机械性能，它也是我国古代一项重要的技术成就"[42]。复合材料的技术可以上溯到旧石器时代，峙峪遗址旧石器时代晚期地层的木柄小石刀即属于此类工艺之雏形[43]。新石器时代，甘肃永昌鸳鸯池马厂文化之石刃骨刀、石刃骨匕首是其进一步发展[44]。石刃骨刀由骨柄、骨身、石刃组合而成，取石片之坚硬与骨质之柔韧复合。金属复合材料技术最迟发明于商代（公元前16世纪至前11世纪）中期，河北藁城台西商中期遗址出土的铁刃铜钺、北京平谷刘家河商中期墓出土的铁刃铜钺都属于此类工艺[45]。都是先锻造陨铁刃，再将其嵌入器身范中，嵌铸成型。至战国时期（公元前5世纪至前3世纪），人们发明了铜、铁嵌铸或双青铜嵌铸的双色剑，以铁为刃，以铜为脊；或者以含锡量稍高的青铜为刃，以含锡量稍低，含铜、铅稍高的青铜为脊[46]。两汉以后，人们还发明了刃部嵌钢技术。无论材质如何变化，其核心思想都是"刚柔相济"的基本原理。

"刚柔相济"不仅是一种复合材料的技术思想，很早就在生产实践中不断积累、应用，而且也较早就成为中国古代哲学思想的重要组成部分。如《左传》昭公二十年："清浊、大小、短长、疾徐、哀乐、刚柔、迟速、高下、出入、周疏，以相济也。"谈到了包括"刚柔"在内的多对范畴，这是较早将"刚柔相济"作为哲学概念进行讨论的记载。其他许多文献也都谈到过"刚柔"的概念，如《周易·系辞上》："刚柔相推，而生变化。"《淮南子·精神训》："刚柔相成，万物乃形。"这已经将"刚柔"的概念应用到认识和解释世界的哲学高度了。

上述哲学概念形成后，复合材料技术就既是渊源久远的生产经验和技术智慧，又是"刚柔并济"哲学思想指导下的实践了。正如宋《梦溪笔谈》所记："古人或以剂钢为刃，柔铁为茎干，不尔则多断折。"[47]

42 何堂坤. 中国古代金属冶炼和加工工程技术史 [M]. 太原：山西教育出版社，2009：542. 该书此节何堂坤对"刚柔相济"的复合材料技术思想有较为详尽的论述。本书关于"刚柔相济"复合材料技术思想的论述皆受其启发。

43 贾兰坡，盖培，尤玉柱. 山西峙峪旧石器时代遗址发掘报告 [J]. 考古学报，1972（1）：39-58

44 甘肃省博物馆文物工作队等. 永昌鸳鸯池新石器时代墓地的发掘 [J]. 考古，1974（5）：299-308

45 河北省博物馆等. 河北藁城台西村的商代遗址 [J]. 考古，1973 (5): 266-271；北京市文物管理处. 北京市平谷县发现商代墓葬 [J]. 文物，1977 (11): 1-8

46 何堂坤. 中国古代金属冶炼和加工工程技术史 [M]. 太原：山西教育出版社，2009：215-216

47 [宋] 沈括. 梦溪笔谈 [M]. 卷十九. 北京：中华书局，1957

在昆明铜殿中，青铜、黄铜、红铜的结合并没有采用冶铸技术中所用的嵌铸、铸焊等结合方式，而是遵照木构建筑的建造形式，以建构的方式组合在一起。根据当时工匠对青铜、黄铜的理解，以及对建筑构件承重情况的理解，他们将青铜用在重要结构构件上，概取其"刚"；黄铜、红铜用在次要结构构件、装饰构件和围护构件上，概取其"柔"。其构件的分类与"刚""柔"之对应有一定的准确性（现代科学意义上的），但更重要的是，这反映的是一种在哲学观念指导下的中国传统建筑的材料观和设计理论。就像中国传统建筑与环境的设计与理景常会套用"阴""阳"的观念来诠释一样，材料的"刚""柔"——既是抽象的哲学概念，也是具可操作性的技术思想——在此被用来理解和设计整座建筑的材料选择策略。

这里还必须指出，在明清木构建筑中——毫不令人感到意外地——我们也能看到这一技术思想的应用。

"故宫古建筑木构件树种配置模式研究"课题组对北京故宫建筑的木构件树种分析表明，根据木构件在建筑结构中承受荷载强度的不同，不同力学强度和耐腐性的木材被有意识地应用到了不同的构件上。以武英殿前殿大木构架为例，柱、三架梁、五架梁等主要承重构件选用了密度和力学强度较高的落叶松、黄杉、云杉和冷杉；次要承重构件瓜柱、随梁、天花枋等主要使用的是软木松；构件量大的檩、枋的材料则选用了密度低、重量轻的软木松。这几个树种的力学强度顺序为落叶松>黄杉>云杉>冷杉>软木松。据该课题组的研究者总结："工匠是在根据构件的承重和位置不同进行树种配置，既考虑了对主要建筑结构材的强度要求，也考虑了尽可能减少其他木构件对主要构件的负荷。"[48]

对武英殿建筑群的后殿敬思殿的分析也显示出上述特征，例如其中3根角梁和4根爬梁使用了东南亚进口的喃喃果和印茄，这两种木材的密度和强度比国产针叶林高得多；随梁、天花梁等次要承重构件使用的软木松较多。而敬思殿大部分被测斗栱用的木材也是软木松，比其他重要结构构件使用的木材密度低，强度也相对低。[49]

这一选材的态度可与昆明铜殿斗栱使用黄铜相对应。

另一个可能的问题是：青铜、黄铜、红铜三种材料在昆明铜殿的应用，会不会是基于对材料颜色呈现的考虑？首先，铜的表层容易形成氧化膜，不论是青铜、黄铜、红铜，生锈之后，其颜色都是铜绿色（现实的情况下，由于处于庙中，它们大多被油泥、烟灰与铜锈混合覆盖，多处呈近似黑色）。更重要的是，昆明铜殿表层也曾经做了金饰，不论基体表面是什么颜色，装上金就全都是金色

---

48 "故宫古建筑木构件树种配置模式研究"课题组. 故宫武英殿建筑群木构件树种及其配置研究 [J]. 故宫博物院院刊, 2007 (4): 6-27。另可参见"故宫古建筑木构件树种配置模式研究"课题组. 故宫古建筑木构件树种数据库的设计与实现 [J]. 故宫博物院院刊, 2011 (05): 105-117。

49 数据来源同前注。但需要指出的是，敬思殿的检测结果分布并不如武英殿那样特点明显——这与其作为后殿有关，木材不敷使用时，需要首先保证主殿。敬思殿整体使用的软木松占样本总数的58.1%，超过了其他较高强度的木材。即便如此，强度较高的落叶松和云杉还是优先在主要结构构件上使用。如柱、三架梁、五架梁等主要结构构件使用的落叶松占同类样本数的24.2%，使用的云杉占样本数的36.4%，这两者总数达60.6%；而使用的软木松占样本数的33.3%。随梁、天花梁等次要承重构件使用的软木松占到了样本数的50%。斗栱中使用软木松的则占到样本数的75%。

了。因此，青铜、黄铜、红铜的设计，并不具有外在呈现颜色的功能，而确实是内在的谋划和设计。

综上所论，昆明太和宫铜殿的材料设计是在"六齐"与"刚柔并济"的材料观念下进行的，这是技术思想和哲学概念的双重理论指导。虽然从数据上看只有昆明太和宫铜殿完美体现了这两点，但从元代小铜殿、泰山铜殿中我们已经可以窥见一些端倪了。如果说泰山铜殿在材料设计的考虑上仍有被动因素的话（资金短缺），那么昆明铜殿在这个层次上的表达则是深思熟虑、淋漓尽致了。从初始谋划到不同铜合金的选择配置，再到铸造施工，昆明铜殿对材料设计的谋划和表达一气呵成、贯穿始终，是建筑史上极佳的案例。这也是昆明铜殿特别的历史价值和科学价值所在。

本章小结
透过检测数据看材料设计的智慧

本章基于大量的XRF分析数据，首先判别明确了各个铜殿、铜塔的合金成分。在此基础上，将铜殿、铜塔置于冶金铸造史的历史发展进程中、放在科技史中考量。一方面，总结其科学价值及其在技术史上的意义；另一方面，本书探究的不仅是数据、合金种类，更重要的是数字背后的经验、思想、智慧，是以技术史的方法为工具来进行建筑理论的探讨，从而继续深入对传统建筑科技水平的认识和评价。

此时，铜殿的成分数据就不再是一组组干枯的数字，而成为我们透过工程现象，探讨设计理念和理论的钥匙。

检视本章的研究进程，本书采用的技术路线是上述研究取向得以顺利进行的关键。XRF分析看似是材料学的研究方法，但本书以建筑史研究的眼光来设计检测和分析方法，辅以GIS表达平台，以跨学科的研究方法形成了突破。正是由于采取了以建筑构件为基本单位来进行分析的方法，也只有以这样的方法，才能观察到像昆明铜殿铜合金分布这样的重要现象。进而，研究才能深入到材料设计这一层面，才得以进一步对中国传统技术哲学和材料观念进行探讨。

本章讨论的材料观，将建筑看做一个完整的作品，对材料的选用有整体的理念和策略。这里的材料设计既有基于传统技术理论的、出于材料机械性能表现的谋划，也有更高层面的，带有理想化色彩或哲学意味的设计。无论是对"六齐"的延续，还是对"刚柔并济"的应用，都有着这两个层次的意义——首先是技术智慧、传统经验的传承和应用，体现的是材料应用的水平和传统科学技术的成就；更进一步，是出于整体设计理念和哲学概念，带有一定理想色彩的追求和阐释，表达的是传统建筑设计的理论高度和丰富内涵。

此外，我们看到：铜殿、铜塔的设计建造者在建造铜殿、铜塔这种比较独特、非主流的建筑（与传统木构建筑相比）时，无论是在材料设计上，还是在细节的建造手法上，都比较纯熟。冶金技术思想和具体手段的引入和纯熟应用，提示我们当时的铸匠可能在整个建造团队中起到了主导地位。

至于铁塔的XRF分析，虽然本书从略，但以构件为单位进行测试分析仍然是有意义的。例如第三章展示了笔者所做的一项工作，即以锰（Mn）的含量来判断梅州千佛铁塔的南汉原件和当代补铸件，其识别的准确度相当可靠。这项分析对这种不进行标识的复原工程来说尤其具有意义[50]。

---

50 经过XRF分析，广州光孝寺东塔塔身的当代补铸件也被识别出来。但该塔补铸的部分均刻有当代的铭文，如果仔细观察，是可以直接识别的。

第十一章 构件铸造、建筑建造与表面装銮

第十一章　构件铸造、建筑建造与表面装銮

金属建筑作为工程体，必须解决两个问题，也是两个必须完成的步骤：第一，基体的制造，亦即组成构件的铸造；第二，基体的建造，亦即构件的组装。

从工程设计的角度来看，对这两个步骤的讨论是建筑设计深入到施工阶段的必然要求，是对前三章"总体设计""单体设计""材料设计"的发展和落实。

在铸造这一步，铜殿、铁塔、铜塔并无本质区别。相比而言，铜殿的铸件数量更多，形制更复杂，故本章将着重以铜殿为例进行分析，以解释遇到的各种铸造技术问题。在此基础上，进而试通过分析金属建筑的铸造和锻造这两种基本技术路线，讨论两种成型加工方式与其代表的技术传统和地域文化的关系，以及与金属建筑建造的关系。

建造则不仅是紧接着的环节，甚至实际上还决定了铸造这一步——因为虽然在施工顺序上是先铸造、再建造，但在设计的时序上，最初应当是先设计好建造方法，才能实施铸造。在建造这一步，铜殿与铁塔、铜塔的区别就较为明显地体现出来。铜殿的复杂程度超过了后两者。其中体现的建造逻辑、处理方式，既是古代匠师具体技术智慧的个案表达，也是中国古代建筑工程技术传统积累的集中体现。

金属建筑在铸造、建造完成后，有些还会进行表面装銮，以完善金属建筑。

一、构件铸造

自商周始，中国陆续发展出高度成熟的青铜冶铸技术以及钢铁冶铸技术，并且持续发展。在金属建筑之外，现在仍有诸多铸造实例留存，宏大者如司母戊鼎（后母戊鼎）、永乐大钟、沧州铁狮子，繁复细致者如四羊方尊、淅川铜禁、长信宫灯、博山炉等，均

图11-1 元《熬波图》中的炼炉

广为人知。虽然具体形态各不相同,但在铸造技术上,其面对的技术问题却是相通的。铜殿、铜塔、铁塔用到的铸造技术,包括范铸法和失蜡法两大类。

"范铸法:用范组合成铸型进行浇铸的方法。早期的范只能铸一件器物,商代中期发展到一范可铸多件,春秋时期有可重复使用的器形简单的泥范。范铸法具有铸接、铸焊、铸镶等多种工艺型式。"[1]

失蜡铸造,即熔模铸造,"是以牛油、黄蜡、松香等为主要原料,制成蜡模,用泥料制成外范,加热后蜡模熔化流出,所得铸型完整无披缝。在型腔内浇铸金属液,冷却后打开铸范,得到完整的铸件。这种熔模铸造方法属精密铸造之一"[2]。"自从古代人类有了铸造知识,使用最早的是石范,以后发展到泥范和陶范,再往后发展到铜范和铁范。为了制造比较精密的物件和减少造范的次数,又发明了失蜡铸造。"[3]

金属建筑的铸造,既运用了陶范铸造与翻砂铸造法,也使用了失蜡铸造法。同一座建筑中,有时会综合运用上述不同的铸造法。

1 陶范铸造与翻砂铸造

(1) 陶范铸造的一般工序

陶范(泥范)是指以泥为造型材料,经过自然干燥脱水,不

---

[1] 中国大百科全书(矿冶卷)[M]. 北京·上海:中国大百科全书出版社,1984:122
[2] 吴坤仪. 中国古代铸造技术史略[J]. 哈尔滨工业大学学报(社会科学版),2001, 3(4): 39-42
[3] 田长浒主编. 中国铸造技术史(古代卷)[M]. 北京:航空工业出版社,1995:127

经人工焙烧或仅用低温烘烤而制作的范。陶范若经过陶化，烧成温度应为1000~1300℃，但测定中国古代陶范，其焙烧温度多在850~900℃范围内，并未达到烧结点，如果烧至陶化，范则不能承受浇注时金属液的热能作用。因此中国古代陶范是指并未达到烧陶、烧瓷那样高的烧成温度，而是经高温烘烤，成为非陶化的陶范——陶范只是约定俗成的称呼。冶金史学者谭德睿指出："未陶化是陶范铸造获得成功的一项关键技术，是青铜时代得以形成的一项必备技术条件。"[4]

陶范铸造的一般工序是[5]：

制泥模——以可塑性较好的泥料制成实心泥模，令其自然干燥后作为制范工具。

翻外范——用范料在泥模上制成若干块外范。

修外范、开设浇口——外范造好后，修整其内腔，并雕刻纹饰，拼合小块外范，使其分型面适于合范装配。

刻铭文——青铜器需补铭文时，在合适的部位加刻铭文。

制内范——泥模可起两个作用，先用以制造外范，当外范制好后，将泥模外部刮掉一层，其刮去的厚度即为铸件的厚度。再加以修饰即为内范（型芯）。

装配泥范——内外范制好后，将制好的浇口、冒口按照原来留好的定位榫头位置定位合范。

焙烧陶范——内、外范装配好后，在600~800℃温度下焙烧，出炉后，检查修理，即成陶范。陶范经过预热后即可浇注铜液。

熔炼、浇铸件——按需要的成分熔炼好青铜液，浇入范内。待冷凝后将铸件取出，清理整修。

铸后清理——修整、打磨范线和浇口。

上述步骤是以青铜酒器"觯"为例，表现一般小型青铜器的陶范铸造法的制作步骤。大型青铜器在分范、合范上较此复杂，有的还需使用铸接、铸焊技术，但在原理上是相通的。

同时，谭德睿等经过实验研究指出：我国古代青铜器之所以能铸造出既花纹纤细又器壁较薄的优良铸件，其中一个技术关键是古人较早就掌握了在范料中加入植物硅酸体的技术，使金属具有良好的充型性能。[6]

（2）翻砂铸造

据《万寿山清漪园铸造铜殿处用工料比例》，颐和园宝云阁的大木构件使用了"掰砂"铸造法。这可能是当时对砂型铸造的一种叫法，即翻砂法。翻砂法使用的造型材料"砂"含黏土量低，流动

---

4 谭德睿.中国青铜时代陶范铸造技术研究[J].考古学报，1999（2）：211-250

5 整理自田长浒主编.中国铸造技术史（古代卷）[M].北京：航空工业出版社，1995.127-129 及谭德睿.中国青铜时代陶范铸造技术研究[J].考古学报，1999（2）：211-250

6 谭德睿.中国青铜时代陶范铸造技术研究[J].考古学报，1999（2）：211-250

性好，能填充模样的细节，特别是铸型不经烘干即可直接浇注，铸型中的黏土不会因干燥收缩使铸型上的文字发生变形。隋唐之后，铸钱多用翻砂法[7]。铸造史学者周卫荣指出：翻砂法的核心在于在铸钱业中，用母钱和型砂复制铸造作业，大大节省了制陶范的人力、物力，"是我国传统铸造业的一次革命性的技术飞跃"。但同时也指出"翻砂工艺本质上仍是'模范—熔液—浇铸'体系，只不过是用砂型代替了硬型的范而已"[8]。因此，这里与陶范铸造归为一类。

铜殿的一些数量较大的构件，可能使用了"掰砂"铸造法。

（3）关于铸件的1∶1模型

铜殿构件的铸造原理与铸造青铜器并无不同。铜殿的大构件，如柱、梁、枋、脊、槛框等，因其造型简单且属厚大平面件，铸型应当为泥型，即用陶范或砂型铸型铸造。《中国铸造技术史》亦持此说，并认为，构件多先制造木质模样（1∶1模型），然后以其为芯造铸型，木模在此起到了上文所述泥模的作用。颐和园宝云阁铭文中所记的木匠，主要任务很可能是制造木模，以供铸匠制陶范或翻砂范用[9]。

本书认为：虽然未必所有铜殿皆然，但对一些对节点交接精度要求高的铜殿而言，是很有可能先制造木质1∶1模型的，例如武当山太和宫金殿。前文提到，其重檐结构的解决方式比较特别：柱脚枋及其以上的上檐结构荷载全部落在下檐的一周圈溜金斗栱后尾上，经其传递到下层柱、柱础（参见图9-5，图9-6）。

这种做法在现存所有的铜殿建筑中独一无二，在现存之木构建筑中亦相当少见。之所以如此，是因为它在技术上要求更高：首先柱脚枋必须非常可靠地交圈；同时它要与溜金斗栱后尾牢固、可靠地交接，形成一个整体的框架，否则上檐建筑就没有一个稳定的基础。金殿下檐一共六十四攒斗栱，每攒斗栱的秤杆后尾都设有销钉向上贯穿入柱脚枋，与柱脚枋可靠交接，这就对构件的预制精度提出了非常高的要求，若稍有偏差，秤杆后尾与柱脚枋就难以紧密交接、形成稳固的整体。从现状来看，金殿构件交接严密、严丝合缝，不禁令人叹服其建造工艺之精密。从这点推测，工匠在铸造金殿的构件之前，很可能先建有一座1∶1大的木构殿堂模型（或局部模型）。在木构件试装配之后，将其上所开榫卯之精确尺寸、位置确定下来，再以木构件为模，制范浇铸铜构件。

许多大型铜构件的形状也有一定复杂程度，铸型也必然相应复杂。如昆明太和宫铜殿的擎檐柱，柱身造型分三段，因此铸型可能分段制造，然后组合成整体铸型。配合铸接、铸焊技术，陶范（泥

---

7 田长浒主编. 中国铸造技术史（古代卷）[M]. 北京：航空工业出版社，1995：194
8 周卫荣. 翻砂工艺——中国古代铸钱业的重大发明 [J]. 中国钱币，2009（3）：14-17
9 铭文见附录一

范）铸造法也能铸出有一定复杂形状的构件。

2 失蜡铸造

图11-2 《天工开物》所记失蜡法铸钟

失蜡铸造在现代金属成形工艺中，称为熔模精密铸造，"作为熔模铸造之一种的失蜡法，其特点在于模的可熔性。由于模的可熔，便可以在外范不分型的前提下，铸造出形状高度复杂的铸件"[10]。在中国古代铸造工艺中，则称为失蜡法或出蜡法铸造等。我国至迟在春秋早中期就已经发明了失蜡法[11]。明代《天工开物》对失蜡铸造也有颇为详细的记载（图11-2）。

失蜡法根据蜡模制作手段的不同，具体又可分为拨蜡法、贴蜡法等。

（1）拨蜡法

拨蜡法又称为"捏蜡法"，此拨字作"拨弄"解，与"捏"字含意相近。拨蜡法蜡模成形仅用手和手工工具，将蜡料压、捏、拉、拨、塑、雕成形。借助于专供拨蜡用的蜡料（具有极佳的可塑性）可使蜡料任意扭曲变化。"油蜡墁定，然后雕镂书文、物象，丝发成就"[12]。拨蜡法蜡模成形全凭雕塑者的旨意，完全不受能否起模的限制，这是拨蜡法工艺的一大特点，也是它相对其他铸造工艺的优势。

《清代匠作则例》中有《万寿山清漪园铸造铜殿处用工料比例》留存至今，记录了颐和园铜殿宝云阁拨蜡铸造所需的配方[13]。技术史研究学者根据记载中的配方，并访问老工匠，通过实验的手段模拟复原了当年的工艺。这方面的尝试如20世纪70年代，冶金史、铸造史专家华觉明、王安才在老工匠门殿普师傅的帮助下，对拨蜡工艺进行了复制实践研究。其复制对象是一件小型铜像，但应当能反映出拨蜡工艺的工序。具体如下[14]：

一、造芯：铜像（铜构件）泥芯用黏土加马粪或纸浆一次捏成、修光。

二、制模：模料用石蜡、松香和豆油配制。先将石蜡和松香加热至液态，倒入豆油，搅拌均匀，待冷凝成块，然后反复拉拔。制作蜡模时，将蜡料擀成与铸件壁厚相当的蜡片，贴附在泥芯上。模的细部用专门的拨蜡工具（称为"压子"，多用紫檀木或红木做成）拨出。与铜像的浇、冒口相对应处还要安放蜡条，做成吹气孔。

三、造型：铸型泥料分内、外层。内层泥料采用纸浆泥，由黏

---

10 田长浒主编.中国铸造技术史（古代卷）[M].北京：航空工业出版社，1995：133
11 这一点在冶金史存在一些争议，本书据谭德睿.中国古代失蜡铸造刍议[J].文物，1985（12）：66-69
12 [明] 宋应星著，潘吉星译注.天工开物译注[M].上海：上海古籍出版社，1992：273
13 引自王世襄主编.清代匠作则例[M].郑州：大象出版社，2000：856-859
14 整理自华觉明，王安才.颐和园铜亭构件和拨蜡法[J].文物，1978(5)：67-69

土34份、炉灰末10份、纸浆50份强、水21份弱组成。内层泥料呈糊状，易于涂挂，又不致流失。上泥时，要用"压子"按捺，特别是细部要注意塞实，不允许有气泡、孔洞存在。外层泥料用黏土和麻丝混合。黏土比例较内层泥料略高，烘烤后有较高强度。

四、出蜡、焙烧、浇注和清理、加工：铸型阴干后，加热化去蜡模，入窑焙烧。铸型预热温度约150摄氏度，浇注温度约1150摄氏度。铸件清理后，通体剔除毛刺、飞边，用锉、錾进行精细加工。细致的花纹均是用錾剔出，毛坯上不做出来。因此锉和錾是铸造过程中费时费工较多的环节。

"铸件表面的划痕、粗糙部位，需用磨炭蘸水磨光，再用布片蘸磨炭灰打磨，最后用'宝砂'（解玉石的浆状沉淀物）打磨至光亮为止。磨光之后即可进行各种表面处理，如着色、镏金等"[15]。

上述步骤是以一形制较为复杂的小型铜像铸件为例进行的实践，大体可以代表明清时期小型铸件使用的拨蜡法。拨蜡法制造的铸件，具有表面细密、形制纹饰复杂的特点。

（2）贴蜡法

贴蜡法与拨蜡法均为失蜡铸造法，其区别仅在于蜡模的制造方法。贴蜡法的基本工艺大致可分为自内而外和自外而内两种。

自内而外的贴蜡法工艺过程大致如下：把室温下可塑性良好的蜡料或浸在热水中可软化的蜡料碾压至和铸件壁厚相同厚度，裁剪成需要的形状尺寸后，贴于预先制成的内范上，形成器物的壁厚。若器物表面饰有浮雕纹饰，可预先雕刻具有相应下凹纹饰的模板，蜡料在模板上压印，即可获得有凸起浮雕纹饰的蜡片。模板可用硬质木料（如梨木、酸枝木、柚木等）和铅等材料。为了使蜡片不致从内范上脱落，可预先将松香隔水熬化，和少量油脂搅匀。使用时趁热将其烫焊于内范表面各处，使之部分渗入内范，形成具有黏性的"蜡钉"，粘住蜡片。

这种工艺在制蜡模时使用了模板，不需雕塑蜡模，这样不仅制作便捷，而且对失蜡铸造匠人的技术水平要求也可降低，便于成批生产。

自外而内的贴蜡法工艺多用于复制器物。工艺过程大致如下：在待复制的器物上用黏土（现已改用模型石膏）翻制分块凹模，然后将蜡片分别紧贴于分块凹模内壁，再将分块凹模合拢捆紧，放入铁丝等芯骨后填砂制作内范。内范制成后，打开分块凹模，此时蜡片已贴在内范上。蜡片分块的接缝处用蜡条焊补修整后，即可获得带有内范的蜡模。

---

[15] 田长浒主编.中国铸造技术史（古代卷）[M]. 北京：航空工业出版社, 1995：149

图11-3 宝云阁槛墙图案
大量重复的图案，可能是用贴蜡法铸造的

铜殿使用的图案、纹饰相同的大批量构件，如滴水瓦、槛墙图案（图11-3）等，应当使用的就是贴蜡法，即做出刻蜡模版，用贴蜡法制造蜡样铸造，以保证构件形状、图案的一致性。

3 金属建筑构件铸造案例分析

（1）铜殿：以宝云阁为例

《万寿山清漪园铸造铜殿处用工料比例》记录的颐和园铜殿宝云阁铸造用料、用工颇为详细，其中明确记载了用掰砂法（砂型范铸）和拨蜡法铸造的构件分类，以及各用料、用工的比例。

其原文具有重要的史料价值，全文录出如下[16]：

"掰砂铸造大木、装修、槛框、菱花心、脊料、瓦片所用物料照依善因殿水法处例，每正铜一百斤用：

渣煤贰百柒拾伍斤、黑炭伍拾斤、木柴伍拾斤、马粪壹担半、苘麻贰斤捌两、秫秸陆束、化铜罐捌个、黄米条铁丝贰斤捌两、连贰绳贰斤捌两、黄土捌厘伍毫（就本处取土合作方如若买土合三百肆拾斤，每叁拾斤合壹筐）、土坯一百陆拾伍个。

拨蜡铸造宝塔、吻兽、仙人、群板、绦环、枕墙板、勾头、滴水头、椽头所用物料照依善因殿水法处例，每正铜一百斤用：

渣煤贰百柒拾伍斤、黑炭伍拾斤、木柴伍拾斤、马粪壹担半、苘麻贰斤捌两、秫秸陆束、化铜罐捌个、黄豆条铁丝叁斤、黄米条铁丝贰斤捌两、黄蜡陆斤、松香肆斤、河油壹斤、黄土八厘伍毫、土坯壹佰陆拾伍个、长叁寸钉壹斤、烂纸贰斤捌两。磨光出细见亮照依铸炉处例（如花活加倍），每见方壹尺用：磨石贰两、磨炭伍

[16] 引自王世襄主编. 清代匠作则例[M]. 郑州：大象出版社，2000：856-859

钱、宝沙泥叁钱。

铸造大木枕框、装修、宝塔、脊料、吻兽、仙人、群板、绦环、枕墙板所用工价照依善因殿例，每正铜壹斤用：

铸造匠壹分叁厘叁毫，锉刮匠贰分陆厘陆毫，锉刮匠每工外加别凿匠壹工，别凿嵌补每四块用嵌补匠壹工，篦钉每贰拾肆个用铜匠壹工。

菱花心用工照依善因殿例，每正铜壹斤用：

铸造匠肆分工，锉刮匠捌分工，锉刮匠每叁工外加别凿匠壹工。

打造螺蛳照依雨花阁例，每两用：

螺蛳匠壹工。

铸造瓦片、勾头、滴水、椽头用工照依雨花阁例，每壹件重壹斤以内每斤用：铸造匠肆分工、锉刮匠肆分工；

每贰斤以内每斤用：铸造匠叁分叁厘叁毫、锉刮匠陆分陆厘陆毫；

叁斤以内每斤用：铸造匠贰分贰厘陆毫、锉刮匠伍分叁厘叁毫；

肆斤以内每斤用：铸造匠贰分工、锉刮匠肆分工；

伍斤以外每斤用：铸造匠壹分叁厘叁毫、锉刮匠贰分陆厘陆毫。

以上锉刮匠每伍工用别凿匠壹工。

素活拨蜡照依水法例，每肆斤用：拨蜡匠叁分工。

磨光出细见亮用工照依铸炉处例，每见方壹尺用[17]（如花活加倍算）。

出膛土去沙皮出坑出土填土照依水法例，每正铜拾贰斤用：壮夫壹名。

柱子镟圆各处并无定例，今照依善因殿应用：锉刮匠贰分陆厘陆毫，将锉刮匠壹半改为镟匠应用，每斤用：锉刮匠壹分叁厘叁毫、镟匠壹分叁厘叁毫、壮夫贰分陆厘陆毫。

槅扇钮头凿做行龙嵌云，本身做每见方壹寸用凿花匠壹工。

雍和宫铸炉处铸黄铜例，每铜壹斤扬火铸造锉刮、磨光折耗铜陆两捌钱伍分，化铜伍拾斤用：化铜罐壹个、渣煤叁拾斤、黑炭肆斤拾壹两。

平面素活每见方壹尺用：凿匠壹工、锉匠壹工、刮匠半工。上磨石炭磨匠壹工、磨石贰两、磨炭伍钱、宝沙泥叁钱。

镜光头次磨光例照前，二次磨洗光亮贰遍，每尺用：水银七钱伍分、高锡七钱伍分、白矾陆钱，磨洗匠半工。

烧蟹青玲古色每遍每尺用：西碌贰钱、胆矾壹钱、硇砂[18]伍分、磨石贰两、磨炭伍钱、宝沙泥叁钱，磨光烧古铜匠贰工。"

这一段则例内容包括：1.掰砂法铸造的用料、用工；2.拨蜡法铸

---

17 原文缺下半句。
18 即硇砂（sal ammoniac）。矿物名，化学成分NH4Cl。常为皮壳状或粉块状结晶，无色或白色，间带红褐色，玻璃光泽。

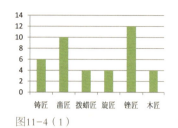
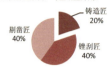

图11-4（1）　　　图11-4（2）　　　图11-4（3）　　　图11-4（4）

图11-4　宝云阁各工种人数对比及用工比例分析图
（1）各工种人数对比图
（2）铸造大木槛框、装修、宝塔等用工比例
（3）铸造菱花心用工比例
（4）铸造瓦片、勾头等用工比例

表11-1　宝云阁砂型范铸与失蜡铸造构件分类表

掰砂铸造（砂型范铸）		拨蜡铸造	
大木（梁架）	大木（斗栱）	宝塔	吻兽
大木（梁头）	装修	仙人★	群板
槛框	菱花心	绦环	枕墙板（槛墙）
脊料	瓦片	勾头	勾头
—	—	滴水头	椽头

★注：因宝云阁已无仙人留存，故用宗镜阁仙人照片代替。

19 铭文见附录一
20 田长浒主编.中国铸造技术史（古代卷）[M].北京：航空工业出版社，1995：133

造的用料、用工；3.雕琢、锉凿的用料用工；4.打磨、抛光的用料、用工；5.烧制颜色的用料、用工；6.制造的工序。

同时，分析上述记载，可知每出同样一件活，锉刮匠用工一般为铸匠的两倍。这是因为铸好铸件只是第一步，之后需要大量的工作是锉、凿、打磨。宝云阁槛窗内侧窗台所记工匠名录与此可互为印证——锉匠、凿匠分别有12人和10人，而其他工匠（铸匠、镟匠、拨蜡匠等）一般只为4人或6人[19]。这从图11-4中可以清晰看出。

上述史料的目的在于经济核算，关防工料，因此优点是对用料种类、数量和各工序用工量记载详细，缺憾在于没有记载制造的具体过程和工艺。

综上，从表11-1中可以清晰地看出使用砂型铸造（其他铜殿也可能使用了陶范铸造）与失蜡铸造构件的区别：形体简单的构件，如梁枋、瓦片等，一般使用砂型（或陶范）铸造；而造型较为精细复杂的构件如吻兽、脊刹、槛墙图案等，用拨蜡法铸造。其余铜殿虽然没有此方面的文字资料流传，但可以推知亦当如此。当然，正如《中国铸造技术史》所言："器物形状和纹饰的复杂程度并不能成为鉴别铸件造型方法的充足根据，判定某件器物是否为失蜡铸件，必须参考各种造型方法和加工工艺的特点以及其在运用过程中所产生的特征遗迹，进行具体、全面的研究，最后总结出是否用的是可熔性模具。"[20]因此，每一个具体构件究竟采用的是何种铸造方式，都要经过科学、细致的工艺分析，如采用X光透视、超声波探伤等手段，并结合文献记载，才能予以定论。

（2）铁塔：以玉泉寺铁塔为例

铁塔、铜塔的结构形式前已介绍，与铜殿不同，铁塔、铜塔均为铸件层层叠置，每层为一周圈整体（图11-5）。同时，铁塔的每一层铸造时都是分别铸造，而不像沧州铁狮子那样整体浇铸。因此铸造只需解决每层铸造的问题，在操作技术上亦比铁狮子简单。冶金史学者孙淑云对玉泉寺铁塔的铸造工艺做过分析，现结合本书的考察，简要整理如下：

玉泉寺铁塔使用的范型应当是陶范。从各层塔身构件上的范缝可以推知，构件是拼范铸成的。以玉泉寺铁塔基座第4层为例，八个面每角都有明显范缝（图11-6），可知铸范的设置应根据拟铸造构件的形状，制作八块外范及一块内范。将外范拼接在一起，形成一个正八面体的空腔，内范置于空腔内侧。内、外范之间的空间，即为拟铸造构件的厚度。"为了将内、外范的位置固定，防止浇铸时

图11-5 玉泉寺铁塔结构分层示意图

图11-6　　　　　　　　图11-7

图11-8　　　　　　　　图11-9

铁水将范冲开，必须设置底箱并加盖顶箱。浇口的位置，据留下的痕迹判断，设在一边的中间部位而不是设在隅角处，这样可以避免注入的铁水把外范的接范处及内范的隅角冲垮，保证铸件几何形状的规整。浇口一般应为相对称的两个。"[21]铸造分范示意图见图11-7。

其余塔身的铸造与此并无二致。唯斗栱与塔身的连接，在铸造制范上相对复杂。笔者原本怀疑斗栱与塔身或平座是先分别单独铸好，再焊铸到塔身上去的。但经过观察，发现斗栱与塔身、斗栱与平座之间连接、过渡平滑，应是一体铸造的（图11-8）。孙淑云亦持此观点。

为了一体铸造，斗栱的拼范就会比较复杂。如图11-8显示，平座斗栱上有多条明显的范缝，其中补间铺作有两个方向的范缝，而转角铺作有三个方向上的多条范缝。与此同时，平座本身的八个角也还有范缝。可见，平座这一层（例如图11-5中的第7层），每面需针对斗栱的形状制范，在转角处，还需增加范型。

基座层的托塔力士上也有明显范缝（图11-9），说明力士应当是前后两块范合铸的。但力士、力士脚下的仙山，以及江海须弥座则是分别铸造再铸接到一起的，这从力士脚下仙山上的铁水痕迹，以及仙山损毁后露出的江海须弥座花纹可以看出，孙淑云亦指出这一点。铸造工序应为：

图11-6 玉泉寺铁塔基座
箭头所指处为范缝
图11-7 玉泉寺铁塔基座分范铸造示意图
图11-8 玉泉寺铁塔平座斗栱
箭头所指处为范缝
图11-9 力士
上为榫柱，下为范缝

21 孙淑云. 当阳铁塔铸造工艺的考察[J]. 文物, 1984（6）: 86-89

①铸江海须弥座；②将榫柱放入力士的范内，浇铸力士，铸成头上有榫柱的力士像；③将力士头上的榫柱插入其上的第4层下皮的对应孔洞内；④将仙山的范型合范，同时将力士的脚接触到仙山；⑤浇铸仙山，冷却后，仙山下与江海须弥座铸接，上与力士的脚铸接。

其余铁塔、铜塔的铸造应与此类似。

4 铸造与锻造：表征技术传统与文化的两种技术路线

铸造和锻造是最基本的两种金属加工成型方式，各有悠久的历史。我们看到，中国古代的铜殿、铁塔、铜塔的绝大多数构件都是铸造的，而仅有少部分构件是锻造的（如塔上的榫柱[22]、辅助支撑柱等较细的柱状构件，以及一些薄片状构件等）。

与此相对，藏传佛教建筑的金顶屋面，其铜瓦、脊饰都不是铸造的，而是锻造成型的（图11-10）。承德外八庙、北京故宫的金瓦属于藏传佛教系统，也是锻造的。应注意的是，汉地寺观建筑中的铁瓦、铜瓦，是铸造而不是锻造的。

对金属建筑来说，铸造和锻造看似只是加工成型方式的区别，但从根本上说，这是由中国古代金属成型技术的传统，以及金属建筑的结构、建造决定的。铸造技术适合仿照木、砖建筑的形式来分件铸造构件，再组装或叠置；锻造技术适合锻出薄片，用以包裹、装贴。因此，如果金属构件是建筑中必要的承重主体，同时也是被表现的主体，则铸造；如果金属构件只是建筑中起围护作用或装饰作用的一层薄皮，则可以用锻造。

落实在地图上，很明显可以看出中原地区的金属建筑采用了铸造；而西南、西北地区的铜瓦，采用了锻造。这一差异，实际上也是长久以来中原与西南、西北地区金属加工成型技术路线的差异，在金属建筑上的一个具体体现。

正如冶金史学者何堂坤所论："我国金属器早期成型技术上的一个重要特点是：铸造技术发明较早，并很快就取得了较高的成就，在龙山文化时期便铸造了形制较为复杂的铜铃和铜容器。铸造技术的发明，为金属器成型开辟了一条广阔的道路，对社会生产的发展产生了巨大的影响。"[23]

"因铸造的生产率较高，使用范围较宽，能生产许多体型较大、形制复杂、纹饰精细的器物，加之锡青铜铸造性能较好，且含锡稍高时宜铸不宜锻，所以二里头文化之后，锻打工艺在中原青铜器制作中便退到次要的地位，商、西周青铜器绝大多数都是铸造的，春秋之后才又出现了少量锻制之品。"[24]

22 如孙淑云根据化学分析和金相分析，发现玉泉寺铁塔基座层力士头部的榫柱"横断面的金相组织主要是珠光体，边缘部位有少量的铁素体，含碳为0.2%~0.3%。而对样品纵断面进行金相观察，发现大条的氧化亚铁和氧化亚铁—硅酸盐共晶夹杂沿榫柱伸长方向延伸，中间有折叠现象。这表明榫柱是用不同含碳量的废钢锻打到一起而制成的"。孙淑云. 当阳铁塔铸造工艺的考察[J]. 文物，1984（6）：86-89
23 何堂坤. 中国古代金属冶炼和加工工程技术史[M]. 太原：山西教育出版社，2009：34
24 何堂坤. 中国古代金属冶炼和加工工程技术史[M]. 太原：山西教育出版社，2009：208-209

图11-10　　　　　　　　　　　　图11-11　　　　　　　　　　图11-12

有此高度成熟的技术传统，又有木构建筑作为便捷的模仿对象，中原地区绝大部分的金属建筑采用了铸造的加工路线就顺理成章——其构件本身既是承重主体，同时也是被表现的主体。

图11-10　青海塔尔寺大金瓦殿
图11-11　塔尔寺大银塔
图11-12　甘南郎木寺大金塔

另一方面，锻造作为人类掌握最早的一种金属加工工艺，始见于铜石并用时代，应当是从石器和陶器加工中演变过来的。与铸造技术的高度发达形成对比的是：我国古代中原的锻造技术相对弱势，而西北、西南地区的锻造技术却比较发达。尤其在宋代，羌人的冷锻技术有较大的发展。

北宋庆历元年（1041）田况《上兵策十四事》，第十二事谈到羌族的冷锻铁甲，非常坚固，"坚滑光莹，非劲弩可入"，令宋廷侧目。田况认为原因是"由彼专而精"。[25]

沈括《梦溪笔谈》卷十九也记载。

"青堂羌（今青海西宁附近）善锻甲，铁色青黑，莹澈可鉴毛发。以麝皮为绲旅之，柔薄而韧……去之五十步，强弩射之不能入。……凡锻甲之法，其始甚厚，不用火，冷锻之，比元厚三分减二乃成。"[26]

何堂坤先生指出：比原厚度三分减二，与现代技术原理相符。"现代材料学研究表明，冷加工量小于60%~70%时，材料强度随变形量之增加而提高；变形量大于此数后，加工量再增加时，则硬度增加不多，材料却急剧变脆，使强度降低。所以此'三分减二'乃是获得高硬度、高强度的最佳变形量。这是我国古代少数民族在金属加工技术上的一项重要成就。"[27]

在此技术传统下，藏传佛教寺院喜用锻造的金瓦顶，以及铜皮或银皮包裹的银塔、金塔，就不难理解了（图11-10~图11-12）。

25 "工作器用，中国之所长，非夷狄可及。今贼甲皆冷锻而成，坚滑光莹，非劲弩可入。自京贵去衣甲皆软，不足当矢石。以朝廷之事力，国之技巧，乃不如一小羌乎？由彼专而精，我漫而略故也。今请下逐处悉令工匠冷砧打造纯钢甲，旋发赴缘边。"李焘《续资治通鉴长编》卷132。
26 [宋] 沈括. 梦溪笔谈[M]. 卷十九. 北京：中华书局，1957
27 何堂坤. 中国古代金属冶炼和加工工程技术史[M]. 太原：山西教育出版社，2009：537

如果将视野再向西、向南放宽，则会发现不仅我国西部，乃至中亚、欧洲、东南亚在铜石并用时代及其后相当长一段时期内，锻造都是占有重要的地位的。正如何堂坤先生所论：

"锻打技术之发明，很可能与人类最为古老的技术传统和自然铜的使用有关。……安那托利亚（Anatolia）查塔尔莹克的小铜珠，也是自然铜的锻件，断代为前7000—前6000年，这大约是人们所见较早的锻件。之后，这种技术传统便一直保存了下来。在青铜时代，虽然多数器物都采用了铸造工艺，但有的器物，尤其是刃器，铸造后往往又对刃部进行锻打加工，一为改善外部形态，二为加工硬化。在早期铁器时代，甚至在中世纪，近东和欧洲的铁器基本上都是锻造的。"[28]

欧洲的案例如许多教堂的屋顶都是锻造铜板所制。东南亚的案例如现在越南、泰国、柬埔寨，上座部佛教流行地区，多见铜塔、铜瓦建筑佛寺，均为锻制的镏金铜板包裹木骨或其他材料的结构体而成。历史文献如《林邑记》曰："林邑王范文铸铜为牛，铜屋行宫。"[29]（林邑国即现越南中南部，范文活跃的时代大约为公元5世纪初，东晋末年）可想而知这个"铜屋行宫"很可能也是铜板包裹的建筑。

以上主要是针对铜加工而言，铁的加工也是一样。正如华觉明先生的精辟论断——"西方的英雄是铁匠。东方的英雄是铸师。"西方早期金属工艺传统是锻铸并用，且以锻造居先。根植于这一工艺传统，形成了以块炼铁为唯一原料，以锻造为唯一加工手段的较为单一的钢铁技术体系。直到公元14世纪左右，生铁冶铸术才在欧洲广为使用[30]。

而在中国，中原深厚的铸造工艺传统，"使得工匠们在面对铁这种新材质时，发自天性地要以铸的手段予以加工和成形、使用。即使是生铁这种脆硬的材料，也得想方设法使之变性、柔化，以合乎实用，同时也是坚持了世代相传的自身传统。正是这样，遂形成了中国自己的复合的钢铁技术体系而与西方早期判然有别。"[31]

综上所述，铸造与锻造这两种技术路线，看似只是操作层面的区别，实际上是漫长的时间跨度中，地域技术积累、地域工艺传统乃至地域文化的反映。具体对金属建筑来说，铸造和锻造不只是工匠对加工成型方式的喜好和习惯，也是由金属建筑的结构方式、建造方式决定的。

---

28 何堂坤. 中国古代金属冶炼和加工工程技术史 [M]. 太原：山西教育出版社，2009：34
29 阙名《林邑记》见：[宋]李昉等撰. 太平御览. 卷813珍宝部十二铜. 见：四部丛刊三编 [M]. 上海：上海书店，1985年据商务印书馆1936年版重印（另见《说郛》卷六十一下）
30 华觉明. 中国古代金属技术——铜和铁造就的文明 [M]. 郑州：大象出版社，1999：635
31 华觉明. 中国上古金属文化的技术、社会特征 [J]. 自然科学史研究，1987（1）：66-72

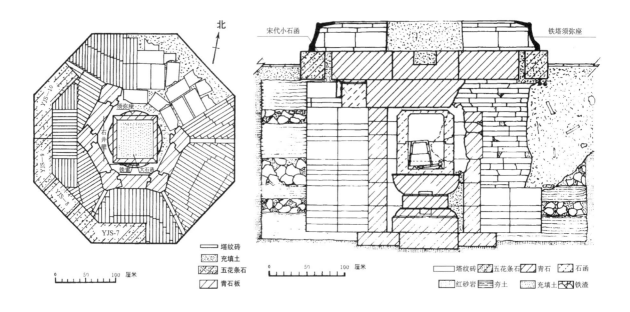

图11-13 玉泉寺铁塔塔基地宫平面、剖面图

二、建筑建造

由于留存资料的原因，本节涉及的建造问题，无法详细探讨金属建筑的施工和现场安装过程，而重点在于讨论金属建筑的结构和构造问题。其中，各种金属建筑的结构在前文已有所介绍，这里就不再重复。本节旨在通过梳理、剖析金属建筑的几种细部构造，细致观察金属建筑在借鉴、仿照木构建筑结构时，对遇到的具体构造问题是如何处理的，以此检视中国古代金属建筑在细部建造层面的创新性及其与传统木构、砖石建筑体系的联系。

1 金属建筑的基础

（1）铁塔的基础

铁塔的基础既需要承受上部荷载，也常需要用地宫瘞埋舍利。因此，如何处理地宫的结构，以及地宫与其上的铁塔座如何交接，就是铁塔应着重解决的技术问题。《湖北当阳玉泉铁塔塔基及地宫清理发掘简报》公布有塔基及地宫勘测图（图11-13），可资讨论这两个问题。

玉泉寺铁塔地宫内部空间为六边形平面，砖石结构，竖井形。井口阔112厘米，深158.5厘米。井壁为条石垒砌而成，六角各有一角柱。井壁条石做榫，插入角柱卯口，间隙用石灰糯米浆封严。井壁外围砌塔纹砖直到塔基外围，塔基最外围为七层夯土层。地宫虽然不深，但已整体坐于早三叠纪红砂岩和砾石地质层。地宫井壁石、

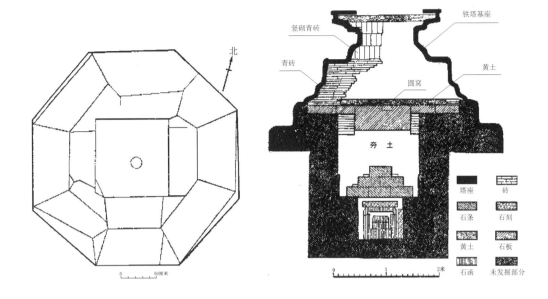

图11-14 甘露寺铁塔塔基地宫平面（地宫顶盖部分）、剖面图

砖，以及外围的七层夯土层共同构成了铁塔的基础。

地宫之上盖有两层青石板，两层石板间用石灰糯米浆封实。宋代的小石函嵌在下层石板南端。上层中间的一块青石板中央凿有一方形凹坑，长宽33厘米，深17.8厘米。这像是为塔心柱准备的榫槽，但玉泉寺铁塔并未使用塔心柱，报告中亦未提及有使用过塔心柱的痕迹。再上就是铁塔江海基座的底层，座脚置于前文提到的一圈五花条石上，座内用砖和土填实。可见，铁塔与下部基础的交接结构是很简明的。

与玉泉寺铁塔一样，甘露寺铁塔兴建之目的也是用地宫重瘗唐代舍利。因此，如何处理地宫结构以及如何处理地宫与铁塔座的交接，也是其着重解决的问题。《江苏镇江甘露寺铁塔塔基发掘记》公布了塔基地宫的结构（图11-14）。

地宫内部空间为四边形平面，砖石结构，竖井形。地宫底距铁塔须弥座顶4.22米，地宫深80厘米，长宽为97厘米×86厘米。底部铺石板，四壁由青砖砌成。地宫的开口用三层青石板盖住，用三合土封严。

地宫顶盖青石板上用土夯实，夯土顶标高与最下层的石基上皮基本平齐。其上四周为八层青砖，当中为一块方石。方石板中央有一圆窝，直径24厘米、深10厘米。这像是为塔心柱准备的榫窝，但报告中未提及甘露寺塔有使用过塔心柱的痕迹。此上就是铁基座的内部了，先是一层黄土层，再上是平铺的青砖18层、竖砌的青砖3层，最上为10厘米厚的黄沙土。

可见，甘露寺铁塔基础的结构也很简明，铁质部分全部在地面以上。

图11-15　　　　　图11-16　　　　　　　图11-17

图11-18

济宁铁塔、咸阳铁塔等有高塔座的北方铁塔，地面之下也要做基础，延伸至地面以上与塔座整体成为基础。如济宁铁塔塔基"深1.9米，稍加夯实，基面以上，平地铺成须弥座，为防扭转以楠木井字架填心"。[32]

综上所述，铁塔的基础、地基与一般有地宫设置的砖石塔并无二致。铁质部分也不会延伸入地下，而是坐于砖石基础之上。

（2）铜殿的基础

根据柱础的材质，铜殿的柱础可以细分为两种做法：

其一是地平以下的柱础与覆盆柱础一体铸造，均为铜铸。例如武当山太和宫金殿，但其地下柱础的具体厚度不知。金殿下槛之下亦有一周圈铜铸基础，深度不知（图11-15）。须弥座台基的其余部分为条石、块石垒砌。

泰山铜殿地面以下的柱础也与地上部分一体铸造，尺寸47厘米×35厘米，厚约3厘米（图11-16），其下就是石砌台基。

昆明太和宫铜殿的地下及地上柱础也是一体铸造，厚度不知。而且在须弥座台基四角还使用了L形铸铁加强、拉紧角部。

其二是柱础为石质，铜柱置于石柱础上。颐和园宝云阁就是这

图11-15　武当山金殿铜铸基础
图11-16　泰山铜殿铜铸柱础
图11-17　颐和园宝云阁石柱础
图11-18　宗镜阁须弥座台基遗址

32　丁冲，等. 济宁胜迹概览[M]. 济南：山东友谊书社，1990

种做法（图11-17）。

铜殿的基础与一般木构建筑的基础类似，也需夯筑土芯，在承重柱的部位砌筑基础石，再在整个台基外侧和顶面包砌表面有加工图案的面石和面砖。承德避暑山庄宗镜阁的须弥座台基遗址为观察铜殿基础提供了机会。

现存四个石墩，每个石墩由三层大石垒砌。每个石墩的长宽约为1.6米×1.55米，高1.52米，南北间距1.78米，东西间距1.9米（图11-18）。石墩是承铜殿四根柱子的位置，而石墩之间的空当原来应当填有夯土芯。

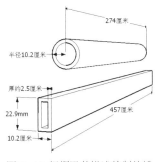

图11-19 根据巴伯描述绘制的峨眉铜殿构件

2 空心或工字形截面的柱、梁：偷省铜料背后的力学认识

前文在讨论构件的铸造工艺时，提到有外范和内范。实际上，如果铸件是实心的话，并不需要内范。铜塔、铁塔的塔身都是中空的四面、六面或八面筒体，是需要内范、外范的。铜殿中，板状的构件因为本身厚度有限，无疑是实心的。但其他柱、梁、斗栱等铸件是空心还是实心的，或者其截面是其他什么形状的，值得讨论——这既在经济上关系到铜殿的用铜量，又关系到铜殿的结构。

在铜殿结构完好的情况下，如果不将铜殿落架，仅凭肉眼很难观察到构件的内部情况。第四章谈到，巴伯（Baber）在《中国西部旅行与研究》中记录了峨眉山铜殿废墟的情况。根据他的描述，铜殿的柱和梁（枋）都是空心的（图11-19），壁厚约1英寸（25.4毫米）：

"柱子有9英尺[2.74米]长，直径8英寸[20.3厘米]，壁厚不到1英寸[2.5厘米]，显然是空心的。我能找到的唯一一根完整的梁是一个15英尺[4.57米]长，9英寸[22.9厘米]宽，4英寸[10.2厘米]厚的空心梁，壁厚与柱子差不多[约2.5厘米]。"[33]

这应当可以代表一部分铜殿构件的情况。

另一处有可能观察构件内部情况的是泰山天仙金阙铜殿。可观察到以下现象：

首先，因为曾经至少两次被拆装搬运，其榫卯连接处结合不甚紧密，可用细铁丝从柱顶或柱身上的卯口探入，检验其是否为中空。被检验的角柱，细铁丝可深入柱身400~560毫米；蜀柱可深入柱身200毫米。这说明其至少是部分中空的，具体结果和示意见表11-2。

第二，泰山铜殿的许多梁、枋构件并不是全实心的，也不是简单的空管状，而是在上皮形成多处大面积坑洞。这种坑洞面积大、

33 Edward C. Baber. Travels and researches in western China. London: John Murray, 1882：140

数量多,应当不是简单的铸造质量问题,而是有意为之。坑洞内曾用灰泥填补,以掩人耳目,现在许多已经暴露出来。坑洞的边缘并不规整,说明可能还不是原本的外缘,原状可能比现在看到的还大。这种情况存在于多个构件中,具体位置见表11-2。

第三,泰山铜殿的抱框是不承重的构件,在省料方面似乎更明目张胆,能省则省,而且其空出的槽边缘规整,很明显是故意为之,并曾用灰泥填补(表11-2)。

表11-2 泰山铜殿构件空心或坑洞情况表

构件名称	构件编号	图文描述(单位:毫米)	索引图
角柱	TD04-46	从卯口探入,中空400~560	
蜀柱	TD04-39	从卯口探入,中空200	
抹角梁(西北)	TD04-52		自东向西看
抹角梁(西南)	TD04-54	500长,30宽,40~85深	
抹角梁(东南)	TD04-53	35~50宽,480长,400长,30深	
抹角梁(东北)	TD04-55	40~85深/梁高155;30宽/梁宽130;每段500长/除蜀柱外梁总长1100	自西向东看
采步金	TD04-24	350长;35宽;80~140深	
趴梁	TD04-51	宽30,深15,长80	
垫枋	TD04-23	110深/枋高125。	
抱框			

对这个现象应当一分为二地看:它首先是偷省用料的做法,可能与泰山金殿铸造时的天灾荒年、经费紧张有关。另一方面也应看到:抹角梁、趴梁,因上承童柱及上檐荷载,受剪力相当大,其上皮的空洞,竟可以达到40毫米×70毫米×500毫米,且每个抹角梁都

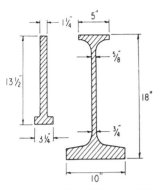

图11-20 近代早期铸铁工字梁截面
单位：英寸（1英尺=2.54厘米）

有空洞。采步金、趴梁、平板枋等构件上均有。以这样的构件，要应付皇家的验收过关，且铜殿不能建好后数十年就塌了。当时的工匠敢于冒这个险，勇气是一方面，更重要的是，这是否也说明他们的工程经验已经达到可以粗略估算结构，以节省用料的水平了？抹角梁、趴梁都是上皮受压、下皮受拉，而铜合金的抗压强度（硬度HB）与抗拉强度（σ_b）关系的经验公式（近似）为[34]：

$\sigma_b = C \cdot HB$

其中，未经热处理的铜 C = 0.55；黄铜 C = 0.35

可见，使铜合金受压破坏的值是受拉破坏的大约2~3倍。铸铁的这个值是5倍，因此近代铸铁工字梁的截面是倒T形的（图11-20）[35]。

这些省了料的抹角梁和趴梁，从截面来看，上皮省料、下皮完整，与近代铸铁工字钢倒T形的形制是相通的。虽然它们并不能严格符合现代结构力学对构件应力分布形态的要求，但从效果来看，泰山铜殿至今屹立400年不倒，其结构似乎并没有呈现出不均匀沉降或应力集中等危险状态。这至少可以说，在泰山铜殿这一个案例上，当时工匠的尝试是成功的。

3 金属建筑的屋面构造

从建筑结构形式上看，铜殿采用的结构是木结构建筑的形式。对于"大木"构架部分，将铜合金依照木构件的构造分件铸造、组装，从建筑的建造逻辑上说是方便而合理的。但对于建筑屋面部分来说，如果再按照其复杂的椽、板、灰、瓦构造一一忠实仿造，就会使原本合理的构造过于复杂，失去合理性。因此，铜殿的屋面构造必然会在模仿瓦（或琉璃）屋面形象的前提下对其进行概括、整合，并在细部构造上重新设计。设计既要满足形象要求，又要满足遮阳、排水的功能需要，并要方便预制和现场安装，是个创造性相对较强的设计过程。从这个意义上说，铜殿的屋面构造是体现金属建筑设计和工艺水平的重要部位，值得认真分析。铜塔和铁塔的屋面都是整体铸造的铸件，不存在屋面构造的问题。

现存铜殿实例的屋面构造有两大类，一为板块铸造法，二为独立铸瓦法。逐一分析如下：

（1）板块铸造法

板块铸造法即将屋面的铜瓦、底瓦、望板、椽子、飞椽等构件

[34] 国营漓江机械厂编.金属材料手册[M].桂林：漓江出版社，1974：431
[35] Eric Arthur, Thomas Ritchie. Iron: cast and wrought iron in Canada from the seventeenth century to the present. Toronto; Buffalo; London: University of Toronto Press, 1982：152-153

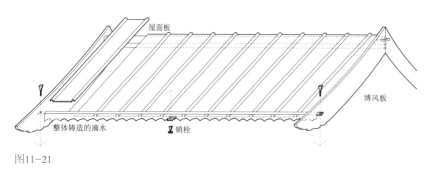

图11-21

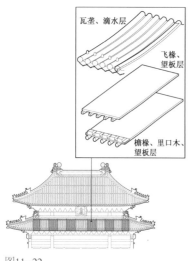

图11-22

整合成一个个板块，分别铸造，再拼成屋面。这从本质上说就是预制屋面板，且这种屋面板在外形上仿照瓦屋面。板块铸造法的最大优点是瓦面不再需要铺设望板、椽子，而直接就可以将板块铺架在檩条之上。

武当山元代小铜殿的屋面构造十分简洁、概括。屋顶前后坡各铺12块屋面板，每块宽约28厘米，长约185厘米，板的一侧隆起铸成瓦垄形，压在相邻一块之上（端头一块例外：两端均铸成瓦垄形）。滴水瓦为整体铸造的一长条，中央开卯口，套在中间一块屋面板的出榫上，用销子拴住。山面博风板套在滴水两端及脊檩两端的出榫上，用销子拴住（图11-21）。小铜殿的鸱尾通过栽入脊檩的两根脊桩固定。为保证室内的观瞻效果，其他脊筒内部未使用脊桩与脊檩连接，而是使用了灰浆辅助加固。

武当山太和宫金殿对木构瓦屋面外观形象的模仿程度最高，在分板块的同时也分层，将瓦面下层的飞椽、里口木、椽子也都较为独立、真实表现出来（由于天花以上结构不可见，太和宫金殿上檐有没有脑椽、花架椽不可知，而其既然采用了板块构造，本书推测可以不用脑椽、花架椽）。

经仔细辨认接缝，发现武当金殿的正立面下檐正当沟部分的屋

图11-21 小铜殿屋面构造示意
图11-22 武当山太和宫金殿屋面构造示意
灰色块相间表达屋面板的分块

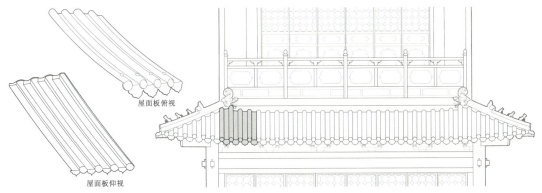

图11-23

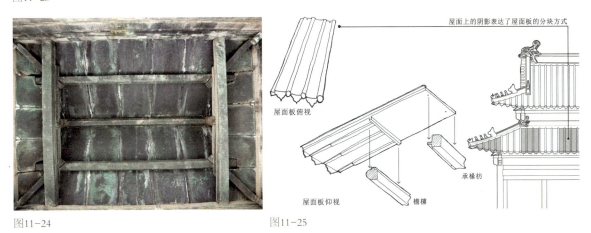

图11-24　　　　　　　　　图11-25

图11-23 五台山显通寺铜殿屋面板构造示意图
以下层檐为例
图11-24 泰山铜殿内部上檐仰视
图11-25 泰山铜殿屋顶构造方式示意

面可以分为11个板块单元。每个单元可能由三层构造组成：最上一层为屋面板，由瓦垄、屋面、滴水整体铸造；中间一层为飞椽与望板层；最下一层为檐椽、里口木与望板层。三层上下相对应，共同构成一组板块（图11-22）。两端斜当沟部分的屋面（即翼角起翘部分）分块不明显，难以找到接缝，推测各由1块组成。这样，正立面下檐屋面共由13组屋面板块构成。

五台山显通寺铜殿屋面的板块构造概括程度很高，没有专门刻画飞椽的形象，只是利用瓦垄的间隙顺带加以表现椽子。每块板的底面模拟椽子的形象，上面则模拟瓦垄，端部做出瓦当、滴水的形象。一块板即包括了椽、筒瓦、板瓦、瓦当、滴水的形象，铸造与安装都很方便（图11-23）。

泰山铜殿板块构造概括程度也很高，便于安装，且兼顾了形象，唯工艺略逊色，交接处缝隙较大。从图11-24中可清晰看见前后檐各由7块板、两山面各由5块板组成，再加上每个翼角的两块（从内部看不见），上檐共由32块屋面板组成。板块顶面塑造瓦垄、滴水形象，底面塑造椽、飞椽形象。

同理，下檐共由40块屋面板组成。板块的具体构造方式如图11-25。

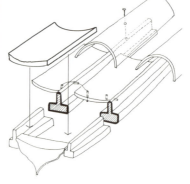

图11-26　　　　　　　　图11-27

图11-26 昆明太和宫铜殿下檐翼角仰视
图11-27 昆明铜殿屋面瓦构造

（2）独立铸瓦法

"独立"的意思是将每一块筒瓦都分别铸造出来，使其像一般的布瓦、琉璃瓦一样独立成件。清代的两座铜殿昆明太和宫铜殿（吴三桂）和颐和园宝云阁采用的都是这种构造，但二者的具体做法又有不同。

昆明铜殿的屋面构造是椽上直接铺底瓦，板瓦不是叠置而是顺次首尾相接铺置，起到望砖的作用，底瓦上再盖筒瓦。瓦面铺设不用灰泥，为干挂构造。

椽子为板椽，即椽截面高度小于宽度。椽与檐檩为一体铸造，是檐檩的延伸，厚度为檐檩一半，端部微抹收分。翼角部分的椽子为平行排布，后端插入角梁，前端通过连檐与正身部分的椽子连接。相对于放射性排布，翼角椽平行排布能使椽瓦构造较为简便（图11-26）。

由于筒瓦背有钉痕，板瓦一端有钉痕，而椽上无钉眼。综合考虑以上条件，推断其瓦面构造如图所示（图11-27）。

宝云阁的屋面形式看起来与一般的琉璃瓦面几乎完全相同，椽飞、板瓦、铜瓦从外观看均是独立构件。可实际上，宝云阁的筒瓦虽然独立铸造，但是每垄却在熊头部分将其相连固定成一个整体；板瓦虽然外观上一片片独立，实际上是一排连铸的（图11-28，图11-29）[36]。因此也可以说这是一种介于独立铸瓦构造与板块构造之间的做法。

宝云阁屋面的瓦与望板的连接方式与一般瓦面建筑相同，需在望板上抹灰，按照汉式金属屋面建筑的屋面做法铺底瓦、盖瓦。

（3）屋面构造的创造性

各铜殿的屋面表现和省略的瓦屋面构件不一，各铜殿屋面的施

36 据2006年颐和园排云殿—佛香阁—长廊大修工程报告，对宝云阁屋面进行整修时，揭除铜瓦屋面观察到具体构造："屋面脊件、脊刹等构造均同琉璃瓦面做法，铜制筒、板瓦外形同常用瓦件，但每垄铜瓦在熊头部位用铆钉连接固定使之形成一个整体，仍用驼背灰、夹垄灰与屋面结合。底瓦从外观看同普通瓦面，实为铜制板瓦连做。走水档部位仍仿传统瓦面构造，体现层层底瓦相叠。……滴水与铜板瓦连做，接头部位用企口缝衔接，铜板瓦下用掺灰泥结合，檐头部位用方头螺栓固定。"见：颐和园管理处. 颐和园排云殿—佛香阁—长廊大修实录[M]. 天津：天津大学出版社，北京：《建筑创作》杂志社，2006：165

图11-28 大修时揭取屋面观察到的宝云阁屋面构造
图11-29 颐和园宝云阁屋面瓦构造

图11-28　　　　　　　　图11-29

工便捷程度也不一，评价其创造性，应当综合考虑模仿程度和施工便捷程度，具体见表11-3。

表11-3　铜殿屋面构造及评价表

建筑	表现构件	省略之处	翼角椽排布形式	图片	对瓦屋面模仿程度	施工便捷程度	创造性高低
武当山小铜殿	瓦垄、望板、滴水	椽子、瓦当、底瓦	无	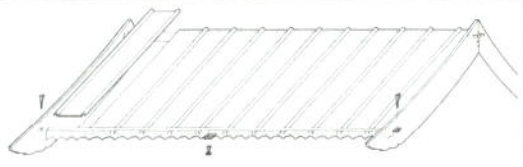	低	高	高
武当山太和宫金殿	瓦垄、瓦当、滴水、望板、檐椽、飞椽、里口木、望板	底瓦叠置形象	放射状排布	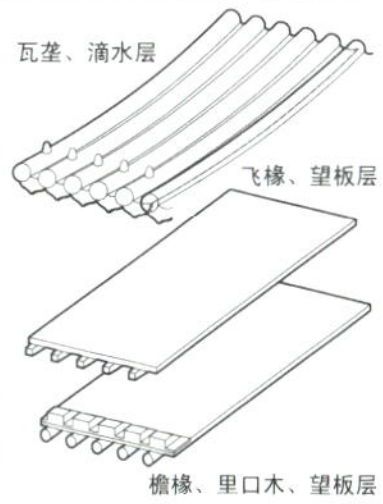	高	低	较高
五台山铜殿	瓦垄、瓦当、滴水、望板	椽子、底瓦叠置形象	无	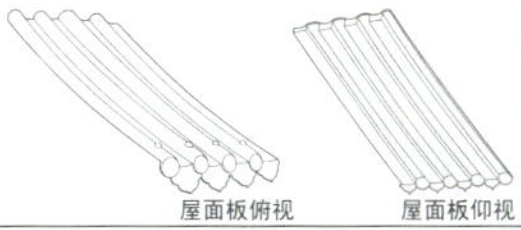	较低	高	高
泰山铜殿	瓦垄、瓦当、滴水、飞椽、檐椽、望板	底瓦叠置形象	平行排布	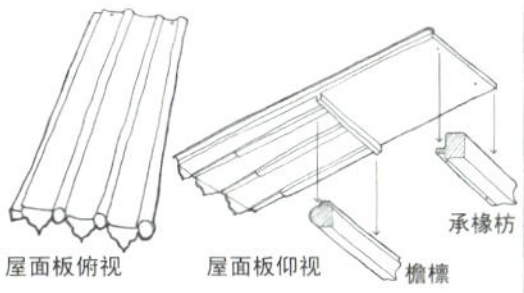	较高	高	高
昆明太和宫铜殿	瓦垄、瓦当、滴水、飞椽、檐椽	—	平行排布	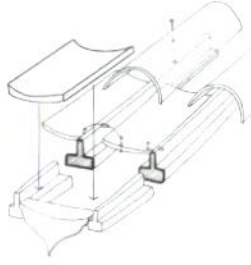	高	较低	较低
颐和园宝云阁	瓦垄、瓦当、滴水、飞椽、檐椽、底瓦叠置形象	—	放射状排布	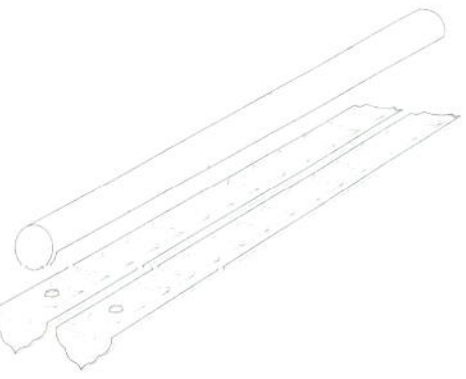	高	较低	较低

注：五台山铜殿应当能代表峨眉山铜殿、宝华山铜殿的情况；从历史照片判断，吴三桂铜殿应当能代表陈用宾铜殿的情况；宝云阁应当能代表避暑山庄宗镜阁的情况。

如表11-3所示：

元、明铜殿屋面使用的是板块构造，清代铜殿使用的是独立铸瓦。就对瓦屋面的模仿程度来说，清代是更高的。但是从施工的便捷性来看，屋面板构造的整合度更高，预制后在现场只需装配拼合即可，而且不使用黏结材料，类似现代建筑外墙面饰的"干挂"构造，省略了配制泥、灰的程序，更利于预制和现场安装。昆明铜殿虽然也是"干挂"构造，但需要逐片挂瓦，比较费工。据此综合评价，元、明铜殿屋面构造的创造性高于清代铜殿。

但要注意，构造的创造性与铸造、施工工艺的高低并不等同。清代的这两座铜殿，屋面构造的铸造和施工工艺都很高。而泰山铜殿虽然在设计上的整合度和创造性更高，实际的铸造工艺却并不高。

是否漏雨是检验屋面设计和施工成败的最基本标准，笔者调查时并未赶上大雨。但从室内陈设情况和对管理人员的访问可知，上述几座铜殿现在大都没有漏雨的情况。

要之，铜殿屋面这种以木构建筑构件的形式为基础，通过约简、概括而形成的新的构造，是针对金属材料的可塑性而进行的适应性创新。

4 交接节点

（1）箍头榫、燕尾榫等榫卯形式

因无法将铜殿的构件拆开验证，所以铜殿的构件交接究竟采用了何种榫卯，只能根据现场观测，结合大木构件榫卯交接的一般规律予以判断。这样仍可较为肯定地推测出铜殿使用的一些榫卯形式。如各铜殿额枋与柱头之间的箍头榫与柱头卯口，搭交平板枋之间、搭交檩条之间交接的卡腰与刻半榫，以及宝云阁内拽枋端头与大抹角梁间较明显的燕尾榫等（图11-30，图11-31）。

（2）销栓

现存大多数铜殿中普遍使用了销栓节点，能代表铜殿构件交接的一大特点。销栓是一种较为简单、易用的榫卯形式，主要应用于角梁后尾与枋子透榫处。

除武当山小铜殿外，所有现存铜殿均是重檐屋顶。重檐构造的下檐角梁后尾都是插入童柱的（如果金柱直升上檐，则插入金柱）。在现存重檐铜殿实例中，一般下檐角梁后尾都做透榫从童柱身内穿过，出头部分用横销或竖销拴住，防止脱榫（图11-32）。只有颐和园宝云阁的角梁后尾虽插入童柱，但没有穿出。

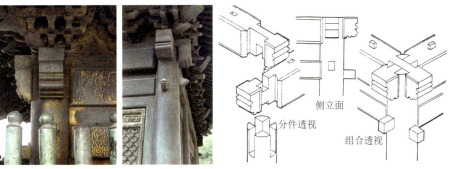

（1）武当山太和宫金殿　（2）颐和园宝云阁　（3）木构建筑额枋与柱交接结点

图11-30　铜殿构件交接与大木榫卯中的"箍头榫"形式对比

图11-31　宝云阁内抱枋端头与大抹角梁间的燕尾榫

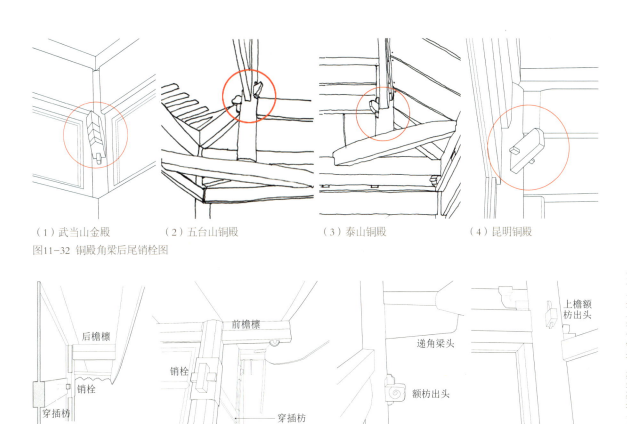

（1）武当山金殿　　（2）五台山铜殿　　　（3）泰山铜殿　　　（4）昆明铜殿

图11-32　铜殿角梁后尾销栓图

（1）武当山小铜殿后檐　（2）武当山小铜殿前檐　（3）五台山铜殿上檐额枋

图11-33　铜殿横向、纵向构件交接节点销栓构造

除了角梁后尾，铜殿的横向构件（枋）穿出纵向构件（柱）的透榫也常用横销或竖销拴住，防止因受侧推力时脱榫。（图11-33）

（3）关于节点的讨论——未能形成技术突破的金属建筑节点

表11-4　铜殿节点销栓运用情况统计表

铜殿	角梁后尾销栓	枋子透榫出头销栓	官式/非官式	所在地	铸造地
武当山小铜殿	—	有	非官式	湖北武当山	武昌、襄樊
峨眉山铜殿	推测有	推测有	非官式	四川峨眉山	荆州
宝华山铜殿	推测有	推测有	非官式	江苏句容	荆陵（荆州）
五台山铜殿	有	有	非官式	山西五台山	南京
昆明太和宫铜殿	有	有	非官式	云南昆明	昆明
武当山太和宫金殿	有	无	明官式	湖北武当山	北京
泰山铜殿	有	无	明官式	山东泰山	北京或泰安
颐和园宝云阁	无	无	清官式	北京颐和园	北京
避暑山庄宗镜阁	推测无	推测无	清官式	河北承德	北京或承德

注：为研究方便，本表实例前5项为民间工匠建造的非官式铜殿，后4项为工部建造的官式铜殿。陈用宾所造昆明太和宫铜殿已不存，亦无可推测依据，故不列入。峨眉山、宝华山铜殿系根据其与五台山铜殿的相互关联性及一致性推测，宗镜阁系根据其与宝云阁的一致性推测。

这里所说的"官式建筑"，是指在工部的工官监督下，由工部的工匠建造的建筑。上表中所列的四座官式铜殿，明代的两座都是皇帝下旨、由工部铸造送至外地组装；清代的两座就位于皇家苑囿中。

由上表可知，铜殿实例中，非官式建筑对角梁后尾销栓、枋子透榫销栓两者均运用较为普遍。而官式建筑对销栓节点的运用表现出了一定的选择性：

第一，角梁后尾加销栓的做法是为明官式铜殿建筑所采用的。这一点从明官式木构重檐建筑中也可以找到验证，如北京智化寺万佛阁的下檐角梁后尾、北京故宫角楼的角梁后尾等（图11-34，图11-35）。

由于角梁本身的趋势是斜向下方的，加之金属表面较光滑，摩擦力小，受到震动时脱榫的可能性较大。因此角梁后尾施以销栓，对于防止滑落脱榫是有必要的。

第二，枋子透榫出头用销栓的做法是明、清官式铜殿中均没有使用的。官式铜殿建筑仍喜用官式木构建筑中的箍头榫等榫卯方式。

不仅在官式铜殿中，就是在明清官式木构建筑中，也难见到透榫加销栓的做法。这一方面是由于在木构建筑中，对于做透榫穿过柱身的枋子可以用加楔的办法将透榫楔紧，使枋子稳固；另一方面

图11-34 北京智化寺万佛阁的下檐角梁后尾
图11-35 北京故宫角楼的角梁后尾（模型）

图11-34　　　　　　　　　　图11-35

图11-36 河姆渡遗址出土的58号木构

可能是因为透榫加销栓的做法比较原始而且暴露，外观不好看，故不为官式建筑所取。

透榫加销栓的形式，本来就是一种典型的"穿斗"构造，这种构造在木构建筑中的使用由来已久，河姆渡遗址即有加销透榫出土（图11-36）。湖北、江苏、云南等南方地区的民间建筑至今仍可见到不少此类木构节点的实例（图11-37）。结合铜殿的地域特征来分析，可知采用透榫加销栓构造的铜殿的铸造地为湖北、云南、江苏，均有使用穿斗构造的传统。相反，这种做法不为北方官式建筑常用，四座北方的官式铜殿因而也就没有采用（武当山金殿在北京铸造）。

透榫加销栓节点的工作原理是销栓通过抵抗剪应力来防止拔榫，其关键在于销栓的抗剪性能。铜合金的抗剪性能良好，这种构造又比较简单，所以几座非官式铜殿均使用了这种节点。

从7000年前河姆渡木构中带有梢钉圆孔的木榫可以看出，中国古代发达成熟的木构节点技术是具有深厚历史基础的，而同时这也意味着依赖性——在改变和创新上将受到一定制约。

回过头看，先秦时期木构建筑采用的金钉连接木构的方法，如果能形成标准化规模生产，相比榫卯来说，其实是更加高效的。但中国传统木构建筑中早就放弃了这一点，而把榫卯的使用发挥到比较极致的程度。这大概是嫌金钉节点一旦装上就不能灵活加工变换；而且节点性质也与榫卯节点不同——中国人大概更愿意接受灵活而富有弹性的榫卯节点，从而放弃了发展木构刚性节点。从施工材料的操作上看，则是精简了节点中使用的材料种类，而全部依靠木材这一种材料。

铜殿的构件交接完全接收、模仿了木构榫卯交接的形式。从木构建筑榫卯"拿来"的箍头榫、燕尾榫、透榫加销栓的构造虽然适用于铜殿的构件交接，但也仅仅是简单地适用而已。铜殿的制造者们既没有以铸造工艺中的焊铸工艺为基础，发展出建筑焊接工艺；

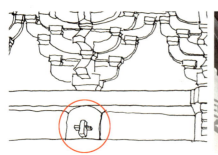   

（1）荆州太晖观正殿上檐　　（2）武当山紫霄宫龙虎殿　　（3）昆明西山灵官殿　　（4）句容隆昌寺戒台殿

图11-37 湖北、云南、江苏等地木构建筑的销栓节点

也没有在应用销栓的基础上探索出更多栓钉形式，如螺栓以及能提供挤压预应力的栓钉（这并非不切实际的幻想，战国就已经有了铜合页，其轴枢就是一种栓钉）；更没有发展出成组使用栓钉的技术，来解决构件之间的刚性连接问题。销栓与螺栓及成组螺栓的区别在于：1.销栓在一组连接节点中，只起配合与辅助作用，起主要作用的还是被连接构件之间的榫卯；而螺栓本身能解决连接节点，从而简化了构造的设计和施工，也能减少对构件截面的削减。2.螺栓能通过挤压提供一定的预应力，增强节点的强度和刚度。这是销栓无法做到的。

合理、可靠的刚性节点，能将金属材料的力学性能更充分、有效地发挥出来。例如，由于金属具有近似各向同性的材料力学性能及良好的抗拉、抗压、抗剪性能，在现代工业中，仅用一组螺栓就能同时抵抗拉、压、扭转等多种复杂的外力，获得可靠的刚性节点。如果做到这一点，将直接或间接使铜殿在高度上、跨度上都能有所突破。

因此，我们可以导出这样一个推论：由于依赖、满足从木构榫卯技术中借鉴来的连接节点，中国古代金属建筑没有发展出能充分发挥金属构件性能的刚性连接节点，使得铜殿建筑在规模上——尤其是在建筑高度和跨度上——都没有产生原本可能产生的突破。

三、表面装銮

铜殿、铜塔、铁塔构件在铸成磨光之后即可进行各种表面处理，包括做金饰或着色。据观察，大面积的表面金饰是在建筑建造装配完毕后进行的，而着色加工则实际上可能在铸造时就开始进行了。

我国古代最常见的金饰工艺一般有镏金、贴金、描金等。表面着色技术则按照需要，将铜器处理成所需颜色。

将本书现场观测到的金属建筑表面装饰情况列表如下：

表11-5　金属建筑表面装銮一览

表面装饰	建筑	年代	位置	现状
镏金	武当山太和宫金殿	明永乐十六年（1418）	周身、内壁	保存较好
	峨眉山铜殿	万历三十一年（1603）	周身内外	近年重新镏金
	宝华山铜殿	万历三十四年（1606）	周身内外	近年重新镏金
	五台山铜殿	万历三十五年（1607）	周身内外	近年重新镏金
	泰山铜殿	万历四十二年（1614）	外壁、屋顶	屋面、吻兽仍可见金色
	长椿寺多宝佛铜塔	天启元年（1621）	外壁	部分部位仍能测出
	霍山铜殿（据文献推测）	崇祯十六年（1643）	"上下皆饰以金"	不存
	藏传佛教建筑的金顶屋面	明、清	屋面、脊饰	保存较好
	南华寺降龙新塔	雍正五年（1727）	塔身	高处几层仍可见金色
贴金	光孝寺西铁塔	南汉大宝六年（963）	外壁	已经检测不出
	光孝寺东铁塔	南汉大宝十年（967）	外壁	已经检测不出
	昆明太和宫铜殿（吴三桂）	清康熙十年（1671）	内壁、室内梁、枋、檩等构件表面	内壁仍可见金色
着色（蟹青玲古色）	颐和园宝云阁	乾隆二十年（1755）	周身、内壁	保存较好

注：考虑到金饰常要等到建筑建成后再做，故本表的年代均为建筑的建成年代。

1　镏金

镏金，就是把金汞齐（即黄金和水银的合金）涂在银胎上或铜胎器物上，经过烘烤，汞蒸发后，金就镀在器物上，使其金光灿烂，这就是我国特有的火镀金法。

考古发现我国早在战国时代已经掌握了其工艺方法。此后各时代均有大量运用。明代的建筑铜宝顶等铜件表面就常有镏金。至清代，随着其他工艺美术的发展而技艺更为提高。乾隆时期出现了繁荣局面，在内务府造办处设有镏金作，供应内廷及园囿的各类活计[37]。

《中国古代建筑技术史》中镏金的操作工序如下[38]：

一、煞（杀）金：溶解黄金。先将黄金捶打成厚度约1毫米以下的薄片、再剪成碎片，把坩埚置炉上加热、烧到坩埚发红时（约400摄氏度左右），把剪碎的金片倒入坩埚内，随之倒入水银（金汞重量比约为3∶8或3∶7）。待黄金全部被水银溶解后，将混合溶液倾入盛有冷水的瓷盆中，混合物就冷却沉在盆底，呈浓稠颜色发白的泥状物，即"金泥"。

---

[37] 孙大章主编.中国古代建筑史（第五卷）[M].中国建筑工业出版社，2002：498-499

[38] 本节关于镏金工艺的定义及工序均系整理自中国科学院自然科学史研究所主编.中国古代建筑技术史[M].北京：科学出版社，1985：314-315

二、抹金：即在铜胎上涂抹金泥。先将铜器表面用磨金炭打磨干净，去掉油垢和氧化皮。然后用镏金用的专门工具"涂金棍"蘸起金泥，再蘸等量盐、矾的混合液往铜器上涂抹金泥，另用细漆刷蘸盐、矾混合液把铜器表面的金泥刷匀，匠师术语叫做"拴"。

三、开金：即蒸发金泥中的水银，使黄金紧贴器物表面。将烧红的无烟木炭盛在编铁丝笼中，用铁棍挑起铁丝笼，围着抹金的地方烤，待抹金面的水银蒸发，冒起一层白烟时撤火，用硬鬃刷捶打，使黄金仍保留在铜面上。捶打到铜器稍冷却，水银停止蒸发时，再烤再捶打，反复三四次，一次要比一次温度高。撤火后，用棉花在上面按擦，擦掉冷凝在铜面上的水银。最后，覆盖金泥的面层逐渐由白色变成淡黄色，水银气化净尽，黄金全部露出，火镀金的工作基本完成。然后再用毛刷沾酸梅水和皂角水刷洗，使镏金层完全干净。

四、压光：即把镀金面的黄金压平，使其牢固和光亮。火镀金是用手工工具涂上的，表面不可能涂得十分均匀，当水银蒸发时，金泥中所含黄金极小的颗粒也可能出现一些空隙，为使镀金牢固耐久，色泽光匀，要用玛瑙（或硬度7~8度的玉石）做的压子沾皂角水，在镀金面上普遍压磨，把极小的黄金颗粒压平，并将水银蒸发时出现的一些微小孔隙挤压坚实。

火法镀金牢固耐久，色泽美丽，大小器物都能应用，而且无需多少设备，方法简便易行。镀金的厚薄可自行掌握，较大的器物不需移动也能镀上。明代的冶铜、镏金手工艺都出现了空前的发展，产生了若干大体积的镏金，如武当山太和宫金殿与北京故宫角楼、中和殿、钦安殿的镏金宝顶都是比较典型的明代镏金作品。

文献中记载：（妙峰）"师素愿范渗金三大士像，造铜殿三座送三大名山。"[39]据《宣炉博论》：

"复有商金渗金之类，其流金之炉非十二炼之铜不流，炉铸成后先以水银和法药薰染入骨，复以赤金制铄成泥，涂之炽火炙逼沁入炉身。其赤金色自浅淡以至深浓，次第薰染十有余次，然后金光耀目，宝色腾眸。所费不赀，岂民间单冶野铸所能彷佛其万一哉。"[40]

《钦定日下旧闻考》亦提到：

"盖宣铸多用蜡茶渗金二色。蜡茶以水银浸擦入内薰洗为之。渗金以金铄为泥，数四涂抹火炙成赤。所费不赀，非民间可能彷佛也。"[41]

[39][明]释德清. 憨山老人梦游集. 卷十六. 见《续修四库全书》编纂委员会. 续修四库全书：1377 册 [M]. 上海：上海古籍出版社，1995—1999：628-632。

[40][明]吕震. 宣德鼎彝谱 宣炉博论. 见：丛书集成初编 [M]：第1544 册. 北京：中华书局，1983

[41][清]于敏中编纂. 钦定日下旧闻考 [M]. 卷一百五十 物产. 北京：北京古籍出版社，1981

图11-38　　　　　　　　　　　　　　　　　图11-39

图11-38 昆明铜殿檩、枋等构件上的金饰
图11-39 昆明铜殿槅扇内壁上的金饰

可见，"渗金"也是用金泥附着于器物的表面，用火法镀金的一种金饰工艺，应当就是镏金工艺。镏金所费巨大，如1990年代对青海塔尔寺进行修缮时，仅小金瓦殿屋顶的镏金面积288平方米，就使用了黄金40公斤，每平方米耗金量为138.89克，镏金费用共402万元[42]。

2　贴金

贴金是用金箔贴饰在被装饰物体表面的工艺。早在距今3000多年的三星堆遗址中就已经有贴金箔的青铜头像。历史上佛教造像常用到贴金工艺，建筑彩画在宋《营造法式》时也已经有了"贴真金地"的制度。

贴金的基本步骤是在施画之前用鳔胶水通刷衬地，待鳔胶干后刷白铅粉五遍，然后刷土朱铅五遍，其次在衬地上刷一层熟薄胶水，然后贴金箔，用棉按实，待金干后，用玉、玛瑙（或生狗牙）磨压、增加其光泽。

现在仍可见到的使用贴金工艺的金属建筑仅有昆明太和宫铜殿。昆明铜殿主体外表面无明显金饰，文献亦未记载铜殿有表面金饰层。但昆明铜殿下檐内壁、梁枋、檩条上均有大面积金色装饰痕迹，位于红色层之上，现已剥落较为严重（图11-38，图11-39）。经笔者取样，由北京大学考古文博学院科技考古实验室分析，推断此金饰为贴金工艺[43]。

昆明铜殿贴金工艺的具体做法，通过体视显微镜分析、红外光谱分析及扫描电镜分析可知：构件表面先上有一层漆；然后是比较细密的很薄的一层有机层，这应当是胶；接着是红色涂层，这是硫

42 姜怀英，刘占俊.青海塔尔寺修缮工程报告[M].北京：文物出版社，1996：76
43 详细分析过程参见文后附录三。

化汞（朱砂）；最表层是金箔。朱砂层与金箔之间是如何结合的，实验没有观察出来。推测朱砂层与金箔之间应当还有一层很薄的胶层。

对比《天工开物》对贴金工艺的记载：

"凡造金箔，既成薄片后，包入乌金纸内，竭力挥椎打成。……凡纸内打成箔后，先用硝熟猫皮绷急为小方板。又铺线香灰撒堰皮上，取出乌金纸内箔覆于其上，钝刀界画成方寸。口中屏息，手执轻杖，唾湿而挑起，夹于小纸之中。以之华物，先以熟漆布地，然后粘贴。"[44]

可知贴金工艺确有在漆层之上进行的，但此处又多用了一层朱砂作为红地。从保存效果来看，朱砂与金箔之间的胶结尚好，但朱砂层整体卷曲、剥落严重，可见在金属建筑表面用漆布地难以持久，可能与此有关。更多的金属建筑表面使用的是鎏金而非贴金。

由于太和宫铜殿历经清光绪年间修缮，因此尚不能确定其表面贴金是否为清康熙始建时所做。

3 着色

明代的青铜器表面着色技术已经十分发达，从明宣德三年工部尚书吕震所作的《宣德鼎彝谱》能够窥知当时能够达到的工艺效果。《宣德鼎彝谱》编著的背景是：

"始宣宗以郊庙彝鼎不合古式，命工部尚书吴中采博古图、录诸书及内府所藏柴汝官哥均定各窑之式更铸。震等纂集前后本末以成此书。"

此次仿制可算中国铸造史的一大盛事，《宣德鼎彝谱》记叙了这种后世统称为"宣德炉"的用料、用工以及熔炼、着色、仿制等事。

如其书后附之《宣炉博论》录有仿古青绿色之工艺：

"宣炉除本色之外，有仿古青绿一种。……老铸工云宣炉仿古青绿者，取内库损缺不完三代之古器，选其色之翠碧者椎之成末，以水银法药等和倾入洋铜汁内，与铜俱熔。器成之后复以青绿朱砂诸色，用安澜砂化水银为汁，调诸色涂抹炉身，令编入猛火次第敷矣。至于五次则青绿之色沁入炉骨，复以白蜡镕化烘渍炉鼎，擦以棕帚，揩以布帛，则内外青绿朱斑坌起。即以利刃剔之亦不遽去。妙者可与三代汉魏之器无殊。"[45]

44 [明]宋应星著，潘吉星译注. 天工开物译注[M]. 上海：上海古籍出版社，1992：265

45 整理自吕震. 宣德鼎彝谱 宣炉博论. 见：丛书集成初编[M]. 第1544册. 北京：中华书局，1983

书中卷二记载了各种着色效果所需的原料，整理如表11-6所示。

表11-6 《宣德鼎彝谱》所载原料与对应着色效果表[46]

原料	着色效果	原料	着色效果
天方国碡磠砂	作鼎彝点染朱砂斑色用	铜绿	作鼎彝点染绿色脚地用
三佛齐国紫点石	作鼎彝点染紫葡萄斑色用	古墨	作鼎彝黑漆古蟹壳青颜色用
渤泥国紫矿石	作鼎彝点染枣斑色用	黄丹	作鼎彝铅古脚地用
渤泥国胭脂石	作鼎彝点染桑椹斑色用	硼砂	作鼎彝水银古脚地用
琉球国安澜砂	作鼎彝点染磨光模坯用	方解石	作鼎彝各色脚地用
金丝矾	作鼎彝点染蜡茶色用	白蜡	作鼎彝发光颜色用
鸭嘴胆矾	作鼎彝点染鹦羽绿脚地用	黄蜡	作鼎彝蜡模坯用
黄明矾	作鼎彝点染蜡茶色脚地用	无名异	作鼎彝青磁色用
白明矾	作鼎彝点染各色脚地用	血竭	作鼎彝朱红斑色用
出山水银	作鼎彝流金商金铄金之用	赤石脂	作鼎彝海棠红脚地用
辰州府朱砂	作鼎彝朱砂斑色	云南棋子	作鼎彝磁泑色用
梅花片石青	作鼎彝点染石青斑色用	云南料石	作鼎彝磁泑色用
石绿	作鼎彝点染石绿斑色用		

据《万寿山清漪园铸造铜殿处用工料比例》，颐和园宝云阁铜殿的颜色为"蟹青玲古色"，不知是否即上表中所记之"黑漆古蟹壳青"色，可惜具体的工艺步骤没有记录。但从上文"仿古青绿"色的处理工艺可以推测，青铜器表面的着色工艺是需要在铸造过程中就开始的；与此不同的是，镏金、贴金等金饰工艺一般是在器物铸成之后才进行。因此，本书推测宝云阁铜殿构件表面的蟹壳青色应该是在构件组装成建筑之前处理上的。

---

46 整理自吕震. 宣德鼎彝谱. 卷二. 见：丛书集成初编[M]：第1544册. 北京：中华书局，1983

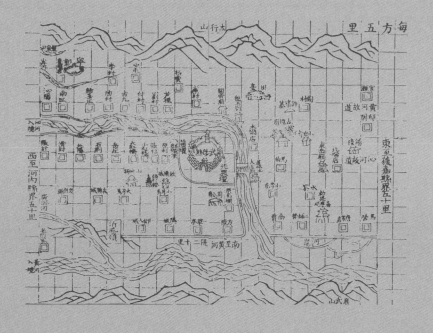

第十二章 捐资者、组织者、施工者：意匠的实现与运作

第十二章　捐资者、组织者、施工者：意匠的实现与运作

本章将从捐资者（赞助人/供养人）、组织者、施工者（工匠）这三方面着手分析，讨论中国古代金属建筑的项目实施，暨由此反映出的建筑"意"与"匠"的实现过程。捐资者、组织者、施工者，在每个金属建筑案例中起到的作用并不完全相同。不同案例中相对强势的一方，会对建造结果产生相对大的影响。这样的作用是从创意之初就开始的，并且贯穿到工程竣工。这个过程，也就是建筑"意"与"匠"实现的过程。

本研究的复杂性在于：皇帝的强力赞助，官宦的赞助，大量普通民众跨地区赞助的介入，使得不同案例呈现出类型化而又各具特色的局面。而更具深长意味的是，工匠甚至组织者，也常常是跨区域活动的，这就使这三方的互动更加复杂而生动起来。金属建筑也就因此成为研究其所在时代社会史的一个非常具体的切入口。本章力图在这个过程中，既关注具体的建筑文化、建筑意匠的实现，又时时观照社会断面的历史。

相比其他古代建筑而言，金属建筑具备得天独厚的条件，能够进行并且应该进行此项研究。这是因为：

第一，金属建筑本身有铭刻的功能，只要建筑在，记录有捐资者、组织者、工匠的铭文一般就能留存。不像其他建筑，依赖碑铭、题记（在少量的情况下，方志对这些信息也有记载）。但碑铭与对应的建筑经常没能同时保留下来，而墨书的题记就更容易漫灭不清。

第二，金属建筑比一般建筑更具文化象征意义，以及"话题性"，能够引发时人的关注。以此为例进行解剖也就更具典型性和丰富性，更能反映当时的社会心态。

第三，对金属建筑的具体分析表明，无论是捐资、组织、施工的哪一方，都常具有跨地区性。这有时与进香的行为紧密相关，有时是当时物质文化风尚的反映。这就尤其适合进行历史地理空间上

的分析，探讨建筑技术与艺术的传播，以及宗教文化的传播问题。

在方法上，笔者的工作分为如下几步：

第一步，在现场仔细寻找建筑上的铭文，并收集一切可能获得的相关碑铭、方志。

第二步，将这些信息全部录入计算机，辨认捐资者、施工者、组织者。

第三步，在数据库中统计、分析捐资者、工匠、组织者的来源，并在历史地图上予以表达。部分案例使用了GIS平台来表达历史地理空间关系。

第四步，结合相关史料和理论，对上述数据和表达出的空间关系进行分析和阐释。

本章在行文上回归到案例分析的方式，按年代顺序有选择地讨论具有典型特征的工程案例。皇帝赞助捐建的例子，在分析武当山太和宫金殿时已经充分论述，本章不再赘述，而更着重分析普通民众赞助与官宦、民众共同赞助的案例。

围绕每个案例，本书将力图透过图像、铭文，以及方志中的相关描述，围绕具体的建筑工程，让金属建筑"说话"，认识到在它们被建造的时代，相关的捐资者、组织者、施工者是如何行动、思考的。从这个意义上来说，本章可能并不是建筑学意义上最具工程技术色彩的一章，但却可能是鲜活生动、引人遐思的一部分。

一、武当山小铜殿：道士米道兴、王道一的运作

武当山小铜殿建于元大德十一年（1307）。小铜殿的铭文特点是槅扇（图12-1）、角柱、屋瓦、地栿、柱础、博风板等多种构件上都有铭文。全部铭文见附录一，其典型格式与内容如正立面槅扇上的这则铭文：

大元国湖北道武昌路归厚坊居奉」道嗣法箓弟子熊克昭，偕室刘氏道真，」男文焕、文炳，穿住合家眷等喜拾资」财铸造铜槅一扇，于」武当山玄帝升天处大顶上铜殿永充供养，」作今生之善果，为后世之津梁，恭愿修」真有庆、道法具行，常居吉庆、永处福龄者。」大德十一年中元吉日，化缘米道兴、王道一题。」武昌路梅亭山炉主万王大用造。

多数铭文表达了信众希望自己的资财能作为铜殿的一部分，"于武当山玄帝升天处大顶上永充供养，作今生之善果，为后世之

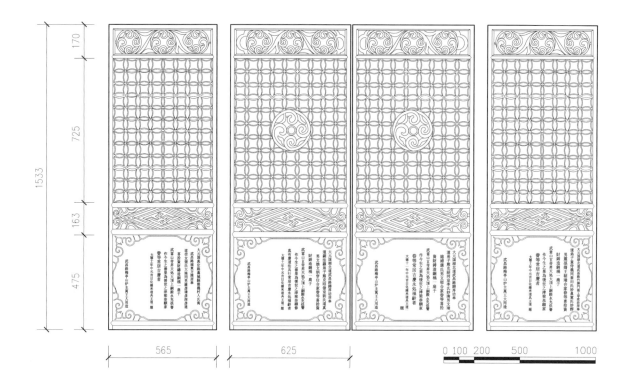

图12-1 小铜殿正立面槅扇门
本图表现的铭文为位置与内容示意，未按字体原状摹写

"津梁"，同时保佑"家眷等常居吉庆、永处福龄"的愿望。现在看来，他们的心愿至少实现了一部分：他们的资财确实借由铜殿之坚固耐久而一直流传了七百余年。

1 捐资者：长江中游、汉水流域的信众

从铭文可知，捐资者是来自湖广行省、河南江北行省、江西行省和江浙行省的平民信士，也有常年在"江河往来船"上的信士。据统计，大部分的信士来自武昌路，其中又以武昌路治所在地江夏县最多，其次是崇阳县；与武昌路一江之隔的汉阳府所占的捐资者比例也不少（图12-2）[1]。这从一个侧面反映出武当真武信仰在元代已经至少拓展到上述四个行省，而核心区域在长江中游、汉水流域。

具体到武昌路江夏县，捐资信士又大部分来自南城，包括望山门（最西侧的南门）内外、竹牌门（最南侧的西门）附近、长街、西街、河街等南城内外地区的捐资记录有15项，占江夏县总数21项的71.4%，占小铜殿所有捐资记录的23.8%。因为地名具有相对的稳定性和延续性，元代武昌路城中的许多地名到了清代仍在沿用，图12-3即以清光绪初年湖北省城图为底图，标示出武昌路城内捐资来源的分布[2]。

图12-3中，西街的尽头有一"武当宫"，始建于宋代[3]。推测当

---

1 底图摹自谭其骧主编. 中国历史地图集（第七册）[M]. 北京：中国地图出版社，1996：3-4
2 底图自刘镇伟主编. 中国古地图精选[M]. 北京：中国世界语出版社，1995：44
3 明《寰宇通志》："武当观在黄鹤楼东，宋崇宁间建，国朝洪武间初建，正统十一年重修。"见：[明]陈循等. 寰宇通志[M]. 卷五十. 第十三页. 台北：广文书局，1968

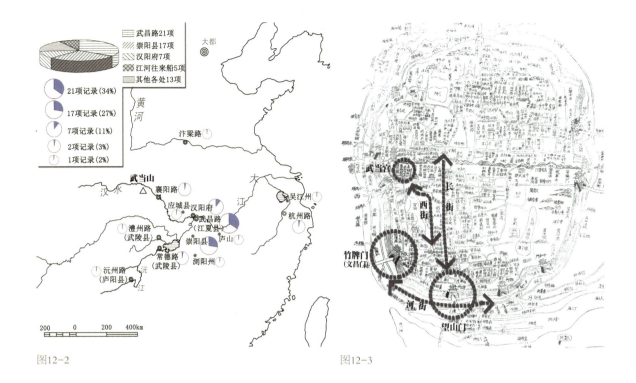

图12-2

图12-3

图12-2 小铜殿铭文记录的捐资者来源分布统计图
地名旁为所占比例；底图摹自《中国历史地图集》元时期图

图12-3 武昌路城（江夏县）内捐资者来源分布图
底图：光绪初年湖北省城内外街道总图

年道士到武昌来化缘时，可能会以武当宫为活动驻地。而铜殿铸造地又在武昌路城以南的梅亭山上（图12-4）[4]。道士往来于武当宫与梅亭山，其之间的区域自然就成为他们在武昌路募化的主要活动空间。

2 施工者：两家金火匠

小铜殿正面槅扇上的铭文表明，铜殿由"武昌路梅亭山炉主万王大用造"（铭文1、2、3、4号，图12-1）。梅亭山在武昌路城外南五里[5]，一说在"高观山南三里，中和门子城上"[6]。

对梅亭山的这位作坊主来说，要铸造一座铜殿，恐怕是一件前所未有的委托。我们无从得知小铜殿建筑的设计者究竟是他还是另有他人，但对于他来说，只要合理地将铜殿化整为零，以他的铸造技术，铸造每一件构件都不是难事。在出色地完成了任务后，梅亭山炉主把他的姓名留在了小铜殿的最显眼之处、也是他的得意之作——每一扇毬纹槅扇门的裙板上。

因此，700年后的今天，今人仍能轻易认识到梅亭山炉主的"著作权"。然而，现有的所有研究却均未发现小铜殿的另一位铸造者——"襄阳府西关住金火匠人阳□易泰"。他的名字刻在小铜殿南侧鸱尾旁的正脊表面[7]（图12-5）。可以肯定，除了两个鸱尾外，

[4] 底图自［清］裴天锡，罗人龙.［清康熙二十六年］湖广武昌府志.图考.北京：国家图书馆.清康熙二十六年（1687）刻本
[5] ［清］裴天锡，罗人龙.［清康熙二十六年］湖广武昌府志.卷二.第二页.北京：国家图书馆.清康熙二十六年（1687）刻本
[6] ［清］陈元京，范述之.［乾隆五十九年］江夏县志.卷一山川.第三页.北京：国家图书馆.清乾隆五十九年（1794）刻本
[7] 转运殿内光线昏暗，笔者使用高倍数码照相机，配合图像增强处理软件，才勉强辨认出。另一侧鸱尾亦有铭文，然而在笔者的考察条件下已难以辨认。盼当地文物行政管理部门能清晰采集到这两处铭文，并尽早予以公布。

图12-4
图12-5

图12-4 小铜殿铸造地点与捐资者分布区域
底图：康熙二十六年江夏县图。竹牌门明嘉靖后改称文昌门。
图12-5 小铜殿鸱尾旁的铭文

组成星宿图案的正脊也都是他的作品。屋脊与鸱尾的图像具有丰富的内涵，而且在艺术风格和水平上颇异于屋面以下的部分。"襄阳金火匠人"铭文的发现，正可以合理解释这一现象出现的原因。

至于为什么组织者会委托异地的两家工匠来建造小铜殿的不同部位，铭文没有记载。或许可以推想，是因为这位襄阳金火匠人的设计，比梅亭山炉主的设计更令组织者米道兴和王道一满意。

3　组织者：道士米道兴、王道一

铭文表明，道士米道兴、王道一组织了小铜殿的募化活动。前文已经分析，捐建者主要集中在武昌路及其周边府、县（共45项捐建记录，占总数的71.4%），以及襄阳路、常德路（各2项记录）。襄阳路属于从武当山到武昌路的必经之路，常德路沿水路亦可方便到达。而其他各地，捐建记录各仅为1或2项[8]，且路程也较为遥远，因此估计两位道士可能并未前去化缘，而是当地的信众来武当进香时捐的资。

他们外出募化，应当走的是水路，在武昌路梅亭山造好铜殿的大部分构件后，沿汉江返回。途经襄阳时，再取到铸造好的鸱尾和脊筒，带回武当山组装。正因为走的是水路，所以也有机会从一些"江河往来船"上的信士那里募到捐助（5项，占总数的7.9%）。

小铜殿的建设工程，从创意到募捐到实施，应当全是由道士米道兴、王道一组织和操作的，而非源自香会会首或某位捐资者。这从铭文格式可以看出，绝大多数铭文是每户捐资者自成一则，内容包括捐资者姓名、籍贯、住地、认捐构件、组织者，以及捐赠日期。多名捐资者合成一则的情况仅有武昌路崇阳县（铭文20号）。

8 杭州路的两项记录为同一家人，见铭文7、37号。

这说明，米道兴和王道一大多是一家一家化缘的，而不是以香会或其他宗教社团为单位去化缘的。记录有多名捐资者的铭文20号中，在两位道士的名后还有一位"上清大洞宝箓嗣真女官劝缘王氏静常"，这应当是崇阳县本地信众组织中的负责人或联络者，她可能帮助组织了崇阳县的募捐。

从"守、道、明、仁、德……"[9]的辈谱来看，米道兴和王道一应为武当山元代著名道士张守清的徒弟辈道士。张守清组织募建了南岩宫[10]，他们则为南岩宫募化了铜像一座，在江西庐陵铸成，运回武当供奉[11]。可见在募建小铜殿之前，他们已有外出化缘募捐的经验；而在小铜殿建成的十年之后（1317），他们又为天柱峰大顶修葺地面，再至襄阳募捐（铭文49号），可谓尽心尽力。

在一些铭文中出现了"劝缘张守真"的字样，并列于"化缘米道兴、王道一"之后（铭文24、25、46号）。这位"张守真"可能是张守清的师弟，而非宋代天师道第三十二代传人张守真。

小铜殿通过建筑本身对南斗、北斗、三台符号（或"太一"符号）的表现，以及对具有"复古"意味的鸱尾的使用，充分昭示其作为玄武大帝供奉场所的道教建筑特征。从米道兴和王道一在这座小铜殿上倾注的大量心力，以及小铜殿对道教装饰意象的准确理解和使用来判断，设计意图和手法应当来自这两位道士。他们意图通过这些深具古意的图像，确保信众们相信：他们"喜舍资财，永充供养"的这座位于"玄帝升天处"的铜殿——也许是他们见过的第一座全用青铜建造的殿堂——并不是道士们异想天开的产物，而是一座有着古老传统的神殿。在有限的资金和场地限制下，设计者无法通过增大建筑的规模或给建筑镏金、贴金的方式来提高建筑的"等级"或"形制"。这时，使用一套具有古意的图像，就成为提升建筑品质和品位的有效策略，从而巩固崇奉对象、教派的正统和权威地位。

小铜殿体现的这种通过在建筑中使用"复古"图像以建立宗教正宗性、权威性的模式，值得今后用更多案例进行探讨[12]。

二、泰安天书观铁塔：供奉碧霞元君的豫西北信众

泰安天书观铁塔造于明嘉靖十二年八月（1533），是一座供奉碧霞元君的道教铁塔。虽然仅存三层塔身和一层铁须弥座，泰安铁塔的铭文还是提供了包括铸造者、铸造地、河南的主要会首，及泰安当地的协调者等丰富的信息。在塔前用肉眼观察，第3层上的文字已是能识别到的极限；而且这三层塔身上捐资者、组织者、施工者

---

9 见杨立志. 三山滴血派与武当清徽派 [J]. 郧阳师范高等专科学校学报. 2000, 20 No.5(10): 6-8

10《武当福地总真集》卷中"三十六岩"："紫霄岩，一名南岩，一名独阳岩，在大顶之北，……品列殿宇，安奉祐圣铜像，绘塑真容，至元甲申 [元至元二十一年，1284年]，住岩张守清，大兴修造，叠石为路，积水为池，以太和紫霄名之。"见中国武当文化丛书编纂委员会. 武当山历代志书集注（一）[M]. 武汉：湖北科学技术出版社，2003：17

11 据《武当福地总真集》卷中《三十六岩》："紫霄岩，一名南岩……品列殿宇，安奉祐圣铜像"。原文"祐圣铜像"后有注云："元真乙未，方士王道一、米道兴，募缘众信，于庐陵铸成。""元真乙未"，即元成宗元贞元年（1295年）。

12 巫鸿在讨论中国艺术和视觉文化中的"复古"模式时，总结了四种体现复古意图的模式："第一种模式体现在复古主义与儒家学说的紧密关联中"；"第二种体现复古意图的模式是不断出现的复古与'华化'的联系"；"复古意图的第三种模式反映在文人画家和书法家持续不断地再造古典风格的努力中"；"第四种复古意图的模式可以在那些使中国加速转变为现代民族国家的艺术和建筑项目里找到"。小铜殿的图像所代表的"复古"模式并不能为上述四种模式所概括，而体现的是宗教系统中的建筑项目、艺术作品与正宗性、权威性的关联。巫鸿著，梅玫、肖铁、施杰等译. 中国艺术和视觉文化中"复古"模式. 见：时空中的美术巫鸿中国美术史文编二集 [M]. 北京：生活·读书·新知三联书店，2009：3-30. 作者在文中仅提出这四种模式，但强调"绝不排除还有其他模式的可能"。

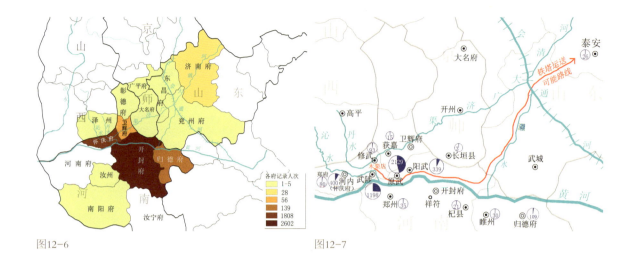

图12-6
图12-7

图12-6 泰安铁塔捐资者来源分布统计图（各府、州）
图12-7 泰安铁塔捐资者来源分布统计图（各县）
数字表示各县人次

等各方记录又已经齐全，因此，有理由相信，这三层塔身上的内容能够代表泰安铁塔原有铭文记载的大致情况。

本书从泰安铁塔上统计出168则铭文（行文中每出现来源地一次，辄计为一则），具体内容见附录一。所有可识别来源或所在地的人次总数为4649人次（包括捐建者、工匠、组织者等），另有字样模糊、未提来源地或所在地的记录80余人次。

1 捐资者：豫西北的信众

泰安铁塔捐资者最主要的来源地是豫西北的怀庆府、开封府。这是泰山碧霞元君信仰传播至中原腹地的重要证据。

从能够查明的有效铭文中统计得出，来源人数较大的为：怀庆府的河内县477人（包括明郑王府的藩属80人），武陟县1198人，修武县93人；开封府的原武县2129人，阳武县339人；归德府109人，等等。可见，信众首要的来源地是开封府的原武县，怀庆府的武陟县，以豫西北接壤的这两县为中心，向周边扩散，并顺交通线向山东拓展。（图12-6、图12-7，底图均摹自《中国历史地图集》明时期图）铁塔造好后，可能是通过广济渠运到山东的。

开封府原武县来自县城的捐资者有700人左右，占全县数量的33%；怀庆府武陟县的情况则不同，来自县城的捐资者只有40人左右，只占该县总数的3%，其余的1150余人，都来自县域内的村、镇。亦即：原武县的捐资者来自县城、乡村、市镇的数量比较平均；而武陟县的捐资者主要来自县内各乡村、市镇基层。图12-8以清道光《武陟县志》卷三所录之"武陟县地舆全图"为底图，综合"武陟县二十里全图"等图中的村镇信息，表达武陟县县域范围内

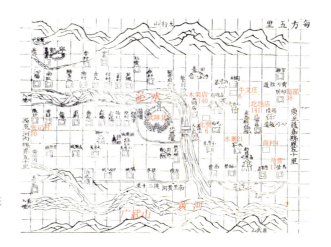

图12-8 武陟县域范围内捐资来源分布统计图（乡村、市镇）
数字表示人数

的捐资来源。虽然明代有些地名在这些图中已经找不到，但仍能定位木栾店、圪垱店等重要地点。

原武县还有来自工匠团体的捐资记录，见铭文88号。各色工匠中铁匠最多，连家眷共24人，金匠及家眷共8人，绳匠及家眷9人，绒线匠5人，木匠及家眷18人。这一方面可能说明由于项目的特性（造铁塔），铁匠更倾向于为此捐资；另一方面可能也可以反映该地区的冶铁从业者要比其他行业的从业者多一些。

2　组织者：河南的会首

与武当山小铜殿不同，道士并不是泰安铁塔工程的组织者或倡议者。从捐资者名录的记载格式即可看出，名录格式比较严整，各组普通信众之前记有会首或社首之名（或记为"善人某某"），而无道士之名。可见各县以下之基层香会在其中起了重要的组织作用。考虑到普通民众的进香活动本身也常以香会为基本单位来进行，泰安铁塔工程的此种募捐方式应当是与进香活动的组织结构相适应的。

这些会首之中，值得注意的是武陟县宝家湾善人宝学，在铭文中共出现了5次之多。相应的，宝家湾也是所有基层地名中捐资人数最多的一个，达到342人次（扣除了宝学本人重复的4次）。可见基层香会会首在此种募捐活动中的活跃程度将直接影响募捐的数量。

在众多的会首、社首、善人之中，必然有个别在更高层级推动和操作的组织者，以与工匠实际交涉，以及与泰安铁塔安放地的道教组织实际接洽。从铭文的书写来看，铁塔第2层第一排的铭文与其他铭文相比，字大且清晰疏朗，各面还有统一编号"其三""其六"等，地位显然较其他铭文更加显著。这一排铭文记录的捐资者来自武陟县木栾店，铁塔正是在此铸造。见铭文第46号：

"大明国河南怀庆府武陟县木栾店南头三官庙安炉铸造宝塔。"

来自木栾店的某些捐资者，可能就起到了与工匠接洽、督工的作用。如铭文32号及33号的记录：

"木栾店督工施主善信人：曲宏、曲寅、曲成、曲书、苏淮、时来、曲臻。"

"三官庙持道士刘□□，善友□□、妻张氏，道士梁高弼，善友祁臣。"

铁塔的建造得到了泰安本地碧霞祠道众的支持，录有"泰山灵应宫焚修住持李泰辉……""碧霞灵应宫住持吴玄姜"等20余位道士名录（铭文15号）。灵应宫是泰山碧霞元君祠的下院，即泰山铜殿于明末所移置之灵应宫。

这些泰安道士的姓名也均为阳文，说明在铸造之前，河南怀庆府、开封府的香会就已经与泰安建立了联系。推测是河南香客往年到泰安进香时确立了造塔意向，后将道士名录带回河南，铸造铁塔时刻上的。

虽然天书观于明正德年间（1506—1521）已与天书无关而改祀碧霞元君[13]，但在泰山铁塔的铭文中却未见天书观道士的名字，而只有灵应宫道众之名。这可能说明，天书观在当时主要由灵应宫道众管理[14]。

3 施工者：怀庆府河内县的金火匠

铁塔的铸造匠人见铭文第44号：

"河南怀庆府河内县清上乡李封村金火匠张庆、张英、张增、张宝、张祐、张杲；金火匠刘得川。大明嘉靖十二年八月吉日造。

坯匠［瓦匠？］王堂、殷氏。信人孙美、韩氏。"

铁塔北面第3层倚柱上也有匠人的名字，见铭文第165号：

"金火匠人刘得川；李封村金火匠张祐。"

可见，这里也有两组金火匠人，一是河内县李封村的张氏金火匠人，另一是金火匠人刘得川。另有一位"坯匠"或"瓦匠"，有可能是建造砖芯的匠人（此处尚存疑）。铁塔的铸造地前已述，在

13 "正德间，即其中为元君殿。尝谴中官致祭，有御祝文勒殿东壁"。见［清］聂剑光.泰山道里记，乾隆癸巳年（三十八年，1773）.第三十九页，聂氏杏雨山堂。
14 对此有待更进一步的研究。此问题并非无关紧要，它是碧霞元君信仰在当时的流行程度、教团势力的证据。

"怀庆府武涉县木栾店南头三官庙安炉铸造"。金火匠来自怀庆府河内县，铸造地木栾店位于怀庆府武陟县。工匠是从较西（较远）的河内县请到武陟县来铸造铁塔的，造完向东运至泰安。整体的移动方向符合逻辑（图12-7）。

木栾店位于武陟县东十里，与武陟县城隔沁水而望，是沁水入黄河口较为重要的码头。这里是山西、河南物资交流、转运集中之地，交通方便、物资丰富。因此可能选择在此铸造铁塔。考"木栾店南头三官庙"，据明代《重修三官庙记》[15]，始建于元代，明正德元年（1506）当地人商议重建，位于木栾店东南巷口。三官庙本身规模不大，记载也不多，值得一提的是正德元年负责修庙的督工者："既定修庙之事，乃推道士郜某，居民曲洪、王聪董之。"这里的居民曲洪，可能与前揭泰安铁塔铭文32号中的几位曲姓"督工施主善信人"有关。这或许能为解释为何铁塔在三官庙生炉铸造提供了一点线索。

武陟县、原武县并非没有铁匠（铭文88号就有原武县铁匠的记录），为什么要去请河内县的工匠？这可能是因为在组织者看来：河内县是怀庆府府治所在，工匠更集中；而且离山西泽州更近（怀庆府北与泽州接壤），工匠可能水平更高。泽州是具有悠久历史的冶铁中心，关于泽州的冶铁传统，详见本章稍后对咸阳千佛铁塔铸造工匠的讨论。

与出于两位道士精心运作的武当山元代小铜殿相比，泰安铁塔的组织者并非道士，而是豫西北的善信人。他们通过村社、香会等基层组织和民间宗教团体，在募化的规模和效率上都大大高于道士依靠自身的募化。但在设计水准上，与其他几座明以前的铁塔相比，泰安天书观铁塔虽然在结构和内部空间方面更进一步，但建筑形象和艺术水平与之前的铁塔相比明显存在一定差距。尤其是其建筑形象和象征装饰，既没有模仿刻画斗栱、柱枋，也没有使用艺术水平较高的造像、浮雕或纹饰。这倒未必全归咎于工匠的铸造水平，而更应当追究组织者（亦即督工者）的责任。这是因为：

一方面，对于金属建筑这种非经常性的委托项目来说，工匠很可能根本没有可供参考的适当的经验——即使他有很高的铸造技术。因此最终成果的形式很大程度上来自委托者提出的具体要求和期望。

另一方面，对于宗教建筑这一建筑类型来说，其手法、宗教思想和象征意义的运用和表达，既来自造庙工匠的技术水平和专门化的经验，更重要的是来自委托者对宗教的理解，及其对宗教艺术表达的诉求。因此教内的道士、僧人，以及对宗教思想有较深入认知

---

15 见：[清] 王荣陛修，方履籛纂．[道光] 武陟县志．卷十九古迹．第十二页至十三页，道光九年刊本，见：中国方志丛书·华北地方·第四八一号 河南省武陟县志 [M]．台北：成文出版社有限公司，1976：778-779。"三官庙……一在木栾店"。有何瑭《重修三官庙记》："曰武陟之木栾店东南巷口旧有三官庙一所，盖元时之所建也。国朝永乐初年庙貌倾圮，遗址尚存。正德改元上元之夜，市人毛雄、张瑄、郭洎共议修复。……其[地]东西十一丈，南北九丈。既定修庙之事，乃推道士郜某，居民曲洪、王聪董之。……乃起立正殿四楹，中塑三官像，东大王殿四楹，东子孙殿四楹，道院房数楹，钟楼二楹，约费银三千两。"

的（或见过较多寺庙的）官宦，都可能提出一些切中肯綮的、具体的设计要求和思路。而一般的平民信众，相比之下则可能缺乏这方面的能力。

三、妙峰三铜殿：禅师的夙愿与大半个中国的行动

与前两个案例相比，妙峰禅师于万历三十年至三十五年（1602—1607）组织募造的三座铜殿则兼有了两者的长项：既是僧人组织监造，又有大规模的募化，还从冶铸业发达的地区延请了工匠。然而，与前两个项目以及其他金属项目都不同的是，妙峰禅师发起的这组铜殿建造项目，其影响、涉及的区域和人员层次，远远超过了其他项目，可以说席卷了大半个中国。妙峰禅师是今天解读这三座铜殿的关键人物。

1 组织者：热衷工程且偏好砖石、金属材料的妙峰禅师

妙峰禅师是明万历年间活跃的著名高僧，成名后热衷于造道场、津梁等工程。这三座铜殿创建的直接原因是出自他的个人心愿，且铜殿的化募、铸造、安装都由他一手组织，因此有必要结合文献对妙峰禅师其人作一番考述。

万历年间另一位著名高僧憨山大师释德清与妙峰禅师交好，作有《妙峰禅师传》，收入《憨山老人梦游集》，可资考证妙峰之生平[16]。《宝华山志》《峨眉山志》也都录有相关内容，而《宝华山志》所录之憨山大师《妙峰禅师传》比《憨山老人梦游集》中的更通顺、完整，似版本更佳。从中可知：妙峰俗名福登，别号妙峰，山西平阳人，姓续氏。福登生于嘉靖十九年（1540），入灭于万历四十年（1612），寿七十三。他年少失怙，十二岁出家，后至山西蒲坂万固寺受业修禅，为山阴王朱俊栅（代国藩王的支系，别城蒲州）所器重。修行初有所成后，至南方游历修行。在此期间因水土不服，遍身生疥，几乎病死于宁波。据释德清《梦游集》，妙峰在此时有大参悟，释德清本人随后于隆庆元年（1567）在南京天界寺与妙峰初识。

隆庆六年（1572），憨山与妙峰于京城重逢。次年憨山随妙峰同带《北藏》藏经归蒲州（蒲坂），后同赴五台修行。

适逢万历皇帝求皇储，"先遣官于武当，圣母遣官于五台，时会方集于新寺"。妙峰与憨山二师，"以是年冬十一月［万历九年，1581］启会于塔院，明年壬午春三月［万历十年，1582］圆

[16]［明］释德清. 憨山老人梦游集. 卷十六. 见《续修四库全书》编纂委员会. 续修四库全书：1377 册[M]. 上海：上海古籍出版社，1995：628-632.

满，期百二十日。九边八省缁白赴会者道路不绝。每食不减数千人，从前所未有也"。二人以此成名，遂往隐居。憨山赴南方，妙峰赴芦芽山。十月后皇子降生，二人求储成功，自此与皇家结下因缘[17]。后慈圣太后派人访得妙峰出山，自此妙峰名声大噪，组织建设了一系列津梁、佛寺工程，"凡大工程他人不能成者，一请登料理，不久便即成。成则去之，不复过问。一生所兴大道场十余处，并其它工程"[18]。

文献载妙峰所兴工程略如表12-1所示[19]。

表12-1 史载妙峰所兴工程表

年代	建筑类型	项目名称	历时	工程概况
晚于万历十年（1582）	铁塔	山西芦芽山华严寺，铁塔	—	于山顶造万佛铁塔一座，高七级。达观禅师手书法华经安奉其中
晚于万历十年（1582）	砖塔、木构	蒲坂万固寺大佛殿、舍利塔	3年	重修舍利塔十三级，高三百尺。"新殿高十三丈阔九尺，其制中间但立四柱，见者以为神工"
晚于万历十三年（1585）	砖石桥	陕西渭川十三孔桥	2年	三原大中丞廓庵李公请建渭河桥梁
晚于万历十五年（1587）	石窟	山西宁化石窟	—	"深广高下各三丈五尺，雕华藏世界十方佛刹图、万佛菩萨像，精密细妙"
晚于万历十五年（1587）	砖石桥	宣府大河桥三十二孔，两重	—	"宣府大河边地入中国者，兵马防秋水势汹涌最难渡，由是两院议建桥梁。以闻师有渭川之役，大将军亲诣山请师。师应命至，度之水阔沙深，力颇艰，乃建桥三十二孔两重，以防大水"
始建于明万历三十年春，三十一年秋建成（1602—1603）	铜殿	峨眉山铜殿	1年	（沈）王欣然愿造峨嵋者，即具辇重送师至荆州，听自监制，用取足于王，殿高广丈余，渗金雕镂诸佛菩萨像，精妙绝伦，世所未有
万历三十三年至三十四年（1605—1606）	铜殿、砖殿	宝华山铜殿、无梁殿	1年（仅铜殿）	（大中丞齐宇王公）即愿助南海者，乃采铜于蜀，就匠氏于荆陵。工成载至龙江，先遣役往侦普陀，彼僧力拒之，不果。往遂卜地于南都之华山，奏圣母赐建殿宇安置，遂成一大刹
万历三十三年至三十五年（1605—1607）	铜殿、砖殿	五台山铜殿、无梁殿、七处九会大殿（大无梁殿）	1年（仅铜殿）	"乃就龙江造五台者，所施皆出于民间，未几亦就。乙巳春（万历三十三年1605），师恭送五台，议置台怀显通寺，即古大孚灵鹫，乃清净主刹也"
约万历三十三至三十七年（1605—1609）	石铺大路、桥，接待院、茶庵（木构）、砖阁	五台山道路、阜平县桥、接待院、龙泉关外惠济茶庵、龙藏砖阁	—	"于是溪设桥梁，石铺大路三百余里。修阜平县桥，赐额普济。建接待院一座以为往来息肩之所。又于龙泉关外忍草石建茶庵敕赐惠济院。……随蒙颁赐龙藏建砖阁安供，后创七如来殿"
约万历三十三至三十七年（1605—1609）	木构殿阁	阜平慈佑圆明寺	—	"又于阜平立长寿庄，奉圣母建ള阁，前后七层。范接引弥勒像，高三丈六尺。山门、钟鼓、两廊、寮舍，规模宏敞。又为一大道场，赐额慈佑圆明寺"

17 [清]刘名芳. [乾隆]宝华山志. 卷十二. 第一页至十四页. 台北：文海出版社，1975：473-499
18 印光法师编. 峨眉山志. 卷五. 上海：国光印书局，民国二十三年秋月（1934）：第十三页
19 表格内容综合整理自[明]释德清. 憨山老人梦游集. 卷十六. 见《续修四库全书》编纂委员会. 续修四库全书. 1377册[M]. 上海：上海古籍出版社，1995：628-632；[清]刘名芳. [乾隆]宝华山志. 卷十二. 第一页至十四页. 台北：文海出版社，1975：473-499；及印光法师编. 峨眉山志. 卷五. 上海：国光印书局，民国二十三年秋月（1934）：第十二至十三页. 《梦游集》版多有脱字，且细节不如《宝华山志》所录版完整、连贯。

续表

年代	建筑类型	项目名称	历时	工程概况
同上	石桥	崞县滹沱河大桥	—	"适山西抚台孚公请修崞县要路滹沱河大桥，长五里"
约万历三十三至四十年（1605—1612）	木构、砖塔	山西省城大塔寺殿宇	—	"工竣又修省城大塔寺殿宇"。此工程也包括砖塔，即太原永祚寺双塔
约万历三十七至四十年间（1609—1612）	砖石桥	会城桥	—	"晋王请修会城要路，桥长十里。工未成，壬子秋九月，师以疾还山，乃料理所建道场，立为十方丛林，各得其人"

由于妙峰禅师之"福德智慧与其忠诚"，"上自皇帝宰辅以迄士庶，无不敬仰信从而乐施之"[20]，也更因其曾为万历皇帝启会求储成功，与皇家结下因缘，慈圣太后还发内帑为他创建的三座铜殿赐建配套殿宇设施。

从文献和实际遗存的建筑来看，妙峰禅师兴建的工程中，木、铁、铜、砖、石各材料类型的建筑均有，而以砖石类的塔、桥、无梁殿多为擅长，对金属建筑也敢于涉及。可以说，妙峰禅师是活跃于万历年间的一位偏好使用砖、石、金属的知名"甲方建筑师"。

妙峰禅师的材料偏好可能与其监造的追求永久、坚固的宗教建筑和道桥有关。而也正由于妙峰在上至皇帝宰辅、下至士庶的社会各阶层中的知名度，他发起的这场峨眉、宝华、五台三座铜殿的捐建行动才能既深入基层，席卷大半个中国，同时又获皇室资助。

妙峰禅师的记录留在了铜殿脊檩下皮的显要位置（819号）：

"明万历三十五年岁次丁未六月十六日未时吉旦，赐紫沙门福登、钦依赐紫皇坛讲经沙门法须，仝立。"[21]

法须是圣光永明寺（显通寺）第一代方丈，其名号还见于铭文第478号：

"钦依赐紫皇坛讲经传贤首宗第二十六世兼僧录司左讲经督理，敕建护国圣光永明寺第一代十方主人法须。徒昌住、母吴氏，昌性□□□□丘贤。"

2 捐资者：来自"两京十布政"的募捐与铜殿的运送转移

峨眉山铜殿、宝华山铜殿惜均已不存。但仅现存的五台山铜殿铭文，本书就录有两万余字。这两万余字包括本书录出的官员、宦官、僧侣、工匠，以及排在首位的会首和家长的职衔、法号、姓名，而未完全包括诸多平民信士的名字，因此实际铭文数估计在

20 印光法师编. 峨眉山志 [M]. 卷五. 上海：国光印书局，民国二十三年秋月（1934）：第十三页

21 五台金殿门槛上还刻有"山西蒲州万固寺比丘……"字样，惜已无法看清。妙峰禅师于蒲州万固寺受业，这条铭文也有可能是关于他的记录。

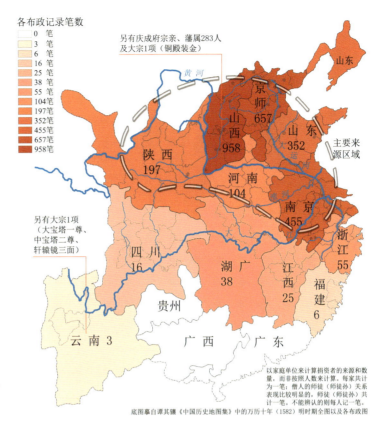

图12-9 五台铜殿捐资者来源分布统计图
布政级

2.6万字以上。笔者逐一统计出了819则铭文，共2866笔记录，全文见附录一。本书在GIS平台上对五台山铜殿的捐资者来源进行了表达，分布政、府、州县三张图，从不同尺度观察捐资者分布情况及其体现的铜殿运送路线（图12-9，图12-10，图12-11）。

从图12-9布政这一级的分布统计图首先可以清晰看出，五台山铜殿的捐建者确实来自全国大部分地区，西南至云南的大理府、永昌府，东北至辽东都司，而尤以山西、京师、南京、山东、河南为众。

在府的层面（图12-10），则可看到顺天府、太原府、汾州府、平阳府、扬州府、大同府、东昌府、西安府的记录都在100笔以上（实际上都超过140笔）。顺天府除了境内的266笔（图12-11）外，还要加上来自后宫及内府系统的127笔，达到393笔。

图12-11则集中表达了捐款数量大于等于19笔的州、县级单位（府治的附郭县用府名表示）。可以看出，捐款集中的州县级单位主要分布在南京至北京，以及北京至太原之间，太原至西安之间也有不少数量。南京至北京沿线，北京至宣府、大同沿线，太原至平阳、蒲州、西安沿线府县的捐建记录明显高于其他府县。这三条线分别是以京杭大运河、桑干河、汾河为交通线的。还原到当时的情

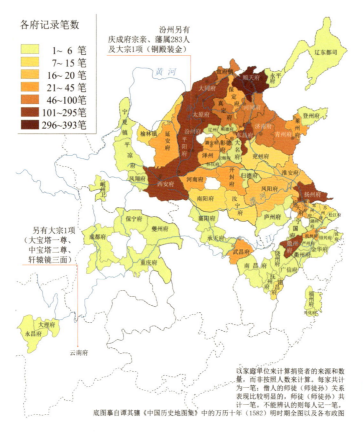

图12-10 五台铜殿捐资者来源分布统计图
府级

境，可以得出如下几点推论：

第一，五台山铜殿造于南京，构件装船沿京杭大运河运送到北方，沿途收集募捐。因此扬州、临清、顺天府各沿运河州县均有较多捐款记录。

第二，运送铜殿和募捐的具体路线有两种可能：

一是妙峰运送铜殿至北京，募捐到大量捐款后，走宣府、大同，从雁北进入山西，到达五台山；之后妙峰自己沿汾河顺流而下，一路募化，过汾州、平阳，到妙峰禅师受业之蒲州（也是其最初的支持者山阴王所在地），再至陕西泾阳县，然后折返五台山。

另一可能是，装铜殿的船不必至北京，而在临清就折向西，沿卫河进入河南卫辉府，再向西过孟津、渑池，走陆路或水路至蒲州。从蒲州顺汾水北上，过平阳、汾州、太原，到达五台，沿途又募到大量捐款。之所以这样推测，是因为这条由山东穿豫北至蒲州的路线正是妙峰和憨山1573年从京城送藏经至蒲州的线路，而那次送藏经，妙峰就曾撇下藏经，与经车分头行动[22]。

第三，铜殿上的铭文全是阴文，是沿路收集捐款，等铜殿在五台山安奉后才将捐资人姓名刻上的。沿途捐资人众多，名单数量甚巨，因此铭文中出现了一些抄写串行、同音错字的现象。

22 "予[憨山]先登舟，径长发。师[妙峰]追至德州乃之。送同行至卫辉，从陆载小车二十辆随之。……及渡孟津，予别往少林谒初祖。至渑池，师即前行，撇下经车，嘱仆夫云待后师至，随之。……及至蒲坂，王见予甚欢。" 见：[清]刘名芳.[乾隆]宝华山志.卷十二.第五页至六页.台北：文海出版社，1975：482-483

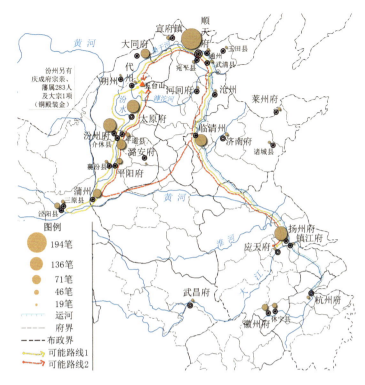

图12-11 五台铜殿捐资者来源分布统计图
记录在19笔以上的州县

第四，铜殿门槛内皮刻有"山西蒲州万固寺比丘……"字样，惜已无法看清。妙峰禅师于蒲州万固寺受业，这条铭文有可能是关于他的记录。

3 捐资者：来自社会各阶层的行动

检视五台山铜殿的铭文，可知其捐资者众多且庞杂，来自社会各阶层。除了比例最高的平民信众和僧尼外，还有中下层官吏、中下层军士、中下层宦官、内宫女官，以及大量的明地方藩室宗亲、藩属官员等等。各阶层的信众表现出如下特点：

第一，平民信士的资助方式多样，总体呈现出香会组织与僧尼募化相结合的态势。由香会组织的并不多，见于铭文第10号（河南府陕州）、47号（开封府杞县）、100号（青州府乐安、博兴、临淄三县）、131号（诸城县）、260号（天津卫河东）、535号（汾州府）、560号（大同府右卫）、736号（京都顺天府武清县北大营等村）、759号（顺天府蓟州玉田县）等，在行文上均先标明"会首"某某。从地域分布上来看，通过香会募捐的记录都分布在山东、河南、京师、山西等北方地区。

有相当数量的平民信士是经僧尼募化而捐资的，这从铭文的行文中可以看出，这种情况会将捐资人与僧尼名一同列出，形成"信众+僧尼"的格式，如铭文第259号：

"天津卫信女王门张氏。天津左卫镇抚王守业，杨氏门，僧性智。"

更为典型的是妇女信众与前来募化的尼姑同列，显然是经尼姑劝缘后出资，如铭文230号：

"山东莱州府西关信女：官门赵氏、｜胡门崔氏、尼僧性乾、｜李门周氏、尼僧性安｜崔门张氏、胡门郝氏、｜崔门曲氏、尼僧性慈、｜胡门宋氏、尼僧□□、｜刘门肖氏、尼僧真□。"

更多的信众则可能是直接募捐给妙峰或铜殿项目组的。这些信众的姓名就只有来源地，而没有与本地会首或其他僧尼共署。

（1）僧尼

在募化过程中，僧尼自身也是捐款的主体之一，这从铭文中不少僧尼单独署名的条目可以看出来。各地的僧尼有些标明了寺院，有些则只有名号。由于记录尚多，这里不能尽列。以来自五台山本山的寺院为例，各寺院的记录共有54笔，见于铭文479号（华严岭、华严庵）、493号（秘魔岩、狮子窝、佛洞、圆照寺）、494号（凤林寺、普济寺）、573号（旧路岭涌泉寺）、584号（永明寺、日光寺、镇海寺），以及643号（各寺院道场）等。

许多僧尼不仅在本地募捐，还会移动到外地募捐，他们在社会上的动员能力、联系网络值得注意。各地的僧尼除了自身捐款，也成功劝募到了众多捐款。他们的劝募并不是为了自己的寺庙，而是为了一个共同的目标——铜殿。如前所述，僧尼实际上起到了民众捐资的中介作用。这不仅表现在劝募普通信众上，也表现在劝募宦官、藩王等各阶层。例如铭文第654号，就是劝缘庆成王府、永和王府的僧人记录，还留下了日期，以表郑重其事：

"皇明万历三十七年岁次乙酉三月吉旦释子利信书。"

（2）中、下层官吏与军吏

与其他金属建筑相比，五台山铜殿吸纳的中、下层官吏、军吏捐资比较多——尤其是军吏较多，正统的儒家官员仍不多。这既与妙峰禅师的名气有关，可能也与铜殿运送路程遥远、须途经较多关津哨卡有关[23]。

[23] 相关记录如：（临清州监察御史）、232号（真定府刑厅门役）、253号（钦差山东都司军政金书前征播善后遵义游击管副总兵事、宣府前卫指挥江万凡）、448号（天津卫指挥原任天城城守备吴国相）、451号（真定府刑厅书办）、452号（钦依杀胡堡守备都指挥石邦屏）、453号（钦差监督临清钞关户部江西清吏司主事程嘉实）、454号（钦差监督山东河南等处粮储户部山西清吏司员外郎晏朝寅）、470号（钦差分守宣府西路万全右卫等处地方副总兵都指挥金事孙维，见住守军会守备孙弘谟）、656号（陕西榆林卫镇守□井固四镇总兵官左府金事实授都督同知张□）、657号（钦差镇西将军铺守延绥等处地方左军都督府都督同知张康□）、658号（前镇守宁□等处四镇总兵□左府金书□投都□□张□□）、659号（钦差镇西将军镇守延绥等处北方总兵官右军都督方……）、811号（□□善文散戊子科进士现任湖广汉阳府推官智□大）、812号（□□□□□显府前卫前所副总兵都督府解生）等等。

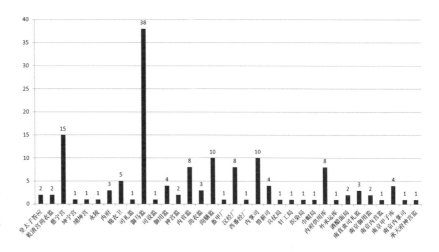

图12-12 五台山铜殿宦官、内宫捐资来源分析图
单位：笔数。其中御马监有9笔记录与其他部门重合

（3）宦官系统与内宫女官系统

这方面的记录有北京127笔，南京12笔，承天府神宫监1笔。宦官系统的记录如铭文319号"钦差内府供用库信官李进。钦差内汉经厂御马监太监刘贵"等；内宫的记录如铭文323号"皇太子前答应李月女，信女杨清女"、324号"慈宁宫勤侍夫人彭金花"、325号"慈宁宫内奏事牌子李秀女"等（图12-12）。

能获得内宫的捐资，应当与妙峰受到慈圣皇太后的支持有关。应注意，与由御马监太监监造的泰山铜殿不同，这里捐资的多为中下层太监的个人行为，并不代表皇家。

（4）藩王宗亲与藩属官员

五台山铜殿的一大资金来源是明藩王系统的宗亲、藩属官员。这首先证实了妙峰与藩王的良好关系——他最初的支持者是山阴王，而最初出资助成峨眉山铜殿的是沈王。同时，这里的铭文记录还让我们认识到明代中后期藩王、宗亲的膨胀。铭文中有来自山西数个亲王、郡王府的郡王、辅国将军、奉国将军、镇国中尉、奉国中尉（这些将军、中尉均为郡王非嫡传的子、孙），以及数量庞大的宗亲、藩属官员等。相关铭文见第248、343、475、487、491、536、538~543、577、644~653、661、672、675、689、693、694号等。

来自各相关王府捐资者的数量分析见图12-13：

其中，对五台山铜殿最大力支持的是庆成王府，记录见于铭文536、538~543，以及644~652、654号。这里署了庆成王朱敏□之名，王长子朱求槴之名，以及多位奉国将军、奉国中尉、宗亲、藩属之名。而活跃其中，前后操持、推动募捐行为的是庆成王府的书办官曹禄。曹禄的名字前后在三则铭文中出现，除了自己全家募捐（652号），还大力操办了庆成王府的募捐，见铭文644号：

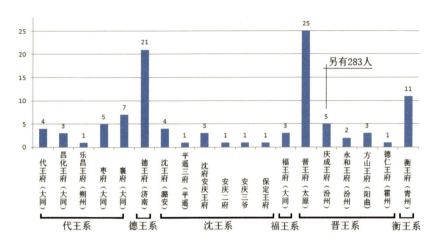

图12-13 来自各王府的捐资者数量分析
单位为笔数

"山西汾州府信官曹禄预闻：五台山」敕建护国圣光永明寺安设」万佛铜殿一座，上下纯成皆铜一体。外有宝瓶赍歔[歔]，集翠重檐斗栱花梁花槅扇，内成」万佛之像，四围遍满。下有南北二直十三布政各府州县凡造佛贴金者随意发心。弟子曹禄一闻盛言，喜不尽矣，是以自发虔诚，慕众[兼心]」共舍金箔二十万，庄贴」严万佛并[严]梁檩。今已备完，铭刻姓名以传永久。云：」万佛金殿世音希，流与人间作福基。见闻有益发弘愿，布施嘉珎喜甚逸。千载难逢殊胜境，我今何幸遇斯知。功劳归法界无穷尽，名刻中同佛祖齐。"

庆成王及其众兄弟、王长子之名甚至都跟在这段序言之后。可知曹禄可能是王府内的实权人物。在他的倡导和操办下，庆成王府为五台山铜殿捐了金箔二十万。

（5）商人

最后，要强调信众中一位商人的代表——籍贯重庆府江津县、在云南布政使司（简称布政司或布政）经商的陈廷杰。见铭文455号：

"重庆府江津县弟子陈廷杰，同陈宗周、周氏大，陈宗文、苏氏三，陈宗武、马氏大，陈宗圣、佘氏；子孙男陈为梁、程氏，陈为□、晏氏，陈为□、□氏□，」陈为弟、陈为麟、陈为凤、陈为祯、陈为贤；玄陈希孔、陈希增；孙女陈氏大姐、陈氏二姐、陈氏三姐一家眷等。」弟子陈廷杰今于云南布政司经商，自发诚心捐资铸造」大宝塔一尊、中宝塔二尊、轩辕镜三面于今[金]殿，亘古亘今，永远供奉。"

陈廷杰率家眷为铜殿捐造了"大宝塔一尊、中宝塔二尊、轩辕镜三面"。轩辕镜现不知为何物，但从金殿外的东、西铜塔上可以看到记录他捐资的铭文。见西铜塔北面：

"大明国四川东道重庆府江津县弟子陈廷杰等今于云南□□□□于万历三十四年七月初九日铸造□□□□□宝塔壹尊。"

以及东铜塔北面：

"四川重庆府江津县信士弟子陈廷杰，长男陈宗周，陈宗文、陈宗武，生员陈宗圣。"

看来显通寺东塔、西塔可能就是那两尊"中宝塔"。"大宝塔"可能是显通寺其他已毁的三座宝塔中的一座。从时间上看，五台山铜殿建于万历三十三年至三十五年（1605—1607），于南京铸造，送至五台；而西铜塔、东铜塔分别于万历三十四年（1606）、三十八年（1610）由云南省城的工匠铸造并送到五台的。从万历三十三年到三十八年（1605—1610），陈廷杰持续资助了妙峰禅师的铜殿和铜塔项目。《妙峰禅师传》载妙峰禅师曾经送藏经到云南鸡足山[24]，可能就是那时与陈廷杰在云南结识的。

4 施工者：来自陕西泾阳还是湖北荆州地区？

传载峨眉山铜殿、宝华山铜殿都是在荆州地区由当地工匠铸造的[25]。五台山铜殿在南京铸造，但并没有明确记载工匠来自何处。按逻辑推测，因宝华山铜殿分件铸好载至南京等待安装，当时应有湖北来的工匠跟随至现场。另外，赵吉士《寄园寄所记》言"又于本厂内起炉铸一座，送五台，各料将完。匠工俱是川人"[26]，此说虽未必准确，不过至少说明工匠不是南京人。现据五台山铜殿西面南侧抱框上的660号铭文：

"铸造金殿、金塔匠信官刘元春，系陕西西安府泾阳县石桥里人，」男刘之纲、刘之强、刘之奇。」徒弟蓝国正、罗高松、罗乔松、梁宗富、彭高、杨政、王科」郭荣、王成。"

可知五台山铜殿的铸造工匠，是原籍陕西西安府泾阳县的刘元春团队。而妙峰禅师倡建的三座铜殿，形制、规模相同，很可能是由来自荆州地区的同一班工匠铸造的。但如果五台山铜殿是泾阳刘元春团队的作品，这就与前两座铜殿"就匠氏于荆门"的记载相抵触了。可能合理的解释是：刘元春团队虽然是陕西西安府泾阳县人，但可能主要在荆州一带活动。

---

24 "初，登奉敕送大藏经于鸡足山，归而礼峨眉，发愿铸三大士渗金像，而以铜殿供之。"印光法师编. 峨眉山志. 卷五. 上海：国光印书局，民国二十三年秋月（1934）：第十二页。
25 [明] 释德清. 憨山老人梦游集. 卷十六. 见《续修四库全书》编纂委员会. 续修四库全书：1377 册 [M]. 上海：上海古籍出版社，1995—1999：628-632
26 [清] 赵吉士辑. 寄园寄所寄. 卷六. 见《续修四库全书》编纂委员会. 续修四库全书 [M]. 第 1196 册. 上海：上海古籍出版社，1995—1999：686

另外，铭文中提到刘元春也是"金塔"的铸造者，此"金塔"指的可能是显通寺的西南铜塔、中铜塔和东南铜塔，而非现存的显通寺东、西两座铜塔。因为东、西铜塔均有铭文表明其工匠是来自云南省城的铸匠魏时松等，以及拨腊匠韩进忠、改撒匠杨寿荣、打摩匠赵守周等[27]。

"千载难逢殊胜境，我今何幸遇斯知。"正如曹禄在铭文中所赞，妙峰发起的这一场持续数年的募捐活动，已经并不仅仅是妙峰和尚个人的宏愿和功德了，他成功地让社会各阶层的人们觉得，这是千载难逢的贡献功德的好机会。妙峰是有皇家背景的知名高僧，在他的倡议下，成千上万的人们自觉参加募捐，各方虔诚的僧尼、居士还行动起来，加入到劝缘的行列中，通过他们自己的社会网络，去发展更多的募捐。如此，这场活动席卷了两京十布政司，覆盖了大半个中国。妙峰又是一位偏好使用砖、石、金属的，并有多项工程经验的僧侣。尽管募捐规模很大，最终的建造作品还是出自他的监造，实现的是他对宗教建筑意义的理解和追求。

四、咸阳千佛铁塔：太监杜茂与来自平阳的泽州栗氏金火大匠

咸阳千佛铁塔建成于万历三十八年（1610）。咸阳铁塔上铸写的所有铭文均为阳文，这说明铭文内容早已准备妥当，需在铸造前由铸匠（金火匠）反刻在铸范上。因此，铭文内容中与工匠、主要捐建人、工程组织者有关的行文、位置安排必然经过认真考虑，而非事后随意补刻。其内容、布局、口吻、叙事方法等各种信息都值得仔细分析。

1 三组捐资者：高级宦官杜茂与当地民众

咸阳铁塔铭文中现存捐建人名共1260个，可分为三组：一是告老还乡的高级宦官杜茂及其弟杜继芳，其名见于铁塔基座入口的匾额和第2层显要位置，铭文称其"铸造千佛宝塔贰层"。二是当地其他大户，以杜廷先为代表，其名见于第3层塔身，铭文称其"铸造铁塔一层"；其他诸位则散见于第1层塔身天王像旁，字体较小。三是数量众多的普通信众，位于第1层檐上博脊，第2层南、北面塔身，以及第4层至第9层塔身各面。这些部位密布贴铸的小佛像，每个佛像附不同的佛名和捐建人名。现可辨认的佛名共980个，加上磨损的，原本应能达到千佛。与历史上许多民间的宗教建筑项目相似，咸阳铁塔的捐建人由少量主要捐资者（大户）和大量零散捐资者（散户）组成。

27 见东铜塔东面铭文："云南省城铸匠魏时松，男魏思忠、魏思孝。」拨腊匠韩进忠、杨春荣、粟宝俦。」改撒匠杨寿荣、男杨景明，袁春荣。」打摩匠赵守周、张奇"。西铜塔北面铭文亦有可印证的内容："云南铸匠魏时松，同缘男魏思忠、陈氏，魏思孝、王氏，魏助秋、女□守昆。韩进忠。打磨匠赵週守……"

表12-2 咸阳铁塔现存重要铭文索引表*

层	位置	文字	信息要点
9	各面	佛名如"南无无相朱佛""南无力天成佛"等	佛名37个，捐建人名151个
8	东南面	"秦府门官黄乾""永兴府宗室胡廷□""保安府宗室□□"	佛名94个，捐建人名110个。其中有来自西安城内藩王、郡王府和西安后卫，以及醴泉县的重要记录。功作人即捐建人
8	东面	"后卫指挥顾上问，永兴府宗室怀□"	
8	北面	"醴泉县仁义里""张□中""□氏"	
8	东北面	"功作人张应夏"	
7	各面	佛名如"南无明力佛""南无多智佛"等	佛名137个，捐建人名150个
6	各面	佛名如"南无日月珠光佛""南无妙宝佛"等	佛名193个，捐建人名191个
5	各面	佛名如"南无智王佛""南无珠藏佛"等 各面出现地名：南贺村、靳里村、魏村、寿县、西邓村、高陵县、本村（寿县应当是某位捐建人的籍贯）	佛名186个，捐建人名196个。除北面、西北面外，各面均有北杜镇周边村落名，大部分可定位
4	各面	佛名如"南无法自正佛""南无日月明佛"等。 各面出现地名：北贺村、南贺村、宋村、北李村、北贺村、陈马村、渭北村、泾阳开庠村、新庄里、坡刘西附村	佛名208个，捐建人名221个。各面均有北杜镇周边村落名，大部分可定位
3	西北面	"山西泽州阳城县小城镇金火大鑑栗景诚，奉工部勘合十二代玄孙寄藉平阳府襄陵县河东辛店镇栗朝春、栗郎春同造"	山西栗氏匠人先祖的来源及姓名
3	西北面角倚柱	"大明万历三十六年十一月吉日起工造塔"	造塔年代。与栗氏匠人的题名形成连署
3	东面北侧抱框	"咸阳县北杜镇信士杜廷先，谢氏，同男杜伯钦、竹氏，孙男杜崇斌、杜跟崔，合家发心铸造铁塔一层"	重要的捐建人杜廷先及家人，捐建塔一层
2	西面门楣	"延安府□□县□□父杜三聘，母王氏、□氏"	杜茂父母名及籍贯
2	西面两侧抱框	"钦差守备镇守湖广地方等处礼监管文书房兄杜□□""廪膳生员栗继芳、妻吴氏，男杜维翰发心铸造千佛宝塔贰层，永保一家吉祥如意"	最重要的捐建人杜茂及其兄弟家人捐建宝塔两层
2	南面塔身	佛名如"南无相明佛"等，人名如"毛有文"等	佛名45个，人名53个
2	北面塔身	佛名如"南无善音佛"等，人名如"张九成"等	佛名43个，人名50个
1	檐上方博脊	佛名如"南无增益佛"等，人名如"杜门王氏"等	佛名37个，人名78个
1	西北面天王像	北侧："大明万历年造。发心造塔人智瑗、杜天瑞。泾阳县金火匠人陈孝宰、陈向学。" 南侧："□□□杜可"及其家人姓名，已漫灭不清	项目组织者姓名。本地匠人姓名。相对重要的捐资人姓名
1	东北面天王像	北侧："泾阳县东南里囯村信士李□□，刘氏、赵氏、□□□氏"。"西南村信士王明□□□□"	相对重要的捐资人姓名。来源地东南里庄，西南村
1	东南面天王像	北侧：信士陈慎等八人姓名。 信士杜超及其家人姓名。南侧："……南天王一尊"（前文漫灭不清）。"□□天王"	相对重要的捐资人姓名。天王名
1	西南面天王像	北侧："同仕（住？）人：□□妻王氏，杜□镇，妻赵氏，男杜五□，杜□□" 南侧："增长天王"	相对重要的捐资人姓名。天王名
1	西南面北侧抱框	"山西平阳府襄陵县河东辛店镇金火匠：栗汝桧、栗汝柏；男栗郎春、栗朝春、栗迎春、介宝放造"	山西栗氏匠人姓名
1	西面门楣	"万历三十六年造"	造塔年代
基座	入口铁质匾额	"千佛塔"三字右侧："钦差□□湖广等处礼监管文书房太监杜茂，」太学生栗继芳，妻吴氏，男吴维翰"。 上方："延安府□□□□杜三聘，室人王氏、□氏"。 左侧："信官吴思□，室人杨氏，男吴文敬」功德主杜□，妻杨氏，男杜周□。" 落款："大明万历三十八年岁次庚戌吉旦"	重要捐建人杜茂的职衔，兄弟杜继芳。杜三聘、王氏是其父母。"信官吴思□"等可能是杜继芳妻吴氏的娘家人。落款年代是塔落成时间

*塔身还有部分施工时用的编号未收入本表。

由表12-2可以看出，随着所在层数增高，捐建人的重要程度递减。

杜茂及其家人除了题名于铁塔匾额，还以大字铸写于第2层，无疑是出资最多、影响最大的一家。杜茂是本地人，曾任"钦差守备镇守湖广地方等处司礼监管文书房"太监。其墓于1986年在北京海淀发现，并有墓志出土，可资进一步解读。杜茂的墓志对其身世有较详细的介绍，择其要者录出如下：

（杜茂）"世为陕西咸阳人。父三聘，母王氏。以嘉靖庚子[十九年，1540]十一月二十日辰时生。……嘉靖三十八年[1559]选入司礼供事，寻掌经厂掌司。万历壬辰[二十年，1592]擢文书房，兼署惜薪司，历左右丞，随升太监，掌天下诸司章奏。……甲午[二十二年，1594]，敕为承天督护。……兴国属汤沐地，榷采者鹰攫鸷击，无所不至，万姓不啻汤火。天子谴归原使，而以其职受之公，公领其事，即极力为民请命。请蠲全楚矿额之半，请免方物买办之扰，请留积羡以充赈济之饷……楚人方倚公为杜荆公，而公乃以疾告归。天子不欲久劳此重臣，故准以驰驿还。今上嗣登大宝追念耆旧，复晋公于乾清宫近侍、司礼监秉笔太监。公方欲鞠躬尽瘁，抒其未罄之忠荩，无何竟以疾终。是为泰昌之元年[1620]十月二十八日也，距公生时得年八十有一。公弟继芳（中书舍人），侄维翰（国子生），甥赵钦（光禄寺署正），公之名下高进等，以是年十一月二十二日葬公于阜成门外八里庄之原。"[28]

据墓志，杜茂52岁时进入文书房。2年后，万历皇帝派其外镇，任湖广承天守备，监管明显陵事务。万历二十九年（1601）任矿监税使，名义上负责湖广的矿税征收，此事《明史》亦载[29]。退休回到咸阳后，杜茂与其兄弟捐造铁塔，建成时他已七十高龄。从54岁到告老还乡，杜茂在湖广镇守了至少十年。承天府离当阳很近（图12-14），他可能在此期间去当阳见过著名的玉泉寺铁塔。而且，矿监税使的职责是遍寻矿冶课税（也常以矿税为由横敛脂膏），虽然墓志对杜茂在任上"请蠲全楚矿额之半，请免方物买办之扰，请留积羡以充赈济之饷……调停苦心无所不到"的记载必有溢美，但他在任十数年，极可能确实见过采矿、冶铸的情景。因此，不妨大胆推想，采用金属材料建塔，既有社会风气的因素，也很可能与杜茂的任职经历带来的对金属材料的偏好有关。

另一位捐建大户杜廷先及其家人"发心铸造铁塔一层"，应当也是当地的杜姓大族，以大字留名于第3层。其他留名于第1层的捐建人，地位（捐资数量）介于杜廷先与普通信众之间。

28 墓志全文见：焦晋林. 海淀出土明代杜茂墓志考释[DB/OL]. http://www.bjww.gov.cn/2008/8-6/152359.html，2008-8-6。该文作者当时可能并不了解杜茂曾经在家乡发起捐建过咸阳千佛铁塔。杜茂墓志现藏于海淀博物馆。墓志盖长74厘米，宽74厘米，盖文三行，满行三字，篆书"司礼监太监杜公墓志"；志长78厘米，宽78厘米，志文36行，满行42字，正书。墓志内容提到了其父杜三聘、母王氏、弟杜继芳、侄杜维翰，可与铁塔铭文相印证。

29《明史·神宗本纪》："[二十九年春三月]武昌民变，杀税监陈奉参随六人，楚巡抚公署。夏四月乙酉，征陈奉还，以守备承天中官杜茂代之。"见：张廷玉. 明史[M]. 卷二十一. 北京：中华书局，1974：282

图12-14
图12-15

图12-14 咸阳铁塔区位图
底图据谭其骧《中国历史地图集》万历十年相关布政图

图12-15 铁塔捐建人来源分布图
底图据谭其骧《中国历史地图集》万历十年陕西布政图。铁塔周边半径10公里范围内的村庄是募捐的核心区域；铁塔周边半径40公里范围是募捐的扩大区域。

从第4层至第9层，塔下观者的目力逐渐不可及，大量普通信众只能以小字留名于此。第4层、第5层的铭文中出现了一些村庄名，表明信众的来源。来源村庄大多分布于铁塔周边20公里内，尤其10公里内的北贺村、南贺村、本村（北杜村）出现次数较多（图12-15）。由此可知咸阳铁塔的募捐范围主要就在本地。遗憾的是从铭文中并不能确切判断每个地名所辖人名数量多少，因此无法量化分析咸阳铁塔募化来源的确切分布。

第8层的记录显示了更远一些的募捐来源。其中，"秦府门官""永兴府宗室""保安府宗室"分别指位于西安府内的秦王府、永兴郡王府、保安郡王府。永兴郡王府位于秦王府城西南一里，保安郡王府位于秦王府城西半里[30]。后卫位于西安城内秦王府城东北约半里[31]，可能是西安五卫中的后卫。

北杜镇据秦王府城、醴泉县、西邓村、渭北村的距离都在35至40公里左右。这几处地名将咸阳铁塔的影响范围大致框定在半径40公里的圈内。

捐建人的职业并不像泰安铁塔那样列出明确分类，但从铭文中仍能判断出来源有城镇居民、村民、僧尼、明宗室人员、卫所军官等阶层。

2 铸造者：泽州栗氏金火大匠与泾阳本地工匠

捐建人杜茂的经历与铁塔材料之间的关联或许还存在推测的部

30 史红帅，吴宏岐. 明代西安城内皇室宗族府宅相关问题研究 [J]. 中国历史地理论丛，2001, 16（1）：69-78
31 吴宏岐，党安荣. 关于明代西安秦王府城的若干问题 [J]. 中国历史地理论丛，1999（03）：149-164

分，造塔工匠的铭文则蕴含着更确凿的历史信息。咸阳铁塔铭文记载了两组工匠：一组是祖居山西泽州阳城县、后来"奉工部勘合"寄籍平阳府襄陵县的栗氏金火匠，这是从外地请来的具有悠久历史的金火匠世家[32]；另一组是来自西安府泾阳县的本地金火匠陈孝宰、陈向学[33]。

来自平阳地区的金火匠人，专门在铭文中提到自己是"山西泽州阳城县小城镇金火大鑑栗景诚"的十二代玄孙（实际为父子两代，栗汝桧、栗汝柏为第十一代孙；栗朝春、栗郎春等为第十二代孙），表明这是一个历史悠久的金火匠人家族。小城是润城镇的古称，是阳城县冶铁业最发达的镇，一度曾名"铁冶镇"。栗景诚是明初在泽州润城镇相当著名的金火大匠。

历史上的泽州以铁矿著称，具有悠久的矿冶传统。据《隋书·百官志》，北齐时，泽州阳城县固隆乡白涧村设有冶铁局，为北齐七大冶铁局之一[34]。据《泽州府志·赋税》，宋大中祥符八年（1015）泽州冶铁课税30万两。元时，泽州高平县王降村设有益国冶，管理冶铁业[35]。明代泽州所属之五县，铁矿资源都很丰富。明初洪武年间，泽州益国冶年产量达十万斤[36]。明永乐年间，益国冶结束了冶铁之事，据清顺治十五年《高平县志·古迹》：

"益国铁冶在县北十里王降村，元大德间置铁都提举司益国冶，管勾一员，副管勾一员，司吏二名，至正间废。明洪武间，徙冶县北二十里。永乐中，奉工部勘合，为炉冶事革罢。"[37]

《泽州府志》亦载此事。咸阳铁塔距永乐年（1403—1424）200余年，这与十一二代的祖、孙谱系差距相符。因此，"金火大鑑"栗景诚可能就是在永乐年间"奉工部勘合"罢炉冶事，迁至平阳府襄陵县[38]。平阳地区也是具有深厚冶炼、铸造技术传统的地区，明末清初出现的四座铜殿就是明证。杜茂等人专门延请栗氏金火匠人从山西平阳到陕西咸阳造铁塔，想必是听说了他们家族的名声。

而为什么同时又请了西安府泾阳县的金火匠人陈孝宰、陈向学？这也并非偶然——泾阳的金火匠人在明晚期也相当出名。五台山显通寺铜殿的工匠籍贯正是泾阳县[39]，现位于兴平文庙的两座铸于明崇祯三年（1630）的铁醮炉也由泾阳匠人铸造[40]。

两组工匠的签名并不在一处，无论是位置还是行文都各自表述。栗氏工匠除了在第1层塔身留名（图12-16），在第3层又专门详述了自己先祖事迹（图12-17）；陈氏工匠的姓名则在第1层与组织者连署（图12-18）。这显然是两支独立而又必须合作的工匠团队。

本书认为，杜茂等捐资者的策略是请平阳府著名的泽州栗氏金

32 见第1层西南面北侧抱框以及第3层西北面铭文。
33 见第1层西北面的天王像北侧铭文。
34 《隋书·百官志》："太府寺，掌金帛府库，营造器物。……诸冶东道，又别领滏口、武安、白间（白间，职官分纪卷二二作"白涧"）三局丞。诸冶西道，又别领晋阳冶、泉部、大邿、原仇四局丞。"见：[唐]魏征等.隋书[M].卷二十七.北京：中华书局，1974：751
35 《元史·食货志》："（铁在河东者，……）至武宗至大元年，复立河东都提举司掌之。所隶之冶八：曰大通，曰兴国，曰惠民，曰利国，曰益国，曰闰富，曰丰宁，丰宁之冶盖有二云。"见：[明]宋濂等.元史[M].卷九十四.北京：中华书局，1976：2381
36 据《明太祖实录》："明洪武七年[1374]四月，命置铁冶所官，凡十一所，各所岁炼铁额：潞州润国冶、泽州益国冶岁各一十万斤。"关于泽州的冶铁业，另可参阅：杜正贞，赵世瑜.区域社会史视野下的明清泽潞商人[J].史学月刊，2006（9）：65-78
37 [清]范绳祖，庞太朴.高平县志.古迹.清顺治十五年（1658）
38 然而在阳城县润城镇，栗氏匠人仍然影响很大。据称"相传明崇祯年间润城有栗氏专为宫廷冶铸用器，其冶铁炉被封为"侍诏炉"。润城砥洎城的镇寨铁牛及镇内外四十余座庵寺庙观中的铁钟、铁佛、铁狮多是栗氏家族的杰作。润城屯城东岳庙中至今还存有栗氏铸于明万历二十三年[1595]的一只大铁钟"。见张敏旗.明清时期的阳城工商业.[DB/OL].晋城在线 http://www.jconline.cn/Contents/Channel_1721/2007/1009/16815/content_16815.htm，2014-9-10。对这段史料笔者尚未至现场踏查验证，亦未核实证出何处，暂列出待考。
39 据五台山铜殿西面南侧抱框上的铭文："铸造金殿、金塔匠信官刘元春，系陕西西安府泾阳县石桥里人，"男刘之纲、刘之强、刘之奇。"徒弟蓝国正、罗高松、罗乔松、梁宗富、彭高、杨政、王科"郭荣、王成。"笔者录于2009年7月。
40 据兴平文庙西醮炉一层铭文："泾阳县金火匠陈光通，任男陈信山、陈成□、陈可□、陈成凤、陈成英造"，笔者录于2009年7月。无独有偶，这批金火匠人也姓陈，不知与咸阳铁塔的陈氏匠人有无关联。

图12-16　　　　　　　　　　图12-17　　　　　　　　　　　　　　　　图12-18

图12-16　栗氏工匠位于第1层塔身的铭文
图12-17　栗氏工匠位于第3层塔身的铭文
图12-18　陈氏工匠位于第1层塔身的铭文

火匠人来主持咸阳铁塔的建造，又请本地泾阳县著名的匠人与之合作。这样既可获得高质量的工程设计，又可保证建筑工程的顺利本地化。这样的运作方式，很可能会使工匠的跨区域活动反映在建筑样式和做法上。咸阳铁塔第3层塔身斗栱就体现了这一点：

  铁塔的第1~3层是主要的被观赏面，这三层的斗栱比较复杂（图12-19）。第1层各面均出平身科斗栱四攒，形象为单翘重昂七踩、逐跳计心。第2层各面出平身科斗栱一攒，重昂五踩出斜栱、逐跳计心。第3层各面出平身科斗栱一攒，重昂五踩，出斜栱、逐跳计心、栌斗为瓜棱形。这三层斗栱之间形式差异较大，但不仅是出跳数的差异，而更表达出形式设计上的不一致，尤其第3层引人瞩目地使用了瓜棱斗。从第4层开始斗栱开始简化，单昂三踩、重栱计心（北面、西南面、东北面仍用瓜棱斗）。第5层及以上缩减为单昂加耍头的形式，第8层、第9层无平身科。

  第3层瓜棱斗露出栱眼壁的瓜棱数量为五瓣，则欲表达的瓜棱总数应为十瓣或八瓣，属于密瓣瓜棱斗。

  瓜棱斗多见于豫北、晋东南泽州、晋南襄汾，于晋西南也有分布，包括地面木构与地下仿木构砖室墓。向西进入陕西则见于临近黄河边的韩城普照寺、合阳文庙大成殿、华县禅修寺（图12-20，图12-21，图12-22），而暂未在西安西北的泾阳县找到现存案例。泾阳县太壶寺大殿（明正统年间）、崇文塔（万历二十一年，1593）均未使用瓜棱斗。而瓜棱斗（特别是六瓣以上的密瓣瓜棱斗）与斜栱组合的形式，明代以前就见于晋东南陵川石掌玉皇庙（金中期）、泽州高都东岳庙（金大定年间）（图12-23，图12-24）[41]。栗氏金火匠人祖上正来自这个地区，这种样式做法他们相当熟悉。元、明时期的瓜棱斗亦有襄汾普净寺、高平仙翁庙等案例。据此判

41　关于晋东南、晋西南及陕西合阳、华县等地的瓜棱斗案例，端赖北京大学考古文博学院研究生俞莉娜同学提供照片，谨此致谢。韩城普照寺照片引自吉富逗树．北京大学考古文博学院文物建筑专业08级田野踏查及测绘实习报告．北京：北京大学考古文博学院，2008．

图12-19（1）第1层东北面　　图12-19（2）第2层北面　　图12-19（3）第3层东南面

图12-20　　图12-21　　图12-22

图12-23　　图12-24

断，咸阳铁塔的第3层斗栱有可能出自熟识瓜棱斗形象的栗氏匠人之手。栗氏匠人在第3层铸写了他们的姓名和先祖来源，似也正是对其"著作权"的宣示。

要之，咸阳铁塔的主要捐资者熟识明官式建筑、又深谙金属材料文化，请来祖居晋东南、寄居晋南的著名匠人家族，与本地的匠人一道工作，创作出了空前绝后的一座可登临的砖芯铁壳塔。这是有血有肉的民间项目运作——捐资者的偏好、工匠的跨区域活动造就了这座深具象征意义的铁塔，也让我们读出：外地延请来的匠人为咸阳铁塔带来了本地并不流行的样式做法[42]，我们在古代建筑中见到的"地方样式和作法"实际上常常是比表面看来更加复杂的结果。

3　组织者：记录简略

与铜殿案例形成鲜明对比，咸阳铁塔的工程组织者在这一案例中的表现并不明显，甚至缺乏明确、详细的记录。经分析，第1层

图12-19　咸阳铁塔第1、2、3层斗栱
图12-20　普照寺高神东殿斗栱
图12-21　合阳文庙大成殿斗栱
图12-22　华县神修寺大殿明间补间斗栱
图12-23　陵川石掌玉皇庙明间补间斗栱
图12-24　泽州高都东岳庙明间补间斗栱

[42] 从逻辑上说，泾阳当然也可能曾经有过瓜棱斗与斜栱组合的形制，只不过没有保存至今。这至少可能说明原本即使有，数量也不多，因而未能保存至今。在没有本地样本证明的情况下，笔者相信咸阳铁塔的瓜棱斗经栗氏匠人与晋东南、晋南的联系更具说服力。

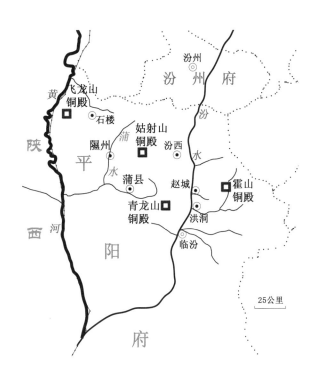

图12-25 平阳地区铜殿分布图

西北面天王像北侧的铭文可能是对组织者的记载:

"大明万历年造。发心造塔人智瑷、杜天瑞。泾阳县金火匠人陈孝宰、陈向学。"

这组铭文以造塔年代起始,主体是两位"发心造塔人",字体大小超过1层所有捐建人铭文;再以本地匠人结尾,字体略小(图12-18)。由叙述方式和铭文格式、大小来看,这两位"发心造塔人"地位显著,远超其他一般捐建人,却不像第2、3层的两家主要捐建人明确写出"造宝塔贰层""造宝塔一层",加之又与年代、本地工匠连署,这种格式表达的是一种全局性的口吻。"智瑷"是僧人法名,很可能就是组织管理咸阳铁塔工程的主事和尚;杜天瑞则可能是另一位参与组织者。

五、平阳四铜殿:金殿与本地真武信仰中心的塑造和争夺

从明帝国的最后一年崇祯十六年(1643)开始,到清康熙十六年(1677)这35年间[43],山西平阳地区集中出现了四座供奉真武大帝的铜殿,在全国范围内看也是铜殿最密集的区域(图12-25)。

再看另一个事实:武当宫观营建之时,永乐皇帝曾下令从直隶、浙江、江西、湖广、河南、山西、陕西等布政司选录一批道士到武当山[44]。在来自七个布政司的全部292名道士中,来自山西平阳府的道士最多,有60名,占总数的20.5%[45]。

43 此处按各铜殿建造年代的上限来算。
44 "敕正一嗣教真人张宇清:……今宫观告成,神明屡显休应……然此名山胜境,必得高人羽士以住持看守。大圣南岩宫,已尝命右正一孙碧云为住持外,其三处尔即选有道行者各二人为住持,别选至诚敬谨道士,每处各五十人看守。如一时选拣不如数,随尔所选得若干人,就分派四处看守,精进修行,兴隆道教。故敕。永乐十一年(1413年)八月二十五日。""永乐十一年:礼部奏武当山住持道士事。奉圣旨:'着道录司行文书,去浙江、湖广、山西、河南、陕西这几处,取有道行至诚的来用。钦此。'"见[明]任自垣.[宣德六年]敕建大岳太和山志.卷二大明诏语,见:中国武当文化丛书编纂委员会编.武当山历代志书集注[M].武汉:湖北科学技术出版社,2003:102-103
45 道众名录见[明]任自垣.[宣德六年]敕建大岳太和山志.卷八,见:中国武当文化丛书编纂委员会编.武当山历代志书集注[M].武汉:湖北科学技术出版社,2003:281-285

上述两个事实恐怕不是简单的巧合。显然，这提示了我们平阳地区的真武信仰传统；同时也引出了本书第五章讨论的一个重要结论：明初武当山太和宫金殿的建成，使"金殿"（铜殿）成为武当真武信仰传播的重要形象标志，金殿在真武信仰的传播过程中起着重要的符号功能。在本书上篇逐一考证这四座铜殿的时候，我们已经看到霍山、飞龙山、青龙山、姑射山的周边信众在试图构建本地的"老爷顶"与武当山的联系，他们通过工程实践行为来达成这个目标，而在其中起关键标志作用的正是"金殿"。

1　组织者与捐资者：各山分野明确

四座铜殿的倡建者、捐资者，以及信众的覆盖范围见表12-3。由于这四座铜殿均已不存，工匠信息无从得知；倡建者（组织者）、捐资者的信息需结合现场的碑铭和方志记载来寻找。可以看出，倡建者都是地方的乡绅（郭养正、杨某、宋扶风），或会首善人（贺登科、郭进才）。信众覆盖的范围，从各山现存的朝山碑记录即可圈定，多为山头周边县域内的乡村。各山覆盖的范围有比较明确的分野，详见表12-3。

表12-3　平阳地区四座铜殿的建造信息

铜殿	建造年代	建筑形式	倡建者	捐资者、信众覆盖范围
霍山铜殿	明崇祯十六年（1643）	四面设铜栏杆。围以砖垣	赵城贡生郭养正	霍山周边的赵城县民众
飞龙山铜殿	上限：清顺治十三年（1659）；下限：康熙四十年（1701）	方形平面；位于高台上，规模不大，但仍为建筑尺度	乡居士贺登科，寺住持僧祖继	石楼县民众
青龙山铜殿	清康熙七年（1668）	可能为道帐大小，神龛性质的小铜殿	可能为村当家居士杨某	青龙山周边洪洞县、临汾县民众
姑射山铜殿	康熙十三年（1674）开铸；康熙十六年（1677）安奉	八边形平面；规模处于建筑与道帐含混的交界处	隰州荐绅宋扶风、吕凤岐居士郭进才	汾西、隰州、蒲县民众

这四座铜殿同属平阳地区，其出现的机制具有很大的共性，因此本节将着重分析和解释这四座山周边的信众是如何通过实现金殿的意匠来建立本地真武信仰正统的。

2　铜殿的建造与真武信仰正统的建立

平阳地区民众对玄帝信仰的诉求，其表现形式很明了——建金殿。平阳地区的这四座铜殿（或小铜殿）把金殿作为真武信仰传播符号的功能演绎得淋漓尽致。这可以从以下几方面看出：

首先，文献、碑铭都明确记载本地铜殿的建造原因，就是因为南路香火不通武当。而在此前香路通畅的时候，我们看到平阳地区香会进献武当的，就是一座铜铸的武当山金顶模型。模型以夸张的比例凸显着武当山金殿（图5-51）。

其次，在建筑形制上，我们看到这四座铜殿中的第一座——霍山真武庙铜殿就是仿照武当太和宫金殿的形制来建的。除了在山巅建铜殿、环绕以石垣之外，铜殿周围还围绕上了铜栏杆。记载见于乾隆《赵城县志》：

"真武庙：旧志曰元帝殿在霍山绝顶，距城六十里。因明季南路阻塞，香火不通武当，崇祯癸未邑贡士郭养正领衷香众祷神卜地撰文首事，遂于山之巅铸建铜殿一座，四面设铜栏杆；铜牌坊一座，上下俱饰以金。后殿一座，东西香火院数十间，左右钟鼓楼，周围砌以石垣，金碧辉煌，一如武当之胜。各社俱有行宫，由是朝礼络绎不绝，游人咸称大观焉。"[46]

其余三座铜殿虽然没有在建筑形制上表现出这些与武当山金殿相似的配置，但在对这些记载的叙事上都表现出本地新建的铜殿与武当山的比附和联系。亦即：

第三，在民间信仰的解说系统中，这些铜殿促成了本地真武信仰与武当山的直接联系。本地的信众通过碑记、方志编纂等叙事手段，试图构建本地的真武庙和铜殿在整个真武信仰中的重要地位，从而树立本地真武庙的正统。

例如顺治《赵城县志》说："元帝殿在霍岳绝顶，距城六十里许。旧在武当山。"[47]霍山的玄帝殿显然并不是从武当山移来的，不存在"旧在"的关系。顺治《赵城县志》修纂时，距霍山铜殿创建只有十几年时间，这里有心或无心的错误表达，实际上暗示着霍山的铜殿是对武当山金殿的继承。

道光《直隶霍州志》在记载霍山真武庙时，在按语中将真武阐释为"玄冥水神"，继而认定为"汾河之神"[48]。这就更明确地试图将真武神本地化，从而使整个真武信仰都具有本地色彩，也使本地的真武庙更具权威。

又如姑射山真武庙保存的清咸丰《重修武殿戏楼碑记》[49]，碑额为"三晋武当"，又称姑射山的真武庙为"金顶"，庙内还有"玉虚宫"，这显然是在比附武当山道教建筑群。

又如青龙山真武庙北厢房上保存的一块康熙二十六年（1687）

---

46 [清]李升阶纂修.[乾隆]赵城县志.卷九坛庙.见：稀见中国地方志汇刊（七）[M]：（第七册）.北京：中国书店，1992：171.另见：安锡祚重修，刘复鼎著.[顺治]赵城县志.学校志，顺治十六年（1659年）版.第五十三页；释力空原著，《霍山志》整理组整理.霍山志[M].太原：山西人民出版社，1986：4
47 安锡祚重修，刘复鼎著.[顺治]赵城县志.学校志，顺治十六年（1659年）版：第五十三页
48 "按真武即北方元武也。陆稼书先生以为元冥水神。昔金天氏有裔子曰昧，为元冥师，生台骀，能业其官于晋。据此则当为汾河之神矣。"见：[道光]直隶霍州志.卷十四，霍州：霍州衙署，道光六年（1826年）：第十四页
49 碑文见本书第六章。

的朝山碑，则声称玄帝已经驾临了青龙山（因为青龙山也建了真武庙和铜殿）：

"神者净乐国皇太子，武当山修真养道四十余年功成果满。玉帝敕封玄天上帝。今赴青龙山威震千万之垂。"[50]

进而，平阳地区甚至还出现了这样的传说：

"隰州陆谅妻朱氏常虔奉真武香火。谅死，奉帝益虔。一日净扫殿基获一金砖，黄光满殿，市人欲集分之，倏而虹霓电闪龟蛇盘绕，众骇异之，首之州守蒋廷坚。不信，令凿之。丈见龟蛇集于厅下，骇甚，焚香祝帝。匣封送至武当。明成祖金铸圣像数次不就，砖一入灌即成，敕赐朱氏度牒，岁给米布。九十三岁无病，沐浴更衣，口呼真武而逝。"[51]

在这个故事里，武当山金殿真武像的铸成甚至都有赖于平阳本地显灵的金砖。故事的真实性自然不必深究，但这个故事显然说明平阳地区的信众，已经在本地的信仰解说系统中开始建构与武当山真武信仰正宗的重大关联，而不仅仅满足于成为地方分支的武当行宫而已。这个建构过程不仅是在文本叙事中的，而更是存在于工程实践中的。铸造一座本地的"金殿"，就是其中的关键步骤。

3　谁是正宗的老爷顶？四座"金殿"背后的竞争

既然本地山巅之真武庙、铜殿的建立是因为往武当进香的道路因战乱而受阻，那么在霍山新建起一座真武庙、铜殿，难道不能解决平阳地区所有信众朝山进香的需求吗？

霍山作为"五镇"之中镇，朝廷每年遣官致祭。人们在其主峰中镇峰建铜殿，按理说应当能够满足民众需求和期望了。霍山真武庙建成以后，周边地区确实很快就以其为中心发展了五座真武行宫，形成了系统：

"玄帝行宫：玄帝古迹湖广武当，其山场也，普天络绎奔觐。因寇氛抢攘阻绝行人，玄武镇龟蛇奠位，最宜北地。神自启牖，卜基霍岳之巅。公孙里善人郭东芳等首倡任事，殿宇、神像铜铸金饰以妥神。香火辐辏，犹昔武当也。平阳南北一带错刈行宫凡五区，以为税驾神灵、栖息香客之所彴欤。盛哉！其一坐落宾阳门外百步余、官道北高阜玉虚观之左；又十五里坊堆村之南；其一坐落拱汾门外河西十里许公孙里；其一坐落望霍门外五里许洞苗村惠远桥之东；其一坐落玉峰门外官道之西。"[52]

50　笔者录于青龙山真武庙，2009年7月6日。全文见附录二。
51　[清]刘棨修，孔尚任等纂.[康熙]平阳府志. 卷三十五杂志. 见：稀见中国地方志汇刊（六）[M]. 北京：中国书店，1992：826
52　[清]赵三长等修，晋承柱等纂.[顺治]洪洞县续志. 祠宇，顺治十六年（1659年）版：第一百十页而且，至清康熙年间政局逐渐稳定以后，进香道路通畅，何以该地区仍有新铜殿出现？这值得追问和分析。

首先，这些铜殿都是本地周边民众共同捐建的，而非自上而下强加来的，是本地需求的结果。这说明，铜殿周边一定范围内的居民趋向于拥有离自己更近的铜殿。

然而需注意的是，长途跋涉去进香，正是宗教修行的重要方式之一。千里迢迢、跋山涉水，正体现了信仰的虔诚。以前武当道路畅通的时候，信众都不会简单认为武当路程太远而一定要在本地造个铜殿，何以本地开始出现铜殿了，人们反而纷纷嫌本地的霍山远而一定要在自家附近造铜殿了呢？因此，距离近、方便到达只是铜殿接二连三出现的表面原因。本地竞相建铜殿的根本原因，可能在于民众对本地信仰中心的争夺。

霍山铜殿的建造，本来的确是因为武当进香道路受阻，于是形成了赵城、霍州一带的真武信仰中心，并可能曾经对周边的洪洞等县有过影响。但从结果来看，其他三座山周边的信众并没有把霍山当成能够替代武当山的真武信仰中心，反而受到启发一般，纷纷开始建造自己的铜殿了。如果说石楼飞龙山、汾西姑射山道路崎岖，距离霍山路途尚远，那么距霍山四十公里的洪洞青龙山也造铜殿的行为，就表现出与赵城霍山竞争信仰中心的强烈意味。

青龙山保存有众多朝山碑，从笔者已录的来看，来此进香的全是洪洞县和临汾县的信众，而没有赵城县的信众。而从霍山仅存的三块残碑来看，曾经有洪洞县的信众来此进香。也就是说，青龙山老爷顶的铜殿建立之后，就成为洪洞、临汾的真武信仰中心，与此前赵城的霍山老爷顶分立。

历史上，汾西、赵城、洪洞同属汾水流域，争夺农田灌溉用水的"水案"常见于记载，近年来社会史学者已从乡村社会的视角予以关注[53]。水案争讼纷繁复杂，尤其是赵城、洪洞民众，激烈时流血冲突、发生命案都不罕见。除了对汾水的争夺，著名的还有赵城、洪洞民众对霍泉水资源的争夺和分割，历史上反复多次，雍正时用分水铁栅栏"三七分水"，才逐渐予以解决，其争讼事宜、分水规则刻于碑铭，至今存于霍泉水神庙。正如社会史学者赵世瑜、张俊峰等所指出的，水资源作为公共物品，在产权划分上非常特殊和困难，在使用权的界定上也困难重重，只能保持相对的稳定性。因此在处理水案纠纷时，国家的作用比较有限，原则上只能支持传统的民间习惯法则。在历史上的乡土社会中，围绕水案纠纷，各种权力运作其中，明争暗斗不断，通过各种方式创造了民间界定水资源使用权的模式。据赵世瑜总结，"这些方式包括建立民间的管水组织

---

[53] 相关论著如赵世瑜. 分水之争：公共资源与乡土社会的权力和象征——以明清山西汾水流域的若干案例为中心 [J]. 中国社会科学，2005(02): 189-203；行龙《明清以来山西水资源匮乏及水案初步研究》，张俊峰《明清以来洪洞水案与乡村社会》，均见：行龙主编. 近代山西社会研究——走向田野与社会 [M]. 北京：中国社会科学出版社，2002

和相应制度、使用水册、碑刻等文字规约、赋予官府监督和最终裁决的职能、确立神圣象征的权威、创造传说、故事的口头传统，以及发明铁、石等各种材料制作的水栅、水闸等等分水设施和技术"等[54]。

这里应特别注意的是，"作为泉水的神圣象征，神庙同样也是公共资源"，对神庙这个象征资源的控制，对酬神、祭祀、建筑维护等事务的掌握，也意味着对水资源的控制。伴随着这样的控制，还会有编制的传说故事予以配合，从民间信仰的叙事上加以"理论化"的垄断。在发生争端时，对信仰中心的控制作为水资源控制权的体现和手段之一，就会对本群体产生积极有利的作用。赵世瑜以晋水与晋祠圣母庙，以及介休源神泉与源神庙的例子来说明了这一点[55]。

再看赵城和洪洞，赵城位于上游，无论是对汾水还是霍泉的使用都占有地理上的优势；洪洞、临汾位于下游，则处于天然劣势。发生纷争时，各种权力运作其间，除了水神庙、龙神庙等与水利直接相关的神庙外，对在当地具有深厚基础的真武信仰中心的控制，也是重要的权力表征。霍山老爷顶如果替代了武当，成为平阳地区真武信仰的中心，那么控制了它的赵城和霍州，就会在水案纷争中占据更加有利的地位。

在这种情势下，本已处于劣势的洪洞、临汾，虽然地理的劣势难以扭转，但在信仰中心的确立和争夺上却是可以有所作为的，洪洞青龙山老爷顶真武庙、铜殿的建立，可能就是出于这个背景。

综上所述，造铜殿在平阳地区已经不仅是一种流行的宗教艺术形式了，而确实深入到当地社会生活、运作的结构中去了。在这个语境中，铜殿的符号功能超越了其建筑形式本身，建筑的规模甚至形式都不重要了，重要的是本地有了这样一座"正宗"的玄帝金殿。这也是为什么平阳地区后来出现的铜殿可能都不大——小铜殿足矣。

六、"奢侈建筑"与"话题性"的实现

1 "奢侈建筑"

正如索尔斯坦·维布伦（Thorstein Veblen）所论："浪费可以提高消费者的社会声誉和权力。"[56] 人类学家、考古学家以此确定了纪念碑建筑的一个基本特征，即它们巨大的造型需要使用庞大的人

[54] 赵世瑜. 分水之争：公共资源与乡土社会的权力和象征——以明清山西汾水流域的若干案例为中心[J]. 中国社会科学, 2005(02): 189–203

[55] 赵世瑜. 分水之争：公共资源与乡土社会的权力和象征——以明清山西汾水流域的若干案例为中心[J]. 中国社会科学, 2005(02): 189–203

[56] T. Veblen. The Theory of Leisure Class. New York: Macmillan, 1899. 转引自巫鸿著，李清泉、郑岩等译. 中国古代建筑与艺术中的"纪念碑性"[M]. 上海：上海人民出版社, 2009：12。

力资源，这背离了"最少致力"（least effort）的制作原理，而引进了"奢侈消费"（conspicuous consumption）[57]。巫鸿则提出，在中国古代，对巨型建筑的追求直到三代晚期才出现。在这之前，是以奢侈但形体有限的礼器来体现对人工的浪费和对权力的控制的。

根据巫鸿的阐释，中国古代的礼器就是使用贵重的材料，对工具和日常用器进行模仿，以其常规的形状和巨大的财力、人力投入，来成为权力的形象象征。这些作为礼器的玉器、青铜器和陶器，"实际上都是在'浪费'[squander]和'吞并'[absorb]生产力。而正是因为这些人造的器物能够如此'浪费'和'吞并'生产力，它们才得以具有权力，才能够获得它们的纪念碑性"。简言之，礼器的特点是在形状、基本类型上与工具或日常用器一致，但在材质上与普通器物区别开来，而且"同时又故意抹杀使用的功能"。[58]

上述阐释用以解释中国的金属建筑是合宜的。金殿、铜塔、铁塔具有与常规建筑相同的形状和基本类型，但在材质上使用了贵重的材料，并且也需花费比成熟的规模化生产的木构建筑更多的人工，而在功能上又比常规的建筑有所退化（倒不至于完全抹杀）——比如大多数金殿在尺度上比常规建筑小，比如有些金殿做出二层楼阁的形象却不能登临（妙峰铜殿）。

金殿的施造者通过花费（或浪费）大量的财力和人力，从捐造金殿这一行为上获得了权力。例如明成祖朱棣，通过建造武当山金殿，宣示了皇位的正统性；吴三桂带领他的藩属、高级官员，以及地方士绅于起兵反清前两年在昆明捐造金殿，宣示了他的权力和社会地位；明末清初平阳地区密集出现的四座铜殿，呈现出竞争的态势，是每座山头周边的民众和士绅在借此建造行为树立信仰中心，也借此提高自身的社会地位，从而使本地的群体能在"水案"或其他社会事务处理、权力运作中占据有利地位，获得更多的权益。

2 "话题性"

金殿、铜塔、铁塔作为一项奢侈的工程行为，虽然它们奢侈程度不一，但都提升或宣示了捐建者的权力和社会地位。这一过程，也通过金属建筑工程本身具有的"话题性"来实现和传播。"话题性"存在于金属建筑的宗教经典来源中，或存在于因贵重而非常规的建筑材料之中。

一旦建设项目具备了话题性，其建筑规模就可以维持在一定限度内，不用过大。铜殿就是金殿，有经典根源且使用了贵金属，因此规模不必大。铁殿没有经典根源，也非贵金属，所以历史上没有

[57] B.G. Trigger. Monumental Architecture: A Thermodynamic Explanation of Symbolic Behaviour. In R. Bradley, ed., Monuments and the Monumental. World Archaeology special issue, 22.2: 119-132. 转引自巫鸿著，李清泉、郑岩等译.中国古代建筑与艺术中的"纪念碑性"[M]. 上海：上海人民出版社，2009：12

[58] 巫鸿著，李清泉、郑岩等译.中国古代建筑与艺术中的"纪念碑性"[M]. 上海：上海人民出版社，2009：12,32,87

建造。铁塔有经典根源，具备形成话题性的潜力[59]；但铁并不是贵金属，做小了显示不出奢侈，因此必然要做得高大才能获得话题性。铜塔就是金塔，有经典根源，本身又是贵金属，因此不必做到那么大，其功德和效果就达到了。

金属建筑具有了"话题性"，人们自然会加以传诵、讨论。人们对铜殿、铁塔、铜塔的传诵与崇仰程度毫不逊于其容纳、供奉的神像。

在金属建筑的话题传播中，施造者的功德、权力和地位也就得到了传诵。如此，在社会史和工程社会学的视角下，金属建筑建造项目就不是毫无关联的个例，而是具有深刻意义的物质文化风尚与社会行动了。

本章小结
明代社会中的金属建筑

本章的论述实际上有两条线索：

线索一，是围绕金属建筑意匠的实现，从捐资者、组织者、铸造者三方分析，讨论不同类型的项目中，金殿、铁塔的设计意匠是如何被提出、落实、传播的。武当山金殿是典型的皇帝资助的项目，不仅是武当山宫观建筑群的点睛之笔，还凝聚着皇帝的政治神话，在全国范围内广为推崇，并实际上成为武当真武信仰传播的符号。本章展现的内容，是从另一个层面表达这种落实与传播的途径：

第一，道士、僧侣等具有良好修为的教内人士作为项目的组织者，能够在宗教建筑项目中贯彻自己对宗教理论和艺术表达形式的主张，使得金属建筑的象征意义、装饰艺术都能保证较高的品质。

第二，见多识广的大宦官作为主要捐资者或组织者，可能会在项目中体现出自己的经历和理解，建筑的宗教象征意义、装饰艺术亦能有较高的保证。反观一般基层信众自发组织的项目，则可能由于理解和见识的局限，加之金属建筑又非工匠日常接触的项目，就使得项目的水准良莠不齐。

第三，在工匠方面，如果我们将可知的工匠来源地全部标在一张图上（图12-26），可知他们集中于几个矿冶传统深厚的地区：荆襄地区、晋南、豫西北、陕东地区、昆明、宋代苏州等地。反过来这也说明，金属建筑作为不常见的项目，其技术并不普及。

第四，多数金属建筑都是由非本地的工匠团队，或者外来工匠与本地工匠一同铸造的。再加上经常有捐资者、组织者的跨区域活

[59] 如人们在题咏铁塔时就会特别提到铁塔"非土非木亦非石"——如果这是常见的现象的话，为什么值得一提呢？可见在人们心中，以铁造塔还是一种比较独特的值得一提的现象。原诗为聂登第《玉泉铁塔歌》，见[清]玉泉寺志. 见：中国佛寺史志汇刊[M]. 第三辑第17册. 影印广东编译局本. 台北：丹青图书公司，1985：473

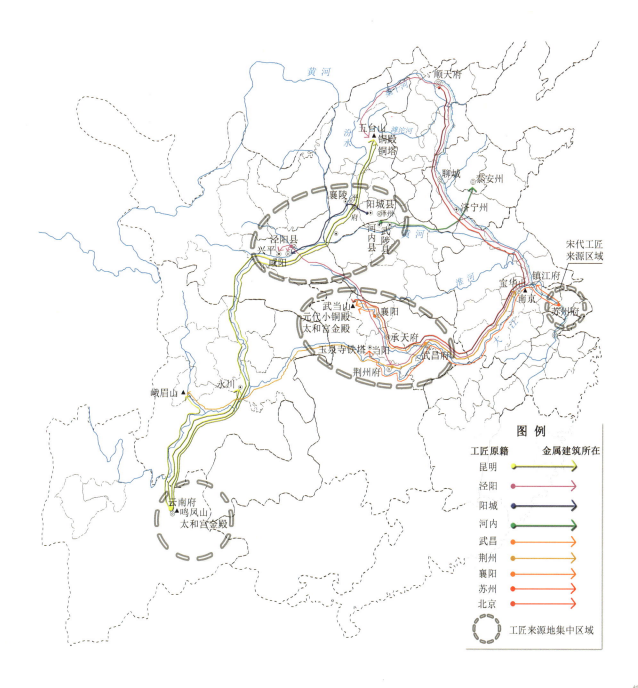

图12-26 金属建筑工匠来源地
以《中国历史地图集》万历十年（1582）明时期全图及各布政图为底图

动，和对金属建筑搬运的行为，就使得一些金属建筑个体并没有进入所在地的建筑样式系统和技术系统，并不能反映本地特色。无论是工官营建的还是民间自己运作的都存在这个情况。金属建筑有这个情况，木构建筑、砖石建筑其实也会有类似的情况。这也提醒我们在建筑史研究中应多加审视那些凝聚了多方力量的个案，是否也存在匠系与地域做法的错位问题。

本章更重要的一条线索，则是试图透过金属建筑的物质实体，打开一个社会剖面，回到历史上的社会原境，来看元、明、清（尤其是明代中后期至清初）的民间工程项目是如何运作的。

只有武当山与泰山拥有皇帝直接敕建的金殿,更多的案例则是民间信众的努力。在明代,人们热衷于道教的真武、碧霞元君信仰,以及佛教。金属建筑作为流行的物质文化,以其得天独厚的文本记录作用,让我们看到萌芽于元代、始于明初而风行于明后期的那一场金属建筑风潮,及其折射出的明代社会。

透过金属建筑,我们仿佛看到蒸腾的高炉、红火的铁水、以及刚出炉的铜合金耀眼的金色。静穆的金属建筑背后,是热火朝天的生产场面,为了实现金属建筑而孜孜努力的社会各界人士。这其中有道士与禅师的夙愿和运作,地方耆老、还乡大宦官的功德,基层宗教团体会首、社首的致力,来自各矿冶中心金火匠人的悉心设计,形形色色的百姓、底层宦官、膨胀的朱氏宗族及府内人员、卫所堡垒的中下级军官,还有客居他乡的各地商人的贡献。半个中国的人们在捐资的时候都会听说,妙峰禅师的项目背后拥有当今皇太后的赞助;而平阳地区那几座山头周围的人们在捐资造金殿的时候,又会暗下决心,要让自家门口的老爷顶(而不是邻县的)成为真武大帝所居之处。

这些社会各界人士并不是通过自上而下的国家政权的管道组织起来的,而是令人称奇地通过基层香会、行会、宗教团体、寺院之师徒关系等种种民间的组织网络,行动起来,让资财、金属,以及他们的功德在广袤的中国大地上辗转移动,竞相出现。诚如汉学家卜正民(Timothy Brook)所论:"明代中国的特色不在国家,而在社会;只有在社会中,我们才能最敏锐地感受到人口膨胀、交流网络的扩张、迅速的商业化以及新的批判思考方式等带来的影响。"[60]这样看来,金属建筑就不仅仅是一座座奇异的、非主流的建筑物,它们本体上镌刻、铸写的也不仅仅是一行行密密麻麻的名字——它们既是宗教思想与宗教艺术的具象建筑表达,又是基层社会生机勃勃的各种网络,各种关系、斗争的真实记录和凝结。

如果我们再引申一步的话——在社会史分析视角下呈现出的古代金属建筑工程生产、经营的作用机制,以及人们对建筑"奢侈建筑""话题性"的塑造,又何尝不能与今日中国之纪念性建筑,尤其是宗教建筑项目中"意"与"匠"实现的过程,以及各种社会权力、网络的运作相印证呢?

60 [加]卜正民(Timothy Brook)著,陈时龙译. 明代的社会与国家[M]. 合肥:黄山书社,2009:11

下篇结语

下篇五章专题论述围绕金属建筑象征意义的实现，从立意、设计、材料、铸造、建造，以及项目运作等步骤做了详细分析。其过程可总结如下：

1　组织募化、延请工匠

除了极少数皇家独资的案例外，金属建筑的建设资金需要组织募化。组织者的修养和眼界对金属建筑建设的水平高低具有重要影响。捐资者的分布可以反映信仰的流传分布，跨区域募捐同时促进了金属建筑文化的传播和流行。工匠常常是跨区域活动的，大多来源于晋南、陕东、豫西北地区，荆襄地区，昆明、苏州等具有冶铸传统的地区。金火匠（冶铸匠师）在金属建筑的建造中起主导作用，工匠班底中分有范铸、失蜡、挫刮、打磨等工种，应当也有建筑匠人配合。

2　立意、选址、布局

与其他建筑相比，铜殿尤其注重在布局和总体设计中，用建筑手法表达道教神仙金殿、佛教金色神殿的宗教象征意义。以屹立天柱峰的武当山太和宫金殿为杰出代表，铜殿可谓长久以来存于中国人意识中的神圣建筑概念之完美投射。

铁塔在总体设计方面的表现相对平实，在寺中布局的变化和发展，更多地反映出建筑史中寺、塔关系发展的历史趋势和一般规律。

有些铜塔通过总平面布置的手法获得了象征意义。而更多情况下，由于铜塔使用了贵重的材料，因此即使体量不大或藏于室内，铜塔本身的宗教功能和象征意义也并未受到折损，反而得到更纯粹的保留。

3　单体设计

铜殿的构架与我国传统木构建筑的大木构架在构成上并无区别，按照木构件的形式铸造建筑构件、组装而成。铜殿在设计上也仿照了木构建筑的模数控制方法，有些还比较忠实地反映了同时代官式木构建筑的权衡与比例。

铁塔的象征意义通过铸铁材料和本体造型体现出来。相比对佛经中"南天铁塔"的追仿，"镇水铁针"本土化演绎更深入人心，可能对铁塔的单体设计有更大影响。

铁塔根据形式的不同，具有不同的设计要点。仿木楼阁型铁塔具有自身的比例特点，并非同时代木塔、木檐砖芯塔的等比例微缩，但在模数控制上与同时代的木塔、木檐砖芯塔具有相通的特征。砖芯铁壳塔既有便捷的结构、可用的空间，又用一层铁壳"面饰"获得了铁塔的象征性。

铜塔的结构简单，设计关键在于用丰富、立体的佛教形象来表达佛经故事，多用失蜡铸造，为近距离观瞻提供丰富的细节。

4　材料设计

本书以建筑构件为单位，对铜殿材料的合金成分进行了分析。材料分析的意义和价值超越了对铜合金物质本身的追究，而更在于探寻出古代工匠将建筑当作完整作品，以哲学思想和技术经验为双重理论指导，统一谋划建筑材料使用的设计理念和方法。材料设计的过程可概括为两个阶段：

阶段①：选择"范铜为殿"，而非选用其他材料来建造表达神仙金殿，这是在立意、总体设计的层面对材料应用的策划。

阶段②：进入工程设计阶段，根据青铜、黄铜等不同合金的成分需要，整体安排铜料、合金材料的配置，形成不同的合金配比，进而铸成对应功能的构件。

本书对金属建筑之材料设计的挖掘，提醒我们今后应当更加注意中国传统建筑营造中对各种材料的运用和设计，以及与其材料相关的特定设计过程[1,2]。

5　铸造

历史文献中最常用以概括、描述金属建筑建造的词组是"冶铜为殿"或"液铜为殿"，可见铸造实为金属建筑工程之核心环节。

---

1 例如陈薇指出古代对木构建筑的"营造"，始于对木材的too度、经营和尊重（这可视为木构建筑材料设计的阶段①）。见：陈薇. 材料观念离我们有多远 [J]. 建筑师，2009（6）：38-44. 所揭文献有《左传》《礼记·月令》、白居易《大巧若拙赋》、柳宗元《梓人传》等。

2 而在工程设计阶段，人们会根据不同部位的结构需求配置不同性能的木料（这可视为阶段②），也会为重要部位配置加强材料。例如故宫神武门角梁下就加贴了10厘米厚的黄铜板。本史料由天津大学王其亨教授口述提供。谨致谢忱！

铸造金属建筑比其他金属制品更复杂之处在于，需要综合使用陶范铸造、翻砂铸造与失蜡铸造等技术。某些复杂案例可能还先建有1:1的木构模型，用以翻模铸造各部分构件。金属建筑的铸造，实际上是一个预制构件再装配的过程，因此构件的预制可以在别处，建筑现场进行组装即可。同时这也决定了建成后的金属建筑是可拆卸移动的。铜殿的屋顶根据金属材料的特点采用了适应性构造，概括、简化了屋顶构件的铸造。

铸造技术适合仿照木、砖建筑分件批量铸造构件，再组装或叠置；锻造技术适合锻出薄片，用以包裹、装贴表面。中国的金属建筑绝大多数是铸造而成的。铸、锻之别既是中国中原文化与西部少数民族文化之别，亦是以中原文化为代表的中华文化与世界其他文化在金属成型技术传统上的关键区别，而这早在铸造技术具有高度成就的中国青铜时代就已经埋下了伏笔。

6　建造

铸造完成之后，金属建筑与木构建筑的建造并无区别。铜殿的建造过程包括筑基、立柱、上屋架。结构、构造均仿木构建筑，且多应用穿斗构架。除了屋顶采用了金属建筑的适应性构造外，其他节点均使用榫卯。由于依赖、满足从木构技术中借鉴来的结构与节点，中国古代金属建筑没有发展出能充分发挥金属构件性能的刚性节点，使得铜殿建筑在规模上——尤其是在建筑高度和跨度上——都没有产生原本可能产生的突破。

铁塔的建造过程包括建地宫、筑基、叠置塔身。塔身的叠置结构较为简单，唯砖芯铁壳塔需解决的构造问题相对复杂。从铁壳与砖芯的交接节点推断，可能是按每建一层砖芯就包裹一层铁壳的程序建造的。

7　表面装饰与处理

铸件铸好后，还需要用至少两倍的工来挫刮、打磨表面。有些金属建筑组装完毕后，还要做镏金或贴金的表面装銮。

以上即为金属建筑设计、建造，暨意与匠的实现过程。最后还要指出：金属建筑的象征意义，不仅存在于建筑成品之中，还存在于对建筑募造过程的叙事记录之中。除了第十二章所举之案例，其根源还可上溯到公元前605年，王孙满向问鼎的楚王作出的那段著名回答：

"昔夏之方有德也，远方图物，贡金九牧，铸鼎象物，百物而为之备，使民之知神、奸。"³

传说中的"九鼎"象征着政治权力，它们使用的青铜材料不仅是当时最坚固耐久的材料，也是只有统治阶层才能拥有和使用的材料。而且，王孙满特别强调了九鼎的材料是"贡金九牧"，这说明青铜鼎的象征意义还在于它的来源以及熔合过程，来自九州的青铜原料被熔铸成一套礼器时，也象征着不同地区的贡金者融合于同一政治集合体中。

在金属建筑中，从四夷酋长请建并贡献力量的天枢，到周边或异地进香民众铸造的铁塔，再到"集两京十三省信众布施"⁴的铜殿，均常能见到类似"贡金九牧"的意味。对金属建筑建造过程的这种叙事记录，本身也是塑造金属建筑象征意义的重要环节。

3 《左传·宣公三年[前606年]》，见《春秋左传正义》，见：十三经注疏[M]. 北京：北京大学出版社，2000. 693
4 此语出自：[清]刘名芳. [乾隆]宝华山志. 卷十三. 第六页. 台北：文海出版社，1975：531。五台山铜殿在槅扇的显著位置按两京十省（布政）分别排布镌刻捐资者名录。各布政名是随铜殿建造时就刻好的，其下留白，募化完成之后再将信众姓名刻上，显然建造者是有计划这样做的。虽然铜料并非真由各地募来，而是"于西蜀广购南全"。但捐资者确实来自两京十布政，是全国信众共同努力的成果。

全书结论

材料是建筑学的一个基本问题，并且日渐成为建筑学讨论的核心议题。金属建筑作为中国传统建筑中独特的一类建筑，本身的形式、技术、物质、艺术，以及蕴含的象征、文化、社会意义，都使其成为以材料视角切入建筑学、建筑史学的必要研究课题。在此语境下，本论题就具有重要的普遍意义，而非猎奇式的探微。本书以"象征意义"与"适应性技术"为线索，经过史学研究、科学研究两方面系统考察，得出下列结论：

一、中国古代金属建筑的成就是中国古代建筑史的重要组成部分

铜"为物至精"，因其坚固、美观的特性，自"二里头"时期始，就被赋予了深邃的内涵和寓意。礼乐时代的青铜器只为统治者拥有，数量很少却象征意义重大，代表了礼制立国之本，凝聚了社会的最高艺术和技术水平。中国的青铜文明与世界其他文明相比，灿烂成就在于高度而非广度。中国古代金属建筑亦然，成就在于象征意义和技术的高度。虽然历史上数量有限，然而实属中国建筑文化中难得之精华，凝聚着高度的艺术与技术价值，其成就是中国古代建筑史的重要组成部分。

金属建筑在象征意义和技术上的成就，揭示了中国建筑史上长久以来被忽视的金属建筑体系。它向我们展现：金不仅是"五材并举"中必要的材料，也是五金之首；金属建筑不是可有可无的"调味品"，而是凝聚了深厚象征意义的重要纪念性建筑。

金属建筑对纪念性象征意义的成功塑造，以及对空间可用性、结构可靠性、合金配置合理性的孜孜追求，展现了中国传统建筑理论的厚重、丰富和深邃，足以加深我们对中国传统建筑的理解和理论思考。

二、中国古代金属建筑是中国古代建筑在世界建筑史和建筑文化上的原创贡献

世界上不少文明都有用金、铜来表达高等级建筑或"至圣之所"的传统，但多以在石、木表面装金的形式来实现，难见完全实体铸造的建筑。只有中国古代金属建筑完全用铜、铁来进行实体铸造、建造，如有需求，还可在表面镏金、贴金。中国古代金属建筑，尤其是用铜合金铸造组装的铜殿，是中国传统建筑中特有的建筑形式。其"配料——熔炼——制模——浇铸"的铸造过程，前半程与炼丹术同源，本身就具有浓厚的宗教意味；后半程则继承了"重器""重宝"等关于青铜礼器的悠远的文化记忆，且有道教、佛教、政权等重大象征意义作为理论基石。因此，中国古代的金属建筑，尤其是铜殿，无论是在建造还是在文化内涵上，都是中国古代建筑在世界建筑史和建筑文化上的原创贡献。

三、中国古代金属建筑体现了中国古代建筑在材料应用方面的高度成就

金属建筑是能代表中国古代工程科学发展高度的建筑，不仅在建筑技术方面吸收了中国古代建筑成熟的模数化设计和生产技术，也继承了中国古代灿烂、发达的传统青铜铸造技术，体现了在材料应用方面的高度成就。

铜殿甫一出现，就在铸造上应用了源自战国时期的"六齐"思想，根据构件的受力性质配置合金成分。此后，更多案例显示：铜殿设计者的材料观，是将建筑看做一个完整的作品，对材料的选用有着整体的理念和策略。无论是对"六齐"的延续，还是对"刚柔并济"思想的应用，都有着两个层次的意义——既有出于材料机械性能表现的谋划，也有更高层面的、带有理想化色彩或哲学意味的设计。前者是技术智慧、传统经验的传承和应用，体现的是材料应用的水平和古代科学技术的成就；后者更进一步，是出于整体设计理念和哲学概念、带有一定理想色彩的追求和阐释，体现了中国古代建筑理论、材料应用理论的高度和内涵。

四、中国古代金属建筑始终以象征意义为其内核，不断吸收、应用各种适应性技术和表现手法，体系逐渐成熟，体现了高度的工程技术水平和广泛的社会影响

在材料和观念之间，技术是一座至为关键的桥梁。纵观金属建筑的发展，对象征意义的追寻，是建造金属建筑的源动力；贯穿金属建筑发展的历史，各种适应性技术和表达手法愈渐丰富，而不变的核心始终是金属建筑的象征意义，引领、推动着金属建筑的发展。

金属建筑在规划布局、总体设计上的发展体现了中国古代建筑与环境规划设计统筹经营的高水平和创造力，成功塑造了与宗教、政权相关的建筑形象，规划水平在明代整体达到高峰。

金属建筑的建筑技术不断进化发展。经过先秦至南北朝的蕴积，以金属建筑构件、金属纪念柱、金属塔刹为技术积累和支撑，金属建筑首先以大型铜铁纪功柱的面貌在唐代出现。此后先后经历铁塔的建设活跃期和铜殿、铜塔的建设活跃期，其体系在明代全面成熟。在形式、结构、构造、材料、铸造等各方面吸收、应用了当时的先进技术或表现手法，对象征意义进行适应性表达，体现了高度的工程技术水平。

金属建筑的工程运作具有广泛的社会影响。金属建筑的意匠实现过程，体现着社会各阶层的捐资者对象征意义、权力、地位和功德的追求。

跨越史学、科学，对中国建筑史进行深入研究，任重而道远。笔者期望，能以本书诸方面的初步成果，预示着建筑史学、建筑学和文化遗产研究的新维度和广阔前景。

下一步研究方向

（1）加强对金属建筑、金属建筑构件的考古学研究

对唐代及以前的金属建筑或金属建筑构件的研究有赖于考古发现，在今后的工作中应持续关注金属建筑蕴积时期以及出现初期的各种相关考古资料和文献资料。

对金属建筑成熟以后的案例，尤其是明代的铁塔、铜殿、铜塔等，还应当爬梳文献、加强调查，搜寻山区中幸存至今、不为人知的案例。

（2）加强对金属建筑实例的高精度测绘、测试

首先，应加强对金属建筑实例的高精度建筑测绘。对于铜殿建筑设计方法的研究，有赖于高精度测绘图纸。本研究使用的图纸多由笔者自行测绘，不可避免地具有一定误差，因此在对金属建筑设计意匠的研究方面，本书虽然得出了一些初步结论，但在定量研究上仍是不够充分的。希望今后能以高精度的测绘成果为基础，深化定量研究，也为建筑遗产的保存、留传提供详尽的记录。

第二，应全面进行金属建筑实例的材料分析。本书使用的以构件为单位进行XRF分析，配合GIS表达的技术路线，获得了一定的研究突破。今后应当在课题的支持下，以更高的精度全面分析各案例的所有构件，以期以更多的数据获得更加坚实可靠的结论。在研究条件允许的情况下，还应当对实例进行金相分析，以获得构件铸造方面的更多认识。

第三，应加强对金属建筑尤其是铜殿的建造研究。金属建筑的施工设计、建造过程的研究仍待加强。本书根据对泰山铜殿构件空心、坑洞现象的细致观察，认为应当是故意的省料行为。从而推测当时工匠的工程经验可能已经达到可以粗略估算结构，以节省用料的水平。如果确实如此，那么其他案例有没有这样的情况？现在尚没有条件观察到其他案例的构件内部情况。今后如有可能，应当用X光探伤仪器对所有金属建筑的构件进行分析。

（3）病害机理研究、保护技术研究和遗产保护管理

以本书的研究以及上述测绘、测试等工作为基础，应当开展金属建筑的病害机理研究和保护技术研究。可从材料的锈蚀问题及处理、结构的安全问题及加固、表面的污染问题及清洁等方面着手开展。

另一方面，根据本书的研究成果，对金属建筑所在寺庙的保护和管理，应当加强对金属建筑价值的认识和分析。通过规划手段和展示解说，凸显金属建筑的价值，保护、延续历史文化传统之精华。

附录一 金属建筑铭文辑录

除特别注明外,所有铭文均为笔者在现场记录,或凭现场所摄照片抄录整理。

一、广州光孝寺西铁塔铭文

西塔铭文主要位于仰莲座各面中间的莲瓣上,各面内容相同。

南面:"玉清宫使、德陵使、龙德宫使、开府仪同三司行内侍监、上柱国龚澄枢同女弟子邓氏三十二娘以大宝六年岁次癸亥五月壬子朔十七日……(不清)"

西面:"玉清宫使、德陵使、龙德宫使、开府仪同三司行内侍监、上柱国龚澄枢同女弟子邓氏三十二娘以大宝六年岁次癸亥五月壬子朔十七日戊辰铸造,永充供养。"

北面:"玉清宫使、德陵使、龙德宫使、开府仪同三司行内侍监、上柱国龚澄枢同女弟子邓氏三十二娘以大宝六年岁次癸亥五月壬子朔十七日戊辰铸造,永充供养。"

东面:"玉清宫使、德陵使、龙德宫使、开府仪同三司行内侍监、上柱国龚澄枢同女弟子邓氏三十二娘以大宝六年岁次癸亥五月壬子朔十七日戊辰铸造,永充供养。"

二、广州光孝寺东铁塔铭文

铭文位于须弥座各面,其中西面中央为最主要的铭文:

大汉皇帝以大宝十年丁卯岁敕有司用乌金铸造千佛宝塔一所,七层并相轮、莲花座,高二丈二尺,保龙躬有庆,祈凤历无疆,万方咸使于清平,八表永承于交泰,□□善资三有,福被四恩,以四月乾德节设斋庆赞,谨记。[1]

须弥座北面东侧:
教中大法师、内供奉讲经首座金紫□□□夫、检校工部尚书宝法大师沙门监造。

须弥座北面西侧:
内殿大僧录、教中大法师、金紫光□□□、检校工部尚书晓真大师沙门监造。

须弥座东面南侧:
□□大法师……(漫灭不清)沙门……

须弥座东面北侧:无铭文痕迹。

须弥座南面东侧:
教中大法师内诸寺院□□□□□大夫检校工部尚书□法大师沙门□□。

须弥座南面西侧:漫灭不清。

其余各面铭文中可辨识的官员有"教中大法师、内供奉讲经首座金紫光禄大夫、

[1] 笔者录于光孝寺,2009年6月16日。《光孝寺志》《羊城古钞》亦录有东铁塔之铭文,本书不清之处,其记为"万方咸底于清平,八表永承于交泰,然后善资三有,福被四恩"。见《光孝寺志》第87-88页,及(清)仇巨川纂,陈宪猷校注. 羊城古钞[M]. 广州:广东人民出版社,1993:602

检校工部尚书宝法大师沙门""内殿大僧录、教中大法师、金紫光禄大夫、检校工部尚书晓真大师沙门""教中大法师内诸寺院□□□□大夫检校工部尚书□法大师沙门"等。据《光孝寺志》及《羊城古钞》，还有"都监住持、秀华宫上将军、上柱国□伯、食邑十万户□□"[2]。

三、梅州修慧寺千佛铁塔铭文

"敬劝众缘以乌金铸造｜千佛塔七层于敬州修慧寺｜创塔亭供养虔繫归善土望｜皇躬玉历千春｜瑶图万岁然愿郡坛□□□□｜康平禾麦丰饶军民宁□□｜雨顺调□境歌咏□□□□｜方隅次以九宥三涂□□□｜乐亡魂滞魄咸证人天□□｜周围常隆瞻敬以大宝八年｜乙丑岁大吕之月设斋庆赞。"

四、韶关南华寺降龙铁塔铭文

须弥座东面上枋侧面阴刻铭文：

"……岑保金□弟子□行西域应□军□□永贺□"，惜已无法读通。

仰莲座南面外缘阴刻铭文"何禅记□广□□□□"，亦不可读。这些铭文原先可能都是供养人的姓名。

五、韶关南华寺降龙铁塔之清代新塔铭文

一层塔身南面、西面为清代的《重修宝塔铭》，落款为"雍正五年丁未岁一阳月谷旦"。北面以及东面的前半段为当地及周边官员的职衔、姓名，有的还加了印款。署名的官员主要来自韶州府、曲江县、仁化县、翁源县。东面的后半段记录有铁塔的募造者、捐资者、铸造者，有乡绅、商人、住持僧、僧官、户长僧、守塔僧、十房僧、募理住持僧等。铸造者落款为"佛山隆盛炉"。

六、玉泉寺铁塔铭文

第2层塔身四面的铭文均为阳文，详细记录了铁塔的捐资者、铸造者、组织者，以及地方官员的名录。这里予以分项略述：

1. 捐资者

最主要的捐资者是居士郝言及其姨韩氏大娘，录于第2层南门西侧：

"荆门军当阳县玉阳乡山口村八渠保清信弟子郝言，同姨韩氏大娘阖家眷属等持发至诚，舍铁七万六千六百斤诣景德玉泉禅院，铸造佛牙舍利宝塔一座，一十三级。伸意者上祝：当今皇帝圣祚无穷，辅弼臣僚公忠尽节，军县牧宰禄位迁荣，岁序丰登。"

他们的目的主要是追荐亡之亲人，均列出姓名。最后标明"皇宋嘉祐六年辛丑岁八月十五日郝言题"。

第2层北门西侧壁上记载了其他8家捐资者，并标明了捐资数量，如其中最大的一家：

"当阳县大梨庄居住弟子韩天锡并妻男等发心于玉泉院铸铁塔第三层，并银果火珠钱肆佰贯文，省意者追荐先亡父母，生界现存合家安乐者。"

2. 铸造者

第2层北门西侧壁上记录了铁塔的铸造者为：

"两浙苏州铸塔都料陈延祚，男承昱、承宴，小博士顾隆礼、顾华同奉。手下应接人刘太、高皓，蒟果、陈荣等。"

另外还有一些帮工杂使，名字位于第2层塔身内壁：

---

[2] 该项内容在塔上无法辨识、确认。且各方位铭文与本书观察到的方位不能对应，怀疑东铁塔在历史上曾经被转过方向。或者是这两处文献中的记载有误。

"应接庄户文庆、向高、席典、向钊、覃文、郑乞子。""木作杂使庄户向高。"

3. 组织者

第2层南门东侧壁上记录了组织铸造铁塔的玉泉寺僧人，铭文从"堂中第一位僧"排到"第十座"，以及各"执掌知事"僧。其中的"都勾当铸造宝塔功德主僧契凝"应当是负责与各位捐款者接洽的僧人。

此段铭文最后落款：

"山门住持传法赐紫悟空大师务本所伸意者：愿以此功德普及于一切，我等与众生皆共成佛道。"

4. 地方官员

第2层北门东侧壁上记录的官员名录，来自荆门军、荆门军长林县、荆门军当阳县，以及峡州、峡州宜都县、峡州夷陵县。他们对铁塔应当亦有捐献。

七、甘露寺铁塔铭文

第2层塔身不开壸门的四面塔身原有铭文，可惜西面、北面都已模糊不清。南面为"国界安宁∣法轮常转"两行大字。东面记录了铁塔的组织者甘露寺的僧人：

"勾当塔主僧：守严∣知客僧：洪永∣藏主僧：应荣∣首座僧：□守∣直岁僧：守□∣典座僧：□中∣维那僧：惠平∣监院僧：□□∣住持传法沙门：应夫。"

补铸的第3层西南面塔身有不完整的铭文，记录有官职名和本地平民信士的姓名，应当是明代捐资者的记录³。其中"中宪大夫""奉政大夫"都是金始置之官名，可见应非宋代原物，而是明代补铸。

八、济宁铁塔铭文

第1层塔身东南面、东北面阳文记载：

"大宋崇宁乙酉，常氏∣还夫徐永安愿谨铸。"

第2层塔身东南面：

"皇帝万岁∣重臣千秋。"

九、泰安天书观铁塔铭文

（一）人名不赘录，但把人数统计出。原文别字不予纠正，如"获嘉县"有时写作"获加县"。

（二）"客人"的来源按照其捐款所在地计算，因为并不是在家乡捐的款，因此传播影响的范围是其捐款地。

（三）第二层第一排字大且清晰疏朗，有统一编号如"其三""其四"等。他们都是来自木栾店的施主，可能与铁塔在木栾店铸造有关。说明木栾店虽然信众不是最多的（141人，其中包括13位来自泽州的客人），但因为是铁塔铸造地，其捐资者起到的实际影响很重要。

（一）东北面

铁塔须弥座：
1. □□县王村：善人张□……（共42人，从后文推测，可能是武陟县王村）
2. 武陟县：宝家弯善人宝学，陆党、张氏……（共54人）

第1层：
3. 怀庆府武陟县：宝家湾善人宝学等，张佩……（共37人）
后庄袁氏、任全……（共18人）
会首刘汉、刘大……（共12人）
会首冀氏、冯氏……（共22人）
4. □□武陟县：毡衣店善人□□、刘氏……（共84人）
5. 郑府郡牧所东马营善人姜河等，袁宝……（共17人）

---

3 现场已观测不清。据《江苏镇江甘露寺铁塔塔基发掘记》，为"中宪大夫直∣奉政大∣夫∣承直□郎∣承直□郎∣文林□郎∣儒学教□授∣奉委□""大围坊信士史玖妻倪氏∣男史证妻高氏∣孙史□在善妻吴氏史∣海净会王"。

商村善人李英……（4人）
第2层（从右到左，从上到下）：
6. 开封府荥泽县：姚村信士赵连……（共20人）
山西客人黄甫贵……（共7人）
信人张三□……（共2人）
7. 武陟县：圪当店会头吕佑、牛氏……（共36人）
北贾村牛表……（共6人）
8. 原武县：娄才店善人□□深等……（共61人）
9. 怀庆府武陟县：圪当店善人赵冲稚等，……（共66人）
□村张全、牛通……（共10人）
10. 怀庆府：内臣承奉宫典膳□□□王保……（共54人）
泯僧圆太、恬新，朱然……（共5人）
11. 开封府原武县寨里等处：靳□□、张氏……（共31人）
社首张琰……（共30人）
新香营张廷习……（共9人）
新德里关津、关禄……（共17人）
第3层（从右到左，从上到下）：
12. □梅……（7人无来源地）
13. □□大明府开州长垣县等处：善人谢□
西安府客人丁仁……（共3人）
□□府客人徐福禄……（共8人）
陕西布政西安府等处客人田守政……（共16人）
山西太原等处客人任轩……（共2人）
兴县信人王佐……（共3人）
14. 社首程兰、程淮……（共22人）
社首付信……（共31人）
□县在城等社功德施主社首张兰。
15. 山东布政济南府泰安州：泰山灵应宫焚修住持李泰辉……（共5人）
道士 王希名……（共17人）
碧霞灵应宫住持吴玄姜（善？）；
（倚柱上）
道童刘景禄……（共4人）
16. 原武县：王村店会首张贤……（共12人）
会首冉景隆……（共18人）
蒙秤村善人张仲深……（共6人）

（二）东面
铁塔须弥座：
17.（损毁，仅有部分名录，无来源地）
18. 原武县善人□□……（共68人）
第1层：
19. 怀庆府武陟县：宝家湾善人宝学……（共39人）
20. 怀庆府余王化营善人姜河、姜鲁……（50人）
怀庆府武陟县：在城孙西。
21. □□部洲大明国河南布政司原武县：□□德治主簿□汝愚、典史董昌，□□□□□□训导余禄、刘克宽……（共约35人）
22. □省□官赵□……（共8人）
第2层（从右到左，从上到下）：
23. 中年县：申凤。
24. 修武县：邢俊。
25. 武陟县：司仲亦。
26. 卫辉府汲县：□沛。
27. 温县：牛□。
28. 復嘉县：吴祥。
29. 荥泽县：刘良。
30. 定用、开元二寺尼僧宗政、宗臣、德运。
31. 善护寺僧：悟仁。
32. 木栾店督工施主善信人：曲宏、曲寅……（共7人）
33. 三官庙持道士刘□□，善友□□、妻张氏，道士梁高弼，善友祁臣（共5人）。
34. 开封府阳武县善人张谦等，……（共96人）
35. 怀庆府武陟县邸郐镇善人张昌等，……（共38人）

□村吴□、吴堂……（共9人）
36. □□府□□县大槐树善人张惠等，张玉……（共20人）
□□善人□吉等，……（共9人）
37. 开封府阳武县谷南信女赵氏……（共60人）
38. 原武县双观音堂会头李旻，……（共8人）
39. 开封府原武县磁碉堤善人吴杰、焦恕……（共66人）
第3层无铭文

（三）东南面
铁塔须弥座：
40. □□县……（共53人）
41. 开封府原武县西关厢：善人刘廷□、冯氏……（共44人）
第1层（从右到左）：
42. （可能是续东面第1层）周府……（共22人）
寿官王荣……（共2人）
义官贯涣……（等共13人）
按察司吏刘洋，开封府吏郭凤、张仲人；
县吏朱学……（共4人）
43. 开封府原武县东街善人……（共90人）
第2层（从右向左，从上到下）：
44. 河南怀庆府河内县清上乡李封村金火匠张庆、张英、张增、张宝、张祐、张杲；金火匠刘得川。大明嘉靖十二年八月吉日造。
坯匠（瓦匠？）王堂、殷氏。信人孙美、韩氏。
45. 山西高平县信人……（共4人）
46. 大明国河南怀庆府武陟县木栾店南头三官庙安炉铸造宝塔。本店施财功德善信施主花名于后：
信士郭□……（共9人）
47. 开封府原武县姚家□善人吴□□等，……（共86人）
48. 怀庆府河内县武德镇信士李时宝等，……（共16人）
王珉村善人赵伦……（共8人）
49. 怀庆府内善人……（共36人）
50. 怀庆卫指挥贺计名、陈天夫；校尉陈□；
香村张□……（共14人）
51. 武陟县善人张宣……（共9人）
52. （倚柱上）青化镇信人……（共4人）
53. 开封府原武县磁碉堤潭□信士张大山……（共39人）
白塔村善人王超……（共32人）
白塔寺社首靳廷遥……（共7人）
54. 怀庆府河内、武陟等县张记村善人□程氏……（共70人）
武德镇善人肖祭官李堂……（共24人）
第3层（从右到左，从上到下）：
55. 归德府善人……（共2人）
56. 林清县善人……（共2人）
57. 武城县善人刘子王。
58. 武□县善人张表。
59. 临漳县善人□山。
60. □□县善人张□。
61. 原武囯善人……（共2人）
62. 唐囯善人宋广。
63. 广平府广平县客人程鸾。
64. 滑州客人张世禄。
65. 睢州客……（共3人）
66. 兖州府客人任义。
67. 西安府等处客人……（共2人）
68. （无来源地）
社首张兰、白玉……（共6人）
社首李孝……（共5人）
社首李氏……（共5人）
□□庄郭□……（共13人）
夏峰冯守玉……（共21人）
69. 河南开封府睢州□城县功德□朱显……（共27人）

70. 河南开封府杞县□□鹿邑□……（共17人）
71. □城县信士人……（共9人）
72. 怀庆府武陟县禄村信士……（共5人）
73. 修武县女善人……（共6人）

（四）南面
铁塔须弥座：（无）
第1层：
74. 开封府阳武县南街善人……（共91人）
75. 开封府原武县西街善人……（共84人）
第2层（从右向左，从上到下）：
76. 木栾店善信施主刘义……（共14人）。其八。
77. 木栾店施财善信人李恩……（共16人）。其三。
78. 开封府郑州京水店许家屯陈乔善人孟璠……（共35人）
79. 原武县陈桥马家□等处……（共22人）
80. 原□县……（共15人）
81. 开封府阳武县善人申栾等，……（共86人）
82. （倚柱上）武陟县信人孙美，妻韩氏。
83. 开封府原武县磁硼堤善人罗洪等，……（共86人）
84. 怀庆府河内县善人□良相等，……（共26人）
客人芦琢……（共9人）
85. 卫辉府怀加县羊家庄。
86. 直隶宁山卫中所百户化四地户大□□……（共29人）
第3层：
87. 武陟县牛文庄善人……（共4人）

（五）西南面
铁塔须弥座：
88. 开封府原武县各色工匠。铁匠：孔元目、王氏、□□，孔云福、吴氏□□□……（匠人及家眷共24人）
金匠：吴得云、王氏，吴足用、李氏……（匠人及家眷共8人）
绳匠：高文林、闫氏……（匠人及家眷共9人）
绒线匠：扈荣户……（共5人）
木匠：张智、王氏……（匠人及家眷共18人）
89. 模糊不清
第1层：
90. 开封府原武县西街善人张恕、陈氏，……（共90人）
泥僧德训、德聚。
91. 开封府原武县西街善人……（共96人）
第2层（从右向左，从上到下）：
92. 木栾店施财善信人张廷玉、于锦；
山西泽州客人原昂，客人赵德洪……（共13人）。其四。
93. 木栾店善信施主王璲……（共18人）
94. （倚柱上）武陟县西街信人李雄、牛氏。
95. 怀庆府武陟县千秋□□□家店信人……（共85人）
96. 开封府原武县西勾村等处……（共70人）
97. （倚柱上）获加县魏庄社善佘张山。
98. 开封府原武县小刚村善人……（共87人）
99. 阳武县高文时、常周。
100. 开封府原武县新集善人……（共70人）
白塔村善人……（共4人）
（倚柱上）磁□堤善人……（共4人）
101. （倚柱上）阳武县善人……（共3人）
第3层（从右到左，从上到下）：
102. 中牟县阳□店善人……（共2人）
103. □□县善人……（共3人）
104. □□县善人……（共2人）
105. □□县善人……（共2人）
106. 杞县善人……（共3人）
107. 陈留县善人……（共2人）
108. □州善人……（共3人）

109. 开封府祥符县等处善人归景住。
110. 圪垱店会头等吕佐、原登，……（共39人）
111. 修武县善人社首周表、周□，……（共33人）
112. 原武县王村店十方功德施主方名：陈汉……（共43人）

（六）西面
铁塔须弥座：
113. 原武县王村……（模糊不全，共29人）
第1层：
114.（倚柱）河南布政使司开封府原武县会头贺进用，（塔身）贺足用……（共29人）
会首郭全、钟氏、何氏，……（共21人）
115. 开封府原武县西街善人……（共54人）
各乡村……（共47人）
第2层（从右向左，从上到下）：
116. 木栾店功德施财信人赵本、孙用……（共23人）。其六。
117. 木栾店施财善信人……（共24人）
118. □□县羊山善人李达，……（共10人）
善人杜聪……（共49人）
119. □□府修武县善人……（共29人）
□州客人……（共24人）
□□□西镇善人……（共10人）
120.（倚柱上）真定府神武卫中千户所舍余，六□□弟子张荣富。
121.（倚柱上）山东济南府每薑县（应为海丰县之误）人士魏玘、妻□氏。
122. 开封府原武县寨里□□善人冯□……（共90人）
123. 开封府原武县张角口□善人李府等，……（共86人）
124. 凤阳府太河县信人纪安、妻李氏。
第3层：
125.（无来源地）共17人。

（七）西北面
铁塔须弥座：（无）
第1层：
126. 开封府原武县磁碉堤善人社首张秉恭……（共58人）
社首闫府……（共31人）
127. 开封府原武县在会人等，社首王彦洪……（共25人）
延津县新庄里张珣、赵氏；
社首姬连……（共12人）
社首□□□……（共12人）
双观音堂社首……（共16人）
（这些应当是开封府原武县的不同社）
128. 开封府封丘县付谷社善人……（共20人）
第2层（从右向左，从上到下）：
129. 木栾店施财善信人生员宋贤，省祭官孙仁；
小段村郑汝春；
杞县客人常加祯。
130. 木栾店施主张文林……（共5人）
131. 武陟县在城东关信士会众人等……（共6人）
132. 本县水寨镇信士善人……（共21人）
133. 怀庆府河内县清化镇信士善人……（共75人）
134. 怀庆府河内县化镇善人……（共39人）
135. 卫辉府新乡县永康社信士……（共11人）
136. 卫辉府获嘉县善人……（共13人）
137.（倚柱上）木栾店北……（共2人）
138. 开封府原武县马家渡善人张锡……（共76人）
139. 开封府原武县磁碉堤善人……（共20人）
宋楼村善人……（共36人）
第3层（从右到左，从上到下）：
140. 右上角无铭文，为蝴蝶与盆花的图案。
141. 开封府原武县王村店十方功德施主方名：社首张□期……（共19人）
社首……（共14人）
142. 开封府荥泽县信士……（共5人）

143. 归德州等处信士人……（共60人）
144. 河南开封府归德州小坝镇居住信人……（共47人）

（八）北面
铁塔须弥座：（无）
第1层：
145. 怀庆府武陟县宝家湾善人宝学等，……（共55人）
会首王经……（共36人）
146. 怀庆府武陟县宝家湾善人宝学等，……（共91人）
第2层（从右向左，从上到下）：
147. 江西客人和氏、芦超。
148. 祥符县信人……（共2人）
149. 郑村……（共4人）
150. 宣武卫军……（共3人）
151. 新郑县信人……（共2人）
152. 封丘县尹进。
153. 兰阳县……（共3人）
154. 武陟县千秋上乡伊里村会头……（共36人）
女善人……（共4人）
155. 路安府路城县马贯村见在武陟县遑上高楼住信人马万良……（共3人）
156. （倚柱上）善上二□、信女人杨氏。
157. （看不清，可能是怀庆府河内县）青化镇善人……（共80人）
158. 怀庆府河内县青化镇善人……（共90人）
159. （倚柱上）武陟县牛文庄善人……（共2人）
160. 怀庆府武陟县□家店住人，信士……（共46人）
北口村善人……（共6人）
161. 武陟县吴二村省祭官牛淮……（共10人，并加小字"一千文"）
162. 河内县善人……（共3人）
163. 开封府原武县新集善人……（共49人）
第3层（从右到左，从上到下）：
164. □□府□□县在城等社善人……（共13人）
165. （倚柱上）金火匠人刘得川；李封村金火匠张佑。
166. 河南汝州鲁山县信士人……（共5人）
167. 原武县王村店十方功德施主方名：……（共55人）
168. 陕西西安府韩城具信施人……（共4人）

十、庐山归宗寺铁塔铭文

归宗寺铁塔遗存之铭文铁板笔者未见，现据网络文章辑录如下，待日后查实。据称，铁板长40厘米，宽28厘米，厚2厘米。双面、阳文楷书。全文如下：

"西域僧耶舍尊者晋赤乌年来此，王右军羲之师礼之，佑因舍宅为归宗寺。尊者以释迦舍利建木塔于金轮峰顶藏之。木朽，后人易以石塔，石颓。至宗元佑僧文净铸铁柱作石塔心，以复颓毁。

"明兴，正统间重修，迨万历十七年寺毁，基地为民产，塔亦废。黄龙寺僧法湛发愿恢复。考廉三敬刑懋学奉师紫柏可禅师命图之，赖陆太宰光祖，吴翰林应宾，何翰林如宠，陆中丞万垓，汪司马可受，吴中丞用先，傅侍御光宅等共襄胜缘，敕藏首颁两台建殿昆比庐金身，相好殊胜，乃湛徙归宗住持。修慈化当阳贺学仁、懋熙等范钱所造也，复遵师遗命赀造铁塔。

"岁乙卯正月二十六日。

"僧真祥并师弟无净开塔基获舍利无数，五色光耀。师弟元闻化桐城施银塔一座，一尺九寸，遂以宋德俨并黄仕宗展所施银瓶匣银易金造一大匣。懋学共侄元闻邢仕俊施一小金匣，并古宝瓶盛舍利藏银塔内，铸铜缸载之，覆以铁盖。上安铁塔外造磁灰白塔罩之。专董造塔僧海印刻化万人缘偈者三力江清共愿一切素凡，与兹缘生上世真足福慧直至成佛，度尽众生。

"大明万历四十三年乙卯九月九日记。"

文后一行小字，行书"吉安市庐陵铸匠胡宠承宠秀造"。[4]

据称，塔毁后，当地群众掘土取宝，从塔基石板底下取出一口铜缸，内置一银塔，

[4] 白云深处塔刹临风[EB/OL]. 庐山户外网 http://www.63hw.com/thread-7305-1-1.html，2012-8-25

银塔内有一金匣，匣内藏舍利子数粒、古银钱和佛教文物多件，日军闻讯尽皆劫去。出土文物的情况可与铭文所记相印证。

十一、元代小铜殿捐建铭文辑录

（一）正立面（东面）槅扇（均为阳文，由北向南，每扇一则）

1. 大元国湖北道武昌路竹牌门堤上平政坊居奉｜道弟子童侍义，同妻田氏妙真，童氏妙静，｜男震孙，婿王朝瑞，合家眷等喜拾资｜财铸造铜槅一扇，于｜武当山玄帝升天处大顶上铜殿永充供养，｜作今生之果，为后世之津梁，恭愿家｜眷等常居吉庆、永处福龄者。｜大德十一年中元吉日，化缘米道兴、王道一题。｜武昌路梅亭山炉主万王大用造。

2. 大元国湖北道武昌路归厚坊奉｜道弟子熊克绍，同室李氏妙清，男文瑞，｜媳妇康氏，男文郁，合家眷等喜拾｜资财铸造铜槅一扇，于｜武当山玄帝升天处大顶上铜殿永充供养，｜作今生之果，为后世之津梁，恭愿家｜眷等常居吉庆、永处福龄者。｜大德十一年中元吉日，化缘米道兴、王道一题。｜武昌路梅亭山炉主万王大用造。

3. 大元国湖北道武昌路归厚坊奉｜道嗣法箓弟子熊克昭，偕室刘氏道真，｜男文焕、文炳，穿住合家眷等喜拾资｜财铸造铜槅一扇，于｜武当山玄帝升天处大顶上铜殿永充供养，｜作今生之善果，为后世之津梁，恭愿修｜真有庆、道法真行，常居吉庆、永处福龄者。｜大德十一年中元吉日，化缘米道兴、王道一题。｜武昌路梅亭山炉主万王大用造。

4. 大元国真定路藁城县慈义村人氏，寓｜武昌路城东方关居奉｜道信女张氏大娘，同男罗彦达、彦深、彦通｜喜拾资财铸造铜槅一扇，于｜武当山玄帝升天处大顶上铜殿永充供养，｜作今生之善果，为后世之津梁，恭愿家｜眷等常居吉庆者。｜大德十一年中元吉日，化缘米道兴、王道一题。｜武昌路梅亭山炉主万王大用造。

5. 潭州浏阳州二十□居住信士张叔贤□□舍钞五十贯｜｜铜殿修造……｜……

（二）前檐屋面板下皮（均为阳文，由南向北，每块一则）

6. 常德府武陵县城东迎春坊同古土地居奉｜道信士刘文亨，同妻赵氏二娘舍铜瓦一片，于｜武当山大顶上｜玄帝升天处铜殿供养，祈保合家清吉者。｜大德十一年中元节，化缘米道兴、王道一题。

7. 杭州路在城居奉｜道弟子方起宗喜舍铜瓦一片于｜武当山大顶上｜玄帝升天处铜殿供养，特祈先□□氏三娘，永仕良因、早生仙界者。｜大德十一年中元节，化缘米道兴、王道一题。

8. 祖居□阳府人氏今寓武昌路埇上居奉｜道信士王明，同室孙氏二娘，喜舍己财铸造铜瓦一（片），（于）｜玄天上帝升天处武当山铜殿，于大顶上供养，（作）｜今生之善果，为后世之津梁，恭愿家眷等常｜居吉庆者。｜大德十一年中元日，化缘米道兴、王道一题。

9. 空

10. 武昌路在城堤上利沙坊居奉｜道信士郭文明，同妻王氏四娘，长女郭氏六娘□｜喜舍铜瓦一片，于｜武当山大顶上｜玄帝升天处铜殿供养，祈保合家清吉□□｜□作今生之善果，为后世之津梁者。｜大德十一年中元节，化缘米道兴、王道一题。

11. 武昌路崇阳县善庆坊居奉｜上清大洞宝箓信女王氏静常，喜舍铜瓦一片，（于）｜武当山玄帝升天处大顶上供养，作今生之善果，｜为后世之津梁，恭愿家眷等常居吉庆者。｜大德十一年中元日，化缘米道兴、王道一题。

12. 武昌路崇阳县后街善庆坊预修士常｜□箓信女赵氏侍真喜舍铜瓦一片，于｜武当山玄帝升天处大顶上供养，作今生｜之善果，为后世之津梁，恭家眷等｜常居吉庆者。｜大德十一年中元日，化缘米道兴、王道一题。

13. 武昌路望山门外居奉｜道信士曾道玄，同室严氏喜舍｜铜殿瓦一片，于武当山大顶上安顿｜福神玄天上帝升天之所永充供养，｜恭愿家门清吉、人眷增延福寿者。｜大德十一年三月吉日，化缘米道兴、王道一题。

14. ……石坡社保人氏□｜□□□□｜同室曹氏二娘，男天佑，女二娘，□｜武当山大顶上｜玄帝升天处铜殿供养，祈保合家□□□□｜大德十一年中元节，化缘米道兴、王道一题。

15. 江西路庐山太平兴国宫修真道士陶士源、吴□先｜□□□□□郭福亨｜陶以忠、江道全、胡用□｜□□□□□张继清、朱守一、欧阳一真等，喜舍｜资财铸造铜瓦一片，于武当山大顶上｜玄天上帝升天处铜殿供养，恭｜风调雨顺，国泰民安，修真有庆进道。｜大德十一年中元日，化缘米道兴王道一题。

16. 武昌路□上居奉｜道佩箓弟子曾子荣，法名道真本贯兴｜□□□大都吴田长，同室周氏一娘，男□□□，女□□□坦家眷等，喜舍资财｜□□铜瓦一片，于｜玄天上帝升天处武当山」大顶铜殿供养，作今生之善果，为后世之」津梁，恭愿家眷等常居吉庆者。」大德十一年中元日，化缘米道兴、王道一题。

17. 长河船居奉」道佩箓嗣法弟子程道衡，同室虞氏」妙真，家眷等，喜舍资财铸造铜瓦一」片，于 玄天上帝升天处武当山大顶上」铜殿供养，作今生之善果，为后世之津」梁，恭愿家眷等常居吉庆者。」大德十一年中元日，化缘米道兴、王道一题。

（三）北面穿插枋（阴文）

18. 汉阳府□□居奉□□□□□道信士华氏□□□□□弟□□□□□柱峰大顶□□□□□杨郭氏□□□朱氏□□□舍铜枋一条□□□福庭以□□□□祈以正□□□□常□□□□今生之善□□后世之□□□。

武当山大顶天柱峰上玄天上帝升天处铜殿□枋……（以下模糊不可辨）。

（四）北面山花板

19. 东侧板（阳文）

德安府应城县时丰乡五龙河市居奉」道信士万道寿，同室王氏妙智，弟妇黄氏妙慧、李氏妙果」合家喜舍铜泊风板一片。」

武昌路崇阳县市后街善庆坊居奉」道佩箓信女王氏静常，同男杨德善、德亨、德明，女清真，」新妇吕氏道清、李氏懿珍，合家喜舍铜瓦一片，于」武当山大顶上」玄帝升天处铜殿供养，祈保各家福寿康宁者。」大德十一年中元节，化缘米道兴、王道一题。

20. 西侧板（阴文）

武昌路崇阳县仁上里居住奉」道信女张氏懿和，谨施净财铸铜瓦；」

□□县天城乡平上里居住奉」真参投十宫黄箓女官倪氏妙真，施铜瓦一个；」

仁下里居住奉」真参投十宫黄箓女官吴氏淑真施铜瓦一个；」

同里郭塘桥居住奉」真参投一宫黄箓女官吴氏淑真又谨施铜瓦」一个，为超度亡夫高根之早生天界；」

同县在城报恩禅寺僧法名朱德永，谨施净财」三十七贯五百文；」

在城灵宝观开山住持宝箓弟子陈以谦，谨施」净财三十七贯五百文；」

钦下里居住奉」真法箓弟子胡占孙，同室人曾氏善真，谨施铜」瓦一个；」

同里居住奉」真信士胡海、胡洗谨施中统钞五十贯文；」

钦上里居住奉」真弟子雷作霖，谨施中统钞五十贯文；」

钦上里居住奉」真信女徐氏淑英，同男邹起宗，孙男天福，谨施」铜瓦一个；」

钦下里居住奉」真信士吴德明，同室人殷氏孙男道享谨施铜」瓦一个；」

招贤里居住奉」真信士高良显，谨施铜瓦半个；」

崇仁坊居住奉」真信女冷氏四娘，施米一石，无名氏施米一石。」

右众信士喜舍上件功德于 武当山大顶上」玄天上帝白日升天处铜殿永充供养者，恭愿」高真洞烛例圣重慈所祈者作今生之善果，为后世之津」梁；现存者增延福寿，已往者早生天界者。」大德十（一）年中元节吉日，化缘道人米道兴、王道一谨注。」上清大洞宝箓嗣真女官劝缘王氏静常。

（五）北面槅扇（均为阳文，由东向西，每扇一则）

21. 空

22. 江南湖北道沅州路庐阳县在城兴贤坊居奉」道佩箓弟子黄景福，室中陈氏偕男道康，舍铜槅一扇，于」武当山大顶上」玄帝升天处铜殿供养，专祈母亲萧氏一娘身躬康泰。」岁次丁未大德十一年中元节，化缘米道兴、王道一题。

23. 空

24. 汉阳府在城礼化坊居奉」道信士李福同室田氏舍铜扇一扇，于」武当山大顶上」玄帝升天处铜殿供养，祈保合家清吉者。」岁次丁未大德十一年中元节，化缘米道兴、王道一题。」劝缘张守真。

25. 武昌路江夏县城南外关河街居奉」道佩箓弟子郭侍妙，妻田氏妙贤，舍铜槅一扇，于」武当山大顶上」玄帝升天处铜殿供养，祈保合家清吉者。」岁次丁未大德十一年中元节，化缘米道兴、王道一题。」劝缘张守真。

26. 长河往来船居奉」道信女姜氏福通，舍铜槅一扇，于」武当山大顶上」玄帝升天处铜殿供养，祈保合家清吉者。」岁次丁未大德十一年中元节，化缘米道兴、」王道一题。

（六）后檐屋面板下皮（由北向南，每块一则）

27. （阳文）武昌路南城好礼坊居奉」道信士郭荣宗，同室赵氏一娘，男真保，喜舍铜瓦一片，于」武当山大顶上」玄帝升天处铜殿供养，祈保合家清吉者。」大德十一年中元节，化缘米道兴、王道一题。

28. （阳文）大元国江河往来舡居奉」道信女苏氏二娘，喜舍己财铸造铜瓦一片，于」玄帝升天处」武当山铜殿大顶上供养,」作今生之善果,为后世之津梁,恭愿家眷□常居吉庆者。」大德十一年中元日,化缘米道兴、王道一题。

29.（阴文）□□□□□□见乡兴城里山田□□平大□□□□」□□□□□□同室胡氏十六娘,男□□□□□」□□□□家眷等,喜舍铜瓦一片于,」武当山大顶上」玄帝升天处铜殿供养,祈保合家之」□□,作今生之善果,为后世之津梁。」大德十一年中元节,化缘米道兴、王道一题。

30.（阴文）□州□□□□都罗家桥□氏□□」阳府东津渡东岸居奉」道佩箓弟子闻道清,同室刘氏一娘,男道保,女同女,」家眷等,喜舍铜瓦一片,于武当山大顶上」玄帝升天处铜殿供养,祈保一家清吉等□□」□□,作今生之善果,为后世之津梁者。」大德十一年中元节,化缘米道兴、王道一题。

31.（阳文）武昌路南城堤上平政坊居奉」道士士沈应雷,同室程氏,喜舍铜瓦一片,于」武当山大顶上」玄帝升天处铜殿供养,祈保合家清吉者。」大德十一年中元节,化缘米道兴、王道一题。

32.（阳文）武昌路西街居奉」道信士刘文定,喜舍资财铸造铜」瓦一片,于玄天上帝升天处武当山」铜殿。于大顶上供养,作今生之善」果,为后世之津梁,恭愿家眷等」常居吉庆者。」大德十一年中元日,化缘米道兴、王道一题。

33.（阳文）湖北道武昌路江夏县城南,望山门外居奉」道佩箓嗣法弟子蒋道亨,同室方氏,」上侍父亲蒋道祥,母亲雷,弟蒋天寿□,」家眷等,喜舍资财铸造铜瓦一片于」玄天上帝升天处铜殿供养,作今生之善果,为」后世之津梁,恭愿家眷等常居吉庆□。」大德十一年中元日,化缘米道兴、王道一题。

34.（阳文）武昌路望山门外河街居奉」道□箓弟子孔王子清,同室周氏淑善,男」王兴仁,喜舍净财铸造铜瓦一片,于」玄天上帝升天处武当山铜殿大顶上供养,作」今生之善果,为后世之津梁,恭愿家眷等」常居吉庆者。」大德十一年中元日,化缘米道兴、王道一题。

35.（阳文）江西建昌路人氏寓武昌路江夏县竹牌门外居奉」道信士□阳日」室陈氏三娘,喜舍铜瓦一片,于」武当山大顶上」玄帝升天处铜殿供养,祈保合家清吉者」大德十一年中元节,化缘米道兴、王道一题。

36.空

37.（阳文）杭州路在城居奉」道信士方袭祖,同男起宗、昌宗、庆孙,」家眷等喜舍铜瓦一片,于」武当山大顶上」玄帝升天处铜殿供养,祈保合家清吉者。」大德十一年中元节,化缘米道兴、王道一题。

38.（阳文）武昌路河街居奉」道信士施福,喜舍铜瓦一片,于」武当山大顶上安顿」福神玄天上帝升天之所」永充供养,」恭愿家门清吉、人眷增延福寿（者）。」大德十一年三月吉日,化缘米道兴、王道一题。

（七）南面穿插枋（阴文）

39.汉阳府在城水军寨居住奉」道信士董梁,同」室周氏大娘,喜」舍铜枋一条,以安」宝顶,恭祈家眷」等永处福龄、常」居吉庆,为今生」之善果,作后世」之津梁者。」大德十一年三月」吉日,化缘」米道兴、王道一题。

40.武当山大顶」天柱峰上」玄天上帝」升天处」铜殿穿枋。

（八）南面山花板（阳文）
41.西侧板

常德府武陵县城东迎春坊中保土地分居奉」道信女张氏侍真,喜舍铜泊风板一片,祈保合家清吉者;」

武昌路崇阳县市后街善庆坊居奉」道佩箓女官王氏静常合家喜舍铜瓦一片,于」武当山大顶上」玄帝升天处铜殿供养,所祈亡夫主杨庆仗此殊勋早」生仙界者。」岁次丁未大德十一年中元节,化缘米道兴、王道一」题。

42.东侧板

汴梁路新昌坊居奉」道信士王德敬室冯氏,禮（澧）州路澧阳长乐西村居奉」道信士张昌明同施泊风板一片」

浙东秀州路天西湖东人氏,寓武昌路板巷门外居奉」道信女倪氏妙善,同夫主叶润,施铜板瓦一口。」

武昌路在城堤上平政坊居奉」道信士高符、高籍,同施铜瓦一片。众信等施于」武当山大顶上」玄帝升天处铜殿供养,祈保人人增寿等,各保于霞□。

（九）南面槅扇（由西向东,每扇一则）

43.（阳文）汉阳府在城居奉」道佩箓弟子白道光,妻汪氏妙清,男霆忠、立成、立贵,男妇」陈氏二娘,女闰女,孙华童,舍铜槅一扇,于」武当山大顶上」玄帝升天处铜殿供养,祈保合家清吉者。」岁次丁未大德十一年中元节,化缘米道兴、王道一」题。

44.（阳文）武昌路望山门堤上利涉坊居奉」道信士刘张应龙,同妻李氏妙音,男仁寿，捐铜鬲，于」武当山大顶上」玄帝升天处铜殿供养，祈保合家清吉者。」岁次丁未大德十一年中元节，化缘米道兴、」王道一题。

45.（阳文）汉阳府在城居奉」道佩箓弟子胡道忠，妻申氏泰真，男琏、孙华保，」又同东关邻月亭畔王宅门下佩箓信女金氏妙德，」同孙男王仁荣，含铜槅一扇于」武当山大顶上」玄帝升天处铜殿供养，祈保各家清吉者。」岁次丁未大德十一年中元节，化缘米道兴、王道一题。

46.（阳文）荆门州长林县人氏、江河往来船奉」道信士别旺祖，上侍父别文友，兄旺才、旺文、旺兴，舍铜槅一扇于」武当山大顶上」玄帝升天处铜殿供养，祈保合家清吉者。」岁次丁未大德十一年中元节，化缘米道兴、王道一题。」劝缘张守真。

47.（阳文）汉阳府在城居奉」道信女李氏妙婉，同男周兴宗，舍铜鬲一扇于」武当山大顶上」玄帝升天处铜殿供养，祈保合家清吉者。」岁次丁未大德十一年中元节，化缘米道兴、」王道一题。

48.（阳文）陈文弄施。

49.（阴文，与47在同一块槅扇上）襄阳府大北门内，坐北面南居住」修真女冠徐志坚」上侍母亲林氏妙益，同兄徐文经、」文信、文□、文郁、」文信、文彬，家眷等喜舍」中统钞壹拾定，结砌」大顶地面石，祈保合家清吉者。」岁次丁巳延祐四年三月日，化缘米道兴、」王道一、」龚道通。

（十）东南角柱

50.（阳文）长河船居奉」道信士邓氏二娘施铜柱一根于」武当山大顶上。

51.（阴文）顺治八年 助 修殿路道人杨太渊，荆南人。

（十一）东北角柱

52.（阳文）武昌长街居住奉」道信士章友贤，同室曹氏妙真施铜柱于」武当山大顶。

（十二）西南角柱

53.（阴文） 清 州会同县吴道大、吴□璋三十五贯」武当山铜殿永充供养，为今生之善果……

（十三）正立面地栿

54.（阴文）武昌路长街居奉信士……

（十四）东北柱础

55.（阴文）吴江州……凌道……

（十五）鸱尾

56. 南侧鸱尾（阴文）
襄阳府西关 住 金火匠人」阳□」易泰。

57. 北侧鸱尾
室内光线过暗，似有铭文，但难以辨认。

（十六）室内槅扇（阳文）

58. 南面东侧第二块槅扇内侧有铭文，但因殿内常年燃油灯供养，油烟与灰尘混成油泥，粘附于室内壁，故铭文难以辨认。

十二、五台山显通寺铜殿铭文

（一）统计原则

1. 铭文按照行文的格式来统计。一般每行铭文为一则，每则可能包括同府内不同县的数则记录。遇到铭文中另起一行的，才另计1则。因此这里的819则并不能精确反映铭文的条目数，仅为本书编号。

2. 由于五台山铜殿铭文中的家庭关系表现得比较明显，且不同家庭的人数差异较大，因此统计时以家庭单位来计算捐资者的来源和数量，而非纯按照人数来计算。这样的好处是，有些家庭的儿辈、孙辈成员较多，名字都写在其中，但实际上对他们来说铜殿的影响只是集中在这一户家庭内，此时如果以家庭成员数来计算，会使得铜殿的影响被夸大了，因此每家共计为一笔。同样，僧人的师徒（师徒孙）关系有比较明显表现的，师徒（师徒孙）共计一笔。不能辨认的，则每人记一笔。

3. 如果大宗族人数众多，或者难分清家庭的，则单独统计人数（如铭文第651号）。

（二）一些共性

1. 铭文从右向左记。信众来源地与槅扇上的来源地标题并不完全对应，记录的各省（布政使司）信众也多少不一。如福建布政虽占一块槅扇，但该槅扇上仅有两条福建信众的信息，其余空白处为其他省份的题记所占。湖广很少，只有9条左右与之直接相关。而顺天府、山西布政等地的记录较多，常占到其他省份的标题之下。

2. 铭文字体不一，单块槅扇上铭文的数量显著多于峨眉铜殿，但字体不如峨眉铜殿工整。五台铜殿建成后，铭文应当有多次增加。大部分从上向下排，从右向左；但也有从右向左写，从上向下。

3. 铭文有漏字，有错字，有抄的时候横竖错行，有后补的。有不少错字是同音错字。如"掖县"写作"叶县"，"雄县"作"熊县"，"上蔡"作"尚采"。还有东昌府藁城县，把县和府都对错了。

某些铭文有重复。

（三）铭文内容

河南：

（河南布）政等处

1. 宣府江河桥普济寺住持：如实、方通、真宝、如安、如宣、性珍、如庆、宽□」信官江桓、左凤朝、冯景康、马文德，信女左门刘氏、左凤腾，张仲江、任支、贾氏、杨铎。
2. 山西大同府昌化王府镇国中尉充□同诚信女程京、兄女程松根、兄男程玉、王氏。
3. 大同府信士赵礼、王氏，王经、程氏，帅得智、粟氏，崔应竹、柏氏，刘学本、王氏，」信女孙杜奇、兄女秀英、兄孙、男孙一元、崔氏。
4. 直隶真定府赵州高邑县东马关村信人李邦、李孟金、李竹、李秉正、李敬先、李□举、李爱公、李门王氏、李门王氏，中寒村丁守清。
5. 直隶凤阳府颍州北信士贺文彩。
6. （字体不连贯）河南□□州一会人等为善寺僧妙□」□□□□□□□□□□□。
7. 顺天府宛平县信女张氏。
8. 保定府新城县信女姚淮、姚全。
9. 直隶真定府枣强县新安社十甲王家庄信士李宗武。
10. 河南府陕州会首高惟一、杨成林、司邦仪、王承恩、王士勤、张登云、苏济民、郑孟春、阮茂梧、何木。
11. 彰德府林县城里信士翟登、田氏。
12. 彰德府林县北关信士李继芳、牛氏。
13. 南阳府裕州舞阳县信士□如嵩、刘氏。
14. 宣府奚国志。
15. 辽州释子如宽。
16. 汝宁府信阳卫左所王文善。
17. 开封府通许县信士马台熊。
18. 彰德府汤阴县信士张可贾、王氏。
19. 彰德府汤阴县重寿寺僧然宽。
20. 彰德府林县民赵仕尧、妻李氏，王得威、妻孟氏，」信士宋子贵、吴氏，男宋守忠、商氏。
21. 河南府眼时县少林寺僧庆贵。
22. 江西抚州府东乡县信士饶绍元。
23. 江西建昌府南城县三十二都信士吴焕一、余朗六、鲁瑞临清籍。
24. 江西建昌府南城县三十二都信士刘显五、夏旺六、吴□，邓和五同男崇佑。

（本块下部补）

25. 顺天府通州张家湾信女：应门石氏、」黄门雇氏、」郭门刘氏、」于门李氏、」张门罗氏、」崔门罗氏、丁门严氏、」张启泰。
26. 北京顺天府通州张家湾：造佛一尊信女李门张氏，」造佛一尊信女周门毛氏，」造佛一尊比丘尼大住，」造佛一尊比丘尼大喜，」造佛一尊比丘尼慧□，」造佛一尊信女门陈氏，」造佛一尊信女门吉氏，造佛一尊信女杨门吴氏，」造佛一尊信女李门谭氏，」造佛一尊信女张门傅氏，」造佛一尊信女张门□氏。

河南布

27. 汝宁府西县晋家殿米勒庵僧如□、徒性常，比丘尼明宗。
28. 南阳府桐柏县僧明动。
29. 河南信阳州胡门刘氏。
30. 汝宁府汝阳县信士谢自友，上蔡县信士宋应秋真如，邻山县僧永喜。

31. 涉县信士赵守魁。
32. 武安县信士豆德华。
33. 怀庆府河内县信女孙氏，同子孙实。
34. 修武县信士周相。
35. 彰德府林县信士桑国宝、王守郡。
36. 彰德赵府信女刘氏刘英。
37. 慈州信士陈应山、李恩继。
38. 涉县信女李门关氏。
39. 南阳唐府县信官刘文魁。淇县许天爵。汲县侯有道。
40. 唐府内典宝官侯玉青、华镇、赵嵌义。
41. 汝宁府故世县信士雷虎。
42. 信阳州贾家堂僧性明。
43. 河南府松县释子海藏。
44. 南阳府沁阳县比丘真经。
45. 怀庆府河内县释子通喜。
46. 河南府洛阳县信士马庆、妻将氏。
47. 开封府杞县西关会首信官李明月，生员杜令德、杜纯德、任国钦、王邦宁，释子□□□明柱。
48. 灵宝县王门邵氏。
49. 洛阳县信女张同子白吉。
50. 彰德府林县信士宋良、任男宋思礼。
51. 武安县信女米氏、男王守策、妻崔、申氏。
52. 林县信士刘进生等，李顺、李门郭氏，比丘尼真惠。
53. 卫辉府辉县信士陈大金、狄以贤、信士侯廷现、信女刘门王氏。
54. 武阳县信女徐氏。
55. 开封府河阴县信士萧还、赵孟冬、崔继洪、罗子得、张自兴、张时厚、马大才、马大秋、崔森、萧康。
56. 阳武县信士孙来凤、杜奢、陈□、王定、宋可行、董用礼。
57. 河南府永宁县观音寺僧如定、僧道然。
58. 沔池县崇善庵僧广盖。
59. 河南府陕州清凉寺僧永远、永林。龙泉寺僧智澄。
60. 彰德府林县信士郑世贵，谷氏，郭进善、郑门苏氏，李徽，郭安，比丘如电。
61. 歙县信士程越。
62. 归德府鹿邑县奶奶庙住持如松。
63. 河南府陕州敕赐万善寺僧如堂。
64. 临漳县信士李孟然。
65. 汝宁府尚采县观音寺僧真住。
66. 河南府永宁县龙泉寺僧人性明。
67. 南阳府唐县比丘宗徽敬报父母四极之恩。
68. 南阳县开元寺比丘觉清，同万全右卫姚时节、赵宗尧、使仲甫、胡来凤、张朝、高全。
69. 彰德府林县中千户所舍□王海、妻汪氏。
70. 山东青州府诸城县信士陈怀义单环园满随下奉□继仪、仰奉夏。
（本块下部补）
71. 顺天府丰润县丰台镇信士：宁万厂、高氏，」王进登、白氏仝造。
72. 山西汾州府汾阳县贾家里玄门弟子张全□真湖西里里□朝顺妻冯妙□。
73. 顺天府通州宝坻县信女刘门李氏，男刘安周。
74. 山西：汾州府介休县米三极，」汾州府汾阳县高德，」汾州府汾阳县张国梧，」汾州府介休县王崇纪。
75. 山西汾州府平遥县太子寺释子洪湛、徒普轧，孙广忠。
76. 山西汾州府平遥县里仁坊信士刘恩芳、王氏。
77. 山西汾州府平遥县信士郝纯。

山东：
（山东布）政等处
78. 馆陶县生员王洪祚、信士王应秋。
79. 临清州大悲寺住持惠秀、惠从、如化、海南。
80. 堂邑县信士王祝。
81. 临清州信士魏士奇、妻王氏，嫂张氏，信女陈门孙氏员礼，秦门□氏，王门袁氏，梅门□氏。
82. 临清卫节妇秦门张氏、女刑门秦氏，秦门黄氏、张氏，孙秦永、秦王氏，冯门朱氏。高定县李兴业。

83. 临清州太儒人柳门汤氏、柳门武氏、孙氏、柳门吕氏，廪膳生员柳侃。
84. 济南府乡宦见任广平府知府陈□、夫人殷氏，在内外众信李清等、张奉清、杨氏、李万库、刘伯清、朱湖、张尚质、吕洪枝。
85. 内掌司协理门官史朝内司房□进田永寿、信官臧成、王进朝、张吉祥、孙禄、叶用、张进喜、顾添寿、李遑、何进喜。
86. 德府承奉正李夆、副刘清、典膳正吴玺、副曹进、典服正杨禄，门官副方忠。
87. 信士郭大选、赵东坡，信士扈章、刘氏，吕门张氏，殷门边氏，胡京、杨志强、男杨九思，彭仲诫、张门王氏。
88. 德州前卫所弟四百户刘官屯父殷大臣……（两家）
89. 临清州恩父张舜、母马氏……（两家）
90. 东昌府高唐州夏津县赵门孙氏……（一家）
91. 临清州信士滕枧、妻王氏……（两家）
92. 莱州府龙德乡宅村社刘门任氏。
93. 临清州信士宋希尧……（一家）
94. 乐陵县信士商豹。
95. 东昌府夏津县诰封宜人栗门高氏、蒋氏。武城县信士刘修业……（两家）
96. 莱州府胡门……（两家）。尼僧真凤、性乾、性安、海贵。
97. 临清州信官栾铭……（一家）
98. 莱州府西关善人胡门崔氏……（五家）。尼僧性慈。
99. 兖州府郓城县释子寂载。
100. 青州府乐安、博兴、临淄三县会首赵翠等三十二名。
101. 临清卫信官……
102. 东昌卫信女蔡门周氏。
103. 高唐州信士王自西。
104. 临清卫信官蔚杰……（两家）
105. 临清卫舍人陈大方，信士李旺、妻王氏。比丘智顺。武成县孙门闫氏。夏津县信士崔纯道，妻胡氏、韩氏，女六姐。
106. 临清州信女柳门萧氏、男柳伦，信士罗绥，信士王继善，信士王一桂、妻阎氏。新城县张门徐氏、男张文才、见氏，张文夆、王氏。
107. 临清卫信士张应安，信士杨承恩、妻郭氏。田家庵僧定学仝徒法守、法寰，孙性喆、性廓。国清庵僧泉在，同孙江济。博平县信士陶荞家。
108. 新城县王门荣氏，同男王兴瑞、妇张氏、韩氏、孙女三姐。陈兴慈同妻袁氏、男陈诩、陈谔。祁希禹、黄登、李久安、杨守清、周士冠。
109. 临清州信士张守泰、张门韩氏，信士胡一舜，张门韩氏。夏津县信士孙立桂。新城县孙门张氏……（三家）
110. 临清州信士杨清……（四家）
德州左卫右所沙彦富……（四家）
111. 临清州信士徐成德……（四家）
112. 青州府乐安县信官王昭德。诸城县僧圆绪、徒明顺，信士徐钦。
113. 临清州信女朱门周氏……（五家）
114. 临清州信士汪缙绶、信女程氏……（五家）
（本块下部补）
115. 京都顺天府中城明士坊观音庵比丘尼真□，徒如亮。

山东布

116. 济南府释子仁渊、净思。冶川县僧元香。南关居住张门、姜门赵氏。历城县信士张焕。商河县信士宋得禄。
117. 济南府信士王守礼……（九家）。章丘县信士于法。蒲台县信士传应峰。
118. 临清州母寇门安氏、男寇皋，信女王门冯氏。僧性□、性通。
119. 临清州信士臧好李，信士王还，信士贾一元、妻王氏。
120. 临清州信女柳门杨氏、柳门吴氏、柳仲，信童柳式隆。
121. 莱州府叶县僧方湛、如玄。
122. 临清州监察御史于有年，王明鉴、王门鲁氏。
123. 登州宁海州信人刘郁。
124. 临清州夫人于门李氏宜人……（六家）
125. 临清州信士黄堂、武氏……（四家）
126. 临清州信士李……（三家）
127. 诸城县五连山比丘福伦、宽戒。
128. 济宁州信士严守仁，滨州崔洪，胶州比丘果信、真仪，信人解贵、王东洋。
129. 临清卫徐门张氏……（一家）

阳信县信士豆希孟。恩县周子荣……（两家）
130.诸城县刘自然……（三家）
131.清州府义焦县信士腾有智。诸城县明教隅会首窦艾等一十五名，孙……（两家）
132.清州府莒州信士秦卿。乐安县信士刘守志。长山县信士……（两家）。新城县高邦翠。
133.济南府滨州信士高守全、任守忠。陵县信士邢可敬。武定州信士孙仲贤……（五家）。乐陵县丁朝聘。
134.莱州府叶县陈嘉言。
135.济南府武定州三李寺比丘广大。长清县信士高邦其。肥城县麻峪庵……（三家），崇智乡六甲张九印。
136.莱州府掖县信士王衔。兖州府兹阳县信士颜思金。昌邑县信人……（三家），尼僧真从。
137.临清州释子如慧、定存、德海、道勤、性本、性宝、性徹、如省、行建。比丘如锦、正慧。丘县郭盈……（八家）
138.临清州信士侯志强……（十二家）
139.临清州卫河西信士殷如衮……（四家）
140.临清州举人胡宗汉……（五家）
141.临清卫信士郑万婿，州庠彭商贤……（两家）
142.临清州讲楞伽经主法慈安。恩县信心弟子李学政、李真贵。
143.临清州信士郭门孙氏。
144.冠县信士孙可大，释子普照、普勋。丘县释子明玉。
145.临清州讲学沙门明辩，信士胡仲禄，信士王守印，信女张门秦氏。
146.临清卫乡宦都司王承恩，淑人罗氏，侧室陈氏、朱氏、郑氏、刘氏，女松姐。
147.临清州信士王鼎相，母何氏。
148.汶上县道鳞。
149.高唐州恩县信士刘陈杨氏。
150.莱州府掖县尼僧如妙、性全。□门王氏。
（本块下部补）
151.辽东盖州卫信善严愈庆、妻贾氏、曹中式、杨大智，惟贤。

浙江：
（浙江布）政等处
152.山西太原府盂县信士庞登州……（三家）。代州繁峙县胜水头信女杨妙然。
153.交城县太平坊信士魏尚室人□妙尚。平阳府洪洞县张村范登云……（一家）
154.交城县崇如坊信士潘道立，室人李妙、立氏、田氏。
155.山西太原府交城县太平坊信士魏齐……（两家）
156.交城县市南厢武惟戎，室人郭氏。
157.交城县移峰坊信士闫思信，室人武妙信。
158.山西大同府信士马宇……（八家），比丘海安。何养智、薛廷伸、张深。
159.大同府怀仁县信士刘恩。宣府雕鹗城信女王氏、男，比丘清潮，杨何，师门丁氏。
160.山西太原文水县释子性宁、智才、志朗、觉锐、性果、正果、圆瀛、聪慈、悟升、德义，信士郡有安、李塞、成国全、成秉节，各人造一尊。
161.山西宁武关信士任花，室人任香。
162.山西太原府布政司沁州生员张弘。清源县信士……（四家）
163.山西太原府太谷县信士程立夏……（两家）。清河县净真寺僧正量。
164.山西晋府信官周冠。太原府阳曲县方山王府仪宾王阳，信官王登，生员张美。
165.山西潞安府净业庵赐紫沙门真玉，徒孙性容、性愈。章子县重庆寺比丘僧洪润。
166.代州释子祖爱。
167.山西晋府亲周希霈，妻□果见。
168.山西太原府阳曲县呼延都信士王镇……（三家）.
利名堡郭林……（三家）
169.山西汾州府平遥县西皋里三郎村信士梁朝禄。
170.山西潞安府宗教庵传曹洞宗第二十六代沙门妙银、孙知澜。
171.山西潞安府弟子李廷恩……（一家）
172.山西潞安府长治县八谏乡西城一里李代舍。
173.山西太原府忻州信士王佐、王氏，信士贾应山。┘李科谷氏、坐高。
174.大同府仝继英……（七家）
175.山西汾州府汾阳县万户堡信士武鑑、室人宋氏，男武惟垣、武二。
176.山西太原府都司偏头关守御千户所在城草场街居住信士吕廷玉。（大字）

浙江布
177.浙江杭州府仁和县上地白泽大王信士陈鹏、妻张氏、男，许有年、女阿四。
178.辽东广宁圆通庵尼僧寂□。
179.直隶徐州一乡十二冈□□贺村信士会首马洛……（九人）
180.浙江杭州府钱塘县比丘尼福真。父朱良友、戴氏。
181.普陀山海潮寺比丘如宰。
182.直隶苏州府常熟县比丘尼广山。
183.仁和县仙林寺比丘真庆，孙通纶。
184.浙江观海信士陈大典、陈大邦。
185.杭州府等处弟子谨训、妙缘、真绪、广海，信女萧氏、金氏，弟子如缘……（六人）
186.杭州府临安县信士钱钦。新城县徐氏。
187.杭州府仁和县信士丘全斌……（三家）
188.金华府兰峪县信官许守道……（一家）
189.杭州府仁和县信士闻涵、黄氏……（一家）
190.衢州府常山县信士毛汝德。
191.湖州府归安县信士吴广志、广才。
192.信士潘广蔚，妻王氏、娄氏。
193.嘉兴府嘉善县信士沈豫昌。
194.嘉兴府信士俞廷让……（一家）
195.宁波府信士项世雄。
196.于越信官刘大纶。
197.秀水县信童项士冕。
198.秀水县信士杨性玄。
199.海宁县孝人许令典。
200.严州府分水县信士姜普贵。
201.龙游县信士翁文裕。
202.金华县信士张良凤。
203.仁和县信士潘应龙。
204.绍兴府信女王氏、鲁氏。上虞县信女钟门章氏。会稽县信女王氏，男明寿。
205.钱塘县昭庆寺释子道爱、海贤。
206.浙江杭州府钱塘县松盛坊土地兴福明王住弟子陈乾元，妻刘氏。
207.浙江杭州府高丽寺僧真晓。

湖广：
（湖广布）政等处
208.浙江绍兴府山阴县信士徐言，妻沈氏，男徐仕昌、□氏，孙文化造」佛一尊。
209.顺天府通州宝坻县丰台镇信官刘自然、李氏、刘氏造，」男光禄寺署丞刘宗周、王氏，男刘运各造，」男监生刘继周、朱氏，男刘震各造，」男监生刘徽周、安氏，男刘魁各、刘明各造。
210.顺天府蓟州丰润县丰台镇信士鲁进忠……（一家）仝造
211.顺天府宝坻县牛圈头信女陆门单氏……（一家）
212.山西晋府」信官那朝……（四家）
213.晋府慈寿庵」释子真澄、」性□。
214.造佛十尊，顺天府通州武清县河西屋观音庵如明。
215.造佛二尊，武清县北仓住赵门董氏、赵门杨氏。
216.九会殿造佛十尊，信心居士山东济南府武定州人刘门宋氏、男刘纵藩。
217.真定府涿州新张社十甲李馆村信士……（一家）

湖广布
218.北京龙华寺僧可寅为母郑氏。
219.江西□山释子成□。南岳山侧□峰僧道融。
220.□山比丘智□。
221.襄阳府比丘常露。
222.江夏县信士程一清」王长礼……（六家）」金贤……（八家）」张进……（八家）」各省府县不同。
223.承天府京山县□实。
224.古南台□修比丘明智、如光。
225.承天府京山县杜明□。
226.武昌府信士……银三两。
227.武昌府信士郭梁。

228.钦差承天府神宫监奉御府内管事信官丁朝田。
229.襄阳府释子宗庆同母刘氏。

东北角柱

230.山东莱州府西关信女：官门赵氏、」胡门崔氏、尼僧性乾、」李门周氏、尼僧性安」崔门张氏、胡门郝氏、」崔门曲氏、尼僧性慈、」胡门宋氏、尼僧□□、」刘门肖氏、尼僧真□。

北面东侧抱框

231.御马监右监丞□□牧放钱粮张恩造」万佛一尊。
232.真定府刑厅门役：高连登、王氏，获鹿县人；」张应元、罗氏，无极县人；」王嘉言，真定卫人。
233.真定刑厅书记：赵之翰、唐□皋、冯明时、郝可久、宁加□、秦国彦。
234.顺天府信女□门□氏、」信女罗门杨氏、」信女赵氏普□。
235.河间府崇仙镇居住善人王进忠、周氏造侍
236.司礼监刑太监卜□。
237.永陵□□□书左少□□祥。

北京：

（北京之一）

238.保定府安宿县吴王店僧圆明。新城县刘家庄信女史氏□□□□江氏。
239.金山信官周清。
240.□□王坟金帽局副使信官赵忠。
241.御马监右监承承运库管事信官张栋。
242.河间府信士张洪范。
243.慈宁宫信女李添、女李住、女高清、女信官王应昭。
244.天师庵管事信官李忠。西新厂掌厂信官赵印。顺天府宛平县永庆庵弟子真鹫、信女葛氏……（共十二家）
245.广平府成安县信士王宜春。永年县张寨村信士张感……（共三家）
246.任丘县信士贾德恒等。京都大慈仁寺赐紫沙门本行徒孙真镕。
247.宣府人信女甄氏、甄天相、甄氏。潘县信士李氏、男五居敬王居简。
248.安庆二府夫人李氏，安庆三爷王氏宫人张氏，平遥三府宜人崔氏。
249.保定府信士杨遇春。安州信官田绍恭，长男进士田一共，次男田同共，信官黄如金，信士甄万良、师官。
250.真定府磐石寺僧慧梁。顺天府蓟州信士陈尚义。密云县信官刘桐，刘门高氏。
251.真定府元氏县信士王玉……（共四家）
252.宣府保安卫信士马进忠。龙门所信士杜真贵，樊真禄，王和礼。
253.钦差山东都司军政金书前征播善后遵义游击管副总兵事、宣府前卫都指挥江万凡。
254.宣府万全都司独石开平卫信士郭登、妻薛氏。
255.宣府万全信士赵玉、东鹿县王封村吴门王氏。
256.河间府沧州信士任天福鞠氏。
257.宣府前卫信官孟吉……（共一家）
258.河间府沧州信士赵政……（共一家）
259.天津卫信女王门张氏。天津左卫镇抚王守业，杨氏门，僧性智。
260.天津卫河东会首□信士沈诚……（共八家）
261.河间府沧州李村信士曹得时……（共六家）
262.顺天府固安县蛮庄村信士宋李真、杨守利。大兴县信士毕朝阳……（共三家）。固安县丘家营信士丘……（共五家）
263.保定府荣寿县土李门朱氏。
264.直隶河间府任丘县人王一见……（共三家）
265.宝庆寺僧□裕、祖卫、祖印、祖旺、道永。
266.顺天府永清县龙虎庄父刘臣……（共一家）
267.武清县信士张项……（共三家），僧智□。三河县信士贾……（共三家）
268.顺天府平谷县信士崔大才……（共三家），比丘宗满……（看不清）
269.顺天府蓟州玉田县信士刘守用、刘孝寿。丰润县信士吕仲信……（一家）。宛平县信士李万……（一家）。永清县信士贾志……（一家）
270.永平府昌黎县信官唱仓。沧州王家庄信士闫照春……（共三家）
271.河间府故城县信士韩极……（共六家）
272.真定府枣强县信士王守荣。饶阳县信士范寿献、武守分，比丘□虎。
273.沧州庆云县闫守用……（一家）。南皮县信女闫氏……（两家）

274.河间府盬山县监生贾如锡。平谷县信士张廷现、王仲美。
275.涿州张南。河间府沧州信士王尚科……（两家）。遵化县信士程潮、吴添佑。
276.河间府□州吴□县信士李……（七家），比丘纯、昌遂、任性。
277.顺天府蓟州东尚寺僧作德、定山。盔甲厂信僧真礼、朝阳洞僧真实。广惠寺僧士际。霸州信士……（三家）。

（北京之二）
278.真定府昌平县信士……（看不清）
279.遵化县信士……（一家）
280.广平府永年县信士乔……（一家）。成安县僧通箱。安肃县信士张……（一家）
281.锦衣卫舍人……（五家）
282.顺天府大兴县比丘尼本寿、圆喜、慧灯、真定、□见、常成、宽玉。张门王氏、贾门王氏、□□□」张门周氏、赵门张氏、信士杨选、杜门孙氏。
283.顺天府宝坻县信官白门陈氏……（两家）
284.钦差汉经厂御马监太监王祥，御马监太监刘明。宣武门信官杨忠。□□□□□□。
285.惜薪司红萝厂信官朱应丰。顺天府大兴县信士李光祚……（共五家）。
286.顺天府密云县信士闫尚明……（三家）。永清县□和乡仲和里北照村信士高□。
287.顺天府宛平县信士高春……（三家）。永清县大□□村王门张氏。武清县……（一家）
288.顺天府永清县合会善士李一名、王寿等。别古庄里西流村信士丁镇……（三家）
289.通州信士周文、吴氏。三河县信士……（两家）
290.大兴县信女王门徐氏。固城县信士习期松。宝坻县大口□僧……（看不清）
291.昌平州白海所信士王宗江……（一家）
292.蓟州玉田县信士白自安……（三家），僧宽禄。信士陈自实，释子明□……（看不清）
293.顺天府永清县信士李国□。香河县□□庄信士……（看不清，至少两家）
294.宛平县信士康禄……（共七家）
295.御用监奉御信官杜陛。内府供用库御监太监□□。
296.真定府藁城县父卢自然……（看不清，至少一家）
297.福□局官梁进。宝坻县比丘圆□。外承运库□官□内府□监刘本。
298.□使局管理右副使陶文，酒醋面局右副使□□□。
299.□院金事神宫监太监赵良。顺天府永清县东义和村信士……（看不清，约两家）
300.钦差汉经厂掌坛甲字库管事御马监太监卢永寿。
301.钦差汉经厂掌坛司管事御马监太监杨川。
302.钦差提督教习汉经厂掌坛□新司总理御马监太监王忠。
303.钦差汉经厂表白御马监理草栏牧太监曹□。信官刘褒、何朝。
304.御马监太监子库管事信官□相。御马监太监惜薪司管事信官张朝用。
305.宫贵李镇学、冯景春。顺天府蓟州龙福寺僧修增，信士王思贤、高万教、徐守智。
306.信士刘尚忠。顺天府永清县信安镇信士李国相。
307.钦差汉经厂御马监太监信官何果。

北京
308.（一排小字看不清楚）
309.顺天府信士张应星、徐一中。龙泉寺僧性宽。涿州信女张门高氏。固安县信士赵自银色，王伯仓、王伯□。
310.释子镇深为先父宋达、母张氏，释子明泽。骡道银五两，马道。
311.信心弟子清智，内官监太监褚喜，内官监太监杨辉，御马监太监侯昇。
312.大兴县信官顾善。信官刘李……（一家）
313.钦差尚衣监太监信官郜成良。乾清宫近侍尚衣监太监南宗顺、李朝。
314.尚膳监信官窦进、张钦、闫钱、田禄、王进朝，信官崔进、王忠、杨应先，信士吕守章。
315.翊坤宫管事于景科女。御马监太监孙进朝。内官监太监刘安，信官秦昇，法名圣瑞。信心弟子张清莲。
316.坤宁宫弟子陈斌女。御马监太监刘朝，信官李山……（十三家）
317.钦差直隶真定等处抽印木植内官监金书左少监戴进。

318.钦差针工局信官张思贵。巾帽局签押管事信传景。
319.钦差内府供用库信官李进。钦差内汉经厂御马监太监刘贵。
320.钦差御马监太监信官张然。御马监太监丁字库管事信官高登。
321.尚宫局信官杜忠织染局信官刘昇。
322.钦差奉御阎栾……（一家）
323.皇太子前答应李月女，信女杨清女。
324.慈宁宫勤侍夫人彭金花。丰润县西坎庄信士杨□洲。
325.慈宁宫内奏事牌子李秀女。
326.慈宁宫内常在张阳女……（八家）
327.慈宁宫管事龚玳。内府库管事信官张文弼。
328.信官辛金、高名、杨忠、周奉。
329.管枢柜御马监信官梁成。内府供用库总理御马监太监孙进朝。霸州信士……（一家）
330.兵仗局信官安进。酒醋局右副使信士吴进。
331.钦差内府太监赵良、全朋、张然。霸州信士张朝斌，母康氏。朝阳门晋事内官监太监董迁。
332.钦差御马监太监觉礼佛尊母周门宁氏。御用监太监惜薪司金押西厂贴厂周玉。
333.天津卫商人……（两家）。曲周县信士傅仲江。巨鹿县信士杨云梯。
334.保定府释子寂凤。清源县信士汤显忠。成县高门李氏。新城县信女……（一家）
335.河间府故城县信官夏兑。沈阳中屯卫信士朱……（一家）。静海县信士于进义……（一家）
336.天津卫信士高门陈氏……（一家）。唐官屯信士孟后雄。
337.真定府藁城县信士孟廷礼……（一家）。南宫县信士师经。
338.冀州新河县释子□莲。
339.景州连高镇商人董朝会。
340.河间府信士王九重……（一家）。成县信女张门梁氏。
341.真定府行唐县信士王守登……（一家）。信士刘祥、贾氏，本慈。定州信士王尚□。
342.永平府兰州僧真定。
343.德府承奉正李□」副刘清；典膳正吴顺」副曾进；典服正杨禄；门官副□申。

本块楣扇被供桌遮挡，中间约有十行看不见。

本块楣扇仅最西端有一条题记，其余大部分为空白。
344.苏州府开元寺僧如□、□氏。长洲县尼僧性安、周□□。常熟县信女□□□。

南京：
（直隶）南京
345.苏州府吴县信士……（两家）。吴县比丘妙德、性□。
346.松江府□□……□（看不清），祈早生子吉祥如意。
347.应天府六合县信士汪……（一家）
348.□宁县信女陈氏……（四家）
349.华亭县信士……（一家）早生净土李孝。
350.江都县信士……（两家）
351.高邮州信士……（一家）
352.扬州府……（一家）。江都县信官卞……（一家）
353.□□□（来源地看不清）
354.徽州府□□□信士洪添荣。
355.徽州府歙县信士方应德……（六人），生员项维翰，信士□□法名□□。
356.徽州府休宁县信士汪士见。祁门县信士方本守。
357.徽州府休宁县信士程盛……（四人）
358.歙县信士方……（一家）。信士汪以忠。
359.扬州卫掌印指挥信官尚应元。
360.苏州府长洲县信士张时震同妻戴氏。
361.徽州府钦县信士吴国华……（四家）
362.御马监太监□良、王大贞。
363.海门县信官崔杜、信士卢列火。徽州府歙县信士……（两家）
364.宁国府吕渭。徽州府歙县信士……（一家）
365.司礼监信官殷智……（三家）
366.扬州府江都县信士……（两家）

367. 泸州府合肥县信女周氏。江都县朱门丁氏。
368. 内官监太监党存仁。上元县杨名送。
369. 甲子库张朝、郝允、曹春、张朝。
370. 御用监信官李进、姚仲银。
371. □北先□寺比丘真□。
372. 扬州府江都县信士史承恩……（一家）
373. 内守备掌司信官张勤。江都县信女桂门杨氏……（两家）
374. 上海县信官弟子褚永本……（一家）
375. 徐州萧县生员王明谕。扬州府江都县信士吴德礼……（三家）
376. 南通州所掌印千户杨维垣。扬州府江都县信吏……（三家）
377. 常州府宜兴县信官万智。武进县信士支君俸。武进县信士徐则巘。
378. 扬州府吏王崇、丁氏。信士包文英。两淮运司梁安同妻王氏。
379. 应天府□□县蔡时荣、信士林崇富。常州府信士……（四家）。

直隶（南京）
380. 如皋县信士张美中……（四家）
381. 扬州府江都县信士卞维贤……（九家）
382. 如皋县信士朱课……（三家）。徽州府歙县信女……（一家）
383. 歙县信女……（四家）
384. 徽州府朱枋……（十家）
385. 休宁县商山信士黄钺……（四家）
386. 休宁县信女黄门吴氏……（三家）。新宁县信士孙有为。
387. 诰封夫人朱氏。夏门李氏……（九家），性慧。
388. 信官陈……（一家）
389. 松江府信士钱可大。
390. 海门县信士崔养大、彭花凤。瓜州镇信士赵祖成……（一家）
391. 如皋县监生苏文韩同妻李氏。信官李上林……（两家）
392. 歙县信士潘明海……（八家）
393. 歙县信士方勉……（四家）
394. 歙县信士吴先徵……（七家）。古歙岩镇信女方氏……（五家）
395. 扬州府赵如成……（十二家）。江都县信士……（八家）
396. 句容县信士孔弘椿……（两家）
397. 六安州信吏王家伦、和川，信吏林应登。徽州府婺源县信士……（两家）
398. 扬州府如皋县信士石成磐……（五家）
399. 大兴县信士高凤。江都县信士王天宠……（三家）。滁州信士张忠。
400. 休宁县信商……（七家），释子海亮。
401. 仪真卫信官……（两家）。扬州府江都县信士刘宗杰。
402. 上海县信士张远修。兴化县信士孙德元。兴化县信士杨……（一家）
403. 凤阳府寿州陈尽礼、王朝藩。颍上县吴景。□州信士……（三家）
404. 扬州府弟子胡义，信士范爱民……（九家）
405. 怀远县信士周嘉庆，比丘海会。歙县信士吴敦……（三家）
406. 扬州府信士……（两家）。扬州卫信士裴应登。高邮卫信士李记。江都县信士……（两家）
407. 江□□□池。□城县□□。江都县信士王祖勋……（五家）
408. 江都县信士石……（五家）
409. 应天府信士张有时……（三家）。上元县信士史禄……（两家）
410. 扬州府江都县信官……（五家）
411. 溧水县信母刘氏……（一家）。歙县信士……（两家）
412. 六合县信士葛应科。江都县信女……（三家）
413. 扬州府信女张门……（四家）

等处（可能与"南京"那块装反了）
414. 江都县信士管子登……（两家）
415. 仪真县信士康李……（三家）。钦县程思礼……（两家）
416. 仪真县信士万信……（四家）
417. 淮安府信士杨守岳同母刘氏。山阳县田门信士……（三家）
418. 扬州卫信官刘体元。江都县张光裕。镇江卫信士牛嵩。
419. 丹徒县信士靳应聪……（五家）
420. 泰兴县生员王□贤，洪济寺僧真幻、如定。丹徒县信士李逢春……（三家）
421. 江都县信士任桥……（一家）。兴国州人汪宗仁……（八家）
422. 通州信官江乾祚……（六家）

423.扬州府江都县信士吴城豪、许应释。瓜州信士吕德高……（四家）
424.扬州兴教寺比丘镇淮。
425.休宁县信士朱家宠……（五家）
426.徽州府休宁县信官刘应麟……（两家）。婺源县信士洪仲梓。
427.徽州府休宁县信女邵氏……（一家）。祁门县信女骆氏……（一家）
428.镇江府信士王文魁同妻丁氏。丹徒县信女丁门杨氏。金坛县刘应元……（三家）
429.江都县监生王维相……（五家）
430.高邮州信士李如冈……（五家）
431.泰州信官陈应……（三家）。海安镇信士徐稳……（四家）
432.丹徒县信士崔圆清……（八家）
433.通州兴化寺比丘聪寅。兴化县杨万……（两家）。扬州府信士韩康……（两家）
434.高邮州信官陆尚……（六家）。扬州府信士刘惠、乔氏。
435.泰州信士曹世恩……（六家）。严城县信女吴氏。
436.通州信官陈大乾……（一家）。江都县信士杨泾……（一家）
437.通州信士白三乐……（两家）
438.扬州府比丘道妙真、圆清、隆云，母亲徐方登……（十一家）
439.释子如李、宗德、宗兴、普灯、远洪、如玉、真李。王周希……（六家）
440.江都县信士陈智殆……（八家）
441.海门县信官夏应龙。盐城县信士吴近……（三家）
442.淮安府信士薛松……（三家）。盐城县信士季文言。盐城县孙从……（两家）
443.徽州府婺源县信士江潮云……（一家）。钦县信士吴锦、妻庞氏。
444.休宁县信士汪应辰……（四家）
445.山阳县信士赵裕……（四家）
446.高邮州信士陈完、孙桥。邵伯镇信士林志……（三家）

北面西侧抱框

447.京都御马监太监张国安。
448.天津卫指挥原任天城城守备吴国相、许氏……（一家）
449.内府□库金事御马监左少监信官荣得申。沧州信士郝为孝……（两家）
450.御前钦差西番经厂尚膳监太监信官李田。

西北角柱

451.真定府刑厅书办：唐汝皋、秦氏，真定卫人；邢可人、陈氏，真定县人；｜赵之翰、吕氏，真定县人；秦国彦、刘氏，神武右卫人；｜冯明时、袁氏，神武右卫人；宁嘉运、张氏，神武右卫人。

四川：

四川布

452.钦依杀胡堡守备都指挥石邦屏。
453.钦差监督临清钞关户部江西清吏司主事程嘉实，父封官程明德，弟举人程寅实，男程琳玄兔、燕雏。
454.钦差监督山东河南等处粮储户部山西清吏司员外郎晏朝寅同男晏如乔、晏如岱、晏如峒、晏如垄、晏如崙、晏如瑶。
455.重庆府江津县弟子陈廷杰，同陈宗周、周氏大，陈宗文、苏氏三，陈宗武、马氏大，陈宗圣、佘氏；子孙男陈为梁、程氏，陈为□、晏氏，陈为□、□氏□，｜陈为弟、陈为麟、陈为凤、陈为祯、陈为贤；玄陈希孔、陈希增；孙女陈氏大姐、陈氏二姐、陈氏三姐一家眷等。｜弟子陈廷杰今于云南布政司经商，自发诚心捐资铸造｜大宝塔一尊、中宝塔二尊、轩辕镜三面于今殿，亘古亘今，永远供奉。
456.汉州开元寺比丘容志。东乡县僧性福。
457.成都府万佛寺比丘慧安、徒真贵。
458.夹江县毗卢寺比丘果淳。
459.保宁府信士李可柱。
460.夔州府信士程国兴、徐氏、五男武举程起鹏。
461.嘉定州信官李端，陈廷杰、陈宗武等。
462.信官李贤，同母左氏。
463.平阳府临汾县大提里天乔村保安信官郝天元、海定。
464.城都府洪像寺僧如江。
465.简州释子惟喜，为父母早生天界。
466.大慈寺释子明祚，徒绍旨，释子空庵。
467.城都府绵州昙阳寺僧广舟。
468.重庆府安居县龙居寺僧真学。

469.夔州府良山县比丘真慧。
470.（从左往右写）钦差分守宣府西路万全右卫等处地方副总兵都指挥佥事孙维、妻张氏，长男；┃见住将军会守备孙弘谟、妻刘氏，次男百户孙弘烈、妻陈氏，幼男孙弘猷、妻张氏；┃长女碧玉、次女温玉、次女美玉、幼女奇玉，长孙男桂生，老营堡□人创库、妻常氏。

（四川）政等处
471.山西偏头关信士冯计宰……（两家）。河曲县信士李大全。
472.代州振武卫信士杨桂芳……（两家）。振武卫中左所信士邓云会……（一家）。繁峙县信士任□。
473.山西高平县信士孟承考。万寿庵比丘尽善。繁峙县信士张学。
474.平阳府襄陵县信士吕尚义。娑婆寺比丘真万、如太、智潮。
475.沈府安庆王第三子程增、夫人李氏，宫人王氏、张氏，□□王府夫人崔氏，保定王府、永寿县主。
476.传贤一目宗第二十六世日光寺比丘全吉。信心比丘尼如庆、性安、海官、海月。毡门王氏。比丘通武、通慧。
477.父糜盛元、母赵氏，师福庆。永明寺后李沙门胜库、徒圆□，湖广比丘真善。
478.钦依钦赐紫皇坛讲经传贤首宗第二十六世兼僧录司左讲经管理，敕建护国圣光永明寺第一代十方主人法须。徒昌住、母吴氏，昌性□□□□丘贤。
479.五台山华严岭僧明会、明月、明顺、真琴、如淮、如杰。华严庵僧本存。华严岭僧如岗、如娄、如碧。
480.云南比丘惟□。代州人士见在巡检司信士尤天福、庞氏。
481.云南永昌府释子真晟。碑楼寺僧妙镇。永明寺僧福英、圆海。
482.云南鸡足山寂光寺释子广月为恩师如全，父孙□□、母黄氏。
483.山西太原府阳曲县信士郭光溥……（六家）。榆次县信士李廷伦。晋府仪宝成国相。阳曲县李科。
484.阳曲县尼僧海会信士郝尚义，韩准、信女李氏。顺天府香河县观音寺僧圆朗。大罗顶僧果寿。
485.平阳府临汾县信女郝门王氏。太原府左卫信士陈恕。大同镇边堡白玉。
486.大同府朔州林衙寺僧任选。信士张妙清……（四家）
487.大同府前卫秋要正信士杨贤……（五家）。福王府门副梁进。左卫信士屈天禄、郭窝。
488.大同府应州信士陈应宜。岢岚州兴县信士王名宰。大同府平房卫败胡堡信士白相、张元德。德胜堡张东旻。
489.山西马站城信士李登山。五台县大峪口信士白一霜、白一云。
490.山西太原府八角堡僧人性馥，信士刘景……（八家）
491.代府承奉信官左时。代府信心弟子比丘真相如寿。朔州崇福寺僧性宝，保和寺僧志禅、果锐、普永。
492.山西大同府大同县信士范继光、李氏。前卫中所金丁、李仓。比丘尼道中。
493.五台山秘魔岩释子正云，狮子窝释子道有。信士郭朝虎、刘氏。佛洞僧真来。圆照寺都纲惠宁，比丘明清、真宝、正玉、真才。
494.五台山凤林寺信人温经……（七家）。普济寺宗锐、宗有、本学、本左，比丘尼正良、明喜、明鑑。
495.汾州府介休县信士侯万宝、高氏，僧人性香，王良佐。灵石县信士任端、信士刘廷恩。
496.潞安府长治县信士韩应祥……（两家）。辽国僧人理整。
497.汾州府信士罗宜。介休县信士郭时友……（两家）。僧人如元，信女尚妙贵。平遥县信女武妙宰。

山西：

山西
498.平阳府翼城信士王国泰，监生薛光阁、薛可太。五台县信士孟廷现。石楼县僧常阁，信士贺世标。
499.临汾县信士续门张氏……（五家）。代州富村郡即门刘氏。
500.绛州信士马柏涛……（三家）。比丘行春、比丘尼明云。孝义县安家□信士程参……（六人）
501.蒲州信士范瑞……（一家）。汾州府平遥县僧人真凤、如梦、天□□□□。
502.蒲州信士张惟清……（六家）
503.蒲州信士南朝实……（三家）。榆次县信士刘邦爵……（一家）。偏头关信士吕廷位。
504.蒲州信士薛良臣……（一家）。太原府信女贾门严信。蒲州旭阳洞看藏沙门道山。

505.太原府泽州信士张希孟，室人王氏。阳曲县信女石惠云……（两家）。阳城县信士母王氏……（一家）。阳曲县杨朝聚。太谷县信士贾明。

506.平阳府蒲州信官王沿……（六家）。汾州府平遥县文会坊信士闫秦……（一家）

507.临汾县信士刘廷臣……（一家）。汾阳县九支社释子妙通。霍州德仁王府辅国中尉□矿……（一家）

508.平阳府蒲州弟子刘汉纲……（五家）。守御所信士龙复四。万固寺果行为母杨氏。

509.河东运城信士刘进忠。大同府应州信士李大宿、妻孙氏。安东卫信官梁绍中。朔州弟子比丘尼真莲、如金、元□。

510.襄陵县张景阳……（三家）。龙头峪僧性住。大同府井坪所信士杜汝乡……（三家）。西北路郭家坡……（三家）

511.文水县信女贾氏……（一家）。大同县信士席惠……（一家）。平遥县冀登云……（三家）

512.曲沃县信士赵阳春、卢泰亨。大同府信士谢天祥……（九家）

513.汾州府信士贺万里……（五家）。介休县马化英。孝义县梁门常妙仁……（一家）。汾阳县同节坊三甲田进忠。

514.平阳府蒲州信士吴应昌、冯一鹏。安义县信士张宦成。永和县比丘真福，信士李尚智、张加时。

515.汾州府信女温氏……（一家）。汾阳县信士任汝义……（两家）。尽善北里信士郝贵宝。汾阳县三泉里信女妙宝……（三家）

516.平阳府襄陵县信女邓氏……（一家）。隰州比丘常叶，生员张润兰。太平县古城镇贾自臣、王氏。

517.蒲州信官王德新、信士张箴。宁武关弥陀庵北德祥僧人如贵。潞安府湖关县僧人福田。阳曲县三分山城……（三家）

518.临汾县信士田溶……（六家）。介休县宽□、宽勲。

519.赵城县信士王问臣、信士梁溪。大同府阳和城信士颜守仁。阳和卫沈伯川。寿阳县周文盛。高平县僧人如登。

520.芦芽山释子真秀。山西太原县按察司吏张有智、孙道洪。清源县信士王居……（一家）

521.太平县信士李大节、信女程氏。阳曲县信女张戒慧……（两家）。晋府仪卫司信士徐鸣。介休县张兰、张朝辉、王吉忠。

522.代州信士张德智、妻李氏。代州信女杨氏……（四家）

523.老营堡信士李仲福……（四家）

（山西）布政

524.曲沃县信士巩尚谔、信士李元德。山西平阳府洪洞县张门冯岩喜……（六家）

525.平阳府襄陵县信士乔养性……（五家）

526.永定州信士延昇，僧明旺。乡县信士胡大海。晋省寿阳方山昭化上院释明让，徒孙如璧。阳曲县东关都信士贺王增、王氏。

527.蒲州信士李应期……（四家）

528.平阳府解州下县地下王村信士董尚维……（四家）

529.蒲州千户所王仲德。汾州府介休县信士温汝息……（六家）。文水县下曲村刘妙贵、殷妙福。

530.代州信士冯捷期，嫂汤氏。北楼口把总信官李荣春……（一家）。五台县信士刘登宵。郭县信士李万衣。

531.泽州信士杨文。阳城县张门孙氏，信士秦高。比丘顺金。

532.汾州府孝义县信士魏选。平遥县崇福里田志……（三家）。北涧里侯凤祥、霍应印。

533.太原府吏孙光祖，信士尹思惠。清源县信女王洪香。忻州信士赵元。太原县信士张天玘……（五家）。平定州信士冯功。

534.襄陵县母梁氏王应元信女……（三家）。比丘兴朗。宣府张应元……（两家）

535.绛州信士马张来……（四家）。汾州府会首比丘真潮，信士魏得元……（十家）

536.汾州府信官曹禄……（四家）。介休县信士梁汝禄……（五家）。庆成府新□□比丘成果。

537.平阳府襄陵县信士梁一鹤……（两家）。榆次县信士刘伯千。受阳县信士黄进孝。榆次县信士王海。汾阳县信士刘秉庆……（两家）

538.蒲州信女张门苟氏……（两家）。庆城王府奉国中尉慎镇朱廷云、妻李氏。太原府李洪法……（四家）。比丘舟学。

539.平阳府翼城县信士姜元利。太平县僧大湖。奉国将军知辇……（一家）

540.襄陵县信女张门闫氏……（三家）
541.平阳府临汾县信士张继美……（六家）。奉国中尉新陵,妻田氏。平阳府信女续氏,男果俦。
542.临汾县信士李茂……（四家）。襄陵县陶寺寺性润。母郭氏男奉国中尉新雠、妻王氏。
543.平阳府灵伯村信士母张氏……（一家）。比丘明禄。母张氏男宗室新离。汾州府介休县南张里……（三家）
544.平阳府襄陵县信士武忠……（两家）。尧庙比丘海忠,徒弟寂常。汾州卫信士阴世纲。比丘悟极。襄陵县北寺僧悟极。
545.高平县信谭应怀……（四家）。汾州府信士……（三家）
546.平阳府蒲州信士孙江……（三家）。泽州阳城县僧官宝、涵同、寂荣。
547.平阳府蒲州阳城里……（六家）
548.蒲州王郭里王惠民……（七家）
549.蒲州尚善厢刘尚果……（两家）。寿阳县释圆龙,信士王辅、康氏。
550.蒲州信士杨煌……（三家）。大同府信士任贵……（五家）
551.平阳府蒲州信商冯桧……（一家）。夏县信女王门……（四家）,沙门昌果。安邑县杨门赵氏。
552.蒲州万固寺比丘德崇。岚县刘永恩、郭登彦。都司杨汝梅,夫人梁氏。僧隆治,徒昌文。襄陵县比丘真孝。
553.襄陵县信士梁……（三家）。怀仁县人阳和寄住信士刘真粥。大同府董应乾……（两家）
554.平阳府临汾县信女□门王氏。

（山西布政）等处

555.山西稷山县信官兰邦相……（一家）。榆社县在五台县住信士李得时。文水县信士郝文忠、郝文孝,阳和寄住。
556.临津县信士闫尚益。宁武关信士王严泰……（三家）。山西府老营城信士乔矿。
557.潞安府长治县信官焦永泽妻赵氏……（一家）。大同府比丘尼正信、成知、真贵、性早,孟门于氏。阳和比丘沙颂,张德宗。
558.大同府信商丁朝凤、郑维粥。右卫铁山堡信士孙绍光……（五家）,僧方习。宋门马氏。
559.汾阳县信士王仕清……（十家）。永安镇宋国安。
560.临汾县信士翟维翰……（三家）。大同府右卫会首信士王善等……（四家）
561.蒲州信士刘云瑞。介休县任祝……（十家）
562.高平县信董世官,信士许孟夏。清源县信士马彦龙……（三家）。太原县武永其、武科。
563.汾阳县信士赵堂……（四家）。大同左卫信士葛……（两家）。介休县宋希广……（三家）
564.大同府浑源州信士王朝相。太原府兴州信女王门李氏。应州信士龚世朋、毕氏,比丘觉定。蔚州灵岩寺僧用夅,信士刘稳……（两家）
565.汾州府汾阳县信士张……（两家）。仁岩里信士张公艾。金界寺比丘明真。大同府威远卫信士曹本……（三家）
566.汾州府汾阳县信士田时玉……（四家）。太原府忻州二十里铺赵梧、胡氏。辛庄闫登云……（两家）
567.汾州府汾阳县信女孙氏……（十三家）
568.平阳府临汾县增广生员马维德……（三家）。平阳府使门马氏。临汾县信女李门高氏……（五家）
569.潞安府长治县信士关朝禄。黎城县传贤首宗第二十六代沙门净免。大同府应州杨家庄信士王登科。平阳府曲沃县李遇元、闫守禄。
570.汾州府介休县信士宋亨……（十三家）
571.太原府阳曲县信官杨希礼。太原左卫信士高文辉。文水县信士孟思顺。代州信士王普贤……（九家）
572.平阳府太平县信士徐文孝……（两家）。龙凤县信士□尚贵,僧海龙。本山般若寺比丘妙玄。凤林寺僧正禄。福永寺僧性大。绛州金妙善……（三家）
573.临汾县信士刘朝卿,僧林峪。五台山旧路岭涌泉寺方丈永庆、副寺维珦、掌教远健、长老真守、镇可、元爱、元奇、如果。
574.临汾县信女巨门李氏……（一家）。本山敕建大广宗寺比丘兴辩。
575.临汾县信士史尚义……（三家）。平阳府蒲州散信坊……（四家）。吉城村萧氏……（一家）
576.曲沃县信士许一道。徐沟县信士王镈……（六家）
577.潞安沈府仪卫司信士金应士,比丘礼真。孤山堡信女乔妙会……（五家）。孤山华严庵比丘慧存，门徒性贤、性德。

578.蒲州信士李邦……（两家）

579.蒲州信士郭际祯、信士杨梧梓。汾阳县信士汤聘、如显。五台县泉岩都白家庄信士杨继武……（一家）

580.汾州府介休县信官侯忠……（两家），比丘济云。白马寺比丘性缘。信士乔承寿……（一家）。比丘真宽、真香。

581.汾州府平遥县净化村信士僧周月……（七家），僧明镇。晋藩群牧所副千户王政，信士彭应霖。

582.平遥县王郭村僧如缘，信士郭富……（六家），释子祖玉。北涧里信女李妙祥。

陕西：

陕西

583.晋府仪卫司信官张定……（四家）。僧人寂为。信官郑惟忠……（五家）

584.五台山永明寺胜莲。日光寺赐紫沙门全吉，徒弟湛澄、湛泽，释子清喜。镇海寺僧真松。

585.西安府华州蒲城县信士刘腾和……（七家）。僧性仁。

586.临潼县信官黄用。华州信士贾邦正。山西行都司马邑所信士程希曾、高氏。

587.泾阳县比丘永定。桥底镇大安寺僧妙通。

588.泾阳县信士吕世家……（三家）

589.关西国戚高鸿。西安府华州比丘德玉。圭峰山比丘如修。信人杨大从、严氏。

590.宁夏信官李仁同男元哥等。山西老营堡刘……（一家）

591.平凉府信官雷福、喻义。正元县盂八寺僧性银。平凉府僧文光祚。

592.西安府泾阳县信雒爱民……（五家）

593.蓝田县母马氏女马王氏。兵州道人李常保、李合仙。

594.宁夏信士方元冈……（两家）。延安府葭州甫谷县泽河渡信士石计……（一家）

595.三源县信士陈诏……（三家）。富平县李邦库……（一家）

596.泾阳县信士吕宗伯……（七家）｜马大壮母赵氏……（四家）｜韩英儒……（三家）

597.泾阳县中张里信士八十八岁耆翁王宠……（一家），师环。

598.泾阳县信士雷鹏李……（八家）

599.泾阳县中张里信士李应遴……（两家）

600.西安府泾阳县信士师汝忠……（六家）

601.华阴县信士席之璧……（五家）

602.三原县儒士仇日升为祈超先父仇汝敕造升仙界，又为生母来氏等长寿。

603.泾阳县信女张氏率孙男监生韩祖成。山西大同府……（两家）

604.咸阳县信士薛养民、刘尚质。凤翔府伏凤县僧清演。临有县臣明寺僧如成。

605.西安府比丘道真、来明智。户县重云寺僧大岭。关天县僧人中次。

606.蒲城县信商张计斛……（两家）。凤翔县僧性果。蒲城县僧真海如经。山西平遥县常乐寺比丘道吉造佛一尊。

607.泾阳县信士潘体乾……（三家）。山西榆次县北赵寺僧乃月。

608.富平县信士刘洛。兰安府福州雷登秀室人陈妙善。

（本块下部补）

609.代州崞县摩头村刘林……（三家）｜西镇村陈江、李金库。｜崇祯三年三月吉日。

（陕西）布政

610.三原县信士远证……（五家），｜信士秦根立……（四家）。山西大同府应州侍丝庄信官王郭。

611.泾阳县信士赵子明、刘凤林。山西大同府信女陈门李氏……（两家）

612.三原县信商段希舜……（十家），｜杨祝……（八家）

613.西安府朝邑县信士马……（三家），比丘定信。

614.泾阳县信官母马氏……（两家）

615.西安府泾阳县信士雷鹏南……（两家）。白水县冯……（两家）

616.朝邑县信士张尚义……（两家）

617.西安府三原县信士梁应台……（三家）

618.泾阳县信士叚应昌……（一家）

619.西安府咸宁县信官呼应亨……（两家）

620.长安县释子真会。平凉府僧如海。山西汾州府汾阳县陈家庄信女宋妙善……（三家）

621.延安府延长县信官苏汝宣……（十一家），僧官真兰。绥德州僧真满。

622.延川县信官梁芳……（两家）

623.绥德卫人孤山堡信士刘思臣……（四家）。延安府府谷县信士石公兰……（六家）
624.行都司岷州卫普教寺比丘能清。
625.延川县僧官真重。榆林城信士陆继光……（两家）
626.陕西延安府榆林卫右所太淑人柳氏……（一家），僧圆通、宗正。
627.钦差延绥东路神木参将榆林卫指挥使杜文焕，实际授百户赵真玉等。
628.西安府长安县东圭峰寺僧真道。耀州万佛洞僧直广。
629.西安府临潼县兴唐寺僧适福。耀州穆家寨僧道明。
630.西安府咸宁县吉祥上寺僧思简。
631.西安府咸宁县普光寺僧修整。
632.凤翔陇州木塔寺比丘方寅。
633.西安府临潼县官舍王三吾。
634.西安府同州合阳县信士雷汝香。
635.西安府同州澄城县信士雷豸。
636.合阳县僧人本堂。
637.蒲城县僧人普林。
（本块下部补）
638.信士高养臣。
639.大同后卫卫官于氏。
640.大同府王元妻粟氏孙王爱。
641.蔚州信官张公绥……（一家）
642.□□府□平县□□信士□□。

（陕西布政）等处

643.各寺院道场僧通真、定实、如宁、戒忠、慧□、远兴、□应、能照、清报、清如、净常、性鏻、休性、净远、净思、如利、寂安、如智、礼宪、圆□、明□、智□、□赐、智□、□金、性登、善家。
644.山西汾州府信官曹禄预闻：五台山」敕建护国圣光永明寺安设」万佛铜殿一座，上下纯成皆铜一体。外有宝瓶赀猷（歉），集翠重檐斗栱花梁花槅扇，内成」万佛之像，四围遍满。下有南北二直十三布政各府州县凡造佛贴金者随意发心。弟子曹禄一闻盛言，喜不尽矣，是以自发虔诚，慕众兼心」共舍金箔二十万庄贴」严佛并严梁檩。今已备完，铭刻姓名以传永久。云：」万佛金殿世音希，流与人间作福基。见闻有益发弘愿，布施嘉珍喜甚逸。千载难逢殊胜境，我今何幸遇斯知。功归法界无穷尽，名刻中同佛祖齐。
645.庆成王龙岳敏□、弟敏满、敏屑、敏璧、敏勋、敏原、敏汞、敏洤。
646.王长子凤乾求榆。
647.宗正仲川慎镏，夫人黄氏，男敏汴，敏淌。
648.信宗知鲐……（"知""新""慎""敏"辈二十一人，及罗成、杨松、杨桂三人）
649.信官李绍祖……（二十三人）
650.信士黄晃……（十一人）
651.信士高京……（二百二十五人，其中包括女眷十二人）
652.庆成王府书办官曹禄，室人任氏，长男监生曹国新、曹国聘，孙男曹惟藩、曹一部、曹惟屏、曹安庆、曹惟恒。
653.永和王府信士程继盂，妻张氏，男马官儿程绅、程续、程总、程亮、程天科、程天印、程继乐、程结、程天德。」信官张仲甫，室人张氏；男张恭旺，妻李氏；孙男张惟城、张惟信、张道仪、张成德、张三乐、张三畏。
654.皇明万历三十七年岁次乙酉三月吉旦释子利信书。
655.芦芽山华严寺严信、如澄、如淋。信士海桂、法、海静、法梧、海渊、常孛、海住、如花、觉□。

西面南侧抱框

656.陕西榆林卫镇守□。井固四镇总兵官左府金事实授都督同知张□，□□。
657.钦差镇西将军铺守延绥等处地方左军都督府都督同知康□……（一家）全造。
658.前镇守宁□等处四镇总兵□左府金书」投都□□张□□。
659.钦差镇西将军镇守延绥等处北方总兵官右军都督方……（一家）。
660.铸造金殿、金塔匠信官刘元春，系陕西西安府泾阳县石桥里人，」男刘之纲、刘之强、刘之奇。」徒弟蓝国正、罗高松、罗乔松、梁宗富、彭高、杨政、王科」郭荣、王成。

西南角柱

661.山西潞安府沈府内典膳正陈佳。
662.山西平阳襄陵县京安东里信士王震。
663.山西高平县建宁镇张……（一家）
664.徽州休宁黄继立……（两家）

南面西侧抱框

665.山西平阳府曲沃县信士张门……（一家）造一尊。
666.顺天府蓟州丰润县丰台信士张台宝、吕氏。
667.顺天府蓟州宝坻县丰台信士杜□□，林氏。

南面西侧一（无标题）

668.山西太原府盂县信官郭洪。大同左卫杨耀……（两家）
669.太原府生员张宗圣。
670.大同□阳王府镇国中尉廷珀……（三家）
671.山阴县瑞云寺比丘显云，徒妙性，比丘尼如江。
672.乐昌王□奉国将军□□
673.南关邢世林……（四家）
674.汾州府介休县胡门宋氏男……（十七家）
675.大同府枣府辅国将军充盝……（四家）
676.山西平阳府临汾县张时选。曲沃县张付云。
677.山西汾州府介休县王福宝、李妙宝。
678.介休县比丘会便，同徒正净。
679.山西平阳府绛州信士任选表室人李氏。孝义县张汝忠，妻岳氏。
680.山西汾州府介休县信人文之秀……（四家）
681.山西汾州府汾阳县信士李时春，李时夏。
682.介休县宋门任氏……（一家）
683.山西沈府信官……（一家）
684.泽州阳城县千峰寺惠果。汾州府汾阳县……（一家）
685.山西汾州府介休县田堡里……（五家）
686.山西平阳府临汾县比丘尼真勇、真惠、如芳，信士李如松、梁氏。
687.山西蒲州万谷寺比丘严远、定那。
688.大同新□堡信士侯大信。
689.襄府俊亲朱应奎……（两家）
690.大同比丘尼真源、如寿。
691.山西平阳府闻喜县吴粟里卫村李九畴一尊。
692.东临坊任士言一尊。
693.大同襄府克熠……（五家）
694.昌化王府镇国中尉克鞻……（两家）
695.京都信官内监刘吉成……（七人）

南面西侧二（无标题）

696.应州信官张希贤郁氏。
697.宁武关信官韩儒。
698.山西汾州府……（两家）造一尊。
699.大同府善喜庵释子如松。
700.山西太原府太谷县正西二七甲信士贾亮、白氏。
701.大同大夫嫔妃杜氏、段氏、杨氏。
702.山西太原府太谷县正西二七甲生员曹应昌、丁氏。
703.山西太原府□□县……（两家）一尊。
704.大同井平千户孟让。
705.苏州府长州县信士陆历祉，同室安氏舍二尊。
706.兴县寿圣寺释子志美。
707.山西汾州府汾阳县罗城里信士高鹤、白氏。
708.山西大同府代府侍人赵卿、王氏。
709.山西汾州府汾阳县义安西大老营堡居住信士冯忠、乔氏。
710.大同新平堡信官师一封、吴氏。
711.大同瓦窑口信士薛进贤、郭氏｜利民堡信士郝登奉、王氏。
712.山西汾州府临县车赶村比丘如真，张阐、白氏。
713.山西泽州高平县十九都野川东里一甲王育民、马氏。
714.大同府张诘妻胡氏。

715.利民堡王国相……（一家）

江西：
江西布政
716.建昌府信士王玳。
717.建昌府信士李定惠。
718.南昌县信士朱仪……（三家）
719.鄱阳县信官夏济……（两家）
720.临江府新淦县信官郭应麟同父郭大儒。
721.广信府贵溪县信士朱百寿、朱四庆。
722.抚州府崇仁县信士杨高陆。
723.南城县信士范以裕、何以清。
724.抚州府孝道信士黄应期……（一家）
725.□水县极乐庵僧觉惠。
726.浮梁县信士蔡茂时。
727.直隶真定府晋州韩庄村信士东登云、姚氏造｜佛一尊。
728.临江清江县信女帅门陈氏
729.山西大同府前卫中所官舍刘登举、妻王氏一尊，伯母王氏佐刘应元一尊。
730.大同府□操官舍庞应选，妻李氏一尊。
731.大同府信士□荣，妻赵氏一尊。
732.大同府信士孙相，妻帅氏一尊。
733.山西汾州府寄住京都顺城门住信女刘门闫氏。
734.代州镇武卫后所郭□杨氏。｜魏登成李氏。

福建：
福建布政
735.京都宣府原任总兵官魏世乡……（一家）
736.京都顺天府武清县北大营等村居住会首性存……（十二家）
737.宣镇兴和所信女陈门王氏，男陈国柱、高氏。
738.山西大同府比丘超仙，｜信士王廷……（五家）
739.信官司设监太监康，御用监太监赵忠｜御马监太监许稳，离县人。
740.顺天府房山县上万村信士刘保。
741.侯官县户部信官诰封曹一鹗……（两家）
742.兴化府莆田县信士方槐……（四家）
743.蓟州丰润县隆得云。
744.山西太原府盂县刘应时……（一家）

南面东侧二
745.顺天府蓟州丰润县丰台住人信士安文昌。
746.顺天府通州张家湾信女郭门梁氏。
747.直隶河间府东光县仁得乡十用善人朱守□王氏。
748.直隶河间府东光县仁得乡伍甲善人杨可大潘氏。
749.真定府冀州南宫县城东南孟家庄居住信士善人孟守分……（一家）
750.真定府无极县信官任进朝。
751.顺天府通州神武卫王家庄信士王地、王台、王钊、王铉各一尊。
752.顺天府通州武清县信士高云，宝坻县王家庄信士王相，香河县王家渡信士张臣、王董各一尊。
753.肃宁县民王景山。
754.河间县生员臧而行。资圣寺比丘浦增。
755.沙城王守□，比丘真秀、如亮、圆爵。张门屈氏……（四家）
756.比丘真闇、如法。密云县信士父子张文举、张意广。广府广平县大刘村信士宋明、徐守爵。
757.跪讽法华经藏沙门镇鹦。保定府唐县毛社（四家）
758.保定府深泽县信士张寿……（四家）。河涧府人丘县东大雾村庐舍七、家人殷继福。
759.顺天府蓟州玉田县会首刘天祥……（六家）。安和乡……（两家）。张家庄张守信。释子海亮、宽慧、陈珠。
760.河南国德府鹿邑县僧人修果，信女杜门吴氏。玉和县陈门郭氏。释子成白，徒子闲。
761.直隶凤阳府亳州兴仁一面信士陈继忠……（两家）。□州观音寺释子会登。
762.真定府深州衡水县信士□友孝。曲阳县东王杜……（两家）。大佛寺方明。

763. 真定府平山县大地庄信士李朋、曹氏。安平县杨家庄众信人等。
764. 河间府青县安化里信士吕好德、林氏。故城县信士沈一敬……（两家）
765. 河涧府任丘县普济寺僧洪钟。肃宁县信士刘礼。沧州刘家庄信士赵添才……（两家）。庄头村王应登。南皮县信士雷应聘。
766. 河涧府尽海县紫牙里柳家村信士潘成。青县良屯信士王孝。静海县信士李执忠。
767. 真定府赵州林城县弥陀庵僧迎昌，信士赵宁……（一家）
768. 京都西山敕建卧佛寿安寺僧道宽。崇恩寺僧觉明。
769. 四川保宁府卓阳县焦山寺僧真续。
770. 保定府完县坛山村信士李文魁。熊县信士韩煖……（四家）
771. 南直隶凤阳府寿州观音寺僧海常。
772. 宁国府宣城县信官王家宠……（一家）
773. 直隶凤阳府亳州僧宗寿。原籍浙江今寓北京顺天府大兴县中城居住信士沈兴宗……（一家）
774. 南京庐州府六安州僧如位。大兴县宁一和。
775. 顺天府信士孙汝名……（十一家）。碗平县僧须山。报国寺僧妙魁。
（本块下部后补）
776. 宣府玉皇阁比丘常凤。
777. 宣府左卫中所实授百户赵尚义、妻冯氏。
778. 宣府信士安贵、妻王氏。
779. 宣府信官鸿胪寺序班王国祺。
780. 宣府广慈寺比丘宗瑞，信士王廷盛，信官蔚周卫经历宋继缙。

南面东侧二
781. 晋府□□□□□□氏（约两家）。
782. 晋府信官张清。
783. 顺天府丰润县淮沽信士张从会。玉田县王朝珮。弥陀庵法定。
784. 顺天府大兴县信女李性真……（三家）
785. 顺天府永清县土楼村信士姚斌造佛一尊大吉。
786. 广平威县德化社章华，西南村张元进。
787. 广平府永年县辛安屯十甲二庄张茂，妻李氏。
788. 保定府新城县柳林社信士李廷利。
789. 大名府永年县王守庄。
790. 神武卫信士王邦祯。宝坻县张门何氏……（两家）
791. 顺天府武清县北仓信士张春……（四家）
792. 顺天府永清县西……（四家）一尊。
793. 顺天府武清县崔皇口信士马登高。
794. 直隶保定府清苑县四里营信女王门聂氏。
795. 顺天府宛平县信心弟子曹香花、梁香果。
796. 衡府藩商河王翊□校慰、严尚仁，比丘本登、性现、继绪、自顺、通吉。信士李庆节。信官李进忠、金朗。
797. 山东青州府益都县信士于从善、信士王登。
798. 济南府邹平县敕封兵科给事中信官张一亨。
799. 东昌府藁城县马村杜六……（一家）。武家庄居住信人张元教。
800. 直隶广平府威县信士刘东……（六家）
801. 直隶寅抚信士武登云。
802. 利民堡信士杨国宰……（一家）
803. 顺天府人氏龙泉关居住信士……（一家）
804. 顺天府通州武清县安家务信士田尚智……（一家）
805. 武清县信士任尚礼……（一家）
806. 曹府贾思登。
807. 顺天府武清县信士……（一家）

南面东侧抱框
808. 湖州府归安县信官胡文焕。
809. 山西汾州府信女刘门赵性德造一尊。

东南角柱
810. 凤阳府颍州弟子贺文彩、史进忠、邓万、王尚瑀。
811. □□善文敬戊子科进士现任湖广汉阳府推官智□大，妻叶氏；子闻例监生智尊龙，妻孟氏。
812. □□□□□显府前卫前所副总兵都督府解生，夫人穆氏，男解继隆、张氏，孙鲜明经、辛氏仝造。
813.杭州府仁和县弟子邵时伦、王氏。」照庆寺弟子道受。
814.宁波普陀山镇海寺僧海礼，父……母……

东面南侧抱框
815.钦差守延安榆林保宁等处□□榆，杨□世禄。
816.内宫监左监丞、神宫监□书、王奉。（刻痕随意粗糙）
817.河南归德府商丘县人任直隶真定府推官许世盖。
818.河南汝宁府西平丘人元任山西……（看不清）

脊檩下皮
819.明万历三十五年岁次丁未六月十六日未时吉旦，赐紫沙门福登、钦依赐紫皇坛讲经沙门法须，仝立。

十三、泰山铜殿铭文

泰山铜殿本体之上没有发现与铜殿敕建史实有关的铭文，但铜殿有众多标示方位的施工用铭文标记，是所有铜殿中施工标记最多的铜殿。这可能与它历经多次迁建有关：铭文俱为阴文，但字迹与深浅有所不同，说明可能不是同一次刻上的。但从字迹观察，其较工整者如正脊上的"東頭""西頭"及与之类似的大部分铭文应当是建造之初刻上的。施工铭文在铜殿上的具体位置如图F1-1。

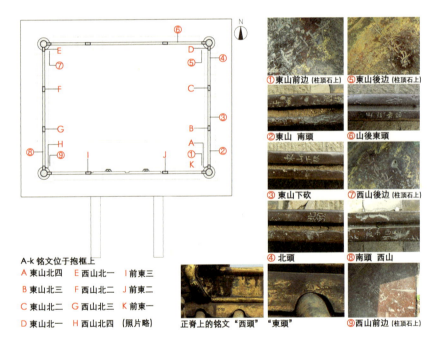

图F1-1 泰山铜殿上的施工标记铭文

十四、昆明太和宫铜殿铭文

1. 捐赠记录

吴三桂铜殿的不少构件上都刻有铭文，是记录铜殿建造时间、捐资者等信息的重要记录。见表F1-1：

2. 施工标记

除了捐赠记录，吴三桂铜殿亦有施工标记铭文。经初步勘测，发现铭文三处，均位于铜殿外檐柱顶石上，分别为"右山后""后中左""阁后左"（图F1-2）。铭文均为阴文，作用应当在于区分不同位置的同种构件。

表F1-1 昆明太和宫铜殿铭文表

序号	位置	内容	照片	表达信息
1	脊桁底面	"大清康熙十年岁次辛亥大吕月十有六日之吉，平西亲王吴三桂敬筑"		年代、日期、捐资人姓名、捐资人身份
2	前檐金柱上槛（上）	"云南布政使司布政使崔之瑛敬铸"		捐资人姓名、捐资人身份
3	前檐金柱上槛（下）	"云南府知府高显□敬铸"应为高显辰		捐资人姓名、捐资人身份
4	穿插枋A3B3	"弟子张化麟本名真志」室人郭氏」男□祥」史氏」铸供。监造王真祥"		捐资人姓名、监造人姓名
5	穿插枋A2B2	"弟子彭真荣，室人张氏真□」男文炳常庚」供」监造弟子王真祥"		捐资人姓名、监造人姓名
6	西南擎檐柱	"亲藩下奉道弟子杨彦沅敬铸"可能是刑曹杨彦光		捐资人姓名、捐资人所属
7	西北擎檐柱	"弟子王真祥，室人刘氏真智，男起凤，媳李氏，孙长寿」原籍四川川北道顺庆府南充县人氏，处心铸造柱」角柱壹根，供」奉"		捐资人姓名、捐资人籍贯、捐建内容
8	后檐柱抱框外皮	"弟子袁德玉，法名真彻」发心处奉铜抵银伍拾两」楚石银伍拾两」金殿站台砖壹座」净乐宫站台砖壹座」西配殿瓦壹万块」康熙拾年正月十五日"		捐资人姓名、捐建内容、捐资数量、年代日期
9	前檐金柱抱框内皮（两金柱均有相同内容）	"弟子陈应先，录名佳缘人陈氏静素，沈氏，男陈□□，陈王□，媳李氏周氏」孙男善缘慧缘陈廷璋，陈廷瑞，孙女积福积寿，婿林蕃，女陈氏二姐」外孙妙缘寿缘，表叔李印兆，嫂胡氏，住妇戴氏等敬铸」供奉"		捐资人姓名
10	上檐椽、瓦	"弟子墀氏供椽壹根" "刘氏" "发心"等		捐资人姓名、捐建内容
11	西南擎檐柱下的石勾栏下槛	"信士蔡长春银肆两」王文笑银陆两」刘自震银一两」周应昌银贰两」胡振麟银玖钱」陆起麟陆魁麟」发心共银拾肆两陆钱买」石装严」金殿玉阶专祈各处清吉平」外常住楳费工价用银」康熙五十三年十一月初一」募缘弟子张钱陈」石匠"		捐资人姓名、捐建内容、捐资数量、年代日期
12	铜殿下层须弥座西北	"光绪三十年(1904年)季春月募缘」十方善姓捐资功德新修墨石」栏杆十二帖」鸣凤山金殿太和宫」住持杨智聪立石"		捐建内容、年代日期、记录人

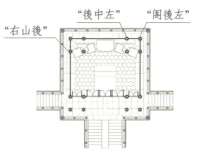

图F1-2

图F1-3

图F1-4

十五、颐和园宝云阁铭文

1. 官员职名

宝云阁东南槛窗榻板内壁上刻有铭文，记录了督办宝云阁的官员名录，全文如下：

"奉｜旨开列督理｜万寿山铜殿工程大臣官员等职名｜太子少保内大臣户部尚书管理户部三库事务总管内务府大臣 海望｜工部左侍郎总管内务府大臣三和｜总管内务府大臣副都统苏赫讷｜乾清门行走副都统鄂实｜ 正卿职衔傅岩｜正卿职衔和尔经额｜监督｜郎中通福寿｜员外郎兼佐领海福｜骑都尉佟起｜主事 舒善｜总领育麟｜副总领职衔衡位｜笔帖式何尔金｜柏唐阿福重｜柏唐阿拴住｜领催二达塞｜乾隆二十年岁次乙亥夏六月镌刻"（图F1-3）

督理官员的级别很高，且仅铜殿一项工程就有如此众多官员督理，可见乾隆皇帝对宝云阁是相当重视的。

2. 工匠名录

与东南窗台相对，宝云阁西南槛窗榻板内壁上也刻有铭文，记录了铸造宝云阁的工匠名录（图F1-4）：

"铸匠：郭文炳、李元麟、王永贵、苏佩鸣、张文成、方玉公

凿匠：纪会、李国栋、高海绍、王定礼、王之忠、良玉、金瑶章、陈文彩、赵天禄、张永盛

拔蜡匠：杨国柱、张成、韩忠、高永固

旋匠：周光禄、王震坤、朱成禄、王良玉

锉匠：张国良、牛汉臣、姜得玉、缪德臣、张圣如、张喜鸣、王天福、王进孝、张

图F1-5

图F1-2 太和宫铜殿施工标记铭文及其所在位置

图F1-3 铭文图一：督办宝云阁的官员名录

图F1-4 铭文图二：铸造宝云阁的工匠名录

图F1-5 宝云阁施工铭文"西头"

九龄、邓交英、李德、刘忠

　　米匠（木匠？）：赵承业、胡明忠、王瑞、孙有功"

3. 施工标记

　　上述两处铭文均用工整的宋体字镌刻，较为正式。宝云阁上还有为方便施工而刻的标记，如下檐平板枋的霸王拳出头上皮刻有"西頭""北頭"等表示方向的铭文，字体较槛窗榻板上的铭文随意，应为工匠为方便安装构件所记（图F1-5为平板枋出头上的铭文）。

十六、五台山显通寺铜塔铭文

1. 西铜塔

　　塔瓶各面均为经文，顶层天宫亦满刻经文。

　　各面须弥座均有"众生无边誓愿度烦恼无尽誓愿断""法门无了誓愿学佛道无上誓愿成"。

　　须弥座各面佛像之间杂以"唵嘛呢叭弥吽""南无阿弥陀悉怛哆般怛罗"（"悉怛""般怛罗"均有口字旁）等真言。

　　除此之外，各面的内容：

　　北面，除经文以外（从右向左）：

　　"正虚、正秀、如法、张文林、圆法、明道、行清、了智、冯世怀、杨发、马南□。"

　　"经功造塔弟子亲手书鸠荐记。"

　　"大明国四川东道重庆府江津县弟子陈廷杰等今于云南□□□□于万历三十四年（1606）七月初九日铸造□□□□□宝塔壹尊。前□……（模糊不清，后接数排陈氏宗亲姓名，及其他信众姓名）"

　　"云南亲朋：张举，张门孙氏性纯……"

　　"峨山比丘妙峰得心普大二济三空，本宗一□见庵无寂同贵明、善明、全广松□主所庵真哲松谷，南海性悟、性□，约空、性慈、□月、海足、寂明、寂容。"

　　"云南铸匠魏时松，同缘男魏思忠、陈氏，魏思孝、王氏，魏助秋、女□守昆。韩进忠。打磨匠赵週守、路□、戴文明、张奇鲜。撒杨东清深，杨受荣，黄□忠。……（之后为其他信众名）"

　　东面塔瓶：

　　"南无无量宝塔"

　　"皇图巩固帝道遐昌。风调雨顺。"

　　"佛日增辉法轮常转。国泰民安。"

　　东面须弥座：

　　须弥座侧面下排为经文密布重叠、难以辨认。

　　南面：

　　捐建人名录，密布重叠、难以辨认。无来源地、籍贯等信息，仅有姓名。

　　西面，除经文以外：

　　"钦依赐紫皇坛讲经传贤首第二十六代兼敕建护国圣光永明寺十方主人云永、法须、朗空。"

2. 东铜塔

　　西面须弥座：

　　"大明万历三十八年（1610）岁次庚戌年中秋月铸造吉旦。五台山敕建圣光永明寺僧人胜洪。"

　　"祖贯四川道泸州今寓云南布政使司省城南关外三市街信□何春荣室人周氏、王氏、杨氏，男何光裕，孙男性□洎家眷等。祖考何文受，先考何忠仪，妣张氏淑清，姐黄氏真贤，外甥王道明、道隆，高弟弟何春华。"

　　西面塔瓶顶：

　　"抚州府临川县信士郑辅二，室人汪氏，男郑应斗。"

　　"江西临江府新喻县信士张善，室人何氏，男张世祖、世礼。"

"何相……"（八人）

西面塔瓶
"南无阿弥陀佛无量宝塔"
"皇图巩固帝道遐昌。风调雨顺国泰民安。"
"佛日增辉法轮常转。法界有情同生净土。"

北面须弥座：
"大明国四川道叙州府富顺县进德乡□怀德镇信士景可大，同缘赵氏、周氏；儒善男生员景逢昌，妻许氏；景运昌，妻李氏；孙男景元祥、景吉祥、景世祥、孙女景大姐，同兄景可教洎家眷等资荐先祖考景万益、祖妣谭氏，先考景年、先妣舒氏，亡兄景可法。"
"四川重庆府江津县信士弟子陈廷杰，长男陈宗周，陈宗文、陈宗武、生员陈宗圣"。

北面塔瓶：
"四川富顺县信士李应何，室人袁氏，男李三凤，女李氏大姐，男李连凤，媳朱氏，孙男积福。"

东北塔瓶：
"信士毛柏……"（一家，无来源地）
"僧兴乘，信士张尚攀……陈良四"（两家，无来源地）

东面须弥座：
"云南府嵩明州崇正厢信官杨巽、缘人赵氏，男杨启龙、女杨氏，岳母李氏，曾祖杨洪、李氏，祖杨凤仪、李氏，父杨志忠、苏氏，叔杨志诚、张氏，岳父赵文峰。"
"府州府（应为叙州府）隆昌县赵阳乡毛坝铺居士李应荣、李延庚、李永庚。"
"云南省城铸匠魏时松，男魏思忠、魏思孝。」拨腊匠韩进忠、杨春荣、粟宝儒。」改撇匠杨寿荣、男杨景明、袁春荣。」打摩匠赵守周、张奇。"

东面塔瓶：
"大明国江西道饶州府安仁县下坪信士吴□□室人黄氏、刘氏，男和尚。"
"江西抚州临川弟子何正清。"

东南塔瓶：
"信士彭歌闽……"（无来源地）
"永宁卫信士孙永庆、室人何氏。"

南面须弥座：
"四川叙州府富顺县富义乡佛堂坝双河口住居信商伍德宣、孩缘周氏，次妻晏氏，长男伍运□，二男伍登堂，三男伍登禄，四男四□，长女大次女洎家眷等。曾祖伍拱山、□氏，祖公伍大政、丁氏，父伍湖阳，母□氏，岳母王氏。"

"信士黄廷远……"（等两家，无来源地）

南面塔瓶顶：
"□府信士……"
"□州府陈高"
"陕西三原张之炳。"

第十三层塔檐上：
"江西抚州府金溪县人客寓云南省城居住信士李谏、□六室人聂氏，男绍京、绍祖发心铸造宝塔，岭盖宫殿。万历辛亥年（三十九年，1611）二月初一日立。"

附录二　金属建筑现场碑文辑录

除特别注明外，所有碑文均为笔者在现场记录，或凭现场所摄照片整理录入。

一、洪洞青龙山真武庙部分碑文

1. 铁磬

竜李里施主郭子占造磬一课，神前奉用，祈保合家吉祥如意。嘉靖三十七年三月吉旦□。重十二斤。

2. 西厢房墙上碑（周围有莲花纹）

大清国山西平阳府洪洞县在口处诚年年朝山进香面叩玄天上帝金容诚心□意施舍银拾两承□□□孔维仪尽心神圣保佑合家人口安吉。此□石□□永垂不朽
　　信士□闻凤等室人崔氏，男□、顺、项
　　□□□金玉，□□国玺，徒……
　　时康熙二十五年丙寅岁次癸丑月二日

3. 北厢房墙上碑（周围有牡丹纹）

祖者晓□字之人也，师者修道之始也。神者净乐国皇太子，武当山修真养道四十余年功成果满。玉帝敕封玄天上帝。今赴青龙山威震千万之垂。三月圣诞之期，下沟村张凌斗、张翱、张明□、张明德结联圣会，领里朝山，携手立站祭景，修问圣像，青山峻岭，绿水茂圣森然，香客不绝，合会谘议同心协力，喜舍资财银壹拾两式钱，□圣保佑各家人口均安吉。此勒石刻名万世不朽。

张明德施银五夅[1]、张明□施银五夅、张翱施银五夅、张承□施银五夅、张承龙施银五夅、张鼎施银五夅、张明□施银五夅、张明见施银五夅、张明月施银五夅、张明耀施银五夅、张明庆施银五夅、张翔施银五夅、男家亨施银五夅、郭壹施银五夅、张明禄施银五夅、张杰施银五夅、张叔雄施银五夅、张明印施银五夅、郭尚杰施银五夅、张明康施银五夅、张明泰施银五夅、张□玺施艮五夅、郭尚廷施艮五夅、张洪施艮五夅、李珎施艮五夅、张承龙施艮五夅、张承财施艮五夅、许承财施艮三夅、郭承材施艮三夅、张明秀施艮三夅、张明清施艮三夅、张明□施艮三夅、张明之施艮三夅、王文魁施艮三夅、张金廷施艮三夅、许钦施艮三夅。

　　化主：张时通、郭金玉。
　　康熙二十六年承北顶东巷棚一间大吉

4. 东厢房外立碑

山西平阳府洪洞县庙□里高公村□□圣□□记善男女□见玄帝老爷□成大功十方朝山进香屡年不缺。爰发善给之心，创造北顶砖窑一孔，共施银一十二两，愿祈阖会吉祥。勒碑刻铭，万世不朽。□花名开例于后：
　　会首李雄瑜，……（人名略）
　　康熙二十七年三月十五日立。化主□如臣。

5. 开山□□碑记，碑额："万古流芳" 东厢房外散置，磨损严重，字迹难认

洪邑□水□□□青龙山者其松柏茂林、峦峰层叠。上□重诚□□□神当也。盖玄帝尊神庇佑一方□□。康熙七年正月十四日上□山而西郭村当家居士杨□□，室人□氏□□；男：□见，室人程氏，杨□□，室人□氏。合家感□讨元，压年布施银八十三

---

[1] "夅"为银钱的计量单位，可能是"钱"字的简写。

（？）两开创其顶，建铜殿立南顶，修西廊、造石洞、金铜殿。一面其功，不可胜指。就其开创之所张也，不可不志。□是勒石□名万世不朽。

康熙三十三年七月初二日立。

6. 东厢房墙上碑

大清国山西省平阳府临汾县土门南里六村合会□施银一拾二贰两□三间，化生调时翀。

康熙三十三年七月初二日。

7. 铁金铜殿碑记（厕所旁边，模糊）

大清国山西平阳府洪洞县龙泉乡祭汾都南宫里南洪叚村居住阖会人等，各发诚□□□道财琸于玄帝铁金铜殿，誌银乃□俾佑合会平安，开列于后：

武登禄、杨金殿、杨玉廷、杨金息……（五十二人）

临汾县羊黄重洪堡村施钱叁千为首人□王三门辛良庆

当家陈增祥。

化主田登富。

住持台杨珠，郭理德，郭理全。

石匠董壬还。

康熙四十六年四月初三日立□碑记

8. 上半截缺失，西厢房墙上碑（周围有简单花纹）

……者能感万世万方于有灵世，而万世万方应乎无

……请之有神哉。兹因雍正十一年三月间朝山祈嗣

……圣恩垂慈，次年三月果生一子。今叩还前愿乞

……□安

……申 郑家寨信士焦洪金，妻氏叩还

9. 底层厨房中碑之一

大清国山西平阳府临汾县王黄□洪□林许先□舍□□青龙山玄天祖师老爷位下，当家管事□崇□祖师大殿布施银两拾两正，福寿无量。亦父许洪□、祖父许□。乾隆九年三月二十日立。

10. 底层厨房中碑之二

大清国山西平阳府临汾县吴闫里南王村米登虎，在于青龙山祖师老爷位下行功，舍己资财布施银五两五钱，重修正殿。惟表善愿，勒石刻名，万世不朽也。又布施艮四两五钱。

乾隆九年四月十五日立。

11. 重修殿后西窑序

洪邑西五十余里，名曰姑射山。巍峨耸翠之处，玄天上帝庙在焉。神光普照，有祷即应。以故四方香客憧憧往来联络而不绝。是岁大殿后西窑倾圮，连及道房，意欲补葺，铁少资□。时香客之中有赵永康者，尤好善人也。言及于此，慨然捐资且乐为募化。共得银二十两有零，集腋成裘，以襄盛事。是惟神之灵有以感乎人，亦惟人之诚有以格乎神也。吾辈念善不可没，爰勒石谨誌于左：

丰泰典施银伍钱，广和典施艮伍钱，鸿庆典施艮伍钱，鸿兴典施艮伍钱，大义典施艮伍钱，宁兴典施艮贰两，和义典施艮伍钱，赵玉忠施艮一刃二钱，元亨典施艮伍钱，卫绍康施艮伍钱，增盛典施艮伍钱，王友重施艮伍钱，兴盛典施艮伍钱，郭镛施艮伍钱，□泰典施艮伍钱，韩行琏施艮伍钱，久成典施艮伍钱，洪声当行施艮六刃，善隆典施艮伍钱，卫国瑗施艮伍钱，□廷□施银伍钱，赵永康施银四刃。

住持姚德常，徒，当家郭养成，化主张景易。

时大清乾隆五拾玖□，岁次甲寅孟秋望日吉立。

二、汾西姑射山老爷顶真武庙部分碑文

1. 重修青山庙碑记

（此碑记见于［清］蒋鸣龙编纂.［康熙］汾西县志. 卷一. 山西府州县志第2册 故宫珍本丛刊第78册. 海口：海南出版社，2001：292）

隰州学正 孙文通 邑人

邑西之境皆山。就中为最懋苍苍而耸拔者，青山也。其山连阜姑射，故亦以姑射名。重岗叠岳，崒律万仞，枝峯蔓壑，磅礴百里，谷岩互映而幽邃，林木荟蔚芬荣，空翠鸿蒙，烟霞明媚，殆非尘众之观，乃仙游晦迹之境也。山之麓石门辟焉，名曰真人洞；山之巅遗庙存焉，榜曰真人祠，然则兹山之名岂非自姑摄真人而立也欤？迨其庙檐摧楠腐，础垫楹欹，秋茗砌古老桧，庭荒萧条若林。其始事之年仅见于金朝栋志、宋年石刻。乃知莅构之岁月固若是之远也。维大元至元三十一年，陈兴等特整丹，恳悯其跂朽，就加修饰。酿众之财，鸠人之力，命工以坚其脆。继以盖瓦级砖之贲，丹艧涂坚之。功庶乎庙貌为之一新，阖境老幼祗益美慕，咸曰美哉，神宇也！若岁大旱，里人恭祷祠下，应感如响，油然而祥云兴，沛然而甘雨降。泽润土田，民获其福者多矣。是以一方之民歌钟舞命，洁粢丰盛，春祈秋报，享祀不忒。大德七年秋八月初六日辛卯夜坤维震荡，山岳崩摧，而是庙也亦倾圮亦。厥后殿材又为野燹之烬。民因不尽伤心，缅想曩日祈福之地，一旦莽为瓦砾，曷胜叹哉！至大二年春，兴等复询于众曰：畴昔姑射真人崇之有灵，祷之则应，每风雨之咸若而灾害之不生，时和岁丰、家给人足。自庙废也，虫旱相仍，疫疠并作，饥馑荐臻，人民屡毙。若将此庙复兴之，庶冀佑护，不亦可乎？众谋佥同如出一口，于是兴等领五里之庶，□其事，选工师，虑财用，挐他山之木壤，运远壑之石砾，手足胼胝，不惮劬瘁，乃经乃营，肯堂肯构，俾其旧制扩而广之。壮不及奢，丽不及靡。飞甍屹其霞举，广厦搂以云布。皓壁画朗，朱薨晴鲜。经始于戊申之春，勒成于己酉之夏。寒暑一周，厥有成绩。他日兴等踵门而告余曰，庙完石备，请君记之，俾来者有考焉。余应之曰：文则余不能。感诸君之盛事勤勉恳诚，始终匪懈，是可嘉也。姑摭其始末纪之。而为之铭铭曰：陟姑射兮云山苍苍，望真人兮云汉茫茫。明德兮煌煌，降福兮穰穰。神去世兮已远，泽在民兮曷忘。俾特新兮祠宇，用未荐兮蒸尝。尚盻响兮昭格，庶应感兮休祥。佑吾皇兮千秋万岁，庇吾民兮地久天长。时皇庆元年壬子仲秋二十有六日。

2. 妙□紫虚洞记

尝闻诸子百家忠孝居先，三教九流善良为本。（略）……我汾邑之西有姑射山，山之旁有仙人洞，从古以来迄于今仙人恒发祥于斯焉。……（略）

至圣显灵我辈建台之举曷可少哉？于是纠集香头贺馨德、张大礼等募化十方，不数月而起始基，因名曰紫虚洞。……（略）

时大清顺治丁酉桂月望日

……（略）

3. 姑射山九龙台四至地界分明碑志

乾隆二十一年四月初六日

4. 五圣母庙建修碑记

青山巅有子孙圣母及痘疹送子娘□。五位娘娘之庙由来久矣。舍□建教之缘，盖以□光资生，厚德载物。原□□远□□□启后人□也。庙初在祖师正殿之西陲，又为朝山女客之□所关系□浅迂□至□。渐积恶习，每逢朝山进香之时，竟□习赖恶□□□类等众径□□□内外□□作乱搅扰秽污。住持无可史说□□□辖管所以庙□□□□圣母损坏神像。似此种种□端情理□□难。于是众□□庙□神堂乃屡年凶钱粮难□募化□成□□有隰郡众位纪□应□而客曰：尔等既有善念，我们亦□良□□□施勤劳神□□□□年□庙于铜殿之后，重修补塑金□神像。又于□庙前建立窗槛数间。□而尽采，略有可观焉。噫嘻，自此□后□我□□止……（略，不仅有人名）

本山道人郭复孝，要复贤，乔复教。

大清乾隆伍拾柒年岁次壬子闰月

5. 道光二十七年补修姑射山碑记

（下部为土石掩埋，无法看全）

尝闻山不在高，有仙则名。藐姑射之仙人称于庄子由……｜
简牒著于歌咏。姑射之为名山久矣。汾之姑射自元明……｜
今修葺增补备载丰碣巨碣中。蒲隰之民每岁三月□随……｜
与汾民同祀。｜
真武大帝道光甲辰因争修□学聚讼。仙根李父台断……｜
民兴工修补铜殿、□建三皇□帝阁，左右建窑各二……｜
张家川纠首募化至，桩工始于道光乙巳四月丙午……｜
所费系香火资并纠首所募化勒诸琅珉，为好……

6. 重修武殿戏楼碑记

碑额"三晋武当"

创建金顶以来春秋二百,修废举坠之事,功绩万千。碑碣虽浩繁,感缺尽不少。存者可考,毁者无稽。渐次增修添补较前颇为完备,但嫌乐亭低矮,前后两不相称。玉虚宫倾,补葺不能□延用。是七年改作戏楼,置为高台。九年重修武殿,□旧如新。三年两工靡有暇日。今岁庚申将两次募化姓名并勒石果。昔每岁小补,远年大修。接□续气,永保无忧。是又不能无望于后起之君子。谨叙。

本邑增广生员牛宅疃沐手谨誌。本邑儒学生员霍光辉沐手谨书。

大清咸丰十年岁次庚申闰三月吉旦立。

7. 田产碑

碑额"功及后世"

自古庙宇之设而香火……

大清同治九年岁次庚午桐……旦立,本山副当家邊景胜立

8. 姑射山铜殿碑记

(此碑记见于:[清]崔澄寰,王嘉会纂修.[光绪]续修隰州志.卷一 古迹.光绪二十四年(1898).第十九页,见:中国方志丛书·华北地方·第四二八号[M].台北:成文出版社有限公司,1976:40-45)

平阳富庶之区,而西山之处僻在深山。土瘠民贫,号为疲累其中。彼善于此者则隰州为最,汾西其次焉。隰汾之间有山巍然,重冈叠嶂,蔓衍数百里者姑射山也。山巅虽属汾邑,然左右隰辅车之势相依,东西之水各分而近,而汾属远,而全隰莫不星罗棋布,若可指数于眉睫之下,固汾邑之重镇亦隰州之钜观也。顺治间,真武降灵,有居士郭进才草创经营,募建铜殿。以工力浩繁,迟之又久。至康熙甲寅岁,卜铸于隰州,惟神显异,远近胥悦。州之荐绅宋君扶风,吕君凤岐等力保于刺史胡公之前。守府陈公笃信护法,乃立厂开炉,四方善信富者出财,贫者输力,无不发大欢喜。不二载而告成。丁巳春,予率众奉迎铜殿上山。幸今刺史邵公不违初志,于是异论始息,善果克成。而前此数十载之勤劳、后此亿万年之名誉,皆于一旦经始之。兹山不朽,凡有功于铜殿者,亦附以不朽矣。夫洞天福地,造物之所宝惜,神佛之所凭依,而蛟龙虎豹之所守护也,方其蕴而未露。一望童山,莽荆榛而穴狐兔,有满目萧然之悲,及夫神人感应而向之所望为童山者,金碧互映于层霄,钟鼓遥传于空谷,竟俨然一胜境矣。且吾闻之,沃土之民不材,淫也;瘠土之民莫不向义,劳也。民劳则思,思则善心生。铜殿之铸于隰州而立于汾西,瘠土之民好善有甚相远者耶。抑非隰州则殿不成,非汾西则殿不立,而帝欲东西眷顾耶。又或者兹山虽高,得铜殿而愈显;铜殿虽贵,得兹山而益彰。

帝之立帜其巅,殆欲并峙武当,环顾太和,不徒辉映于泰山之灵秀而已耶。是皆未可知。要之,真武之神在天下者,如日月之行天无往而不在也。在汾在隰,何彼何此。况姑射山为隰汾之接壤哉。昔杜预好为后世名,乃刻石一立岘山,一沉水中。安知后不为陵谷乎。予既为汾西计,因州人之请甚坚,遂不自知其固陋而复为之记。盖躬逢其盛诚,予之幸事。而前刺史胡公、今刺史邵公以及守府陈公皆贤声藉藉,溢于道路者。予尤幸附骥尾以成名云。

奉直大夫知隰州事陞户部陕西司员外郎 胡文焕
奉直大夫知隰州事 邵凤仪
原任隰州儒学学正陞平阳府教授 任文
赐进士出身知汾西县事 沈宁撰
功德主拔贡吕黄钟,贡生宋扶风、吕凤岐、刘清岐
总管贡生牛联月、李呈兰、苏道淳、李连元
纠首张学温、梁有库、窦毓香、薛福康,园主生员史记。

附录三　昆明太和宫铜殿彩绘层样品分析报告

图F3-1 取样部位外观
图F3-2 体视显微镜样品照片
图F3-1　　　　　　　图F3-2

1. 样品

取自铜殿表面的彩绘层，表面为红色，并有金色装饰，背面为黑色（图F3-1），样品厚度约1毫米。

2. 分析方法

（1）体视显微镜

采用体视显微镜可观察样品的显微结构，虽然放大倍率小，但是可以观察了解样品的许多细微特征。

（2）红外光谱分析

红外光谱的特点是对无机和有机材料都可以分析，尤其是混合物的分析，采用显微红外光谱可对很少的样品进行分析，确保取样过程中最大限度地减小对文物的损伤。分析使用的仪器：Nicolet Magna-IR 750型红外光谱仪。

（3）扫描电镜分析

扫描电镜分析可以观察样品的显微结构，放大倍率高。配合能谱可以对样品局部进行元素分析，确定成分。设备：荷兰FEI公司的FEI Quanta 200 FEG环境电子扫描显微镜。

3. 分析结果

（1）体视显微镜结果

图F3-2中可见样品的表面为红色彩绘层和金色装饰层，红色为衬底，金色在红色上面，推测是贴金箔或者描金形成的，呈片状及线条状分布。

（2）红外光谱分析结果

样品断面为黑色，推测为漆，为验证推断，采用红外光谱对彩绘底层进行了分析，结果见图F3-3。

比对漆的红外光谱，可以确定材料为大漆。

（3）扫描电镜分析结果

采用扫描电镜对彩绘样品进行了观察，为了确定成分，同时进行能谱分析（图F3-4）。

电镜下可见彩绘的表面底层带裂纹、较厚，而表面有较薄的一层平滑薄膜。表面薄

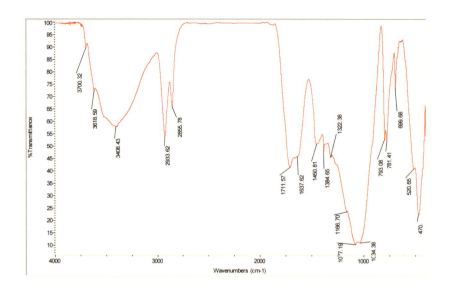

图F3-3

图F3-3 黑色底层的红外光谱

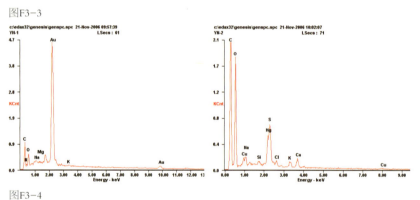

图F3-4

图F3-4 样品的能谱图
左：金层；右：红色层

层物质的能谱分析显示成分为纯金，即体视显微镜下看到的金箔；底层的能谱分析显示主要元素是S、Hg、Cu等，推断为硫化汞（朱砂），即体视显微镜下看到的红色层。

彩绘层上的一些金层已经被磨蚀，一些凸起的颗粒将金层顶破。在一些位置可见金层破裂，并有卷曲起翘和皱缩现象。由此可知金层很薄，柔韧性很好（图F3-5）。

根据以上分析可以对金层的形成进行推断。一般情况下，由于鎏金需要对表面进行加热等处理，难以在漆层上操作，因此样品表面的金层不可能是鎏金形成的；而描金形成的表面一般是颗粒状的，而且不连续，因此样品表层也不可能是描金形成的。在样品观察中见到的金层很薄、连续、具有柔韧性，应该是采用贴金箔的方式形成的。金装饰界面的平直边界，应该是剪切形成的。由于金线的宽度很小，说明在贴金前对金箔进行的处理，具有非常高的技艺。金层的破裂和卷曲，应该与贴金过程的处理有关。

对样品背面的观察，可见其背面连续而密实，这是由漆层形成的，还可见颗粒状物质夹杂在其中（图F3-6）。从背面破裂部位的电镜照片中，可见无定型物质和颗粒状物质凝聚形成的多孔结构。无定型的物质有高的含碳量，是漆；而颗粒状物质为无机矿物颗粒。

又对样品断面拍摄了二次电子相和背散射图象。断面显示，靠近底部首先是漆和大的无机颗粒层，然后是比较细密的一层有机层（这应当是粘贴金箔与衬地的胶），接着是外层的红色涂层，上面是金箔（图F3-7）。

4. 结论

通过体视显微镜分析、红外光谱分析及扫描电镜分析，吴三桂铜殿表面的金饰做法以贴金的可能性最大。铜殿表面很可能经过两次处理：首先为漆层加一层很薄的有机层，然后是朱砂层加一层金箔。

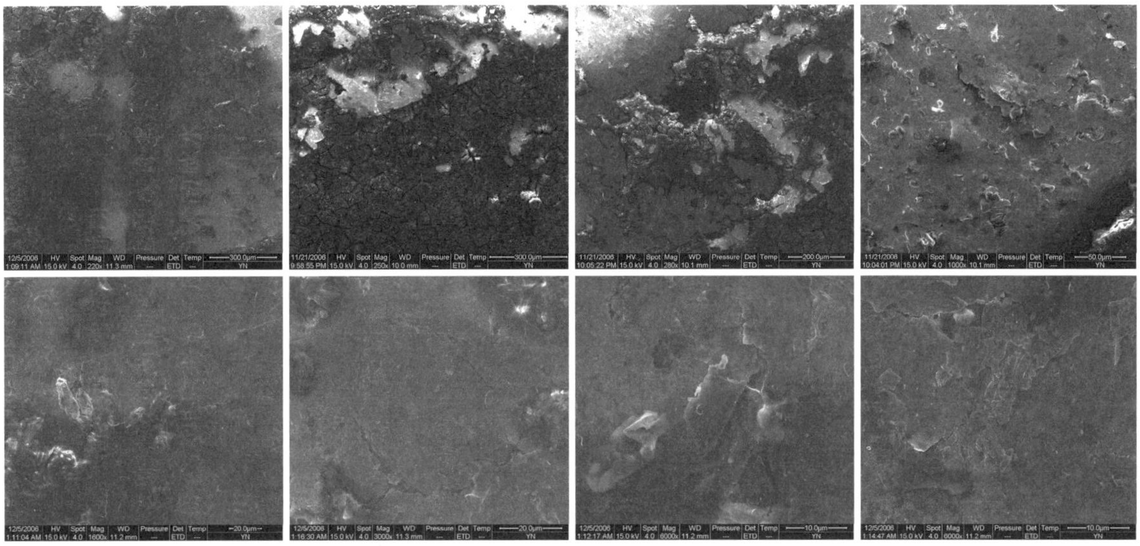

图F3-5

图F3-6

图F3-5 样品表面的扫描电镜照片
上排从左到右为220倍、250倍、280倍、1000倍;下排从左到右为1600倍、3000倍、6000倍、6000倍。此为原图精度,但排版时倍数已变化。

图F3-6 样品背面的扫描电镜图
从左到右为110倍、220倍、220倍、1000倍。此为原图精度,排版时倍数已变化。

图F3-7 样品断面的二次电子相和背散射图像
220倍,此倍数为原图精度,排版时倍数已变化。

图F3-7

附录四　铜瓦、铁瓦规格、重量实例

图F4-1　碧霞祠配殿屋顶铁脊件、瓦件

泰山碧霞祠使用了铜瓦和铁瓦，根据单体建筑形制的高低不同，正殿主要使用了铜瓦和铜脊件；东、西配殿使用了铁瓦（图F4-1）。

碧霞祠现存有若干原先换下来的铁铸瓦件，经现场称重，一块普通板瓦重2公斤，筒瓦重2.55公斤，一块滴水瓦则重达4.2公斤。与同尺寸规格的琉璃瓦、布瓦重量对比如下：

表F4-1　碧霞祠配殿铁瓦件与相当规格的琉璃瓦件、布瓦件重量对比[1]

		铁瓦	相当规格的琉璃瓦	相当规格的布瓦
板瓦	规格（公分）	26.6×20.0×1	九样琉璃 （28.8×19.2×2.88）	清官窑2号 （25.6×22.4）
	重量（公斤）	2	1.2~1.8	0.90
筒瓦	规格（公分）	32.5×13.0×6.5	六样琉璃 （30.4×14.4×7.2）	清官窑2号 （30.4×12.16）
	重量（公斤）	2.55	2	1.00
滴水瓦	规格（公分）	21.0（残长） ×22.0×1.5	八样琉璃 （30.4×20.8×3.2）	—
	重量（公斤）	4.2	1.6~1.8	—

由上表可见，每种铁瓦件都比与它规格相当或相近的琉璃瓦、布瓦件重量大，而在形式、构造上它们与普通琉璃瓦或布瓦并没有明显区别，铺设时也要用灰黏结，并辅以瓦钉固定。

从理论上说，由于使用了铜瓦、铁瓦，建筑的屋面荷载会增加不少，其下部的支撑体系也应相应加强。然而从现场情况来看，并未发现这些铜瓦、铁瓦建筑的柱径比普通瓦面建筑有明显加大。

[1] 琉璃瓦件、布瓦件数据来自刘大可. 中国古建筑瓦石营法 [M]. 北京：中国建筑工业出版社，1993：212, 233, 259, 262

图表目录及数据来源

绪论

图0-1 中国古代金属建筑主要案例分布图：笔者绘制
图0-2 本书的技术路线：笔者绘制
图0-3 本书的篇章结构：笔者绘制
图0-4 本研究考察路线图：笔者绘制

表0-1 本书工作进程表

第一章

图1-1 小双桥遗址铜构件之一（河南省博物馆藏铅0003号各面线图与照片）：河南省文物考古研究所编著. 郑州小双桥——1990~2000年考古发掘报告[M]. 北京：科学出版社，2012：18，彩版二七
图1-2 小双桥遗址铜构件之二（标本89ZX 采：01 各面线图与照片）：河南省文物考古研究所编著. 郑州小双桥——1990~2000年考古发掘报告[M]. 北京：科学出版社，2012：19，彩版二六
图1-3 小屯殷墟建筑基址分布图：石璋如. 中国考古报告集之二：小屯（第一本遗址的发现与发掘：乙编）[M]. 南港：中央研究院历史语言研究所，中华民国四十八年（1959）. 插图四
图1-4 铜锧在遗址平面中的位置：同上，插图十四
图1-5 铜锧在遗址剖面中的位置：同上，第48页，插图十六
图1-6 铜锧的形制：同上，第6页，插图二
图1-7 商代青铜器与史前陶器中的对应器型：巫鸿著，李清泉、郑岩等译. 中国古代建筑与艺术中的"纪念碑性"[M]. 上海：上海人民出版社，2009：56-57
图1-8 妇好偶方彝：笔者绘制
图1-9 金釭安装在木杆件上构造示意图：引自杨鸿勋. 凤翔出土春秋秦宫铜构——金釭. 建筑考古学论文集[M]. 文物出版社，1987：118
图1-10 金釭可能安装位置示意图：同上
图1-11 陕西咸阳长陵车站秦手工业作坊出土的建筑铜构件（咸阳博物馆藏）：笔者摄于咸阳博物馆
图1-12 河南信阳楚墓"四阿"车盖脊端节点铜构件：引自杨鸿勋. 凤翔出土春秋秦宫铜构——金釭. 建筑考古学论文集[M]. 文物出版社，1987：118
图1-13 战国帷架节点的铜连接箍套（济南博物馆藏）：笔者摄于济南博物馆
图1-14 冶铸、炼丹、金汞、镏金、金殿关系示意图：笔者绘制
图1-15 轮王寺相轮樘：引自网络相册http://www.flickr.com/search/?q=%E7%9B%B8%E8%BD%AE%E6%A8%98

第二章

图2-1 天枢推测复原图：笔者绘制，复原时参考了李松先生的复原图
图2-2 唐乾陵神道第二道门墓表：赵越拍摄
图2-3 唐嵩阳观纪圣德感应石碑：笔者拍摄
图2-4 唐鸠摩罗什舍利塔：笔者拍摄
图2-5 阆中铁塔推测复原图：笔者绘制
图2-6 阿育王金涂塔：南京大报恩寺地宫出土，引自：南京市考古研究所. 南京大报恩寺遗址塔基与地宫发掘简报[J]. 文物，2015（5）：4-52；金华万佛塔地宫出土引自：浙江省文物管理委员会. 金华市万佛塔塔基清理简报[J]. 文物参考资料，1957(5)：41-47；上海松江李塔地宫出土银塔：笔者拍摄于上海博物馆，2014
图2-7 北京房山铁瓦寺铁瓦殿屋顶图：笔者摄于2006年
图2-8 北京房山铁瓦寺铁瓦铭文：笔者拍摄
图2-9 碧霞祠正殿屋顶铜脊件、瓦件：笔者摄于2006年
图2-10 碧霞祠配殿屋顶铁脊件、瓦件：笔者摄于2006年
图2-11 藏式镏金铜瓦建筑：笔者摄于2006年
图2-12 塔尔寺大金瓦殿的镏金铜瓦：笔者拍摄，绘制
图2-13 承德外八庙金顶建筑的镏金铜瓦：笔者拍摄，绘制
图2-14 承德外八庙金顶建筑的镏金铜滴水瓦：笔者拍摄，绘制
图2-15 日本奈良东大寺唐破风上的铜瓦面：笔者摄于2006年
图2-16 日本古建筑铜屋面之"一文字葺"构造：引自日本铜センター- 铜板葺屋根编集委员会（社）. 铜板葺屋根社寺建筑を中心に[M].東京：理工学社，2004：148-149
图2-17 日本古建筑铜屋面之"本瓦棒葺"构造图：同上
图2-18 日本古建筑铜屋面之"段葺"构造：同上

表2-1 各文献中的天枢形制数据

第三章

图3-1 光孝寺西铁塔（西面）：笔者摄于2009年
图3-2 光孝寺西铁塔须弥座、莲花座：笔者拍摄
图3-3 西铁塔第1层塔身各面中央佛龛中的佛像：笔者拍摄
图3-4 西铁塔内部结构：笔者拍摄
图3-5 光孝寺东铁塔（西面）：笔者摄于2009年
图3-6 东铁塔须弥座、仰莲座：笔者拍摄
图3-7 东铁塔柱顶栌斗：笔者拍摄
图3-8 东铁塔第1层塔身中央佛龛：笔者拍摄
图3-9 梅州东山中学内的砖混小塔：笔者摄于2009年
图3-10 千佛塔寺内的新千佛铁塔：笔者摄于2009年
图3-11 梅州千佛铁塔原件：笔者绘制
图3-12 梅州千佛铁塔复原推测：笔者绘制
图3-13 南华寺降龙铁塔：笔者摄于2009年
图3-14 降龙铁塔南汉须弥座力士：笔者拍摄
图3-15 降龙铁塔南汉须弥座、仰莲座：笔者拍摄
图3-16 双林寺东铁塔现状：笔者摄于2009年
图3-17 双林寺东铁塔推测复原图：笔者绘制
图3-18 双林寺东铁塔江海基座与栏杆：笔者拍摄
图3-19 双林寺东铁塔第1层塔身：笔者拍摄
图3-20 双林寺东铁塔第2层塔身：笔者拍摄
图3-21 玉泉寺铁塔：笔者摄于2006年
图3-22 玉泉寺铁塔剖面图：原图引自：湖北省建设厅编著. 湖北建筑集粹：湖北古代建筑[M]. 北京：中国建筑工业出版社，2005：176
图3-23 镇江甘露寺铁塔：笔者摄于2009年
图3-24 聊城隆兴寺铁塔：笔者摄于2009年
图3-25 聊城隆兴寺铁塔须弥座台基：笔者拍摄
图3-26 聊城隆兴寺铁塔第1层塔身：笔者拍摄
图3-27 济宁崇觉寺铁塔：笔者摄于2009年
图3-28 济宁铁塔第2层东南面：笔者拍摄
图3-29 济宁铁塔第7层东面（斗栱已损毁）：笔者拍摄
图3-30 济宁崇觉寺铁塔剖面：笔者绘制，底图见：全国重点文物保护单位崇觉寺铁塔记录档案[Z]. 济宁：济宁市博物馆，2009
图3-31 常德铁经幢：笔者摄于2012年
图3-32 常德铁经幢天宫：笔者摄于2012年

表3-1 玉泉寺与甘露寺铁塔基座、须弥座对比：笔者摄于2006年、2009年
表3-2 玉泉寺与甘露寺铁塔塔身形象对比：笔者摄于2006年、2009年
表3-3 玉泉寺与甘露寺铁塔斗栱对比：笔者摄于2006年、2009年
表3-4 济宁崇觉寺铁塔斗栱形式表：笔者摄于2009年

第四章

图4-1 泰安铁塔现状（南面）：笔者拍摄
图4-2 《泰山志》中的天书观铁塔：原图自[清]金棨. 泰山志. 卷四. 嘉庆十三年（1808）. 第十页
图4-3 沙畹书中的天书观铁塔：原图自Edouard Chavannes. Le T'ai Chan: Essai de Monographie D'un Culte Chinois. Paris: Ernest Leroux Éditeur, 1910. Fig.1
图4-4 泰安铁塔历史照片：岱庙管委会基建科科长赵祥明先生供图. 拍摄日期、来源不明
图4-5 伯施曼绘泰安铁塔立面图：Ernst Boerschmann. Die Baukunst und religiöse Kultur der Chinesen. Band III: Chinesische Pagoden. Berlin und Lepzig: Verlag von Walter de Gruyter & Co., 1931. 345
图4-6 泰山铁塔第3层东南面照片：笔者拍摄
图4-7 泰山铁塔第3层檐口顶部细部照片：笔者拍摄
图4-8 咸阳千佛铁塔立面照片：笔者拍摄
图4-9 咸阳千佛铁塔各主要层平面图：笔者测绘
图4-10 咸阳千佛铁塔剖面图：笔者测绘
图4-11 咸阳千佛铁塔第1层塔身四天王造像：笔者拍摄
图4-12 咸阳千佛铁塔第1层塔身斗栱（东南面）：笔者拍摄
图4-13 咸阳千佛铁塔第2层塔身斗栱（北面）：笔者拍摄
图4-14 咸阳千佛铁塔第3层塔身斗栱（东南角科）：笔者拍摄
图4-15 峨眉山圣积寺铜塔：笔者摄于2011年
图4-16 圣积寺铜塔塔瓶：笔者拍摄
图4-17 圣积寺铜塔伞盖（第7层相轮）：笔者拍摄
图4-18 圣积寺铜塔天宫：笔者拍摄、绘制
图4-19 圣积寺铜塔细节"二会普光明殿、七会普光明殿"：笔者拍摄
图4-20 圣积寺铜塔细节"六会他化天"：笔者拍摄
图4-21 五台山显通寺西铜塔：笔者摄于2009年
图4-22 显通寺西铜塔天宫：笔者拍摄
图4-23 显通寺西铜塔塔瓶：笔者拍摄
图4-24 显通寺西铜塔塔身细节：笔者拍摄
图4-25 五台山显通寺东铜塔：笔者摄于2009年
图4-26 显通寺东铜塔天宫：笔者拍摄
图4-27 清凉寺小铜塔：Ernst Boerschmann. Die Baukunst und religiöse Kultur der Chinesen. Band III: Chinesische Pagoden. Berlin und Lepzig: Verlag von Walter de Gruyter & Co., 1931: 365
图4-28 永川小铜塔：笔者摄于2009年
图4-29 北京慈寿寺永安万寿砖塔：笔者摄于2012年
图4-30 北京长椿寺多宝佛铜塔：笔者摄于2009年
图4-31 峨眉山金顶铜塔照片（不晚于1931年）：引自Ernst Boerschmann. Die Baukunst und religiöse Kultur der Chinesen. Band III: Chinesische Pagoden. Berlin und Lepzig: Verlag von Walter de Gruyter & Co., 1931: 348, 349（《中国宝塔》）
图4-32 伯施曼绘制的峨眉山金顶铜塔立面：来源同上
图4-33 显通寺中铜塔：笔者摄于2009年
图4-34 显通寺西南铜塔：笔者摄于2009年
图4-35 显通寺东南铜塔：笔者摄于2009年
图4-36 庐山归宗寺铁塔：引自Ernst Boerschmann. Die Baukunst und religiöse Kultur der Chinesen. Band III: Chinesische Pagoden. Berlin und Lepzig: Verlag von Walter de Gruyter & Co., 1931: 347
图4-37 庐山归宗寺铁塔远景：[日]佚名. 金轮塔（庐山），见：《亚东印画辑》第百七十九回，6
图4-38 庐山东林寺铜塔正面及一层细部照片：常盤大定. 關野貞. 支那文化史迹：第四辑[M]. 京都：法藏馆，1939：II-2
图4-39 解州关帝庙铁醮炉：白颖博士摄于2006年
图4-40 兴平文庙铁醮炉（东）：笔者摄于2009年
图4-41 兴平文庙铁醮炉（西）：笔者摄于2009年

表4-1 咸阳千佛铁塔各层外观描述：笔者摄于2009年

第五章

图5-1 四川江油宋代飞天藏天宫楼阁局部：笔者拍摄
图5-2 体象阴阳升降图：转引自Shih-shan Susan Huang. Daoist Imagery of Body and Cosmos, Part 2: Body Worms and Internal Alchemy. Journal of Daoist Studies, 2011 (4): 33-64
图5-3 元气体象：引自[元]陈致虚.《金丹大要图》
图5-4 位于小莲峰上的转辰殿（转运殿）：笔者拍摄
图5-5 小铜殿屋顶：笔者拍摄
图5-6 小铜殿正面：笔者拍摄
图5-7 小铜殿与转运殿平面关系：笔者测绘
图5-8 小铜殿平面：笔者测绘
图5-9 小铜殿1-1剖面：笔者测绘
图5-10 小铜殿2-2剖面：笔者测绘
图5-11 小铜殿透视图：笔者绘制
图5-12 小铜殿正立面：笔者测绘
图5-13 武当山太和宫金殿正面：笔者拍摄
图5-14 从南岩宫远眺天柱峰：笔者拍摄
图5-15 武当山太和宫金殿平面：笔者测绘
图5-16 武当山太和宫金殿1-1剖面：笔者测绘
图5-17 武当山太和宫金殿2-2剖面：笔者测绘
图5-18 武当山太和宫金殿甲-甲立面：笔者测绘
图5-19 武当山太和宫金殿翼角仙人、走兽：笔者拍摄
图5-20 太和宫金殿吻兽：笔者拍摄
图5-21 武当山太和宫金殿下檐斗栱（角科、平身科）：笔者拍摄
图5-22 武当山太和宫金殿上檐斗栱（柱头科、平身科、角科）：笔者拍摄
图5-23 武当山太和宫金殿前檐局部剖面：笔者绘制
图5-24 鸡足山金顶寺铜殿照片（1939-1940间摄）：梁思成等著. 未完成的测绘图[M]. 北京：清华大学出版社，2007
图5-25 金顶寺铜殿平面草测图（1939-1940间绘制）：同上
图5-26 鸡足山金顶寺总平面（2006）：笔者绘制
图5-27 妙峰三铜殿铸造地与所在地分布图：笔者绘制
图5-28 《峨眉山志》峨眉总图局部：底图自印光法师编. 峨眉志[M]. 上海：国光印书局，民国二十三年秋月（1934）
图5-29 立德1901年发表的峨眉铜殿构件遗存：Archibald J. Little. Mount Omi and Beyond: A Record of Travel on the Thibetan Border. London: William Heinemann, 1901. 88-89
图5-30 庄士敦收集的峨眉山图中的铜殿：原图自Reginald Fleming Johnston. From Peking to Mandalay: a journey from north China to Burma through Tibetan Ssuch'uan and Yunnan. London: J. Murray, 1908
图5-31 峨眉山铜殿槅扇（正面、背面、正面槅心大样）：笔者拍摄
图5-32 峨眉山铜殿遗存铜板：笔者拍摄于峨眉山博物馆
图5-33 《宝华山志》中的隆昌寺图：[清]刘名芳. [乾隆]宝华山志. 卷一山图. 台北：文海出版社，1975: 37-38
图5-34 宝华山隆昌寺铜殿周边现状平面图：笔者测绘
图5-35 宝华山志中的隆昌寺铜殿图：[清]刘名芳. [乾隆]宝华山志. 卷一山图. 台北：文海出版社，1975. 39
图5-36 隆昌寺铜殿现状：笔者拍摄于2006年12月
图5-37 五台山显通寺铜殿、无梁殿与铜塔：笔者拍摄于2009年7月
图5-38 五台山铜殿西面、南面：笔者拍摄
图5-39 五台山显通寺铜殿平面：笔者测绘
图5-40 五台山显通寺铜殿内部梁架：笔者拍摄
图5-41 五台山显通寺铜殿1-1剖面：笔者测绘
图5-42 五台山显通寺铜殿正立面：笔者测绘

图5-43 显通寺铜殿下檐隐刻之斗栱图案：笔者拍摄
图5-44 泰山"天仙金阙"铜殿：笔者拍摄于2009年7月
图5-45 泰山岱顶碧霞祠西面：笔者拍摄
图5-46 位于灵应宫时的泰山铜殿：D.C. Baker: Tai Shan: An Account of the Sacred Eastern Peak of China (reprinted by Cheng Wen Publishing Company, Taipei 1971), originally 1924
图5-47 泰山铜殿平面：笔者测绘
图5-48 泰山铜殿1-1剖面：笔者测绘
图5-49 泰山"天仙金阙"铜殿2-2剖面：笔者测绘
图5-50 泰山铜殿正立面：笔者测绘
图5-51 铜铸武当山金顶模型图：笔者绘制
图5-52 苏州玄妙观三清殿铜殿模型：笔者拍摄

表5-1 妙峰三铜殿对比表
表5-2 妙峰三铜殿布局比较

第六章

图6-1 昆明太和宫铜殿正面：笔者拍摄
图6-2 昆明太和宫铜殿总平面：笔者测绘
图6-3 昆明太和宫铜殿（东南侧）：笔者拍摄
图6-4 昆明太和宫铜殿平面：笔者测绘
图6-5 昆明太和宫铜殿1-1剖面：笔者测绘
图6-6 昆明太和宫铜殿2-2剖面：笔者测绘
图6-7 昆明太和宫铜殿正立面：笔者测绘
图6-8 昆明太和宫铜殿室内仰视：笔者拍摄
图6-9 昆明铜殿滴水瓦与瓦当、头板瓦的相对位置：笔者拍摄
图6-10 昆明太和宫铜殿下檐平身科斗栱：笔者测绘
图6-11 霍山中镇峰远眺（远处有电视塔的山峰）：笔者拍摄
图6-12 道光《赵城县志》卷首霍山图：引自杨延亮.[道光]赵城县志. 卷二十七. 赵城：赵城县衙，道光七年（1827）
图6-13 霍山中镇峰现状：笔者拍摄
图6-14 霍山真武庙残碑：笔者拍摄
图6-15 雍正《石楼县志》志图中的玄天宫：[清]袁学谟.[雍正]石楼县志. 舆图. 雍正八年（1730）. 第十四、十五页
图6-16 飞龙山玄天宫遗址现状：笔者拍摄
图6-17 飞龙山第一宫中疑似铜殿的建筑：原图来源同上
图6-18 洪洞青龙山真武庙远眺：笔者拍摄
图6-19 从铜殿院落厢房顶看正殿：笔者拍摄
图6-20 洪洞青龙山真武庙全景：笔者拍摄
图6-21 八角亭及其内部近年新铸造的小铜殿：笔者拍摄
图6-22 青龙山真武庙八角亭原台基：引自大槐树网——洪洞地方门户网, http://www.htshd.com.cn
图6-23 汾西姑射山真武庙远眺：笔者拍摄
图6-24 汾西姑射山真武庙全景：笔者拍摄
图6-25 姑射山铜殿须弥座台基：笔者拍摄
图6-26 当代复原重建的姑射山铜殿：笔者拍摄

表6-1 青龙山真武庙清初修建年表
表6-2 姑射山真人祠及真武庙修建年表
表6-3 平阳地区四座铜殿对比总结表

第七章

图7-1 五方阁院落中的宝云阁：笔者拍摄
图7-2 五方阁院落总平面示意图：北京清华大学建筑学院. 颐和园——中国皇家园林建筑的传世绝响[M]. 台北：台北市建筑师公会出版社，546
图7-3 宝云阁（东南侧）：笔者拍摄
图7-4 宝云阁平面图：笔者以天津大学建筑学院测绘图为底图绘制
图7-5 宝云阁石柱础：笔者拍摄
图7-6 宝云阁内铺地：笔者拍摄
图7-7 宝云阁内莲花座：笔者拍摄
图7-8 宝云阁1-1剖面：笔者以天津大学建筑学院测绘图为底图绘制
图7-9 宝云阁内部梁架：笔者拍摄
图7-10 宝云阁正立面：引自颐和园管理处. 颐和园排云殿-佛香阁-长廊大修实录[M]. 天津：天津大学出版社，北京：《建筑创作》杂志社，2006：301
图7-11 宝云阁勾头、滴水：同上，第170页
图7-12 宝云阁铜楹联：引自天津大学建筑学院测绘图
图7-13 宝云阁下檐柱头科斗栱：同上
图7-14 宝云阁槛窗：笔者拍摄
图7-15 《钦定热河志》中的珠源寺图（中轴线上左四为宗镜阁）：和珅，梁国治.[乾隆四十六年]钦定热河志[M]. 卷七十八. 天津：天津古籍出版社，2002：795-796
图7-16 历史图片：宗镜阁（东南侧）：引自避暑山庄博物馆微博，具体的拍摄年代不详
图7-17 竹岛卓一绘珠源寺平面测绘图：[日]關野貞，竹島卓一. 热河解说[M]. 东京：座右宝刊行会，1937. Fig7
图7-18 珠源寺遗址现状平面示意图2006年7月：笔者绘制
图7-19 宝云阁与宗镜阁历史照片对比：左为宝云阁：John Thomson, F.R.G.S. Illustrations of China and Its People. Vol.4. London: Sampson Low, Marston, Low, and Searle, 1874；右为宗镜阁：Sven Hedin, translated from the Swedish by E. G. Nash. Jehol: City of Emperors. Kathmandu: Pilgrims Publishing, 2000. Plate XXXV, first published in New York: E. P. Dutton & Company Inc.
图7-20 宗镜阁建筑构件遗存：骑鸡仙人、铜凤、滴水：笔者拍摄于承德避暑山庄博物馆
图7-21 宗镜阁铜楹联：笔者拍摄
图7-22 北海天王殿双铜塔：笔者拍摄
图7-23 佛山经堂寺铁塔：引自广佛都市网http://big5.citygf.com/hdzt/2710/2718/200909/t20090915_120622.html
图7-24 重庆塔坪寺铁塔：笔者拍摄
图7-25 宝鸡龙门洞铁醮炉：引自汉唐论坛文物普查专题http://www.wenwu.gov.cn/bbs/dispbbs.asp?boardid=25&replyid=423909&id=47711&page=1
图7-26 灵沼轩在故宫中的位置：底图自孙大章主编. 中国古代建筑史第五卷[M].北京：中国建筑工业出版社，2002. 45
图7-27 灵沼轩正面：笔者拍摄
图7-28 灵沼轩中央铁亭
图7-29 灵沼轩地下层平面：引自故宫博物院古建部，北京大学考古文博学院文物建筑专业. 故宫灵沼轩测绘报告（内部资料）. 2015年
图7-30 灵沼轩一层平面：同上
图7-31 灵沼轩正立面透视：同上
图7-32 灵沼轩鸟瞰轴测图：同上
图7-33 灵沼轩铸铁柱与内部梁架：笔者拍摄
图7-34 灵沼轩细部装饰：笔者拍摄
图7-35 北京的"西洋楼式"建筑：从圆明园到陆军部衙署：引自张复合. 北京近代建筑史[M]. 北京：清华大学出版社，2004：14-26
图7-36 巴黎植物园室内：引自[意]L•本奈沃洛著. 邹德侬、巴竹师、高军译. 西方现代建筑史[M]. 天津：天津科学技术出版社，1996：20
图7-37 伦敦水晶宫室内：引自Gottfried Semper. "Science, Industry, and Art" In: Gottfried Semper, Translated by Harry Francis Mallgrave, Wolfgang Herrmann. The four elements of architecture and other writings. Cambridge: Cambridge University Press, 1989: 130-167
图7-38 防火楼面节点构造（1844年）：引自Eric Arthur, Thomas Ritchie. Iron: cast and wrought iron in Canada from the

seventeenth century to the present. Toronto; Buffalo; London: University of Toronto Press, 1982: 157-159

图7-39 陈家祠堂的铸铁柱连廊及其节点细部：笔者拍摄

表7-1 宝云阁下檐补间铺作分层构成表

上篇结语

中国古代铁塔结构发展图：笔者绘制
上篇结语附表：金属建筑案例建造原因一览

第八章

图8-1 太和宫金殿与紫金城鸟瞰：原图引自潘谷西主编. 中国古代建筑史第四卷[M]. 北京：中国建筑工业出版社，2001：372

图8-2 大岳太和山太和宫图：原图引自[清]王概，姚世倌. 大岳太和山纪略. 卷二. 清乾隆9年[1744]. 第九页

图8-3 真武显圣图之一：原图引自《大明玄天上帝瑞应图录》，见：道藏：第19册[M]. 文物出版社，上海书店，天津古籍出版社，1988

图8-4 霍山全图：释力空原著，《霍山志》整理组整理. 霍山志[M]. 太原：山西人民出版社，1986

图8-5 御题天下大峨眉山胜景图局部：原图引自Reginald Fleming Johnston. From Peking to Mandalay: a journey from north China to Burma through Tibetan Ssuch'uan and Yunnan. London: J. Murray, 1908

图8-6 《五台山圣境全图》局部（清道光二十六年(1846)，美国国会图书馆藏，原图为全彩色）：原图自美国国会图书馆，编号：G7822.W8A3 1846. G4 Vault

图8-7 显通寺总平面：笔者绘制

图8-8 《泰山述记》岱顶图局部：[清]宋思仁. 泰山述记. 卷一. 泰安：泰安衙署藏板，乾隆五十五年（1790）.第七页

图8-9 泰山顶碧霞元君祠总平面：笔者绘制

图8-10 汾西姑射山真武庙总平面：笔者绘制

图8-11 洪洞青龙山真武庙总平面：笔者绘制

图8-12 昆明鸣凤山顶的太和宫铜殿：笔者根据云南昆明鸣凤山太和宫平面示意图改绘，见孙大章主编. 中国古代建筑史第五卷[M]. 北京：中国建筑工业出版社，2002：365

图8-13 江苏茅山大茅峰顶的三天门：笔者拍摄

图8-14 宝华山隆昌寺总平面：底图自潘谷西主编. 中国建筑史（第5版）[M]. 北京：中国建筑工业出版社，2004：225

图8-15 宝华山铜殿前的月台丹墀与前导空间：笔者拍摄

图8-16 五台山显通寺铜殿所在的"清凉妙高处"平台：笔者绘制

图8-17 排云殿-佛香阁建筑群总平面：底图自颐和园管理处. 颐和园排云殿-佛香阁-长廊大修实录[M]. 天津：天津大学出版社，北京：《建筑创作》杂志社，2006：35

图8-18 光绪时期的宝云阁立样：同上，第57页

图8-19 胎藏界曼荼罗中台八叶院部分：[日]東寺宝物館编. 京都東寺秘藏曼荼羅の美と仏. 東京：東京美術，10

图8-20 天枢在洛阳城中的位置与地标作用：底图引自傅熹年主编. 中国古代建筑史第二卷[M]. 北京：中国建筑工业出版社，2001：332

图8-21 "北固山图"中的镇江甘露寺铁塔（清道光十六年《北固山志》）：[清]释了璞. 北固山志. 清道光十六年（1836）石公山房版

图8-22 "济宁城图"中的济宁崇觉寺铁塔（康熙《济宁州志》）：[清]廖有恒，杨道睿. [康熙]济宁州志. 康熙十二年（1673）

图8-23 "东昌府城图"中的聊城兴隆寺铁塔（嘉庆《东昌府志》）：中国地方志集成山东府县志辑87[M]. 南京：江苏古籍出版社，上海：上海书店，成都：巴蜀书社，1990

图8-24 济宁崇觉寺民国时期布局（据寺僧回忆）：笔者根据济宁博物馆藏档案图纸绘制

图8-25 《光孝寺志》"旧志全图"中的广州光孝寺铁塔：[清]光孝寺志. 见：中国佛寺史志汇刊[M]. 第三辑第3册. 影印广东编译局本. 台北：丹青图书公司，1985：34

图8-26 《玉泉寺志》"山图"中的当阳玉泉寺铁塔：[清]玉泉寺志. 见：中国佛寺史志汇刊[M]. 第三辑第17册. 影印广东编译局本. 台北：丹青图书公司，1985：42

图8-27 玉泉寺铁塔塔院考古基址：湖北省玉泉铁塔考古队. 湖北当阳玉泉铁塔塔基及地宫清理发掘简报[J]. 文物，1996（10）：43-57

图8-28 甘露寺铁塔与寺址的关系：江苏省文物工作队镇江分队，镇江市博物馆. 江苏镇江甘露寺铁塔塔基发掘记[J]. 考古，1961(06)：302-315

图8-29 《重修曹溪通志》中的降龙铁塔：[清]马元，释真朴. 重修曹溪通志. 卷首图志. 见：中国佛寺史志汇刊[M]. 第二辑第4册. 道光十六年怀善堂重镌本. 台北：明文书局，1980：52

表8-1 铜殿在建筑群中处理手法分析表
表8-2 铁塔在建筑群中处理手法分析表
表8-3 铜塔在建筑群中处理手法分析表

第九章

图9-1 元、明、清铜殿平面类型（同比例）：笔者绘制

图9-2 元、明、清铜殿剖面对比图（同比例）：笔者绘制

图9-3 五台山显通寺铜殿的抹角梁构造（纵剖面局部）：笔者绘制

图9-4 泰山铜殿的抹角梁构造（角部内侧透视）：笔者绘制

图9-5 武当山太和宫金殿的溜金斗栱构造（横剖面局部）：笔者绘制

图9-6 武当山太和宫金殿溜金斗栱（室内照片）：笔者拍摄

图9-7 吴三桂铜殿的重檐结构：笔者绘制

图9-8 颐和园宝云阁的重檐、歇山构造：笔者绘制

图9-9 宝云阁上檐屋架仰视：笔者拍摄

图9-10 泰山铜殿上檐歇山构造（室内透视）：笔者绘制

图9-11 昆明铜殿上檐歇山构造透视图（1）：笔者绘制

图9-12 昆明铜殿上檐歇山构造透视图（2）：笔者绘制

图9-13 昆明铜殿上檐歇山构造（横剖面局部）：笔者绘制

图9-14 昆明铜殿上檐歇山构造（纵剖面局部）：笔者绘制

图9-15 武当山元代小铜殿屋脊：笔者绘制

图9-16 武氏祠前石室屋顶前坡西段画像局部：笔者绘制。底图见蒋英炬，吴文祺主编. 中国美术分类全集中国画像石全集1 山东汉画像石[M]. 济南：山东美术出版社，2000：49

图9-17（1） 五代吴越国钱元瓘妃康陵墓室顶部星宿图案局部（939年）：杭州市文物考古所，临安市文物馆. 浙江临安五代吴越国康陵发掘简报[J]. 文物，2000(02)：20

图9-17（2） 五代冯晖墓室顶局部（958年）：虚线标识为笔者所加. 底图见咸阳市文物考古研究所. 五代冯晖墓[M]. 重庆：重庆出版社，2001：24

图9-17（3） 辽耶律隆祐墓志盖局部（1011年）：唐彩兰编著. 辽上京文物撷英[M]. 呼和浩特：远方出版社，2005：144

图9-18 三台六星：（清）秦蕙田. 五礼通考. 卷192. 见：四库全书[M]. 第139册. 台北：商务印书馆，1983：654

图9-19 三台与北斗配合使用的符箓：引自《灵宝无量度人上经大法》卷36，见：道藏：第3册[M]. 文物出版社，上海书店，天津古籍出版社，1988：816

图9-20 北斗罡式与三台罡式：引自《灵宝无量度人上经大法》卷36，见：道藏：第3册[M]. 文物书店，上海书店，天津古籍出版社，1988：816

图9-21 颙使者符：引自[清]娄近垣. 大梵先天奏告玄科[M]. 卷上. 第二十一页，二十五页. 北京：大光明殿道观刻本

图9-22 南阳市西郊麒麟岗汉画像石墓前室墓顶画像：韩玉祥、牛天伟. 麒麟岗汉画像石墓前室墓顶画像考释. 韩玉祥主编. 南阳汉代

天文画像石研究[M]. 北京：民族出版社, 1995：126, 图版48

图9-23 "Y"形"太一"符号：巫鸿. 汉代美术试探. 见：巫鸿. 礼仪中的美术巫鸿中国古代美术史文编[M]. 北京：生活•读书•新知三联书店, 2005：470-471

图9-24 元代小铜殿鸱尾与唐代、元代鸱尾形象对比（1）大雁塔门楣石刻鸱尾（初唐）（2）唐昭陵献殿鸱尾（7世纪）（3）武当山琼台石殿（元）（4）武当山元代小铜殿鸱尾：（1）（2）引自祁英涛. 中国古代建筑的脊饰[J]. 文物, 1978（03）：63；（3）（4）为笔者绘制。

图9-25 泰山铜殿悬鱼字样：笔者拍摄
图9-26 五台山铜殿瓦当图案：笔者拍摄
图9-27 武当山太和宫金殿内的玄帝像设：笔者绘制
图9-28 旃陀罗•笈多二世铁柱：乔鲁京先生拍摄
图9-29 光孝寺东铁塔（967）：笔者以华南理工大学建筑学院测绘图为底图绘制
图9-30 广东龙川下塔（北宋宣和二年）：笔者拍摄
图9-31 南京栖霞寺五代石塔：引自刘敦桢主编. 中国古代建筑史[M]. 第二版. 北京：中国建筑工业出版社, 1984：145
图9-32 苏州罗汉院东塔：郭黛姮主编. 中国古代建筑史第三卷[M]. 北京：中国建筑工业出版社, 2001：468
图9-33 仿木楼阁型铁塔底层比例分析图：笔者绘制
图9-34 北方辽塔与南方宋塔的模数控制法（从左至右：庆州白塔，泉州开元寺仁寿塔，苏州报恩寺塔）：引自傅熹年. 中国科学技术史：建筑卷[M]. 北京：科学出版社, 2008：425,426,477
图9-35 崇觉寺铁塔立面设计控制模数分析：笔者绘制
图9-36 玉泉寺铁塔立面设计控制模数分析：笔者绘制，底图自湖北省建设厅编著. 湖北建筑集粹：湖北古代建筑[M]. 北京：中国建筑工业出版社, 2005：176
图9-37 咸阳千佛铁塔2-2剖面图：笔者绘制
图9-38 千佛铁塔铸件板块横向交接处示意图：笔者拍摄、绘制
图9-39 千佛铁塔铁壳交接箍紧的构造：笔者绘制
图9-40 门槛板块交接节点照片：笔者拍摄
图9-41 千佛铁塔铁壳与砖芯连接构造：笔者绘制
图9-42 千佛铁塔门楣板块交接处内侧照片：笔者拍摄
图9-43 五台山显通寺的五座铜塔（从左至右：西铜塔、西南铜塔、中铜塔、东南铜塔、东铜塔）：笔者绘制
图9-44 所罗门圣殿和宫室复原想象图：圣经[M]. 香港：思高圣经学院, 1968：462
图9-45 梵蒂冈圣彼得大教堂圣坛铜华盖亭：张荞硕拍摄
图9-46 日本平泉中尊寺金色堂：引自世界文化遗产日本岩手县平泉中尊寺网站http://www.chusonji.or.jp/guide/precincts/konjikido.html
图9-47 京都鹿苑寺金阁殿：笔者拍摄

表9-1 铜殿平面尺寸统计表
表9-2 铜殿构架类型表
表9-3 铜殿实例举高值（H/D）一览表
表9-4 铜殿各步架坡度斜率（H/D）一览表
表9-5 铜殿面阔、进深尺度规律分析表
表9-6 仿木楼阁型铁塔尺寸比例表

第十章

图10-1 手持式XRF分析仪现场工作照片：王新宇拍摄
图10-2 元代小铜殿典型能谱图：笔者绘制
图10-3（1）铜锡比与构件性质的对应关系：笔者绘制
图10-3（2）铜铅比与构件性质的对应关系：笔者绘制
图10-4 小铜殿构件Cu、Sn分析图：笔者绘制
图10-5 小铜殿构件Cu、Pb分析图：笔者绘制
图10-6 小铜殿构件Cu、Sn推测图：笔者绘制
图10-7 武当山太和宫金殿典型能谱图：笔者绘制

图10-8 武当山太和宫金殿Zn含量分析图：笔者绘制
图10-9 峨眉山圣积寺铜塔典型能谱图：笔者绘制
图10-10 峨眉山金顶铜塔碎片典型能谱图：笔者绘制
图10-11 峨眉山金顶铜殿碎片典型能谱图：笔者绘制
图10-12 五台山铜殿典型能谱图：笔者绘制
图10-13 东铜塔典型能谱图：笔者绘制
图10-14 西铜塔典型能谱图：笔者绘制
图10-15 长椿寺铜塔典型能谱图：笔者绘制
图10-16 宝云阁典型能谱图：笔者绘制
图10-17 明、清黄铜钱与铜殿铜塔锌含量走势图：笔者绘制，数据自何堂坤. 中国古代金属冶炼和加工工程技术史[M]. 太原：山西教育出版社. 2009.606-613
图10-18 黄铜机械性能与锌含量曲线图：引自何堂坤. 中国古代金属冶炼和加工工程技术史[M]. 太原：山西教育出版社. 2009：610
图10-19 泰山铜殿构件典型能谱图：笔者绘制
图10-20 泰山铜殿合金成分GIS分析图：笔者绘制
图10-21 昆明铜殿平面轴号索引：笔者绘制
图10-22 昆明铜殿构件XRF分析典型能谱图：笔者绘制
图10-23 昆明铜殿合金成分GIS分析图：笔者绘制
图10-24 昆明铜殿铜合金分布推测图：笔者绘制

表10-1 铜殿材料分析结果一览表
表10-2 武当山小铜殿合金成分检测结果
表10-3 小铜殿材料铜、锡、铅成分比例与构件性质对应分析
表10-4 金殿构件、像设合金成分检测结果
表10-5 峨眉山圣积寺铜塔合金成分检测结果
表10-6 峨眉山金顶铜塔碎片合金成分检测结果
表10-7 峨眉山金顶铜殿碎片合金成分检测结果
表10-8 五台山显通寺铜殿合金成分检测结果
表10-9 五台山显通寺东铜塔、西铜塔合金成分检测结果
表10-10 北京长椿寺铜塔合金成分检测结果
表10-11 颐和园宝云阁合金成分检测结果
表10-12 泰山铜殿合金成分检测结果
表10-13 昆明铜殿合金成分检测结果

第十一章

图11-1 元代熬波图中的炼炉：引自[元]陈椿. 熬波图, 辑《永乐大典》本, 见：景印四库全书：第662册[M], 台北：商务印书馆, 1986：352-353
图11-2 《天工开物》所记失蜡法铸钟：[明]宋应星著, 潘吉星译注. 天工开物译注[M]. 上海：上海古籍出版社, 1992：273
图11-3 宝云阁槛墙图案：笔者拍摄
图11-4 宝云阁各工种人数对比及用工比例分析图：笔者统计、绘制。数据自《万寿山清漪园铸造铜殿处用工料比例》, 见：王世襄主编. 清代匠作则例[M]. 郑州：大象出版社, 2000：856-859
图11-5 玉泉寺铁塔结构分层示意图：笔者绘制
图11-6 玉泉寺铁塔基座：笔者拍摄、绘制
图11-7 玉泉寺铁塔基座分范铸造示意图：笔者绘制, 据孙淑云. 当阳铁塔铸造工艺的考察[J]. 文物, 1984（6）：86-89
图11-8 玉泉寺铁塔平座斗栱：笔者拍摄
图11-9 力士：笔者拍摄
图11-10 青海塔尔寺大金瓦殿：笔者拍摄
图11-11 塔尔寺大银塔：笔者拍摄
图11-12 甘南郎木寺大金塔：金田博士拍摄
图11-13 玉泉寺铁塔塔基地宫平面、剖面图：湖北省玉泉铁塔考古队. 湖北当阳玉泉铁塔塔基及地宫清理发掘简报[J]. 文物, 1996（10）：43-57
图11-14 甘露寺铁塔塔基地宫平面（地宫顶盖部分）、剖面：江苏省文物工作队镇江分队, 镇江市博物馆. 江苏镇江甘露寺铁塔塔基发掘记[J]. 考古, 1961（06）：302-315

图11-15 武当山金殿铜铸基础：笔者拍摄
图11-16 泰山铜殿铜铸柱础：笔者拍摄
图11-17 颐和园宝云阁石柱础：笔者拍摄
图11-18 宗镜阁须弥座台基遗址：笔者拍摄
图11-19 根据巴伯描述绘制的峨眉铜殿构件：笔者绘制
图11-20 近代早期铸铁工字梁截面：Eric Arthur, Thomas Ritchie. Iron: cast and wrought iron in Canada from the seventeenth century to the present. Toronto; Buffalo; London: University of Toronto Press, 1982: 152-153
图11-21 小铜殿屋面构造示意：笔者绘制
图11-22 武当山太和宫金殿屋面构造示意：笔者绘制
图11-23 五台山显通寺铜殿屋面板构造示意图：笔者绘制
图11-24 泰山铜殿内部上檐仰视：笔者拍摄
图11-25 泰山铜殿屋顶构造方式示意：笔者绘制
图11-26 昆明太和宫铜殿下檐翼角仰视：笔者拍摄
图11-27 昆明铜殿屋面瓦构造：笔者绘制
图11-28 大修时揭取屋面观察到的宝云阁屋面构造：颐和园管理处. 颐和园排云殿-佛香阁-长廊大修实录[M]. 天津：天津大学出版社，北京：《建筑创作》杂志社，2006：165
图11-29 颐和园宝云阁屋面瓦构造：笔者绘制
图11-30 铜殿构件交接与大木榫卯中的"箍头榫"形式对比：笔者拍摄. 线图引自马炳坚.中国古建筑木作营造技术[M]. 北京：科学出版社，1997：127
图11-31 宝云阁内搜枋端头与大抹角梁间的燕尾榫：笔者拍摄
图11-32 铜殿角梁后尾销栓图：笔者绘制
图11-33 铜殿横向、纵向构件交接节点销栓构造：笔者绘制
图11-34 北京智化寺万佛阁的下檐角梁后尾：笔者拍摄
图11-35 北京故宫角楼的角梁后尾（模型）：引自郭华瑜. 明代官式建筑大木作[M]. 南京：东南大学出版社，2005：125
图11-36 河姆渡遗址出土的58号木构件：引自杨鸿勋. 河姆渡遗址早期木构工艺考察. 建筑考古学论文集[M]. 文物出版社，1987：50
图11-37 湖北、云南、江苏等地木构建筑的销栓节点：笔者绘制、拍摄
图11-38 昆明铜殿檩、枋等构件上的金饰：笔者拍摄
图11-39 昆明铜殿槅扇内壁上的金饰：笔者拍摄

表11-1 宝云阁砂型范铸与失蜡铸造构件分类表
表11-2 泰山铜殿构件空心或坑洞情况表
表11-3 铜殿屋面构造及评价表
表11-4 铜殿节点销栓运用情况统计表
表11-5 金属建筑表面装銮一览
表11-6 《宣德鼎彝谱》所载原料与对应着色效果表

第十二章

图12-1 小铜殿正立面槅扇门：笔者绘制
图12-2 小铜殿铭文记录的捐资者来源分布统计图：笔者绘制. 底图摹自《中国历史地图集》元时期图，见：谭其骧主编. 中国历史地图集（第七册）[M]. 北京：中国地图出版社，1996：3-4
图12-3 武昌路城（江夏县）内捐资者来源分布图：底图摹自："光绪初年湖北省城内外街道总图"，引自刘镇伟主编. 中国古地图精选[M]. 北京：中国世界语出版社，1995：44
图12-4 小铜殿铸造地点与捐资者分布区域：底图摹自：康熙二十六年江夏县图，见[清]裴天锡，罗人龙.[康熙]湖广武昌府志. 卷2. 第二页. 清康熙二十六年（1687）刻本
图12-5 小铜殿鸱尾旁的铭文：笔者拍摄
图12-6 泰安铁塔捐资者来源分布统计图（各府、州）：笔者绘制，底图摹自《中国历史地图集》万历十年（1582）明时期全图以及各布政图. 见：谭其骧主编. 中国历史地图集（第七册）[M]. 北京：中国地图出版社，1996
图12-7 泰安铁塔捐资者来源分布统计图（各县）：同上
图12-8 武陟县域范围内捐资来源分布统计图（乡村、市镇）：笔者绘制，底图"武陟县舆地全图"引自[清]王荣陛修，方履篯纂.[道光]武陟县志. 卷三舆图. 第一、二页，道光九年刊本
图12-9 五台铜殿捐资者来源分布统计图（布政）：笔者绘制，底图摹自《中国历史地图集》万历十年（1582）明时期全图以及各布政图. 见：谭其骧主编. 中国历史地图集（第七册）[M]. 北京：中国地图出版社，1996
图12-10 五台铜殿捐资者来源分布统计图（府）：同上
图12-11 五台铜殿捐资者来源分布统计（记录在19笔以上的州县）：同上
图12-12 五台山铜殿宦官、内宫捐资来源分析图：笔者绘制
图12-13 来自各王府的捐资者数量分析：笔者绘制
图12-14 咸阳铁塔区位图：笔者绘制，底图据谭其骧《中国历史地图集》万历十年相关布政图
图12-15 铁塔捐建人来源分布图：笔者统计、绘制，底图据谭其骧《中国历史地图集》万历十年陕西布政图
图12-16 栗氏工匠位于第1层塔身的铭文：笔者拍摄
图12-17 栗氏工匠位于第3层塔身的铭文：笔者拍摄
图12-18 陈氏工匠位于第1层塔身的铭文：笔者拍摄
图12-19 咸阳铁塔第1、2、3层斗栱：笔者拍摄
图12-20 普照寺高神东殿斗栱：吉富遥树拍摄
图12-21 合阳文庙大成殿斗栱：俞莉娜拍摄
图12-22 华县禅修寺大殿明间补间斗栱：俞莉娜拍摄
图12-23 陵川石掌玉皇庙明间补间斗栱：俞莉娜拍摄
图12-24 泽州高都东岳庙明间补间斗栱：俞莉娜拍摄
图12-25 平阳地区铜殿分布图：笔者绘制，底图摹自《中国历史地图集》明山西一，见：谭其骧主编. 中国历史地图集（第七册）[M]. 北京：中国地图出版社，1996：54-55
图12-26 金属建筑工匠来源地：笔者绘制，底图摹自《中国历史地图集》万历十年（1582）明时期全图以及各布政图. 见：谭其骧主编. 中国历史地图集（第七册）[M]. 北京：中国地图出版社，1996

表12-1 史载妙峰所兴工程表
表12-2 咸阳铁塔现存重要铭文索引表
表12-3 平阳地区四座铜殿的建造信息

附录

图F1-1 泰山铜殿上的施工标记铭文：笔者拍摄
图F1-2 太和宫铜殿施工标记铭文及其所在位置：笔者拍摄
图F1-3 铭文图一：督办宝云阁的官员名录：笔者拍摄
图F1-4 铭文图二：铸造宝云阁的工匠名录：笔者拍摄
图F1-5 宝云阁施工铭文（"西头"）：笔者拍摄
图F3-1 取样部位外观：笔者拍摄
图F3-2 体视显微镜样品照片：北京大学考古文博学院周双林副教授拍摄、制作
图F3-3 黑色底层的红外光谱：同上
图F3-4 样品的能谱图：同上
图F3-5 样品表面的扫描电镜照片：同上
图F3-6 样品背面的扫描电镜图：同上
图F3-7 样品断面的二次电子相和背散射图像：同上
图F4-1 碧霞祠配殿屋顶铁脊件、瓦件：笔者拍摄

表F1-1 昆明太和宫铜殿铭文表

参考文献

史籍

十三经注疏整理委员会. 十三经注疏（第18册 春秋左传正义）[M]. 北京：北京大学出版社，2000
[汉]司马迁. 史记[M]. 北京：中华书局，1959
[汉]班固. 汉书[M]. 北京：中华书局，1962
[宋]范晔. 后汉书[M]. 北京：中华书局，1966
[晋]陈寿. 三国志[M]. 北京：中华书局，1962
[梁]萧子显. 南齐书[M]. 北京：中华书局，1972
[北齐]魏收. 魏书[M]. 北京：中华书局，1974
[唐]房玄龄. 晋书[M]. 北京：中华书局，1974
[唐]魏征. 隋书[M]. 北京：中华书局，1974
[后晋]刘昫. 旧唐书[M]. 北京：中华书局，1975
[宋]欧阳修，宋祁. 新唐书[M]. 北京：中华书局，1975
[宋]薛居正. 旧五代史[M]. 北京：中华书局，1976
[元]脱脱. 宋史[M]. 北京：中华书局，1985
[明]宋濂. 元史[M]. 北京：中华书局，1976
[清]张廷玉. 明史[M]. 北京：中华书局，1974
赵尔巽. 清史稿[M]. 北京：中华书局，1977

[宋]司马光. 资治通鉴[M]. 卷二百五. 北京：中华书局
[宋]李焘. 续资治通鉴长编[M]. 上海：上海古籍出版社，1986
[宋]李心传. 建炎以来朝野杂记[M]. 北京：中华书局，2000
[明]张辅，监修. 明太宗实录[M]//台湾"中央"研究院历史语言研究所校勘.明实录. 南港："中央"研究院历史语言研究所，1962

[后秦]佛陀耶舍，竺佛念译《长阿含经》，见《大正新修大藏经》第1册No.1
[后秦]鸠摩罗什译《妙法莲华经》，见《大正新修大藏经》第9册 No. 262
[于阗国]三藏实叉难陀译《大方广佛华严经》，见《大正新修大藏经》第10册 No. 279
[南朝宋]西域三藏疆良耶舍译《佛说观无量寿佛经》，见《大正新修大藏经》第12册 No. 365
[吴月氏国]支谦译《佛说阿难四事经》，见《大正新修大藏经》第14册No. 493
[唐]地婆诃罗译《佛说造塔功德经》，见《大正新修大藏经》第16册 No. 699
[唐]遍满撰《金刚顶菩提心论略记》，见《卍新纂续藏经》第46册 No. 777
[唐]般若，牟尼室利译《守护国界主陀罗尼经》，见《大正新修大藏经》第19册No.997
[唐]天竺三藏弥陀山译《无垢净光大陀罗尼经》，见《大正新修大藏经》第19册 No. 1024
[唐]释道宣《续高僧传》，见《大正新修大藏经》第50册No. 2060
[唐]僧祥《法华传记》，见《大正新修大藏经》第51册 No. 2068
[唐]海云集《两部大法相承师资付法记》，见《大正新修大藏经》第51册 No. 2081
[宋]非浊集《三宝感应要略录》，见《大正新修大藏经》第51册 No. 2084
[唐]释圆照集《代宗朝赠司空大辨正广智三藏和上表制集》卷五，见《大正新修大藏经》第52册 No. 2120
[南宋]法云编《翻译名义集》，见《大正新修大藏经》第54 No. 2131
[梁]释僧祐撰《出三藏记集序》卷八，见《大正新修大藏经》第55册 No. 2145
[唐]圆照《贞元新定释教目录》卷十四，见《大正新修大藏经》第55册 No.2157
以上版本俱为：高楠顺次郎，渡边海旭都监. 大正新修大藏经[M]. 东京：大正一切经刊行会，1928

《灵宝无量度人上品妙经》，见《道藏》第1册
《元始无量度人上品妙经内义》，见《道藏》第2册
《灵宝无量度人上经大法》，见《道藏》第3册
《铅汞甲庚至宝集成》，见《道藏》第19册
《大明玄天上帝瑞应图录》，见《道藏》第19册
《无上秘要》，见《道藏》第25册
《北斗九皇隐晦经一卷》，见《道藏》
《诸家神品丹法》，见《道藏》第19册
[唐]独孤滔《丹方鉴源》，见《道藏》第596册
[宋]张君房《云笈七签》，见《道藏》第22册
以上版本俱为：道藏[M]. 北京：文物出版社，上海：上海书店，天津：天津古籍出版社，1988

《清微斋法一线串珠》，由太上三五都功经箓法师神霄演道斩邪仙卿陶观静先生提供
[清]娄近垣. 大梵先天奏告玄科[M]. 北京：大光明殿道观刻本
[唐]张彦远. 历代名画记[M]. 北京：中华书局，1985
[唐]玄奘，撰，章巽，校点. 大唐西域记[M]. 上海：上海人民出版社，1977
[唐]段成式. 酉阳杂俎附续集[M]. 北京：中华书局，1985
[宋]李诫. 营造法式[M]. 影印本. 北京：中国建筑工业出版社，2006
[宋]李昉，撰. 太平御览[M]//四部丛刊三编. 据商务印书馆1936年版重印版. 上海：上海书店，1985
[宋]沈括. 梦溪笔谈[M]. 北京：中华书局，1957
[宋]洪迈. 容斋随笔三笔[M]//张元济. 四部丛刊续编（第52册）. 上海：上海书店，1984
[元]马端临. 文献通考[M]. 北京：中华书局，1986
[元]朱思本. 贞一斋诗文稿（影印本）[M]//《续修四库全书》编纂委员会.续修四库全书（第1323册）. 上海：上海古籍出版社，1995—1999
[明]徐弘祖. 徐霞客游记[M]. 上海：上海古籍出版社，1982
[明]释德清. 憨山老人梦游集 [M]//《续修四库全书》编纂委员会. 续修四库全书（第1377册）. 上海：上海古籍出版社，1995—1999
[明]宋应星，著，潘吉星，译注. 天工开物译注[M]. 上海：上海古籍出版社，1992
[明]毕自严. 石隐园藏稿[M]//景印文渊阁四库全书（第1293册）. 台北：台湾商务印书馆，1986
[明]李贽. 续藏书[M]//《续修四库全书》编纂委员会. 续修四库全书（第303册）. 上海：上海古籍出版社，1995—1999
[明]高岱. 鸿猷录[M]//《续修四库全书》编纂委员会. 续修四库全书（第389册）. 上海：上海古籍出版社，1995—1999
[明]吕震. 宣德鼎彝谱[M]//丛书集成初编（第1544册）. 北京：中华书局，1983
[明]宋登春. 宋布衣集[M]//丛书集成初编（第2155册）. 上海：商务印书馆，民国二十五年（1936）
[明]何士吉. 工部厂库须知[M]//《续修四库全书》编纂委员会. 续修四库全书（第878册），上海：上海古籍出版社，1995—1999
[明]刘侗. 帝京景物略[M]//《续修四库全书》编纂委员会. 续修四库全书（第729册）. 上海：上海古籍出版社，1995—1999
[明]申时行，修，赵用贤，纂. 明会典（影印明万历内府刻本）[M]//《续修四库全书》编纂委员会. 续修四库全书（第789-792册）. 上海：上海古籍出版社，1995—1999
[明]王世贞《弇州四部稿》卷一百七十四《说部》
[明]陈仁锡. 潜确居类书[M]//四库禁毁书丛刊. 北京：北京出版社，1997

［明］刘若愚.明宫史[M].北京：北京古籍出版社，1982

［清］传维麟.明书[M]//丛书集成新编（第119册）.台北：新文丰出版公司，1984

［清］陆增祥.八琼室金石补正[M]//《续修四库全书》编委员会.续修四库全书（第897册）.上海：上海古籍出版社，1995—1999

［清］黄遵宪.人境庐诗草（影印本）[M]//《续修四库全书》编纂委员会.续修四库全书（第1566册）.上海：上海古籍出版社，1995—1999

［清］朱士云.草间日记[M].丹徒：戊申十月（光绪三十四年，1908）刊本

［清］徐永年，增辑.都门纪略[M].台北：文海出版社，1971

［清］王茂荫.王侍郎奏议（影印本）[M]//《续修四库全书》编纂委员会.续修四库全书（第500册）.上海：上海古籍出版社，1995—1999

［清］于敏中.日下旧闻考[M].北京：北京古籍出版社，1981

［清］陈梦雷.古今图书集成[M].上海图集成铅版印书局，光绪甲申年（1884）

［清］赵吉士，辑.寄园寄所寄[M]//《续修四库全书》编纂委员会.续修四库全书（第1196册）.上海：上海古籍出版社，1995—1999

［清］江锡龄.峨眉山行纪[M].清同治十年刻本

［清］陈宗蕃.燕都丛考[M].北京：北京古籍出版社，1991

［清］鄂尔泰，张廷玉.国朝宫史[M].北京：北京古籍出版社，1987

［清］杨世沅，辑.句容金石记[M]//石刻史料新编第二辑（第9册）.台北：新文丰出版公司，1979

［清］陈作霖.可园诗存（清宣统元年刻增补本）[M]//《续修四库全书》编纂委员会.续修四库全书（第1569册）.上海：上海古籍出版社，1995—1999

［清］屈大均.广东新语[M].广州：广东人民出版社，1987

［清］赵翼.廿二史劄记[M].上海：中华书局，第十页

［清］薛福成.出使英法义比四国日记[M].长沙：岳麓书社，1981

方志

［明］陈循.寰宇通志[M].台北：广文书局，1968

［清］张之洞，缪荃孙.［光绪］顺天府志[M]//《续修四库全书》编纂委员会.续修四库全书（第683册）.上海：上海古籍出版社

［清］和珅，梁国治.［乾隆四十六年］钦定热河志[M].天津：天津古籍出版社，2002

［元］刘道明.武当福地总真集（卷上）[M]//中国武当文化丛书编纂委员会.武当山历代志书集注（一）.武汉：湖北科学技术出版社，2003

［明］凌云翼.大岳太和山志[M].杨立志，点校//［明］任自垣，卢重华.明代武当山志二种.武汉：湖北人民出版社，1999

［明］方升.大岳志略[M]//中国武当文化丛书编纂委员会.武当山历代志书集注（一）.武汉：湖北科学技术出版社，2003

［明］任自垣.［宣德六年］敕建大岳太和山志[M].杨立志，点校//［明］任自垣，卢重华.明代武当山志二种.武汉：湖北人民出版社，1999

［清］王概，姚世倌.大岳太和山纪略[M].刻本.清乾隆九年（1744）

［明］萧协中，著，赵新儒，校勘注释.新刻泰山小史[M].泰山：泰山赵氏校刊，民国二十一年（1932）

［清］聂剑光.泰山道里记[M].刻本.聂氏杏雨山堂，清乾隆三十八年（1773）

［清］朱孝纯.泰山图志[M].刻本.清乾隆三十九年（1774）

［清］宋思仁.泰山述记[M].刻本.泰安：泰安衙署藏板，1790（清乾隆五十五年）

［清］金棨.［嘉庆］泰山志[M].刻本.清嘉庆十三年（1808）

［清］袁学谟.［雍正］石楼县志[M].抄本.清雍正八年（1730）

［清］蒋鸣龙.［康熙］汾西县志[M]//山西府州县志（第2册故宫珍本丛刊第78册）.海口：海南出版社，2001

［清］曹宪，周桐轩.［光绪］汾西县志[M].刻本.汾西：汾西官衙藏板，清光绪八年（1882）

［清］刘榮，孔尚任.［康熙］平阳府志[M]//中国科学院图书馆.稀见中国地方志汇刊（第六册）.北京：中国书店，1992

［清］章廷珪.［雍正］平阳府志[M].刻本.清雍正十三年（1735）

［清］赵三长，修，晋承柱，纂.［顺治］洪洞县续志[M].刻本.清顺治十六年（1659）

孙奂仑，修，韩垧，纂.［民国］洪洞县志[M].上海：商务印书馆，民国六年（1917）

［清］安锡祚，修，刘复鼎，纂.［顺治］赵城县志[M].刻本.清顺治十六年（1659）

［清］李升阶，纂修.［乾隆］赵城县志[M]//中国科学院图书馆.稀见中国地方志汇刊（第七册）.北京：中国书店，1992

［清］杨延亮.［道光］赵城县志[M].刻本.赵城：赵城县衙，清道光七年（1827）

［清］孙和相.［乾隆］汾州府志[M].刻本.乾隆三十六年（1771）

［清］崔允昭.［道光］直隶霍州志[M].霍州：霍州衙署，清道光六年（1826）

释上空，原著，《霍山志》整理组，整理.霍山志[M].太原：山西人民出版社，1986

［清］裴天锡，罗人龙.［康熙］湖广武昌府志（图考）[M].刻本.北京：国家图书馆，清康熙二十六年（1687）

［清］陈元京，范述之.［乾隆］江夏县志[M].刻本.北京：国家图书馆.清乾隆五十九年（1794）

［清］戴纲孙，纂.云南省昆明县志[M].影印本.台北：成文出版社，1967

［清］王荣陛，修，方履篯，纂.武陟县志（道光九年刊本）[M]//中国方志丛书·华北地方·第四八一号 河南省武陟县志.台北：成文出版社有限公司，1976

［清］何一杰.聊城县志[M].刻本.清康熙二年（1663）

［清］胡德琳，周永年.［乾隆］东昌府志[M].刻本.清乾隆四十二年（1777）

［清］嵩山，修.［嘉庆］东昌府志[M]//中国地方志集成（山东府县志辑八十七）.南京：江苏古籍出版社，1990

［清］向植.［光绪］聊城县乡土志[M].石印本.清光绪三十四年（1908）

［清］陈庆蕃，修.［宣统］聊城县志[M]//中国地方志集成（山东府县志辑八十二）.南京：江苏古籍出版社，1990

［清］范绳祖，庞太朴.［顺治］高平县志[M].刻本.清顺治十五年（1658）

［清］廖有恒，杨通睿.［康熙］济宁州志[M].刻本.清康熙十二年（1673）

［清］徐宗幹，纂修，汪承镛，续修.［道光］济宁直隶州志（一）[M]//中国地方志集成（山东府县志辑七十六），南京：江苏古籍出版社，1990

袁绍昂，纂.济宁县志（民国十六年）[M]//中国方志丛书·华北地方·第十五号.台北：成文出版社，1968

［清］贾汉复，李楷.［康熙］陕西通志[M].清康熙六~七年（1667~1668）

［清］臧应桐.［乾隆］咸阳县志[M].清乾隆十六年（1751）

杨虎城，邵力子，宋鲁博，等.续修陕西通志稿.民国二十三年（1934）

刘安国，吴廷锡，冯光裕.重修咸阳县志[M].民国二十一年（1932）

程隽超.德山志补[M].民国二十四年（1935）

［明］陈洪谟.［嘉靖］常德府志[M].影印本.上海：上海古籍出版社

［清］仇巨川，纂，陈宪猷，校注.羊城古钞[M].广州：广东人民出版社，1993

［清］徐继镛，李惺.［咸丰］阆中县志[M].清咸丰元年（1851）

岳永武，余仲钧，郑钟灵.阆中县志[M].民国十五年（1926）

释印光，重修.清凉山志[M].台北：明文书局，民国二十二年（1933）：209

印光法师.峨眉山志[M].上海：国光印书局，民国二十三年秋月（1934）

［清］蒋超.［康熙］峨眉山志[M]//故宫珍本丛刊（第268册）[M].海口：海南出版社，2001

［清］刘名芳.［乾隆］宝华山志[M].台北：文海出版社，1975

［清］释了璞.北固山志[M].清道光十六年（1836）石公山房版

［清］光孝寺志[M]//中国佛寺史志汇刊（第三辑第3册）.影印广东编译局本.台北：丹青图书公司，1985

［清］马元，释真朴，重修.曹溪通志[M]//中国佛寺史志汇刊（第二辑第4册）.道光十六年怀善堂重镌本.台北：明文书局，1980

［清］玉泉寺志[M]//中国佛寺史志汇刊（第三辑第17册）.影印广东编译局本.台北：丹青图书公司，1985

玉泉寺编纂委员会.玉泉寺志[M].当阳：内部发行，2000

外文文献

Baber E C. Travels and Researches in Western China[M].London: John Murray, 1882

Baker D C. Tai Shan: An Account of the Sacred Eastern Peak of China[M].Taipei: reprinted by Cheng Wen Publishing Company(originally 1924)

Boerschmann E. Die Baukunst und religiöse Kultur der Chinesen. Band III:Chinesische Pagoden[M]. Berlin und Lepzig: Verlag von Walter de Gruyter & Co., 1931

Chavannes E. Le T'ai Chan: Essai de Monographie D'un Culte Chinois[M]. Paris: Ernest Leroux Éditeur, 1910

Chase W T. "Ternary Representations of Ancient Chinese Bronze Compositions Archaeological Chemistry II", Advances in Chemistry Series 171 [M]. Washington, D C: American Chemical Society, 1978

Fisher O. The Temple of Solomon: Embracing the History of Its Location, Building, Use, and Typical Significations, as Understood by Masons and Christians[M]. San Francisco: Eastman, Printer, 1864

Hart V C. Western China: A Journey to the Great Buddhist centre of Mount Omei[M]. Boston: Ticknor and Company,1888

Hedin S, translated from the Swedish by E. G. Nash. Jehol: City of Emperors[M]. Kathmandu: Pilgrims Publishing, 2000. (first published in New York: E. P. Dutton & Company Inc.)

Johnston R F. From Peking to Mandalay: A Journey from North China to Burma through Tibetan Ssuch'uan and Yunnan[M]. London: J. Murray, 1908

Little A J. Mount Omi and Beyond: A Record of Travel on the Thibetan Border[M]. London: William Heinemann, 1901

Needham J.The Development of Iron and Steel Technology in China[M]. London: Published for the Newcomen Society by W. Heffer, 1964

Needham J, Wang L, Lu G D. Science & Civilisation in China :Vol IV [M]. Cambridge University Press, 1971

Prip-Moller J. Chinese Buddhist Monasteries: Their Plan and Its Function as a Setting for Buddhist Monastic Lifes[M]. Hongkong: Hong Kong University Press, 1967

Semper G, translated by Harry Francis Mallgrave, Wolfgang Herrmann. The four elements of architecture and other writings[M]. Cambridge: Cambridge University Press, 1989

Steinhardt N S. Taoist Architecture[M]//Taoism and the Arts of China. Chicago: Chicago Art Institute, 2000: 57-75

Rolf Toman ed. History of Architecture: From Classic to Contemporary[M]. New York: Parragon

Thomson J, F.R.G.S. Illustrations of China and Its People: Vol.4 [M]. London: Sampson Low, Marston, Low, and Searle, 1874

Veblen T. The Theory of Leisure Class[M]. New York: Macmillan, 1899

Hemsoll D. Reconstruting the Octagonal Dining Room of Nero's Golden House[J]. Architectural History, 1989(32): 1-17

Huang S S. Daoist Imagery of Body and Cosmos, Part 2: Body Worms and Internal Alchemy[J]. Journal of Daoist Studies, 2011 (4): 33-64

Yiengpruksawan M. The House of Gold: Fujiwara Kiyohira's Konjikidō[J]. Monumenta Nipponica, 1993, 48 (1): 33-52

Stritmatter Rev. A. Around Lü San[J]. The Chinese Recorder and Missionary Journal, 1875 (4): 263-270

Trigger B G. Monumental Architecture: A Thermodynamic Explanation of Symbolic Behaviour[J]. World Archaeology special issue, 1990, 22(2): 119-132

Skempton A W. The History of Structural Iron, Steel and Concrete[R]. Cambridge, May 1964.(Three lectures)

Panin T. Space-Art: The Dialectic between the Concepts of Raum and Bekleidung [D] . Philadelphia: University of Pennsylvania, 2003

Lagerwey J. The Pilgrimage to Wu-tang Shan [C]// Susan Naquin, Chünfang Yü, eds. Pilgrims and Sacred Sites in China. Berkeley, Los Angeles, Oxford: University of California Press, 1992：293-332

［日］栂尾祥雲. アマラワチの塔と南天鉄塔説[J]. 密教研究, 通号 16，1925：33-57

［日］村松梢风. 热河风景[M]. 东京：春秋社，1936

［日］關野貞，竹島卓一. 热河解说[M]. 东京：座右寶刊行會，1937

［日］常盤大定，關野貞. 支那文化史迹：第四輯[M]. 京都：法藏館，1939

［日］日本銅センター 銅板葺屋根編集委員会（社）. 銅板葺屋根 社寺建築を中心に[M].東京：理工学社，2004

［日］東寺宝物館. 京都东寺秘藏 曼荼羅の美と仏[M]. 東京：東京美術

译著

[日] 圆仁. 入唐求法巡礼记[M]. 顾承甫, 何泉达, 点校. 上海: 上海古籍出版社, 1986

[加] 卜正民 (Timothy Brook). 明代的社会与国家.[M] 陈时龙, 译. 合肥: 黄山书社, 2009

[美] 斯塔夫里阿诺斯 (Stavrianos,L.S.). 全球通史[M]. 吴象婴, 译. 北京: 北京大学出版社

[意] L·本奈沃洛.西方现代建筑史[M]. 邹德侬, 巴竹师, 高军, 译. 天津: 天津科学技术出版社, 1996

专著

刘敦桢. 中国古代建筑史[M]. 第二版. 北京: 中国建筑工业出版社, 1984

傅熹年. 中国古代建筑史 (第二卷) [M]. 北京: 中国建筑工业出版社, 2001

郭黛姮. 中国古代建筑史 (第三卷) [M]. 北京: 中国建筑工业出版社, 2001

潘谷西. 中国古代建筑史 (第四卷) [M]. 北京: 中国建筑工业出版社, 2001

孙大章. 中国古代建筑史 (第五卷) [M]. 北京: 中国建筑工业出版社, 2002

中国科学院自然科学史研究所. 中国古代建筑技术史[M]. 北京: 科学出版社, 1985

傅熹年. 中国科学技术史 (建筑卷) [M]. 北京: 科学出版社, 2008

潘谷西, 何建中. 营造法式解读[M]. 南京: 东南大学出版社, 2005

王世襄. 清代匠作则例[M]. 郑州: 大象出版社, 2000

马炳坚.中国古建筑木作营造技术[M].北京: 科学出版社, 1997

刘大可. 中国古建筑瓦石营法[M]. 北京: 中国建筑工业出版社, 1993

高钰明, 覃力. 中国古亭[M]. 北京: 中国建筑工业出版社, 1994

郭华瑜. 明代官式建筑大木作[M]. 南京: 东南大学出版社, 2005

张锳绪. 建筑新法[M]. 北京: 商务印书馆, 1910

张十庆. 中国江南禅宗寺院建筑[M]. 武汉: 湖北教育出版社, 2002

赖德霖. 中国建筑革命: 民国早期的礼制建筑[M]. 台北: 博雅书屋有限公司, 2011

李海清. 中国建筑现代转型[M]. 南京:东南大学出版社, 2004

张复合. 北京近代建筑史[M]. 北京: 清华大学出版社, 2004

朱启钤. 营造论: 暨朱启钤纪念文选[M]. 天津: 天津大学出版社, 2009

史永高. 材料呈现——19和20世纪西方建筑中材料的建造-空间双重性研究[M]. 南京: 东南大学出版社, 2008

李允鉌. 华夏意匠: 中国古典建筑设计原理分析[M]. 天津: 天津大学出版社, 2005

颐和园管理处. 颐和园排云殿-佛香阁-长廊大修实录[M]. 天津: 天津大学出版社, 北京: 《建筑创作》杂志, 2006

湖北省建设厅. 湖北建筑集粹: 湖北古代建筑[M]. 北京: 中国建筑工业出版社, 2005

湖北省建设厅. 湖北建筑集粹: 世界文化遗产——武当山古建筑群[M]. 北京: 中国建筑工业出版社, 2005

广东省文物考古研究所. 广东古塔[M]. 广州: 广东省地图出版社, 1999

姜怀英, 刘占俊. 青海塔尔寺修缮工程报告[M].北京: 文物出版社, 1996

张曾祺. 云南建筑史[M]. 昆明: 云南美术出版社

张乃炜, 王蔼人. 清宫述闻 (初、续编合编本) [M]. 北京: 紫禁城出版社, 1990

丁冲. 济宁胜迹概览[M]. 济南: 山东友谊书社, 1990

刘君泽. 峨眉伽蓝记[M]. 乐山: 乐山诚报印刷局, 1947: 37

谭其骧. 中国历史地图集 (第七册) [M]. 北京: 中国地图出版社, 1996

刘镇伟. 中国古地图精选[M]. 北京: 中国世界语出版社, 1995

何堂坤. 中国古代金属冶炼和加工工程技术史[M]. 太原: 山西教育出版社. 2009

华觉明. 中国古代金属技术——铜和铁造就的文明[M]. 郑州: 大象出版社, 1999

田长浒. 中国铸造技术史 (古代卷) [M]. 北京: 航空工业出版社, 1995

卢嘉锡, 赵匡华. 中国科学技术史 (化学卷) [M]. 北京: 科学出版社, 1998

中国大百科全书 (矿冶卷) [M]. 北京: 中国大百科全书出版社, 1984

《铸造有色合金及其熔炼》联合编写组. 铸造有色合金及其熔炼[M]. 北京: 国防工业出版社, 1980

国营漓江机械厂. 金属材料手册[M]. 桂林: 漓江出版社, 1974: 431

姜生, 汤伟侠. 中国道教科学技术史 (汉魏两晋卷) [M]. 北京: 科学出版社, 2002

卿希泰. 中国道教史[M]. 成都: 四川人民出版社, 1996

张光直. 考古学六讲[M]. 北京: 文物出版社, 1986

杨鸿勋. 凤翔出土春秋秦宫铜构——金釭[M]//建筑考古学论文集. 北京: 文物出版社, 1987

周绍良. 唐代墓志汇编 (上) [M]. 上海: 上海古籍出版社, 1992

洛阳市第二文物工作队. 洛阳新获墓志[M]. 北京: 文物出版社, 1996

全上古三代秦汉三国六朝文[M]. 影印本③. 北京: 中华书局: 3007

全梁文 (卷十) [M]. 影印本③. 北京: 中华书局: 3007

王明. 抱朴子内篇校释[M]. 上海: 中华书局, 1980

巫鸿. 时空中的美术 (巫鸿中国美术史文编二集) [M]. 梅枚, 肖铁, 施杰, 等译. 北京: 生活·读书·新知三联书店, 2009

巫鸿. 中国古代建筑与艺术中的"纪念碑性"[M]. 李清泉, 郑岩, 译. 上海: 上海人民出版社, 2009

巫鸿. 礼仪中的美术 (巫鸿中国古代美术史文编) [M]. 北京: 生活·读书·新知三联书店, 2005

行龙. 近代山西社会研究——走向田野与社会[M]. 北京: 中国社会科学出版社, 2002

学位论文

曾娟. 近代转型期岭南传统建筑中的新型建筑材料运用研究[D]. 南京: 东南大学建筑学院, 2009

闫爱宾. 宝箧印塔 (金涂塔) 及相关研究[D]. 上海: 同济大学建筑与城市规划学院, 2002

龚恺. 明代无梁殿[D]. 南京: 南京工学院建筑系, 1987

朱光亚. 江南明代建筑大木作法分析[D]. 南京: 南京工学院, 1981

期刊文献

陈薇. 材料观念离我们有多远[J]. 建筑师, 2009 (6): 38-44

右史. 中国建筑不只木[J]. 建筑师, 2007, 127 (03): 69-74

赵辰. 关于"中国建筑为何用木构": 一个建筑文化的观念与诠释的问题[J]. 建筑师, 2000, 94: 85-87,112

周天裕. 中国第一铁塔——当阳市玉泉寺棱金铁塔[J]. 华中建筑, 1998, 16 (1): 119-125

湖北省玉泉铁塔考古队. 湖北当阳玉泉铁塔塔基及地宫清理发掘简报[J]. 文物, 1996 (10): 43-57

山东聊城地区博物馆. 山东聊城北宋铁塔. 考古, 1987 (02): 124-130

夏忠润. 济宁铁塔发现一批文物[J]. 文物, 1987 (02): 94-96

江苏省文物工作队镇江分队，镇江市博物馆. 江苏镇江甘露寺铁塔塔基发掘记[J]. 考古, 1961（06）: 302-315

郭旭阳. 武当山明铸金殿散论[J]. 郧阳师范高等专科学校学报, 2006, 26（4）: 6-11

王永成. 中国金殿之瑰宝——武当金殿590年记[J]. 郧阳师范高等专科学校学报, 2006, 26（4）: 12-14

杨立志. "太和"观念对武当山景观设计的影响[J]. 武当, 2004（9）: 60-62

张诚, 斐施丝. 感受雷火炼殿[J]. 武当, 2003（8）: 46

赵本新. 明成祖"北建京城, 南修武当"的战略思想[J]. 郧阳师范高等专科学校学报, 2002, 22（4）: 1-5

李俊. 武当山金殿[J]. 文物, 1982（1）: 83-84

湖北省文物管理处. 湖北均县武当山古建筑调查[J]. 文物, 1959（7）: 35-37

李竹君. 金殿[J]. 文物, 1959（7）: 38-39

郭绍林. 大周万国颂德天枢考释[J]. 洛阳师范学院学报, 2001（6）: 72-76

梁恒唐. 武则天时代的天枢[J]. 晋阳学刊, 1990（3）: 54-55

李松. 天枢——我国古代一种纪念碑样式[J]. 美术, 1985（4）: 41-45

熊锋. 峨眉山华严铜塔铸造年代初探[J]. 四川文物, 2006（5）: 90-93

于树德. "华严铜塔"铸造诸说辨析[J]. 中共乐山市委党校学报 1999（12）: 52-53

陈述舟. 峨眉山伏虎寺及其铜塔[J]. 四川文物, 1988（2）: 59-62

谢洪卫. 永川明代铜塔[J]. 四川文物, 1991（6）: 69-70

戴亚东. 常德市乾明寺的唐代铁幢. 文物参考资料, 1958（1）: 83-84

霍海峻. 修复大型铜塔的探索[J]. 中国博物馆, 1995（3）: 86-89

郝承琳. 阆中铁塔佛顶尊胜陀罗尼经序拓片介绍[J]. 四川文物, 1991（3）: 36-39

王福谆. 古代大铁炉[J]. 铸造设备研究, 2007（4）: 50-56

张剑葳, 周双林. 昆明太和宫金殿研究[J]. 文物, 2009（9）: 73-87

乔云飞. 五台山显通寺铜塔的保护设计[J]. 文物世界, 2005（5）: 72-74

王玉祥. 两座铜殿的坎坷厄运[J]. 海内与海外, 2004（8）: 58

秦佩珩. 清凉铜殿杂考[J]. 郑州大学学报（哲学社会科学版）, 1984（3）: 79-84

得荣·泽仁顿珠. 藏族的金瓦屋顶[J]. 西藏民俗, 2001（1）: 50

张君奇. 塔尔寺大金瓦殿建筑结构与装饰. 古建园林技术, 2004（04）: 43

吴坤仪, 李京华, 王敏之. 沧州铁狮的铸造工艺[J]. 文物, 1984（6）: 81-85

朱中翰. 双林寺考古志[J]. 文澜学报, 1937, 3（1）: 1

"故宫古建筑木构件树种配置模式研究"课题组. 故宫武英殿建筑群木构件树种及其配置研究[J]. 故宫博物院院刊, 2007（4）: 6-27

"故宫古建筑木构件树种配置模式研究"课题组. 故宫古建筑木构件树种数据库的设计与实现[J]. 故宫博物院院刊, 2011（5）: 105-117

徐怡涛. 从公元七至十六世纪扶壁栱形制演变看中日建筑渊源[J]. 故宫博物院院刊, 2009（1）: 37-43

徐怡涛. 公元七至十四世纪中国扶壁栱形制流变研究[J]. 故宫博物院院刊, 2005（05）: 86-101

张剑葳. 悬疑三百年——紫禁城太和殿前的石匮与石亭[J]. 紫禁城, 2006（5）: 98-104

颜华. 山东广饶关帝庙正殿[J]. 文物, 1995(1): 59-63

孙机. 关于中国早期高层佛塔造型的渊源问题[J]. 中国历史博物馆刊, 1984（00）: 41-47,130

祁英涛. 中国古代建筑的脊饰[J]. 文物, 1978（03）: 63

上海市文物管理委员会. 上海松江李塔明代地宫清理简报[J]. 文物, 1999（2）: 16-31

杨鸿勋. 凤翔出土春秋秦宫铜构——金釭[J]. 考古, 1976（2）: 106

凤翔县文化馆, 陕西省文管会. 凤翔先秦宫殿试掘及其铜质建筑构件[J]. 考古, 1976（2）: 121

北京市文物管理处. 北京市平谷县发现商代墓葬[J]. 文物, 1977（11）: 1-8

甘肃省博物馆文物工作队等. 永昌鸳鸯池新石器时代墓地的发掘[J]. 考古, 1974（5）: 299-308

河北省博物馆等. 河北藁城台西村的商代遗址[J]. 考古, 1973（5）: 266-271

贾兰坡, 盖培, 尤玉柱. 山西峙峪旧石器时代遗址发掘报告[J]. 考古学报, 1972（1）: 39-58

石璋如. 河南安阳小屯殷代的三组基址[J]. 见: 大陆杂志史学丛书, 第二辑第一册. 台北: 大陆杂志社, 中华民国五十六年（1967）初版, 五十九年（1970）再版. 99-106

浙江省文物管理委员会. 金华市万佛塔塔基清理简报[J]. 文物参考资料, 1957（5）: 41-47

林钊. 福建省四年来发现的文物简介[J]. 文物参考资料, 1955（11）: 83-89

周卫荣. 翻砂工艺——中国古代铸钱业的重大发明[J]. 中国钱币, 2009（3）: 14-17

韩汝玢, 孙淑云, 李秀辉, 潜伟. 中国古代铜器的显微组织. 北京科技大学学报, 2002（02）: 219-230

吴坤仪. 中国古代铸造技术史略[J]. 哈尔滨工业大学学报（社会科学版）, 2001, 3（4）: 39-42

谭德睿. 中国青铜时代陶范铸造技术研究[J]. 考古学报, 1999（2）: 211-250

周卫荣, 樊祥熹, 何琳. 中国古代使用单质锌黄铜的实验证据——兼与M. R. Cowell商榷[J]. 自然科学史研究, 1994, 13（1）: 60-64

周卫荣. 我国古代黄铜铸钱考略[J]. 文物春秋, 1991（2）: 18-24

周卫荣. 中国古代用锌历史新探. 自然科学史研究 1991, 10（03）: 259-266

周卫荣. 关于宣德炉中的金属锌问题[J]. 自然科学史研究, 1990, 9（02）: 161-164

赵匡华, 周卫荣, 郭保章等. 明代铜钱化学成分剖析[J]. 自然科学史研究, 1988, 7（1）: 54-65

赵匡华. 我国历代"黄铜"考释[J]. 自然科学史研究, 1987, 6（4）: 323-331

赵匡华, 张慧珍. 中国古代炼丹术中诸药金、药银的考释与模拟试验研究[J]. 自然科学史研究, 1987, 6（2）:105-122,193

谭德睿. 中国古代失蜡铸造刍议[J]. 文物, 1985（12）: 66-69

孙淑云. 当阳铁塔铸造工艺的考察[J]. 文物, 1984（6）: 86-89

北京钢铁学院冶金史组. 中国早期铜器的初步研究[J]. 考古学报, 1981（3）: 287-302

华觉明, 王安才. 颐和园铜亭构件和拨蜡法[J]. 文物, 1978（5）: 67-69

梅莉. 明代云南的真武信仰——以武当山金殿铜栏杆铭文为考察中心[J]. 世界宗教研究, 2007（1）: 41-49

杨立志. 武当进香习俗地域分布刍议[J]. 湖北大学学报（哲学社会科学版）, 2005, 32（1）: 14-19

梅莉. 明清时期武当山香客的地理分布[J]. 江汉论坛, 2004（12）: 81-85

杨立志. 三山滴血派与武当清微派[J]. 郧阳师范高等专科学校学报. 2000（5）: 6-8

顾文璧. 明代武当山的兴盛和苏州人大规模武当进香旅行[J]. 江汉考古, 1989（1）: 71-75

杜正贞, 赵世瑜. 区域社会史视野下的明清泽潞商人[J]. 史学月刊, 2006（9）: 65-78

赵世瑜. 分水之争：公共资源与乡土社会的权力和象征——以明清山西汾水流域的若干案例为中心[J]. 中国社会科学, 2005（02）: 189-203

钱兆华. 再论"李约瑟难题"——兼评《对'李约瑟难题'质疑的再反思》[J]. 江苏大学学报（社会科学版），2007, 6 (4): 44-48

董英哲, 康凯, 石建孝等. 对"李约瑟难题"质疑的再反思. 自然科学史研究, 2003, 22（3）: 261-277

江晓原. 被中国人误读的李约瑟——纪念李约瑟诞辰100周年[J]. 自然辩证法通讯, 2001, 23（1）: 55-64

李约瑟. 东西方的科学与社会[J]. 自然杂志, 1990（12）

刘心心、何北武. 道教符印解读（一）[J]. 文博, 2006（04）: 20-23

石冬梅. 唐前期的东夷都护府[J]. 青海社会科学, 2006（1）: 97-100

李强. 论雍正时期的铜禁政策[J]. 学术界, 2004（1）: 118

陈久金. 北斗星斗柄指向考[J]. 自然科学史研究, 1994, 13（3）: 209-214

陈学霖. "真武神、永乐像"传说溯源[J]. 故宫学术季刊, 1995, 12（3）: 1-32

王世农. 宋代通判论略[J]. 山东师大学报(社会科学版), 1990（3）

史红帅, 吴宏岐. 明代西安城内皇室宗族府宅相关问题研究[J]. 中国历史地理论丛, 2001,16（1）: 69-78

吴宏岐, 党安荣. 关于明代西安秦王府的若干问题[J]. 中国历史地理论丛, 1999（03）: 149-164

文集文章

刘敦桢. 覆艾克教授论六朝之塔[M]// 刘敦桢. 刘敦桢文集（一）. 北京：中国建筑工业出版社, 1982: 251-259

刘敦桢. 川、康古建调查日记[M]//刘敦桢. 刘敦桢文集（三）. 北京：中国建筑工业出版社, 1987

梁思成. 西南建筑图说（一）：四川部分[M]// 梁思成. 梁思成全集（第三卷）. 北京：中国建筑工业出版社, 2001

梁思成. 浙江杭县闸口白塔及灵隐寺双石塔[M]// 梁思成. 梁思成文集（二）. 北京：中国建筑工业出版社, 1984:136-138

葛兆光. 众妙之门——北极、太一、太极与道[M]//葛兆光. 古代中国的历史、思想与宗教. 北京：北京师范大学出版社, 2006: 12-47

李零. "太一"崇拜的考古研究[M]//北京大学中国传统文化研究中心. 北京大学百年国学文萃语言文献卷. 北京：北京大学出版社, 1998: 598-614

徐文明. 志远与《法华传记》的著作时代[M]//黄心川. 光山净居寺与天台宗研究.香港：天马图书有限公司, 2001

解华英. 济宁崇觉寺[M]//由少平, 常兴照. 山东文物丛书：建筑. 济南：山东友谊出版社, 2002

郭沫若. 考工记的年代与国别[C]//叶圣陶. 开明书店二十周年纪念文集.上海：开明书店, 1947年

李治镇. 晚清武汉洋务建筑活动[C]//汪坦, 张复合. 第四次中国近代建筑史研究讨论会论文集. 北京：中国建筑工业出版社, 1993: 137

周卫荣. 黄铜冶炼工艺在中国的产生与发展[C]//国学研究（第10卷），北京：北京大学出版社, 2002: 315-331

韩汝芬. 姜寨第一期文化出土黄铜制品的鉴定报告[M]//姜寨——新石器时代遗址发掘报告. 北京：文物出版社, 1988

竺可桢. 二十八宿起源之时代与地点[M]// 竺可桢. 竺可桢文集. 北京：科学出版社, 1979

档案、工程文本、网站资料

铁塔修缮防护工程设计方案及预算（2001.5）[Z]//全国重点文物保护单位崇觉寺铁塔记录档案. 济宁：济宁市博物馆, 2009

千佛铁塔文物管理所. 千佛铁塔文物管理档案[G].咸阳北杜镇：千佛铁塔文物管理所, 2007

焦晋林. 海淀出土明代杜茂墓志考释[DB/OL]. [2008-8-6]. http://www.bjww.gov.cn/2008/8-6/152359.html

释明慧. 千佛塔迁建缘起[EB/OL]. [2012-6-17]. http://www.qianfotasi.com/qfts/showart.asp?id=6

故宫博物院古建部设计室. 延禧宫内灵沼轩（水晶宫）维修保护工程设计做法说明（内部资料）, 2004

孔祥利. 渗金多宝佛塔考展[EB/OL]. [2012-8-20]. 北京市文物局网站http://www.bjww.gov.cn/2006/4-5/132455.html

World Heritage List Wudang [EB / OL]. [2012-2-15]. http://whc.unesco.org/archive/advisory_body_evaluation/705.pdf

致谢

感谢导师陈薇教授提供了本选题的最初研究设想,以及写作过程中的悉心指导和辛苦批阅。陈老师八年来的知遇授业、言传身教、关心爱护、批评鼓励不仅指引了我的学术道路,也常令我心中充满祥和与信心。

感谢美国宾夕法尼亚大学的导师夏南希教授(Prof. Nancy Steinhardt)邀请我赴宾大进行了为期两年的访问研究,为我开拓研究思路、收集资料、发表相关成果提供了难得的机会。同时感谢国家留学基金委为此项目提供的资助。

感谢东南大学建筑学院的王建国院士、朱光亚教授、张十庆教授在我求学过程中给予的无私指导和帮助。我常未经预约就闯进他们的研究室请教问题,而先生们百忙之中总是对我宽容有加、耐心解答。感谢周小棣副教授、沈旸副教授、史永高副教授、李新建副教授、胡石博士、贾亭立博士、白颖博士,他们亦师亦友,在研究过程中对我多有提携。

感谢东南大学研究生院为本研究提供了"优秀博士论文"基金资助。

感谢北京盈安科技有限公司李涛工程师、故宫博物院雷勇研究员、中科院自然科学史所周文丽博士。如果没有他们提供的检测设备和技术支持,本书中关于合金成分分析的大量工作将无法进行。感谢北京大学考古文博学院周双林教授提供的昆明金殿表面金饰成分检测和分析。

感谢北京化工大学段雪院士、北京大学方拥教授、南京工业大学郭华瑜教授、东南大学材料学院张云升教授,他们作为博士论文答辩委员或本书的出版评阅专家,提出了高屋建瓴的指点和评论。同时感谢博士论文三位匿名评阅人的评审意见和修改建议。

感谢武当山旅游经济特区宗教文物局,武当山道教协会以及太和宫的众位道长为我在武当金顶测绘金殿、小铜殿提供的协助。

感谢天津大学建筑学院王其亨教授、吴葱教授、丁垚副教授提供了测绘颐和园宝云阁的宝贵机会。

感谢中国文化遗产研究院杨新高级工程师、查群高级工程师、崔明工程师提供了青海塔尔寺的测绘机会。感谢塔尔寺管委会的帮助和款待。

感谢华南理工大学建筑学院李哲扬博士为我考察广州光孝寺铁塔提供的无私帮助。

感谢济宁博物馆的解华英馆长和馆员孟女士为我考察济宁铁塔提供的帮助。蒙解华英馆长惠允,我得以对济宁铁塔本体及保护档案进行了详细考察。

感谢聊城的李静女士、杨成武先生为我考察聊城铁塔提供的热情帮助。

感谢泰山岱庙管理委员会的赵祥明先生,以及泰山碧霞祠管委会为我调查岱庙、碧霞祠提供的协助。感谢山东建筑科技大学高宜生副教授的引荐。

感谢时任昆明金殿景区管委会主任的闫小年先生提供了测绘昆明铜殿的宝贵机会和物质条件；感谢景区保卫处的资师傅、旷师傅在测绘过程中提供的热情帮助。

感谢云南大学李昆声教授提供的调查研究线索。 感谢故宫博物院赵鹏先生、曲亮先生、康葆强先生、杨新成先生在我考察故宫灵沼轩过程中给予的帮助。

感谢国家文物局黄晓帆先生、乐山市世界遗产管委会曾纯净先生、峨眉山博物馆陈黎清馆长为我考察峨眉山金顶、圣积寺铜塔提供的帮助。蒙陈黎清馆长惠允，始得以对馆藏的峨眉山铜殿、铜塔残件进行了合金成分分析。

感谢宾川鸡足山金顶寺住持释惟圣师、宝华山隆昌寺住持释心平师及使者光慧师傅、荆州太晖观住持曹信杰道长、当阳玉泉寺监院释宽祥师、曹溪南华寺的知客师傅、五台山显通寺监院释果心师、青龙山真武庙住持道长，对我这位不速之客的考察和投宿请求，他们慷慨而慈悲地提供了便利和支持。

感谢江苏省道教协会会长、茅山道院住持杨世华先生为我提供了实践道教建筑设计的宝贵机会，同时感谢清华大学建筑设计研究院陶金先生促成此事。他们的信任是对笔者研究的极大肯定。

感谢成都博物院古建所汤诗伟所长，以及蔡宇琨、赵元祥、李林东等同仁长久以来的真诚帮助和精神鼓励，他们也数次为我在川渝地区的考察提供了食宿支持。

感谢慕尼黑工业大学博士候选人刘妍、自由设计师王新宇、成都古建所工程师赵元祥，他们曾先后自费随我赴广东、山东、山西、陕西、云南、浙江等地协助考察。作为难得的旅伴和助手，他们的无私相助令考察之旅更加精彩、难忘。

感谢曾共同在陈薇教授工作室学习研究的李国华博士、钟行明博士、薛垲博士，以及是霏、杨俊、冯耀祖、戴薇薇、孙晓倩、闵欣等同门学友，与他们的日常讨论使我受益匪浅。

感谢好友左拉拉博士、谢伟杰博士、赵璐博士、王嘉佳博士、赵妍杰博士、王珅博士、森田美樹博士、金田博士（Dr. Aurelia Campbell）、荷雅丽博士（Dr. Alexandra Harrer）、罗宇思女士在我于宾大访学期间给予的帮助。在与他们的交流中常能受到启发，与他们共同的留学记忆则是我宝贵的人生经历。

感谢本书的责任编辑东南大学出版社戴丽副社长，她为本书的编辑和呈现倾注了大量时间、精力；同时感谢文字编辑贺玮玮女士的辛勤工作。

感谢在我考察及写作过程中所有给予过无私帮助的朋友们，恕我难免挂一漏万，难以尽列。

感谢我的父亲、母亲。谨以此书献给他们。

后记

本书系在笔者的博士论文基础上修订而成。

无论从何种意义来看,这本习作都是我在东南大学建筑学院学习研究的一份答卷。

记得2005年初夏,我们几位研究生在导师陈薇教授家中客厅里上讨论课。陈老师针对每个学生布置阶段性研习内容,并答疑解惑。当时我即将出发修习东大建筑史专业的传统核心课程"北方古建筑考察"。这门课安排在暑假,为期一个月,学生根据要求,完成对我国最重要一批古建筑(本课以元代以前的北方古建筑为主)的田野调查。要求现场绘制草图,回校提交考察报告。陈老师当时刚从武当山考察回来,对武当金顶的铜殿很感兴趣,嘱我在完成课程要求之余,须重点考察五台山显通寺的铜殿,看看古人是如何使用金属这种材料来完成建筑结构和构造的。

我的第一反应与许多朋友初闻我研究选题时的表现一样:金属建筑?中国古代还有这样一种建筑?

于是在接下来的两年中,我先完成了硕士学位论文《中国古代铜殿研究》,初步认识、解释了铜殿的问题。随后继续跟随陈老师攻读博士学位,并在完成东南大学学分后,到美国宾夕法尼亚大学访学两年。由于见不到面,反而与陈老师保持了更加密切的邮件往来,仅博士研究选题的讨论就有十几封。那两年陈老师的科研尤其忙,常常夜里两三点钟给我回长信。现在回想起来,这样奢侈地霸占导师的时间,感激之余,实在于心不安。

当时我对选题纠结迷茫——身处文化遗产保护事业蓬勃发展的大环境下,建筑史学如何应对学科发展?这不仅是学界面临的问题,也是需要我个人做出抉择的切实难题——做遗产保护的题目还是做建筑史的题目?两方面都有几个备选,思来想去下不了决心。

陈薇老师回了几封长信,非常耐心地为我解惑:

"你认识到博士论文要对人类思想和知识库有所贡献,这很重要。这也和我以前要求你们的论文要对学科有贡献,是相通的。当然,前者提得更高,也更值得我们追求。"

"如果将学习看作漫长人生的一部分,选一个方向是必要的,以后也还可以再行选择,不断积累。这样想起来也就会放松一些,因为建筑学本身并无太细碎的专业之分。"

"从大的方面说,建筑史我一直认为许多人几辈子都做不完,所以做一个是一个,一个人能积累到一定程度,能够通融最好。许多人一起努力,几辈子能成就大的建筑史是我们的目标,要一个题目都能兼顾其实不可能。"

实际上此前陈老师已经给我提了三个题目,再加上我自己提的,总共已有近十个之多。陈老师指出在上述原则下,我应该快速做减法,把几个选题排出顺序发给她。她也先排了个顺序,最后两人对答案。

我至今记得点开陈老师答案之前自己心中的忐忑。陈老师在信中说:"很遗憾地告知,我和你的排序几乎完全相反，……用上学生经常给我发的两个字：哈哈。"

陈老师排在第一位的题目是中国古代金属建筑，而我把它排在中间偏后的位置。我原本担心硕士论文做过的题目拓展空间不够，而陈老师给出的原因中最重要的一条是，希望我能在相对有限的时间内，利用已经有的研究基础，跳出来在另一个层面思考问题，"做一个旁观者，比较冷静地和对象脱开一些距离来做"。而其目的，则在于见木见林、见物见人，穿透历史尘埃笼罩的物质实体，看到更多的历史信息，以努力贴近历史真实。

以上是关于选题的缘起。

写作过程中的指导与互动不胜枚举，这里只说一例：论文初成时交给陈老师批改，拿回来的本子上密密麻麻全是修改和批注，并且把装订好的论文又都拆散以方便批改。学术方面的教导自不必说，我个人感到受益最深之处在于陈老师对写作的要求。读陈薇老师的建筑史论著，常能感到逻辑严密之下，语言文字是具有文学美感的，引人神游其中、一气读完。当然这样的高度和特色，学生习作难以达到，而且这也并非研究生教学的培养目标。但陈老师还是面授机宜、细细讲解，其中一点尤为难忘：罗织辞藻固不宜提倡，但是对能体现结构逻辑的章句，则有必要去特别考究；须知论文的力量和美感常常赖此体现。

如果说陈老师在写作方面的指点已属于带有个人特色的进阶要求，那么陈老师在制图方面的要求则体现了东南建筑的传统。

在东大建筑学院学习，日常绘图、评图中会时时刻刻被老师、同学们提醒和批评图的规范与表达。这样的要求固然是杨廷宝、刘敦桢、童寯诸先生奠定的深厚建筑学传统，而在学术传承中我们也看到从潘谷西先生到陈薇先生也都有关于中国古代"图学"的论述——图，实在不仅是文字的美观副产品。在一遍遍的改图过程中，各种测绘图、分析图在我看来有时觉得已经完成、无可再改了，陈老师翻看一遍又加上很多圈圈点点。也正是在这样的研习过程中，我逐渐意识到，在建筑学、地理学（包括建筑历史、历史地理）等以空间为研究对象和思考工具的学科中，图实际上反映的是研究者的认识与思考深度。

当然，这并不是说本书的图文都已完美。笔者毕竟学力尚浅，修订时难免仍有错漏。本书中的图、文如果有任何问题，责任全在于笔者。

博士毕业后，我也成了一名大学教师。上述种种，虽然早有所感，然而直到初为人师才更有切身体会。如是，则这份答卷于作者本人的意义，更在于践行为学之过程、观摩为师之道，而这或许要重于其中具体的结论。

我想，这也许就是学术传承的要义吧。

Abstract

This book, based on the author's doctoral dissertation at Southeast University, provides a systematic and intensive study of ancient Chinese metal architecture. It takes an interdisciplinary approach to the subject, incorporating methods from archaeology, archaeo-metallurgy and social history.

The author began researching Chinese metal architecture in 2006. Since then, he has investigated and documented all the iron pagodas, bronze pagodas, and copper halls in China, including ones that no longer survive.

Within Chinese architectural history, there existed a principle known as "making use of the Five Materials together." The "Five Materials" refers to the "Five Elements" (metal, wood, water, fire, and earth) and implies that different materials should be used together in construction. Among all the materials, metal was considered the most special. Metal is also the least common construction material.

The main argument developed in this book is that the symbolic significance and adaptive technology were the two most prominent internal motivations for the development of metal architecture. With regard to the former, the author argues that metal architecture contained important religious or political symbolism. He tries to explain the cultural foundation of metal architecture, and how the significances were accomplished. With regard to the latter, the author explores how metal architecture incorporated principles from both timber construction and traditional metallurgy, and their technological philosophies.

The book consists of twelve chapters organized into two parts.

Part I is a history of Chinese metal architecture. It interprets the development of and connections among metal architectures based on an investigation of the style, structure, and historic texts associated with each metal building.

There are seven chapters in Part I. Chapter One covers the formation of metal architecture from the pre Qin period to the Northern and Southern Dynasties. Chapter Two concerns the maturation of metal architecture in the Tang Dynasty, including the Tianshu ("Celestial Pole") by Empress Wu, some iron pagodas, and wooden halls with metal roofs. The third chapter addresses metal architecture from the Five Dynasties to the Song Dynasty, when the iron pagoda became popular and its structure gradually improved. Chapter Four discusses the appearance of a new form of iron pagoda in the Ming dynasty, in which a brick core was employed for structural stability.

Chapter Five examines copper halls, including the earliest surviving copper hall, which dates to the Yuan Dynasty, and the most famous copper hall, patronized by Emperor Chengzu (Zhu Di) of the Ming dynasty in 1416, both of which are located on Mt. Wudang in Hubei province. Zhu Di rebelled from his princely base in Beijing and took the emperorship from his own nephew, claiming that the deity Zhenwu (True Warrior, also known as the Black Warrior of the North) had helped him in his "battle to save the empire from catastrophe". In order to acknowledge Emperor Zhenwu's blessing, he launched a project to construct a Daoist temple complex on Mt. Wudang. As a result, a certain "Wudang Zhenwu belief", increased in popularity during the Ming, with the Wudang Copper Hall serving as its primary symbol. By the mid-Ming period this building type began to be incorporated into Buddhist temples.

The form of the copper hall reached maturity in the seventeenth century. But while its function as a building declined, its symbolic value prevailed, because model-size copper halls began to be constructed instead of full-size ones. In Chapter Six, the author introduces several lesser-known copper halls in the rural mountain area of Shanxi province to demonstrate that the copper hall was used as an instrument for the villagers who wanted to construct a center for Taoist belief and augment their social power.

In Chapter Seven, the author uses a copper hall from the imperial garden at the Summer Palace, a possibly identical one from Chengde Mountain Resort, and an iron building from the Forbidden City dated to 1909, to argue that metal architecture declined in the Qing Dynasty, never reaching modernization.

Part II discusses the different steps involved in constructing metal architecture. The author discusses the design methodology, philosophy of materiality, technical wisdom, the project organization and implementation.

There are five chapters in Part II. Based on fieldwork and an investigation of Daoist and Buddhist texts, Chapter Eight analyzes the layout of the sites where metal architectures were located and explains some reasons for their design.

In Chapter Nine, the style, structure, and decoration of the metal architecture is examined according to a classification of building types. When compared to metal architecture from other civilization in the world, Chinese metal architecture, especially the copper hall, can be considered a unique contribution to architectural history.

In Chapter Ten, the author introduces the results of X-ray fluorescence (XRF) analysis on the materials of metal architecture. This work is systematically carried out and reported for the first time. Analysis was applied based to the various components of the building structure. By loading the XRF results into the geographic information system (GIS), the author concludes that different alloys were deliberately chosen according to the function of each structural component. Further, the author discusses the historic theory and philosophy behind this phenomenon.

In Chapter Eleven, the casting and constructing technology of metal architecture is investigated. In the last chapter, the author transcribes and analyzes the inscriptions on metal buildings. By making statistical analysis within the GIS platform, he demonstrates that a religious architectural project was carried out as a collaboration between the patron, organizer, and craftsman, especially in the Wanli period of Ming Dynasty. These numerous patrons were organized not by the power afforded by any state representative, but by networks of monks, nuns, merchants, local religious communities, and pilgrim associations. Metal architecture thus provides excellent evidence for how monumental religious projects were organized, managed, and implemented in the late Ming society.

丛书主编

陈薇，教授、博士生导师

1986年从教于南京工学院建筑系（现东南大学建筑学院），1990年任副教授，1992年获中华人民共和国国务院政府特殊津贴，1997年任教授，1999年任博士生导师，现为东南大学建筑历史与理论研究所所长和学术带头人。兼任中华人民共和国国务院学位委员会第七届学科评议组成员、中国建筑学会建筑史学分会副会长、中国科学技术学会建筑史专业委员会副主任委员、国家文物局专家组成员等职。在教学、科研、实践中，强调传承和创新并重；在学术研究和人才培养上，不囿定式，.不拘一格。

本书作者

张剑葳，博士、助理教授、文物保护工程责任设计师
2004年毕业于北京大学考古文博学院文物建筑专业，获历史学、文学双学士学位。2004至2013年于东南大学建筑学院建筑历史与理论专业学习，师从陈薇教授。2008至2010年获国家留学基金委"联合培养博士生"项目资助，公派至美国宾夕法尼亚大学访学。2013年获工学博士学位，进入北京大学历史学博士后流动站工作，2015年受聘为北京大学考古文博学院助理教授、研究员。主要研究建筑历史与理论、建筑考古，以及文化遗产保护；致力于在前辈学者的基础上，以开放的态度，综合运用跨学科的方法，探索拓展建筑与考古研究的深度和广度。

内容提要

中国古代建筑"五材并用"。其中,金属相对其他材料比较特殊,金属建筑的数量也相对较少。金属建筑作为中国传统建筑中独特的一类,其形式、技术、物质、艺术,以及蕴含的象征、文化、社会意义,都使其成为以材料视角切入建筑学、建筑史学研究的必要课题。本书展现了此项以多学科交叉为方法,以创新性成果为目标的探索工作。作者以金属材料为切入点,实地考察了现存全部可考的50余处金属建筑实例,首次系统研究了中国古代金属建筑,提出:象征意义与适应性技术是推动金属建筑出现、发展的两项内在动力。围绕此线索,本书分为上篇"金属建筑发展史"、下篇"金属建筑专题研究"进行论述,同时呈现了作者绘制的大量测绘图、分析图。

本书适合建筑、考古、历史、科技史、艺术史等相关领域研究者与爱好者阅读。

图书在版编目(CIP)数据

中国古代金属建筑研究 / 张剑葳著 . —南京:东南大学出版社,2015.11
(建筑新史学丛书 / 陈薇主编)
ISBN 978-7-5641-6218-4

Ⅰ. ①中… Ⅱ. ①张… Ⅲ. ①金属结构-古建筑-研究-中国 Ⅳ. ① K928.71

中国版本图书馆CIP数据核字(2015)第316132号

书　　名	中国古代金属建筑研究
著　　者	张剑葳
责任编辑	戴　丽
文字编辑	贺玮玮　杨　凡　陈　佳
装帧设计	王少陵　皮志伟
责任印制	张文礼
出版发行	东南大学出版社
社　　址	南京市四牌楼2号　邮编:210096
网　　址	http://www.seupress.com
出 版 人	江建中
印　　刷	上海雅昌艺术印刷有限公司
排　　版	南京新洲制版有限公司
开　　本	889mm×1194mm　1/16　印张:32.75　字数:1130千字
版　　次	2015年11月第1版　2015年11月第1次印刷
书　　号	ISBN 978-7-5641-6218-4
定　　价	280.00元
经　　销	全国各地新华书店
发行热线	025-83790519　83791830

* 版权所有,侵权必究
* 本社图书若有印装质量问题,请直接与营销部联系。电话:025-83791830